für Hannes Burri

PETER RUCH

Cadillac

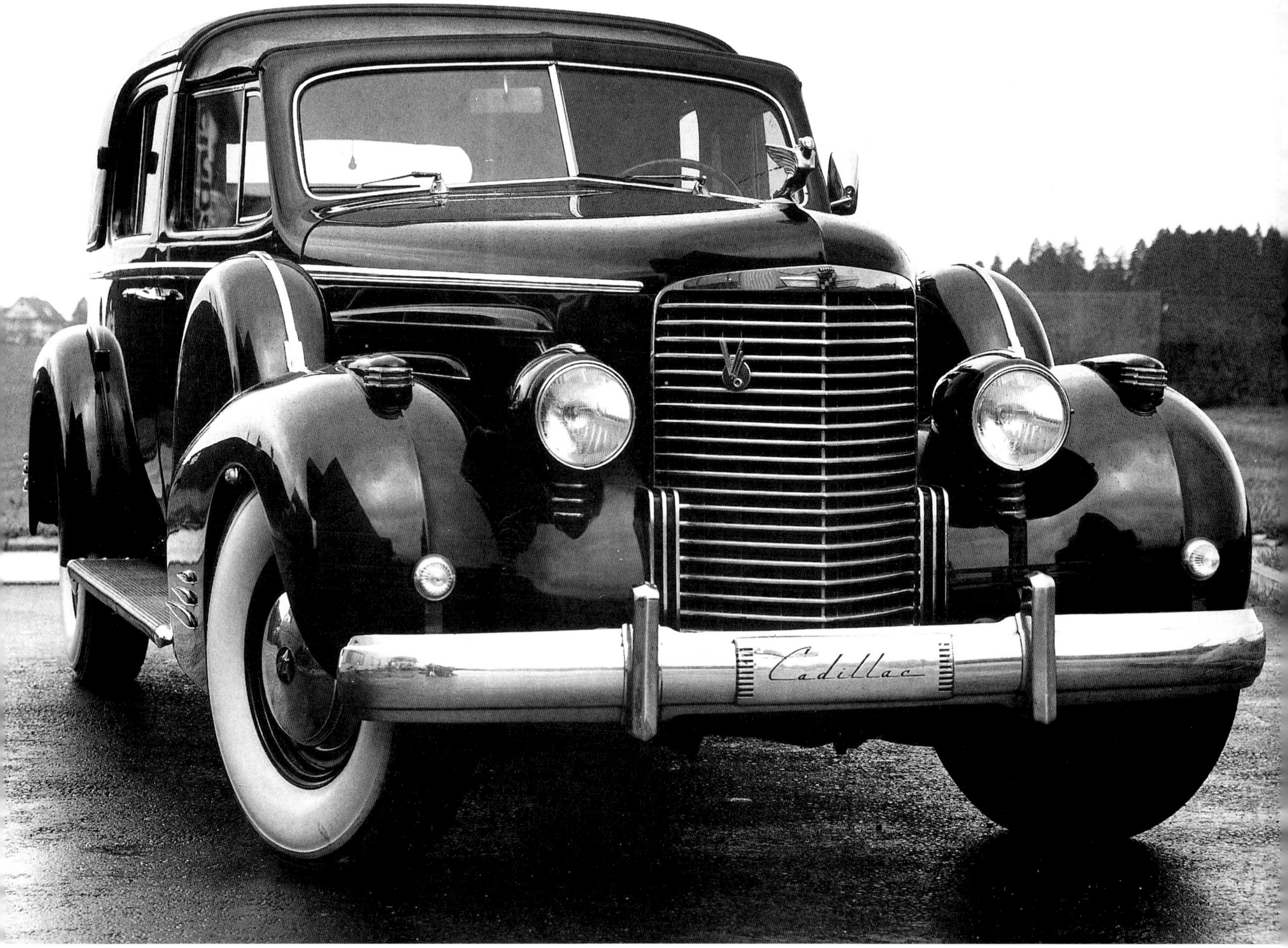
Cadillac

PETER RUCH

Cadillac

STANDARD OF THE WORLD

Motorbuch Verlag Stuttgart

Schutzumschlaggestaltung:
Johann Walentek unter Verwendung eines Archivfotos von Cadillac.

Frontispiz:
7 175 $ kostete dieser Series 90 Town Car (9053) im Jahre 1938, von dem bis 1940 nur gerade 18 Stück gebaut wurden. Dieses Bild zeigt das Fahrzeug, das an Papst Pius XII. in den Vatikan geliefert worden war.

Der Eldorado wurde 1971 nicht nur vollständig überarbeitet, er wurde als Eldorado Convertible auch in einer offenen Version angeboten. Dieser frontgetriebene Straßenkreuzer sollte das letzte offizielle Cadillac-Cabriolet sein. Sein Preis lag mit 7 751 $ ziemlich hoch.

ISBN 3-613-012472

1. Auflage 1995
Copyright © by Motorbuch Verlag, Postfach 103743,
70032 Stuttgart.
Ein Unternehmen der Paul Pietsch-Verlage GmbH & Co.
Sämtliche Rechte der Speicherung, Vervielfältigung und
Verbreitung sind vorbehalten.
Typografie: Regine Buddeke
Satz: Satzstudio MediaSoft Berlin
Druck: Maisch & Queck, Gerlingen
Bindung: Karl Dieringer, Gerlingen
Printed in Germany

INHALT

Vorwort 6
Zum Geleit

Kapitel 1 10
Cadillac und seine Väter
Henry M. Leland – Die Idee der Qualität

Kapitel 2 42
Cadillac and Co.
General Motors – Der starke Partner

Kapitel 3 66
Cadillac und der V8
Type 51 – Der Siegeszug der Achtzylinder

Kapitel 4 98
Cadillac und der Hang zur Größe
Die dreißiger Jahre

Kapitel 5 140
Cadillac und der Traum vom Frieden
Die vierziger Jahre

Kapitel 6 160
Cadillac und Chrom und Flossen
Die fünfziger Jahre

Kapitel 7 204
Cadillac und die Woge des Erfolgs
Die sechziger Jahre

Kapitel 8 244
Cadillac und Rennsport
Im Luxusliner durch die Pampa

Kapitel 9 252
Cadillac und die Vernunft
Die siebziger Jahre

Kapitel 10 288
Cadillac und die Zukunft
Neue Ziele, alte Werte

Kapitel 11 324
Cadillac und LaSalle
Mehr als nur die kleine Schwester

Anhang 338
Technik-Daten und Adressen
Literaturhinweise

VORWORT

ZUM GELEIT

Liebe Cadillac-Freunde!

Seit mehr als 90 Jahren ist der Name »Cadillac« der Inbegriff für innovative Erfindungen, für Luxus, für den führenden Hersteller von Fahrzeugen der automobilen Oberklasse. Schon 1908 setzte Cadillac den Maßstab, den »Standard Of The World«, als man mit dem Gewinn der Dewar Trophy beweisen konnte, daß bei einem Cadillac jedes Teil ersetzbar war. Vier Jahre später wurde Cadillac zum zweiten Mal mit der Dewar Trophy ausgezeichnet, diesmal für die Erfindung des Anlassers.

Als Leader im Bereich der Technik hat sich Cadillac schon immer beweisen können: 1915 mit der Konstruktion des ersten massengefertigten, wassergekühlten V-8-Motors, ab 1930 mit der Produktion des V 16, 1949 mit dem ersten kopfgesteuerten V 8, und heute mit dem 300 PS starken Northstar-Triebwerk. Auch beim Design war Cadillac immer tonangebend. Da waren zuerst die wunderbaren Karosserien der Gebrüder Fisher und von Fleetwood Coachworks. 1948 verzückte Cadillac die Öffentlichkeit mit dem Coupé de Ville, das ohne Dachpfosten auskam. Und in den 50er Jahren konnte man den Erfolg der Cadillac an der Höhe der Heckflossen messen. Heute ist der Seville das neue Sinnbild für das moderne Cadillac-Design.

Seit 45 Jahren ist Cadillac die meistverkaufte amerikanische Luxusmarke – wir werden uns in Zukunft nicht nur bemühen, diesen Rang zu verteidigen, sondern auch die Herausforderung aller führenden Automobilhersteller dieser Welt annehmen.

Cadillac fährt langsam in sein zweites Jahrhundert. Doch unsere Ziele, unsere Arbeit und unsere Entwicklungen haben sich nicht groß geändert seit der Zeit, als Henry Martyn Leland die Cadillac Motor Car Company im Jahre 1902 gegründet hat. Wir wollten immer, und wir wollen noch heute den Maßstab setzen, den »Standard Of The World«.

John O. Grettenberger,
Chairman
Cadillac Motor Car Division

Angefangen hatte alles damit, daß ich vor sieben Jahren ein 51er Series 62 Convertible Coupé kaufen wollte. Aber eben nur wollte, denn das wunderbare schwarze Fahrzeug hätte beim besten Willen nicht in meine nur knapp zwei Meter breite Garage gepaßt. Doch der Cadillac-Virus war damit drin – und er wird mich wohl nie wieder loslassen.

Die Idee zu diesem Buch entstand dann vor etwa drei Jahren bei den ersten Probefahrten des neuen Seville STS im amerikanischen Bundesstaat Virginia, als ich an einem lauen Sommerabend in meinem Hotelzimmer in Doug Hendry's »Cadillac – Standard Of The World« blätterte und mich wunderte, daß noch niemand auf die Idee gekommen war, ein anständiges Buch über Cadillac in Deutsch zu verfassen.

Bis diese Zeilen hier dann allerdings vorlagen, war mancher Kampf zu bestehen – und ohne die tatkräftige Mithilfe einiger Menschen wäre es nie möglich geworden. Besonders herzlich bedanken möchte ich mich bei Joachim Kuch, meinem Lektor beim Motorbuch-Verlag, der die Idee zu diesem Buch mit Händen und Füßen verteidigte und entscheidend dazu beigetragen hat, daß es überhaupt entstehen konnte. Jederzeit unterstützt haben mich auch Jean-Philippe Coulaud und Tony Staub von General Motors Schweiz sowie Alex Zavallos und Uwe Mertin von der General Motors Service GmbH, die ich alle immer wieder mit meinen Spezialwünschen nerven mußte und die alle meine chaotische Organisation mit stoischer Ruhe ertrugen. Ein herzlicher Dank gebührt in diesem Zusammenhang auch Vince Muniga, dem für Europa zuständigen Pressechef der Cadillac Motor Car Division, der mir die Türen zum Archiv öffnete und mir so zu dem Material verhalf, das dieses Werk erst möglich und vor allem sinnvoll machte. Wichtig war mir auf dem langen Weg auch Dominique Fontenat, der mich immer wieder in meinem Vorhaben bestärkt hat.

Doch damit ist noch lange nicht genug: Mein Chef und Brötchengeber beim Schweizer Automagazin »auto-illustrierte«, Stefan Donat, hat immer wieder ein Auge zugedrückt, wenn ich während der Arbeitszeit über diesem Werk brütete; auch gebührt ihm Dank dafür, daß er mir vor einigen Jahren überhaupt erst die Arbeit als Autojournalist ermöglichte. Danken möchte ich Adriano Cimarosti von der »Automobil Revue« für seinen Rat und seine Bilder, danken möchte ich auch Rob de la Rive Box, Christine Bunia von DMB&B, Urs Paul Ramseier, Angelo Tito Anselmi, Jan Ingold. Und natürlich meinen Eltern, einfach für alles.

Erst ganz am Schluß erwähne ich hier meine liebste Katharina, obwohl sie eigentlich an oberster Stelle stehen müßte: Sie hat meine schlechte Laune während der langen Monate der Produktion zwar nicht immer mit einem Lächeln ertragen, doch sie hat mir mit ihrer unentbehrlichen Nähe jederzeit die Kraft gegeben, dieses Buch zu einem hoffentlich guten Ende zu bringen. Ohne Katharina wäre ich an mir und meiner unsäglichen Organisation mit Bestimmtheit verzweifelt.

Peter Ruch

KAPITEL 1
CADILLAC UND SEINE VÄTER

HENRY M. LELAND – DIE IDEE DER QUALITÄT

Die Zeiten waren alles andere als rosig. Die Vereinigten Staaten von Amerika waren alles andere als eine Welt- und Wirtschaftsmacht. Ganz im Gegenteil, es war ein gewaltiges, kaum bevölkertes Land der Farmer, in das am 16. Februar 1843 Henry Martyn Leland als jüngstes von acht Kindern geboren wurde. Seine Familie – Mutter Zilpha, um 1810 geborene Tifft, und Vater Leander B. Leland, Jahrgang 1803 – lebte in einem einfachen Farmhaus in der Nähe von Barten im Bundesstaat Vermont. Der sechste Sohn der Lelands wurde auf den Namen Henry getauft, nicht etwa nach dem Stammvater der Lelands, sondern nach einem englischen Missionar, von dem seine streng gläubigen Eltern gelesen hatten. So sah auch seine Erziehung aus, Henrys Eltern waren Quäker und impften ihren Kindern die hohen Maßstäbe ihres christlichen Glaubens ein – und dieser Glaube beeinflußte den späteren Cadillac-Gründer nicht nur in seiner Kindheit: Sein ganzes Leben sollte von diesen strengen Anforderungen an sich selber und an seine Mitmenschen geprägt sein. Sein Credo: Jede Arbeit, und sei es die kleinste, muß so gut wie irgend möglich ausgeführt werden. Und das nicht nur, weil es sich so gehörte, im wilden Land seiner Kindheit mit den rauhen Wintern konnte sich jede Verschwendung von körperlichen oder materiellen Ressourcen verheerend auswirken. Kein Wunder also, daß der von Kindesbeinen auf an harte Arbeit gewohnte Henry rasch lernte, sich durchzusetzen.

Und die Verhältnisse wurden nicht besser, noch als kleiner Junge erlebte er mit, wie sein Vater die Farm verkaufen mußte und als Mietkutscher zu arbeiten begann. Von Boston, Massachusetts, nach Montreal in Kanada führte seine Tour, und das auf Straßen, die ihren Namen beim besten Willen nicht verdienten. Einmal abgesehen davon, daß sich Leander gegen Dutzende von anderen Transporteuren durchsetzen mußte, hatte er an seinem Achtspänner je nach Straßen- und Witterungsverhältnissen auch immer wieder die zerbrechlichen Speichenräder zu wechseln – und er verdiente für diese schon fast brutal harte Arbeit ganze 15 Dollar im Monat. Nicht gerade üppig, denn daheim in Vermont hatte Leander Leland neun hungrige Mäuler zu versorgen. An Stelle einer warmen Mahlzeit bekamen die Kinder oft nur eine haarsträubende Geschichte serviert. Wie für seine Geschwister begann auch für den jüngsten der Leland-Söhne schon früh der Ernst des Lebens. Mit elf Jahren mußte der großgewachsene Klein-Henry, der sich übrigens stark für die Geschichte der Vereinigten Staaten interessierte, deshalb selber Arbeit suchen. Seine ersten Dollar verdiente er mit dem Besohlen von Schuhen. Doch schon hier zeigte der Bursche, was in ihm steckte: Er arbeitete so hart, daß er fast gleich viel verdiente wie sein Vater. 1857 zogen die Lelands nach Worcester, Massachusetts, um. Dort gab es Arbeit, die Engländer zogen in den USA eine Textilindustrie auf. Der inzwischen 54jährige Leland fand wie seine älteren Söhne einen Job bei den »Crampton-Knowles Loam Works«. Henry und sein Bruder Edson arbeiteten für eine andere kleine Fabrik, die Räder zusammenbaute. 14jährig trat Henry als Lehrling in den Betrieb ein, in dem auch sein Vater arbeitete. Für seine 60-Stunden-Woche bekam er gerade drei Dollar Lohn, was damals allerdings als sehr gutes Geld galt. Während er noch in der Lehre steckte, brach der amerikanische Bürgerkrieg aus. Der junge Leland, ein großer Bewunderer Abraham Lincolns, meldete sich sofort als Freiwilliger für die Nordstaatenarmee, wurde aber zurückgewiesen, weil er noch zu jung war – zum Glück. Henry hatte während seiner Lehre dank seiner beharrlichen Art und genauen Arbeit die Aufmerksamkeit seiner Vorgesetzten erregt, so daß er – auch begünstigt dadurch, daß viele Männer an der Front standen – schnell befördert wurde. Schon bald wurde ihm als bestem Mann von Crampton-Knowles eine Stelle als Waffenmechaniker bei Springfield Armory angeboten, einer Firma, welche die Nordstaatenarmee mit Waffen belieferte. Henry Leland nahm an und blieb dort bis zum Ende des Krieges.

In diese Zeit fällt die industrielle Emanzipation der Vereinigten Staaten vom übermächtigen England. Gerade in der Waffentechnik, in der der junge Leland arbeitete, hatten die Amerikaner große Fortschritte gemacht. Schon 1798 hatte Eli Whitney ein Gewehr gebaut, mit höchst präzise verarbeiteten Einzelteilen, die untereinander einfach auszutauschen waren. Seine Idee von den zueinander passenden Baugruppen – eine Novum in der Zeit der Handwerker und Büchsenmacher, in der kein Gewehr wie das andere aussah – wurde von anderen perfektioniert: Namen wie »Smith and Wesson« oder »Colt« verdanken ihr den Aufstieg. Der wiederum wäre ohne die Besiedelung des amerikanischen Westens nicht so schnell vonstatten gegangen, denn nur mit einer Feuerwaffe konnten die bleichgesichtigen Eroberer die Indianer zurückdrängen. Für ihre Gewehre brauchten sie einfach austauschbare Teile, Schlagbolzen, Verschlüsse, denn im Falle eines Schadens verloren die Yankees Skalp und Leben, sofern sie ihren Schießprügel nicht schnell wieder klar bekommen konnten. Und weil tote Kunden schlechte Käufer sind, mußte die Waffenindustrie unkomplizierte und zugleich präzise gefertigte Konstruktionen anbieten, daß jeder »Cowboy« die Ersatzteile nicht nur mit sich führen, sondern auch schnell, einfach und an dem rechten Ort einsetzen konnte.

Die Engländer wurden auf diese bahnbrechende Erfindung allerdings erst viele Jahre später aufmerksam, als im Jahre 1851 »Robbins and Lawrence«, zwei Waffenschmiede aus Vermont, an der Weltausstellung im Londoner Hyde Park eine Medaille für ihr Gewehr mit den auswechselbaren Teilen erhielten. Diese »interchangable parts« – die die Massenfabrikation erst möglich machten – sollten nicht nur in der Waffenindustrie entscheidende Impulse geben, sie wurden auch zum geheimen Erfolgsrezept der Yankees, sorgten für die Entwicklung der USA zur wirtschaftlichen Weltmacht. Und sie hatten auch einen großen Einfluß auf das zukünftige Leben des Henry Martyn Leland.

Nach dem Bürgerkrieg gab es bei Springfield für Leland keine Arbeit mehr, trotz seiner hervorragenden Qualifikationen. Er war froh, daß er als Werkzeugschlosser nach Hartford zur angesehenen Firma Colt wechseln konnte, ebenfalls einem Waffenhersteller, der sich mit seinen hochpräzisen Fertigungsmethoden schon damals einen hervorragenden Namen gemacht hatte. Samuel Colt hatte seine ersten »Revolver« schon 1835 gebaut, damals aber noch kein Aufsehen erregt. Erst als er einen gewissen Elisha K. Root, den anerkannt besten Mechaniker in New England, engagierte, der für ihn die Organisation der mit 1400 Maschinen ausgestatteten Fabrik übernahm, hatte er auch materiellen Erfolg. Root entwarf aber nicht nur Maschinen für die Produktion, er achtete auch auf höchste Genauigkeit bei der Herstellung. Leland konnte bei diesem modernen Produktionsverfahren nicht nur eine Menge lernen, er konnte außerdem

In diesem Haus in Worcester, Massachusetts, wohnten die Lelands ab 1857 nach ihrem Umzug von Vermont.

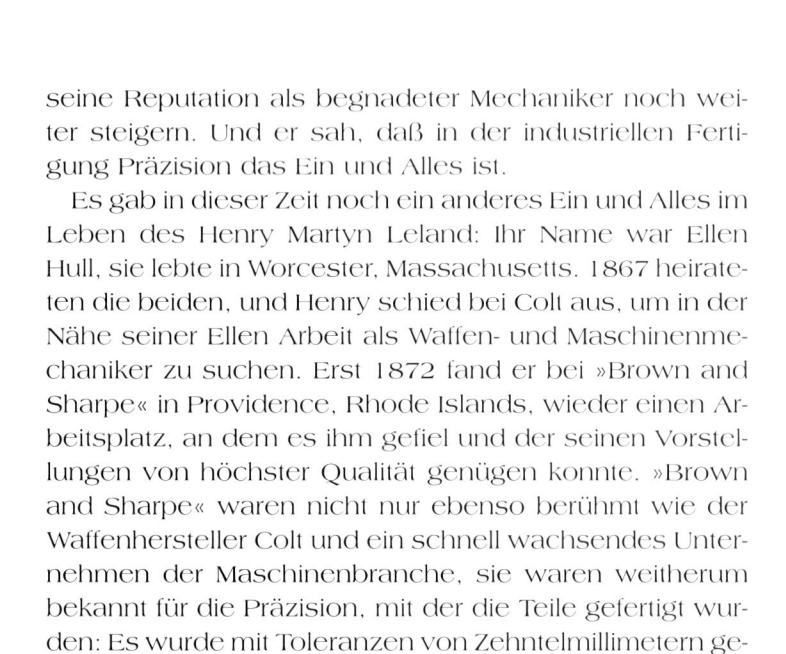

Henry Martyn Leland

Wilfred Leland

seine Reputation als begnadeter Mechaniker noch weiter steigern. Und er sah, daß in der industriellen Fertigung Präzision das Ein und Alles ist.

Es gab in dieser Zeit noch ein anderes Ein und Alles im Leben des Henry Martyn Leland: Ihr Name war Ellen Hull, sie lebte in Worcester, Massachusetts. 1867 heirateten die beiden, und Henry schied bei Colt aus, um in der Nähe seiner Ellen Arbeit als Waffen- und Maschinenmechaniker zu suchen. Erst 1872 fand er bei »Brown and Sharpe« in Providence, Rhode Islands, wieder einen Arbeitsplatz, an dem es ihm gefiel und der seinen Vorstellungen von höchster Qualität genügen konnte. »Brown and Sharpe« waren nicht nur ebenso berühmt wie der Waffenhersteller Colt und ein schnell wachsendes Unternehmen der Maschinenbranche, sie waren weitherum bekannt für die Präzision, mit der die Teile gefertigt wurden: Es wurde mit Toleranzen von Zehntelmillimetern gearbeitet, damals ein geradezu sensationeller Wert. »Brown and Sharpe« setzten den Standard, und zwar einen so hohen Standard, daß sie sogar eigene Meßinstrumente entwickeln mußten, um ihre Präzision zu messen. Leland wußte, daß er hier noch viel lernen konnte –

und er wollte noch viel lernen auf diesem Gebiet, denn er träumte davon, sich bald selbständig zu machen. Bei »Brown and Sharpe« war er auf jeden Fall an der richtigen Adresse, denn im Jahr, als er einer der 300 Angestellten wurde, gewannen die Amerikaner für ihre Präzision Preise in Paris, Brüssel, Lüttich, Mailand und Turin. Man war stolz darauf, und voller Stolz verlieh man sich in Providence den Titel »Welt-Standard für Genauigkeit«.

Auch seinem neuen Arbeitgeber blieben Lelands Qualitäten, seine Genauigkeit gepaart mit unternehmerischen Denken, nicht lange verborgen. So entwickelte er schon kurz nach seiner Anstellung eine Maschinenschere, die sogar das allerfeinste Haar perfekt schneiden konnte. In seiner Perfektionswut ging Henry sogar soweit, daß er seine Erfindung an einer Kalbshaut erprobte, auf der wirklich nur allerfeinste und vom menschlichen Auge kaum erkennbare Haare zu finden waren. Er ließ seine Schere die Haut überfahren, dann reinigen, dann nochmals über die gleiche Haut gleiten: Wurde auf den Messern noch ein einziges Haar gefunden, galt die Schere als Ausschuß.

Bereits 1858 hatte »Brown and Sharpe« für die Textilfa-

Die Cadillac-Fabrik in ihren ersten Jahren.

brik »Wilcox and Gibbs« eine Webmaschine entwickelt, die auch noch 80 Jahre später in der Verkaufskatalogen der Fabrik in Providence auftauchte. Henry arbeitete in der Webmaschinen-Fertigung und verfolgte die Weiterentwicklung mit großem Interesse. Nahezu zwangsläufig stieß er auf das Problem der mangelnden Präzision beim Schleifen der Teile. Leland wußte, daß ein Töpfer aus Worcester, dem Heimatort seiner Frau, eine Art Schleifmaschine entwickelt hatte, die mit einer Mischung aus Schmiergelpapier, Ton und verglastem Ton arbeitete. Henry überarbeitete diese Maschine so weit, daß sie auch für die Industrie brauchbar wurde, und suchte dann seine Chefs Brown und Viall auf, um ihnen seine Lösung zu präsentieren – und stieß damit vor allem bei Brown, der schon seit Jahren mit dem gleichen Problem kämpfte, auf offene Ohren. So konnte schon 1874 mit der Produktion dieser neuen und wegweisenden Maschinen begonnen werden, und Lelands Gedankenspiele um die Schleifmaschine sollten nicht nur die Webindustrie, sondern ganz entscheidend auch die noch nicht geborene Automobilindustrie beeinflussen. Leland selber bezeichnete diesen »Brown and Sharpe Universal Grinder« als eine der wichtigsten Erfindungen der amerikanischen Industrie überhaupt.

Im Februar 1878 wurde Henry Leland zum Chef der für »Brown and Sharpe« so wichtigen Webmaschinenabteilung ernannt, nachdem sein Vorgesetzter Richmond Viall in die Unternehmungsleitung berufen worden war. Er arbeitete in der Folge hart an der ständigen Verbesserung der Produktivität: Noch innnerhalb des ersten Jahres als Abteilungsleiter gelang es ihm nicht nur, die Effizienz zu steigern, sondern auch die Produktionskosten um die Hälfte zu verringern. So ganz nebenbei fand er auch noch die Zeit, ein Buch mit dem Titel »The Art of Manufacturing« zu schreiben. Kein Wunder, daß ihn einer seiner damaligen Mitarbeiter als einen Mann beschrieb, der alle Dinge besser machen wollte als sie je gemacht worden waren. Leland war aber nie der Vorgesetzte, der seine Ziele mit verstärktem Druck auf seine Angestellten erreichte: Er sah immer in die Zukunft, er sah als begnadeter Techniker die Schwachpunkte der Maschinerie und konnte Verbesserungen mit wenigen Worten erklären, und er sah die Qualität als höchstes seiner Ziele.

Für seine vielfältigen Verdienste wurde er von »Brown and Sharpe« reich belohnt – er erhielt einen halben Dollar mehr Lohn pro Tag. Dieses fast schon beleidigende Almosen bestärkte im 35jährigen Leland nur noch den schon lange gehegten Wunsch nach einer eigenen Firma. Doch die Zeiten waren hart, seine Ellen hatte bereits das dritte Kind geboren, und er mußte zudem seine Eltern unterstützen, die alt und krank waren. Es sollte also noch einige Jahre dauern, bis sich der politisch und sozial stark engagierte Leland diesen Jugendtraum der Selbständigkeit erfüllen konnte.

Nach einer langen, krankheitsbedingten Unterbrechung kehrte Leland 1885 nach einem kurzen Abstecher zum Wagenhersteller »Jordon and Meehan« in Colombus, Ohio, wieder zu »Brown and Sharpe« zurück, um als Verkäufer und Supertechniker die damals industriell noch jungfräulichen Gebiete des Wilden Westens zu bearbeiten. Der 42jährige, streng konservative Le-

Alanson Brush (am Steuer) und Wilfred Leland bei einer Ausfahrt mit dem ersten gebauten Cadillac im Jahre 1902.

Dieses Modell A (Rear Entrance Tonneau) steht heute in der Eingangshalle des neuen Cadillac-Verwaltungsgebäudes außerhalb von Detroit. Das Fahrzeug hat bereits zwei Restaurationen hinter sich, die letzte im Jahr 1976.

*Seite 17 Mitte:
Für 100 $ extra konnte das Modell A auch als Rear Entrance Tonneau bestellt werden – ein happiges Aufgeld bei einem Preis von 750 $. Gut zu sehen ist hier auch das massige Schwungrad.*

*Seite 17 unten:
Mit dem Modell B »Surrey« und seiner bedeutend massigeren Form machte Cadillac schon 1904 einen ersten Schritt auf dem Weg nach oben.*

Runabout wurde dieses Modell A im Jahre 1903 genannt. Es ist mit dem nur gegen Aufpreis erhältlichen Buggy-Dach ausgerüstet.

land, der gern, oft und lautstark über soziale Probleme philosophierte, stand bei seinen Vorgesetzten als Ingenieur, Designer, Produktions-Experte und technischer Berater hoch im Kurs: »Er war schon fast so etwas wie ein Künstler«, schrieb später einer seiner Mitarbeiter, »alle wollten seinen Rat, er durfte ganz nach seinen Gutdünken Ausrüstung und Mitarbeiter umorganisieren.« Sogar der legendäre Lokomotiven-Hersteller Westinghouse, der die Industrialisierung des amerikanischen Westens mit seiner Eisenbahn erst möglich gemacht hatte, stellte auf Anraten von Leland von der Handarbeit auf die industrielle Großproduktion von Kolben und Zylindern um. Das alles selbstverständlich mit Maschinen von »Brown and Sharpe«. Am 9. August 1890 war es dann endlich soweit: Henry Martyn Leland verließ »Brown and Sharpe« und gründete zusammen mit dem Holzindustriellen Robert C. Faulconer und seinem langjährigen Freund Charles H. Norton in Detroit die »Leland, Faulconer and Norton«, eine Firma für Verkauf und Bearbeitung von Maschinenteilen. Faulconer, der 40 000 Dollar in das Geschäft einbrachte, war Präsident der Gesellschaft, Leland wurde zum General Manager mit einem Einkommen von 2000 Dollar im Jahr ernannt. Detroit war nicht nur als Standort ausgesucht worden, weil Faulconer dort schon seine vielfältigen Geschäfte betrieb, Leland gab der schnell wachsenden Stadt an der Grenze zu Kanada auch beste Chancen für die Zukunft.

Noch im gleichen Jahr trat auch Sohn Wilfred, der eigentlich Medizin studiert hatte, aber bei einer Schnellbleiche bei »Brown and Sharpe« ebenfalls großes mechanisches Geschick bewiesen hatte, in die Firma seines Vaters ein. »Leland, Faulconer and Norton« wuchs schnell: Schon bald war in der ganzen Stadt bekannt, daß die beiden Lelands in ihrer Produktion nur allerbeste Qualität zuließen, und bereits kurz nach der Gründung konnte die Belegschaft von anfänglich 12 auf 60 Angestellte ausgebaut werden. Selbstverständlich war es nicht nur für die Mitarbeiter, sondern auch für den Ruf der Firma gut, daß die beiden Chefs jeden einzelnen Handgriff in ihrem Geschäft selber beherrschten und die besten Beispiele dafür waren, daß das Erreichen höchster Qualität zu einem Lebensinhalt werden konnte. Leland war sicher nicht der angenehmste Chef, er war ein streng-gerechter Patri-

Als Detachable Tonneau wurde dieses Modell A 1904 zu einem Preis von 850 $ angeboten. Der Wagen wurde serienmäßig in einer bräunlichen Farbe ausgeliefert.

arch, der aber von seinen Leuten nur das verlangte, was er auch selber zu leisten fähig war.

Nachdem Norton die Gesellschaft wieder verlassen hatte, zog die »L and F« 1893 in eine neu gebaute Fabrik in der Trombling Avenue. Zwar war das firmeneigene Kapital mittlerweile auf sichere 100 000 Dollar angewachsen, doch Henry machte sich trotzdem Sorgen über die Zukunft, weil er von seinen Zulieferern nicht das von ihm gewünschte Material kaufen konnte. Also begann man in der eigenen Fabrik auch selber Maschinenteile im großen Stil zu produzieren, die zwar für den Kunden sehr teuer waren, doch auch von so hoher Qualität und Beständigkeit, daß sich die höheren Anschaffungskosten dank der bedeutend längeren Lebensdauer wieder rentierten. Der gute Ruf lockte neue und immer größere Kunden zu »L and F«.

In den frühen 90er Jahren des vergangenen Jahrhunderts waren in den USA Fahrräder groß in Mode. Viele Hersteller priesen ihre Modelle mit der einwandfreien Schaltung, doch so recht befriedigen konnten diese Zweiräder damals aber niemanden, weil die passenden Zahnräder für die Schaltung noch nicht erfunden waren. Zwei führende Fahrradhersteller – Pope aus Connecticut und Pierce aus New York – sprachen bei Vater Leland vor. Der nahm sich zusammen mit seinem Ingenieur Frank E. Ferris des Problems an und schon kurze Zeit später konnte »L and F« Tausende von Fahrradschaltungs-Zahnrädern an die absolut zufriedene Kundschaft liefern. Die benötigten Teile waren nicht nur auf einen Zehntelmillimeter genau gefertigt, sie waren auch komplett und leicht untereinander austauschbar. 1896 ging »Leland and Faulconer« noch einen Schritt weiter und kümmerte sich erstmals auch um das immer größer werdende Geschäft mit Motoren. Für die Trambahn von Detroit wurden Hunderte von Dampfmaschinen zusammengebaut, und Frank J. Dimmers »Boat Shop« bestellte bei »L and F« Schiffsmotoren. Das Geschäft mit diesen Motoren hatte Zukunft, deshalb erweiterte die immer schneller wachsende Firma ihr Programm um Schiffsdiesel zwischen 5 und 20 PS. In die gleiche Zeit fällt auch eine Begegnung, die das Leben der beiden Lelands entscheidend verändern sollte.

Gleichzeitig mit »Leland, Faulconer and Norton« waren 1890 im rund 100 Kilometer von Detroit entfernt liegenden Lansing die »Olds Gasoline Engine Works« gegründet worden. Der Gründer der Firma, Ransom Eli Olds, geboren 1864 als Sohn eines Schmieds in Geneva, Ohio, war einer der amerikanischen Pioniere des Elektro- und Dampfmotors gewesen und hatte sich schon früh für selbstgetriebene Fahrzeuge interessiert.

Seine frühen Automobile stattete Olds noch mit Dampfmaschinen aus, so auch das erste US-Fahrzeug, das ins Ausland verkauft wurde: Die Francis Times Company in Indien bestellte 1893 einen Olds. Der Kunde bekam das gewaltige Fahrzeug, dessen Kessel mit Flüssigbrennstoff befeuert werden wollte und stolze 4 PS leistete, aber nie zu sehen, weil es angeblich auf dem Transport verloren ging. Ransom Olds hatte allerdings schon vor der Abreise seines Gefährts prophezeit, daß der Käufer mit dem Dampfmonster wohl nicht besonders glücklich werden würde.

Man sollte allerdings nicht vergessen, daß die ersten selbstfahrenden Fahrzeuge allesamt mit Dampf angetrieben wurden. Schon 1769, im gleichen Jahr, als der schottische Mechaniker James Watt sein Patent auf der Dampfmaschine erhielt, rumpelte Nicolas Joseph Cugnot mit einem dampfkesselgetriebenen Fahrzeug durch die Straßen von Paris. Allerdings schaffte er mit dem kopflastigen Monster (zwei Zylinder mit 325 Millimeter Bohrung und 378 Millimeter Hub trieben das hölzerne Vorderrad direkt an) eine Spitzengeschwindigkeit von nur gerade 4 km/h. Zudem mußte Cugnot den Kessel seines Gefährts alle 12 Minuten wieder mit Wasser füllen und »Dampf« machen. Das erste selbstfahrende Fahrzeug in den USA, das den passenden Namen »Orukter Amphibolos« trug, war ebenfalls dampfgetrieben. Seine einzigartige Geschichte ist es wert, kurz umrißen zu werden: Oliver Evans hatte von der Gesundheitsbehörde der Stadt Philadelphia den Auftrag erhalten, einen Schaufelbagger zu bauen. Das Gefährt konstruierte Evans in seinem Hinterhof, der Bagger wurde auf ein Schiff montiert und arbeitete mit einem Dampfmotor. Diese Maschine verwendete Evans aber auch, um seinen Orukter am 13. Juli 1805 aus dem Hof zum vorgesehenen Einsatzort am Fluß zu fahren: Somit war ein Bagger das erste Gefährt, das sich auf einer amerikanischen Straße aus eigener Kraft bewegt hatte. Während des ganzen 19. Jahrhunderts wurden in den Vereinigten Staaten Hunderte von Dampfwagen gebaut, ein Modell von Sylvester Hayward Roper aus Roxbury, Massachusetts, soll angeblich 1870 bereits 50 km/h erreicht haben. 1878 wurde in Green Bay, Wisconsin, ein Rennen für die dampfenden Maschinen auf Rädern ausgetragen, das über 200 Meilen führte. Auch Ransom Eli Olds hatte schon vor seinem mißglückten indischen Exportabenteuer zwei Dampfwagen gebaut.

Zu dieser Zeit war allerdings schon klar, daß in Zukunft die Verbrennungsmotoren das Rennen machen würden. Verschiedene amerikanische Ingenieure (und Bastler) wie die Gebrüder Duryea, John W. Lambert oder Elwood P. Haynes hatten die Nase schon im Wind, als Olds 1897 von den Direktoren der neugegründeten »Olds Motor Vehicle Company« den Auftrag erhielt, in möglichst kurzer Zeit ein möglichst perfektes Auto zu bauen, was dem hochbegabten 35jährigen auch tatsächlich gelang. Danach ging es für Olds rasant aufwärts: Zuerst wurde die »Olds Motor Company« mit einem Grundkapital von einer Million Dollar gegründet, dann zog man von Lansing, das noch immer keine gepflasterten Straßen hatte, nach Detroit in die Jefferson Avenue um. Die gerade um die Jahrhundertwende erstellte Olds-Fabrik war die erste und größte ihrer Art in den Vereinigten Staaten. Zweifels ohne haben die Amerikaner viel von der europäischen Vorarbeit in Sachen Automobil profitiert. Schon 1490 hatte das Universalgenie Leonardo Da Vinci einen mechanischen Wagen mit Handkraftantrieb gebaut. 1875 baute der Wiener Konstrukteur Siegfried Marcus einen nicht fahrtüchtigen Wagen mit Benzinmotor und elektromagnetischer Zündung, aber erst nachdem Carl Benz im Herbst 1885 mit seinem gerade 0,9 PS starken 1-Zylinder-Viertakter namens »Benzine« die erste Fahrt mit einem »Fahrzeug mit Gasmotorenantrieb« absolviert hatte, brach in Europa ein wahres Motorisierungsfieber aus. Vor allem die Franzosen gaben sich viel Mühe, dem Automobil zum Durchbruch zu verhelfen: Namen wie DeDion-Bouton, Panhard-Levassor oder Peugeot machten schon in den frühen 90er Jahren des vergangenen Jahrhunderts mit teils sehr abenteuerlichen Gefährten die Straßen unsicher.

Wann genau das erste amerikanische Automobil mit Verbrennungsmotor gebaut wurde, ist hingegen nicht ganz gesichert. Lange beanspruchte der schon erwähnte Elwood P. Haynes diesen Anspruch für sich und gab als Produktionsdatum das Jahr 1893 an. Zu diesem Zeitpunkt bestand sein Auto allerdings höchstens aus Gedanken, gebaut wurde es erst 1894, und nicht einmal

Oben:
Beachtlich an diesem Modell F Touring Car (1905) mit seitlichem Eintritt ist vor allem die gewagte Form des Kühlers und der Motorhaube.

Mitte:
Stolze 3 000 $ verlangte Cadillac 1906 für dieses Modell H Coupé mit seiner geschlossenen Karosserie. Inbegriffen in diesem Preis waren allerdings die Lampen, die sonst einen anständigen Aufpreis kosteten.

Unten:
Es sollte einige Jahre dauern, bis wieder ein Cadillac so teuer werden sollte wie dieses Modell L Limousine im Jahre 1906: Schon fast freche 5 000 $ verlangte Cadillac für dieses herrschaftliche Fahrzeug.

von Haynes selber, sondern von den Gebrüdern Apperson. Lambert hingegen hatte schon 1891 soetwas wie ein Automobil gebaut, das aber leider die Straße nie sah, weil es bei einem Brand vollkommen vernichtet wurde. So darf man den Titel der Erbauer des ersten funktionstüchtigen, amerikanischen Automobils getrost den Gebrüdern Duryea zugestehen, deren vier PS starker Einzylinder am 21. September 1893 zum ersten Mal auf öffentlichen Straßen erprobt wurde. Bis es allerdings soweit war, hatten die beiden ungleichen Brüder mit Schwierigkeiten zu kämpfen: Ihr erster »Horse Buggy« war überhaupt nicht funktionstüchtig. Aber auch der oben erwähnte Einzylinder, den Charles Duryea mit 8 000 $, die er aus Spekulationen mit Immobilien erwirtschaftet hatte, finanzierte, war kaum fahrfähig, weil sein Reibradantrieb eine eher problematische Konstruktion war.

Die Duryeas waren aber trotz all dieser Schwierigkeiten die ersten Amerikaner, die eine Serienproduktion wagten: Genau 13 Fahrzeuge bauten sie bis 1896 in einem engen Holzschuppen in Springfield, Massachusetts, bevor ihnen wieder einmal das Geld ausging. Erster Käufer eines dieser Serienautos war George H. Morill aus Norwood in Massachusetts. Er erstand das 320 Kilo schwere Automobil wahrscheinlich bei der Daimler Motor Company, der US-Niederlassung der schon damals in den USA beliebten deutschen Firma. Es war übrigens der berühmte Klavierfabrikant William Steinway, der seit 1891 Daimler-Benzinmotoren in die Vereinigten Staaten einführte.

Wirtschaftlich zwar wenig erfolgreich, waren die Duryeas aber immerhin die ersten Gewinner eines Rennens für benzingetriebene Fahrzeuge. Am 28. November 1895 gewann Frank Duryea einen von der Zeitung »Chicago Times Herald« ausgeschriebenen Wettbewerb, der über eine Strecke von 86,4 Kilometern führte. Als er von Reportern gefragt wurde, was denn sein Fahrzeug im Vergleich zum zweitplazierten Benz so einzigartig mache, haute Frank Duryea mächtig auf die Pauke: Der Duryea sei mit einem Motor mit elektrischer Zündung, Wasser- und Kraftstoffpumpe, Düsenvergaser, Dreigang-Getriebe, kugelgelagerter Transmissions- und Hinterachswellen, einer Motorverkleidung und, das sei absolut speziell, mit Luftreifen ausgerüstet.

Oben:
Obwohl 2 400 $ teuer, waren bei diesem Modell H Runabout die abgebildeten Lampen noch nicht im Preis inbegriffen.

Mitte:
Dieser Touring Car des Modelles H sieht genau so aus, wie man sich heute einen Oldtimer vorstellt. 1906 kostete er 2 500 $.

Unten:
780 $ verlangte Cadillac 1906 für dieses Modell K Light Runabout. Das Dach aus Leder kostete noch einmal 50 $ zusätzlich.

Im Gegensatz zu den Lamberts, Haynes und den Duryeas hatte der brilliante, mutige und weitsichtige Ransom Olds allerdings Erfolg – und sicher trug er wesentlich dazu bei, daß Detroit zur »Motor City« wurde. Es war nur eine Frage der Zeit, bis sich Olds und Leland treffen würden. Und die beiden trafen sich, weil das legendäre, 2,5 Meter lange und 320 Kilo schwere »Curved Dash«-Modell von Olds unbedingt ein vernünftiges Getriebe brauchte. Also bequemte sich Olds in den Tempel der Präzisionsarbeit und legte sein Problem vor dem Hohepriester der Qualität dar. Leland löste den Getriebeärger in seiner gewohnten Art: schnell, sauber und erst noch günstig. Selbstverständlich war das Leland-Getriebe im Gegensatz zum bisher von Olds verwendeten Rührwerk nicht nur angenehm ruhig, es war nach Lelands Prinzipien auch so genau gearbeitet, daß die verschiedenen Teile jederzeit ohne weitere Anpassung von Hand austauschbar waren.

Wer vom amerikanischen Automobil der Jahrhundertwende spricht, sollte aber nicht vergessen, daß die Produktion dieser selbstfahrenden Fahrzeuge zu diesem Zeitpunkt noch keiner Rede wert sein konnte: 1900 wurden in den USA genau 4 182 Personenwagen gebaut, insgesamt waren etwa 8 000 Fahrzeuge gemeldet. Diese Zahlen erscheinen geradezu lächerlich, wenn man sie mit den rund 30 Millionen Pferden vergleicht. Das Pferd galt fast schon als Mitglied der Familie, während sich die komischen, lärmigen und defektanfälligen Autos noch immer mit miserablen Straßen und mysteriösen Vorschriften herumschlugen. Vorschriften, die beispielsweise verlangten, daß der Autofahrer sein Gefährt anzuhalten und am Straßenrand abzustellen hatte, wenn ihm ein Reiter entgegenkam. Oft bremste auch die Bevölkerung mit Steinen und Nägeln die ungestümen Automobilisten.

Olds scherte sich nicht um diese Schwierigkeiten: Nach einem verheerenden Brand am 9. März 1901 in seiner neuen Fabrik in Detroit, der ihn wieder zum Umzug nach Lansing nötigte, bestellte er bei »L and F« 2 000 seiner Einzylindermotoren mit 1 564 cm³ Hubraum. Für Leland war dieser Auftrag eine besondere Herausforderung, wollte er doch der Welt und vor allem seinen Konkurrenten beweisen, daß seine Qualität alles andere übertraf. Neben »L and F« lieferten auch die Gebrüder

John und Horace Dodge, die sich schon seit einigen Jahren auf die Herstellung von Benzinmotoren spezialisiert hatten, Motoren an Olds. Doch trotz ihrer großen Erfahrung mußten sich die Dodge-Brüder von Leland übertrumpfen lassen: Ihr nach den Plänen von Olds zusammengebauter Motor leistete müde drei Pferdestärken, während die von »L and F« feiner und säuberlich hergestellte Maschine doch 3,7 PS entwickelte, was immerhin einer Steigerung von über 30 Prozent entspricht. Dieser Leistungszuwachs war einzig auf die exakte Montage der angelieferten Teile zurückzuführen.

In diesem Zusammenhang erzählte Wilfred Leland später immer wieder gerne eine Geschichte, die nicht nur die Überlegenheit des »L and F«-Motors beweist, sondern auch zeigt, daß das Detroit der Autopioniere nur ein Dorf war: Während der ersten Autoausstellung, abgehalten im Armory-Gebäude in der Larned Street, waren auf dem Olds-Stand sowohl ein Dodge- als auch ein »L and F«-Motor in Aktion zu bewundern. Überraschenderweise waren die beiden Triebwerke gleich stark, zumindest nach den angezeigten Zahlen. Als Wilfred und sein Vater sich das etwas genauer anschauten, bemerkten sie, daß ihr Motor mit einem faulen Trick auf die Geschwindigkeit des Dodge-Triebwerks eingebremst worden war. Überzeugt von ihrer guten Arbeit, konnten die Lelands über diese kleine Affäre nur müde lächeln. Den Mann aber, der die Bremse bediente, sollten sie später noch öfter treffen: Es war ein gewisser Henry Ford.

Ganz spurlos ging dieser interne Konkurrenzkampf allerdings nicht an Leland vorüber. An seiner Ehre gepackt, setzte er seine besten Männer darauf an, den Olds-Motor von Grund auf zu überarbeiten. Und weil Ransom Olds genau wußte, daß sein Motor auf jeden Fall noch verbesserungswürdig war, willigte der vorzügliche Kaufmann in einen Versuch ein, sofern es ihn nichts kostete. So machten sich die Lelands sowie Ernest E. Sweet, Frank Johnson, Walter Schwartz, Walter H. Phipps, Fred Hawes, Clair Owen sowie Charles Martens als Verbindungsmann zu Olds daran, wohl zum ersten Mal in der Geschichte des Automobils einen Motor zu tunen.

Der sehr uneffiziente Olds-Motor, der bereits mit einem mechanischen Einlaß-Ventil arbeitete und schon bei 500/min seine Höchstleistung erreichte, wurde vom Leland-Team gründlich zerpflückt. Der Luftansaugtrakt, das Einlaßventil und das Auspuffsystem wurden vergrößert, die Nockenwelle neu ausgebohrt und die gesamte Produktionsqualität verbessert. Damit leisteten die »boys«, wie Leland seine Mitarbeiter nannte, ganze Arbeit: Auf dem Dynamometer erreichte das »getunte« Triebwerk jetzt stolze 10,25 PS bei 900/min – also mehr als dreimal soviel wie das bei Dodge produzierte Motörchen.

Doch der Stolz der beiden Lelands war nur von kurzer Dauer. Zwar wollte Frederick L. Smith, verantwortlicher Mann bei Olds, das »L and F«-Wunderwerk sofort installieren, doch als er realisierte, daß für den bedeutend stärkeren Motor das Auto komplett umgebaut und angepaßt werden mußte, verwarf er die Idee sofort wieder. Nicht nur die zusätzlichen Kosten schreckten Smith, auch die notwendige Produktionsverzögerung war gar nicht nach seinem Sinne: Olds konnte sowieso nicht so viele Wagen bauen wie bestellt waren. So betrachtet, war die Entscheidung von Smith richtig, denn der »Curved Dash« (zu deutsch: abgerundetes Spritzbrett) wurde auch ohne den »L and F«-Motor zum Verkaufserfolg: 4 000 Fahrzeuge im Jahr 1903, 5 508 im Jahr 1904 und rund 6 500 ein Jahr später sprechen hier eine sehr deutliche Sprache. Zu diesem Zeitpunkt war Ransom Olds aber schon nicht mehr in seiner eigenen Firma, er hatte sie 1904 nach Streitereien mit seinen Geldgebern der neuen Modelle wegen verlassen und die Marke REO gegründet.

Henry Martyn Leland und sein Sohn Wilfred aber standen vor einem Dilemma: Da hatten sie den wohl besten Motor von Detroit, doch keine Verwendung dafür. Also leistete das hochgezüchtete Triebwerk zunächst einmal Kärnerarbeit und befeuerte den Privatwagen der Lelands, mit dem sie zur Arbeit fuhren und Kunden besuchten. An einem Augusttag des Jahres 1902 erschienen dann die Prinzen, die den Leland-Motor aus seinem Dornröschenschlaf erwecken sollten. Die beiden Herren stellten sich als William Murphy und Lemuel W. Bowen vor, zwei Namen, die weder Henry noch Wilfred Leland zuvor jemals gehört hatten.

Murphy erklärte, daß der gute Ruf von »Leland and Faulconer« ihn zu den Lelands gebracht habe. Er und seine Compagnons seien gerade daran, die von ihnen vor drei Jahren gegründete »Detroit Automobile Company« zu liquidieren und wollten fragen, ob vielleicht Interesse bestünde, die zum Verkauf stehende Autofabrik und ihre Ausrüstung zu schätzen. Selbstverständlich war Henry an dieser Aufgabe interessiert und ging mit Murphy und Bowen zur Cass Avenue, wo die »Detroit Automobile Company« ihre Fabrikationsanlagen hatte. Als er wenige Stunden später zurückkam, brachte er gleich eine glänzende Idee mit, die sein Wunderwerk von Motor zu dem machen sollte, was es verdient hatte: einem qualitativ hochwertigen Großserienprodukt. Denn die »Detroit Automobile Company« war nicht einfach eine der vielen Firmen, die sich in Detroit um die Jahrhundertwende mit Automobilen versuchte, es war die Firma, in der sich der damals noch unbekannte Henry Ford versucht hatte. Schon 1896 gegründet, war die Zusammenarbeit zwischen dem genialen Ford und seinen Geldgebern allerdings nie sehr fruchtbar gewesen – man schätzt, daß er bis zum Jahre 1900 zwischen zwei und zwölf Autos gebaut hatte –, denn Ford mußte sich den Vorwurf gefallen lassen, er baue nur Rennautos, um damit seinem liebsten Hobby zu frönen. Nachdem die Firma 1900 aufgelöst worden war, um nur ein Jahr später wieder mit Henry Ford als Chefkonstrukteur wieder aufzuleben, war die Luft 1902 endgültig draußen. Ford hatte die »Detroit Automobile Company« bereits wieder verlassen, und sein Nachfolger Oliver Barthel brachte soetwas wie ein Automobil gar nicht erst zustande.

Und genau hier sah Henry Martyn Leland seine große Chance. Er ließ seinen Motor aus dem Olds ausbauen und fuhr wieder in die Cass Avenue, wo Murphy, Bowen und die anderen Direktoren der Firma schon auf ihn warteten. Zuerst präsentierte er ihnen seine finanzielle Einschätzung der Firma, doch dann deutete er auf den Einzylinder-Motor, der ebenfalls auf dem Tisch lag. »Meine Herren«, sagte er, »ich denke, Sie machen einen großen Fehler, wenn sie ihre Firma jetzt auflösen, denn das Automobil wird eine große Zukunft haben. Ich habe ihnen hier einen Motor mitgebracht, den wir bei »Leland and Faulconer« bearbeitet haben, und der nicht nur dreimal mehr Kraft hat als das im Olds eingebaute Triebwerk, nein, seine Teile sind außerdem so genau gearbeitet, daß man sie jederzeit austauschen kann. Außerdem kann ich diesen Motor günstiger herstellen als das Olds-Triebwerk.« Nach einer kurzen Pause fuhr er fort: »Und schließlich ist dieser Motor absolut gutmütig.«

Vor allem der letzte Satz machte die Direktoren stutzig, denn als gutmütig konnte man die in der Regel sehr defektanfälligen Motoren jener Pionierzeit beim besten Willen nicht bezeichnen. Irgendwie sprach der ernste Mann vor ihnen aber mit einer solchen Überzeugung, daß sie noch an gleicher Stelle beschlossen, das Geschäft nicht aufzulösen, sondern es noch einmal zu versuchen – mit Henry M. Leland als Chefkonstrukteur.

Am 22. August trafen sich Murphy, Bowen sowie die Direktoren Black und White erneut, um ihre Firma neu zu organisieren. Das Kapital wurde auf 300 000 Dollar aufgestockt, Lemuel W. Bowen wurde zum ersten Präsidenten ernannt, und William E. Metzger, ein ehemaliger Olds-Mitarbeiter, übernahm das Amt des Verkaufsmanagers. Henry M. Leland stieg mit einem kleinen Anteil ebenfalls in die Firma ein und erhielt einen Sitz im Vorstand. Außerdem sollte seine »Leland and Faulconer« für das neue Auto die Motoren, die Getriebe und die Lenkung bauen, während bei der ehemaligen »Detroit Automobile Company« Chassis und Karosserien hergestellt werden sollten.

Und noch etwas geschah an diesem 22. August: Man einigte sich auf einen Namen für die Firma. Da man überzeugt war, daß man mit der neuen Konstellation zum erfolgreichsten Autohersteller von Detroit werden würde, mußte der Name diesen hochtrabenden Zielen auch entsprechen – und was hätte da besser gepaßt als Cadillac!

Antoine de la Mothe Cadillac, ein gascognischer Kapitän, war einer der vielen französischen Adligen, die im ausgehenden 17. Jahrhundert mit einigen wilden Soldaten im Rücken den neuen Kontinent bereisten, um ihn für ihren König Louis XIV. in Besitz zu nehmen. Cadillac soll nach der Legende nicht nur ein sehr hübscher und gebildeter Mann gewesen sein, er hatte auch große Pläne mit den Gebieten, die er für seinen König beanspruchte. Besonders gut gefiel es ihm am Ausfluß des Lake Erie, wo er am 24. Juli 1701 die »Ville d'Etroit«, das spätere Detroit, gründete. Mit Fort Pontchartrain setzte er sich nicht nur ein Denkmal, die strategisch günstig gelegene Festung ermöglichte ihm auch einen von den Briten nicht gestörten Pelzhandel. Doch dieser Erfolg machte ihm auch mächtige Feinde, besonders die Jesuiten hatten es auf Antoine de la Mothe Cadillac abgesehen. So wurde er 1704 ein erstes Mal verhaftet und nach Quebec gebracht. Wenig später kehrte er in sein geliebtes Detroit zurück, wo er bis 1711 blieb, um dann als Gouverneur nach Louisiana zu gehen. Auch dort hatte er kein Glück, er wurde wieder verhaftet und 1717 nach Frankreich gebracht. Was dann in seiner Heimat genau passierte, das läßt sich heute nicht mehr nachverfolgen, doch immerhin wurde Cadillac noch vor seinem Tod im Jahre 1730 – er wurde 64 Jahre alt – zum Chevalier des Militärordens von St. Louis, zum königlichen Kolonial-Kommissär und zum Gouverneur des Schloßes Sarazin ernannt.

Der Name Cadillac wurde zum Programm: Das Unternehmen wollte entsprechend des großen Mutes, der Fähigkeiten und des Unternehmensgeistes des Antoine de la Mothe Autos bauen. Und außerdem ließ sich der Name hervorragend vermarkten, denn er war noch in aller Munde, schließlich hatte man erst im Vorjahr den 200ten Jahrestag der Stadtgründung gefeiert. Zweifelsohne beherrschten die Verantwortlichen in Sachen Marketing schon damals ihr Metier. Warum eigentlich Leland nicht, wie andere Konstrukteure jener Zeit, dem Auto seinen eigenen Namen gab, läßt sich heute nicht mehr ermitteln. Die Cadillac-Entscheidung jedenfalls war richtig: »Leland Eldorado« klingt einfach nicht ... Schon im September 1902 wurde der erste Prototyp fertiggestellt, entgegen der ursprünglichen Absicht komplett bei »Leland an Faulconer«. Wenig später lieferte Henry Leland noch zwei weitere Fahrzeuge an Verkaufschef William Metzger, der das Cadillac-Trio zur New York Automobile Show brachte, die im Januar 1903 stattfand. Dort landete das Verkaufsgenie den größten Coup, den es in der noch kurzen Geschichte des Automobils gegeben hatte. Schon nach drei Tagen mußte Metzger die Kunden vertrösten: Cadillac waren ausverkauft, er hatte in dieser kurzen Zeit 2 286 Bestellungen entgegengenommen!

Dennoch wuchsen die Bäume nicht in den Himmel. Die von »Leland and Faulconer« produzierten Teile, der Motor, das Getriebe und die Lenkung, genügten höchsten qualitativen Ansprüchen, doch Schwachstelle blieb das Chassis. Das von der ehemaligen »Detroit Automobile Company« übernommene Fahrwerk war ursprünglich für einen bedeutend schwächeren Motor konstruiert worden und zeigte sich von den Geschwindigkeiten, die mit dem neuen Triebwerk möglich waren, eindeutig überfordert. Außerdem, so nörgelten die Kritiker, sei der Cadillac nur eine billige, aber viel teurere Kopie vom fast gleichzeitig präsentierten Ford Modell A. Nun, trotz auffallend vieler Ähnlichkeiten war dem nicht so: Alle Fahrzeuge jener Zeit waren einander sehr ähnlich – einfach deswegen, weil die damalige Technik keine anderen Fahrzeuge erlaubte. Außerdem galt das Automobil in erster Linie als Ersatz für Pferd und Kutsche, der Kunde wollte ein Fahrzeug, mit dem er sich trotz miserabelster Straßen fortbewegen konnte. Es mußte billig sein, es mußte einfach zu reparieren sein. So kam es, daß die amerikanischen Konstrukteure, ob sie nun Duryea, Olds, Ford oder Leland hießen, alle in die gleiche Kerbe hieben. Sie bauten eine motorisierte Kutsche, einen leichtgewichtigen »Buggy« mit großzügiger Federung, großer Bodenfreiheit, einem einfach Ein- oder Zwei-Zylinder-Motor, einem Zweigang-Planeten-Getriebe und Kettenantrieb. Mag sein, daß die europäischen Automobile damals bedeutend moderner, eleganter, bequemer und technisch anspruchsvoller waren, doch die einfachen Geräte, welche die Amerikaner bauten, machten die Motorisierung von Landstrichen möglich, in die man noch jahrzehntelang kein europäisches Fahrzeug zu schicken gewagt hätte.

Das Vorbild aller amerikanischen Automobile bildete das Gefährt der Gebrüder Duryea. Diese wiederum nahmen den Benz zum Vorbild, dessen Motor sie auch übernahmen, und sie hatten ihre Nachahmer beispielsweise im »Curved Dash« von Olds, der wiederum sowohl Ford als auch Cadillac beeinflußte. Gleich dem Olds plazierten Ford und Cadillac den Motor im Heck und übertrugen die Kraft über ein Zweigang-Planeten-Getriebe, doch beide Fahrzeuge zeigten auch eine klare Weiterentwicklung: Während der Olds noch über Tellersteuerung und zwei über die ganze Wagenlänge gezogene Federn verfügte, wiesen der Cadillac und der Ford schon vier einzelne Federn sowie ein Steuerrad auf. Sonst gingen

Dieser Zweisitzer war das erste komplett geschlossene Fahrzeug, das Cadillac baute. Die Anregung dazu gab Henry Martyn Leland persönlich Ende 1905, ab 1906 stand das Auto mit dem Spitznamen »Osceola« im Dienste der Familie Leland. Diese Aufnahme stammt aus dem Jahre 1930, als Leland schon 87 Jahre und der »Osceola« 24 Jahre alt waren.

Gerade zehn PS leistete der Einzylinder-Motor dieses Modells M Touring Car. Man beachte die frechen Formen des Sitzaufbaus, die im Volksmund »Tulpen« genannt wurden.

Ford und Cadillac in vielen technischen Einzelheiten ihren eigenen Weg: Der Ford verfügte über einen Parallel-Zweizylinder, vollelliptische Federung und einen U-Träger-Chassisrahmen, während der Cadillac auf einem L-Träger mit halbelliptischen Federn und mit einem Einzylinder-Motor gebaut wurde.

Wer noch genauer hinsieht, entdeckt noch mehr Unterschiede zwischen dem ersten Ford und dem ersten Cadillac, kurzum: Beide Fahrzeuge wurden unabhängig voneinander entwickelt. Wenn einer abgekupfert hat, dann höchstens Ford. Der Cadillac wurde im September 1902 fertig, fuhr zum ersten Mal im Oktober mit Alanson Brush am Steuer und Wilfred Leland als Copilot, er wurde zum ersten Mal im Januar 1903 ausgestellt und die Produktion begann im März. Der Ford hingegen wurde als Prototyp frühestens Ende November 1902 fertiggestellt, absolvierte wohl Anfang des Jahres 1903 die ersten Fahrversuche und wurde erst im Juni des gleichen Jahres in Serie montiert.

Auch darf man nicht vergessen, daß bei »Leland and Faulconer« neben Henry M. Leland und seinem Sohn Wilfred eine ganze Reihe brillanter Köpfe arbeiteten, die sehr gut ohne fremde Schützenhilfe auskommen konnte. Wenn sich die Mannschaft jeweils zu Besprechungen im Büro des Patriarchen traf, so waren da Ernest Sweet, die rechte Hand der Lelands, Frank Johnson, der Designer, der aussah wie ein properer Bankangestellter, Walter H. Phipps, der Vorarbeiter, Clair Owen, der Elektrik-Ingenieur, sowie die Ingenieure Fred Hawes, Walter Schwartz und Lyle Snell. Schließlich war da auch noch Alanson P. Brush, der im Jahre 1902 erst gerade 18 Jahre alt war, der aber schon großen Einfluß auf die Konstruktion des ersten Cadillac hatte. Brush sollte später noch bei vielen anderen Herstellern seine Spuren hinterlassen.

Henry Leland war kein bequemer Chef. Ein nur gutes Produkt war ihm noch lange nicht gut genug: »Ihr müßt Blut schwitzen für die höchste mögliche Qualität«, pflegte er zu sagen, »jeder Kolben muß perfekt gearbeitet sein, jeder Zylinder muß perfekt gearbeitet sein, so daß jeder Kolben auch wirklich in jeden einzelnen Zylinder paßt. Denn wenn etwas kaputt geht, sei es der Zylinder oder der Kolben, so soll man nur eines der beiden Teile ersetzen müssen, wir können unseren Kunden nicht zumuten, daß sie bei einem Kolbenschaden gleich einen neuen Motor kaufen.« So war es kein Wunder, daß Cadillac für viele Jahrzehnte den absoluten Qualitätsstandard in der Automobilindustrie setzte. Mehr als ein Hundertstelmillimeter Toleranz lag ganz einfach nicht drin, es hätte den hohen Ansprüchen der Lelands widersprochen. Vertrauen ist gut, Kontrolle ist besser!

Damit auch wirklich genau gearbeitet wurde, entwickelte »Leland and Faulconer« das einfache Prinzip der Paßformen. Jeder Kolben wurde in zwei unterschiedlich große Zylinder gesteckt, einer gekennzeichnet mit »5.000 GO«, der andere angeschrieben mit »5.002 NOT GO«. Der Kolben mußte nun klein genug sein, um in den größeren »GO«-Zylinder zu passen, er mußte allerdings größer als der kleinere »NOT GO«-Zylinder sein. Schaffte der Kolben den »NOT GO«-Test nicht, so wurde er wieder eingeschmolzen. Den gleichen Probelauf mußten auch die Zylinder hinter sich bringen.

Damals erschien diese Arbeitsmethode als reine Verschwendung, vor allem auch deshalb, weil das Material, aus dem Kolben und Zylinder hergestellt wurden, sehr teuer war. Doch Henry M. Leland beharrte auf seinem Credo der höchsten Qualität: »Es mag stimmen, daß diese Methode und ihre Absicherung uns sehr teuer zu stehen kommt, doch unsere Kunden werden es uns danken, wenn sie einmal ein Teil ersetzen müssen. Bei uns können sie ein beliebiges Ersatzteil kaufen und einbauen, ohne daß es von einem Spezialisten zuerst noch bearbeitet werden muß.« Daß seine Worte nicht nur heiße Luft waren, konnte jeder Cadillac-Fahrer bezeugen, der einmal einen Kolben (zu 3,50 $) oder einen Zylinder (zu 4,50 $) ersetzen mußte – die Teile paßten, und sie passen noch heute.

Diese Präzisionsarbeit hatte noch einen anderen großen Vorteil: Die Motoren entwickelten eine höhere Lei-

Für die Einzylinder-Modelle K und M wurde 1906 dieses Chassis verwendet. Das Triebwerk als solches war sehr zuverlässig – und günstig im Unterhalt, denn ein neuer Kolben kostete nur gerade 3,50 $.

stungen, weil bei der Verbrennung kaum mehr überflüssige Blasen und die daraus folgenden Fehlzündungen auftraten. Ein Cadillac-Motor der damaligen Zeit war seinen Konkurrenten deshalb auch an Sparsamkeit und Lebensdauer weit überlegen.

Für die Leland-Mitarbeiter war höchste Präzision also Ehrensache. Damit sie das nie vergaßen, hingen überall in der Fabrik Transparente und Losungen, die zur Genauigkeit mahnten: »Das Anpassen von Teilen ist strikt verboten« war etwa darauf zu lesen, oder »Das Handwerk ist eine Berufung, die Genauigkeit ein Gesetz«. Das bekamen die Mitarbeiter auch zu spüren: Wer zuviel Ausschuß produzierte, wurde an einen weniger anspruchsvollen Arbeitsplatz verfrachtet. Dies geschah allerdings relativ selten, denn Henry Leland prüfte jeden einzelnen Mitarbeiter genau auf seine Fähigkeiten. Die Legende erzählt, daß er seinen Männer beim Vorstellungsgespräch mit der Hand durch die Haare fuhr, weil er die Erfahrung gemacht hatte, daß Menschen mit feinen, dichten Haaren genauer arbeiten als Menschen mit dicken oder gar wenigen Haaren. Vor allem an seine Vorarbeiter stellte er allerhöchste Anforderungen: Sie mußten sicherstellen, daß jeder Arbeitsgang mit höchster Präzision durchgeführt wurde, denn man konnte von einem einfachen Arbeiter nicht verlangen, daß er prüfte, ob sein Vorgänger die Arbeit recht gemacht hatte. Allerdings bezahlte »Leland and Faulconer« auch ein für die damalige Zeit überdurchschnittliches Gehalt: »Es kommt billiger, wenn ein teurer Mann seine Arbeit schon im ersten Anlauf recht macht, als wenn mehrere billige Arbeitskräfte mehrere Versuche unternehmen müssen.«

Lelands Maximen sind heute Allgemeingut, damals waren sie etwas Neues. So hatte Ford große Probleme mit den von den Gebrüdern Dodge lieblos zusammengeschusterten Motoren, die sehr defektanfällig waren und dauernd zur Reparatur gebracht werden mußten. Erst 1906 schaffte es Ford, die Nockenwellen so genau zu produzieren, daß sie auch problemlos ersetzt werden konnten.

Kein Wunder also, daß die Cadillac-Geschäfte gut liefen. Nachdem William Metzger, wie schon oben erwähnt, auf der New York Automobile Show im Januar 1903 weit über 2 000 Bestellungen entgegennehmen konnte, begann Cadillac im März mit der Produktion. Der Serienanlauf verzögerte sich immer wieder, Lieferzeiten von über einem Jahr waren die Regel. Ein Brand am 13. April 1904 verzögerte die Produktion weiter, Cadillac-Kunden brauchten viel Verständnis, vor allem auch deshalb, weil der Motor immer noch das Chassis überforderte. Für all diese Probleme konnte es nur ein Lösung geben: Henry Martyn Leland mußte die Verantwortung über die ganze Firma übernehmen und sie neu organisieren. Doch der Patriarch, der schon bei »Leland and Faulconer« übermäßig beschäftigt war, hatte keine Lust, sich ausschließlich den Automobilen zu widmen. Er zierte sich, bis ihm die Direktoren von Cadillac am 24. Dezember 1904 die Pistole auf die Brust setzten: »Entweder Sie werden hier der Boß, oder wir ziehen uns aus dem Geschäft zurück.« Die Wahl fiel leicht: Da die Lelands ihre guten Verträge für die Lieferung an Cadillac nicht verlieren wollten, sagten sie schon am 25. Dezember zu. Von diesem Tag an sah man sie täglich zwischen ihren beiden Firmen durch den Schnee von Detroit stapfen. Anfangs hatten die Lelands noch geglaubt, daß drei Stunden pro Tag für das Geschäft mit Cadillac ausreichen würden, doch bald mußten sie einsehen, daß »Leland and Faulconer« auch prächtig ohne sie weiterlief, während Cadillac noch ihre ganze Liebe zum Detail brauchte. Und weil der Automobilhersteller nicht nur komplett umorganisiert werden mußte, sondern dringend auch eine Überarbeitung seiner Produkte brauchte, stellten die Lelands ihre besten Ingenieure für die Arbeit bei Cadillac ab. Auch merkte man schon bald, daß die größten Probleme in der mangelnden Qualität der zugelieferten Teile lagen. Nahezu zwangsläufig gelangte Leland zu der Erkenntnis, daß auch diese Arbeit sinnvollerweise von »Leland and Faulconer« übernommen werden sollte.

Im Oktober 1905 war es dann soweit: Faulconer zog seinen Anteil aus der »Leland and Faulconer« zurück, die Firma wurde aufgelöst, nachdem die Aktionäre von Cadillac alle Anteile aufgekauft hatte. Dann gründete man gemeinsam die »Cadillac Motor Car Company«, Henry M. Leland wurde zum Generalmanager mit einem Gehalt von 750 $ monatlich ernannt. Sein Sohn Wilfred bezog das gleiche Gehalt und wurde dem Finanzchef William H. Murphy unterstellt. Von den insgesamt 15 000 Aktien hielten die Lelands knapp 3 000, außerdem sollten ihnen fünf Prozent des jährlichen Profits ausbezahlt werden. Die neue Firma konnte sich wirklich sehen lassen: Zwei Fabriken auf insgesamt 46 000 Quadratmetern, 1 000 Mitarbeiter und 1,5 Millionen Dollar Kapital. Die Führung der Cadillac Motor Car Company setzte sich neben den beiden Lelands aus folgenden Personen zusammen: Präsident C.A. Black, Vizepräsident A.E.F. White, Sekretär Lemuel C. Bowen und Finanzdirektor William H. Murphy.

Ende des Jahres konnte Henry Leland schon eine erste, sehr positive Bilanz ziehen: »Während die meisten anderen Automobilhersteller mit einem Kapital von höchstens und meist imaginären 300 000 Dollar gegründet wurden, können wir stolz sein, daß jeder einzelne Cent unseres Kapitals von 1,5 Millionen Dollar durch einen festen, berührbaren Wert abgedeckt ist. Damit ist Cadillac der finanzkräftigste Automobilhersteller der Welt. Trotzdem wollen wir jetzt noch keine Dividenden ausbezahlen, denn Geld haben wir noch keines verdient – und man man zählt die Hühner ja auch nicht, solange sie nicht im Stall sind. Wir freuen uns allerdings schon auf das nächste Jahr, für das wir uns große Hoffnungen machen.«

Während Leland noch Hühner und Geld zählte, waren seine Mitarbeiter nicht untätig. Sie machten aus dem Modell A das Modell B, indem sie ihm ein neues Chassis aus gepreßtem Stahl, neue Vorderrad-Aufhängungen und Hinterachsen sowie eine überarbeitete Karosserie mit einem kleinen Kofferraum verpaßten. Damit konnten die ärgerlichsten Fehler des Modell A behoben werden, das Modell B zeigte sich als das mit Abstand zuverlässigste Fahrzeug seiner Klasse. Erstmals machte ein Cadillac seinem Namen alle Ehre. Natürlich fanden manche Kritiker auch hier wieder ein Haar in der Suppe: Nur seine gute Qualität mache etwas Besonderes aus dem Modell B, monierten sie, aber sonst? Es gab allerdings auch Applaus, wenn auch differenzierten: Auf den ersten Blick laufe das Fahrzeug allen Entwicklungen im Automobilbau entgegen, schrieben die Fachzeitschriften, doch wenn man genauer hinschaue, so werde man entdecken, daß jedes Detail sehr gut durchdacht sei, und daß das Modell B alle Erwartungen erfüllen könne. Wenn man sich ein wenig in die technischen Feinheiten der ersten Cadillac-Modelle vertieft, so wird man die größten Unterschiede zur Konkurrenz beim Motor entdecken. Während viele Hersteller wegen der vielfältigen technischen Probleme einen Motor mit wenig Leistung bevorzugten, war das Cadillac-Triebwerk schon fast so etwas wie eine Rennmaschine. Viel Kopfarbeit steckte Henry Leland vor allem in die mechanisch betätigten Ein-und Auslaß-Ventile, die zu dieser Zeit nur beim Cadillac-Einzylinder und in etwas abgeänderter Form bei einigen europäischen Herstellern wie Maybach zu finden waren. Das Einlaß-Ventil war auf die maximale Aufnahme von Benzin abgestimmt, das Auslaß-Ventil öffnete sich frühzeitig, um den verbrannten Gasen den Weg freizugeben. Die Geschwindigkeit des Motors wurde über ein einfaches System mit dem Anheben und Absenken des Einlaß-Ventils kontrolliert, ein System, das den Gebrauch von damals noch nicht ausgereiften Düsen, Drosselklappen, Luftdüsen oder Schwimmern überflüssig machte. Sicher hatte auch dieses einfach System seine Nachteile, denn wenn der Fahrer den Fuß vom Gas nahm, verschluckte sich der Vergaser. Doch immerhin war die Leland-Lösung kostengünstig und auch nicht schlechter als die Denkmodelle der Konkurrenz, die meist nur bei einer ganz bestimmten Gasstellung oder überhaupt nicht funktionierten. Auch wurde der Cadillac-Motor vor allem von englischen Fachleuten immer wieder belächelt als eine etwas gar simple Konstruktion. Damit mochten sie vielleicht recht haben, der absolute Liebling der damaligen englischen Presse, das Triebwerk des Lanchester, war auf jeden Fall bedeutend komplizierter und aufwendiger. Doch die nackten Zahlen zeigen ein ganz anderes Bild: Während der kapriziöse Lanchester gerade 2,7 PS pro Liter Hubraum leistete, schaffte das einfache Motör-

Als zweisitziger Runabout wurde dieses Modell K im Jahre 1907 angeboten. Die Lampen kosteten wie das Verdeck weiterhin Aufpreis, dafür kam der Käufer in den Genuß von handgearbeiteten Lederpolstern.

chen des Cadillac stolze 6,3 PS pro Liter – ein Wert übrigens, der während der ganzen Produktionszeit des Einzylinders (bis 1908) von anderen Serienfahrzeugen nur ganz selten übertroffen wurde. In diesem Zusammenhang noch eine kleine Bemerkung am Rande: Lanchester baute ab 1905 ein ebenfalls sehr simples Motörchen, dessen einfache Vergaser- und Ventilkonstruktion der des Cadillac sehr, sehr ähnlich sah ...

Andere Details des ersten Cadillac-Motors mögen heute geradezu lächerlich erscheinen, waren aber für die damalige Zeit sehr fortschrittlich. Während die meisten anderen Fahrzeuge damals große Probleme bei Schmierung und Kühlung hatten, arbeiteten die bei Cadillac eingesetzten und von Leland selber erdachten Pumpen so effizient, daß der Einzylinder kaum mehr Wasser brauchte als ein modernes Fahrzeug. Der Ölkonsum hingegen war beachtlich, aber dank der präzisen Verarbeitung der beweglichen Teile im Vergleich zu den anderen Konstruktionen immer noch sehr gering.

Bei dieser Gelegenheit ein Blick auf die Konkurrenz von Cadillac: In Europa erlebte das Automobil um 1905 einen ungeheuren Boom, viele Hersteller drängten sich auf dem Markt, und es fanden bereits seit Jahren Rennen statt, bei denen sich große Marken um den Sieg stritten. Am fortschrittlichsten waren die Franzosen mit DeDion, Panhard-Levassor, Peugeot oder Renault, aber auch die Deutschen mit Maybach, Benz oder Daimler. In Italien arbeitete Alexandre Darracq für die spätere Marke Alfa, es gab aber auch Itala und Fiat, in England werkten bereits Rolls-Royce, Austin und viele andere, in Holland Spyker, in Schweden Scania, in Österreich Gräf & Stift, in Rußland Russo-Balt – die Vielfalt war unendlich, der Erfolg bis auf wenige Ausnahmen mäßig.

In den Vereinigten Staaten war es noch immer der Olds »Curved Dash«, der sich mit Abstand am besten verkaufte, obwohl sein genialer Konstrukteur Ransom E. Olds die Firma bereits 1904 verlassen hatte. Doch der »Curved Dash«, der kaum mehr weiterentwickelt wurde, hatte schon harte Konkurrenz bekommen durch die Autos von Henry Ford, der 1906 die Spitze der amerikanischen Verkaufsliste übernehmen und sie bis 1927 nicht mehr abgeben sollte. Zum gleichen Zeitpunkt erschien auch ein Mann namens William Capro Durant auf der Bildfläche, der wenige Jahre später nicht nur die Geschichte von Cadillac entscheidend beeinflussen sollte. 1905 arbeitete er noch mit einem kauzigen Schotten namens David Dunbar Buick zusammen, dem er ein Jahr zuvor eine Fabrik, die gerade einmal 37 Autos produ-

Die Montage verlief in den frühen Jahren des 20. Jahrhunderts noch einiges komplizierter als heute. Hier wird eine Karosserie auf das Chassis eines Cadillac aufgepflanzt.

ziert hatte, für sagenhafte 1,5 Millionen Dollar abgekauft hatte. In der Statistik tauchten auch Namen wie Overland, Pierce (auch bekannt als ehemaliger Kunde von »Leland and Faulconer«, damals kaufte er noch Zahnräder für Fahrräder), Rambler, Studebaker oder Maxwell (der Vorgänger von Chrysler) auf. Viele dieser Pioniere hatten ihr Geld in der Fahrrad- oder Wagenbauindustrie gemacht. So beruhte das spätere Imperium von Colonel Pope auf zwei Räder und die Gebrüder Studebaker besaßen noch in den neunziger Jahren des 19. Jahrhunderts die größte Wagenbaufabrik der Welt.

Daß die Amerikaner bei ihren frühen Automobilen noch immer in der Kutschen-Kategorie dachten, bewies auch das Modell B: Von Styling im heutigen Sinn kann bei diesem Fahrzeug keine Rede sein. Ursprünglich solllte das neue Modell nur in einer Karosserievariante erscheinen, doch schon bald waren auch ein Coupé sowie ein Tonneau im Angebot. 1904 gab es als Neuerung auch noch den »side-entrance«-Tonneau, bei dem die Passagiere von der Seite her einsteigen konnten und erst noch in zwei Reihen hintereinander saßen, was vorher nicht der Fall war. Jeder Aufbau war mit nur sechs Schrauben befestigt und konnte problemlos vom Chassis gehoben werden. Und dank des geringen Gewichts der ganzen Konstruktion waren diese Cadillac, wie es ein Händler in einem Prospekt schön formulierte, »die in Bezug auf ihr Gewicht am besten motorisierten Fahrzeuge auf dem Markt.«

Wie einfach die Karosserien der ersten Cadillac waren, kann man gut auf den Bildern erkennen. Extras wie Scheiben, Türen oder Dächer galten als überflüssiger Luxus und wurden erst Jahre später eingeführt. So gab es den Cadillac-Einzylinder eigentlich nur in zwei Varianten: mit und ohne Fronthaube. Zu Beginn ihrer Karriere hatten die Cadillac noch kein Häubchen, das erhielten sie erst, nachdem die französischen Panhard (mit Fronthaube) in den Vereinigten Staaten in Mode gekommen waren. Sinn machten diese Aufbauten in Vorderwagen allerdings wenig, bis auf die Werkzeugkiste waren sie nämlich leer. Gewitzte Autler allerdings lagerten dort einige Flaschen Bier und kühlten das Gebräu im Fahrtwind. Doch schon damals wurde ein Satz geformt, der das amerikanische Automobildesign während Jahrzehnten prägen sollte: Je länger die Fronthaube, desto besser das Auto. Erst 1905 führte man dann auch Frontscheiben und ein Dach ein, was allerdings einen happigen Aufpreis kostete. Im gleichen Jahr konnte der Kunde auch ein Fahrzeug mit einem »Boattail«-Heck bestellen, dessen spitz zulaufendes Ende zwar nett aussah, aber genau wie das Häubchen vorne ein unnützer Aufbau war, unter dem man allerdings nicht einmal das Bier kühlen konnte. Wenn es bei den Modellen A und B so etwas wie Luxus gab, so waren das die drei kupfernen Kerosin-Lampen, die ebenfalls aus Kupfer geschmiedete Hupe sowie die einheitliche Farbgestaltung, bei dem die Wagen im unteren Teil mit einem dunklen, im oberen Teil mit einem sehr dunklen Rot bemalt wurden. Nach heutigen Maßstäben würde man auch die mit feinsten Leder bezogenen Sitzbänke als Luxus bezeichnen, doch sie waren für die komplett offenen Fahrzeuge von damals ganz einfach eine Notwendigkeit. Ebenfalls aus Leder waren die Kotflügel, doch schon 1903 wechselte man bei Cadillac auf Stahl. Geliefert wurden diese schweren, schön geschwungenen Brocken von der »Wilson and Hayes Manufacturing Company«, die schon von der Jahrhundertwende mit einem Ganzstahl-Auto für Furore gesorgt hatte und extra für den Auftrag von Cadillac von Cleveland nach Detroit umgezogen war.

Das dauernd verbesserte Modell B wurde für Cadillac ein großer Verkaufserfolg. Man arbeitete zu dieser Zeit jede Woche während sechs Tagen und fünf Nächten und hatte schon im August 1905 insgesamt 8 000 Fahrzeuge produziert, so daß man sich zumindest für kurze Zeit rühmen konnte, der größte Automobilhersteller der Welt zu sein. Trotzdem wurden 1905 neue Modellbezeichnungen eingeführt, der »side-entrance«-Tonneau wurde zum Modell F, der leichte und günstige Runabout nannte sich mit einem fünf Zentimeter kürzeren Radstand neuerdings Modell E. Der E und F erhielten auch einen anderen Kühler und wurden mit der neu konstruierten und rohrverstärkten Frontachse bestückt.

Im Dezember 1904 kündigte Cadillac ein vollkommen neues Fahrzeug an, das Modell D mit einem Vierzylinder-Motor. Zwar wird Cadillac auch heute noch angedichtet, man habe dort den Vierzylinder »erfunden« – Unfug, es war zwar der beste Vierzylinder seiner Zeit, aber nicht der erste. Diese Ehre gebührt Gottlieb Daimler, der schon 1896 mit solchen Motoren experimentiert hatte. Nicht einmal der Ruhm, erster amerikanischer Vierzylinder gewesen zu sein, gebührt dem Cadillac-Triebwerk, da hatte unter anderem auch schon Henry Ford die Vorreiterrolle gespielt. Sein 18,9-Liter-Rennwagen mit 147 km/h Spitze, der einen Rekord über die fliegende Meile aufgestellt hatte, verfügte ebenfalls über vier Zylinder.

Die Cadillac-Ingenieure waren jedenfalls keine Bastler, die per Zufall auf diese Bauart verfielen. Sie hatten zuerst auch mit Zwei- und Dreizylinder-Motoren experimentiert, bevor sie sich entschlossen, den Vierzylinder in ihr neuestes Werk einzubauen. Und diese Maschine, die schon vor ihrer Präsentation viel Staub aufwirbelte, ist durchaus einer näheren Betrachtung würdig. Der vorne hinter dem Kühler eingebaute Vierzylinder mit einem Hubraum von 4 928 cm3 bei einer Bohrung von 101,6 Millimeter und einem Hub von 127 Millimeter leistete bei nur 1 000/min für die damalige Zeit stolze 30 PS, was ihm zu einer Höchstgeschwindigkeit von 80 km/h verhalf. Die fünffach gelagerte Kurbelwelle lief in einem Gehäuse aus Aluminium, die gußeisernen Zylinder wurden von einem kupfernen Mantel gekühlt – zwar nicht mehr ganz der neueste Stand der Technik, doch Leland versprach sich davon geringere Reparaturkosten und hielt daran fest. Deswegen erhielt der Vierzylinder auch leicht demontierbare Zylinderköpfe, eine Einfach-Düse mit Schmetterlings-Drossel und Hilfs-Luft-Ventil beim Vergaser sowie mechanisch über Schieber und Stößel funktionierende, Seite an Seite liegende Ventile. Auf die legendäre Ventil- und Vergaserkonstruktion des Einzylinders verzichtete er.

Die seitengesteuerten Motoren standen bei Cadillac noch lange im Programm. Dieser L-Head war im Gegensatz zu den T-Heads mit ihren beidseitig stehenden Ventilen, wie sie Mercedes, Hispano-Suiza, Locomobile, Pierce, Peerless oder Thomas verwendeten, nicht nur viel günstiger in der Herstellung, er war auch bedeutend stabiler und effizienter. Kein Wunder, daß praktisch alle amerikanischen Motoren noch Jahrzehnte später nach dem einfachen Prinzip des L-Heads aufgebaut waren.

Einfach war auch das Getriebe, das direkt an den Motor angeflanscht war. Man wollte sich nicht zu weit auf die Äste hinauswagen und montierte deshalb wieder ein Planetengetriebe, das man aber mit einem zusätzlichen dritten Gang sowie einer Fliehkraft-Kegelkupplung verfeinerte. Stolz verwies man im damaligen Prospekt auf »die Tausenden, von Cadillac bereits gebauten Planetengetriebe, von denen jedes einzelne noch immer bestens und höchst befriedigend arbeitet, was die hervorragenden Qualitäten der Konstruktion beweist. Die drei Vorwärts- und der Rückwärtsgang funktionieren über einen einzigen Hebel auf der Seite des Fahrzeuges. Mit nur einer Bewegung kann man also den Gang wechseln, was so einfach ist, daß auch ein Anfänger damit keinerlei Probleme hat. Es ist auch nicht mehr möglich, daß man sich verschaltet.« Gerade dieser letzte im Prospekt angesprochene Punkt war nicht ganz unwesentlich, denn es geschah bei anderen Planetengetrieben oft, daß man in zwei Gängen gleichzeitig fuhr, was dann meist zu einem längeren Aufenthalt in der Werkstatt führte.

Doch das Modell D hatte noch mehr zu bieten: So war serienmäßig ein Drehzahlregler eingebaut, der sich über eine Schalter am Lenkrad steuern ließ und die Drehzahl konstant dort hielt, wo sie der Fahrer haben wollte. Wollte er beschleunigen oder abbremsen, so genügte ein leichter Tritt auf das Gaspedal. So einfach das Prinzip auch war – zweifelsohne handelt es sich dabei um eine frühe »Cruise Control«! Die Fußbremse wirkte auf die Antriebswelle, die Handbremse auf die hinteren Trommeln. Was zu einem sanften, gleichmäßigen Bremsen hätte verhelfen sollen, zeigte sich jedoch in der Praxis als völ-

Dies ist kein militärischer Beobachtungsturm auf Rädern, sondern ein Modell M Coupé, das 1907 für 1 200 $ eine wetterfeste Unterkunft bot.

lig untauglich, so daß schon 1906 wieder ganz normale Bremsen eingebaut waren, die schön brav auf vordere und hintere Trommeln wirkten.

Viel Laufkultur sollte der Vierzylinder bieten – und das gelang auch, einerseits durch die hohe Präzision beim Herstellen und Zusammenbau der einzelnen Bestandteile (was die mechanischen Geräusche auf ein Minimum beschränkte), andererseits durch ein kompliziertes Auspuffsystem, das zwei 75 Zentimeter lange, röhrenförmige Schalldämpfer aufwies. Ein Zugeständnis an sportliche Fahrer war der kleine Fußhebel, mit dem man seine Abgase vor den Schalldämpfern und dann ziemlich lautstark in die Umwelt blasen konnte ...

Mit all diesen technischen Feinheiten entstand bei Cadillac mit dem Modell D ein Fahrzeug, das den auch damals in den USA hochgeachteten Europäern sehr ähnlich war. Und das kostete natürlich, 2 800 $ verlangte Cadillac für seinen Luxuswagen, der ab Werk in einem sehr eleganten Dunkelgrün geliefert wurde. Damit war der Preis gegenüber den anderen Cadillac um das Dreifache gestiegen, allerdings war der Wagen, der nur als fünfsitziger Touring gebaut wurde, mit einem Radstand von 2,5 Metern auch bedeutend größer geworden. Und das Modell D machte alles andere als eine schlechte Figur. Obwohl es damals einige bedeutend größere und stärker motorisierte Fahrzeuge gab, mußte sich der Vierzylinder nicht verstecken: Seine 80 km/h Höchstgeschwindigkeit konnte er sowieso nur auf der Rennstrecke erreichen, weil die normalen Landstraßen für solche »Exzesse« ganz einfach in einem zu schlechten Zustand waren.

Ein englischer Journalist, der sich das Modell D 1906 bei seiner europäischen Präsentation bei der Olympia-Show in London angesehen hatte, hätte dem Cadillac solche Leistungen beim besten Willen nicht zugetraut. »Der neue Vierzylinder von Cadillac sieht mit all seinen Kabeln und losen Schrauben aus wie ein Bootsmotor, in den ein Torpedo eingeschlagen hat«, schrieb er. »Der Käufer wird auf jeden Fall eine große Überraschung erleben, wenn er sein neu gekauftes Auto nach Hause fährt und dort zum ersten Mal die Motorhaube aufmacht, die während der Ausstellung verständlicherweise nicht geöffnet war.« Immerhin bescheinigte der wenig freundliche Engländer Henry Leland einigen Mut, weil er nicht wie andere Hersteller versteckte, was den Motor zum Laufen brachte.

Wie auch immer, der neue Cadillac war gut. Er fand al-

1908 war das Modell T Coupé mit 1 350 $ das teuerste Einzylinder-Fahrzeug im Programm von Cadillac. Dieses Auto befindet sich heute wieder im Besitz des Cadillac-Museums.

lerdings einen Konkurrenten, mit dem er sich sehr schwertat: den Cadillac-Einzylinder. Denn der schlug alle Rekorde: 1905 war er der meistgebaute Motor der Welt und kam auf die doppelte Stückzahlen des nächsten Konkurrenten. 1906 legte der »One-Lunger« noch einmal entscheidend zu, er wurde dreimal mehr verkauft als die drei am besten verkauften Modelle aller anderen Marken. Voller Stolz meldete Cadillac am Ende dieses Jahres 14 000 verkaufte Einzylinder – und daß auch die frühesten Modelle ihren Dienst noch immer zur vollsten Zufriedenheit ihrer Besitzer versahen.

Damit war der Gipfel dann allerdings erreicht. 1907 gingen die Cadillac-Verkäufe um 37 Prozent zurück, und daran konnte auch der an sich hervorragende Vierzylinder nichts ändern. Ein für Cadillac sehr wichtiges Kapitel in der Geschichte sollte der Einzylinder aber noch schreiben, bevor er 1908 in Pension geschickt wurde.

Daß die Engländer etwas eigen sind, ist allgemein bekannt. Sie lieben ihren Regen, sie lieben ihr miserables Essen, und an sich selber lieben sie vor allem ihren unermüdlichen Sportsgeist. Und ausgerechnet ein Engländer verhalf Cadillac zu weltweiter Berühmtheit und frühem Ruhm, eine Tatsache, die Leland als überzeugtem Patrioten nicht sonderlich behagte. Daß dieser Mann dann auch noch ein lebenslanger und sehr enger Freund werden würde, das hätte sich Leland wohl nie träumen lassen.

Man schrieb den Monat Februar des Jahres 1903, als in einem Büro der Londoner »Anglo-American Motor Company« der 29jährige Frederick Stanley Bennett eine amerikanische Broschüre namens »Cycle and Automobile Trade Journal« studierte. Auf Seite 129 stach ihm eine Anzeige für den damals brandneuen Cadillac ins Auge: Mit Vergnügen las er den von Verkaufschef Metzger locker abgefaßten Text, es gefiel ihm auch der kleine Wagen, und als er auch noch sah, daß Cadillac zwar schon 29 Händler verpflichtet hatte, von denen aber keiner in Europa ansässig war, mußte er sogar lächeln.

Auf Anraten von Bennett bestellte die »Anglo-American Motor Company« sofort einen dieser Cadillac und ließ ihn, in seine Einzelteile zerlegt, nach England verschiffen. Dort wurde der Wagen mit der Tonneau-Karosserie in aller Eile wieder zusammengebaut und für das vom »Midland Automobile Club« organisierte Bergrennen auf den »Sunshine Hill« angemeldet. Dieses Rennen war der wohl wichtigste der vielen frühen englischen Club-Wettbewerbe für den sportlichen Fahrer, und die Organisatoren waren stolz, den Konkurrenten »das härteste Bergrennen, das je organisiert und auch durchgeführt wurde«, anbieten zu können. Das war genau das richtige für Frederick Bennett, der solche Herausforderungen über alles liebte. Er selbst beschrieb sich und sein Fahrzeug als die großen Unbekannten – und ein Kommentator gab ihm damit völlig recht, als er den großen, immer leicht gebückt gehenden Bennett im kleinen Auto als Fragezeichen auf Rädern beschrieb.

Das Rennen auf den »Sunshine Hill« hatte es wirklich in sich. Zwar war es nur etwas über 900 Meter lang, doch der Weg nach oben war von drei happigen Steigungen und drei Kurven geprägt. Das alles klingt wenig eindrucksvoll, doch unterwegs mußten die mit vier Personen besetzten Fahrzeuge dreimal inmitten der schlimmsten Steigungen anhalten, den Motor ausschalten und dann wieder zum Leben erweckten. Auch mußte sich der winzige Cadillac einer harten Konkurrenz stellen, insgesamt waren 30 Fahrzeuge gemeldet, von denen 13 die Prüfung nicht schafften. Außerdem wurde gegen einen Napier, der mit einem Gordon-Bennett-Rennmotor ausgerüstet war, sowie den gegen den gefährlich aussehenden Panhard eines gewissen C.S. Rolls Protest eingelegt, was beweist, daß die strengen Regeln auch streng eingehalten wurden.

Bennett und sein Gefährt ließen sich aber nicht einschüchtern, locker trug der kleine Cadillac den Sieg mit einer respektablen Durchschnittsgeschwindigkeit von 13 km/h davon. »Der Cadillac zeigte allen, was überhaupt möglich ist. Obwohl er mit seinen vier Passagieren insgesamt über 900 Kilo schwer war, schaffte er den Berg problemlos. Die sonst so trockenen Streckenposten spendeten sogar begeisterten Applaus«, schrieb ein ebenfalls begeisterter Journalist über die beachtenswerte Leistung des 10 PS starken Modell A. Wenige Wochen später wiederholte Bennett mit einer ebenso hervorragenden Leistung am »Arthur's Seat« in der Nähe von Edinburgh den Erfolg. Dort schlug er den damals bekannten Rennfahrer Charles Jarrott, der mit einem mindestens doppelt so starken Crossley angetreten war und vor dem Start verkündet hatte, er werde alle seine Gegner in Grund und Boden fahren.

Im September schrieb Bennett seinen Cadillac beim legendären »Thousand Miles Trial« ein, das seit 1900 durchgeführt und vom »Automobile Club of Great Britain« (dem späteren »Royal Automobile Club«) organisiert wurde. Das Ziel dieser Veranstaltung war, »der Öffentlichkeit zu beweisen, daß das Automobile eine ernst zu nehmende Sache ist«. Bei der Veranstaltung von 1903 mußten von Crystal Palace aus jeden Tag ein anderes Ziel in Margate, Eastbourne, Worthing, Folkstone, Southsea, Bexhill, Winchester und Brighton angefahren werden, was eine tägliche Strecke von 160 Kilometern bedeutete.

Jeder Teilnehmer hatte einen offiziellen Beobachter dabei, von denen einer das »Thousand Miles Trial« später so beschrieb: »Die Anstrengungen waren unbeschreiblich. Jeden Tag 100 Meilen über Straßen, die ihren Namen beim besten Willen nicht verdienten, und das in einem Auto, das kein Dach, keine Frontscheibe, keinerlei Wetterschutz hatte – und das jeden Moment von einem Defekt zur Aufgabe hätte gezwungen werden können. Nach einigen Tagen waren unsere Gesichter von der Sonne völlig verbrannt und vom Staub ausgetrocknet, aber als wir dann auf den letzten Prüfungen nur noch durch den englischen Nebel fuhren, fühlten wir uns auch nicht besser.«

Doch diese Beobachter mußten nicht nur leiden, sie hatten während der Fahrt auch noch zu arbeiten und mußten der Crew immer dann helfen, wenn Not am Fahrzeug war, was meist bei einer der vielen Reifenpannen der Fall war. Außerdem waren sie dafür zuständig, daß ein peinlich genaues Fahrtenbuch geführt wurde, denn das »Thousand Miles Trial« war ein Wettbewerb, der mit großem Ernst und strengen Regeln durchgeführt wurde. Und daß es den Organisatoren ernst war, bewiesen so skurrile Prüfungen wie der große »Mehltest«: Die Teilnehmer mußten mit einer bestimmten Geschwindigkeit über eine mit Hunderten von Kilo Mehl bestäubte Straße fahren, und die eh schon leidenden Beobachter verteilten Strafpunkte, wenn ein Fahrzeug das Mehl zu sehr aufwirbelte …

Trotz dieser nicht ganz alltäglichen Regeln schlugen sich Bennett und sein Cadillac hervorragend: Sie konnten in der Klasse der bis 200 £ teuren Wagen den Sieg

Start zu einer großen Aufgabe: Frederick Stanley Bennett heißt die drei Cadillac und ihre Fahrer willkommen zur Dewar Trophy.

für sich verbuchen. Der Wagen belegte unter den 100 gemeldeten Konkurrenten, von den 74 das »Trial« beendeten, in der Wertung der Bergsteigfähigkeit den dritten Gesamtrang, erreichte in der Zuverlässigkeitsprüfung 2 976 von 3 000 möglichen Punkten, und erhielt Bestnoten für den Motor und die Zuverlässigkeit des Anlassers. »The Motor« lobte in der Ausgabe vom 30. September 1903 den Cadillac, der »die zuverlässigsten Leistungen zeigte«.

Daß Cadillac bei seinen ersten englischen Auftritten so gut abschnitt, war auch das Verdienst von Frederick Stanley Bennett. Ein Beispiel mag das demonstrieren: Auf der Fahrt von Crystal Palace nach Eastbourne wurde Bennett in der Nähe von Seven Oaks von einem Chlemsford-Dampfmobil gerammt. Dabei wurde die Vorderachse, die Lenksäule verbogen und, was noch viel schlimmer war, ein Hinterrad ging zu Bruch. Da der Bennett-Cadillac das einzige Modell in England war, waren selbstverständlich keine Ersatzteile vorhanden. Also mußte man sich selber helfen. Während der mitfahrende Mechaniker die verbogene Achse und Lenksäule zu reparieren versuchte, rannte Bennett los, um sich mitten in London ein eventuelles Ersatzrad zu besorgen. Zu Fuß brachte er die mehr als zehn Kilometer zum nächsten Bahnhof hinter sich, stieg dort in den nächsten Zug nach London, schnappte sich das Rad, fuhr mit dem Zug wieder zurück, und rannte wieder zurück zur Unfallstelle, »weil ich glaubte, daß ich zu Fuß schneller sein würde, als wenn eines dieser unzuverlässigen Taxis nehmen würde.« Dort angekommen, durfte er feststellen, daß der Mechaniker gute Arbeit geleistet hatte – bloß paßte das Ersatzrad jetzt nicht auf den Cadillac, weil der zentrale Verschluß des Originalrades bedeutend zu groß war. Bei einem Bauern in der Nähe konnte aber auch dieses Problem gelöst werden, so daß der Cadillac nach mehrstündiger Unterbrechung die Fahrt wieder aufnehmen konnte – und noch innerhalb der erlaubten Zeit ins Ziel kam. Das Ersatzrad blieb dem Modell A übrigens bis zum Ende seiner Karriere erhalten.

Frederick Bennett war genau der Mann, den Cadillac in Europa brauchte. Der großgewachsene Engländer war nicht nur ein guter Athlet, wie oben beschriebene Episode beweist, er hatte auch ein Flair für starke Werbung, viel Witz, und einen hervorragenden Riecher für gute Geschäfte. Außerdem war er trotz seiner Lebenslust ein großer Bewunderer des nach strengen Maßstäben lebenden Henry Leland, so daß die beiden grundverschiedenen Männer schnell gute Freunde wurden. Ihre gemeinsamen Interessen beschränkten sich nicht nur auf den Verkauf von Cadillac, auch wenn nach dem hervorragenden Abschneiden beim »Thousand Miles Trial« bereits erste Bestellungen aus England eingingen.

Das war die eigentliche Überraschung: Erstens waren die reichen Engländer um die Jahrhundertwende noch weit mehr an schönen Pferden als an stinkenden Autos interessiert, zweitens glaubten die Briten zu dieser Zeit noch immer, daß Dampfmotoren der Gipfel der Glückseligkeit seien, und drittens galten in diesem weltumspannenden Reich, das sich auf dem Höhepunkt seiner Macht befand, ausländische Produkte wenig bis gar nichts. Besonders amerikanische Waren hatten es schwer, denn obwohl sie aus einem Land kamen, in dem wenigstens etwas Ähnliches wie Englisch gesprochen wurde, mußten sie mit dem in den meisten Fällen berechtigten Vorwurf leben, nur Massenware von schlechter Qualität zu sein. Anscheinend hatte auch der Duryea, der 1896 am »Emancipation Run« zwischen London und Brighton teilgenommen hatte, mit dem die

Das Cadillac-Puzzle: Aus diesem Chaos von Teilen mußten die Mechaniker wieder drei komplette Fahrzeuge zusammensetzen. Allein schon diese Leistung wäre die Dewar Trophy wert gewesen.

Streichung des »Red Flag Act« und die damit verbundene Geschwindigkeitsbeschränkung auf acht km/h gefeiert wurde, keinen besonders guten Eindruck hinterlassen. Oder vielleicht dachten die Briten bei amerikanischen Automobilen noch abschätzig an den Duryea, der vom englischen Zirkus »Barnum & Bailey« für »the greatest show of the world« gemietet worden war, und zusammen mit tanzenden Bären und fliegenden Clowns dem staunenden Publikum vorgeführt wurde.

Doch Bennett ließ sich von solchen Vorurteilen nicht beeindrucken. Zuerst appellierte er mit seiner scharfen Zunge an den Sportsgeist der Engländer, indem er die großartige Zuverlässigkeit des Cadillac herausstrich und die Konkurrenz aufforderte, bessere Leistungen zu zeigen. Hier hatte er auch gute Argumente und erreichte sein Ziel relativ einfach, weil der im Vergleich zur Konkurrenz winzige Cadillac ganz einfach ein Sympathieträger war, auch wenn er gegen weit stärkere Gegner etwas blaß aussah.

Größtes Handicap des Cadillac war allerdings das fehlende Servicenetz: Ein englisches Fahrzeug konnte relativ einfach und vor Ort repariert werden, auch bei kontinental-europäischen Marken konnte noch verhältnismäßig schnell geholfen werden, während es für den Amerikaner auf der Insel noch kaum Ersatzteile gab. Die englische Konkurrenz wies denn auch darauf weidlich hin. Gut, der Cadillac sei vielleicht ein gutes Auto, doch was mache der Käufer, wenn einmal etwas kaputt gehe und weit und breit kein Mechaniker zu finden sei, der die benötigten Teile dann auch einbauen und anpassen könne – »buy british«!

Obwohl Bennett mit den »interchangable parts«, den austauschbaren Ersatzteilen der Cadillac, auch gegen dieses Vorurteil zu Felde zog, wollte ihm niemand so recht glauben. Das lag vor allem daran, daß die Europäer in diesen frühen Jahren des Automobils weder so etwas wie passende Ersatzteile kannten noch überhaupt daran glauben wollten. Auch brachten Vorführungen dieser »interchangable parts« wenig, die Engländer behaupteten schlicht, daß die Teile vorher »präpariert« worden sein konnten.

Erst im Oktober 1907 konnten die Vorteile von passenden Ersatzteilen publikumswirksam vor Augen geführt werden. Bennett initiierte zusammen mit einigen Journalisten des Fachmagazins »The Motor« einen Test, durchgeführt vom »Royal Automobile Club«, bei dem Cadillac die Vorteile seiner Produktionsmethoden beweisen konnte. Bennett hatte im Sommer des gleichen Jahres das Werk in Detroit besucht und sich überzeugt, daß die Standardisierung bei der Produktion wirklich Sinn machte. Der R.A.C. hielt das allerdings für eine Schnapsidee, die königlichen Clubmitglieder argumentierten, es sei gar nicht möglich, so genau zu arbeiten, daß die Ersatzteile nicht mehr angepaßt werden mußten. Andere wähnten dunkle Mächte am Werk und behaupteten, ein Motor könne gar nicht funktionieren, wenn er nicht mit einer gewissen Ungenauigkeit zusammengebaut worden sei …

Bennett ließ nicht locker, bis der R.A.C. schließlich einlenkte, wohl hauptsächlich deshalb, weil man hoffte, daß der ungestüme junge Mann sich mit seinen Ersatzteilen selber ein Bein stellen würde, womit die ehrenwerten Herren dann endgültig Ruhe vor ihm hätten. Man wollte ein strenges Reglement ausarbeiten, dieses an die verschiedenen Hersteller weiterleiten, und den Test genauestens überwachen. Als Zückerchen sollte der Sieger dann vielleicht gar für die »Dewar Trophy« qualifiziert werden. Diese Trophäe bestand nicht nur aus einem sehr hübsch gearbeiteten, 70 Zentimeter hohen Silberbecher, die »Dewar Trophy« war soetwas wie der Nobelpreis der Automobilindustrie. Gestiftet hatte sie ihm Jahre 1904 der britische Abgeordnete Sir Thomas Dewar, um dem automobilen Fortschritt auf die Sprünge zu helfen. Sein hohes Ansehen verdankte er dem strengen Reglement und der peniblen Kontrollen.

Als der R.A.C. das Reglement für den »Standardization Test« bekannt gab, meldete sich nur Cadillac an, allen anderen Herstellern waren die Bedingungen schlichtweg zu streng. So kam am Freitag, den 29. Februar 1908, das Technische Komitee des R.A.C. unter Leitung des Ingenieurs Mervyn O'Gorman in die Lagerhallen der »Anglo-American Motor Company«, wo gerade acht fabrikneue Cadillac angekommen waren. Die Jury-Mitglieder suchten sich drei Fahrzeuge aus, zweisitzige Runabout mit den Motornummern 23 391, 24 111 und 24 118. Die drei Cadillac wurden dann quer durch London zur erst kurz vorher eröffneten Rennstrecke von Brooklands gefahren, wo sie noch einige Runden auf dem Rundkurs fahren mußten, damit die Motoren eingefahren waren. Dabei bewiesen die kleinen Einzylinder auch gleich, daß sie einen Schnitt von 50 km/h locker halten konnten. Danach wurden die drei Cadillac in einer Garage eingeschlossen.

Am folgenden Montag durften dann die Mechaniker an die Arbeit. Nur ausgerüstet mit Schraubenzieher, Schraubenschlüssel, Zange und Hammer begannen sie die drei Fahrzeuge bis auf die wirklich letzte Schraube zu zerlegen. Am Mittwoch waren die Autos komplett demontiert, auf dem Boden der Garage lagen genau 721 Teile eines jeden Fahrzeugs. Die nach wie vor skeptischen R.A.C.-Beobachter schlossen sich dann in der Garage ein und mischten diese Teile zuerst, um danach wieder jedem Wagen 721 Teile zuzuteilen. Gewisse Teile wie die Ölpumpe, Getrieberäder und mindestens ein Kolben, Kolbenring und Zylinderkopf wurden zurückbehalten und mußten von Bennett aus seinem Ersatzteillager ersetzt werden. Damit sollte die Sache erschwert werden, doch das kostete Bennett nur ein Lächeln.

Genau um 11.45 Uhr am Donnerstag begannen zwei Mechaniker (andere Quellen sprechen von sechs Mann), die bunt durcheinander gemischten Teile wieder zu den drei Cadillac zusammenzufügen. Sie arbeiteten mit den gleichen Werkzeugen, die sie auch für die Demontage gebraucht hatten, die Jury wachte außerdem peinlichst genau darüber, daß sie kein Teil in irgendeiner Form zurechtfeilten. Die Arbeit ging schleppend voran, aber nicht etwa, weil es Schwierigkeiten mit dem Fahrzeug-Puzzle gab: Ein Regensturm fegte an diesem Tag über Brooklands hinweg und setzte die Garage 30 Zentimeter tief unter Wasser. Danach gab es endlose Diskussionen, ob die Teile, die leichten Flugrost angesetzt hatten, jetzt auch noch aus dem Ersatzteillager beschafft werden müßten. Was genau geschah, das läßt sich heute nicht mehr schlüssig beantworten, sicher ist nur, daß der erste Wagen bereits am Freitag wieder komplett zusammengebaut war.

Die Herren vom R.A.C. setzten schon mal vorsorglich ihre Leichenbittermiene auf, ausgeschlossen, daß der Cadillac zum Laufen gebracht werden konnte. Gut, der problemlose Zusammenbau des ersten Wagens war schon ein kleines Wunder gewesen, aber spätestens jetzt hatte der Spuk ein Ende. Pustekuchen. Der Mechaniker, nachdem er alle Teile geölt und Benzin sowie Wasser eingefüllt hatte, zündete, stieg aus dem Wagen und drehte ein einziges Mal an der Kurbel – und schon tuckerte der Einzylinder los. Ob die Zuschauer nur mit offenen Mündern dastanden und staunten, oder ob sie in begeisterten Applaus ausbrachen, das weiß man heute leider nicht mehr. Sicher ist nur, daß die Cadillac-Mechaniker in stoischer Ruhe neben ihrem Auto standen und den Anschein erweckten, als ob das alles für sie völlig alltäglich sei – was es ja in Wirklichkeit auch war.

Die anderen beiden Fahrzeuge wurden am Freitag, den 10. März 1908 fertig. Die Verzögerung wurde durch eine Lenksäule verursacht, die beim Zusammenbau beschädigt worden war und die man sich ebenfalls aus Bennetts Ersatzteillager beschaffen mußte. Auch der zweite Cadillac sprang schon beim ersten Versuch an, nur beim dritten Wagen mußte der Mechaniker zwei Kurbelumdrehungen geben, bevor er zum Leben erwachte. Doch damit war der Test noch lange nicht bestanden:

Nach dem erfolgreichen Zusammensetzen der einzelnen Teile mußten die drei Cadillac noch einmal zu einem 800 Kilometer langen Rennen antreten.

Die drei Cadillac mußten noch zu einer 500-Meilen-Prüfung auf der Brooklands-Rennstrecke antreten, also noch einmal 800 Kilometer unter Vollast, was sie aber auch mit Bravour und wieder mit einem Schnitt von über 50 km/h hinter sich brachten.

Was niemand, wohl auch Bennett und die Cadillac-Leute nicht, erwartet hatte, war also vollbracht. Und die englische Presse erging sich in euphorischen Schlagzeilen, schrieb seitenlange Lobeshymnen und von »Kolben, die wie Butter in die Zylinder glitten«. Auch in Amerika wurde der Erfolg von Cadillac gefeiert, und sogar die hochnäsigen europäischen Hersteller nahmen das außerordentliche Ereignis zur Kenntnis. Bennett erinnerte sich noch viele Jahre später mit Genuß: »Diese Prüfung stellte die amerikanischen Autos, und ganz speziell natürlich Cadillac, in das allerbeste Licht.«

Aber Bennett wäre nicht Bennett gewesen, wenn er mit diesem Erfolg schon zufrieden gewesen wäre. Er ließ eines der neu zusammengebauten Fahrzeuge in Brooklands in eine Garage einschließen. Er wollte mit diesem nicht speziell vorbereiteten Auto beim härtesten Rennen seiner Zeit, dem im folgenden Juni stattfindenden »R.A.C. 2000 Mile Trial«, beweisen, wie zuverlässig ein Cadillac wirklich war. Dieses Rennen führte von London nach Glasgow, von dort weitere 1 000 Kilometer über die gefürchteten Straßen durch die Highlands, dann über Wales wieder zurück nach Brooklands, wo zum guten Schluß dann noch ein 200-Meilen-Rennen auf der Rennstrecke anstand. Insgesamt mußten die mit vier Personen plus Gepäck beladenen Fahrzeuge über 3 500 Kilometer zurückgelegen – und das in nur 15 Tagen. Auch waren die Regeln sehr streng: Für jede Etappe wurde eine Idealzeit vorgegeben, wer zu früh oder zu spät kam, erhielt Strafminuten. Bei den insgesamt 11 durchgeführten Bergrennen bekam jedes Auto, daß auf den Klassenbesten Zeit verlor, ebenfalls Strafminuten. Strafminuten gab es außerdem für jeden nicht vorgesehen Halt, sei es wegen einer Polizeikontrolle, sei es wegen einer Panne. Und schließlich wurde bestraft, wer zuviel Benzin verbrauchte. Nett war schließlich noch die Bedingung, daß der Wagen so oft gewaschen werden mußte, »wie sich das für ein R.A.C.-Club-Mitglied gehört«.

Das Rennen war aber nicht nur auf dem Papier sehr hart: Während der ersten fünf Tage herrschte das typisch englische Wetter mit Kälte, Regen und dichtem Nebel. Die meisten Teilnehmer litten sehr unter diesen Bedingungen, so auch die Cadillac-Crew, die von keinem Dach geschützt wurde. Doch nach 15 zwar langen, aber problemlos verlaufenen Tagen konnte der kleine Cadillac knapp vor einem französischen Zedel seine Klasse gewinnen – und erhielt neben dem begehrten R.A.C.-Silberbecher beim abschließenden Rennen auch vom Publikum mit Abstand am meisten Applaus.

»Gut Ding will Weile haben«, so dachten wohl auch die Juroren der »Dewar Trophy«, die dem Cadillac erst im Februar 1909 verliehen wurde, zu einem Zeitpunkt, als der Einzylinder gar nicht mehr produziert wurde. Dem Erfolg von Cadillac im britischen Königreich, das 1908 11 700 Fahrzeuge im Wert von 4 181 000 £ baute und und mindestens für die gleiche Summe Autos importierte, tat dies keinen Abbruch. Bennett konnte sich über Käufer beim besten Willen nicht beklagen, sogar den nicht mehr produzierten Einzylinder konnte er noch bis 1910 verkaufen. Und wie schrieb eine englische Tageszeitung, als sie in den 20er Jahren einen Rückblick auf die Pionierjahre des Automobils wagte: »Zwar war die Standarisierung bei den amerikanischen Herstellern in jenen Jahren bereits alltäglich, doch für die britischen Hersteller, wo die Fahrzeuge von schlecht bezahlten Handwerkern noch ›maßgefertigt‹ wurden, war der Erfolg von Cadillac ein Ereignis, das ihnen die Augen öffnete – auch wenn es noch einen Weltkrieg brauchte, bis sie seine ganze Tragweite begriffen.«

Doch nicht nur in Großbritannien, in allen damaligen Industrieländern war der Name von Cadillac der Inbegriff von höchster Qualität im Automobilbau. Das war nicht nur das Verdienst der »Dewar Trophy«, auch der gute Name von »Leland and Faulconer«, einer Firma von Weltruf, war beste Werbung für Cadillac. Zwar war auch der Vierzylinder hoch angesehen, doch es war vor allem der kleine »One-Lunger«, der die Lorbeeren einheimste.

Nach diesem Abstecher nach England zurück in die Vereinigten Staaten, wo Cadillac an der Verkaufsfront weiterhin große Erfolge feiern konnte. Von 1903 bis 1906 produzierten Leland und seine Männer insgesamt 12 156 Autos, was hinter Oldsmobile mit 17 608 und

Ford mit 13 731 Einheiten den dritten Rang in der Verkaufsstatistik bedeutete. Doch gegenüber diesen zwei Konkurrenten hatte Cadillac sicher einen großen Vorteil, den man in der Werbung auch fleißig hervorhob: die Zuverlässigkeit. So zeigte man 1903 in einigen Inseraten einen Herrn namens I.L. Atwood, der mit seinem Einzylinder und vier Personen nonstop in sieben Stunden von New York nach Waterbury, Connecticut, gefahren war. Die Strecke maß zwar nur rund 150 Kilometer, doch man darf nicht vergessen, daß um die Jahrhundertwende die Straßen noch nicht ganz das waren, was wir uns heute darunter vorstellen. Ein A.H. Wilson aus Canton, Ohio, zog mit seinem Einzylinder-Cadillac zwei vollbeladene Eisenbahnwagen über eine Strecke mit vier Prozent Steigung, und das mit stehendem Start. Mit einem Seitenhieb auf ein Konkurrenzprodukt schrieb die Cadillac-Werbeabteilung: »Auch ein Zweizylinder-Modell versuchte sich, doch es schaffte es nicht einmal, die Eisenbahnwagen in Bewegung zu versetzen. Sollten wir also deshalb den Cadillac-Motor erneuern? Sicher nicht.«

Auch für einige nicht ganz ernst zu nehmende Rekordversuche mußte der Cadillac-Einzylinder herhalten. 1904 überredete ein Händler aus Washington D.C. einen betrunkenen Kunden, mit seinem Cadillac die Treppe zum Kapitol hochzufahren. »Er bezahlte teuer für sein Vergnügen«, schrieben die Cadillac-Werber, die auch solch zweifelhafte Erfolge ausnützten, »doch jetzt weiß er wenigstens, zu was sein Fahrzeug alles fähig ist.« Im April des gleichen Jahres zeigte die »Detroit Free Press« ein Bild, auf dem ein mit 16 Personen beladener Einzylinder den steilen Shelby Hill in Detroit hochfährt. Was für einen Sinn dieser Unternehmung hatte, läßt sich heute nicht mehr herausfinden, aber immerhin wußten die Leser nachher um die Kraft des Cadillac.

Und wie fuhr sich ein Cadillac-Einzylinder? Dazu Maurice D. Hendry, einer der größten Cadillac-Kenner: »Zuerst einmal braucht es gewisse Bergsteiger-Fähigkeiten, um überhaupt Platz nehmen zu können. Wenn man dann aber oben ist, dann kann man wunderbar auf das Publikum herunterschauen, während man es sich doch von anderen Fahrzeugen gewohnt ist, daß auf einem runtergeschaut wird. Wem das noch nicht genügt, der wird spätestens dann an die Höhe des kleinen Fahrzeuges erinnert, wenn er aus der Garage fährt – hier gilt es, sich rechtzeitig zu bücken. Doch warum wurde der Wagen überhaupt so hoch gebaut? Das hat verschiedene Gründe: Kleinere Reifen wurden noch öfter von Pannen heimgesucht als diese großen Cadillac-Räder, denn die Gummimischungen waren damals noch alles andere als standhaft, und außerdem war eine große Bodenfreiheit beim damaligen Zustand der Straßen auf jeden Fall ein Vorteil. Die hohe Sitzposition hatte ebenfalls ihre Vorteile. Als Fahrer hat genießt man eine Übersicht, wie man sie sonst nur auf einem Pferd oder einem Motorrad hat. Man sieht vorne den Boden, man sieht hinten den Boden, und was man sonst noch sieht, ist das Lenkrad, was dann auch so ziemlich das einzige ist, das so aussieht wie bei einem modernen Auto. In einem Spalt im Fahrersitz findet sich der Hebel für die Zündung. An diesem zieht man, dann erst steigt man aus, und dreht an der Anlasserkurbel. Auch das Schalten ist eine zweigeteilte Aufgabe: Der erste Gang wird über ein Fußpedal betätigt, der zweite Gang und der Rückwärtsgang funktionieren über einen Hebel auf der rechten Seite. Nach vorne gedrückt, geht es vorwärts, nach hinten gedrückt, fährt man logischerweise rückwärts, in der Mitte befindet man sich in der neutralen Stellung. Wenn man im ersten Gang losfährt, betätigt man das Handgas, das sich unter dem Lenkrad befindet, und legt bei etwa 5 km/h mit einer kräftigen Handbewegung den zweiten Gang ein.

Am angenehmsten fährt sich der Einzylinder zwischen 30 und 50 km/h. Das beste Drehmoment hat der Wagen zwischen 10 und 40 km/h, und mit dieser Geschwindigkeit kommt man auch jeden Hügel hoch. Das alles ist noch einfach handzuhaben, schwierig ist es erst, wenn man einen Vollbremsung machen muß, da man dafür gar nicht genügend Hände haben kann: Ganghebel in die neutrale Stellung, Zündungshebel ziehen, das Handgas ganz langsam und sanft zurückdrehen, und mit dem Fuß voll auf das Bremspedal, das man allerdings nicht mit dem Fußpedal für den ersten Gang verwechseln sollte, weil man sonst die Kubelwelle ruiniert. Das Fahren selber sonst ist sehr einfach, so einfach, daß die Cadillac-Konstrukteure von Anfang an auf irgendwelche Kontrollinstrumente verzichteten. Wäre man schnell genug, so würde man vielleicht herausfinden, daß der Einzylinder mit seinem kurzen Radstand und der breiten Spur zum Übersteuern neigt. Da jedoch jeglicher Wetter- und Windschutz fehlt, kommt man gar nicht erst in Versuchung, schnell zu fahren.«

Was also war und ist so speziell am Cadillac-Einzylinder? Man muß immer daran denken, daß die Fahrzeuge von damals noch nicht annähernd pefekt waren. Einige von ihnen waren zwar günstig im Ankauf, dafür dauernd kaputt und deshalb sehr teuer im Unterhalt, sofern man sie überhaupt noch reparieren konnte. Andere waren angenehmer zu fahren, dafür sagenhaft teuer in der Anschaffung. Der Cadillac dagegen war einfach zu fahren, sehr leicht, verhältnismäßig günstig und mit ein wenig Übung auch ohne größere Umstände zu reparieren. Das machte den großen Unterschied zwischen dem Cadillac-Einzylinder und seinen Konkurrenten: Er war wohl das erste Fahrzeug, das vollkommen alltaugstauglich war. Da mußte selbst die Konkurrenz den Hut ziehen. »Ich habe nie einen Cadillac-Einzylinder gefunden, an dem irgendetwas schlecht war«, schrieb der ehemalige Bentley-Ingenieur A.C.F. Hillstead in seinen Erinnerungen.

Die frühen Cadillac waren das Werk eines einzigartigen Künstlers, der von seinem Meisterwerk nur sagte: »Er ist so perfekt, wie wir ihn nur machen konnten.« Und das war doch auf jeden Fall einiges: In jedes der über 700 Einzelteile legten Henry Martyn Leland und seine Männer ihr ganzes Können und Wissen, und das war mehr, als sonst jemand zu dieser Zeit tun konnte. In Sachen Zuverlässigkeit und Qualität war der Einzylinder wirklich der »Standard of the world«, als den ihn die »Dewar Trophy« ausgezeichnet hatte.

Ein ganz spezieller Cadillac sollte diesen Ruhm noch für Jahrzehnte in die ganze Welt tragen: der »Osceola«. Dieses Fahrzeug, von Henry Martyn Leland nach dem berühmten Häuptling der Seminole-Indianer benannt und jahrelang für seine Fahrten zwischen der Fabrik und seinem Haus benutzt, wurde 1905 gebaut und sollte beweisen, daß Cadillac auch geschlossene Fahrzeug produzieren konnte. Leland liebte den kleinen, sehr handlichen, aber nicht besonders hübschen Einzylinder so sehr, daß er ihn auch noch nach der Präsentation der bedeutend komfortableren Achtzylinder benutzte. Und wie er ihn benutzte: Cadillac-Ingenieur Bill Foltz erinnerte sich später in seinem Buch »Master of Precision«, daß Henry Leland den etwas kopflastigen Wagen sehr oft etwas gar heftig in die Kurve legte, und dann ins Werk telephonierte, damit man den »Osceola« wieder auf die Räder stellte. »Er fuhr immer mit etwa 50 km/h, als der Wagen noch neu war. Einmal hatte er am Morgen auf dem Weg zur Arbeit eine Kollision mit einer Straßenbahn, und am Abend, auf dem Weg nach Hause, kollidierte er dann

Der Pot, aus dem die Träume sind: die Dewar Trophy. Cadillac konnte sie 1908 als erster amerikanischer Hersteller gewinnen.

mit einem Kohlewagen. Seine Tochter kam oft zu mir und bat mich, den »Osceola« irgendwie langsamer zu machen.«

Irgendwie ist es ja unvorstellbar, daß der mit sich selber so strenge Leland irgendeine seiner geliebten Maschine derart strapazieren würde, und wenn man sich den »Osceola« anschaut, dann kann man es sich noch bedeutend weniger vorstellen. Denn das nur 208 Zentimeter lange und 130 Zentimeter breite Fahrzeug, das stark an den geschlossenen Wagen, den Louis Renault einige Jahre vorher gebaut hatte, erinnerte, war doch stolze 221 Zentimeter hoch! Der »Osceola« wurde übrigens bei der »Wilson Body Company« unter Aufsicht eines gewissen Fred J. Fisher gebaut, der einige Jahre später noch große Bedeutung für die Marke Cadillac erhalten sollte.

Das Fahrzeug hatte eine lange Karriere: Nachdem Henry Leland es aufgegeben hatte, selber zu fahren, wurde der »Osceola« in das Landhaus der Lelands in Kingsville, Ontario, gebracht, wo man ihn lange Jahre für Ausflüge und für die ersten Fahrstunden des Nachwuchses gebrauchte. In den 30er Jahren – Leland war 1932 gestorben – wurde das hohe und hochbeinige Fahrzeug dann sogar zum Filmstar, wenn auch nur in Werbefilmen, und zum Demonstrationsobjekt für die hohe Qualität der amerikanischen Industrie, ausgestellt auf den Chicagoer Weltausstellungen 1933 und 1934. Danach verbrachte der »Osceola« einige Jahre in einem Museum in Chicago, bevor er 1953 in die »Detroit Historical Museum's Hall Of Industry« gebracht wurde, wo er auch heute noch steht und seiner ganzen Eigentümlichkeit bewundert werden kann.

So weit, so gut. Doch es war auch den Lelands klar, daß der Einzylinder 1908 am Ende seiner Möglichkeiten war. Aber man hatte schon einen Nachfolger bereit, der seinen berühmten Vorgänger vielleicht nicht an Ruhm, aber sicher an wirtschaftlichem Erfolg bei weitem übertreffen sollte.

KAPITEL 2
CADILLAC UND CO.

GENERAL MOTORS – DER STARKE PARTNER

Das Jahr 1908 war für die amerikanische Automobilindustrie in vieler Hinsicht bemerkenswert. Zum ersten Mal waren die Vereinigten Staaten das größte Herstellerland, nachdem man vorher immer auf dem dritten Rang hinter Frankreich und Deutschland gelegen hatte. Die Steigerung war eklatant: 1896 hatten die Duryeas genau 13 Fahrzeuge gebaut, 1900 war die jährliche Produktion erst bei 4 192 Einheiten angelangt, was ein Jahr später in etwa verdoppelt werden konnte. 1904 gab es in den USA insgesamt 70 Hersteller, die ein Kapital von rund 20 Millionen Dollar vereinigten und in diesem Jahr 24 419 Fahrzeuge im Wert von etwa 45 Millionen Dollar verkaufen konnten.

1904 wurden auch Autos im Wert von 2 695 655 $ exportiert, die meisten davon nach Großbritannien. Die Europäer waren da weniger erfolgreich: 1901 konnten sie 26 Fahrzeuge im Wert von 43 126 $ in die USA verkaufen, im Jahr 1904 waren es 423 Exemplare im Wert von 1 446 303 $. Die meisten davon kamen aus französischer Produktion, nämlich 368, dazu 22 aus Deutschland, 15 aus England und 13 aus Italien. Bis 1909 konnten die Hersteller aus der Alten Welt diese Exporte auf 1 624 Einheiten im Wert von rund drei Millionen Dollar steigern, doch kurz darauf kam es zum einem Einbruch. Kein Wunder: Was die Europäer konnten, wußten die Amerikaner inzwischen auch, ihr Angebot reichte vom günstigen Ford T über den Cadillac oder Mercer Raceabout bis hin zum 7 000 $ teuren Pierce-Arrow.

Für europäische Wagen sprach herzlich wenig, das bewiesen auch verschiedene Preise, welche die Amerikaner für sich verbuchen konnten. An erster Stelle stand da natürlich die »Dewar Trophy« von Cadillac, stark beachtet wurden aber auch der Sieg des Thomas beim Rennen von New York nach Paris sowie der Erfolg des Locomobile beim »Vanderbilt Cup«. Auch 1909 wurde die »Dewar Trophy« von einem Amerikaner gewonnen, auch wenn dieser bei Daimler in englischen Diensten stand: Charles J. Knight.

Die drei Namen Thomas, Locomobile und Charles J. Knight wären eigentlich einer näherer Betrachtung würdig, auch wenn sie nur indirekt etwas mit Cadillac zu tun hatten. Doch leider ist hier nicht der Platz, um zu tief in die Automobilgeschichte abzuschweifen, nur noch soviel: Gemeinsam war allen drei sicher, daß sie von den hohen Qualitätsansprüchen und vor allem vom Gedanken der Standardisierung des Henry Martyn Leland nicht nur gehört hatten, sondern diese Möglichkeiten auch umzusetzen versuchten.

Auch die Lelands blieben in Sachen Qualitätssteigerung nicht untätig in dieser Zeit. Entweder 1907 oder 1908 bezogen sie die ersten »Jo-Block«-Meßgeräte aus Schweden. Hergestellt wurden diese Lehren vom schwedisch-amerikanischen Werkzeugmacher Carl Edward Johansson, der in den Vereinigten Staaten aufgewachsen und ausgebildet worden war. 1885 war er nach Schweden zurückgekehrt, um dort in der staatlichen Waffenschmiede zu arbeiten. Weil er von den vorhandenen Meßwerkzeugen enttäuscht war, entwickelte er in jahrelangen Versuchen eigene Geräte, die er allerdings an niemanden verkaufen konnte. Erst 1906 wurden die Lelands auf die schwedischen Werkzeuge aufmerksam, und wurden kurze Zeit später zu den besten Kunden von Johansson.

Über die »Jo-Blocks« wurde gerade im Zusammenhang mit Cadillac viel geschrieben, und wenig davon entspricht der Wahrheit. Oft wird behauptet, diese schwedischen Meßgeräte seien bloß eine Weiterentwicklung des berühmten »Leland and Faulconer«-Prinzips des »GO/NOT GO« gewesen, andere Autoren schreiben, daß ohne die »Jo-Blocks« so etwas wie eine Standardisierung von Teilen gar nicht möglich gewesen wäre. Beide Aussagen stimmen nicht: Die Werkzeuge von Johansson bestanden ganz einfach aus einer Metallplatte mit zwei verschieden großen Öffnungen, mit denen genau gemessen werden konnte, ob ein Werkzeug- oder Maschinenteil auch die richtige Größe hatte. Allerdings waren die schwedischen Geräte so genau gearbeitet und deswegen auch so delikat, daß sie in der täglichen Anwendung gar nicht gebraucht werden konnte, sondern bei Cadillac nur dafür verwendet wurden, die Genauigkeit der anderen Meßgeräte sicherzustellen.

Sicher ist, daß die Johansson-Werkzeuge die Fertigungspräzision bei Cadillac noch steigerten. Sicher ist aber auch, daß Cadillac bereits einige Jahre vor den »Jo-Blocks« ein Qualitätsniveau erreicht hatte, das eine Standardisierung erst möglich gemacht hatte. Wie auch immer, Johansson hat Cadillac wohl mehr zu verdanken als Cadillac ihm. 1911 konnte sich der Schwede dank der Aufträge von Cadillac selbständig machen, 1917 verlegte er den Firmensitz wieder in die Vereinigten Staaten, in ein Dorf mit dem schönen Namen Poughkeepsie im Bundesstaat New York. Seine Firma wurde übrigens später von Henry Ford übernommen.

Doch nicht nur mit der Qualität, auch in der Werbung machte Cadillac zu dieser Zeit Fortschritte. Man suchte nach einem Slogan, mit dem man die »Dewar Trophy« und die Erfolge mit der Standardisierung von Teilen ausnutzen konnte; einem Kriegsschrei, der sich in den Köpfen der Menschen festsetzen sollte. Die Spezialisten bei Cadillac wußten schon damals, was noch heute manche Firmen nicht begreifen: So schön lang und breit geschriebene Werbetexte auch sein mögen, eine einzige griffige Formulierung, eine perfekte Charakterisierung des Produkts ist bedeutend mehr wert. Wer genau die Idee hatte, das weiß man heute nicht mehr, doch gut war sie auf jeden Fall: »Standard of the World« sollte der Slogan heißen, bei dem die ganze Welt in Zukunft nur noch an Cadillac denken sollte.

Böse Zungen meinen zwar, daß wirklich gute Produkte gar keine Werbung – und schon gar keinen Slogan – brauchen, und verweisen dann auf Marken wie Mercedes oder Lincoln. Außerdem, so die Lästermäuler, sei ja »Standard of the World« nicht besonders originell. Der frühere Arbeitgeber von Henry M. Leland habe sich schon mit »World's Standard in Accuracy« gebrüstet, und Panhard warb schon einige Jahre vor Cadillac mit dem gleichen Slogan. Das mag ja alles stimmen, allerdings: Nur Cadillac hat diesen Slogan weltweit durchgesetzt und dementsprechende Produkte angeboten. Abgesehen davon ist dieser Klassiker unter den Werbesprüchen eine der griffigsten Formulierungen aller Zeiten. Auch nach über acht Jahrzehnten hat Cadillac noch keinen passenden Ersatz gefunden.

Und bei Cadillac tat man alles, um dem »Standard of the World« auch wirklich gerecht zu werden. Die Vierzylinder-Modelle D, G, H und L wurden nicht schlecht verkauft – rund 150 Exemplare 1905, 250 im Jahr 1906 und 500 im Jahr 1907 –, doch Bestseller wie der überaus erfolgreiche Einzylinder waren sie beim besten Willen nicht, auch wenn die direkte Konkurrenz von Peerless und Pierce mit solchen Zahlen sicher sehr zufrieden gewesen wäre. Aber damit ließ sich einfach kein Geld verdienen, zumindest nicht soviel Geld, wie Cadillac eigentlich nötig gehabt hätte. 1905 und 1906 bezahlte man den Aktionären keine Dividende mehr aus, weil man das Geld für die Vergrößerung der Fabrikanlagen brauchte. Zusätzlich nahm man große Kredite auf, um den Wünschen von Leland nach modernster Maschinerie und stetiger Verbesserung der Qualität nachkommen zu können. Die Zinsen dafür waren allerdings so hoch, daß Lemuel Bowen einige Zeit sogar von einem möglichen Konkurs sprach.

Die schwierige Lage blieb den Lelands selbstverständlich nicht verborgen. Deshalb zog Henry Martyn Leland im Juni 1907 seine besten Leute zusammen und begann mit den Vorarbeiten zu einem neuen Modell, das Cadillac wieder auf die Straße des Erfolges bringen sollte. Im Dezember 1908 erschien der neue Hoffnungsträger »Thirty«: Er ersetzte alle bisherigen Vierzylinder und auch den nicht mehr ganz zeitgemäßen Einzylinder und war ab 1909 das einzige Modell im Cadillac-Programm war. Das Design des »Thirty« war wenig aufregend, mehr die Quintessenz der bisherigen Erfahrungen als ein mutiger Schritt nach vorne. Doch genau das war im Sinne der Erfinder, es ging nicht darum, revolutionäre Technik zu verkaufen, sondern die Bedürfnisse einer konservativen Kundschaft zu erfüllen, die genau wußte, was sie von einem Automobil erwarten konnte. Die Rechnung ging auf: Trotz gewaltiger – und kostspieliger – Anstrengungen bei Service und Qualitätsverbesserungen spülte der Thirty die dringend benötigten Dollar in die Cadillac-Kassen.

Natürlich hätte Cadillac anstelle des Vierzylinders auch einen feinen Sechszylinder bauen können, schließlich verstand es Henry Leland wie kein anderer, die besten Ingenieure des Landes um sich zu sammeln. Doch ein Sechszylinder wäre der sichere Ruin von Cadillac gewesen, obwohl andere Hersteller mit ihren Sechszylindern sogar gutes Geld zu verdienen. Nur: Cadillac hatte nicht die Kunden für eine solche Art von Autos. Seine Kundschaft fand sich nicht wie bei den feinen Pierce, Peerless, Thomas oder Stevens-Duryea in den guten

Im Prospekt tauchte dieses Modell G 1907 als G Roadster mit Victoria-Top auf. Die G-Reihe sollte die Kluft zwischen den billigen Einzylindern und der teuren Modell H Limousine schließen.

Kreisen von New York oder Boston, sondern bei den bodenständigeren Einwohnern der Gebiete rund um Detroit, im Mittleren Westen oder an der Westküste. Der Lebensstandard dort war einfacher, primitiver, und da brauchte es auch ein einfaches Auto. Ein Auto, das wie der Cadillac sehr robust und einfach zu reparieren war. Man sollte auch nicht vergessen, daß es in New York und Boston mittlerweile Straßen gab, die ihren Namen verdienten, auf denen man die Kraft und Herrlichkeit eines 60 PS starken Pierce auch ausfahren konnte. Diese Straßen gab es in Detroit nicht, aber dafür gab es in der mittlerweile auf 300 000 Einwohner angewachsenen Stadt das Unternehmen Cadillac.

Daß der Thirty zum Modell werden sollte, das sich noch bedeutend besser verkaufte als seine beiden Vorgänger, lag am Konzept, das Elemente des erfolgreichen Einzylinders mit denen des technisch modernen Vierzylinders verband. Motor und Getriebe beispielsweise stammten vom Vierzylinder, der neue Cadillac also war nicht mehr mit dem in den Vereinigten Staaten so beliebten Planeten-Getriebe ausgerüstet. Diese Entscheidung war den Cadillac-Ingenieuren nicht besonders schwer gefallen, denn das 1907 im Modell G erstmals verwendete Schieberad-Getriebe war nicht nur bedeutend robuster, es war auch einfacher zu reparieren und, was für die in der Herstellung sehr teuren Cadillac nicht unwesentlich war, auch in der Produktion viel günstiger. Um den an das Planetengetriebe gewöhnten Kunden den Umstieg nicht allzu schwer zu machen, wurde an die Pedale freundlicherweise mit »Bremse« und »Kupplung« angeschrieben.

Der Thirty erhielt zudem ein komplett neues Chassis mit einer neuen, an einer Plattform angebrachten Hinteraufhängung, welche die früheren halbelliptischen Federn ablöste. Der Radstand wuchs auf 269 Zentimeter, was immerhin 15 Zentimeter mehr war als beim Modell G. Nur die 1906 angebotene Limousine hatte einen noch elf Zentimeter längeren Radstand gehabt, damals aber auch den stolzen Preis von 5 000 $ gekostet – und das ohne Lampen. Und genau hier, im Preis, lag der größte Vorteil des Thirty: Er kostete – mit Lampen – nur 1 400 $, ein absoluter Dumpingpreis.

Denn die Lelands wichen keinen Millimeter von ihrem Prinzip der bestmöglichen Qualität ab. Im Gegensatz zu den drei großen P – Packard, Peerless und Pierce-Arrow – baute Cadillac nicht viele verschiedene Modelle und von diesen jeweils nur wenige hundert, sondern konzentrierte sich auf ein einziges Chassis und drei Karosserievarianten. Auch wurden die Arbeitsabläufe unterteilt: Während beim Einzylinder noch zwei Mann den ganzen Motor zusammenbauten, wurde für den Thirty eine Art stationäres Fließband eingerichtet, so daß jeder Arbeiter am einzelnen Motor nur noch wenige Handgriffe zu erledigen hatte. Außerdem verfügte Cadillac über eine hohe Fertigungstiefe, die meisten Teile wurden selbst hergestellt. Cadillac besaß eigene Gießereien, unterhielt eine Werkzeug- und Maschinenteilfertigung, eine Schreinerei, eine Spritzwerkstatt und eine Sattlerei. So war man nicht auf fremde Lieferanten angewiesen oder konnte, wenn man gewisse Teile nicht selber herstellen konnte, diese in großen Mengen einkaufen, was sich in bedeutend günstigeren Preisen auswirkte.

Die Kundschaft belohnte diese knappe Kalkulation, die auf einen Gewinn von nur 25 Dollar pro Fahrzeug ausgerichtet war, mit einem regen Interesse. Schon nach sechs Monaten hatte Cadillac mehr Autos verkauft als in jedem anderen Jahr zuvor, und im August waren die 5 900 bis zum Ende des Jahres produzierten Thirty ausverkauft. Da lächelte sogar der in Gelddingen so vorsichtige Lemuel Bowen wieder und bewilligte eine Dividende von stolzen 45 Prozent vom Gewinn je Aktie. Und nicht nur die Aktionäre konnten zufrieden sein, auch die Käufer waren es, denn Cadillac steckte wie gewohnt viel Geld in die Verbesserung der Produktion. Allein für das Jahr 1909 wurden über 10 000 neue Werkzeuge und Maschinen angeschafft. Darauf war man so stolz, daß die Werbeabteilung gleich einen Prospekt herausgab, in dem die Fabrik gepriesen wurde: »Die Cadillac-Fabrik besitzt bessere Maschinen, bessere Werkzeuge und bes-

Ab Detroit kostete dieses Modell G als Touring Car 2 120 $ (ohne Lampen). Für seinen Vierzylinder-Motor gab Cadillac eine maximale Leistung von 20 PS an.

Mehr als 1 000 $ weniger als im Vorjahr kostete 1907 Cadillacs Topmodell, die H Limousine. Daneben gab es noch einen offenen Touring Car.

Dieses Schnittbild zeigt den Vierzylinder, wie er in die H-Reihe eingebaut wurde. Cadillac gab seine Leistung mit 30 PS an, was aber eher die untere Grenze darstellte.

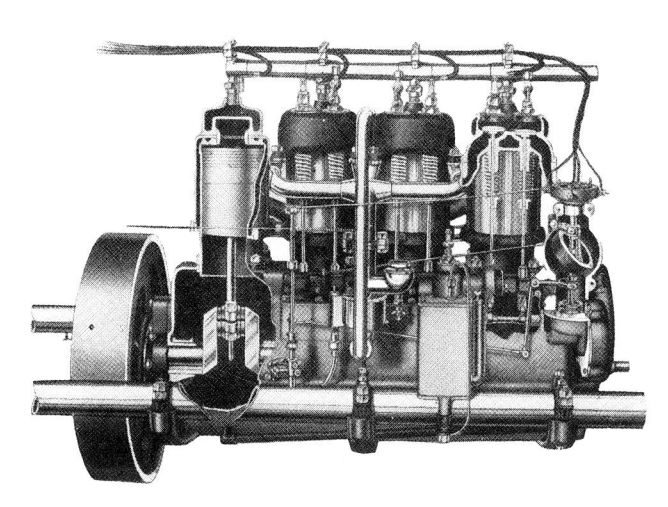

sere Meßgeräte als jeder andere Automobilhersteller der Welt«, war in dieser Broschüre zu lesen, »und der Maschinenpark besteht unter anderem aus 500 speziellen, arbeitssparenden Automaten, welche nicht nur bis zu zehn Mal effizienter sind als die herkömmlichen Arbeitsmethoden der anderen Hersteller, sondern erst noch viel exakter.« In diesem Büchlein stand weiter, »daß es dank der genauen Arbeit und der regelmässigen Kontrollen fast gar nicht möglich ist, daß ein nicht perfekt gearbeitetes Teil in einen Cadillac montiert wird. (...) Jedes Teil wird strengstens kontrolliert, von der Lieferung bis zum Einbau, auch wenn es sich nur um eine Schraube handelt.« Davon konnten auch die Lieferanten ein Liedchen singen: Der Hersteller der Ölwannen verlor seinen Vertrag, weil die angelieferten Teile nicht den Qualitätsansprüchen entsprachen. Als er deswegen bei Cadillac vorsprach, wurde ihm bewiesen, daß jedes, und zwar wirklich jedes seiner Teile in der Fabrik noch einmal nachgemessen werden mußte.

Auch leistete sich Cadillac den Luxus eines Laboratoriums, in dem alles ausprobiert wurde, was die Qualität der Autos hätte verbessern können. Man experimentierte mit den verschiedensten Materialien und kam unter anderem zum Ergebnis, daß Stahl für viele Teile die bedeutend bessere Lösung war als das zu dieser Zeit hauptsächlich verwendete Gußeisen. Und wenn andere Autohersteller dachten, daß ein Laboratorium eher in eine Universität gehöre, so profitierten sie doch gerne von den Erfahrungen. So ist es auch zu erklären, daß die

In einem wunderschönen Dunkelblau mit etwas helleren, ebenfalls blauen Verzierungen wurde dieses Modell S Runabout 1908 ab Werk ausgeliefert.

Konkurrenz bei Cadillac einkaufte, vor allem Motorteile wie Zylinder, Kolben und Kolbenringe. Unter den Kunden soll sogar Luxuswagen-Hersteller Pierce-Arrow gewesen sein.

Bevor der Thirty seine Karosserie erhielt und das Werk verließ, wurde seine Motorleistung gemessen (es mußten 30 PS sein, wie schon der Name »Thirty« sagt) und eine Testfahrt unternommen. Dutzende von Fahrern standen bereit, um die neuen Cadillac auf Herz und Nieren zu prüfen. »Sie fuhren meist über den Grand Boulevard in der Nähe der Woodward Avenue« erinnerte sich später ein Cadillac-Ingenieur, »und wie sie fuhren! Sie konnten mit den Wagen machen, was sie wollten, Hauptsache, das Ergebnis stimmte.« Chef dieser Testfahrer war Charlie Martens, der seit 1899 unter Henry Leland arbeitete. Martens war ein absoluter Diktator und konnte wie sein Chef Fehler jeglicher Art nicht ausstehen – was er seinen Mitarbeitern oft auch auf nicht besonders freundliche Weise klarmachte.

Auf der Straße zeigte sich der Thirty als einfach zu fahrendes, sehr angenehmes Auto. Zwar konnte sein Vierzylinder mit den geschmeidigeren Sechszylindern der Konkurrenz nicht ganz mithalten, doch er war ruhig, durchzugsstark und mit Abstand das beste Triebwerk seiner Klasse. Seine Literleistung von 8,3 PS pro Liter war guter Durchschnitt im Jahre 1909, doch der Motor machte abgesehen vom typischen blubbernden Geräusch von großvolumigen Vierzylindern nicht viel Aufhebens um seine Leistung. Außerdem war der Thirty ein völlig problemloses Fahrzeug, wie auch Richmond Viall, der ehemalige Chef von Henry Leland bei »Brown and Sharpe«, bezeugte. Er hatte im September 1909 mit seinem Thirty eine 17 Tage lange Reise quer durch Amerika unternommen und nicht die geringsten technischen Schwierigkeiten gehabt, während sein Reisebegleiter, der mit einem 5 000 Dollar teuren Peerless angetreten war, dauernd Probleme mit der Kühlung hatte. Auch die ebenfalls sehr teuren Pierce-Arrow kochten in dieser Beziehung nur mit Wasser, allerdings und zum Ärger der Kundschaft meist mit überhitztem.

Man mußte es sich eh leisten können, einen Pierce zu fahren. Ein Arzt aus Boston listete in den Jahren 1909 bis 1911 genau auf, was ihn sein Pierce Great Arrow für die jährlich zurückgelegten 10 000 Kilometer kostete. Am teuersten kamen die Reifen – 533 Dollar mußte er Jahr für Jahr für den Gummi hinblättern. Das waren mehr als 200 Dollar mehr, als er für Benzin und Öl bezahlte. Im Vergleich dazu kostete den gleichen Arzt sein Ford T jährlich 85.20 $ an Reifen und 69.15 $ für Benzin und Öl. Der Cadillac Thirty war wohl ein vernünftiger Kompromiß zwischen diesen beiden Extremen, auch wenn leider keine so detaillierten Kostenaufstellungen wie für den Pierce und den Ford vorhanden sind.

Die Konkurrenz konnte dem Thirty nicht viel entgegensetzen. Studebaker beisdpielsweise baute ein Fahrzeug, das etwa gleichviel kostete wie der Cadillac. Es ging als das »Alle mechanischen Probleme dieser Welt«-Auto in die Geschichte ein, womit wohl alles über die Qualität gesagt wäre. Thomas ruinierte sich fast mit den Garantieleistungen für einen Wagen, der zwar doppelt so teuer war wie der Cadillac, aber auch doppelt so viele Defekte aufzuweisen hatte. Andere Hersteller wagten sich erst gar nicht an Cadillac heran und engagierten sich in der obersten Klasse, die meisten kamen dann auf den günstigeren Vierzylinder zurück, wie das beispielsweise Lozier im Jahre 1913 tat.

Unbeeindruckt gab sich nur Pierce-Arrow. In ihrer typischen Arroganz verkündeten die Pierce-Arrow-Prospekte, »daß es drei Kategorien von Autos gibt: die billigen Autos, die Kompromiß-Autos und die wirklich guten Autos. Billige Autos kauft man, weil sie billig sind, wirklich gute Autos wie den Pierce-Arroow kauft man, weil sie wirklich gut sind, und die Kompromiß-Autos werden gekauft, weil sich der Käufer kein wirklich gutes Auto leisten kann.« Vielleicht hätte man den Pierce-Werbetextern den Thirty vorführen sollen, der ein wirklich gutes Auto war, das sich der Käufer auch leisten konnte. Der Chef-Ingenieur von Pierce-Arrow, David Fergusson, war auf jeden Fall objektiver als seine Werbetexter: »Cadillac baute das beste Auto im mittleren Preissegment.« Ähnlich dachte man auch in Europa, wo man den Thirty als würdigen Nachfolger des Einzylinders betrachtete.

Was den Thirty besonders auszeichnete, war nicht nur sein günstiger Preis, sondern seine Zuverlässigkeit. Erst 1910, also mehr als ein Jahr nach der Präsentation, mußte Cadillac zum ersten Mal eine Nockenwelle ersetzen, was die Werbeabteilung natürlich entsprechend wortstark in die Öffentlichkeit trug. Schön ist auch der Prospekt zu lesen, in dem der Service an einem Thirty beschrieben wird, an dem nach 75 000 Kilometern alle Maschinenteile noch die Qualitätsanforderungen für einen Neuwagen erfüllt hätten.

Zweifelsohne: Mit dem Thirty befands sich Cadillac wieder auf der Straße des Erfolgs, das wirkte sich auch auf die Belegschaft von Detroits wichtigster Automarke aus. Mehr denn je glich die Cadillac-Mannschaft, die 1908 auf 650 Arbeiter gesunken war, mit den guten Verkaufszahlen des Thirty aber wieder ständig anstieg, einer verschworenen Gemeinschaft. Über allen herrschte, gerecht, aber streng, geachtet und gefürchtet, der 66jährigen Henry Martyn Leland, die Seele des Geschäfts. Seine engen Mitarbeiter und Freunde bewunderten ihn rückhaltslos, die aufstrebenden jüngeren Ingenieure behandelten ihn mit großem Respekt. Und für die jüngsten unter den Cadillac-Mitarbeitern war er schon Legende, Relikt aus einer Zeit, als man noch gar keine Maschinen kannte. Leland selber war in einem Alter, in dem sich andere auf das Altenteil zurückzogen und ihre Hobbies und Enkelkinder pflegten, noch voll auf der Höhe seiner geistigen und körperlichen Kräfte, wenn man einmal von seinem Gehör absieht, das allerdings noch nie das beste gewesen war. Über 1,80 Meter groß, von imposanter Statur und kräftiger Stimme, sah man ihm sein Alter nur den grauen Haaren an. Seine Arbeitsphilosophie war ganz einfach, wie er einem Journalisten anläßlich der Verleihung der »Dewar Trophy« erzählte: »Zuerst muß man wissen, was man machen will. Dann muß man wissen, wie man es machen will. Und schließlich muß man es ganz einfach so machen, wie man es sich vorher vorgestellt hat.«

Und, selbst wenn es nun nach Heldenverehrung und abgedroschenem Klischee klingt: Leland war in jeder Beziehung ein besonderer Mensch, großzügig und großherzig. Die Geschichte, daß er einmal die Hälfte seines Jahresgehaltes einem Krankenhaus spendete, ist ebenso wahr wie diejenige, in der er für einen 80jährigen Häftling die Kaution stellte, weil er dem alten Mann nicht zumuten wollte, eine Nacht im Gefängnis zu verbringen. Und er konnte sich auch seelenruhig die Sorgen eines seiner Angestellten anhören, während draußen vor seinem Büro wichtige Geschäftspartner warteten. Überhaupt liebte er ein gutes Gespräch über alles, genau wie er gerne eine Partie Domino spielte oder mit seinen über alles geliebten Pferden ausritt.

Dieser freundliche und umgängliche Mann konnte allerdings, trotz seiner tiefen Religiosität, auch fluchen wie ein Droschkenkutscher. Die wenigsten Bilder zeigen Leland lächelnd – er lächelte auch selten, es widersprach seiner ernsten, Gehorsam fordernden Wesensart. Gegen seine Mitarbeiter war er hart, aber fair: Er wollte ihnen Arbeitsbedingungen bieten, die es ihnen so gut wie unmöglich machten, irgendwelche Fehler zu begehen. Geschah dies trotzdem, so hatte Leland keine Hemmungen, auch seinen besten Mann auf der Stelle zu entlassen. Gleiches widerfuhr übrigens auch allen, die Leland beim Rauchen erwischte.

Sonst war Leland eher sozial eingestellt, er lobte seine Mitarbeiter, wo immer es ihm angebracht schien. Als die »Dewar Trophy« in Detroit eintraf, ließ Leland sie am Fabrikeingang ausstellen und Flugblätter verbreiten, auf dem der genaue Hergang des Tests beschrieben war. Außerdem schüttelte er den über 1 000 Mitarbeitern die Hand, um ihnen zu diesem großen Erfolg zu gratulieren, »denn die Ehre gebürt jedem ehrlichen und aufrichtigen Mitglied dieser Firma, ganz egal, in welcher Position er arbeitet.« Und wie in früheren Tagen bei »Leland and Faulconer« nannte Henry Martyn seine engsten Mitarbeiter noch immer »boys«, auch wenn diese mittlerweile auch schon zu Großvätern geworden waren. Während die Automobilfirmen heute ihren Mitarbeitern alle Freizeitmöglichkeiten und sonstigen Annehmlichkeiten bieten – bieten müssen, weil es die Gewerkschaft so verlangt –, waren die Arbeitsbedingungen kurz nach der Jahrhundertwende primitiv. Da gab es keine Pausenräume oder Kantinen, da gab es nicht einmal Haken, wo man seinen im winterlichen Detroit dringend benötigten Mantel hätte aufhängen können. Nach Meinung des alten Leland war soetwas auch gar nicht nötig, solcher »Luxus« wurde erst eingeführt, als es Cadillac finanziell wieder besser ging und sich Wilfred Leland gegen seinen übermächtigen Vater durchsetzen konnte.

Richtig: Wilfred Leland. Er stand immer im Schatten seines Vaters, obwohl auch er überdurchschnittliche Fähigkeiten aufweisen konnte. Wie sein Vater war er ein harter Mann, ruhig und verschlossen, doch durch seine Reisen – er war schon 1896 zum ersten Mal in Europa gewesen – und seine Liebe zur Literatur hatte er sich einen offenern Geist angeeignet als sein Vater. Von lokaler Berühmtheit war sein Gedächtnis, das sogar Henry Ford bewunderte. Wilfred mußte sich nie etwas aufschrieben, er wußte immer alle Zahlen, und an Parties wurde er immer wieder aufgefordert, Gedichte zu rezitieren, was er dann auch liebend gern tat. Wie sein Vater war er ein guter Redner, zwar bei weitem nicht so überzeugend, doch dafür um einiges charmanter, ein echter Gentleman eben. Und wie sein Vater interessierte er sich stark für Politik und das soziale Leben von Detroit.

Gemeinsam gründeten die beiden Lelands 1907 die »Cadillac School of Applied Mechanics«, eine Art Weiterbildung für Mechaniker und angehende Ingenieure. Diese Schule war die erste ihrer Art, die von einem Automobilhersteller gegründet worden war, und sie fand viele Nachahmer in der ganzen amerikanischen Industrie. So auch bei Ford, wo 1916 unter der Leitung eines ehemaligen Lehrers bei Cadillac die »Ford Trade School« gegründet wurde. Die Absolventen erhielten eine zweijährige gründliche Ausbildung in allen Belangen der Automobilherstellung. Vom Maschinenbau über das Design bis hin zur Metallkunde konnten sie alles lernen, was mit dem Auto und seinem Bau zu tun hatte. Wenn sich ein Schü-

Von einem Tag auf den anderen gab es 1909 nicht mehr drei verschiedene, mit Buchstaben bezeichnete Modellreihen, sondern nur noch den »Thirty«. Hier im Bild der Roadster.

Dieser Thirty Demi-Tonneau aus dem Jahre 1909 war schon für 1 400 $ zu haben. Man beachte die sehr gelungene Verlängerung der Motorhaube, in die strömungsgünstig das Armaturenbrett eingebaut war.

Es war dieser Motor, der dem Thirty seinen Namen gab, denn der Vierzylinder entwickelte ziemlich genau 30 PS.

machten ihm da etwas vor, Leland war immer noch in der Lage, jedem Arbeiter jeden einzelnen Handgriff zu demonstrieren. Was er auch sehr gerne tat: Man sah ihn nie ohne sein Metermaß, das er nicht nur zur Untermalung seiner Reden gebrauchte, sondern auch sonst fleißig einsetze. Einmal wollte ihm ein junger Mann namens Alfred P. Sloan Nockenwellen-Lager der Firma »Hyatt« verkaufen. Henry Leland hieß ihn, sich zu setzen, und demonstrierte ihm gleich auf dem Schreibtisch die Ungenauigkeit seiner Ware. Sloan war beeindruckt – aber das ist eine andere Geschichte.

Noch weniger beeindrucken allerdings konnten andere Automobilkonstrukteure und Teilehersteller. Vor allem für die europäischen Produktionsmethoden hatte Leland nur ein müdes Lächeln übrig: »Ich durfte einmal bei einem Hersteller beobachten, daß nicht nur seine Fabrikanlagen viermal größer als unsere waren, es arbeiteten dort auch fünfmal mehr Leute – trotzdem wurden in der gleichen Zeit, in der wir 100 Motoren zusammenbauen, nur gerade 15 Triebwerke hergestellt. Und weshalb soviele Leute, wenn die Produktion trotzdem so niedrig liegt? Die Leute bauen zwar auch einen Motor, allerdings schauen sie nicht auf die Qualität, und deshalb muß immer wieder korrigiert und angepaßt werden. Das ist das Problem von Europa: Weil die Arbeitskräfte so billig sind, muß man nicht auf die Qualität achten, denn man kann genügend Leute beschäftigen, welche die Fehler der anderen wieder ausbügeln.« Qualität, Qualität und noch einmal Qualität – wie ein roter Faden zieht sich dieser Begriff durch die Leland-Ära. Sie war es, die Cadillac so einzigartig machte.

Und auf diese Qualität sowie den guten Namen von Cadillac hatte William Crapo Durant sein Auge geworfen. Er wurde oft als Selfmademan bezeichnete, war es aber nicht. 1860 in Boston geboren und in Flint, Michigan aufgewachsen, stammte Billy Durant keineswegs aus ärmlichen Verhältnissen. Sein Grossvater William H. Crapo hatte mit dem Walfang an der Ostküste ein Vermögen verdient, bevor er nach Flint zog, um dort mit großem Erfolg eine Sägemühle zu betreiben. Billy lernte dort, bevor er sich mit 21 Jahren als Wagenbauer selbständig machte. Er ließ sich einen zweirädrigen Wagen patentieren, den er für 12,50 $ verkaufte, und ging 1885 eine

ler verpflichtete, weitere zwei Jahre für Cadillac zu arbeiten, so kam er in den Genuß einer noch verbesserten, sich über 9 000 Stunden hinziehenden Ausbildung. Viele der Abgänger trugen ihr Wissen dann zu anderen Herstellern wie Dodge, Hudson, Studebaker oder Ford weiter.

Als Schulleiter fungierte, wie könnte es anders sein, Henry Martyn Leland, der gerade dort seine noch immer überragenden handwerklichen Fähigkeiten unter Beweis stellen konnte. Und nur wenige seiner Mitarbeiter

Nach einjähriger Abwesenheit erschien 1910 wieder eine große Limousine – und sie kostete mit 3 000 $ fast doppelt soviel wie die anderen Thirty-Modelle. Inbegriffen in dieser stolzen Summe war allerdings ein Sprachrohr, über das die Passagiere mit dem in Wind und Wetter sitzenden Fahrer kommunizieren konnten.

höchst profitable Partnerschaft mit Josiah Dallas Dort ein, mit dem er bis zur Jahrhundertwende das blühende Wagenbauunternehmen »Durant-Dort Carriage Company« aufzog. In seinen besten Zeit stellte das Unternehmen jährlich 50 000 Wagen her.

Eines schönen Tages war dem blendend aussehenden und höchst charmanten Durant dann ein Automobil aufgefallen, das einen technisch fortschrittlichen Motor mit den Ventilen im Zylinderkopf besaß. Gebaut hatte es David Dunbar Buick, ein gebürtiger Schotte, der ursprünglich im Sanitärgeschäft tätig gewesen war und in den 90er Jahren eine Technik entwickelt hatte, mit der sich gußeiserne Badewannen emaillieren ließen. Doch Buick war bereits damals nicht mehr so sehr an der Perfektionierung des häuslichen Wohllebens interessiert. Er widmete sich mit Feuereifer seiner automobilen Leidenschaft, allerdings mit deutlich weniger Erfolg als bei seinem »Buick & Sherwood«-Sanitärgeschäft. 1902 hatte er sechs, 1904 auch nicht mehr als 37 Autos gebaut – und doch bot ihm Billy Durant für seine kleine Firma die unglaubliche Summe von 1,5 Millionen Dollar.

Durant organisierte die Serienfertigung, indem er die Montage in eine aufgegebene Durant-Dort-Wagenfabrik nach Jackson (Michigan), die Motorenherstellung in die Buick-Fabrik in Flint und den Karosseriebau zu den »Flint Wagon Works« verlegte. So konnten 1905 schon 750, 1906 1 400, und 1907 gar stolze 4 461 Fahrzeuge produziert werden, was Buick in der Verkaufsstatistik auf den zweiten Platz hinter Ford brachte. Ein Jahr später bezahlte er dem eigentümlichen, etwas weltfremden Schotten eine Abfindung von 100 000 Dollar, damit dieser die Firma verließ und sich nicht mehr dauernd mit den anderen Ingenieuren, die alle eng mit Durant verbunden waren, anlegte. Die weitere Lebensgeschichte von Buick war ziemlich traurig: Alles, was er anpackte, ging daneben. Während andere Millionen mit Öl verdienten, verlor er damit sein ganzes Geld. Als er sich dann mit seinem Sohn Tom noch einmal mit dem Bau von Automobilen versuchte, kam nur gerade ein einziges Modell zustande, ein Roadster mit einem Sechszylindermotor von Continental. 1927 heuerte er dann schließlich als Lehrer an der »Detroit School of Trades« an, war aber schon so gebrechlich, daß man ihn an den Empfang setzte. Und während draußen Tausende von Buick vorbeirollten, konnte es sich ihr Namensgeber nicht einmal leisten, in Pension zu gehen. Buick starb 1929, völlig verarmt. Unterdessen arbeitete William Crapo Durant weiter an seinem Automobil-Imperium, unter dem er alle amerikanischen Hersteller vereinigen wollte. Seine Vision war nicht nur großspurig, sondern auch großartig, wie der spätere Verlauf der Geschichte zeigen sollte. Ursprünglich hatte er gehofft, auch Maxell-Briscoe, Reo und Ford unter einem Dach vereinigen zu können, doch er scheiterte vor allem am Widerstand von Henry Ford, der von diesem Vorhaben, freundlich ausgedrückt, nicht gerade begeistert war. Deshalb gründete Durant auf der Basis der »Buick Motor Company« im September 1908 das Unternehmen »General Motors«, das mit Buick vorerst allerdings nur über eine Marke verfügte. Am 28. Dezember kam dann Oldsmobile hinzu, gefolgt von Oakland im Mai 1909. Und dann war da noch Cadillac.

Schon kurz nach der Präsentation des Thirty hatte Durant seinen Abgeordneten Arnold Goss zu den Lelands geschickt, um über eine mögliche Übernahme zu verhandeln – Cadillac hätte gut in das General-Motors-Imperium gepaßt, mit dem Durant den gesamten Markt vom billigsten bis zum teuersten Fahrzeug abdecken wollte. Und Cadillac war außerdem finanziell gesund, was für Durant ebenfalls nicht ganz unwichtig war.

Die Aktionäre waren ebenfalls an diesem ersten Übernahmeangebot interessiert, nicht etwa deshalb, weil sie kein Vertrauen mehr gehabt hätten in Cadillac, doch nach den hektischen Anfangsjahren im nervösen Automobilgeschäft wollten sie endlich von ihren Mut profitieren. Sie setzten Wilfred Leland als Vertrauensmann ein und verlangten für ihre Anteile die Summe von 3,5 Millionen Dollar. Nachdem er sich mit Durant beraten hatte, kam Goss mit einem Angebot über 3 Millionen zurück, doch Wilfred Leland beharrte nicht nur auf seinem Preis, sondern auch darauf, daß alles in Cash bezahlt werden müsse. Da Durant vor allem auf einen Aktientausch gehofft hatte und es ihm nicht möglich war, das Geld aufzubringen, fiel sein erstes Übernahmeangebot ins Wasser.

Damit machte Durant ein schlechtes Geschäft. Denn als Goss sechs Monate später zu den Lelands zurückkehrte, hatte Cadillac unterdessen die »Dewar Trophy« gewonnen, und das Modell Thirty verkaufte sich großartig. Das hatten auch die Aktionäre gemerkt, die nun insgesamt 4 125 000 $ verlangten, und das innerhalb von zehn Tagen, länger sollte das Angebot nicht gelten. Doch wieder liess Durant die Gelegenheit verstreichen.

Wenige Tage später kam Goss wieder, inzwischen verlangte Leland 4,5 Millionen Dollar. Seine Unentschlossenheit hatte Durant bisher eine runde Million gekostet, ohne daß er einen Schritt näher an die Kontrolle über Cadillac gekommen wäre. Doch diesmal griff er zu und akzeptierte sogar die Forderung von Leland, das Geld innerhalb von zehn Tagen bar auf den Tisch zu legen. Da Durant das Geld bis auf 500 000 Dollar nicht hatte, mußte Buick die Lücke füllen. Im Austausch gegen General-Motors-Aktien steuerte Buick 4 169 200 $ zu den 4 669 200 $ bei, die die Übernahme von Cadillac schließlich kostete. Das Geschäft ging am 29. Juli 1909 über die Bühne und war die größte Aktion, die bis dahin über die Detroiter Börse gelaufen war.

In den Verträgen wurde der wahre Wert von Cadillac schließlich auf 2 868 709 $ beziffert, die zusätzlichen 1,8 Millionen Dollar setzten sich aus dem guten Ruf und der finanziellen Gesundheit der Firma zusammen. Und obwohl der Preis hoch schien, Cadillac war jeden Cent wert. Die Firma verfügte zwar nur über ein Kapital von 1,5 Millionen Dollar, doch dafür waren Bar-Reserven von über einer Million Dollar vorhanden. Außerdem verdiente Cadillac zu dieser Zeit sehr viel Geld, am 31. August 1909 konnte man einen Jahresgewinn von 1 969 382 $ ausweisen. Es braucht nicht unbedingt den genialen Geschäftssinn von Durant um zu merken, daß eine Firma, die jährlich zwei Millionen Gewinn macht, mit 4,5 Millionen ganz sicher nicht überbezahlt ist.

Und weil Cadillac auch in den nächsten zehn Monaten rund zwei Millionen Dollar Gewinn machte, war Durant mit seinem Kauf mehr als zufrieden. Außerdem hatte er mit den Lelands zwei Männer für sich gewinnen können, die General Motors nur von Nutzen waren, auch wenn er dafür weitere Konzessionen an die beiden Männer machen mußte. Als er die beiden Lelands zu sich ins Russell House in Detroit bat, wo er logierte, und ihnen anbot, die Geschicke von Cadillac weiterhin in die Hand zu nehmen, erteilten sie ihm zunächst eine Abfuhr. Ihr Arbeitsstil sei ihnen bedeutend wichtiger als Geld und Ehre. Sie würden gerne weitermachen, ließen sie Durant wissen, aber nur, wenn sie so weitermachen konnten wie in der Vergangenheit – und wenn ihnen niemand ins Handwerk pfuschte. Bleich soll er bei diesem Vorschlag geworden sei, der immer braungebrannte Billy Durant, doch es verschlug ihm nicht die Sprache: »Meine Herren«, soll er gesagt haben, »genau das ist es, was ich wollte. Sie sollen Cadillac auch in Zukunft so führen können, wie sie es bisher getan haben. Und niemand wird auch nur ein Wort sagen.«

So kehrten die Lelands genau dorthin zurück, wo sie schon vorher gewesen waren, nämlich an die Spitze von Cadillac. Die Mitgliedschaft bei General Motors, die Möglichkeit, weiterhin im Luxussegment zu arbeiten und gleichzeitig von den anderen GM-Gesellschaften zu profitieren, das alles waren Vorteile, die auch den eher eigenbrötlerischen Lelands einleuchteten. Doch bevor das alles greifen konnte, mußten zuerst einmal große Probleme gelöst werden. Denn obwohl Billy Durant ein genialer Geschäftsmann war, er bewegte sich zu schnell und zu großartig. Alfred Sloan, von dem weiter oben schon einmal die Rede war und von dem später noch oft die Rede sein wird, umschrieb den Charakter von Durant später einmal treffend: »Er konnte hervorragend anfangen, aber leider nichts zu Ende bringen.« Billy Durant kaufte so ganz nebenbei auch noch Carter, Elmore, Ewing, Marquette, Rainier, Rapid, Reliance und Welch. Für Carter hatte er 140 000 $ hingeblättert, weil diese Firma ein interessantes Friktionsgetriebe im Angebot hatte, für Elmore gar 600 000 $, um sich einen Zweitaktmotor zu sichern. Noch schmerzlicher waren allerdings die sieben Millionen Dollar, die Durant für die »Heany

Photographiert wurde auf dem Dach, das in den 20er und 30er Jahren für Aufnahmen diente, datiert ist das Bild auf das Jahr 1911, und zu sehen ist ein etwas eigenwilliges Modell G Limousine von 1907 oder 1908. Vielleicht können der Dachgepäckständer sowie der Taxameter eine Erklärung für diese Verwirrung sein.

Lamp Company« bezahlte, die ein Patent auf Glühlampen besaß, das sich wenig später allerdings als gefälscht herausstellte, so daß das Geld verloren war.

Durant war ein Spieler, und er hatte zu hoch gepokert. Die unüberlegten Zukäufe hatten seine Reserven erschöpft. Schon bald nach dem Kauf von Cadillac gehörte sein Imperium den Banken. 1910 schuldete er den Geldinstituten 12 Millionen Dollar, und auch Buick stand bei den Banken mit 7 Millionen in der Kreide. General Motors stand das Wasser bis weit über den Hals, und es war einmal mehr ein Leland, der die Sache regelte. Da sein Vater, beruhigt von den Versprechungen Durants, es werde schon alles gut werden, sich gerade auf einer längeren Reise durch Europa befand, wo er sich andere Automobilhersteller etwas genauer anschauen wollte, trat Wilfred Leland aus dem übergroßen Schatten seines Vaters Henry. Zuerst stand er den 22 Bankdirektoren, die sich im September 1910 in der »Chase National Bank« in New York versammelt hatten, um über die Auflösung von General Motors zu diskutieren, Rede und Antwort über die Vermögensverhältnisse von Cadillac. Das war deshalb wichtig, weil die Herren Bankdirektoren zuerst einmal die »Buick Motor Corporation« retten wollten, auf deren Namen die meisten Kredite aufgenommen worden waren. Dafür waren sie bereit, alle anderen Firmen unter dem General-Motors-Dach zu liquidieren, also auch Cadillac.

Die Rede von Wilfred Leland muß die hohen Herren mächtig beeindruckt haben, denn sie luden ihn noch am gleichen Tag zu einem weiteren Treffen ins »Belmont Hotel« ein, wo weiter verhandelt werden sollte. Stundenlang diskutierte er mit den Männern, die das Schicksal von General Motors eigentlich schon besiegelt hatten, zählte ihnen die Erfolge von Cadillac auf, die technischen Möglichkeiten, den weltweit guten Ruf der Firma und seines Vaters. Er versprach ihnen, daß er und sein Vater sich um General Motors kümmern würden, wenn man ihnen nur die Möglichkeit dazu gab. Leland hielt die Rede seines Lebens. Die Banken würden innerhalb von wenigen Jahren ihr Geld nicht nur zurückerhalten, nein, außerdem könnten sie noch eine schöne Stange Geld dazuverdienen. Um Mitternacht hatte Wilfred den Vorsitzenden des Komitees, einen Bankmann aus Chicago namens Ralph van Vechten, auf seiner Seite, und morgens um halb drei hatte er auch den Rest überzeugt.

Es war ein hart erkämpfter Sieg. Durant mußte sich verpflichten, aus dem Unternehmen auszuscheiden, das im Gegenzug einen Überbrückungskredit von 12 Millionen Dollar erhielt, der allerdings als ein Betrag von 15 Millionen zu sechs Prozent verzinst werden mußte. Außerdem übernahmen die Banken Aktien im Wert von sechs Millionen Dollar.

Durant wurde von James J. Storrow aus Boston abgelöst, ihm folgte dann ein Geschäftsmann aus Detroit,

Erst nachträglich wurde der Thirty-Reihe im Jahre 1910 dieses Coupé beigefügt, das H.M. Leland in 150 Exemplaren bei der Fisher Body Co. bestellt hatte. Mit 2 200 $ war es allerdings ein teures Vergnügen – und wahrscheinlich das erste in Serie produzierte geschlossene Fahrzeug überhaupt.

Thomas Neal. Beide Männer begannen, General Motors von Grund auf neu zu organisieren, natürlich immer in Rücksprache mit Leland junior. Dessen Vater kümmerte sich nun um die gesamten technischen Belange von GM und arbeitete trotz seines Alters fast rund um die Uhr, um die Effizienz und Qualität aller Produkte zu steigern. Nebenbei hatte der 67jährige aber noch Zeit, bei der »Fischer Body Plant« 150 geschlossene Karosserien zu bestellen, eine Bestellung, die für die gesamte Geschichte des Automobils von Bedeutung sein sollte.

Viele weitere Cadillac-Mitarbeiter wurden an Schlüsselpositionen eingesetzt. Der Chef der Gießerei, Joe Wilson, kümmerte sich um die Probleme in der Buick-Gießerei. Der Vorarbeiter der Cadillac-Fabrik, Walter Phipps, wurde zum Berater von Oakland und Buick bei der Produktion. Ernest Sweet, der wohl fähigste Ingenieur von Cadillac, überwachte alle GM-Firmen in technischen Belangen und rapportierte direkt an Henry Leland. Charles Oostdyke, Chef des Einkaufs, organisierte jetzt den Materialnachschub für alle GM-Firmen. Charles Nash und Walter Chrysler schließlich, die damals noch bei Buick arbeiteten, wurden immer wieder im Büro der Lelands gesehen, wo sie ihre Lektionen in Sachen Führung eines Automobilherstellers erhielten, die ihnen später noch viel nützen sollten. Man darf also getrost sagen, daß es die Lelands waren, die General Motors durch diese schwierige Zeit brachten.

Das bestätigte später auch Alfred P. Sloan in seiner Autobiographie »Adventures of a White Collar Man«, in der er schreibt, daß zwar Buick und Cadillac die Substanz von General Motors bildeten, Cadillac dank seiner gesunden Finanzen, seines hervorragenden Managements und seiner vortrefflichen Ingenieuren allerdings die Führungsrolle gebührte. Diese vortrefflichen Ingenieure retteten aber nicht nur General Motors, so ganz nebenbei erbrachten sie auch für Cadillac technische Höchstleistungen.

Für die wichtigsten neuen Entwicklungen zeichnete Charles Franklin Kettering verantwortlich. Geboren 1870 in Ohio, hatte er seinen Studienabschluß als Ingenieur gemacht, und zwar sowohl im mechanischen wie auch im elektrischen Bereich. Danach arbeitete Kettering zuerst für einen Telephonhersteller, um dann zum staatlichen »National Cash Register« zu wechseln, wo er schon nach kurzer Zeit das »OK Charge Phone« entwickelte, ein System, das eine Kasse mit einem Telephon und Stempelkarten verband. Als nächstes versuchte er sich in der Elektrifizierung der Kassen selber, die zu jener Zeit noch immer zwei Kurbelbewegungen brauchten, um auch nur den kleinsten Betrag zu registrieren. Selbstverständlich gelang dem begabten Ingenieur auch das, so daß das »National Cash Register« innerhalb kürzester Zeit seine Verkäufe sprunghaft in die Höhe treiben konnte. Doch Kettering hatte zu dieser Zeit

Der schnellste Cadillac von 1911 war sicher dieser zweisitzige Thirty Roadster, dessen einziger Luxus die zweigeteilte Windschutzscheibe war.

schon weitaus größere Pläne, als sein ganzes Leben der Entwicklung von Kleinstmotoren für die Kassenautomatisation zu widmen. Am 10. August 1908 notierte sein persönlicher Mitarbeiter W.A. Chryst: »CFK ist sehr an der Entwicklung einer elektrischen Zündung für das Automobil interessiert.«

Da kam ihm der Besuch von Earl Howard, einem früheren Arbeitskollegen, jetzt Verkaufs-Assistent bei Cadillac, gerade recht. Howard erzählte ihm nämlich, daß Henry Leland die schwierige und umständliche Zermonie, ein Fahrzeug zu starten, gerne vereinfachen würde. Das war für Kettering Ansporn genug, seine schon am 23. Juli 1908 zu Papier gebrachten Skizzen einer einfachen Spulenzündung zu überarbeiten. Damals hatte er mit wenigen Handstrichen zwei Stromkreise skizziert, der erste mit Batterie, einer gewundenen Induktionsleiter sowie einem Relais. Der zweite Kreislauf bestand lediglich aus einem Kondensator sowie einer Zündkerze. Außerdem war aufgeführt, daß man einen Regler sowie bei mehrzylindrigen Motoren einen Verteiler brauchen würde. Das war an sich wenig Neues, solche Zündungssystem waren bereits in Gebrauch, lange bevor es eine Automobilindustrie überhaupt gab. Auch der Kondensator war von den Gebrüdern Holley bereits 1906 ausprobiert worden. Ketterings Lösung zeichnete sich durch die Verwendung eines Zündungsrelais aus. Die vier Zündungsspulen – je eine pro Zylinder – waren durch einen einzigen, gemeinsamen Regler verbunden, und nicht mehr wie bisher üblich durch einen Regler pro Spule. Außerdem waren die Spulen zu einem einzigen Teil zusammengefaßt, umgeben von einer hitzebeständigen Masse und eingebettet in eine Stahlbox.

Der größte Teil der Entwicklungsarbeit wurde in einem kleinen Farmhaus bei E.A. Deeds geleistet, dem Mann, der Kettering schon zum »National Cash Register« gebracht hatte. Als man erste vielversprechende Fortschritte machte, war es ebenfalls Deeds, der einen Brief an Henry Leland schrieb. Nachdem Kettering einige Male in Detroit gewesen war, schickte Leland seinen besten Mann, Ernest Sweet, nach Dayton, damit er die neue Zündung auf Herz und Nieren testen konnte. Kettering holte Sweet in seinem Cadillac – was denn sonst? – am Bahnhof ab, worauf sich dieser in den Testwagen mit dem eingebauten neuen System setzte und den ganzen Tag durch die Gegend raste. Nicht ein einziges Mal gab es irgendein ein Problem mit der Zündung, so daß sich Sweet am Abend zufrieden wieder in den Zug nach Detroit setzen konnte, wo er den Lelands berichtete, daß das Problem mit der Zündung anscheinend gelöst war. Was Sweet nicht wußte: Als Kettering wieder vom Bahnhof wegfahren wollte, machte sein Cadillac keinen Mucks mehr – ein Zündkabel war gebrochen!

Wie auch immer, im Juli 1909 wurden Kettering und Deeds nach Detroit gebeten, wo sie einen Vertrag unterschreiben sollten. Cadillac wollte 8 000 Zündsysteme, genug also, um die ganze Jahresproduktion damit auszustatten. Als sie diesen Vetrag vor sich liegen hatten, atmeten Kettering und Deeds zunächst einmal tief durch. Sie waren Erfinder, keine Produzenten. Andererseits konnten sie sich diese einmalige Möglichkeit nicht entgehen lassen: Also unterschrieben sie den Vertrag, das mit der Produktion würde sich schon irgendwie regeln. Als sie mit den unterschriebenen Papieren wieder nach Dayton unterwegs waren, befiel Kettering doch ein mulmiges Gefühl. »Nimm sie, ich will sie nicht«, sagte er zu Deeds, und hielt ihm die wertvollen Papiere hin.

Die beiden Tüftler setzten sich noch einmal hin und überdachten ihr »Delco Zündungssystem«. Dieses »Delco«, das in der französischen Sprache noch heute für alle elektrischen Teile eines Autos steht, stand für »Dayton Engineering Laboratories Company« und sollte fast so berühmt werden wie der Namen des Wagens, in den erstmals Delco-Teile eingebaut wurden.

Kettering kündigte beim »National Cash Register«, um sich voll und ganz auf die Weiterentwicklung seiner Zündung zu konzentrieren. Und das Delco-System brauchte die pflegende Hand von Kettering, denn als die ersten Geräte in die Cadillac eingebaut wurden, traten schon bald Kinderkrankheiten auf, an denen allerdings nicht nur die Kettering-Erfindung Schuld trug: Offensichtlich hatten die Cadillac-Ingenieure etwas gegen diese nicht von ihnen entwickelten Zündungen. Wo immer möglich, versuchten sie die Fehler des Delco-Geräts aufzuzeigen. In den meisten Fällen löste Kettering diese Probleme im Handumdrehen.

Gewisse Fehler waren allerdings nicht von der Hand zu weisen. So gab es Fehlzündungen bei kalten Motoren. Ein anderes Problem waren die dauernd verklebten Relais. Kettering, der sich dieses Phänomen nicht erklären konnte, fand die Lösung im Halbschlaf: Mitten in der Nacht tastete er nach einem dieser Relais und bemerkte, daß es am Ende abgerundet war. Sofort war ihm klar, daß diese Rundung den magnetischen Fluß in sich konzentrierte, was die Relais verkleben ließ. Wenn man sie am Ende ganz flach zuschnitt, wäre das Problem gelöst – was es dann auch wirklich war.

Gegen ein anderes Problem konnte Kettering aber auch mit seinem ganzen technischen Verständnis nichts ausrichten: Die Hersteller der bisher verwendeten magnetischen Zündung versuchten, ihn mit Macht aus dem Geschäft zu drängen. Fast wäre ihnen das auch gelungen. Ein Händler aus Pittsburgh behauptete, daß ein Cadillac mit der herkömmlichen magnetischen Zündung locker jeden Berg hochfahren konnte, während ein mit Delco-Zündung ausgerüstetes Fahrzeug beim besten Willen nicht hochkam, sondern mit abgewürgtem Motor stehenblieb. Sogar Henry Leland und Ernest Sweet, große Verfechter der Delco-Zündung, wurden mißtrauisch. Kettering setzte dem Spuk allerdings rasch ein Ende und entlarvte einen faulen Trick mit dem Luftventil-Vergaser des Cadillac: Als der Fahrer nämlich »auf Magnet« den Berg hochfuhr, hatte er das Handgas, wie es sich gehörte, schön sorgfältig aufgemacht, während er bei der Fahrt »auf Delco« das Handgas brüsk öffnete, so daß der Vergaser zuviel Benzin erhielt und der Motor abstarb.

Das Delco-System, das bei verschiedenen Herstellern auswärts produziert wurde, wurde 1910 serienmäßig in alle Cadillac Thirty eingebaut. Auch die bisherige, magnetische Zündung wurde weiterhin montiert, so daß jedes Fahrzeug mit zwei völlig unabhängigen Zündungssystemen ausgerüstet war. Zur Ehrenrettung der Delco-Maschinerie darf allerdings gesagt werden, daß die magnetische Zündung mehr als Notbehelf diente und im »Owner' Manual« auch kaum mehr beschrieben wurde.

Delco selber gebrauchte in der Werbung für seine Zündung große Worte, von »Zuverlässigkeit und praktischem Nutzen, die alles übertreffen, was bisher an Zündung für Automobile erfunden wurde«, war die Rede. »(...) Wir bauten unser System für den Mann, der ein Auto besitzt, Spaß am Fahren hat, aber sicher keine Zeit damit verschwenden will, die Zündung vor jedem Startversuch einzustellen. (1) Es gibt keine Funkenbildung mehr. Die Kontakte halten nun mehrere Jahre. (2) Sechs Trokkenzellen genügen jetzt für 3 000 Kilometer, das lästige Mitführen von Ersatzbatterien entfällt. (3) Es tritt keine Funkenbildung am Kollektor mehr auf, was bedeutet, daß es keine der üblichen Probleme mit dem Kollektor mehr geben wird. (4) Das übliche und dauernde Einstellen vor jedem Start entfällt. Es braucht nur noch ein bewegendes Teil, das nur einmal im Jahr eingestellt werden muss. Einige Systeme haben bei Tests 30 000 Meilen zurückgelegt, ohne daß sie auch nur einmal eingestellt werden mußten. (5) Es gibt nur einen Funken bei jeder Explosion, einen guten Funken, der immer zur richtigen Zeit kommt. Das Timing ist genau gleich wie bei einer magnetischen Zündung, und der Funke ist bei jeder Geschwindigkeit gleich stark. (6) Auf dem Armaturenbrett braucht es nur noch einen einzigen Schalter. (7) Es gibt ein Schloß gegen allfällige Diebe.« Dieses etwas gar große (Selbst-)Lob wurde einem zeitgenössischen Delco-Katalog entnommen, doch nur wenige Monate später waren auch die Cadillac-Prospekte des Lobes voll. Zur Zeit der Einführung der Delco-Zündung vertrauten noch immer die meisten amerikanischen Automobilhersteller auf eine Hochspannungs-Magnet-Zündung, und sie sollten es auch während der nächsten fünf Jahre tun. Doch Cadillac hatte eine erste Lanze für die Delco-Zündung gebrochen – und man hatte mit dem selbsttätigen Anlasser bereits einen weiteren Pfeil im Köcher. Begonnen hatte alles mit einem Vorfall im Winter 1910.

Eine nicht näher bekannte Automobilistin konnte ihren Cadillac nicht mehr in Gang bringen. Ein guter Freund von Henry M. Leland, ebenfalls ein stadtbekannter Industrieller, bot Hilfe an und drehte die Kurbel, doch die Dame hatte leider vergessen, den Zündfunken ein wenig zu verzögern. Eine mächtige Fehlzündung war die Folge, die schwere Kurbel schoß durch die Luft und ließ den freundlichen Helfer schwerverletzt zu Boden stür-

1910 hatte Cadillac mit seinem flotten Thirty Torpedo großen Erfolg. Kein Wunder, daß man sich für 1911 entschloß, den hier gezeigten, viersitzigen Torpedo anzubieten – mit 1850 $ war man dabei.

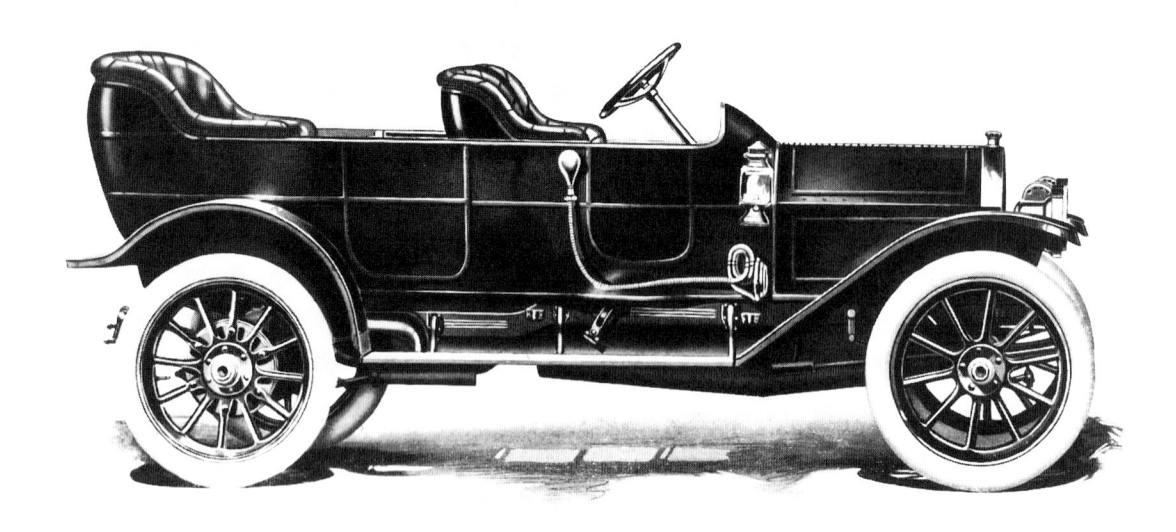

60 $ Aufpreis kostete das Verdeck bei diesem Thirty Roadster aus dem Jahre 1912. Man beachte, daß der Aufbau ziemlich kompliziert ist – und der Fahrer das Fahrzeug sicher nicht durch die Tür verlassen kann.

zen. Von diesen Verletzungen sollte er nicht wieder genesen, er starb wenige Tage später im Krankenhaus. »Ich wünschte, ich hätte nie damit begonnen, Automobile zu bauen«, sagte ein völlig deprimierter Henry Leland an diesem Tag zu Ernest Sweet, »aber ich werde dafür sorgen, daß nie wieder jemand wegen eines Cadillac auf diese Weise sterben muß.« Sofort berief er seine besten Männer, darunter Johnson, Sweet, Lyle Schnell, Fred Hawes, Herman Schwarze, D.T. Randall, Hermann Zannoth und R.T. Wingo, in sein Büro, wo er ihnen mit großer Bestimmtheit erklärte, daß ein Ersatz für die Kurbel zu finden sei – und zwar besser gestern als erst morgen. Das Projekt genieße absoluten Vorrang, alle anderen Entwicklungsarbeiten seien hintenan zu stellen.

Mit Anlassern wurde seit der Geburt des Automobils experimentiert. Es gab mechanische, pneumatische und elektrische Systeme, darunter auch das »Prestolite«-System, bei dem die Zylinder mit einem explosiven Gas gefüllt wurden. Doch keine dieser oft wilden Methoden funktionierte wirklich, sie waren ineffizient, kompliziert oder ganz einfach wirkungslos. Die Cadillac-Ingenieure untersuchten Stärken und Schwächen all dieser Systeme. Doch ihre Resultate waren ernüchternd: Man benötigte einen einfachen, leichten, zuverlässigen Anlasser, eine langanhaltende Batterie sowie ein System, das diese Batterie gegen alle störenden Einflüsse des Motors schützte. Und die gab es nicht. Es war wieder Charles Franklin Kettering, der die Lösung brachte.

Wie er dazu kam, darüber existieren verschiedene Versionen. Am glaubwürdigsten sind wohl die die Erinnerungen von Benjamin H. Anibal, dem späteren Cadillac-Chefingenieur. Anibal, Absolvent der »Michigan State University« und von 1909 bis 1910 bei Oldsmobile beschäftigt, erzählt folgende Geschichte: »Als ich meine Arbeit bei Cadillac begann, war die Produktions- und Entwicklungsabteilung etwa so organisiert: Der klare und unbestrittene Chef war natürlich Henry Martyn Leland, den nicht nur ich als großes Vorbild ansah. Ernest Sweet war seine rechte Hand und vermittelte zwischen Leland und den einzelnen Abteilungen. Er vergab alle Aufträge, bei ihm liefen auch alle Fäden zusammen, doch die Entscheidungen traf immer Leland. Chefingenieur unter Sweet war Fred Hawes, ein hochqualifizierter und sehr freundlicher Mann. Frank Johnson war zuständig für Motoren, Getriebe und Kupplungen, während Lyle K. Schnell sich um die Chassis und das gesamte Fahrwerk kümmerte. Roy Milner war der Mann für die Karosserien. Und die Entwicklungsabteilung wurde von Dwight Randall geleitet, dessen Vorarbeiter F.M. Holden hieß. Die gesamte Elektrik-Abteilung wurde Walter McKechnie geleitet. Unter ihm arbeiteten Hermann Schwarze und Herman Zannoth.

Schwarze arbeitete während der ganzen Entwicklungszeit eng mit Charles Kettering, den alle nur »Boß Ket« nannten, zusammen. Auch ich hatte in meinen ersten Cadillac-Jahren oft Kontakt mit Boß Ket, weil ich für Frank Johnson arbeitete, der oft mit Kettering zusammen war, wenn dieser einen seiner vielen Besuche bei Cadillac machte. Johnson und Kettering waren ein gutes Team, sie entwickelten zusammen auch die Idee für den Sechszylinder-Motor, der gebaut wurde, bevor man sich an den V 8 wagte.

Im Frühling 1911 arbeitete ich enger mit Kettering zusammen, der von mir oft Konstruktionszeichnungen für gewisse Details verlangte, die mit dem selbsttätigen Anlasser zusammenhingen. Zu dieser Zeit machten wir gerade Versuche mit einem Schwungradanlasser, der in einen Cadillac eingebaut war. Diese Versuche wurden von Kettering eher mitleidig belächelt, und das Ding, das die Kurbelwelle mit einer 1:1-Übersetzung zu betätigen versuchte, erwies sich als völlig untauglich, vor allem auch deshalb, weil es nur bei ganz bestimmten Temperaturen überhaupt möglich war, den Motor zu starten.

Wenig später präsentierte er Cadillac seinen Delco-Anlasser, wie er ab 1912 eingebaut wurde. Dabei handelte es sich um eine Kombination zwischen einem Hilfsmotor und einem Generator. Außerdem gehörten eine Freilaufkupplung sowie ein Reduktionsgetriebe dazu, die das Verhältnis zwischen Anlasser und Kurbelwelle auf 1:25 reduzierten. Dadurch sprang der Motor wirklich auf Knopfdruck an – und das sogar bei Temperaturen unter Null. Soweit ich mich erinnern kann, wurde das System komplett bei Delco in Dayton entwickelt, bei Cadillac passierten dann nur noch die Abstimmungsarbeiten.«

Das bestätigt auch ein Brief, den Kettering am 15. November 1910 an J. B. Hayward schrieb: »Nachdem wir

Zum ersten Mal genoß 1912 auch der Chauffeur bei der siebensitzigen Limousine ein Dach über dem Kopf. Dadurch ging auch der Preis in die Höhe, 3 250 $ waren jetzt zu bezahlen – aber vielleicht mußte man dem Fahrer weniger trockene Kleider kaufen.

das Problem genau analysiert hatten, entschlossen wir uns, den Schwungradgenerator aufzugeben. Doch wir hatten ein Problem mit der Zweistufenübersetzung, die wir benötigten: Eine Stufe, die den Motor auch bei niedriger Drehzahl in Gang halten sollte, die zweite, welche die Batterie auflud, wenn der Motor erst einmal in Gang war. Nachdem wir dieses Problem gelöst hatten, war der Rest keine große Kunst mehr.« »Dieses Problem« löste Kettering allerdings nicht selber, sondern mit dem Kauf einer Lizenz von Clyde J. Coleman, der sich schon seit 1899 mit »diesem Problem« auseinandersetzte. Doch auch über »den Rest« bestehen große Meinungsverschiedenheiten.

Für Kettering selber und seine Biographen ist ganz klar, daß der gesamte Anlasser bei Delco entwickelt wurde, dann an Cadillac verkauft worden war, wo er intensiven Tests und Feinabstimmungen unterzogen wurde. Auch Henry Leland selber schrieb die Erfindung in einem Inserat in »The Saturday Evening Post« vom 7. September 1912 Kettering zu, was er in einem Interview mit W.A.P. John im Jahr 1921 noch einmal bestätigte. Die Gattin von Wilfred Leland dagegen, die nach Jahren sorgfältigster Recherche eine wirklich hervorragende Biographie über ihren Schwiegervater Henry schrieb, behauptete nach langen Gesprächen mit ihrem Mann, Frank Johnson, Clair Owen, Charly Martens und Christy Borth, daß der Anlasser unter Leitung von H.M. Leland komplett bei Cadillac entwickelt wurde. Kettering habe lediglich den Auftrag erhalten, 5 000 Exemplare davon zu produzieren. Ihre Version soll außerdem von Kettering in einem Brief vom 24. Mai 1946 bestätigt worden sei.

Allerdings setzte sich ihre Version nie so recht durch, auch beim äußerst gewissenhaften amerikanischen Patentbüro nicht. Außerdem finden sich auch in Mrs. Lelands Biographie selbst Anhaltspunkte, die sie widerlegen. Sie schreibt, daß Delco »dem Cadillac-Anlasser nur noch die Zündung und das Licht zufügte.« Nun, der Anlasser als Gesamtes wäre beim besten Willen nicht funktionsfähig gewesen, wenn er nicht mit der schon bekannten Delco-Zündung sowie einer neu entwickelten Lichtmaschine verbunden gewesen wäre.

Doch letztlich ist es wenig wichtig, wer die Erfindung des Anlassers für sich beanspruchen kann, denn die Wahrheit wird, wie so oft, irgendwo in der Mitte liegen: Kettering hätte ohne die Hilfe der Cadillac-Ingenieure wohl das gewünschte Resultat kaum erbringen können, die Cadillac-Ingenieure wären ohne die Hilfe von Kettering ebenfalls nie zum Ziel gekommen. Und wie auch immer, die Patente wurden auf Kettering ausgestellt, der seine Zeichnungen am 17. April und 15. Juni 1911 beim nationalen Patentamt »United States Patent Office« einreichte, wo sie unter den Nummern 1 150 523 und 1 171 055 bearbeitet und am 17. August 1915 sowie am 8. Februar 1916 bestätigt wurden.

Die »geschichtliche Wichtigkeit« des Anlassers umschrieb Herbert Towle vom »Automobile Trade Journal«

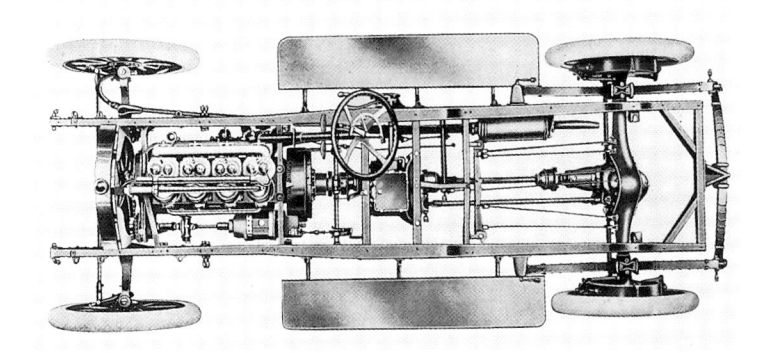

Das mit Abstand beliebteste Modell war 1912 der fünfsitzige Thirty Touring.

Das Chassis des Thirty im Jahre 1913. Eigentlich war die Typenbezeichnung völlig falsch, denn der Vierzylinder-Motor mit sechs Liter Hubraum schaffte mittlerweile knapp 50 PS.

Gemäß Cadillac soll dieses Fahrzeug eine vorne offene Limousine aus dem Jahre 1913 darstellen. Einige Details wie beispielsweise die engen Türen oder die Fenster lassen aber vermuten, daß es sich hier um einen sogenannten Custom handelt, ein von einem Karossier abgeändertes Fahrzeug.

so: »Der Delco-Generator, der gegen Ende des Jahres 1911 in den Cadillac Thirty eingebaut wurde, war das erste kommerziell genutzte Gerät seiner Art. Die anderen Hersteller hatten diesen Anlasser erst ein oder zwei Jahre später zur Verfügung.« Doch eigentlich war es ja selbstverständlich, daß es ein Amerikaner sein mußte, der diese Erfindung für sich beanspruchen konnte, denn die Amerikaner hatten seit den Zeiten von Benjamin Franklin (1706-1790) immer wieder entscheidende Erfindungen auf dem Gebiet der Elektrizität gemacht. So waren es zwei Amerikaner, Joseph Henry und Dr. Page, welche die elektromagnetische Induktion und die Hochspannungs-Spule erfanden, was soetwas wie die Basis für alle zukünftigen Arbeiten auf diesem Gebiet war. Auch für das Automobil hatten sich die Amerikaner schon früh einiges Elektrisches erdacht: Duryea und Haynes-Apperson mit ihrer Dynamo-Batterie-Zündung schon vor der Jahrhundertwende; die Brüder Remy, ebenfalls schon vor 1900, ebenfalls mit einer Dynamo-Batterie; Olds mit seiner automatischen Vorzündung im Jahre 1901; Elmore 1901 mit seinen elektrischen Seiten- und Hecklichtern. Doch bis Kettering sich mit seinen bahnbrechenden Erfindungen hervortat, konnten die Amerikaner trotzdem nie so richtig mit den Europäern mithalten.

Doch das änderte sich, zuerst mit der elektrischen Zündung, dann mit dem elektrischen Anlasser schlagartig. Der Name Cadillac strahlte noch heller, da den Amerikanern 1913 vom »Royal Automobile Club of Great Britain« zum zweiten Mal die »Dewar Trophy« verliehen wurde - selbstverständlich für den Anlasser, der im Juli 1912 bei einem Test bei 1 000 Mal Ein- und Ausschalten keinerlei Schwäche gezeigt hatte. Cadillac war übrigens damals die erste Marke, die diese begehrte Trophäe zweimal gewinnen konnte. Und ebenfalls 1913 rüstete Lanchaster, zu dieser Zeit als Großbritanniens technisch fortschrittlichster Automobilhersteller anerkannt, seine Fahrzeuge mit der Delco-Maschinerie aus. Drei Jahre später hatten fast alle amerikanischen Automobile einen elektrischen Anlasser, und auch die Europäer verbeugten sich nach dem Krieg vor der amerikanischen Übermacht und gönnten ihren Kunden diese Starthilfe. Sogar Mark Birkigt, der geniale Schweizer Konstrukteur von Hispano-Suiza und selber ein Elektro-Fachmann, anerkannte »den Delco« als »modernes Denken« und baute ihn in alle seine Fahrzeuge ein.

Und man darf die Kettering-Erfindung wirklich nicht unterschätzen, auch wenn er sich vielleicht nur verschiedene bereits bestehende Einzelteile zunutze machte. Aber immerhin hat er sie zu einem tadellos funktionierenden Ganzen zusammengefügt, das er und andere schon wenig später noch verbesserten. Außerdem brachte der »elektrifizierte« Cadillac Thirty des Modelljahres 1912 den Durchbruch in Sachen Design, den man gerne mit den Fortschritten, die Panhard und Maybach zehn und zwanzig Jahre früher gemacht hatten, vergleichen darf.

Besonders schön an diesem zweisitzigen Thirty Roadster aus dem Jahre 1913 ist das sanft gerundete Heck – und natürlich die Fähnchen, mit denen viele stolze Cadillac-Besitzer ihre Fahrzeuge damals schmückten.

Doch es waren nicht nur die elektrische Zündung und der elektrische Anlasser, der die Cadillac dieser Jahre so interessant machte. Im Katalog von 1910 war zum ersten Mal in der Geschichte des Automobils auch ein geschlossenes Modell aufgeführt. Ganz neu war diese Karosserieform zwar nicht, es hatte schon auf beiden Seiten des Atlantiks geschlossene Fahrzeuge gegeben, doch bei Cadillac konnte man sie erstmals serienmäßig bestellen, sie waren keine Sonderanfertigungen.

Auch Cadillac hatte schon vorher geschlossene Modelle angeboten, so den »Osceola«, den es 1906 sowohl mit Ein- als auch mit Vierzylindermotor gab. Im gleichen Jahr war das Modell L als Limousine erhältlich, ein Jahr später gab es eine Limousine des Modells G für deutlich moderatere 3 600 $, die ein Jahr später sogar auf 3 000 $ gesenkt werden konnten. Diese nur in einem edlen Dunkelblau lieferbaren geschlossenen Modelle waren sehr luxuriös ausgestattet, die Passagiere konnten es sich auf feinstem Ziegenleder gemütlich machen und hatten einen dunkelroten Satinhimmel über sich. Mit dem Fahrer, der auf gewöhnlichem schwarzem Leder saß, sprachen die Herrschaften über ein Sprachrohr. Auch vom Thirty gab es eine Limousine.

Für die offenen Modelle offerierte Cadillac schon früh zusätzliche Dächer, die meist gegen Aufpreis geliefert wurden. Ab 1908 baute Cadillac diese Dächer selber, »wir stellen unsere Dächer selber her, weil unsere Kunden nur das Beste verdienen«, war dann in einem Katalog zu lesen, »ein Cadillac ist auch Cadillac-Dach wert.« Diese Tops gab es in zwei verschiedenen Ausführungen

Er sah aus wie ein Touring, er kostete mit 1 975 $ so viel wie ein Touring – doch es ist kein Touring, sondern der 1913 neu ins Programm aufgenommene, viersitzige Thirty Phaeton.

*Unten:
Über nur eine Tür verfügte diese fünfsitzige, 2 500 $ teure Thirty Limousine aus dem Jahr 1914. Erstaunlicherweise konnte sich diese etwas eigenartige Karosserieform in den USA aber durchsetzen, Ford baute noch bis 1922 Fahrzeuge mit zentralem Einstieg.*

Stolze 2 500 $ kostete 1913 dieses viersitzige Thirty Coupé. Interessant sicher, daß der vorne links sitzende Passagier nach hinten schauen mußte.

zu kaufen, entweder in »Gummi« oder in »Mohair«. Das Gummi-Dach war ein gummibeschichteter, sehr stabiler, dreilagiger Stoff. Mit Baumwolle gefüttert, ließ es sich sehr straff spannen, was am Fahrzeug eine sehr gute Figur machte. Im Gegensatz dazu waren die Dächer der europäischen Konkurrenten zu jener Zeit so schlaff, das sie oft in den Fahrzeug-Innenraum hineinhingen, vor allem, wenn sie einmal naß geworden waren. Ähnliches passierte Cadillac allerdings auch mit dem Mohair-Dach, das teurer und feiner, aber weniger robust war.

Vor 1910 waren alle geschlossenen Cadillac-Modelle bei »Seaver's and Erdman« gebaut worden, an der Jefferson Avenue in Detroit. Diese Karosserien waren zu Beginn mit Holz verschalt, doch schon bald versuchte man sich auch an Aluminium- und Stahlbeschlägen. Es war Henry Leland selber, der schon früh die klaren Vorteile der Metallverkleidungen vorausgesehen hatte und diese Entwicklung bei Cadillac beschleunigte. Bis es soweit war, gab es allerdings harte Auseinandersetzungen mit Charles Nash. Der war damals Chef von Buick und hatte bei General Motors entsprechend viel zu sagen. Doch die beiden Lelands verbrachten viel Zeit in den Karosseriewerken und wußten um die Probleme dieser frühen Metallkonstruktionen. Der Weg zum neuen Design war damals kaum weniger kompliziert als heute, die Karosserie-Entwürfe wurden zuerst in Wachs modelliert, von diesem Modell wurden dann Gipsabdrücke abgenommen, die wiederum als Stanzvorlagen für die Metallteile dienten. Durch diese direkte Zusammenarbeit mit den Stanzereien konnte Cadillac viele Probleme schon in der Entstehungsphase eines neuen Designs berücksichtigen.

Henry Leland hatte nach vielen Versuchsreihen herausgefunden, daß sich für die offenen Modelle Stahlverschalungen, aufgezogen auf einen Hartholz-Rahmen, am besten eigneten. Für die geschlossenen Wagen bevorzugte er Aluminiumverschalungen, im Gegensatz zu Pierce-Arrow, wo man sich für Aluminium bei allen Wagentypen entschieden hatte. Erst in den frühen 20er Jahren schwenkte auch Pierce auf die Cadillac-Linie ein.

Den Übergang vom Holz zum Metall vollzog Leland in Zusammenarbeit mit den Gebrüdern Fisher, die später noch entscheidenden Einfluß auf die Geschichte von Cadillac haben sollten. Die »Fisher Body Company« war erst 1908 gegründet worden. Doch so jung sie war, diese Firma hatte gerade deshalb einen großen Vorteil: Sie wurde nicht von Männern geleitet, deren Familien sich seit Generationen mit dem Wagenbau und folglich mit Holz beschäftigten. Die Fishers hingen deshalb nicht mehr der Idee an, daß ein Auto ein Ersatz für die Kutsche zu sein habe. Außerdem wollten sie schon 1908 ein »Allwetter-Fahrzeug« bauen, das die Akzeptanz des Automobils ungeheuer steigern sollte. Allerdings wollte ihnen kein Automobilhersteller zuhören, eine Chance ergab sich erst, als Henry Leland 150 geschlossene Karosserien bestellte. Speziell für den Cadillac-Auftrag gründeten die Fishers im Dezember 1910 die »Fisher Closed Body Company«.

Es muß ziemlich abenteuerlich zugegangen sein, wenn die Gebrüder Fisher sich den Kopf über eine neue Karosserie zerbrachen. An einer Wand ihrer Karosseriewerkstätte in der Piquette Street in Detroit hing eine große Leinwand. Davor stellten sie das nackte Chassis des einzukleidenden Fahrzeugs. Dann wurde heftig diskutiert, man malte Linien hier, Linien da, wischte sie wieder aus, malte neue Linien, bis endlich alle mit dem Resultat zufrieden waren. Es war eigentlich ein Wunder, daß es bei dieser komplizierten und zeitaufwendigen Arbeitsweise überhaupt zu vernünftigen Resultaten kommen konnte, doch die Fishers waren genau wie Henry Leland Perfektionisten, was sich auch in der hohen Qualität ihrer Karosserien ausdrückte.

Noch eine weitere Cadillac-Innovation dieser Periode ist erwähnenswert: Die Zweigang-Hinterachse, die im Juli 1913 für das Modelljahr 1914 des Thirty vorgestellt wurde. Diese Achse besaß zwei konzentrische Ritzel und Kegelräder, was zwei verschiedene Achsuntersetzungen und sechs Vorwärtsgänge möglich machte. Im direkten Gang war die große Untersetzung 2,5:1, was den Cadillac bei 1 000/min rund 70 km/h schnell, während die kleine Untersetzung 3,66:1 betrug, was rund 50 km/h bei 1000/min bedeutete. Mit der großen Übersetzung von 2,5:1 lag die Höchstgeschwindigkeit bei knapp unter 100 km/h bei 1400/min. Zwei Kupplungen verbanden die beiden Getriebe untereinander, selbstverständlich gab es auch eine eingebaute Sperre, die verhinderte, das beide Übersetzungen gleichzeitig in Be-

1913 hatte Cadillac dieses Fahrzeug noch als Sechssitzer angepriesen, ein Jahr später mutete man diesem Thirty bei gleicher Größe sieben Personen zu.

Geschlossene Fahrzeuge wurden immer beliebter, so daß auch Cadillac sein Angebot verbesserte. Mit seinen sanften Rundungen war das dreiplätzige Landaulet Coupé, 1914, ein erfreulicher Anblick.

Vereinfacht wurden 1914 die Formen der großen und 3 250 $ teuren Limousine. Im Preis inbegriffen waren Vorhänge, dafür mußte der Chauffeur wieder draußen sitzen.

trieb waren. Angewählt wurde über einen Schalter, aktiviert wurde das System, wenn die Kupplung gedrückt und gleichzeitig mit einem Fußpedal eines der beiden Getriebe in Betrieb genommen wurde.

»The Automobile« unternahm eine Testfahrt mit einem mit der Zweigang-Hinterachse ausgerüsteten Cadillac, und schrieb, »daß der Wechsel von einer Achsuntersetzung in die andere nicht nur einfach, sondern auch fast geräuschlos ist. Wir wechselten die Gänge bei 25, 30 und 40 Meilen, und nie gab es irgendwelche Schwierigkeiten. Der Wagen läuft angenehmer mit der großen Übersetzung von 2,5:1, die sich vor allem bei Geschwindigkeiten von mehr als 16 Meilen pro Stunde anbietet. Die kleine Übersetzung eignet sich hervorragend für den Stadtverkehr, wo oft angehalten und wieder angefahren werden muß.«

Leider war der Zweigang-Hinterachse kein langes Leben beschieden. Ein Walter S. Austin von der »Austin Automobile Company« aus Grand Rapids, Michigan, hatte 1912 ein ähnliches System entwickelt, das er im Februar 1913 an seinem eigenen Wagen an der »Chicago Automobile Show« auch präsentierte. Cadillac zeigte sich interessiert an Austins Entwicklung, doch nachdem man eine von Austin gelieferte Achse untersucht hatte, wendete man sich wieder der eigenen Entwicklung zu, die Henry Leland nachweislich schon 1909 zu Papier gebracht hatte. Austin aber meldete sein System zum Patent an, das er schon am 31. März 1914 erhielt. So wartete er zu, bis Cadillac 15 000 Fahrzeuge mit der Zweigang-Hinterachse gebaut hatte, und zog dann wegen einer Patentrechtsverletzung vor Gericht. Am 8. Januar 1915 sprach der Richter C.Q. Sessions Cadillac schuldig, obwohl er anerkannte, daß die Erfindung von Austin nur in ihren Grundzügen mit dem von Cadillac verwendeten System gleich war. Trotzdem verdonnerte er Cadillac zu nicht eben geringen Zahlungen an Austin. Auch eine Einsprache am Appelationsgericht nützte nichts, Cadillac mußte danach nur noch höhere Gerichtskosten bezahlen.

Ganz so tragisch war das allerdings nicht. Cadillac gab kurze Zeit später nicht nur die Zweigang-Hinterachse auf, sondern kam vom ganzen Fahrzeug, in das sie eingebaut war, ab. Eine neue Ära sollte beginnen.

es
KAPITEL 3
CADILLAC UND DER V 8

TYPE 51 – DER SIEGESZUG DER ACHTZYLINDER

Spätestens im Jahre 1912 war es der Vierzylinder-Motor für die höchsten automobilen Ansprüche nicht mehr fein genug – sechs Zylinder mußten es jetzt schon sein, zumal sie mehr Kraft und mehr Laufkultur verhießen. Die ersten Sechszylinder entstanden im Jahre 1900 bei der amerikanischen Firma Gasmobil, der englische Hersteller Napier machte diesen Motor für ein breiteres Publikum erschwinglich, doch der technische Aufwand forderte Tribut: Vor allem die zerstörerischen Torsionsschwingungen machten diesen Triebwerken schwer zu schaffen und verursachten Kurbelwellenschäden. Auch verschiedene amerikanischen Firmen wie Ford versuchten sich am Sechszylinder, mußten aber wieder aufgeben und bezeichneten die Sechs darauf als »ungerade Zahl«. Andere Hersteller brachten einen schlecht durchdachten Sechszylinder auf den Markt und ruinierten damit ihr Image. Allerdings gab es auch Marken wie Franklin, Chadwick, Packard, Peerless, Pierce-Arrow oder Stevens-Duryea, die die technischen Probleme lösten, feine Sechszylinder auf den Markt brachten – und gutes Geld damit verdienten.

Für Cadillac bildeten diese neuen Maschinen mit ihrer flachen, schön gleichmäßigen Drehmomentkurve und ihrer geglückten Abstimmung eine ernste Konkurrenz, der man anfangs noch mit der Zwei-Gang-Achse begegnen konnte. Doch die Lelands und ihre Ingenieure blieben selbstverständlich nicht untätig. In der Entwicklungsabteilung experimentierte man ebenfalls an einem Sechszylinder, doch die Techniker waren mit der Leistungsausbeute unzufrieden. Und überhaupt: Wenn die Sechs, wie Ford meinte, eine ungerade Zahl war, sollte man dann nicht aufrunden – warum nicht gleich acht Zylinder? Wilfred Leland hatte einige überzeugende Argumente für den V 8-Motor zur Hand: Das Triebwerk konnte sehr kompakt gehalten werden, die Kurbelwelle war kürzer, leichter und stabiler als bei einem Reihenmotor, und die leichteren beweglichen Teile erlaubten höhere Drehzahlen. Und noch ein Punkt machte die Konstruktion eines Achtzylinders zumindest überlegenswert: Man konnte auf den Erfahrungen eines anderen Herstellers zurückgreifen. Reihenachtzylinder kamen übrigens erst in den 20er Jahren in Mode, als die Kurbelwellen aus festerem Material gefertigt werden konnten.

Die Ehre, den ersten V 8-Motor gebaut zu haben, gebührt französischen Flugzeugkonstrukteur Clément Ader, der allerdings nur vier V 2-Motoren aneinander koppelte. Mit dieser wilden Konstruktion ging er 1903 beim Rennen »Paris–Madrid« an den Start. Auch das nächste V 8-Triebwerk befeuerte einen französischen Rennwagen: der Darraq hatte 24 Liter Hubraum und leistete 1905 schon stolze 200 PS. Im gleichen Jahr bot auch Rolls-Royce einen V 8 an, erst ein Jahr später präsentierten Buffum sowie Marmon mit einer luftgekühlten, 60 PS starken Maschine die ersten amerikanischen Achtzylinder in V-Anordnung. 1907 folgte mit Hewitt ein weiterer Amerikaner.

Doch all diesen Herstellern war beim besten Willen kein Verkaufserfolg beschieden, da alle diese Fahrzeuge weit über 5 000 $ kosteten und wenig bis überhaupt nicht zuverlässig waren. Sie waren nicht viel mehr als Prototypen, denn die jeweiligen Konstrukteure kümmerten sich wenig um eine funktionierende Zündung oder gar eine vernünftige Benzinversorgung. Wer sich ein solches Fahrzeug gönnte, der mußte ein geradezu genialer Mechaniker sein, denn ohne den täglichen großen Service kamen diese amerikanischen Konstruktionen selten vom Fleck. Erst die französische Marke De-Dion-Bouton konnte ihren ab 1909 entwickelten und 1910 vorgestellten V 8 auch als markttauglich bezeichnen. Genaue Verkaufszahlen sind heute zwar nicht mehr zu eruieren, auch gab es einige verschiedene Versionen dieses Triebwerkes, doch immerhin war der V 8 von De-Dion-Bouton grundsätzlich eine gelungene Konstruktion. Kein Wunder, daß er Cadillac deshalb als Ausgangsbasis für den Bau eines eigenen V 8 diente.

Es war Wilfred Leland, der ab 1912 zum ersten Mal laut über einen V 8-Motor nachdachte. Charles Kettering und E.A. Deeds hatten im gleichen Jahr in New York einen DeDion gekauft, der dann bei Cadillac ausgiebig getestet, komplett demontiert und genaustens studiert wurde. Zum Vergleich schaffte man sich auch noch ein Hall-Scott V 8-Flugzeugtriebwerk an, das von Edward J. Hall konstruiert worden war, und baute es für Testfahrten in ein Chassis ein. Unter Aufsicht von Wilfred Leland konstruierten Kettering und Deeds dann ihren eigenen V 8-Motor, in den sie die Erkenntnisse des Studiums des

DeDion-Bouton- und des Hall-Scott-Triebwerks einfließen ließen.

Und das Resultat konnte sich sehen lassen: Wilfred und seine Ingenieure waren von den Möglichkeiten des neuen Motors so beeindruckt, daß sie auch den großen Boß Henry Martyn Leland überzeugen konnten, grünes Licht für die weitere Entwicklung zu geben. Doch gleichzeitig entzog Henry seinem Sohn auch die Leitung des Projekts und setzte den Schotten D. McCall White als leitenden Ingenieur ein. Weshalb er das tat, das wird wohl für immer ein Rätsel bleiben, denn White war nicht irgendwie fähiger oder gar begabter als andere Cadillac-Ingenieure. Ganz im Gegenteil, Ernest Seaholm nannte »eher einen Kopierer als einen Erfinder«.

D. McCall White hatte am »Royal Technical College« in Glasgow studiert und danach für Daimler und Napier gearbeitet. Nach Detroit kam er erst 1914, obwohl die ernsthafte Arbeit am neuen Motor schon im Juli oder August 1913 begonnen hatte. So ist auch wenig verwunderlich, daß der Schotte bei seinen Mitarbeitern nicht ausgesprochen beliebt war: Wilfred Leland war der Meinung, daß das Können von White bei weitem überschätzt würde, Frank Johnson beklagte sich, daß sein direkter Vorgesetzter bei Diskussionen über technische Einzelheiten oft nicht die geringste Ahnung von der Materie habe, und Charles Martens bemängelte, daß der Schotte wenig Verständnis für die bei Cadillac üblichen Arbeitsmethoden und Qualitätsanforderungen beweise.

Man darf diese Kritik an White allerdings auch nicht überbewerten. Es wäre wohl vermessen, von altgedienten Mitarbeitern wie Johnson oder Martens Begeisterungsstürme zu erwarten, da ihnen ein »Fremder« – und noch dazu ein Schotte – vor die Nase gesetzt wurde. In Sachen Qualität neigten die erfolgsverwöhnten Cadillac-Mitarbeiter sowie dazu, sich ein wenig zu überschätzen: D. McCall White hatte immerhin bei Napier gearbeitet – und diese englische Marke war für ihre präzise Arbeit fast so bekannt wie Cadillac. Wenn sein technisches Wissen bei gewissen Teilaspekten vielleicht nicht gerade überragend war und von den Cadillac-Spezialisten bei weitem übertroffen wurde, so machte White dieses Manko durch seine Erfahrung mit Motoren mit mehr als vier Zylindern mehr als wett. Und schließlich sprach noch ein Punkt für seine Ernennung: Die verschworene Cadillac-Familie hatte durch die enge und lange Zusammenarbeit eine Blutauffrischung dringend nötig. Daß D. McCall White allerdings nicht unbedingt das war, was man einen guten Gesellschafter nennt, machte ihm den Empfang in Detroit aber sicher auch nicht leichter.

Der sehr patriotisch eingestellte Henry Leland hatte sich die Ernennung des »Ausländers« sicher nicht leicht gemacht, aber er brauchte einen Mann wie White, der sich mit hochdrehenden Motoren auskannte. Dieses Wissen gab es nur in Europa, das die amerikanischen Hersteller mittlerweile zumindest bei der Konstruktion von leistungsstarken Motoren überholt hatte. Und für Leland hatte White einen ganz entscheidenden Vorteil: Niemand kannte den Schotten, zumindest niemand in Detroit. Die Entwicklung des Cadillac V 8 war eines der bestgehüteten Geheimnisse in Detroit. Hätte Kettering oder ein anderer der bekannten Cadillac-Ingenieure das Projekt geleitet, so wäre die Konkurrenz auf das geheime Treiben hinter den Fabriktoren von Cadillac wohl schnell aufmerksam geworden, mit D. McCall White an der Spitze merkte niemand etwas. Geschickt wurden die bekannten Größen unter den Cadillac-Mitarbeitern auch weiterhin mit der Weiterentwicklung des Vierzylinders beschäftigt, für den man ständig Verbesserungen präsentierte, die allein schon genügten, die Konkurrenz auf Trab zu halten. So schauten Ford & Co. weiterhin wie gebannt auf den Vierzylinder, während der V 8-Motor in aller Ruhe heranreifte.

Dennoch gab man sich auch weiterhin die größte Mühe, das neue Triebwerk vor neugierigen Augen zu schützen. Die Experimente mit dem Kettering-Deeds-Prototypen wurden in Toledo durchgeführt, das doch ein anständiges Stück von Detroit entfernt liegt, und der neue Motor selber wurde in einem abgelegenen Lagerhaus, das mit »The Ideal Manufacturing Company« angeschrieben war und in den Privatbesitz der Lelands gehörte, entwickelt. Bis auf eine Handvoll ausgesuchter Mitarbeiter durfte kein Cadillac-Angestellter dieses düstere Gebäude betreten, und selbst die beteiligten Ingenieure hatten gegenüber ihre Familie Stillschweigen zu wahren. Solche Vorsichtsmaßnahmen sind heute bei der Konstruktion eines neuen Modells an der Tagesordnung, da-

The PENALTY OF LEADERSHIP

IN every field of human endeavor, he that is first must perpetually live in the white light of publicity. ¶Whether the leadership be vested in a man or in a manufactured product, emulation and envy are ever at work. ¶In art, in literature, in music, in industry, the reward and the punishment are always the same. ¶The reward is widespread recognition; the punishment, fierce denial and detraction. ¶When a man's work becomes a standard for the whole world, it also becomes a target for the shafts of the envious few. ¶If his work be merely mediocre, he will be left severely alone—if he achieve a masterpiece, it will set a million tongues a-wagging. ¶Jealousy does not protrude its forked tongue at the artist who produces a commonplace painting. ¶Whatsoever you write, or paint, or play, or sing, or build, no one will strive to surpass, or to slander you, unless your work be stamped with the seal of genius. ¶Long, long after a great work or a good work has been done, those who are disappointed or envious continue to cry out that it can not be done. ¶Spiteful little voices in the domain of art were raised against our own Whistler as a mountebank, long after the big world had acclaimed him its greatest artistic genius. ¶Multitudes flocked to Bayreuth to worship at the musical shrine of Wagner, while the little group of those whom he had dethroned and displaced argued angrily that he was no musician at all. ¶The little world continued to protest that Fulton could never build a steamboat, while the big world flocked to the river banks to see his boat steam by. ¶The leader is assailed because he is a leader, and the effort to equal him is merely added proof of that leadership. ¶Failing to equal or to excel, the follower seeks to depreciate and to destroy—but only confirms once more the superiority of that which he strives to supplant. ¶There is nothing new in this. ¶It is as old as the world and as old as the human passions—envy, fear, greed, ambition, and the desire to surpass. ¶And it all avails nothing. ¶If the leader truly leads, he remains—the leader. ¶Master-poet, master-painter, master-workman, each in his turn is assailed, and each holds his laurels through the ages. ¶That which is good or great makes itself known, no matter how loud the clamor of denial. ¶That which deserves to live—lives.

Cadillac Motor Car Co. Detroit, Mich.

Copyright 1914, Cadillac Motor Car Co.

Cadillac-Werbung von 1915.

mals waren sie ganz neu – und sehr wirkungsvoll. Denn als der Type 51 im September 1914 der Öffentlichkeit vorgestellt wurde, war nicht nur das Publikum überrascht, sondern, und das war noch viel wichtiger, die Konkurrenz zutiefst geschockt. Was genau die Bezeichnung »51« bedeuten sollte und wie Cadillac auf sie kam, das ist und bleibt allerdings ein Rätsel.

Doch es lohnt sich, noch ein wenig länger beim Motor des Typ 51 zu verweilen, einem Meilenstein in der Geschichte des Motorenbaus. Er war der erste in Großserie produzierte V 8 und wurde von sehr vielen anderen Herstellern kopiert. Bis weit nach dem Zweiten Weltkrieg sollte er der Standardantrieb für fast die gesamte amerikanische Automobilindustrie werden. Mit diesem kultivierten und leistungsstarken Motor hatten sich die Cadillac-Ingenieure zweifelsohne selbst übertroffen. Da der Cadillac-Motor das DeDion-Bouton-Triebwerk zum Vorbild hatte, drängt sich ein Vergleich der beiden Maschinen auf – mit entsprechender Würdigung der von Cadillac erzielten Fortschritte.

Die Männer um D. McCall White hatten bei ihren ausgiebigen Tests herausgefunden, daß der DeDion-Motor in seinen Grundzügen zwar ein technisches Meisterstück war, doch auch eklatante Schwächen zeigte. So übernahmen sie das Prinzip der Gabelstangen mit den nicht gestaffelten Zylindern, das einen gleichmäßigen Druck, einen kurzbauenden Motor und wenige Nocken garantierte. Die zentrale, kettengetriebene Nockenwelle mit den Ventilkipphebeln und den selbstentrußenden Kerzen wurden ebenfalls adaptiert, während die DeDion-Konstruktion der Kurbelwellenhauptlager als zu kompliziert und vor allem zu wenig reparaturfreundlich angesehen wurde, weil der gesamte Motor für eine Inspektion demontiert werden mußte. Die Cadillac-Konstruktion dieses Hauptlagers vereinfachte die ganze Prozedur nicht nur, sie machte den Motor überhaupt leichter. Ähnliches geschah mit der Nockenwelle.

Doch das größte Problem beim DeDion war die Kühlung. Die Auslaßkanäle für die beiden zentralen Zylinder jeder Reihe waren durch den Zylinderblock geführt, so daß sich der gesamte Zylinderblock stark erhitzte. Auch die äußeren Zylinder waren nicht viel besser dran: Die Auslaßkrümmer waren direkt an den Wasserkreislauf an-geschraubt, so daß die gesamte Thermo-Syphon-Kühlung (also ohne Wasserpumpe) sehr schnell überlastet war, vor allem bei hoher Leistung. Beim DeDion war diese Problematik noch nicht sehr störend gewesen, weil der französische Motor nicht auf eine hohe Motorleistung und hohe Drehzahlen ausgelegt war, doch beim Cadillac wären die Folgen verheerend gewesen. So verpaßte man dem Motor nicht nur gleich zwei Wasserpumpen, sondern führte die Auslaßkanäle auch über verschlungene Wege weit vom Wasserkreislauf weg. Außerdem wurde jede Zylinderreihe wie ein eigener Vierzylinder-Motor behandelt, erhielt also ein eigenes Auspuffsystem. Gerade diese Kühlung war sehr fortschrittlich und machte den Cadillac auch bei hohen Temperaturen sehr zuverlässig – bedeutend zuverlässiger jedenfalls als der in dieser Beziehung sehr anfällige DeDion-Bouton.

Doch nicht nur dem Motor selber ließen die Cadillac-Ingenieure ihr hohes Können angedeihen. Obwohl für leistungsstarke Fahrzeuge der von Mercedes Anfang des Jahrhunderts eingeführte Honigwaben-Kühler immer noch Mode war, erhielt der Cadillac »nur« einen Rippenrohrkühler. Das Prinzip der Honigwaben ist zwar in der Theorie effizienter, weil die Gesamtfläche größer ist als beim Rippenrohrkühler, wo das Wasser eigentlich nur durch vertikale Rohre verläuft. Doch der Cadillac-Kühler war bedeutend billiger in der Herstellung, stabiler gegen Schläge und einfacher zu reinigen. Außerdem erhielt er einen Überlauftank, der das Wasser direkt in den Kühler zurückführte.

Auf den ersten Blick wirkte auch der Zenith-Doppelvergaser des DeDion sehr fortschrittlich, doch die hohen Fertigungstoleranzen machten den Vorteil zunichte, vor allem auch deshalb, weil der Vergaser selber ein sehr kompliziertes und anfälliges Gebilde war. White versuchte sich ebenfalls an einem Doppelvergaser, sah aber schnell ein, daß der Motor damit bei höheren Drehzahlen an Leistung verlor und daß es schwierig war, den Kraftstofffluß auf einem stabilen Niveau zu halten. Cadillac verwendete deshalb einen selbstentwickelten Einfachvergaser mit Belüftungsdüse, mit dem es keine Probleme mit einer konstanten und für beide Zylinderreihen gleichmäßigen Kraftstoffversorgung gab. Eine hohe Leistungsausbeute erreichte man mit großen Einlaßquer-

Der erste in Serie produzierte V8-Motor. Grundstein für eine bis heute andauernde Liebe der Amerikaner zu dieser Bauart. Konstruiert hatte den V 8 mit 5,1 Liter Hubraum und echten 70 PS D. McCall White.

schnitten, einer höheren Kompression, neuartigen Ventilen und vielen anderen gut durchdachten Details, die das Resultat intensiver Tests darstellten.

Auch bei der Zündung war nur das Beste gut genug: »Ich denke, daß wir bei der Zündung einen höheren Grad der Perfektion erreicht haben als alle anderen Hersteller«, war denn White auch nicht ohne Grund stolz auf seine Arbeit. Außerdem sollte man nicht vergessen, daß bei Cadillac der selbsttätige Anlasser und die Lichtmaschine bereits seit drei Jahren zum Standard gehörten, während die Konkurrenz von Packard, Pierce-Arrow und Locomobile immer noch mit der magnetischen Zündung arbeiteten. Rolls-Royce schaffte diesen technischen Fortschritt gar bis ins Jahr 1919 nicht.

Obwohl mancherorts, vor allem in der europäischen Automobil-Geschichtsschreibung, nur als Kopie des De-Dion angesehen, mußte der Cadillac gerade den Vergleich mit dem französischen Achtzylinder keineswegs scheuen, ganz im Gegenteil, wie folgende Zahlen vielleicht beweisen mögen:

Marke	Modell	Jahr	Hubraum	PS	PS/Liter
DeDion	50hp	1910	6 180 cm³	50	8,1
DeDion	26hp	1912/14	4 595 cm³	38	8,3
DeDion	50hp	1914	7 770 cm³	69	8,9
Cadillac	Type 51	1914	5 140 cm³	70	13,6

Übrigens scheint auch DeDion-Bouton mit seiner Konstruktion nicht ganz zufrieden gewesen zu sein, der Achtzylinder wurde ständig modellgepflegt, erhielt zwei komplett verschiedene Kühlsysteme und drei verschiedene Vergaserkonstruktionen. Und nach dem Ersten Weltkrieg gingen die Franzosen gar dazu über, ihre Fahrzeuge den Cadillac nachzubauen, auch wenn weiterhin an so veralteten Details wie der Thermo-Syphon-Kühlung oder der magnetischen Zündung festgehalten wurde.

Motor, Getriebe und Kupplung der Nachkriegs-DeDion bildeten übrigens jetzt ebenfalls eine Einheit. Das galt als »typisch amerikanisch« und war bei Cadillac schon lange Standard. Das Getriebe für den Type 51 wurde von Cadillac selber hergestellt und noch in der Fabrik intensiven Tests unterzogen. Das Resultat konnte sich sehen lassen: Das Getriebe war für damalige Verhältnisse sehr einfach zu schalten und produzierte kaum störende Kratzgeräusche; der Kraftschluß zum Motor erfolgte über eine Kupplung mit 15 aus Kohlestoffstahl hergestellten Platten. Der Antrieb erfolgte über eine offen laufende Stange auf die hintere Achse, die wie die Vorderachse nach dem Timken-Prinzip aufgebaut war. Beide wurden ebenfalls von Cadillac selber hergestellt. Ganz und gar nicht fortschrittlich war die Federung, hinten war sie an einer Plattform aufgehängt – ein System, an dem Cadillac noch ein Jahrzehnt festhalten sollte, obwohl in Europa schon bedeutend bessere Lösungen an der Tagesordnung waren.

Auch bei den Bremsen hatte der Type 51 eine wenig aufregende Lösung vorzuweisen: Sie wirkte auf ganz einfach auf hintere Trommeln. Die Räder waren da schon eher speziell: Während in Europa schon gute Speichenräder gebaut wurden, vertrauten alle amerikanischen Hersteller inklusive Cadillac noch auf die bewährten Felgen aus Nußbaumholz: Die Straßen waren immer noch miserabel, Holzräder galten als höchst stabil und einfach zu reinigen. Und außerdem ließen sie sich einfach ersetzen.

Der Rahmen bestand aus zwei seitlichen Trägern, einem zentralen, sehr massiven Träger sowie verschiedenen Rohrverstrebungen. Das machte diesen H-Rahmen aus gepreßtem Stahl sehr stabil, was einen entscheidenden Fortschritt gegenüber den meisten anderen Rahmen bedeutete, die oft aus verschiedensten Teilen bestanden und deshalb sehr filigran waren. Viele Hersteller versuchten sich an der Verbesserung, doch intelligente Lösungen waren mit Ausnahme von Cadillac eher rar: So ist es kein Wunder, daß das Prinzip von vielen Konkurrenten übernommen wurde. Cadillac selber änderte bis

Unter der Haube trug er den neuen Achtzylinder, auch die Typenbezeichnung war anders, doch sonst entsprach das zweisitzige Type 51 Coupé eigentlich genau seinem Vorgänger.

Wie bei fast allen älteren Autos üblich, bot auch dieser fünfsitzige Type 51 Sedan aus dem Jahre 1915 bedeutend mehr Kopf- als Beinfreiheit.

zur Einführung der vorderen Einzelradaufhängung kaum mehr etwas an seinem Chassis. Mit einem Radstand von »nur« 310 Zentimetern erschien der Cadillac Type 51 im Vergleich zu den Konkurrenten, die meist mit einem Radstand von rund 340 Zentimetern aufwarten konnten, verhältnismäßig klein. Da der V 8-Motor selber aber sehr kompakt war, bot der Cadillac bei geringeren Abmessungen innen nicht weniger Platz als andere Fahrzeuge im gleichen Segment. Außerdem war der alte Vierzylinder nicht nur etwa gleich groß gewesen war, sondern auch sogar einige Kilo schwerer. Der kurze Radstand hatte aber noch andere Vorteile: Nicht nur der Rahmen fiel stabiler aus, sondern auch die Karosserie konnte ohne zusätzliche Verstärkungen aufgebaut werden. Anders einige europäische Luxuswagenhersteller: Die mußten noch bis weit in die 20er Jahre hinein mit abenteuerlichen Verstrebungen und Verstärkungen für die nötige Stabilität sorgen. Diese Vorteile wurden denn auch in der Werbung breit ausgewalzt. Man machte die potentiellen Kunden auch darauf aufmerksam, daß man dank der stabilen Konstruktion relativ weiche Federn verwenden konnte, ohne daß der Fahrer deshalb auf ein gutes Fahrverhalten verzichten mußte.

Als der Type 51 im September 1914 vorgestellt wurde, standen zehn Karosserievarianten zur Auswahl, drei offene, sieben geschlossene, und die Preise reichten von günstigen 1 975 $ bis 3 600 $ – ein wohlfeiles Angebot dank sehr rationeller Fertigung. Buchhalter Wilfred Leland trug mit einem straffen Finanzhaushalt seinen Teil zu diesem wahrhaft guten Preis bei. Auch wenn der Type 51 heute vor allem wegen seinem erstmals in großer Serie produzierten Achtzylinder-Motor berühmt ist, so war er doch zu seiner Zeit in seiner gesamten Konstruktion ein hervorragendes Fahrzeug, die Europäer brauchten noch Jahrzehnte, bis sie ein Fahrzeug mit dem gleichen Qualitäten zu einem ähnlichen Preis anbieten konnten: Der Cadillac war für die Reichen das, was der Ford T für die Armen war.

Ford hatte sein T-Modell im Oktober 1908 vorgestellt, bis weit in die 20'er Jahre war der Ford das Maß aller Dinge, zumindest was die Stückzahlen angeht. Ein Jahr, bevor der Type 51 präsentiert wurde, hatte Henry Ford in Highland Park das erste Fließband montieren lassen, was dem kleinen und vor allem simplen T-Modell einen unglaublichen Produktionsschub gab. 1914 wurden 308 162 Fahrzeuge hergestellt, 1915 schon 501 462, 1916 gar 734 811. Es wäre allerdings zuviel der Ehre, wenn man Henry Ford als Erfinder des Fließbands bezeichnen würde. Er kam auf die Idee, als er in Chicago einen der riesigen Fleischverarbeitungsbetriebe besichtigte. Die Serienfertigung machte das T-Modell mit den Jahren immer günstiger: Kostete die billigste Roadster-Variante bei der Präsentation 1908 noch 825 $, so fiel der Preis bis 1915 auf 440 $, und bis 1924 auf 260 $.

Technisch war der Ford T wenig aufregend: Nicht, als er im Jahre 1908 vorgestellt wurde, erst recht nicht mehr, als 1927, nur wenig verbessert in all den Jahren, die Produktion eingestellt wurde. Der Block des Vierzylinder-Motors war aus einem Guß, die Zylinderköpfe abnehmbar, und die Kurbelwelle bestand aus sehr stabilem Vanadiumstahl. Selbstverständlich gab es ein Zweigang-Planetengetriebe, die Zündung erfolgte über einen Niederspannungszündmagneten im Schwungrad. Interessant war vielleicht noch, daß der Ford über Linkslenkung verfügte, was damals für die USA eine eigentliche Überraschung war, obwohl die Amerikaner immer schon Rechtsverkehr hatten. Auch der Type 51 wurde serienmäßig mit Linkslenkung ausgeliefert, doch sonst

Der Type 53 Roadster war 1916 mit einer Höchstgeschwindigkeit von knapp über 100 km/h der schnellste Cadillac. Und mit einem Preis von 2 080 $ auch einer der günstigsten.

mußte Cadillac gerade im technischen Bereich eigentlich wenig Ehrfurcht haben vor dem sehr erfolgreichen Ford.

Aber nicht nur technisch konnte der Cadillac glänzen, auch seine Ausstattung war von höchster Qualität. Die geschlossenen Fahrzeuge waren innen ganz mit feinstem Samt in zwei verschiedenen Farbtönen ausgekleidet, den die Firma von L. C. Chase anlieferte. Dieses edle Material wurde dank Angus Woodbridge, dem eleganten Schwiergersohn von Henry Leland, eingeführt. Außerdem gab es bei den Limousinen natürlich Sprechrohre für die Verbindung mit dem Fahrer; Tachometer, Uhr, Ampèremeter, die kompressorunterstützte Hupe sowie eine vom Motor betriebene Luftpumpe gehörten bei allen Fahrzeugen zur Serienausrüstung.

Auch bei der äußeren Gestaltung war in den vergangenen fünf Jahren viel geschehen, so viel, daß sich das Design der amerikanischen Fahrzeuge bis in die 20er Jahre nicht mehr groß verändern sollte. Ab 1913 gab es so etwas wie eine durchgehende Linie, die Fahrzeuge schienen nicht mehr aus einzelnen Teilen zusammengeschustert zu sein. Beispielsweise durfte sich das Auge an einer kompletten Motorhaube erfreuen, während frühere Modelle links, rechts und oberhalb des Motors ganz einfach mit einem simplen Blech verkleidet waren. Zum ersten Mal wurde die Heckpartie gestaltet, Sie sah nun nicht mehr so abgehackt aus. Und schließlich wurden auch die elektrischen Lampen in das Design einbezogen – das Kutschenzeitalter war endgültig zu Ende, das Auto erhielt ein Profil, wie wir es heute noch kennen.

Im Vergleich zu den Automobilen europäischer Herkunft wirkten die amerikanischen Wagen zu dieser Zeit nicht nur viel wuchtiger, sie waren auch viel komfortabler ausgestattet – was nicht weiter wundert, schließlich pflegten die Amerikaner zu dieser Zeit einen bedeutend höheren Lebensstandard als die Europäer. Und außerdem bewegten sie ihre Fahrzeuge über bedeutend längere Strecken. Die Europäer wirkten sportlicher, vielleicht eleganter, doch auch bei den Cadillac waren einige Modelle schon 1914 nett anzusehen. So wirkte besonders das dreisitzige Landaulet Coupé für das Auge sehr ausgewogen, aber auch der zweitürige Sedan und sogar die Limousine boten einen ansprechenden Anblick. Der Landaulet besaß einen Aufbau aus Aluminium, das Dach ließ sich direkt hinter die schönen, ledernen Sitze klappen. Die Limousine war zweifarbig lackiert, unten Dunkelgrün, oben Schwarz, und die fünf Passagiere waren gegen Wind und Wetter von schwerem Kristallglas geschützt. Selbstverständlich hatten sie auch innen Licht. Besonders luxuriös war ein Spezialmodell für General John J. Pershing ausgestattet, dem Leiter der »U.S. Expeditionary Force« in Europa: Außen in zwei verschiedenen Blautönen, innen ausgekleidet mit ebenfalls blauem Samt, der mit Goldfäden vernäht war.

1917 konnte der Kunde unter elf Karosserievarianten wählen, in den frühen 20er Jahren waren es schon 13 Versionen, und den V-63 von 1925 gab es in 14 Typen. In dieser Zeit gab es verschiedene optische Verbesserungen, 1917 kamen erstmals gewölbte Schutzbleche, beim Type 61 wurde die Gürtellinie höher gezogen, gleichzeitig aber die Gesamthöhe mit kleineren Raddimensionen gesenkt. Doch die Cadillac blieben trotzdem eher konservative Fahrzeuge denn Trendsetter. Das sollte sich erst mit den Modellen 314 von 1925 und vor allem mit dem 341 von 1927 entscheidend ändern.

Trotzdem, der Type 51, vom dem im ersten Modelljahr 13 002 Exemplare, im Modelljahr 1916 gar 18 004 Fahrzeuge verkauft werden konnten, war einer der absoluten Meilensteine in der amerikanischen Automobilgeschichte. Das beweisen allein schon die vielen Kopien und Nachahmungen, die anfangs vor allem von kleinen Motorenherstellern wie Ferro, Herschell-Spillman, Massnick-Phipps oder Perkins kamen. Mit ihren V 8-Motoren komplettierten viele, noch kleinere Hersteller ihre Fahrzeuge. Erstaunlicherweise wurden die Cadillac-Motoren nicht nur in Fahrzeuge des General Motors-Konzerns wie Oldsmobile eingebaut, sondern auch an Fremdfirmen wie Cole oder Jackson verkauft. 1918 hatten 20 Hersteller einen V 8-Motor im Programm, vom Homer-Laughlin, der nur 1 050 $ kostete, bis hin zum neunsitzigen Richard mit 9 271 cm³ Hubraum und einem Preis

Mit einem Preis von 2 950 $ repräsentierte der viertürige, fünfsitzige Type 53 Brougham einen hervorragenden Wert. Beachtenswert hier die Innenbeleuchtung, die im hinteren Passagierraum zu sehen ist.

von 8 000 $. Interessant waren die Konstruktionen von Cunnigham, wo es ab 1917 einen V 8 mit 7 240 cm³ Hubraum gab, sowie von Daniels, der von 1915 bis 1919 von einem Herschell-Spiellman-V 8 angetrieben wurde, um anschließend mit einem eigenen Achzylinder ausgerüstet zu werden. Diese beiden Fahrzeuge waren Limousinen der absoluten Luxusklasse.

Aber genau so schnell, wie der Cadillac-V 8 den Markt eroberte, genau so schnell erwuchs ihm auch eine starke Konkurrenz. Bereits im Mai 1915 stellte Packard den Twin Six vor, dessen V12-Motor Jesse Vincent innerhalb von zwei Jahren konstruiert hatte. Die beiden Reihen mit je sechs Zylindern standen in einem Winkel von 60 Grad zueinander. Der Hubraum betrug 6 946 cm³, die Leistung 88 PS bei 2600/min. Dieser herrschaftliche Wagen war aber trotzdem erstaunlich günstig: 1916 war der Touring schon für 2 700 $ zu haben. Kein Wunder, wurde auch der Zwölfzylinder-Packard sehr gut verkauft, noch im ersten Modelljahr wurden 3 606 Fahrzeuge abgesetzt, in den darauf folgenden Jahren waren es stolze 9 000 Exemplare. Kein Wunder ebenfalls, daß auch der Packrad Twin-Six wie der Cadillac V 8 sehr schnell Nachbauten hervorrief: National folgte mit seinem Highway Twelve, 1916 brachte der Motorenbauer Weidely einen V 12 mit 6 388 cm³ Hubraum auf den Markt, der es verschiedenen Herstellern wie HAL, Pathfinder oder Singer ermöglichte, ebenfalls ein Fahrzeug mit einem Zwölfzylinder-Triebwerk anzubieten. Wirklich feine Fahrzeuge gab es zu dieser Zeit auch noch von Marmon und Premier, letzterer verfügte sogar über ein elektrisch anwählbares Getriebe.

Von 1914 bis 1916 gelang es den Amerikanern, die europäische Konkurrenz ganz klar zu distanzieren – was insofern verständlich war, als daß sich die Europäer mitten in den Wirren des Ersten Weltkriegs befanden. Auch nach dem Krieg konnten die Europäer die Führung nicht mehr an sich reißen, sowohl technisch als auch kommerziell blieben die Amerikaner in den Zwanzigern vorne.

Großen Anteil daran hatten die stetigen Verbesserungen bei den Motoren und der Elektrik, aber auch in Sachen Design und Fahrwerk setzten die Hersteller aus den Vereinigten Staaten in diesen Jahren Akzente. Und es waren vor allem Packard und Cadillac, die zeigten, wo es langging.

Trotz ihrer Gemeinsamkeiten waren aber der Packard Twin-Six und der Cadillac V 8 nur bedingt vergleichbar. Bei Packard hatte die Veredelung Priorität, bei Cadillac stand der praktische Nutzen an erster Stelle. So war der Cadillac-Motor sicher nicht so sanft und geschmeidig wie das Packard-Triebwerk, aber viele Kunden schreckten vor der komplizierten Konstruktion des Zwölfzylinders zurück. Doch schon in diesen Jahren wurden die Weichen für den Kampf um die Führungsrolle im amerikanischen Luxuswagenmarkt gestellt, die Packard erst erobern konnte, als man in den 20er Jahren den Zwölfzylinder aufgab und ebenfalls mit acht Zylindern auf Kundenfang ging. Auch ein Konkurrent wie Peerless, der neben Cadillac den wohl besten Achtzylinder baute, hatte bei Verkaufszahlen von etwa 5 000 Fahrzeugen pro Jahr keine Chance, denn Cadillac konnte in den ersten drei Produktionsjahren rund 50 000 Wagen absetzen. Andere bekannte Namen jener Zeit hatten da noch weniger zu bestellen: Cunningham beispielsweise baute 1 500 Fahrzeuge pro Jahr, Daniels schaffte in sieben Jahren ebenfalls etwa 1 500 Fahrzeuge.

Daß der Cadillac mit dem Achtzylinder »eine starke Konkurrenz« war, das gab 1915 auch David Fergusson von Pierce-Arrow zu. Nun, das war eine leichte Untertreibung, wie folgende Tabelle vielleicht zeigen kann:

	Cadillac	Pierce 38	Pierce 48	Pierce 66
Hubraum	5 140	6 784	8 636	13 519
PS	70	65	78	101
bei/min	2 400	2 000	1 800	1 600
max. Drehm.	ca. 170	ca. 200	ca. 200	ca. 450
bei/min	1 600	1 000	1 000	850
Gewicht	1 820	1 950	2 280	2 470
Höchstges.	ca. 100	ca. 90	ca. 100	ca. 115
max. Steigf.	11,5 %	10,2 %	9 %	13,1 %
Beschl.	10–30 8,7	9,8	11,1 s	7,6 s
Preis	1 975 $	4 300 $	5 000 $	6 000 $

Doch nicht nur Pierce mußte die Überlegenheit von Cadillac eingestehen, auch W.R. Strickland, Chefingenieur von Peerless, schrieb später: »Cadillac zeigte, was Sache war, vor allem im Bereich des Antriebs. Die offensichtlichen Vorteile des Achtzylinders zwangen zu einem Umdenken, sie ersetzten die früheren Motoren mit der gewaltigen Bohrung.« Strickland wußte, von was er sprach: Auch er hatte unmittelbar nach der Präsentation des Cadillac V 8 einen feinen Achtzylinder konstruiert, der Peerless wieder konkurrenzfähig machte. Noch ein anderer berühmter Konstrukteur war vom Cadillac-Triebwerk überzeugt: W. O. Bentley. Er zeigte sich begeistert von der Geschmeidigkeit und der Ruhe des Motors: Gerne fuhr er mit seinem offenen Viersitzer nach Derby, um seinen Mitarbeitern die Kraft des Wagens zu demonstrieren.

Das Erscheinen des Type 51 fällt mit dem Ausbruch des Ersten Weltkriegs zusammen, während dem der Cadillac auch in Diensten des Militärs Karriere machte. Schon früh verlangte – und erhielt – der französische Generalstab einige Cadillac-Limousinen, auch die Engländer und Kanadier setzen verschiedene Cadillac-Fahrzeuge ein, oft auch als Krankenwagen. Auch der amerikanischen Armee stand der Sinn nach einem Cadillac: Nach einem harten Test mit Fahrzeugen verschiedener amerikanischer Hersteller in Marfa an der Grenze zu Mexiko, entschied sich die Armee-Führung für die siebensitzige Cadillac-Limousine, die praktisch ohne Veränderungen für den Militäreinsatz übernommen werden konnte. Schon während der ersten Vergleichsfahrten war der Test-Cadillac auf nicht gepflasterten Strassen und bei brütender Hitze über 3 000 Kilometer weit auf Herz und Nieren geprüft worden, danach mußte er noch einmal rund 8 000 Test-Kilometer hinter sich bringen – und man mußte neben Benzin und Öl gerade einmal fünf Liter Wasser nachfüllen. Außerdem war noch ein Ventilator kaputtgegangen, eine Reparatur, die stolze 10 Cents kostete.

2 095 Wagen wurden für den Front-Einsatz nach Europa verschifft, 199 Fahrzeuge blieben in den USA, weitere 221 Exemplare erhielt die kanadische Regierung. Noch einmal 300 Fahrzeuge wurden etwas einfacher ausgestattet für höhere Offiziere bereitgestellt. Auch das »United States Marine Corps« beschaffte die Cadillac-Limousine für ihre höheren Chargen. Die Armee setzte die Cadillac in Europa oft auch als Postfahrzeug ein – wirklich kein gemütlicher Etappenposten für Drückeberger: So absolvierte Colonel Mullaly die Distanz von Bordeaux nach Paris schneller als der reguläre Zug, der die Strecke in fast gerader Linie und ohne Halt hinter sich brachte.

Doch es sollen hier nicht Kriegsgeschichten erzählt werden, einige Fakten sollen genügen: Der Cadillac mit der Seriennummer 44 582 war das erste allierte Fahrzeug, das am 18. November 1918 den Rhein überquerte. Ein Leutnant konnte belegen, daß er in nur sieben Kriegsmonaten mit einem Cadillac problemlos 34 000 Kilometer hinter sich gebracht hatte, ein anderer Offizier schlug den Armee-Cadillac für die Verleihung des Verdienstkreuzes vor – wegen tadelloser Pflichterfüllung. Außerdem baute Cadillac für die Armee auf der Basis eines ganz normalen Chassis einen Wagen mit Suchscheinwerfer, der 24 Kilometer weit reichte. Und schließlich konstruierte Royal P. Davidson, Kommandant der »N.W. Military and Naval Academy of Wisconsin« acht gepanzerte Wagen, jeweils auf Cadillac V 8-Basis. Einer davon gilt als der erste amerikanische Panzer überhaupt.

Ein Auftrag für das Militär verdient aber auf jeden Fall noch Beachtung: Die Produktion des Motors für die »Liberty«-Flugzeuge. Die Umstände dafür waren so tragisch wie ironisch: William C. Durant hatte ja, wie bereits erwähnt, den beiden Lelands bei der Übernahme von Cadillac durch General Motors freie Hand versprochen. Durant hielt sich daran, und dieser Zustand blieb bestehen, nachdem er General Motors verlassen hatte. Doch nachdem er mit seiner Chevrolet Motors Company wie Phoenix aus der Asche aufgestiegen war, konnte Billy Durant am 16. September 1915 mit Hilfe des Sprengstoffherstellers E. I. Dupont die Kontrolle über General Motors wieder übernehmen. Aber diesmal waren die Beziehungen zu den Lelands nicht mehr ganz ungetrübt, denn Billy gab vor allem Wilfred die Schuld an seinem damaligen Rausschmiß.

Der sehr patriotische Henry Leland wäre schon 1916 bereit gewesen, für die Armee in einer eigens gebauten Fabrik einen Flugzeugmotor herzustellen, doch der Pazifist Durant legte gegen dieses Vorhaben sein Veto ein. Zwei starke Charaktere prallten bei diesem Konflikt auf-

Der dreisitzige Type 53 Victoria von 1916 war ein ausgesprochen hübsches Fahrzeug. Witzig die kleinen Fenster bei den Landau-Bügeln.

Im April 1917 traten die Vereinigten Staaten in den Ersten Weltkrieg ein – und mit der US-Army kamen auch einige hundert siebensitzige Type 55 Touring Car nach Europa. Das Militär hatte sich nach hartem Test für diesen Wagen entschieden, der außer einem neuen Anstrich kaum Modifikationen erlebte.

Zwar wurde dieser siebensitzige Type 55 im Jahre 1917 als Convertible Touring Car angeboten, doch mit einem Cabriolet hatte er gar nichts zu tun – frische Luft erhielt man nur, wenn man die Fenster entfernte.

Für 2 080 $ gab es 1917 diesen viersitzigen Type 55 Club Roadster. Das war ein gutes Angebot, denn der Zweisitzer kostete genau gleich viel.

Cadillac war sich oft nicht so ganz klar, wie viele Personen in ein Fahrzeug paßten. Der Phaeton war 1917 als Viersitzer angeboten worden, dieser Type 57 Phaeton aus dem Jahre 1918 wurde dann aber als Fünfsitzer bezeichnet, obwohl er kein Stück größer war.

Obwohl Cadillac ein gewaltiges Programm an Karosserievarianten anbot, gab es noch immer Kunden, die Spezialwünsche hatten. Healy & Co. aus New York verpaßte diesem Type 57 ansehnliche Kleider, der hintere Dachteil ließ sich niederklappen, so daß die Passagiere teilweise im Freien saßen.

Zwei verschiedene Landaulet wurden 1918 vom Type 57 angeboten: Das Dach des Town Landaulet ging nur bis zum Fahrerabteil, der hier gezeigte normale Landaulet ließ auch den Chauffeur im Trockenen sitzen.

Bei diesem Type 57 Victoria aus dem Jahre 1918 konnten Fenster und Teile des Dachs entfernt werden, so daß die Passagiere reichlich mit Frischluft versorgt wurden.

einander – und weil sich die Lelands nicht durchsetzen konnten, legten sie 1917 ihre Mandate bei Cadillac nieder. Kurz darauf gründeten die beiden Cadillac-Väter eine neue Firma, die Lincoln Motor Company, die sich sofort sehr erfolgreich mit der Herstellung des »Liberty«-Motors betätigte. Mit ihnen verließen viele hochkarätige Techniker Cadillac, die weiterhin mit den Lelands zusammenarbeiten wollten. Selbstverständlich wurde dieser Bruch von beiden Seiten nachträglich sehr bedauert, aber immerhin hinterließen die beiden ein wohlbestelltes Feld, so daß die Firma auch in der Nach-Leland-Ära nicht von Zukunftssorgen geplagt wurde. Richard H. Collins, ein ehemaliger Verkäufer beim Traktorenhersteller »John Deere« und Buick-Mitarbeiter, trat die Nachfolge von Henry Martyn Leland an. Doch wie das Schicksal so spielt: Auch Cadillac mußte nur kurze Zeit nach dem Ausscheiden der Lelands die Produktion von »Liberty«-Motoren aufnehmen, auch Durant konnte das nicht länger verhindern. Jetzt versuchte er auch wieder, die Lelands in seinen Konzern zurückzuholen, doch die hatten mit Lincoln schon wieder so viel Erfolg, daß an eine Rückkehr nicht zu denken war.

Beim »Liberty«-Motor handelte es sich um ein Gemeinschaftsprojekt der amerikanischen Automobilindustrie. Federführend waren E.J. Hall von der »Hall-Scott Company« sowie Jesse G. Vincent von Packard. Vor allem Vincent war es, der die Entwicklung vorantrieb, und Cadillac war zu jedem Zeitpunkt der Konstruktion und Herstellung vorne mit dabei. So gehörten George M. Layng und D. McCall White zu den Experten, welche die ersten Konstruktionsvorschläge begutachteten. Als sich der erste Prototyp dieses Zwölfzylinders im August 1917 in die Luft erhob, war er mit vielen Cadillac-Teilen ausgerüstet. Der Produktionsleiter der gesamten Herstellung hieß Edward A. Deeds, ebenfalls ein alter Bekannter von Cadillac. Und von den insgesamt 20 478 gebauten »Liberty«-Motoren kamen immerhin 2 528 aus Cadillac-Herstellung.

Auch wenn das Triebwerk vor allem von englischen Kritikern als zu schwer und unzuverlässig bezeichnet wurde, so hatte der »Liberty«-Motor doch auch eine ganze Reihe entscheidender Vorteile. Er war billiger zu produzieren als vergleichbare englische und französische Maschinen, er hatte eines der besten PS/Gewicht-Verhältnisse von allen wassergekühlten Motoren jener Zeit, und er war auch zuverlässig, wie Jesse G. Vincent, der mit »Liberty«-betriebenen Flugzeugen selber Tausende von Flugstunden zurücklegte, immer wieder höchstpersönlich bewies. Während des Krieges waren letztendlich nur etwas mehr als 1 000 von diesem Triebwerk befeuerte De Havilland-Flugzeuge zum Einsatz gekommen. Die vergleichsweise geringe Zahl hatte aber nichts mit der Qualität des Motors zu tun. Henry Leland: »Der Kaiser rannte davon.« Nach dem Krieg bewies der Motor seine Fähigkeiten beim ersten Flug über den Atlantik, beim ersten Nonstop-Flug quer durch die USA sowie beim ersten Flug rund um die Welt. Und um die Aussagen der englischen Kritiker endgültig zu widerlegen, mag auch noch erwähnt sein, daß es die Engländer selber waren, die im Zweiten Weltkrieg den »Liberty«-Motor wieder produzierten und in ihre Panzer einbauten.

Doch zurück zum Ersten Weltkrieg: Während auf den Schlachtfeldern noch geschossen wurde, reifte in Detroit eine neue Fahrzeuggeneration heran. Der Type 57 von 1918 wurde mit abnehmbaren Zylinderköpfen ausgerüstet und erhielt einen größeren Kühler. Auch der Type 59, 1920 vorgestellt, wurde unter Leitung des neuen Chefkonstrukteurs Benjamin H. Anibal (D. McCall White hatte die Firma am 19. Mai 1917 verlassen) vor allem im Detail verbessert. Es wäre auch gar nicht an der Zeit gewesen, größere Veränderungen voranzutreiben, die Kunden waren schon froh, wenn sie überhaupt ein Auto kaufen konnten. Doch etwas darf man hier nicht vergessen: Die Lelands waren nicht mehr bei Cadillac. Und dies bedeutete mehr als nur einen Einschnitt in die Geschichte der Marke.

Obwohl sich Wilfred Leland vor allem in seinen letzten Jahren bei Cadillac etwas aus dem übermächtigen Schatten seines Vaters gearbeitet hatte, steht bei einem Rückblick auf die Verdienste der Familie Leland der Name von Henry Martyn im Vordergrund. Nur wenige Automobilhersteller können sich eines genialeren Gründers rühmen, eines aufrechten, charakterstarken Mannes und begnadeten Technikers. Man würde Henry Leland nicht gerecht werden, indem man ihn als ausgesprochen freundlichen Menschen bezeichnet, doch im Gegensatz zu an-

Cadillac-Werbung von 1919.

deren großen Männern seiner Zeit hatte er ganz klare Vorstellungen von Moral und Ehre, sowohl im geschäftlichen als auch im privaten Bereich. Seine gewaltigen geistigen Fähigkeiten konnte er auch in fortgeschrittenem Alter noch täglich unter Beweis stellen, genau wie seine gute körperliche Verfassung: So stieg er an seinem 80. Geburtstag von seinem Büro die Treppen hinunter, nahm auf der Straße die Glückwünsche seiner Freunde und Bekannten entgegen, und stieg dann wieder die Treppen zu seinem Büro hoch. Dieses Büro befand sich im 22. Stock!

Es spricht für ihn, daß weder sein Rücktritt noch die schwierige Zeit nach Beendigung des Krieges Cadillac vor größere Probleme stellte. Die Produktion war während der ganzen Zeit auf Hochtouren gelaufen, und bereits 1919 wurden wieder 19 851 Fahrzeuge hergestellt. Eine Schwierigkeit gab es allerdings: Die Firma Cadillac war über insgesamt 75 verschiedene Gebäude in und um Detroit verstreut. So beschloß man den Bau einer komplett neuen Fabrik an der Clark Avenue. Insgesamt 25 Millionen Dollar steckte Cadillac in diesen Neubau, der erst 1927 beendet wurde. Dieses modernste Fabrikgelände seiner Zeit präsentierte sich verschwenderisch ausgestattet, insbesondere im Verwaltungstrakt: Schon die unteren Chargen wirkten in Büros, die mit schwarzem Eichenholz ausgekleidet waren, während sich die Bosse gar von edlem amerikanischem Walnußholz umgeben sahen. Am Eingang fand sich selbstverständlich schönster Marmor, damit die Besucher auch gleich wußten, daß sie hier den Hersteller von luxuriösen Automobilen besuchten.

»Die Gesamtfläche des Geländes beträgt rund 200 000 Quadratmeter«, stand in den zeitgenössischen Prospekten, »und in den Gebäuden stehen über 220 000 Quadratmeter zur Verfügung. Überall gibt es viel natürliches Licht, und ein modernes Ventilationssystem sorgt für frische Luft. Die meisten Maschinen wurden speziell für die hohen Ansprüche von Cadillac konstruiert. (...) Die Fabrik hat eine Kapazität von jährlich 30 000 Fahrzeugen – wenn die Nachtschichten nicht eingerechnet werden.«

Allerdings kam es während des Umzugs immer wieder zu Produktionsunterbrechungen, so daß 1921 nur gerade 11 130 Fahrzeuge hergestellt wurden. Modellhistorisch tat sich in dieser Zeit nicht allzuviel, wesentlichste Neuerung war die Verlängerungs des Radstands auf 343 Zentimeter. Im September 1921 wurde dann der Type 61 mit entscheidend verbessertem Vergasersystem vorgestellt. Das wurde nun thermostatisch kontrolliert, was bedeutete, daß die Benzinzufuhr bei jeder Drehzahl konstant blieb. Der Fahrer konnte nun beide Hände am Steuer lassen, weil er nur noch für das Starten des Fahrzeugs den Choke gebrauchte. Auch erhielt der Type 61 neue Karosserieformen, vor allem war die Front mit dem höheren und breiteren Kühler bedeutend gefälliger. Außerdem stellte man von 35- auf 33-Zoll-Räder um, was den Wagen gestreckter erscheinen ließ. Besonders der viersitzige »Sport Phaeton« war ein sehr ansehnliches Fahrzeug, das auch heute noch zu gefallen weiß.

Die Preise für das neue Modell lagen zwischen 3 000 $ und 5 000 $. Und schon 1922 konnte die Produktion wieder auf 22 021 Exemplare gesteigert werden. Es waren gerade diese enormen Zahlen, welche die europäischen Hersteller immer wieder in Verwunderung versetzten: Luxusfahrzeuge wie der Cadillac wurden in Europa höchstens in Stückzahlen von einigen 100 handgearbeiteten Exemplaren gebaut, 20 000 Stück pro Jahr schafften knapp die großen Massenhersteller. Hätten sich die Europäer die Mühe gemacht, die Cadillac-Fabrik zu besuchen, so hätten sie wohl noch mehr gestaunt. Denn kein einziges Teil wurde ungeprüft eingebaut, die Anforderungen an die Qualität waren womöglich noch höher als in den Leland-Jahren. Bei den meisten Teilen wie Achsen oder Lenkarmen wurden schon an das Basismaterial höchste Anforderungen gestellt und auf sorgfältigste Verarbeitung geachtet. Damit auch alles mit höchster Präzision ablief, verwendete man weiterhin die Meßgeräte von Johannson sowie neue Spezialwerkzeuge, die Major William E. Hoke vom »National Bureau of Standards« entwickelt hatte.

Während praktisch das ganze Fahrzeug dann am Fließband montiert wurde, war für den Motor ein einziger Mann verantwortlich: Zwar wurden ihm die Einzelteile auch auf einem Fließband zugeführt, doch man vertraute hier mehr auf das Können von besonders erfahreren Mitarbeitern denn auf den Maschinen-Takt. Jedes

BUOYANT, is the word that owners picturesquely use in describing one outstanding quality of Cadillac performance.

In the front seat, or in the tonneau, there actually *is* a sense of floating through space.

Mere weight contributes a certain steadiness to a motor car.

But Cadillac steadiness, is the steadiness of substantial, balanced weight, with a motive power suggestive of *wings*.

The power of the V-type engine is so great, so constant, and *so fluid in its action,* that it triumphs completely over the inert metals which it propels so buoyantly over the road.

The vigor and *life* of his car, its constant readiness, ever and always—these are things that help to make a Cadillac owner the enthusiast he is.

Back of spontaneous delight in a motor car must be an abiding confidence.

And, of course, even-temper and uniform performance *are* sources of lasting satisfaction in Cadillac possession.

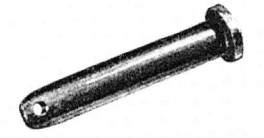

STOPPING on a grade is safe only when every detail of the braking system is thoroughly dependable.

The Cadillac has taken what might be considered *unnecessary* precautions. For example, a small Pin in the brake rod connections. The *heat treatment* of this Pin insures long life and safety.

This unusual care upon so-called "rough parts" is typically Cadillac.

CADILLAC MOTOR CAR COMPANY — DETROIT, MICH.

Zum ersten Mal seit 1906 war wieder ein Cadillac teurer als 5 000 $: Die Type 59 Standard Limousine kostete 5 090 $, der Chauffeur hatte zwar ein Dach über dem Kopf, mußte aber auf Seitenscheiben verzichten.

Ein satter Preisaufschlag war die Folge der Einführung des Type 59 im Jahre 1920: Der zweisitzige Roadster kostete nicht mehr nur 2 805 $ wie 1919, sondern stolze 3 590 $. Das minderte den Fahrspaß aber keineswegs.

Nicht wie bei den anderen Cadillac nach hinten, sondern nach vorne öffneten die Türen bei diesem 1921 vorgestellten, zweisitzigen Type 61 Coupé. Das Fahrzeug bot zwei Kofferräume, einen im Innenraum, der andere da, wo man ihn auch heute noch suchen würde.

Triebwerk wurde dann speziell gekennzeichnet und sechs Stunden lang auf dem Prüfstand getestet. Nach dieser Ausdauerprüfung, bei der die Drehzahl dauernd variiert wurde, wurde das Kurbelgehäuse noch einmal geöffnet und auf eventuelle Fehler untersucht. Dann montierte man die Maschine auf das Chassis und unterzog das gesamte Fahrzeug noch einmal einem zweistündigen Test auf dem Prüfstand, bevor man es zu einem weiteren Test auf die Straße schickte. Gleiche Sorgfalt verwendete man auf die Karosserien, die bei den verschiedenen Karrossiers hergestellt wurden und bei Cadillac den letzten Schliff erhielten. 28 Tage vergingen, bis eine Karosserie auf das Chassis gesetzt wurde. In dieser Zeit hatte sie insgesamt 18 Lackanstriche erhalten und war mit einer Innenausstattung versehen worden. Danach wurden die Fahrzeuge in den ersten Stock gebracht, wo noch die Scheiben sowie die Instrumente eingebaut wurden. Schließlich wurden die neuen Cadillac noch ein letztes Mal auf der Straße getestet, gereinigt, in ein Leinentuch eingepackt und dann für den Transport zu den einzelnen Händlern bereitgemacht.

Nachdem die Arbeit in der neuen Fabrik erst einmal in Schwung gekommen war, konnte die Produktion auf 100 Fahrzeuge täglich gesteigert werden, und das auch in den Wintermonaten, was alles andere als selbstverständlich war zu jener Zeit. So hatte Cadillac bis etwa 1911 die neuen Fahrzeuge im Spätsommer präsentiert und dann sogleich mit der Produktion begonnen, so daß die meisten der bestellten Fahrzeuge noch vor Jahresende ausgeliefert werden konnten. Als vermehrt geschlossene Fahrzeuge verkauft wurden und auch die Straßen so gut waren, daß man nicht nur bei schönem Wetter fahren konnte, änderte man diese Praxis und verkaufte auch während der Wintermonate Autos. Im Juni 1922 konnte Chefverkäufer Lynn McNaughton stolz verkünden, daß Cadillac innerhalb von 24 Stunden 150 Type 61 hergestellt hatte – damals eine beachtliche Leistung, auch wenn bei Cadillac mittlerweile 8 000 Angestellte auf der Lohnliste standen. Auch konnte McNaughton hervorragende Zahlen für den Export vorweisen: 1922 konnten die Verkäufe in Norwegen um 31 Prozent, in England um 135 Prozent, in Argentinien um 213 Prozent, in Australien um 450 Prozent und in Hol-

Mitte:
Seine vier Türen machten den fünfsitzigen Type 61 Sedan des Jahres 1922 sehr komfortabel. Die sechs Aluminiumleisten am Heck dienten zum Schutz des Lackes, wenn die große Gepäcktruhe montiert wurde.

Unten:
Das viersitzige Type 61 Coupé von 1922 sah fast gleich aus wie der Victoria, war aber im Gegensatz zu diesem eher für den Selbstfahrer gedacht.

Der viersitzige Victoria blieb auch beim Type 61 im Jahre 1921 eines der meistverkauften Cadillac-Modelle. Bei diesem Modell ließ sich der Frontsitz abklappen, wenn er nicht gebraucht wurde, so daß ein deutlich größerer Innenraum entstand.

land gar um 651 Prozent gesteigert werden. Von den Stückzahlen her war der Export zwar nicht der Rede wert, brachte aber einen gewaltigen Imageschub.

Überhaupt änderte sich viel in diesen Jahren. Noch 1921 hatte Cadillac-Präsident R. H. Collins die Firma verlassen und viele gute Ingenieure mitgenommen, um zuerst die wenig erfolgreichen Collins-Fahrzeuge zu bauen und später dann Peerless zu übernehmen. Sein Nachfolger hieß H.H. Rice. Der hatte sich schon 1903 als Cadillac-Verkäufer einen Namen gemacht, wechselte dann zur »Pope Manufacturing Company« und heuerte 1916 schließlich bei General Motors an. Er machte den erfolgreichen Verkaufschef McNaughton zum Vizedirektor, dieser wiederum weitete das Händlernetz stark aus und sorgte dafür, daß alle Cadillac-Ersatzteile zu im ganzen Land einheitlichen Preisen verkauft wurden. Das war bis dahin nicht der Fall gewesen, die Händler hatten je nach Geschmack eine Kriegssteuer oder Transporttaxen oder ihr Kindergeld auf die Cadillac-Teile geschlagen. Auch Chefkonstrukteur Benjamin Anibal, der auf D. McCall White gefolgt war, setzte sich schon bald wieder ab, um zuerst für den ehemaligen Cadillac-Chef Collins bei Peerless zu arbeiten, danach für Oakland, wo gerade der neue Pontiac entstand.

Auch bei General Motors war ab 1920 nichts mehr, wie es noch nie gewesen war. Durant hatte 1919 wieder einmal einen wenig überlegten Kauf getätigt, der ihm bei GM endgültig das Genick brechen sollte: Es ging um die »Samson Tractor Company«, mit der Billy einmal mehr Henry Ford herausfordern wollte. Er erwarb die Rechte am Traktor Samson Sieve Grip und nahm in einem großen Werk in Janesville, Wisconsin, die Produktion auf. Doch zu einem Preis von 1 750 $ hatte dieses Modelle keine Chance gegen den »Fordson«, der schon für 750 $ zu haben war. Also setzte Durant das Modell M in die Welt, das nur 650 $ kostete und erst noch besser ausgestattet war als der Fordson. Doch damit ließ sich beim besten Willen kein Geld verdienen, so daß die Urteilsfähigkeit Durants von seinen Bankiers und Mitarbeitern einmal mehr in Frage gestellt wurde. Weil Billy-Boy einen großen Teil seines Vermögens auch noch durch Börsengeschäfte verloren hatte, mußte er seine Anteile an General Motors für 2,5 Millionen Dollar verkaufen, um seine

Schulden zu begleichen. Seinen Platz als Präsident von General Motors nahm Pierre S. Dupont ein, an William C. Durant verschwendete damals niemand mehr einen Gedanken – doch davon später.

Die neuen Herren von General Motors ordneten eine Umorganisation an, die von Alfred P. Sloan (man erinnert sich vielleicht noch an den jungen Verkäufer, dem Henry M. Leland einmal gezeigt hatte, was Qualität bedeutet) mit militärischer Strenge durchgeführt wurde. Er verwandelte die einzelnen Firmen in selbständige Abteilungen, die allerdings die volle Verantwortung über ihren Geschäftsbereich behielten. Innerhalb der einzelnen Firmen wurden die Abteilungen wie Forschung, Marketing, Werbung oder Buchhaltung neu strukturiert, ihre Arbeit konnte von allen GM-Töchtern genutzt werden. Es war also möglich, daß die Fahrwerk-Ingenieure von Buick zu ihren Kollegen von der Cadillac-Buchhaltung gingen, um sich eine Achskonstruktion berechnen zu lassen. Auch heute noch wird bei GM nach diesem Prinzip verfahren.

Für Cadillac erwiesen sich diese unruhigen Zeiten als echter Glücksfall, denn nun wurde dort ein Mann Chefkonstrukteur, der das Bild von Cadillac für die nächsten 23 Jahre bestimmen sollte: Ernest W. Seaholm. Geboren wurde Seaholm 1888 in Schweden, doch als er gerade ein Jahr alt war, wanderten seine Eltern in die Vereinigten Staaten aus. Zuerst ließen sie sich in New York nieder, zogen dann weiter nach Hartford, Connecticut, und schließlich nach Springfield in Massachusetts, wo Ernest die »Mechanics Art High School« besuchte, die er im Juni 1905 abschloß. »Ich lernte dort Englisch, Französisch, Geschichte, Physik, Chemie, Holzverarbeitung, Maschinenzeichen und das Bauen von technischen Modellen«, erinnerte sich Seaholm später, »es war genau die richtige Ausbildung für einen, der sich keine Universität leisten konnte.« Danach arbeitete Seaholm zuerst einmal überall dort, wo er Geld verdienen konnte, bevor er vom Erfinder Clark W. Parker, der gerade über ein neuartiges Autogetriebe nachdachte, angestellt wurde. Aus dem Getriebe wurde nichts, doch Parker hatte unterdessen Henry Leland kennengelernt, der ihn für die Entwicklungsabteilung engagierte. Parker verschaffte Seaholm im September 1913 ebenfalls einen Job bei Cadillac. Seaholm arbeitete zuerst bei den Werkzeugmechanikern, wo er erste Erfahrungen mit den hohen Cadillac-Ansprüchen an die Qualität machte. Doch schon 1916 verließ er Cadillac wieder, er folgte einem Angebot seines ehemaligen Chefs Parker, der sich bei Cadillac nie besonders wohlgefühlt hatte und wieder auf eigenen Füßen stehen wollte. Aber Seaholm war wenig begeistert von den neuen Projekten Parkers, so daß er schon 1917 wieder auf der Cadillac-Lohnliste stand. Und er kam zum rechten Zeitpunkt. Die Lelands hatten bereits ihre Lincoln Motor Company gegründet, auch D. McCall White sprach bereits von einem Wechsel, so daß sich der direkt unter Ben Anibal arbeitende Seaholm gute Aufstiegschancen ausrechnen durfte.

Noch nicht 30jährig, gehörte der nicht an einer der berühmten Hochschulen des Landes ausgebildete Seaholm schon zu den führenden Ingenieuren beim führenden Automobilhersteller der USA: »White sagte zu mir, daß ich einmal rübergehen sollte zu der Fabrik, wo die Teile für den »Liberty«-Motor produziert wurden. »Mach dich nützlich«, meinte er nur. Es war ein komisches Gefühl, hinter verschlossenen Türen für dieses Geheimprojekt zu arbeiten. Als White dann von der Regierung in eine Untersuchungskommission delegiert wurde, die herausfinden sollte, weshalb der Flugzeugmotor nicht so recht funktionieren wollte, bestellte er mich zu seinem Mitarbeiter.« So erlebte Seaholm mit, wie man den »Liberty«-Motor noch einmal auf Herz und Nieren untersuchte: Schon bald stellte man fest, daß die Schmierung das große Problem darstellte. Nur ein einziges Exemplar, daß ähnlich wie der Cadillac-V 8 von einer Druckpumpe geschmiert wurde, kannte die Probleme nicht – dieser Motor wurde dann zur Ausgangsbasis für die »Liberty«-Produktion. »Doch ich war froh, als der Krieg endlich vorbei war, und ich endlich wieder an meinen Zeichnungstisch zurückkehren konnte.«

Die beiden Lelands hatte Ernest W. Seaholm nie persönlich kennengelernt, »doch ich erinnere mich gut, wie Henry dauernd mit seinem unförmigen Einzylinder-Cadillac durch Detroit fuhr. Auch spürte ich gut den Einfluß, den er auf seine Mitarbeiter ausübte: Wenn er bis spät in die Nacht arbeitete, dann arbeiteten alle Cadillac-Mitarbeiter ebenfalls bis spät in die Nacht – also auch ich. Er war der absolute Patriarch und hatte seine Firma wie

Cadillac-Werbung von 1923.

The three Cadillacs at the Brooklands track, near London, where they won the Dewar Trophy by a dramatic demonstration of the perfect interchangeability of their parts.

What Cadillac brought to General Motors

SAID the Royal Automobile Club of London: "We will award the Dewar Trophy each year to the motor car demonstrating the greatest advance in the industry."

In 1909, three Cadillacs were taken from the dealer's storehouse in London to compete against the best that Europe could produce.

They were torn apart; the parts were tossed into a heap; it was impossible to tell from which of the cars any given part had come.

Then an amazing thing occurred. Mechanics, with only the most ordinary tools, stepped up to the pile, reassembled the three Cadillacs and sent them whirling around the track.

No other competing car could be rebuilt without filing and hand fitting. Cadillac had revealed to the world an unsuspected American achievement—perfect interchangeability of parts.

So the Dewar Trophy was won for American industry.

In 1912, Cadillac built the first car ever equipped with a complete electrical system of starting, lighting and ignition, and so won the Trophy a second time.

By a long succession of similar triumphs the leadership of Cadillac was gained. That leadership it kept and brought to General Motors.

* * * *

General Motors has built for Cadillac a wonderful new plant. It has contributed the united experience of its seventy-one divisions and subsidiaries to Cadillac craftsmanship; it has put its research laboratories at the service of Cadillac engineers.

Thus, giving and receiving, the two have reinforced each other. From the strength of the parent company Cadillac draws increased strength. From twenty years of Cadillac fidelity General Motors inherits a splendid tradition and an enduring ideal.

THE DEWAR TROPHY which Cadillac twice won.

CADILLAC
STANDARD OF THE WORLD

GENERAL MOTORS

Maker of PASSENGER CARS AND TRUCKS

BUICK · CADILLAC · CHEVROLET
OAKLAND · OLDSMOBILE · GMC TRUCKS

Its Divisions and Subsidiaries make these ACCESSORIES, PARTS AND EQUIPMENT
which contribute to the merit of many other trustworthy cars

Fisher Bodies · Remy Starting Systems · Delco Starting Systems · Harrison Radiators
Jaxon Rims · Klaxon Horns · Hyatt Roller Bearings · Frigidaire
New Departure Ball Bearings · AC Spark Plugs · Delco Light and Power Plants

[1923]

Große, offene Wagen wie dieser Type 61 Phaeton aus dem Jahre 1923 fanden immer noch ihre Käufer, auch wenn die geschlossenen Karossen immer beliebter wurden. Zu beachten sind die Ersatzräder: Der Pneu mit den Längsrillen wurde vorne angebracht, die Reifen mit dem Wabenmuster waren für die Hinterachse gedacht.

Der siebensitzige V 63 Sedan aus dem Jahre 1924 war vielleicht nicht der hübscheste Cadillac aller Zeiten, doch mit seinem starken Motor und den guten Platzverhältnissen war er vor allem bei einer konservativen Klientel sehr beliebt. Der Sedan war nur eine von 14 Karosserievarianten, die Cadillac 1924 anbot.

eine grosse Familie organisiert. Ernest E. Sweet war seine rechte Hand. Auch wenn er keinen offiziellen Titel trug, so war es doch er, der die meisten Fäden in der Hand hatte und über Entwicklung und Produktion bestimmte.«

Wie er zu seinem Job als Chefkonstrukteur kam, blieb Seaholm in guter Erinnerung: »Als die Lelands Cadillac verließen, gingen Sweet, Johnson und viele andere mit ihnen. Dann verließ D. McCall White die Firma, um Lafayette zu gründen, und auch er nahm viele gute Männer mit. Schließlich verließen auch noch Collins und Anibal die Firma, und mit gingen der Rest der Männer, die einst die Cadillac-Stützen dargestellt hatten. Es war eine Katastrophe, alle ehemals wichtigen Männer waren weg und Cadillac stand vor dem Nichts. Dann erhielten wir zwei neue Manager, die aber keine Ahnung hatten, wie der Laden lief, und die für alle technischen Belange immer auf mich zurückkamen. So kam ich zu meinem Job, auch wenn ich gar nie gefragt wurde, ob ich ihn überhaupt haben wolle.« Einer der beiden neuen starken Männer bei Cadillac hieß William R. Strickland. Geboren 1875 in Cincinnati, hatte Strickland am berühmten »MIT« in Boston studiert und dann lange Zeit bei der »U.S. Navy« gedient. Danach arbeitete er zuerst als stellvertretender Chefkonstrukteur bei Peerless, dann konstruierte er den berühmten Peerless-V 8. Strickland war Vizepräsident der Firma, als Peerless von den ehemaligen Cadillac-Leuten übernommen wurde. Die verzichteten aber auf seine Mitarbeit, so daß er sich nach einer neuen Arbeit umsehen mußte – und wo hätte er nützlicher sein können als bei Cadillac?

Ein anderer Mann war GM und auch Cadillac während der ganzen schwierigen Zeiten allerdings treu geblieben: Charles Franklin Kettering. Er hatte die »GM Research Laboratories« ins Leben gerufen und für diese unabhängige Abteilung, die sich auch mit Fragen befaßte, die nicht unbedingt in den Bereich der Automobilindustrie fielen, eine Gruppe von begabten Technikern und Naturwissenschaftlern um sich geschart. Kettering hatte seinen ganz eigenen Arbeitsstil: Er stellte eine Frage in den Raum, die mit Bestimmtheit niemand beantworten konnte. Einer der Knochen, an dem seine Mitarbeiter zu nagen hatten, war beispielsweise die Frage, warum der Cadillac V 8, obwohl alle Teile perfekt gearbeitet und aufeinander abgestimmt waren, in einem bestimmten Drehzahlbereich unangenehm vibriere. Also setzte er seine Mathematiker auf dieses Problem an – und diese präsentierten eine ebenso einfache wie geniale Lösung.

Cadillac benutzte wie allen anderen V 8-Hersteller je-

3 045 $ kostete dieses zweisitzige Series 314 Standard Coupé im Jahre 1926. Praktisch alle Fahrzeuge waren bei diesem Jahrgang in mit einer Zwei-Farben-Lackierung versehen. Sehr schön auch die Andeutung des Landau-Bogens beim Dach – ein beliebtes Stilmittel jener Zeit.

ner Zeit eine ähnliche Kurbelwelle, wie sie auch für die Vierzylinder verwendet wurde. Bei dieser Kurbelwelle standen die Kröpfungen in einem Winkel von 180 Grad zueinander, oder anders ausgedrückt, in einer einzigen Ebene. Das funktionierte auch wunderbar, doch es blieb eine zweite Unwucht, die bei einem Vierzylinder keine Probleme machte. Bei einem im Winkel von 90 Grad gebauten Motor war diese Kraft von den einzelnen Zylinderreihen allerdings um 41,4 Prozent stärker als bei nur einer Zylinderreihe, denn während sich die vertikalen Kräfte neutralisierten, verstärkten sich die horizontalen in einem Verhältnis von 2:1. Dies bewirkte in einem kritischen Bereich horizontale Schwingungen, sprich unangenehme Vibrationen. Beim Cadillac war dies bei Drehzahlen um 2000/min der Fall, also einer Geschwindigkeit von 60 bis 70 km/h.

Diese Vibrationen waren von der Kundschaft während der ersten sieben Produktionsjahre kommentarlos hingenommen worden, einerseits, weil man nichts Besseres gewöhnt und prinzipiell mit der Laufruhe des V 8 sehr zufrieden war, andererseits, weil man diese Vibrationen in den hauptsächlich verkauften offenen Fahrzeug kaum bemerkte, weil sowieso alles vibrierte. Doch seit 1914 hatten die geschlossenen Fahrzeuge bei Cadillac ihren Marktanteil von sieben auf über 50 Prozent steigern können, so daß unbedingt etwas unternommen werden mußte, gerade auch deshalb, weil die Konkurrenz mittlerweile ebenfalls sehr gute Achtzylinder anbot.

Kettering ordnete die Kurbelwelle auf zwei Ebenen an. Diese Lösung war zwar nicht neu, sie war schon verschiedentlich angedacht worden, doch Cadillac machte sie erstmals zur Realität. Durch die Verwendung von genau berechneten Ausgleichsgewichten konnte die Kurbelwelle perfekt ausbalanciert werden. So konstruiert, verhielt sich der Motor wie vier 90-Grad-Parallel-Twins, bei denen sich die Primär-Kräfte mit ihren entgegengesetzten Massen aufheben (man denke an Sinus und Cosinus). Nachdem man auch Kupplung und Kraftübertragung angepaßt hatte, mußte jeder einzelne Motor dann noch einen erweiterten Testlauf hinter sich bringen, bevor man dieses feinste Triebwerk seiner Zeit den Kunden zum Kauf anbot. Daß es allerdings überhaupt soweit kam, hatte Cadillac einmal mehr Charles Kettering zu verdanken: Weil Herby Rice und Ernest Seaholm gerade in Europa weilten, als er die Lösung des Problems gefunden hatte, sprach Kettering bei Sloan vor, der sofort bestimmte, daß der neue Cadillac-Modelljahrgang mit dieser perfekt ausbalancierten Kurbelwelle ausgerüstet sein müsse – auch wenn die Entwicklung der neuen Modelle schon fast abgeschlossen war.

Vorgestellt wurde dieser V 8 im September 1923, die neuen Modelle wurden zur Kennzeichnung des neuen Motors mit V-63 benannt. Es gab selbstverständlich neue Karosserien, elf insgesamt, mit einem neu gezeichneten Kühler, neuen Lampen und Stoßstangen. Neu waren auch die nach dem »Perrot«-System arbeitenden Bremsen, die allerdings schon früher im Jahr 1923 in den Buick vorgestellt worden waren. Neu war daran vor allem, daß diese Bremsen auch bei eingeschlagen Vorderrädern anständig funktionierten, was in früheren Jahren nicht immer so sicher war, weshalb auf Vorderradbremsen meist verzichtet wurde. Doch das größte Inter-

Mit einem Preis von 2 995 $ war der fünfsitzige Series 314 Brougham der günstigste Cadillac im Jahre 1926. Damals wurde die Bezeichnung Brougham noch für relativ einfach ausgestattete Fahrzeuge gebraucht, heute suggeriert der Name eher den schieren Luxus.

Seite 89 oben links:
Eines der meistverkauften Modelle war 1926 der fünfsitzige Series 314 Standard Sedan mit einem Radstand von 335 Zentimetern.

Seite 89 oben rechts:
Mit einem Preis von 4 150 $ war der fünfsitzige Series 314 Custom Sedan stolze 955 $ teurer als sein kürzerer Bruder, der Standard Sedan. In diesem Aufpreis inbegriffen war nur mehr Platz, nicht aber die Speichenräder.

Wie alle serienmäßigen Cadillac der Serie 314 von 1926 erhielt auch der siebensitzige Custom Suburban seine Karosserie von Fisher. Alle Custom-Modelle verfügten über einen Radstand von 351 Zentimetern, während die Standard-Versionen einen 16 Zentimeter kürzeren Radstand aufwiesen.

Inklusive Speichenrädern und Koffer kostete dieser viersitzige Series 314 Custom Phaeton 1926 anständige 3 250 $. Die offenen Cadillac hatten in diesem Jahr ein bedeutend sportlicheres Aussehen erhalten.

Dieser siebensitzige Series 314 Custom Touring Car kostete 1926 mit 3 250 $ so viel wie der Custom Phaeton, verfügte aber über bedeutend mehr Platz für die hinteren Passagiere.

Von den Standard-Modellen mit 335 Zentimetern Radstand war der siebensitzige Series 314 Sedan 1926 mit Abstand der beeindruckendste. Sein Preis lag bei 3 295 $.

esse galt dem neuen Motor, und das nicht nur bei der Kundschaft.

Maurice Olley, damals Chefingenieur von »Rolls-Royce of America«, meinte zum Cadillac-Motor, daß diese neue Konstruktion alle Motoren mit langen Kurbelwellen überflüssig machen würde. Und besonders interessant waren die Ausführungen von David Fergusson, der 1923 als Chefingenieur bei Cunnigham arbeitete. Schon 1914, er hatte gerade für Peerless einen V 8 konstruiert, hatte er Cadillac als »einen der besten gebauten Wagen« bezeichnet. In einem Papier für seine Cunnigham-Ingenieure und -Verkäufer, die weiterhin mit einem Sechszylinder-Triebwerk leben mußten, dachte er intensiv über die Vorteile eines V 8-Motors nach: »Vor allem bei Motoren mit höheren Drehzahlen sind Triebwerke mit mehr als sechs Zylindern wünschenswert. Die Sechszylinder sind zwar sehr geschmeidig und laufruhig bei niedrigen und mittleren Drehzahlen, doch sobald man die Leistung zu erhöhen versucht, hat man mit intensiven Vibrationen, Gewichts- sowie Kühlproblemen zu kämpfen. (...) Die neue (Cadillac-) V 8-Konstruktion ergibt aber die größte Perfektion, die man sich heute vorstellen kann. Geschmeidigkeit und Laufruhe werden zu Recht sowohl von Fahrern als auch von Ingenieuren bewundert. (...) Es scheint ganz so, als ob dieser Motor die ultimative Lösung zu sein scheint, nachdem der Zwölfzylinder wieder aufgegeben worden ist.« Wie recht Fergusson damit hatte, belegen die Verkaufszahlen: 35 000 Exemplare des neuen V 8 wurden schon während der zwei Produktionsjahre des V-63 gebaut.

Im August 1925 erschien dann der 314, der allerdings nur ein Übergangsmodell sein sollte. Doch dieses neue Modell kündigte schon einiges an, was Cadillac für die Zukunft noch stärker machen sollte: Der Motor blieb in seinen Grundzügen zwar gleich, doch wurden einige entscheidende Verbesserungen bei der Kühlung und beim elektrischen System vorgenommen. Es gab ein neues Delco-Zweikreis-System für die Elektrik mit seperatem Generator, neue Kühlventile und eine belüftete Kurbelwelle. Auch wurden anstelle der alten hinteren Plattform-Federung neue längslaufende, halbelliptische Federn eingeführt, was den Gesamteindruck mit seinen schlankeren, flacheren Linien erheblich verbesserte. Auch vorne wurde der Cadillac für den Jahrgang 1926 neu gestaltet. Und anscheinend gefiel das neue Modell der Kundschaft: 27 340 Fahrzeuge konnten verkauft werden, was allerdings immer noch mehr als 7 000 Exemplare weniger waren als Packard, der damalige große Konkurrent von Cadillac, absetzen konnte.

Packard hatte Cadillac in den Jahren zuvor gezeigt, was Sache ist. Auch wenn man die Verkaufszahlen nicht genau vergleichen kann, weil Packard das Kalenderjahr etwas eigenartig aufteilte, ist unstritten, daß Cadillac im Jahre 1925 nur die Hälfte dessen verkaufte, was Packard an den Mann brachte. Denn seit Juni 1923 konnte auch Packard mit einem Reihen-Achtzylinder aufwarten, dem feinen »Single Eight«, den Jesse Vincent konstruiert hatte. Dieser Motor war in seiner Laufruhe dem berühmten Twin Six ebenbürtig, allerdings nicht mehr so kompliziert konstruiert und deshalb bedeutend weniger anfällig als der Zwölfzylinder. Dies war eigentlich deshalb überraschend, weil Packard noch 1911 eher als Junior der berühmten drei »P« (Pierce, Peerless, Packard) angesehen wurde. Packard hatte den schweren Sechszylindern damals lediglich einen Vierzylinder entgegenzusetzen. Zehn Jahre später hatte sich das Bild gründlich gewandelt, Packard konnte in 20er Jahren ein Team aufbieten, daß seinesgleichen suchte: Jesse Vincent galt unbestritten als einer der besten Ingenieure des Landes. Und der Chef von Packard, der lizenzierte Patentanwalt Alvan Macauley, war nicht nur der geborene Verkäufer, der aus dem hohlen Bauch immer die richtigen Entscheidungen traf, sondern auch ein hervorragender Geschäftsmann, der das geistige und materielle Vermögen von Packard gut verwaltete.

Die Packard hatten allerdings einen ganz gewaltigen

Zwar als Custom-Modell geführt, aber trotzdem auf dem kürzeren Standard-Radstand aufgebaut war 1926 dieser zweisitzige Series 314 Roadster. Das Fahrzeug war serienmäßig mit den Seitenflügeln für die Windschutzscheibe ausgerüstet, für die Scheibenräder mußte Aufpreis bezahlt werden.

Nachteil gegenüber den Cadillac: Während letztere bis auf das letzte Detail auf höchste Zuverlässigkeit und Effizienz ausgerichtet waren, so waren die Packard »von Gentleman für Gentleman« gebaute Fahrzeuge. So saß beispielsweise der Packard-Vergaser immer genau in der Mitte zwischen den Zylinderreihen. Das sah zwar prima aus, war aber bei Reparaturarbeiten völlig unpraktisch. Die Gentleman-Konstrukteure verbannten auch die unansehnliche Wasserpumpe in eine dunkle hintere Ecke des Motorraums – auch in diesem Fall eine ästhetische Lösung, ohne Rücksicht auf die daraus entstehenden technischen Probleme. Trotzdem: Die Packard waren zweifellos hervorragende, schön anzusehende Fahrzeuge, die ihren Erfolg vollkommen verdienten.

Alfred P. Sloan war dieser Zustand selbstverständlich ein Dorn im Auge, denn GM erhob auch in der Luxusklasse im Segment der über 2 500 $ teuren Wagen den Anspruch, die Nummer Eins zu sein. Auf seine Anordnung hin bauten dann anfangs des Jahres 1925 alle sieben Fisher-Brüder in Herby Rice's Büro Männchen und meldeten gehorsamst, was sie ändern würden. Geändert wurde vor allem eines: Herby Rice trat von seinem Posten als Cadillac-Präsident zurück, er wurde von Lawrence P. Fisher abgelöst.

Lawrence P. Fisher war ein stets gutgekleideter, sehr freundlicher Mann mit allerbesten Manieren. Von seinen Freunden Larry genannt, war er der umschwärmte Mittelpunkt aller Parties – der Prototyp eines Lebemanns der wilden 20er Jahre. Von den sieben Brüdern war er mit Bestimmtheit der am besten geeignete Mann für den Chefposten bei Cadillac.

Auf den ersten Blick scheint dieser Wechsel trotzdem schwer verständlich, denn die Fisher-Gebrüder waren mit ihren Karosserien mindestens so sehr verantwortlich für die Niederlage gegen Packard wie Rice. Doch L.P. Fisher, geboren am 19. Oktober 1888 und zum Zeitpunkt seiner Machtübernahme bei Cadillac 37 Jahre alt, erwies sich als Glücksgriff, vielleicht und gerade auch deswegen, weil er ein Talent erkannte, wenn er eines vor sich hatte. Schon kurz nach seiner Ernennung lernte er Harley Earl kennen, den Mann, der Cadillac während der nächsten Jahre zu Weltgeltung verhelfen sollte. Das Zauberwort von Earl hieß – Stil.

Stil war nämlich, was sowohl Rice als auch den Fishers und deshalb allen Cadillac dieser Jahre abging. Sicher waren sie feine Fahrzeuge, technisch brillant, qualitativ hochwertig, auch das Fahrwerk gehörte zum Besten, was die amerikanischen Automobilindustrie damals anbieten konnte. Doch von ihrem Erscheinungsbild her konnte man die Cadillac im besten Fall als konservativ bezeichnen. Das war natürlich noch auf den Einfluß der Lelands zurückzuführen, der bei Cadillac noch lange Jahre nach ihrem Ausscheiden zu verspüren war: Henry Leland hatte immer ein gutes Auto gewollt, ein schönes Auto hielt er für absolut unnötig. Nicht, daß es bei der Konkurrenz besser ausgesehen hätte: Die Lincoln hatten mit dem Leland-Problem zu kämpfen, Pierce war ebenfalls langweilig, genau wie Peerless oder Locomobile. Einzig Packard konnte in Sachen Styling mehr bieten, die Fahrzeug sahen verglichen mit der Konkurrenz eleganter aus, auch wenn ihre Formen sicher noch nicht der Weisheit letzter Schluß sein konnten. Doch der Kundschaft schienen die langen Motorhauben (ein Relikt

Oben:
Custom Ambulanz: Spezialaufbau aus dem Jahre 1927.

2. v. oben:
Custom Leichenwagen: Spezialaufbau aus dem Jahre 1927.

2. v. unten:
Standard Leichenwagen: Spezialaufbau aus dem Jahre 1927.

unten:
Standard Ambulanz: Spezialaufbau aus dem Jahre 1927.

aus den Tagen des Zwölfzylinders) sowie die schwellenden Linien zu gefallen. Eine andere Möglichkeit, sich ein schöneres oder einfach nur auffallenderes Fahrzeug anzuschaffen, war die Zusammenarbeit mit den in den 20er Jahren sehr geschätzten Karosseriebauern. Dieses Handwerk hatte eine große Tradition, bekannte Firmen wie Brewster oder Derham waren schon im 19. Jahrhundert entstanden. Zu diesen Carrossiers gingen Leute, die entweder sehr spezielle Wünsche oder ganz einfach viel Geld hatten. Und die Wünsche der Kundschaft waren Befehl: So konnte man auch einen auf Rolls-Royce getrimmten Packard kaufen, wenn man das nötige Kleingeld hatte. Einige Firmen brachten es zu stattlicher Berühmtheit, man denke da nur an Brewster (1926 von Rolls-Royce gekauft), Derham (arbeitete oft für Packard), die Walter M. Murphy Company (baute einige wunderschöne Lincoln; aus dieser Firma ging später die ebenfalls sehr bekannte Werkstätte von Bohman & Schwartz hervor) oder LeBaron (später von Chrysler übernommen).

Ein Name war aber bei den amerikanischen Carrossiers besonders wichtig: die Don Lee Coach & Body Works in Los Angeles. Dort entstanden nicht nur einige der gewaltigsten amerikanischen Kreationen auf vier Rädern, hier arbeitete auch Harley Earl, und zwar schon in jungen Jahren als Chefdesigner. Für Don Lee hatte Earl anfangs für Hollywoods Filmindustrie römische Streitwagen und Rokokko-Kutschen gebastelt, bevor er 1917 sein erstes Auto entwarf – auf Cadillac-Chassis. Sein bekanntester und sicher auch phantasievollster Kunde war der Komiker Roscoe »Fatty« Arbuckle, der sich immer besonders schrille Fahrzeuge leistete, für die er auch ganz schöne Stange Geld hinzulegen bereit war. Nett auch die Geschichte des Ölmillionärs E. L. Doheny, der seiner Frau einen von Earl maßgeschneiderten Pierce-Arrow samt Chauffeur schenkte. Als er kurze Zeit später nach Hause kam, waren sowohl der Pierce als auch der Chauffeur und erst recht die Gemahlin nicht mehr anwesend – wobei bis heute nicht geklärt ist, ob Earls bildschöner Pierce-Arrow oder der Charme des Fahrers der Dame den Kopf verdrehte.

Lawrence Fisher und Harley Earl verstanden sich auf Anhieb, Fisher, einige Jahre älter, war von den frischen

Ideen des Kaliforniers Earl begeistert – um so erstaunlicher, da die Fishers immer absolute Diktatoren gewesen waren, wenn es um die Cadillac-Optik ging. Wie ehedem zeichneten sie ihre Ideen im Verhältnis 1:1 auf die überdimensionale Wandtafel, und wem die Vorschläge nicht gefielen, der hatte ganz einfach Pech gehabt. Fisher vermittelte Earl ein erstes Treffen mit Sloan. Und auch der zeigte sich von dem jungen Designer sehr beeindruckt.

Auch technisch lief die Cadillac-Maschinerie auf Hochtouren. Das Modell 314 entstand unter Leitung von E. W. Seaholm, dem W. R. Strickland assistierte. H. H. Gilbert war für die Entwicklung zuständig, G. E. Parker hieß der Designer, und W. N. Davis der für die Karosserien verantwortliche Ingenieur. Und noch ein Name verdient Erwähnung: Frank Johnson, wie immer bei Motoren und Getriebe zu finden. Johnson, einer der wichtigen Männer aus der alten »Leland-Familie«, war 1921 von Lincoln zu Cadillac zurückgekehrt, wo man ihn mit offenen Armen empfing und sofort wieder in Amt und Würden einsetzte. Doch 1926 verließ Johnson Cadillac schon wieder, um zu Lincoln zurückzukehren, wo nach dem Abgang von Thomas J. Little zu Marmon der Platz des Chefingenieurs frei geworden war. Seinen Platz bei Cadillac nahm ein Mann ein, der für Cadillac große Bedeutung erhalten sollte: Owen Milton Nacker.

Nacker, geboren 1883 in Highland, Michigan, war schon in seinen Vierzigern, als er zu Cadillac kam, aber Seaholm bemerkte schnell, was er an diesem Mann, der mehr Erfahrung als alle anderen vorweisen konnte, hatte. Unter seiner Leitung konnten sich nicht nur Talente wie Jack Gordon, Eddie Cole oder Harry Barr, die später für Cadillac wichtig werden sollten, entwickeln, Nacker war auch der entscheidende Mann bei der Entwicklung der Motoren für die Modelle 341 bis 353, die Ernest Seaholm als die besten Cadillac-Produkte vor dem Zweiten Weltkrieg bezeichnete.

Der erste Wagen, der von den neuen Entwicklungen auf dem Motorensektor profitierte, war der im März 1927 vorgestellte LaSalle. Vier Jahre lang war an diesem Projekt gearbeitet worden, und wenn man die ersten LaSalle heute vor allem als wegweisend in ihrem Design bezeichnet, so tut man diesem Wagen eigentlich unrecht. Der Motor war komplett neu (nur die Elektrik kam vom Cadillac 314) und auf Wunsch mit einer Verdichtung von 5,3:1 erhältlich (Standard war 4,8:1), es gab ein neues Getriebe, eine neue Kraftübertragung auf die Hinterachse mittels Schubrohr, untergebaute Federn vorne und hinten, einen neuen Rahmen und neue Bremsen. Und dann war da noch das Design!

Earl war erst zu Cadillac gestoßen, als das Projekt LaSalle eigentlich schon vor der Präsentation stand. So schaffte man es nicht mehr, seine Ideen für das Design des neuen Wagens innerhalb der kurzen Frist zu vollenden: Man verschob die Premiere von New York auf die Autoshow in Boston, die wenig später stattfand. Ernest Seaholm erinnert sich: »Wir hatten ein großes Bild des

Sieben Personen bot dieser Series 341 Touring Car Platz. Mit einem Preis von 3 450 $ kostete er 1928 gleich viel wie der nur viersitzige Phaeton, der allerdings einen noch etwas sportlicheren Eindruck machte. Sehr gut macht sich hier die geneigte Windschutzscheibe.

*Linke Seite:
Als sehr erfreulich darf man den Anblick dieses zweisitzigen Series 341 Convertible Coupé bezeichen, das wie alle Cadillac des Jahres 1928 auf einem Radstand von 356 Zentimetern basierte. Der Preis: 3 495 $.*

neuen Fahrzeugs außerhalb des Copley Plaza Hotels aufgestellt. In Erwartung eines Massenansturms hatten wir einige Polizisten angeheuert, die die Mengen abhalten sollten. Doch: Kein Mensch blieb stehen und schaute sich das Bild auch nur an. Earl war unglaublich enttäuscht, ich zweifle sogar daran, daß er je wieder nach Boston gefahren ist.« Doch diese Enttäuschung währte nicht lange, der neue LaSalle entwickelte sich sofort zu einem Verkaufsschlager, der Cadillac auch im Rennen gegen Packard wieder bessere Karten verschaffte.

Schon ein halbes Jahr später, im September 1927, wurde der neue Cadillac 341 vorgestellt, der dem La Salle sowohl mechanisch als auch äußerlich ähnelte. Er wies jedoch einen längeren Radstand sowie einen größeren Motor auf, der bei einer maximalen Drehzahl von 4 200/min schon bei 3 000/min stolze 90 PS leistete. Das Getriebe stammte aus dem Modell 314, nur bestand das Gehäuse nicht mehr aus Aluminium, sondern aus Gußeisen. So ließen sich die durch den neuen Schubrohr-Antrieb verursachten Geräusche besser dämpfen. Die stärkeren Motoren erlaubten außerdem kürzere Übersetzungen, hier wurde von 4,91 auf 4,75 gewechselt. Wie beim LaSalle waren die Federn auch beim neuen 341 untergebaut, was dem Fahrzeug eine elegantere Linie verlieh. Insgesamt 26 verschiedene Karosserievarianten von Fisher und Fleetwood wurden angeboten, die Preisspanne reichte von 3 295 $ bis 5 500 $. So aufgefrischt, konnte Cadillac (zusammen mit LaSalle) 1927 bereits 34 811, im Jahr darauf sogar 41 172 Fahrzeuge verkaufen. Packard behielt die Nase mit 36 480 (1927) und 50 054 ausgelieferten Exemplaren zwar weiterhin vorne, doch Cadillac zeigte, daß man keinesfalls gewillt war, kampflos das Luxus-Feld zu räumen. Doch auch Packard hatte noch einen Pfeil im Köcher: 1929 wurde der »Standard Eight« präsentiert, der noch im gleichen Jahr mit 43 130 Stück einen neuen Verkaufsrekord für Achtzylinder-Motoren aufstellte und wohl auch manchen traditionellen Cadillac-Käufer dazu bewegte, die Marke zu wechseln. Insgesamt verkaufte Packard zwischen 1927 und 1929 118 879 Fahrzeuge, während es Cadillac auf 101 833 Exemplare brachte.

Auch 1929 ging das Wettrüsten weiter: Es gab Verbesserungen sowohl für Cadillac als auch für LaSalle – mehr Pferdestärken, Sicherheitsglas (als absolute Weltneuheit), ein verbessertes Bremssystem, neue Delco-Stoßdämpfer (bei Cadillac) und optische Retuschen. Doch die wichtigste Modifikation betraf das Getriebe: Die größte Sensation war die synchronisierte, »Synchro-Mesh« genannte Schaltung. Seit 1912 hatten viele Hersteller versucht, ihre Getriebe mit den verschiedensten Mitteln zu verbessern. Die meisten scheiterten. Was Cadillac ab 1929 anbot, das durfte allerdings wirklich als wegweisend bezeichnet werden. Der zweite Gang dieses neuen Getriebes lief in einer bronzenen Lagerbuchse, die mit der Hauptwelle keilverzahnt war und frei

Das zweisitzige Series 341 Coupé war das wohl sportlichste Fahrzeug, das Cadillac 1928 anbot. Gegen Aufpreis konnte man den »rumble seat«, den sogenannten Schwiegermutter-Sitz, erhalten.

Die Series 341 des Jahres 1928 (hier ein fünfsitziger Sedan von Fisher) zeigte erstmals, welchen Einfluß Harley Earl und seine fortschrittlichen Ideen auch auf Cadillac haben konnten.

laufen konnte. Dieser Gang war fest mit dem korrespondierenden Gang auf der Vorgelegewelle verbunden. Das Ritzel der Antriebswelle wurde gleich aufgebaut. Eine Rolle, die ebenfalls mit der Hauptwelle verzahnt war, bewirkte nun, daß der zweite Gang gleich schnell drehte wie die Hauptwelle, so daß der Wechsel von ersten in den zweiten Gang nicht nur einfach, sondern auch geräuschlos erfolgen konnte. Nach dem gleichen Prinzip erfolgte auch der Wechsel vom zweiten in den dritten Gang und wieder zurück. Damit diese Abläufe auch wirklich perfekt funktionierten, wurde ein hydraulischer Kolben als Synchronisierriegel verwendet. Weshalb dieses Getriebe den eigentümlichen Namen »Synchro-Mesh« trug, läßt sich nicht genau klären. Sicher ist aber, daß sein Erfinder ein junger Mann namens Earl A. Thompson aus Oregon gewesen war, der eines schönen Tages mit seinem Bruder, einem Cadillac-Händler, in Detroit auftauchte und bei Ernest Seaholm vorsprach. Er zeigte dem Chefingenieur den mit einem von ihm selbst entwickelten Getriebe ausgerüsteten Cadillac, mit dem er quer durch die Vereinigten Staaten gereist war, und Seaholm sah sofort, daß an der Geschichte mit den synchronisierten Gängen etwas dran war. Er verwies den jungen Ingenieur an eine neu gegründete Abteilung bei General Motors, die extra für die Zusammenarbeit mit hoffnungsvollen und nicht bei GM angestellten Ingenieuren ins Leben gerufen worden war. Doch dort kümmerte sich niemand um Thompson, so daß dieser unverrichteter Dinge wieder zurück nach Oregon fahren wollte. Doch hier griff wieder Seaholm ein, ließ Thompson zusammen mit einen Cadillac-Ingenieuren einige Versuchs-Getriebe bauen, die dann in zehn verschiedenen Versionen während mehr als zwei Millionen Kilometern getestet wurden. Für gut befunden, lief die Produktion schon im August 1928 an und kam den Cadillac des Jahrgangs 1929 zugute.

Es ist hier wieder einmal an der Zeit, einen Blick auf die amerikanischen Autoindustrie zu werfen, die in den 20er Jahren einen gewaltigen Boom erlebte. Rund zwei Millionen Fahrzeuge waren in den USA 1920 verkauft worden, und bis 1929 stieg diese Zahl auf stolze 4 455 178 Exemplare. Im gleichen Jahr waren in den Vereinigten Staaten mehr als 23 Millionen Fahrzeuge angemeldet, verglichen mit nur knapp acht Millionen Exemplaren im Jahr 1920. Aber nur die Besten konnten trotz dieser phantastischen Zuwachsraten überleben: 1922 gab es in den USA fast 200 verschiedene Automobilproduzenten, doch schon 1929 war diese Zahl auf 47 gesunken. Das tat der Liebe der Amerikaner zum Automobil allerdings keinen Abbruch, für die eigenen vier Räder waren sie auch bereit, auf allen anderen Luxus zu verzichten. So ergab 1925 eine Umfrage in Muncie, Indiana, daß in 21 von 26 Haushalten, die über ein Auto verfügten, keine Badewanne vorhanden war ...

Zu Beginn des Jahrzehnts führte noch immer Ford mit dem Modell T die Verkaufsrangliste an. Das lag vor allem am sensationellen Preis des mittlerweile doch veralteten Fahrzeugs: 1923 kostete ein zweisitziger Roadster nur 260 Dollar. Doch Chevrolet machte Ford das Leben immer schwerer und konnte 1927, als Ford vom Modell T auf das Modell A umstellte, die Marktführung erstmals an sich reißen. Die Chevis von damals hörten auf die Namen Capitol (1927) und National (1928), besaßen einen Vierzylinder-Motor mit innenliegenden, automatisch geschmierten Kipphebeln, eine Trockenscheibenkupplung und eine technische Spezialität mit dem schönen Namen Banjo-Hinterachse.

Ab 1928 machte dann auch Walter Chrysler mit seinem Plymouth Ford das Leben schwer. Stark vertreten

Während Fisher 1928 für das Standard-Programm der Series 341 zuständig war, kleidete Fleetwood einige ausgesuchte Stücke ein. Hier ein fünfsitziger Sedan, der 4 095 $ kostete – 500 $ mehr als das gleiche Modell von Fisher.

Zwar waren die äußerlichen Änderungen 1929 im Vergleich zum Vorjahr kaum ersichtlich, doch es tat sich einiges: Wie alle anderen Cadillac-Modelle verfügte auch dieses zweisitzige Series 341B Coupé über eine Sicherheitsverglasung und das »Synchro-Mesh«-Getriebe.

bei den preisgünstigen Fahrzeugen waren auch der Essex von Hudson, der 1928 in 229 887 Exemplaren verkauft werden konnte, sowie Dodge, Willys-Overland und Whippet. Und nicht vergessen sollte man auch Billy Durant, der sich schon 1921 ein letztes Mal in die Automobilindustrie zurückgemeldet hatte: Seine Durant Motors Inc. machte bis Mitte der 20er Jahre noch einmal hervorragende Geschäfte, bis sich Billy einmal mehr verspekulierte und 1936 mit einem persönlichen Konkurs endgültig das Handtuch werfen mußte. Als er 1947 starb, besaß die wohl schillerndste Figur der amerikanischen Automobilgeschichte keine einzige müde Mark mehr. Durant hatte einen bekannten Luxushersteller mit sich in den Abgrund gerissen: Locomobile, die Marke, die er sich 1922 einverleibt hatte. Doch sonst erlebten Luxusfahrzeuge in den 20er Jahren in den USA ein absolutes Hoch: Nie zuvor und nie wieder danach war die Auswahl so groß. Selbstverständlich waren alle europäischen Spitzenmodelle wie Hispano-Suiza, Renault, Mercedes oder Isotta-Fraschini in den Vereinigten Staaten zu kaufen, doch ihre Preise waren horrend, ein Hispano kostete bis zu 20 000 $. Ein anderer großer europäischer Name gründete 1919 in den USA sogar eine eigene Produktionsstätte: Rolls-Royce. Der Zulauf war enorm, und vor allem die sehr Schönen und ganz Reichen ließen sich gerne in einem Rolls made in USA sehen – sogar Präsident Woodrow Wilson schaffte sich 1923 einen siebensitzigen Rolls-Royce Silver Ghost an.

Aber die Amerikaner brauchten die ausländische Konkurrenz in keiner Hinsicht zu scheuen, nicht einmal bei den Preisen. McFarlan aus Connersville, Indiana, bot beispielsweise ein Cabriolet an, das 25 000 $ kosten sollte. Auch ein extravaganter Heine-Velox mit Zwölfzylinder kostete diese exorbitante Summe. Weitere damals bekannte und heute längst vergessene Namen bei Luxuswagen waren Phianna und Porter, die sehr feine, aber leider kommerziell wenig erfolgreiche Fahrzeuge in Kleinstserien herstellten. Auch nur mäßig erfolgreich war Cadillac-Gründer Henry Martyn Leland mit seinen Lincoln: Der 1920 präsentierte V 8, bei dem die Zylinderreihen in einem Winkel von nur 60 Grad zueinander standen, war zwar Leland-typisch qualitativ hochwertig und leistungsstark (er leistete 80 PS aus 5,9 Litern Hubraum; Cadillac schöpfte zu dieser Zeit 60 PS aus 5,1 Litern Hubraum), doch die Kundschaft hatte anscheinend mehr erwartet vom guten Namen des alten Mannes, so daß die Verkaufszahlen sehr enttäuschend waren. Im Februar 1922 mußten die Lelands ihre Firma für acht Millionen Dollar an Henry Ford verkaufen, nur vier Monate später erhielten sie vom großen Boß dann auch gleich noch die Kündigung. Allerdings stand auf dem Kühlergrill weiterhin »Lincoln, Leland built«. Ein Name darf bei dieser Aufstellung der amerikanischen Edelmarken der 20er Jahre auf keinen Fall fehlen: Duesenberg. Gegen den Duesenberg J, der 1928 präsentiert wurde, hatte kein anderes Fahrzeug seiner Zeit eine Chance. Der Reihenachtzylinder mit 6 880 cm³ Hubraum leistete sagenhafte 265 PS, später mit Zentrifugalkompressor sogar 325 PS, was zwar nur die Leistungsausbeute auf dem Prüfstand betraf, aber trotzdem alles andere auf vier Rädern in den Schatten stellte. Einen Duesenberg kaufte man nackt für 8 500 $, dazu kamen dann noch die Kosten für die Karosserie, die sich noch einmal auf bis zu 8 000 $ belaufen konnten. Bei solcher Pracht und Herrlichkeit, und auch um gegen die herrlichen Packard bestehen zu können, mußte sich Cadillac etwas einfallen lassen.

»Wir nahmen alle unsere Konkurrenten genau unter die Lupe«, erinnerte sich Ernest Seaholm »und ich selber machte viele Testfahrten. Bevor wir ein eigenes Test-

2,3 Tonnen wog dieser siebensitzige Series 341 B Sedan des Jahres 1929. Mit 3 795 $ war man dabei, für zusätzliche 200 $ erhielt man die gediegenere Imperial-Ausführung.

Brot und Butter: Der fünfsitzige Sedan gehörte auch 1929 zu den meistverkauften Cadillac. Kein Wunder, denn dieses Fahrzeug war absolut unauffällig und auch nicht unbedingt häßlich.

Obwohl Cadillac seit dem Eintritt von Harley Earl mit allen Mitteln versuchte, Designer vom Verändern der ursprünglichen Cadillac-Karosserien abzuhalten, gab es immer wieder Karrossiers, die es trotzdem versuchten. Nicht unbedingt mit viel Geschmack, wie dieses Beispiel des bekannten belgischen Hauses Van den Plas aus dem Jahre 1929 beweist.

gelände hatten, fuhren wir oft nach Pennsylvania, wo wir genau die Straßen vorfanden, die wir brauchten, um Bremsen, Kupplungen, das Fahrwerk zu testen.« Manchmal war Seaholm auch dabei, wenn wie 1927 die ersten zehn produzierten Cadillac und LaSalle direkt vom Band zu einer Reise quer durch die Vereinigten Staaten antreten mußten. Diese Fahrt wurde selbstverständlich nicht auf den einigermaßen gut ausgebauten, großen Highways durchgeführt, sondern führte durch unwegsames Gelände – einer der bevorzugten Pässe war beispielsweise der Pikes Peak, noch heute Veranstaltungsort des wohl härtesten Bergrennens der Welt. Man trieb die Cadillac und LaSalle über 4 000 Meter hohe Pässe, quer durch die Wüste, man ließ sie über Hunderte von Kilometern einen anderen Wagen abschleppen, bei Vollgas und im niedrigsten Gang selbstverständlich, man raste mit 100 km/h über die Salzseen, einen Fuß immer ganz leicht auf der Bremse.

Doch es waren nicht nur die Angestellten von Cadillac, die ihre Wagen unter härtesten Bedingungen forderten. Im April 1923 durchquerten zwei neuseeländische Brüder, Norman und Gerald Nairn mit einem Buick, einem Oldsmobile sowie einem Lancia die syrische Wüste um herauszufinden, ob es möglich sei, auf der rund 1 000 Kilometer langen Strecke zwischen Bagdad und Damaskus einen permanenten Post- und Passagierbetrieb aufzunehmen. Es war möglich, doch für den eher fragilen Lancia mußte ein Ersatz gefunden werden. Also reiste Norman Nairn nach Detroit und kaufte sich dort einige siebensitzige Cadillac des Typs 61 und 63 mit Touring-Karosserie. Im Spätsommer nahmen die Gebrüder Nairn dann ihren Service auf, den sie bis zu Beginn der 30er Jahre aufrecht erhielten.

Was heute im Flugzeug noch etwas mehr als eine Stunde dauert, war damals ein gewaltiges Abenteuer: Ein Weg dauerte durchschnittlich 24 Stunden (auch wenn es Norman Nairn einmal in 15 Stunden und 53 Minuten schaffte). Die Hitze war gewaltig, Strassen existieren keine, man fuhr auf den seit Jahrhunderten benutzten Karawanenwegen, und die Cadillac (plus der übriggebliebene Buick) wurden dauernd von Beduinenstämmen bedroht. Doch glücklicherweise hatten die Nairn's ihre Cadillac: Pannen waren höchst selten, gekocht haben sie gar nie, was man als kleines technisches Wunder bezeichnen darf. Bis 1927 hatten die Fahrzeuge insgesamt 4 000 Wüstendurchquerungen hinter sich gebracht, und als sie zu Beginn der 30er Jahre ihren Dienst quittierten, hatten sie rund 400 000 Kilometer auf dem Tacho. Kein Wunder, daß Gerald Nairn Jahre später, als er sich an die wilde Zeit zurückerinnerte, voller Überzeugung sagen konnte: »Die Cadillac sind die besten Autos der Welt.«

Als General Motors sich zu Mitte der 20er Jahre endlich ein eigenes Testgelände leistete, mußten auch die Cadillac nicht mehr unter solch abenteuerlichen Umständen auf ihre Fähigkeiten und Fehler untersucht werden. Zwar gab es noch nicht die hochtechnisierten, computergesteuerten Kontrollmöglichkeiten, doch immerhin hatte man die Möglichkeit, die Fahrzeuge auf Herz und Nieren und unter immer gleichen Umständen zu prüfen. Das allerdings reichte noch nicht aus, um Cadillac wieder zur stärksten Macht unter den amerikanischen Luxusherstellern zu machen.

KAPITEL 4
CADILLAC UND DER HANG ZUR GRÖSSE

DIE DREISSIGER JAHRE

Im Jahre 1929 produzierten die Vereinigten Staaten 4 455 178 Fahrzeuge – ein Rekord, der für 20 Jahre Bestand haben sollte. Doch die rasende Rekordfahrt endete noch im gleichen Jahr abrupt mit einem Crash: Am 24. Oktober, dem berühmten »Schwarzen Freitag« (der übrigens ein Donnerstag war), kam es an der New Yorker Wallstreet zur Katastrophe, die Weltwirtschaft schlitterte in die größte Krise, welche die industrialisierte Welt je gesehen hatte. Natürlich erlitt auch die amerikanische Automobilindustrie einen akuten Schwächeanfall: 1930 sank die Fahrzeugproduktion auf 2 787 456 Einheiten, 1932 dann gar auf 1 103 557. Erst 1937 war man auf dem Gröbsten raus, 3 929 203 Exemplare rollten aus den Werkshallen und sorgten für wieder zufriedene Mienen bei Detroits Autobossen.

Die Autoindustrie war, wie die gesamte amerikanische Nation, auf die »große Depression« nicht vorbereitet. Patentrezepte gab es nicht. Die Einkommen sanken, die Arbeitslosenzahlen stiegen, und kaum jemand steckte sein Geld in einen neuen Wagen. Ein verhängnisvoller Kreislauf: Wer keine Autos verkauft, kann auch keine bauen. Wer keine baut, braucht keine Leute. Und wenn die Leute nicht gebraucht werden, sitzen sie über kurz oder lang auf der Straße – und genau so kam es auch: Henry Ford zum Beispiel entließ zwischen 1929 und 1932 die Hälfte der Belegschaft, obwohl er sie mit dem Bau des ersten Flughafen-Hotels der Welt, dem Dearborn Inn, so gut als möglich zu beschäftigen versuchte. Ford erhöhte in dieser schwierigen Zeit den Tageslohn auf sieben Dollar, um die Kaufkraft anzukurbeln, mußte aber schon wenige Monate später den Rückwärtsgang einlegen, zahlte nur noch sechs, dann gar nur noch vier Dollar am Tag.

Es ging dem durchschnittlichen Amerikaner also alles andere als gut: Die meisten konnten sich kein neues Auto leisten, viele hatten nicht einmal das Geld für einen gebrauchten Ford T. 1927 war immerhin noch jede fünfte amerikanische Familie im Besitz eines Fahrzeugs gewesen, was sich aber in den Jahren der großen Depression schlagartig veränderte. Das allerdings kümmerte das eine Prozent der amerikanischen Bevölkerung, das 19 Prozent des amerikanischen Vermögens besaß, herzlich wenig. Man war reich, und man zeigte es auch. Man fuhr Cadillac, Packard, Pierce-Arrow, Lincoln, Franklin oder Marmon, und wer wirklich etwas auf sich hielt, der ließ sich gar in einem europäischen Luxuswagen wie Hispano-Suiza oder Isotta-Fraschini durch die Gegend kutschieren. Und genau für diese Oberen Zehntausend hatte Cadillac einen wunderbaren Pfeil im Köcher – wenn auch zum völlig falschen Zeitpunkt. Doch das wußte man damals noch gar nicht.

In der zweiten Dezemberwoche des Jahres 1929, also nur wenige Wochen nach dem großen Crash – dessen Folgen noch lange nicht abzuschätzen waren –, kündigte Cadillac im Rundfunk die Premiere eines neuen, großartigen Fahrzeugs an. Nur noch wenige Tage, dann sei es soweit. Gleichzeitig informierte Cadillac-Boß L. P. Fisher seine Händler per Post: Ein Riesending, das Cadillac da bringe – worum es ging, stand im Brief allerdings auch nicht. Kurz nach Weihnachten, am 27. Dezember 1929, war dann Bescherung: Im Werk in Detroit wurde der Schleier gelüftet, Fisher enthüllte einen Landaulet Imperial mit Fleetwood-Karosserie – und 16-Zylinder-Motor. Im Januar 1930 wurde das Fahrzeug, von dem damals nur gerade drei Exemplare existierten, auf der New Yorker Automobilausstellung vorgestellt. Fisher hatte an Freunde, Geschäftspartner, gute Kunden sowie einige Schöne und Reiche des Landes persönliche Einladungen verschickt.

Was dann passierte, übertraf alle Erwartungen: Die Kundschaft wollte das neue Auto haben – und zwar sofort. Ursprünglich sollte die Auslieferung an die Händler erst im April erfolgen, doch bei Cadillac gab man dann kräftig Gas und unterrichtete am 8. April 1930 die staunende Öffentlichkeit und die konsternierte Konkurrenz über die Auslieferung des tausendsten Sechzehn-Zylinders. Allein im April verließen 576 V 16 das Werk, im Mai auch noch 445, und bis Ende Juni waren 2 000 Exemplare des feinsten Fahrzeugs seiner Zeit ausgeliefert. L. P. Fisher konnte stolz sein, allein mit dem V 16 hatte man in einem halben Jahr einen Umsatz von 13,5 Millionen Dollar gemacht – bedeutend mehr, als man überhaupt für möglich gehalten hatte.

Seine Entstehung verdankte das neue Cadillac-Flaggschiff der Konkurrenz. 1926 war der Druck von Packard so groß gewesen, daß sich die Luxus-Abteilung von General Motors ernsthafte Gedanken machen mußte, wie man das verlorene Terrain zurückgewinnen konnte. Doch wie? Verschiedene Möglichkeiten standen zur Auswahl, wie Cadillac-Ingenieur W. R. Strickland im April im »SAE Journal« ausführte: »Während wir weiterhin an der Verfeinerung des Cadillac-V 8 arbeiteten, dachten wir selbstverständlich auch über noch entscheidendere Verbesserungen nach, wie sie auch unsere Kunden und wir als Ingenieure wünschten. Ein neuer Wagen sollten bedeutend besser beschleunigen können als der große Rest des Verkehrs, sollte mit Leichtigkeit über die Berge kommen, und sollte auf den neugebauten Autobahnen ebenfalls eine gute Figur machen. Um all diese Voraussetzungen zu erfüllen, mußte das neue Fahrzeug mit einem Motor ausgerüstet sein, der mindestens vierzig Prozent mehr Leistung erbrachte als der bisherige V 8. Doch wie sollte dieses Ziel erreicht werden? Mit mehr Zylindern? Mit größerem Hubraum? Einer höheren Verdichtung? Aufladung? Oder einen Viergang-Getriebe?« Die beiden letzten Möglichkeiten schieden von vornherein aus, da man aufgeladene Motoren nur bei Rennwagen als Alternative sah (trotz des gelungenen Beispiels beim Duesenberg), auch an das Viergang-Getriebe wollte man nicht so recht glauben. Trotzdem untersuchten die Cadillac-Ingenieure jede der vier obengenannten Möglichkeiten: Vor allem über einen größeren Hubraum für den V 8 wurde intensiv nachgedacht, doch dabei stellten sich einige schwierige und vor allem teure Probleme, die es zu lösen galt. So gab es bei großvolumigen Achtzylindern große thermische Schwierigkeiten, außerdem hätte wegen des vollkommen geänderten Drehmomentverlaufs die gesamte Kraftübertragung, mit der man zu Recht sehr zufrieden war, geändert werden müssen. Und das wiederum hätte die Kosten für das neue Fahrzeug in unvertretbare Höhen getrieben.

So blieben bei diesem Eliminationsprozeß nur noch die Erhöhung der Kompression und der Zylinderzahl als mögliche Lösungen übrig. Die höhere Verdichtung schied nicht eigentlich aus, man dachte weiterhin über sie nach, doch nach den genauen Untersuchungen aller Möglichkeiten und ausführlicher Kopfarbeit entschied man sich – für 16 Zylinder! Bohrung und Hub blieben mit 76,2 und 101,6 Millimeter in einem vernünftigen Rahmen, auch der Hubraum war mit 7 404 cm³ (gleich 452 cubic inch, die auch gleich den Namen für das neue Modell gaben) nicht übermäßig groß. Auch lag der Drehmomentverlauf zwar auf einer bedeutend höheren Stufe, aber blieb in seiner Form in etwa gleich wie beim bekannten Achtzylinder, so daß die vorhandene Kraftübertragung verwendet werden konnte. Trotz der relativ geringen Kompression von 5,5:1 wurde eine Leistung von 165 PS erreicht. Zu dieser hohen Leistungsausbeute, die den Cadillac-Motor zum zweitstärksten Triebwerk hinter der Duesenberg-Maschine machte, trugen auch die hängenden Ventile bei, die aber hauptsächlich zur Verbesserung des Zugangs bei Reparaturen verwendet wurden. Diese Ventile waren mit hydraulischen Dämpfern ausgerüstet, die den Geräuschpegel auf ein damals nicht bekanntes Minimum verringerten.

So ganz nebenbei erreichte man ein maximales Drehmoment von über 300 Nm, was dem V 16 zu exzellenter Durchzugskraft verhalf. Und so ganz nebenbei war der neue Cadillac-Motor auch mit Abstand das ruhigste und geschmeidigste Triebwerk, das die Welt bis dahin gesehen hatte – und das bis heute in seiner Charakteristik und seinem seidenweichen Lauf unübertroffen sein dürfte. Interessanterweise handelt es sich beim V 16, der im sehr engen Winkel von nur 45 Grad konstruiert war, eigentlich um einen doppelten Reihenachtzylinder –, dabei hatte gerade Cadillac jahrelang gegen die Anordnung in Reihe gewettert. Das Triebwerk verfügte wie die Packard über eine 2-4-2-Kurbelwelle, und jede Zylinderreihe besaß einen eigenen Krümmer, wie das auch bei einem Reihenachtzylinder der Fall war. Allerdings war die fünffach gelagerte Kurbelwelle sehr kurz und konnte ohne großen Aufwand ausbalanciert werden. Praktischerweise konnten bei Konstruktion und Produktion viele Teile des V 8 verwendet werden, was die Stückkosten senkte und den Unterhalt erleichterte, auch wenn der V 16 immer bedeutend mehr Aufmerksamkeit verlangte als der äußerst robuste Cadillac-Achtzylinder. Weitere Unterschiede zu den »kleinen« Modellen bestanden im verstärkten Rahmen, dem doppelt geführten Auspuff-System, dem größeren Kühler, der längeren Antriebswelle, der verstärkten Kupplung, den schwereren Fe-

Am oberen Ende der Preis-Skala der 1930 angebotenen Series 353 befanden sich zwei siebensitzige Sedan, einer 3 795 $ teuer und von Fisher (hier im Bild), der andere von Fleetwood und noch etwas teurer.

Einen mehr sportlichen als herrschaftlichen Eindruck macht dieser fünfsitzige Series 353 All-Weather Phaeton, der 1930 von Fleetwood eingekleidet wurde.

dern und den vergrößerten Bremsen, die von einer Vakuum-Hydraulik unterstützt wurden.

Verantwortlicher Ingenieur für das Sechzehnzylinder-Projekt war Owen Milton Nacker. Bis 1926 war er als freier Mitarbeiter bei Marmon beschäftigt gewesen, davor hatte er schon an einem anderen 16-Zylinder gearbeitet, der ihn vielleicht zum Cadillac V 16 inspiriert haben könnte: dem Bugatti U 16. Diesen gewaltigen Motor hatte der große Meister Ettore Bugatti schon 1915 konstruiert, indem er zwei Reihenachtzylinder miteinander koppelte. Der Motor hatte deshalb auch zwei Kurbelwellen, deren Kraft über mehrere Zwischengetriebe in einer einzigen Antriebswelle mündeten, was aus dem eh schon komplizierten Gebilde eine nicht kalkulierbare und noch weniger beherrschbare Höllenmaschine machte. Trotzdem konnte Bugatti sein Monster an die amerikanische Regierung verkaufen, die 2 000 Stück als Flugzeugmotoren im 1. Weltkrieg einsetzen wollte und bei Duesenberg bauen ließ. Dort ließ man sich allerdings mit der Feinabstimmung soviel Zeit, daß der Krieg schon vorbei war, als die ersten elf Bugatti-Motoren endlich betriebsbereit waren.

Cadillac-Werbung 1930

Beauty *that endures*..

JUST as the smart, restrained modernism and enduring beauty of Cadillac lines, and the intimate touches of Cadillac interior appointments, cannot be convincingly imitated, neither can its simplicity of control, easy flow of power, and stamina for sustained speed be captured by any other car.... If you could peer into the mechanism of these cars, you would see beauty there also—a different kind of beauty—a beauty that grows out of scientific design and ultra-modern engineering developments.... It is this beauty that makes it possible for you to guide and maneuver these mighty Eights in traffic congestion as easily as you would a light, inexpensive, less prepossessing car. It is this that makes it possible for you to shift gears *at any speed* (from high to second, if need be) with unbelievable ease, simplicity and confidence. No tugging of the gear-shift; no timing of gears; not the slightest suggestion of clashing.... It is this beauty which gives you the most powerful and responsive of brakes—brakes that seldom require adjustment, but which you may simply and quickly adjust on those rare occasions when adjustment is needed. And finally, it is this that gives you the finest type of eight-cylinder performance.... If there be a question in your mind as to the exactitude of these statements, ask any Cadillac dealer for a trials car—and convince yourself. Cadillac does not ask you to take anything for granted.

cadillac

CADILLAC MOTOR CAR COMPANY, DIVISION OF GENERAL MOTORS

Werbung für den
16-Zylinder 1930

SIXTEEN CYLINDERS

Performance such as the world has never witnessed... The most highly individualized of all motor cars

CADILLAC MOTOR CAR COMPANY DIVISION OF GENERAL MOTORS

Werbung für den 16-Zylinder 1930

SIXTEEN CYLINDERS

To the Cadillac V-16 has come the rare honor of universal acceptance as the last word in motoring

Priced from $5350 (for the Roadster) to $15000 f. o. b. Detroit

CADILLAC MOTOR CAR COMPANY · DIVISION OF GENERAL MOTORS

Werbung für den 16-Zylinder 1930

Eine wahre »Madame X«, zu erkennen an der geneigten Frontscheibe: Dieser wunderbare fünfsitzige Series 452 Club Sedan (4161 S) kostete 6 950 $ und wurde in gerade 43 Exemplaren gebaut. Hatte dieses Fahrzeug noch eine Glas-Trennwand eingebaut, dann wurde es Imperial Club Sedan (4161) genannt.

SIXTEEN CYLINDERS

The Cadillac sixteen-cylinder engine goes far beyond the contemporary conception of brilliant performance. It multiplies power and subdivides it into a continuous flow ... constantly at full-volume efficiency ... flexible ... instantly responsive. This, plus complete individuality in styling, is—in brief—the story of the "V-16"

CADILLAC MOTOR CAR COMPANY   DIVISION OF GENERAL MOTORS

Verständlicherweise entstand das Modell 452 mit seinem gewaltigen und einmaligen 16-Zylindermotor genau wie der V 8 vollkommen im Geheimen. Wieder einmal wußten manche der direkt am Projekt beteiligten Cadillac-Mitarbeiter nicht, an was sie genau arbeiteten – man sprach oft von einem Lastwagen, der den neuen Motor erhalten sollte. Wer clever war, ließ sich davon allerdings nicht täuschen, die verantwortlichen Techniker hatten ein Modell gebaut, das so real aussah, daß man meinte, mit ein wenig Öl und Benzin könnte man das Ding zum Leben erwecken. Und nach Lastwagenmotor sah das nun wirklich nicht aus, denn der V 16 war nicht nur technisch vom Feinsten, sondern auch optisch.

Auch die schönen Formen der V 16-Modelle konnten unter völliger Geheimhaltung gezeichnet werde, da der verantwortliche Designer Ernest Schebera von Fleetwood kam, einer Firma, die ebenfalls zum GM-Imperium gehörte. Zusammen mit Harley Earl zeichnete er für die Karosserien verantwortlich, die den 452 auch äußerlich zum »Standard of the World« machen sollten. Und da General Motors schon über ein eigenes Testgelände verfügte, war es außerdem möglich, Hunderttausende von Testkilometern mit dem neuen Wagen zu fahren, ohne daß jemand merkte, welche Sensation Cadillac auf die Räder stellte.

Als die Series 452 im Januar 1930 ihre öffentliche Premiere auf der New Yorker Automobilausstellung erlebte, waren gerade drei Fahrzeuge fertig, darunter der zuerst gebaute Landaulet Imperial, doch das war erst der Beginn der großen Vielfalt. Die erste Serie der Jahre 1930 und 1931 war in über 50 verschiedenen Karosserievarianten erhältlich, die meisten davon von Fleetwood (der bekannte Autohistoriker J. E. Triplett meint gar, daß von der ersten Serie nur ein einziges Fahrzeug nicht von Fleetwood eingekleidet wurde; Alan Merkel glaubt, daß dies ein zweisitziges Coupé von Fisher mit der Nummer 2904 gewesen sein könnte). 1931 waren die Karosserien in folgende Reihen aufgeteilt, die sich von einander teilweise so stark unterschieden, daß man meinen konnte, verschiedene Carrossiers hätten sie erarbeitet: #4300 »Standard«, #4100 Madame X, #4200 »Carriage-Sill« (Fahrzeuge mit Trittbrettern), #4300 »Pennsylvanian«.

Die sieben Karosserien der Standard-Reihe waren die Brot- und Butter-Autos unter den 16-Zylindern, sofern man diesen Ausdruck für ein solches Fahrzeug überhaupt verwenden darf. Rund die Hälfte aller produzierten 452er waren damit eingekleidet, alle waren viertürige Sedans. 4330 und 4330S als fünfsitzige Sedans mit sechs Scheiben (das S bedeutete das Fehlen der sogenannten Imperial-Unterteilung, einer Scheibe, die den Chaffeur von seinen Passagieren abtrennte), 4355 und 4355S als Sedans mit vier Scheiben und einer mit Leder ausgekleideten Heckpartie (Weymann-Konstruktion), 4361S als Town Sedan, und 4375 und 4375S als siebensitzige Sedans. All diese Aufbauten wurden auch für die Cadillac V 8-Modelle verwendet.

Bedeutend exklusiver waren Modelle mit der eigentümlichen Bezeichnung »Madame X«. Wie genau Harley Earl auf diesen Namen kam, das lässt sich heute nicht mehr genau nachvollziehen, sicher ist nur, daß ein zu Beginn der 20er Jahre in den USA sehr bekanntes Theater-

Ein schönes Fahrzeug vor einer schönen Kulisse: Dieser fünfsitzige Series 452 Phaeton (4260) wurde auf der Belle Isle, auf der sich die Schönen und Reichen von Detroit gern trafen, photographiert. Dies ist einer der ersten überhaupt gebauten 16-Zylinder, sein Preis betrug 6 500 $, insgesamt wurden 85 dieser Fahrzeuge gebaut.

stück »Madame X« hieß. Es wurde einige Jahre später mit Lana Turner in der Hauptrolle verfilmt. Vielleicht hat dieser Film und die mysteriöse Schönheit von Lana Turner – sie verkörperte die gefallene Madame – Earl so tief beeindruckt, daß er der neuen Reihe deswegen den Namen gab. Die #4100-Reihe offerierte die gleichen Fahrzeuge wie die Standard-Reihe, die Unterschiede lagen im um 1 000 $ höheren Preis – die teuerste Variante kostete stolze 7 525 $, was immer noch bedeutend weniger war als der Brougham, der auf 9 700 $ zu stehen kam –, der legendären, um 18 Grad geneigten Windschutzscheibe, den Aluminiumrahmen um diese Scheibe sowie der edleren Ausstattung. Offiziell waren folgende Karosserievarianten erhältlich, wobei diese Aufzählung gerade deshalb sehr schwierig ist, weil man heute nicht mehr genau sagen kann, welche Fahrzeuge auch wirklich gebaut wurden.

1930/1931	Modell 452 & 452A (V 16)	
4130	Imperial (5P)	
4130S	Sedan (5P)	
4155	Cabriolet (5P)	
4155C	Imperial Cabriolet (5P)	
4155S	Sedan Cabriolet (5P)	
4161	Close-Coupled Sedan (5P)	
4161C	Close-Coupled Sedan (5P)	
4161S	Town Sedan (5P)	
4175	Imperial (7P)	
4175C	Imperial Sedan (7P)	
4175S	Sedan (7P)	
1933	Modell 452C (V 16)	
5555	Imperial Cabriolet (5P)	
5565	Imperial Sedan (7P)	
	Modell 370C (V 12)	
5455	Imperial Cabriolet (5P)	

Doch hier beginnen schon die Probleme in der genauen Benennung der einzelnen Fahrzeuge: Es gab nämlich auch ein wunderschönes Coupé mit der »Madame X«-Windschutzscheibe, das allerdings gemäß Prospekt zur #4200-Reihe gehört. Doch was genau die Eigenheiten dieser Reihe waren, das läßt sich nicht bestimmen: Die rund 20 angebotenen Modelle unterschieden sich in vielen Details voneinander.

Die letzte Variante, die #4300 »Pennsylvanian«, waren an ihrer geteilten Windschutzscheibe zu erkennen. Dieses Design hatte Fleetwood schon 1927 auf den Markt gebracht, und einige Karosserien wie der #4380 All-Wheater Phaeton waren auch für die V 8-Modelle erhältlich. Diese Modelle waren erstaunlicherweise auch günstiger im Preis, obwohl sie Vergleich zu ihren teureren #4200-Brüdern besser und edler ausgestattet waren. Warum dem so war, das läßt sich nicht erklären. Die Erklärung für den ungewöhnlichen Namen »Pennsylvanian« ist jedoch einfach: Fleetwood war 1925 von General Motors übernommen worden und hatte seine Produktion verständlicherweise nach Detroit verlegt. Trotzdem wurde die ehemalige Fabrik in Fleetwood, im Staate Pennsylvania gelegen, nicht ganz aufgegeben, dort nämlich entstanden die Cadillac-Modelle mit der Bezeichnung #4300 – zumindest bis zum 1. Januar 1931. Danach behielten sie der einfacheren Unterscheidung wegen ihren Namen, auch wenn sie in Detroit gebaut wurden. Noch einige Fahrzeuge sind nicht genau zuzuordnen: So gab es ein Cabriolet, entweder mit der Karosserienummer #4206 oder #4207, das über die geteilte »Pennsylvanian«-Frontscheibe sowie die Aluminium-Fensterrahmen der »Madame X«-Reihe verfügte. Noch weniger einzuordnen ist das Modell #4476, ein Coupé und einziges Modell der #4400-Reihe. Gebaut mit allen Merkmalen einer »Madame X«, ist das Fahrzeug allerdings wenig elegant und mag so gar nicht zu dem zum Teil wunderschönen Design der anderen 16-Zylinder passen. Und völlig unerklärlich ist das Modell #30168, das auf einem um 13 Zentimeter verkürzten Chassis aufgebaut war und eine V 8-Karosserie trug. Diese Vielfalt an Auswahl setzte sich im Interieur und bei den Farben fort. Es war praktisch alles erhältlich, was das Herz begehrte, und ab Werk wurden mindestens drei verschiedene Armaturenbretter montiert.

Aus den ersten beiden Produktionsjahren ist ziemlich genau bekannt, wohin die Cadillac V 16 verkauft wurden, auch wenn heute vielleicht mehr interessieren würde, wo diese rund 3 250 gebauten Fahrzeuge (die Seriennummerierung begann bei 700 001 und endete 1931 bei 703 251, wovon eine Nummer aber nicht gebraucht wurde und zwei bloss für Testmotoren verwendet wurden) jetzt sind. Doch werfen hier wir einen Blick auf diese höchst imposante Aufstellung, die Alan Merkel 1987 in »The Classic Car«, dem offiziellen Magazin des »Classic Car Club of America« veröffentlichte. So hat Merkel folgende Destinationen bestimmen können:

New York City	571
Chicago	247
Los Angeles	208
Brooklyn	192
Philadelphia	185
Detroit	164
San Francisco	118
Newark	105
Boston	92
Cleveland	64

Folgende kleiner Städte erhielten eine kleinere Anzahl an V 16: Akron 1, Albuquerque 3, Ashville 2, Atlantic City 2, Aurora 2, Bay City 1, Bridgeport 1, Charleston 1, Denver 3, El Paso 2, Evansville 2, Hammond 1, Huntington 3, Keokuk 1, Lexington 1, Lima 3, Mobile 1, New Bedford 1, Norfolk 1, Norwich 3, Ogdensburg 2, Oshkosh 2, Paterson 1, Phoenix 3, Raleigh 1, Reno 1, Richmond 3, Roanoke 2, Salt Lake City 3, Shreveport 1, South Bend 1, Tulsa 2, Union City 2, Wichita 2, Wilkes Barre 3, Williamsport 3.

Selbstverständlich kam auch das Ausland in den Genuß von V 16-Cadillac. Hier nennt Merkel folgende Zahlen:

Oshawa (Kanada)	53
Berlin	18
Antwerpen	16
Madrid	13
Paris	11
Stockholm	9
London	9
Kopenhagen	7
Mexico City	7
Buenos Aires	3
Bombay	3
Havanna	2
San Juan	2
Manila	1
Moskau	1
Port Elisabeth	1
Honolulu	1

Erstaunlicherweise hat ein großer Prozentsatz der ins Ausland verschifften Fahrzeuge überlebt, viele dieser Fahrzeuge sind heute wieder in den USA. Natürlich gönnten sich viele der höchsten GM- und Cadillac-Bosse einen Cadillac Series 452. Auch hier gibt uns Merkel für die Jahre 1930 und 1931 über die sieben Fisher-Brüder präzise Angaben: L. P. Fisher besaß gleich drei Sechzehn-Zylinder, einen fünfsitzigen Sedan (Seriennummer 700 100), noch einen fünfsitzigen Sedan (701 160) sowie einen siebensitzigen Sedan (701 550), C. T. Fisher fuhr ein Convertible Coupé (700 335) sowie einen fünfsitzigen Imperial (701 755), W. A. Fisher besaß einen All-Wheater Phaeton (700 556) sowie ein Spezialfahrzeug unbekannter Herkunft (702 270), A. J. Fisher brachte es auf einen siebensitzigen Sedan (701 160), E. F. Fisher auf einen All-Wheater Phaeton (701 325) und F. J. Fisher auf einen fünfsitzigen Sedan (702 236). Außerdem erhielt John Jacob Raskob, Chef des GM Finanz-Komitees den ersten überhaupt gebauten All-Wheater-Phaeton, C. S. Mott, GM-Vizepräsident von 1916 bis 1937, bekam gleich zwei Fahrzeuge, einen siebensitzigen Imperial »Madame X« sowie einen All-Wheater-Phaeton, auch H. M. Stephens, Cadillac-Chefverkäufer sowie sein Nachfolger, J. C. Click, fuhren das gute und teure Stück. Mindestens 60 V 16 bleiben bei General Motors für Testzwecke. Rund 150 V 16 aus diesen ersten zwei Produktionsjahren sollen heute noch vorhanden sein, meint Merkel – andere Spezialisten halten diese Schätzung für sehr, sehr optimistisch.

Wie auch immer, die heutigen Besitzer dürften noch immer große Freude an ihren Wagen haben, denn, und das darf man wohl bei aller Subjektivität sagen, der Cadillac-V 16 gilt noch heute als einer der besten jemals produzierten Motoren aller Zeiten. »Das lauteste Geräusch, das man bei einem Cadillac-Sechzehnzylinder im Leerlauf vernehmen kann, ist das Zünden der Kerzen«, schreibt John Bond, wenn auch vielleicht etwas gar enthusiastisch, »beim Fahren hört man höchstens das Ansauggeräusch der mächtigen Lufttrichter.« Ähnlich waren auch die Kommentare der europäischen Journalisten, als die Series 452 im Juni 1930 in London vorgestellt wurden: »Ein wahrhaftig fantastischer Luxuswagen« war etwa zu lesen, »das letzte Wort in Sachen Automobildesign aus Amerika«. Ein englischer Journalist konnte sich vor lauter Begeisterung kaum mehr halten: »Der Motor ist so ruhig und geschmeidig, daß man sich kaum vorstellen kann, daß er von herkömmlichen Benzin angetrieben wird.«

Doch es gab (und gibt) selbstverständlich auch negative Stimmen über den 16-Zylinder von Cadillac. So wurden vor allem die Fahrleistungen und der Benzinverbrauch immer wieder kritisiert. So schrieb David Scott-Moncrieff in seinem Buch »The Thoroughbred Motor Car 1930-40« vom »fantastischen Durst nach Benzin. Auf den 20 Meilen von Cannes nach Nizza verbrauchte der Wagen fünf Gallonen«. Das wären im Durchschnitt rund 60 Liter. Ganz so schlimm dürfte es natürlich nicht gewesen sein, auch wenn die knapp über 25 Liter, die Maurice D. Hendry in seinem vorzüglichen Buch »Cadillac – The complete history« angibt, etwas gar optimistisch sein dürften. Ein gut eingestelltes Fahrzeug dürfte zwischen 30 und 35 Litern auf 100 Kilometern verbrauchen,

Linke Seite:
Nicht, daß die Series 452 mit ihren 16-Zylinder-Motoren ausgesprochen günstig gewesen wären, aber dieser Transformable Town Brougham (4264 B) übertraf alles. Nur sechs Exemplare wurden insgesamt gebaut, was nicht weiter erstaunt, wenn man den Preis kennt: exorbitante 9 700 $! Selbstverständlich konnte auch das Interieur mit dem sehr gediegenen Äußeren mithalten.

Unten:
Der vielleicht aufregendste unter den sowieso nicht gerade langweiligen 16-Zylindern der frühen Series 452: der zweisitzige Roadster (4302). Auch mit Dach erweckt er noch einen sehr sportlichen Eindruck – und dank seinem Gewicht von »nur« 2,4 Tonnen entsprachen die Fahrleistungen dem Aussehen. Mit 5 350 $ war man bei diesem Roadster dabei.

was heute viel erscheint, für die damalige Klientel aber von höchstens akademischem Interesse war, denn das Spritgeld war für diese Damen und Herren mit Bestimmtheit das geringste Problem.

Außerdem sollte man nicht vergessen, daß viele Berichterstatter in der Zeit, als der Cadillac V 16 präsentiert wurde, eher patriotisch gefärbte Schönschreiberei denn seriösen Journalismus betrieben. Einer dieser englischen Herren bezeichnete beispielsweise das gelegentliche Verschlucken des Cadillac-Motors als »großen Konstruktiosfehler«. Der gleiche Herr, der dem Cadillac »eine überraschend schlechte Höchstgeschwindigkeit« attestierte, nannte den sechs Jahre später präsentierten, exakt gleich schnellen, aber in seinem Heimatland produzierten Rolls-Royce Phantom III »schnell«. Ebenfalls von diesem Engländer stammt die Aussage, daß der Cadillac V 12 den größeren Sechzehn-Zylinder »bei den Fahrleistungen sogar übertrifft«. Nun, dazu gibt es eigentlich gar nichts mehr zu sagen.

Wenn die offiziell von GM für den Cadillac V 16 veröffentlichten Fahrleistungen wirklich wenig aufregend erscheinen, so müssen sie doch in eine klare Relation gestellt werden. Sicher, der Duesenberg mit seinen 265 PS (die in Wirklichkeit knapp über 200 waren) war bedeutend schneller als der Cadillac – doch der V 16 erhob auch nie den Anspruch, wie der Duesenberg ein Sportwagen zu sein. Außerdem sind die von Duesenberg genannten 185 km/h Höchstgeschwindigkeit wohl etwas zu optimistisch und konnten sicher nur von einem speziell präparierten Speedster erreicht werden. Nicht vergessen sollte man auch, daß ein Duesenberg-Besitzer fast keine Chance hatte, auf der Straße einem anderen Duesenberg-Fahrer zu begegnen, zu gering waren die prodzierten Stückzahlen. In Europa war es außerdem in diesen Jahren völlig normal, Leistungsmessungen mit sogenannten »Speed Models« durchzuführen, die extra für den Test von allem überflüssigen Gewicht erleichtert worden waren und über die längsten möglichen Übersetzungen verfügten. Beispiele für diese nicht ganz regelkonforme Art der Messungen waren insbesondere der 8-Liter-Bentley, der Hispano-Suiza-V 12 und der Rolls-Royce Phantom II. Cadillac machte bei diesem Wettrüsten nicht mit, sondern schickte immer einen fünf- oder gar siebensitzigen Sedan ins Rennen. Und obwohl diese Fahrzeuge beim besten Willen nicht dafür gedacht waren, besonders schnell zu sein, sondern ruhig und durchzugskräftig, konnten sich die auf dem GM-Testgelände ermittelten Zahlen für diese Sedans durchaus sehen lassen.

Übersetzung	Höchstgeschwindigkeit	Bemerkung
4,75	135 km/h	wurde eigentlich nur beim V 8 verwendet, konnte aber auf Wunsch bestellt werden
4,39	140 km/h	Standard
4,07	146 km/h	längste Übersetzung

Auch mit den langen Übersetzungen und der schweren Karosserie blieben die Elastizitätswerte immer noch beeindruckend (Angaben in Meilen, 1 Meile = 1,609 km):

5 bis 25	7,88 s
10 bis 40	11,95 s
10 bis 50	16,15 s
10 bis 60	21,10 s
10 bis 70	27,86 s
10 bis 80	36,70 s

Wurden die Höchstgeschwindigkeitsfahrten mit einem zweisitzigen, offenen Fahrzeug unternommen, so waren die Fahrleistungen dann bedeutend eindrücklicher:

Übersetzung	Höchstgeschwindigkeit
4,39	145 km/h
4,07	153 km/h
3,47	über 160 km/h

1932 wurden die Übersetzungen leicht geändert, und die 32er-Cabriolets waren dann über 170 km/h schnell. Doch wie schon gesagt, das interessierte den Cadillac-Fahrer eigentlich wenig. Ein Besitzer schrieb stolz: »Am angenehmsten fährt sich mein Fahrzeug bei etwa 100 km/h. Er beschleunigt wunderbar bis 80 km/h, danach geht es etwas langsamer, aber er erreicht auch locker 140 km/h, wobei er sich dann nicht mehr angenehm fahren läßt. Ich denke, Cadillac hat dies ganz bewußt in Kauf genommen, denn die Kunden bevorzugen eine gute Durchzugskraft und eine hohe Reisegeschwindigkeit mehr als eine überragende Höchstgeschwindigkeit.«

Anfang der 30er Jahre stellte auch ein anderer alter Konkurrent von Cadillac einen 16-Zylinder auf die Räder: Peerless. Doch dieses Fahrzeug mit 7,6 Liter Hubraum und 170 PS schaffte es nur bis zum Prototyp, der über

Bei den großen offenen V16 war der Series 452 Phaeton (4380) ein sehr beliebtes Modell, weil es nicht nur sehr gut aussah, sondern auch viel Platz bot. Dieses Exemplar ist mit einer Canvas-Ersatzrad-Abdeckung sowie der berühmten »Flying Goddess« verschönt worden.

eine Aluminium-Karosserie verfügte. Geistiger Vater des Wagens war der ehemalige Marmon-Mitarbeiter James Bohannon.

So blieb ein einziges Fahrzeug, das dem Cadillac V 16 damals das Wasser reichen konnte: der Marmon 16. Konstruiert ab 1928 von Howard C. Marmon, der ebenfalls an dem schon erwähnten Bugatti-U 16-Flugzeugmotor mitgearbeitet hatte, kam der Marmon 16 allerdings erst elf Monate nach dem Cadillac auf einen Markt, der immer mehr abbröckelte. Trotzdem, auch der Marmon-V 16 war eine technische Meisterleistung: Wie der Cadillac besaß er ebenfalls hängende Ventile und im Winkel von 45 Grad angeordnete Zylinderreihen. Mit 8 040 cm³ Hubraum und 200 PS war er aber sowohl größer als auch stärker als sein Konkurrent. Außerdem bestanden Motorblock, Kurbelgehäuse, Ansaugkrümmer, Ölwanne, Zylinderköpfe und das Schwungradgehäuse aus Aluminium, so daß das Triebwerk außerordentlich leicht war. Mit 6:1 verfügte der Marmon auch über die höchste Kompression aller damaligen amerikanischen Motoren. Die Karosserien wurden von Walter Dorwin Teague entworfen und bei LeBaron gebaut. Alle acht Karosserievarianten sahen sehr attraktiv aus, ein schräg abfallender Kühlergrill in V-Form machte den Wagen außerordentlich elegant. 1931 kosteten die Marmon zwischen 5 200 $ und 5 470 $.

Obwohl sich Marmon alle Mühe gab, konnte man allerdings Cadillac nicht das Wasser reichen. Der schöne Aluminium-Motor war schon materialbedingt lauter als die Nacker-Konstruktion, außerdem verfügte er weder über hydraulische Ventildämpfer noch über eine mit Gegengewichten ausbalancierte Kurbelwelle. Dank seines geringeren Gewichts und seiner höheren Leistung war der Marmon selbstverständlich schneller als der Cadillac, doch die Unterschiede waren so minimal, daß sie wohl nur wenige potentielle Kunden beeindruckten. Auch war der Wagen relativ schlecht verarbeitet, was gerade deshalb wundert, weil die Karosserien von LeBaron sich sonst durch mustergültige Qualität auszeichneten. Trotz der verhältnismäßig günstigen Preise blieb das Interesse am Marmon 16 gering, nur 390 Exemplare konnten während der dreijährigen Produktionszeit verkauft werden.

Auch die gestandenen Cadillac-Konkurrenten taten sich schwer, eine vernünftige Alternative zur Serie 452 auf die Räder zu stellen. Erst zwei Jahre nach der Cadillac-Präsentation kamen die Zwölfzylinder von Lincoln, Pierce und, selbstverständlich, Packard. Obwohl natürlich keiner dieser Motoren auch nur annähernd an die geschmeidige Laufruhe des Cadillac herankam, konnten diese Triebwerke einige technische Vorteile für sich verbuchen. Einer davon waren sicher die Fallstrom-Vergaser, ein anderer die im Vergleich zum Cadillac-V 16 einfachere Wartung und zum Teil auch die besseren Fahrleistungen. Doch ihnen fehlte etwas, worüber der Cadillac im Übermaß verfügte: Prestige. Dies widerspiegelt auch eine Rangliste, die Griffith Borgeson schon 1955 aufstellte und in der 27 amerikanische Klassiker nach Unterhaltskosten, Luxus, Ästhetik, Karosserie, technische Feinheit, Fahrleistungen, geschichtliche Wichtigkeit, Verarbeitung und Zuverlässigkeit beurteilt wurden:

1.	Cadillac Series 452	42 Punkte (von 45 möglichen)
2.	Marmon 16	42
3.	Duesenberg J	41
	Lincoln KB	41
5.	Cadillac Series 370	40
6.	Packard 12	39
7.	Doble E	36
8.	Lincoln 8	35
9.	Chrysler Imperial	34
	Packard Super 8	34
11.	Pierce-Arrow 12	33
12.	Franklin 12	32

Auch die europäischen Luxushersteller konnten beim besten Willen nicht mit dem Cadillac mithalten – und das in keiner Hinsicht. Zuerst einmal wurden etwa vom Hispano-Suiza V 12, dem Maybach V 12 und den großen Mercedes nur extrem kleine Stückzahlen verkauft. Der Hispano war sicher ein hervorragendes Fahrzeug, bei dem vor allem der vom Schweizer Mark Birkigt konstruierte Motor alle Achtung verdient, doch Chassis, Bremsen und Kraftübertragung waren nicht gerade über jeden Zweifel erhaben. Die großen Mercedes waren mit 117 in einem Zeitraum von sieben Jahren produzierten Fahrzeugen von geringem Interesse, und hatten mit Ausnahme des 1938 gebauten 770K

Eines der widersprächlichen Modelle der Series 452: Obwohl klar als »Madame X« erkennbar, gehört dieses zweisitzige Coupé nicht in die Guppe der Fahrzeuge mit den 4100-Karosseriebezeichnungen. Es konnte wie hier mit den geschwungenen (4276) oder geraden Schwellern (4476) bestellt werden. Insgesamt wurden 81 zweisitzige Coupé gebaut, die Preisskala begann bei 5 800 $.

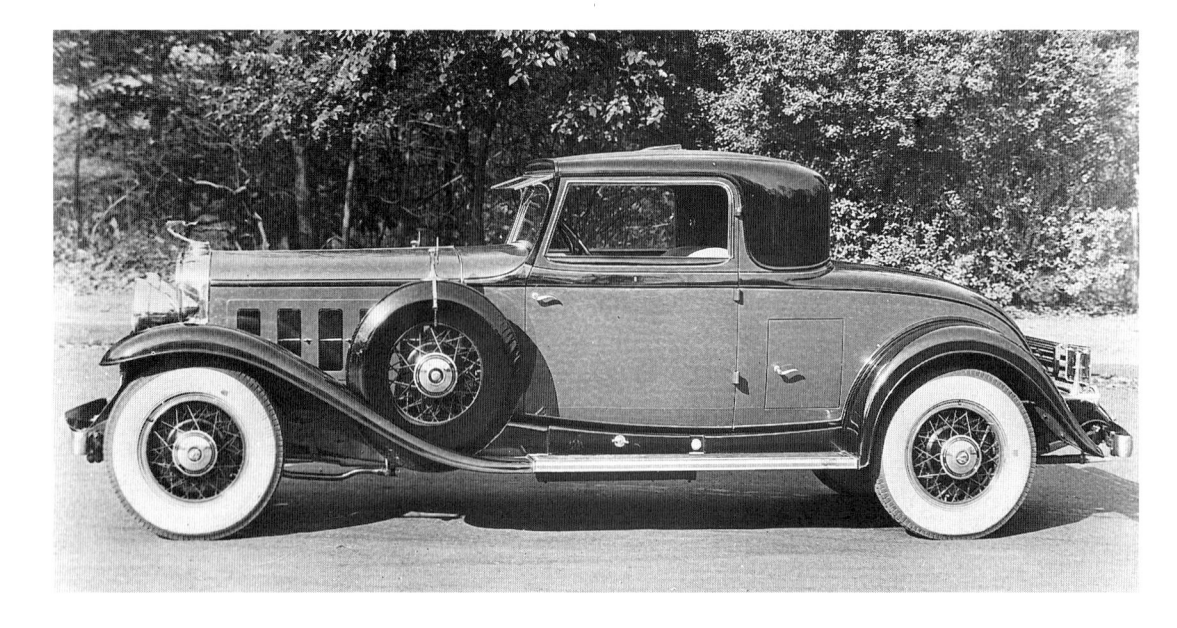

Nur 47 dieses siebensitzigen Series 452 Sedan (4175S) wurden gebaut, was eigentlich nur deshalb erstaunlich ist, weil doch 110 Exemplare des gleichen Modells mit Trennwand – dann Imperial Sedan (4175) genannt – hergestellt wurden. Beide Modelle kosteten gleichviel, nämlich stolze 7 225 $. Zu gefallen weiß bei diesem Fahrzeug der schöne Übergang zur geneigten Windschutzscheibe.

Fleetwood nannte dieses Fahrzeug ein Special Imperial Cabriolet für sieben Personen. Und speziell war der Wagen auf jeden Fall: Er taucht in keinem Katalog auf, hat keine eigene Karosserienummer – und er ist mit Sicherheit kein Cabriolet.

94 Exemplare dieses zweisitzigen Series 452 Convertible Coupé (4235) wurden insgesamt gebaut – eine überraschend hohe Anzahl. Es gab dieses Fahrzeug auch noch mit der geteilten Windschutzscheibe (4335), was dann darauf hindeutete, daß sie im Fleetwood-Werk in Pennsylvania hergestellt worden waren.

Fleetwood bezeichnete seine eher konservative Konstruktionen gerne als Stadtfahrzeuge. So erhielt diese Karosserie für die Series 452 den Namen Town Cabriolet (4225), wobei das Fahrzeug auch noch mit der geteilten Windschutzscheibe erhältlich war (4325). Insgesamt wurden 35 Exemplare gebaut, mit 7 150 $ war man dabei.

auch ein wenig solides Chassis. Und der Maybach darf als gutes Beispiel deutscher Gründlichkeit gelten, ein feiner Wagen, sicher, doch weder an technischer Klasse noch Prestige konnte er an den Cadillac heranreichen.

Auch Rolls-Royce brauchte sechs Jahre, bis endlich der Nachfolger des im Vergleich zu den besten Amerikanern absolut veralteten Phantom II auf den Markt kam. Gleiches gilt für den italienischen Isotta-Fraschini, der zwar gerade in Amerika auch in den 30er Jahren noch immer viel Prestige für sich verbuchen konnte, doch technisch den Vergleich mit Cadillac, Marmon oder Duesenberg schon lange nicht mehr bestehen konnte.

1934 verordnete Cadillac seinem Flaggschiff mehr Leistung, der V 16 erreichte jetzt ohne erwähnenswerte konstruktive Eingriffe 185 PS beim 3800/min. Damit schaffte dann auch die siebensitzige Limousine 140 km/h mit der kürzesten Übersetzung, zumindest behauptete dies W.O. Bentley, der ein solches Fahrzeug im Auftrag von Rolls-Royce auf der Rennstrecke von Brooklands testete. Um eine solche Höchstgeschwindigkeit zu erreichen, muß aber die Drehzahl deutlich über 4000/min gelegen haben, was doch recht beachtlich scheint für einen so großvolumigen Motor. Doch auch Strickland bestätigte, daß der Motor bei Tests Dauerbelastungen bei mehr als 4000/min problemlos hinter sich gebracht habe. Das Potential für noch mehr Leistung wäre beim V 16 sicher vorhanden gewesen: Einige speziell präparierte Fahrzeuge erreichten allein durch die Erhöhung der Verdichtung und einiger weiterer kleinerer Anpassungen bis zu 250 PS.

Zur gleichen Zeit dachte auch der Chefingenieur von Cunningham, David Fergusson, darüber nach, wie er seinen veralteten V 8 auf das Leistungsniveau des Cadillac V 16 bringen könnte. Nach seinen Berechnungen leistete der Cadillac selbst bei 4 100/min noch 180 PS – und das bei einer extrem flachen Drehmomentkurve. »Dies, zusammen mit den kurzen Übersetzungen und den schmalen Reifen (damals 7,50 x 17, Anmerkung des Autors), ergibt beim Cadillac bedeutend bessere Fahrleistungen, Beschleunigung und Steigfähigkeit als beim Cunnigham«, brachte er seine Erkenntnisse auf den Punkt. Als mögliche Lösung sah er nur einen Kompressor für seinen 7,8-Liter-V 8, zusammen mit einem Overdrive mit einer Übersetzung von 0,705:1. Dieser Overdrive hätte das Drehzahlniveau auf einem für den Motor ungefährlichen Niveau halten sollen, während der Kompressor dem Triebwerk die nötigen Pferdestärken eingeblasen hätte. Leider wurde diese sicher interessante Konstruktion nie Wirklichkeit. Der Grund dafür war auch ganz einfach: Der Verkaufspreis eines technisch so komplexen Fahrzeugs hätte über 9 000 $ betragen.

Ob ein solcher Cunnigham allerdings geschafft hätte, was der Cadillac im Alltag bewies, nämlich absolute Zuverlässigkeit und viel Fahrspaß, das darf allerdings bezweifelt werden. Und mit welcher Leichtigkeit der V 16 jegliche Anstrengungen hinter sich brachte, dafür mag das Beispiel der 1931 durchgeführten »M-B-D Scientific Expedition« dienen. Worin genau der wissenschaftliche Hintergrund dieser »Expedition« bestand, das soll hier nicht zur Diskussion stehen, die »Forscher« wollten ihn

Sehr gelungen sind die Proportionen dieses viersitzigen Series 452 Victoria (4285), was einmal mehr deutlich darauf hinweist, daß man es mit den Karosserie-Bezeichnungen nicht so genau nahm. Dieses Fahrzeug besitzt eine geteilte Frontscheibe und müßte deshalb eine 4300-Nummer tragen. Wie auch immer, schön ist der Victoria trotzdem – auch wenn nur zwei Exemplare gebaut wurden.

Links, 2. von oben:
Ein herrschaftliches Fahrzeug war dieses fünfsitzige Series 452 Imperial Cabriolet (4355), von dem 52 Einheiten hergestellt wurden. 6 350 $ mußte ausgeben, wer stolzer Besitzer dieses stolzen Wagens werden wollte.

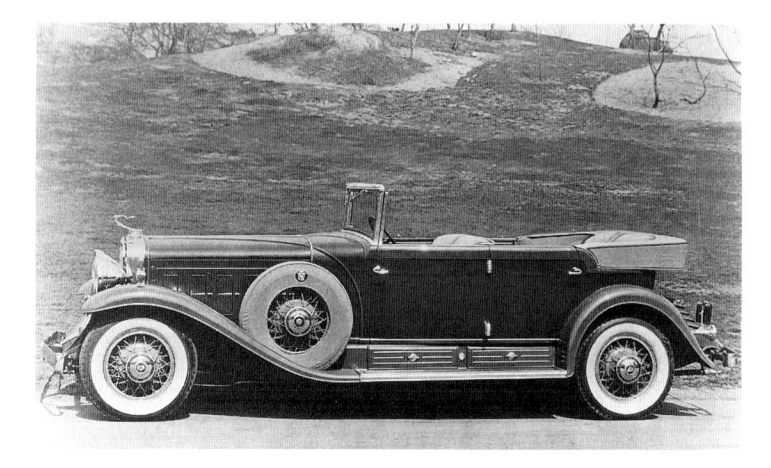

Der siebensitzige Sedan (4375) der Series 452 war das in den Jahren 1930/1931 am meisten verkaufte 16-Zylinder-Modell, insgesamt wurden 438 Einheiten dieses 6 525 $ teuren Fahrzeugs gebaut. Neben dem Imperial Sedan gab es noch zwei weitere Varianten: Der Standard Sedan (4375 S) ohne Trennscheibe sowie der Imperial Landau Sedan (4375 C), bei dem sich der hintere Dachteil abklappen ließ.

Der Phaeton mit offenem Verdeck.

Der Series 452 All-Wheater Phaeton (4380) war in zwei Versionen erhältlich: Für 6 650 $ erhielt man das Standard-Modell, für 7 350 $ gab es eine Ausführung mit Trennscheibe, wie sie auch hier im Bild ist. Die geteilte Frontscheibe zeigt an, daß dieses Fahrzeug im Fleetwood-Ableger in Pennsylvania gebaut wurde.

Von diesem fünfsitzigen Series 355 Sedan verkaufte Cadillac 1931 die größte Anzahl. Erstaunlich für ein Achtzylinder-Modell ist die »Flying Goddess« auf der Kühlerhaube.

Zwei großartige Exemplare: Links Charles F. Kettering, rechts der V 16 für die Series 452. »Boss Ket« war zwar ein wichtiger Mann bei der Konstruktion dieses Triebwerks, doch die ganz große Ehre gebührt eigentlich Owen Nacker.

erst nach Abschluß ihrer Reise definieren. Sie selber stellten sich die Aufgabe wie folgt: »Beweisen, daß die Erde flach ist; von allen Telephonen wegkommen; den Mond über Havanna sehen; einen friedlichen Ausflug genießen; zu beweisen, daß Dr. Behneman wirklich von seinem Geschäft loskommen kann«. Dr. Behneman war ein Mitglied des Teams und fungierte als »Navigator, Chefchirurg und Akkordeon-Spieler«, der Besitzer des Cadillac V 16 Sedan, ein gewisser H. L. Menke, war »Fahrer, Cinematograph und erster Handschüttler«, und der dritte Mann schließlich, C. J. Dixon, machte die Expedition als »Chefingenieur und Pfadfinder« mit.

Beim Start der Herrenpartie hatte der Cadillac rund 27 000 Kilometer auf dem Tacho, 24 Tage später waren es über 43 000 Kilometer. Es ging in San Francisco los, dann zuerst nach Los Angeles, weiter über El Paso, Juarez in Mexiko und nach New Orleans. Auf dem Weg dorthin schafften sie einmal 300 Meilen in exakt 300 Minuten. Von New Orleans aus nahmen die drei Herren dann eine Fähre nach Havanna, fuhren eine Runde um Kuba, verbrachten ein schönes Wochenende und waren am Dienstag wieder in Key West, Florida. Dann ging es hoch nach New York und ein ganzes Stück nach Kanada hinein, dann wieder südlich nach Detroit, wo Behneman, Menke und Dixon drei Tage blieben und unter anderem auch die Cadillac-Fabrik besichtigten. Über Chicago, Salt

Dies war der Beginn einer langen Freundschaft: Battista »Pinin« Farina arbeitete 1931 erstmals an einem Cadillac – und selbstverständlich an einem 16-Zylinder. Dieser 2+2 Spider mit seinem Bootsheck sollte nicht nur Vorbild für eine ganze Generation von »Boattail Speedster« werden, sondern war für Pininfarina auch der erste Kontakt mit Cadillac. Weitere sollten folgen.

Lake City und Reno kehrten sie dann wieder zurück nach San Francisco. Der Benzinverbrauch belief sich auf durchschnittlich 27,5 Liter auf 100 Kilometern, etwa alle 200 Kilometer mußte ein Liter Öl nachgeschüttet werden, was für die damalige Zeit allerdings nichts Außerordentliches war.

Die ganze Reise war als ein »netter, kleiner Ausflug« geplant, und er endete auch so. Die drei Männer hielten an, wo es ihnen gerade gefiel, rund die Hälfte der Reisezeit bestand aus Stadtbesichtigungen – »wenn wir gewollt hätten, dann hätten wir die Reise auch in der Hälfte der Zeit geschafft«, meinte Dixon, als sie wieder in San Francisco ankamen. Man wechselte sich beim Fahren ab, ein Mann konnte immer auf der Rückbank schlafen. Dazu meinte Dixon: »Das Platzangebot und die Ruhe des Wagens sind so großartig, daß man problemlos ein Nickerchen machen kann.« Und Menke ergänzte in einem Brief an Cadillac: »Sicher würden auch andere Fahrzeuge diese Reise schaffen, aber wohl keiner mit dieser Leichtigkeit und diesem Komfort, die unseren Trip zu einem einzigen Vergnügen machten. Der Cadillac überzeugte mich nicht nur, nein, er machte seine Sache so gut, daß ich diese Sache am liebsten gleich noch einmal machen würde.«

Zwei Dinge hatte Menke in seinem Brief vergessen zu erwähnen: das Getriebe und die Bremsen. Obwohl gegenüber den Achtzylinder-Modellen am Getriebe des V 16 nichts verändert worden war, weil nichts verbessert werden konnte, zeigte es sich gerade bei der Series 452 von seiner besten Seite: Es ließ sich, auch dank des günstigen Drehmomentverlaufs, völlig geräuschlos schalten. Das wohl höchste Lob für dieses Getriebe kam von der englischen Zeitschrift »Motor Sport«: In einem Fahrbericht im Jahr 1964 wurde ein englischer Hersteller darauf hingewiesen, daß er sich doch beim Cadillac V 16 klug machen solle, wenn er wissen wolle, was ein hervorragendes Getriebe sei.

Die Bremsen des V 16 hingegen wurden von verschiedener Seite, gleich den Fahrleistungen und dem Benzinverbrauch, kritisiert. Und das, zumindest bei den frühen Modellen, nicht zu Unrecht: Beim Vollbremsungen aus hoher Geschwindigkeit packten die Bremsen einfach zu wenig zu. Dies lag häuptsächlich an den verhältnismäßig harten Bremsscheiben, die zwar standfest und fast ohne Fading waren, doch zusammen mit den Hartstahl-Trommeln wenig Wirkung zeigten. Das wurde erst besser, als Cadillac speziell bearbeitete Gußeisen-Trommeln und Aluminium-Bremsschuhe einführte.

Ein Cadillac-V 16-Besitzer brachte es auf den Punkt: »Bis etwa 100 km/h funktionierten die Bremsen wunderbar, wenn man schneller unterwegs war, mußte man immer darum besorgt sein, daß reichlich Raum vorhanden war.« Doch wenn wir hier von Bremsen sprechen, so dürfen wir auf keinen Fall vergessen, welche Fortschritte auf diesem Gebiet seit den 20er und 30er Jahren gemacht worden sind. Unter normalen Umständen war das Bremsen kein Problem, doch gerade bei Vollbremsungen und wiederholtem heftigem Gebrauch, neigten diese frühen Konstruktionen dazu, ihren Geist aufzugeben. Das lag nicht nur an der oft enormen Masse der Fahrzeuge, die bis zu drei Tonnen schwer waren, sondern hauptsächlich am verwendeten Material, das für solch hohe Belastungen, wie sie beim Bremsen auftreten, nicht gedacht waren. Das war nicht nur ein Problem von Cadillac, viele Hersteller jener Zeit boten immer wieder Fahrzeuge an, deren Brems- den Fahrleistungen beim besten Willen nicht gewachsen waren, wie zum Beispiel auch Mercedes. Auch Fahrzeuge mit mechanischen Servobremsen, wie sie Hispano-Suiza, Rolls-Royce und Pierce-Arrow benutzten, waren vor Fading nicht gefeit, dafür allerdings bei Vollbremsungen aus hoher Geschwindigkeit bedeutend sicherer. W. O. Bentley bestätigte diese Tatsache in einem Bericht, den er für Rolls-Royce erstellte, und warnte vor zu großem Vertrauen in diese Konstruktion, weil das Fading sehr plötzlich und dann überraschend auftreten könne. Außerdem hatten diese mechanischen Servobremsen leider den großen Nachteil, daß sie bei langsamer Fahrt nur unter großem Kraftaufwand arbeiteten, oder, wie beim Hispano-Suiza, beim Rückwärtsfahren völlig versagten.

Der V 16 erhielt erst im Jahre 1937 vakuumunterstützte Servobremsen, und Cadillac begründete diesen Schritt mit den vielen Vorteilen dieser Bauweise: Die immer bestehende direkte Verbindung zwischen dem Bremspedal und den Bremsen, keine »Verzögerung«, wie sie bei den mechanischen Servobremsen üblich war, einfachere Do-

Von den 12-Zylindern war dieses fünfsitzige Series 370 B Town Cabriolet 1932 eines der teuersten Modelle, 4 795 $ mußte man bezahlen. Die sehr elegante Karosserie mit den langgezogenen vorderen Kotflügeln wurde von Fleetwood hergestellt.

sierung, vor allem, wenn die Bremswirkung bloß verringert und nicht ganz aufgehoben werden sollte, bessere Kontrollierbarkeit bei glatten und vereisten Straßen, einfachere Konstruktion, die immer funktionierte, was bei einem Servo-Motor nicht unbedingt der Fall sein mußte. Nun, einige Gründe mögen wirklich für diese Vakuum-Hilfe bei Cadillac gesprochen haben, über andere konnte man zumindest diskutieren. Gerade der Servo-Motor, den Pierce-Arrow verwendete, funktionierte ebenfalls absolut störungsfrei, was man wohl auch von den bei Hispano und Rolls-Royce verwendeten Konstruktionen behaupten darf. Doch in dieser Glaubensfrage, ob vakuum- oder servounterstützte Bremsen, hat wie in so vielen anderen Dingen die Zeit die Antwort gegeben: Pierce-Arrow beispielsweise, schon 1927 mit vakuum-unterstützten Bremsen ausgerüstet, wechselte bis 1936 auf den mechanischen Servo, um danach wieder zum Vakuum zurückzukehren. Auch Rolls-Royce kam vom mechanischen Servo ab, allerdings erst in den 60er Jahren ... Noch eine weitere Möglichkeit hätte bestanden: hydraulisch unterstützte Bremsen, wie sie damals schon von Duesenberg, Stutz und Chrysler beim Imperial verwendet wurden. Doch Cadillac traute dieser Hydraulik damals wie viele andere Hersteller noch nicht, mußte sich dann aber einige Jahre später eines Besseren belehren lassen. Leider gibt es keine vergleichbaren Zahlen aus jenen Jahren.

Unter den extrem vielen Karosserieformen für die V 16 soll hier eine besondere Erwähnung finden: Das von 1933 bis 1937 in etwa acht Exemplaren hergestellte Aerodynamic Coupé. Selbstverständlich war es Harley Earl gewesen, der den Anstoß zu diesem Meilenstein der Designgeschichte gegeben hatte. Das erste Aerodynamic Coupé, das überhaupt gebaut wurde und das sich noch leicht von den späteren Serienmodellen unterschied, wurde speziell für die 1933 in Chicago stattfindende »World's Fair« gebaut. Es sollte etwas sehr Spezielles sein, was sich die höheren GM-Chargen für ihren Stand wünschten, und Earl konnte es ihnen bieten. Mit einer Gruppe von jungen Designern hatte er etwas auf die Räder gestellt, was wir heute als Fastback bezeichnen. Earl war schon damals der Auffassung, das ein Automobil stromlinienförmig sein mußte, es sollte sich nicht gegen den Wind stemmen, sondern ihn schneiden – aerodynamisch sein eben. Die Cadillac-Werbeabteilung fand die entsprechenden Worte: »Dieser Wagen ist so anders und so neu, daß die Mitglieder Ihrer Country Clubs sich umdrehen werden, das Auto berühren wollen, sich hinter das Steuer setzen wollen, um diese neue Erfahrung mitzuerleben und davon zu träumen, stolzer Besitzer eines so komplett neuartigen Automobils zu sein. Denn es ist an der Zeit, mit der Vergangenheit zu brechen.« Der auf der »World Fair« ausgestellte Wagen kam dann in den Besitz von GM-Vizepräsident William Knudsen, der, chauffiert von Blaine Evenson, mit diesem ersten Aerodynamic Coupé in nur einem Jahr rund 80 000 Kilometer zurücklegte. Er verkaufte den Wagen, der bis heute verschwunden ist, aber sehr wahrscheinlich noch existiert, nach New York – um sich gleich ein neues Aerodynamic Coupé anzuschaffen, das erste serienmäßig produzierte Fahrzeug. Insgesamt wurden zwanzig Aerodynamic Coupé gebaut, acht V 16, sieben V 12 und fünf V 8. 1938 wurde die Linie wieder aufgegeben und erschien erst 1941 wieder, als die Series 61 in einer Fastback-Version auf den Markt kam.

Schon ein Jahr vor dem 16-Zylinder war der V 12-Cadillac mit den vakuum-unterstützten Bremsen ausgerüstet

Cadillac, hier ein zweisitziges Series 355 B Convertible Coupé aus dem Jahre 1932, baute Autos für eine besser verdienende Kundschaft. Das kann man schon daran erkennen, daß vor dem hinteren Kotflügel extra ein Raum für das Golfgepäck geschaffen wurde.

Dieses fünfsitzige Coupé der Series 355 B aus dem Jahre 1932 war in gleicher Form auch für die Series 370 B erhältlich. Der hier gezeigte Achtzylinder kostete 2 995 $.

1933 wurde die Karosserieform zum letzten Mal als All-Wheater Phaeton angeboten, ab 1934 hieß das Fahrzeug dann Convertible Sedan. Hier im Bild ein Series 355 C für 3 395 $.

worden. Und dieser V 12 soll hier nicht vergessen werden, auch wenn er in der Cadillac-Geschichte immer im Schatten des V 16 stand und deshalb in einer Aufzählung der wichtigsten klassischen Fahrzeuge oft übergangen wird. Am 30. Juli 1930 hatte L.P. Fisher seinen Händler angekündigt, daß bald ein weiteres, vollkommen neues Fahrzeug bei ihnen in den Verkaufsräumen stehen würde, eben dieser V 12. Im Oktober des gleichen Jahres wurde der kleine Bruder des V 16 dann den Händlern direkt in der Fabrik vorgeführt, und zwar von J. C. Chick, der erst im September Lynn Mc Naughton als Cadillac-Chefverkäufer abgelöst hatte. Und der neue Motor war wirklich nur einen kleinere Ausgabe des V 16: Nur die Bohrung, sie betrug 79,4 Millimeter, der Zündverteiler, die Kurbel- und Nockenwelle sowie das Auspuffsystem waren auf die vier Zylinder weniger angepaßt worden, der Rest konnte gleich bleiben. Dies ergab einen Hubraum von 6 063 cm³, 135 PS Leistung und ein maximales Drehmoment von etwa 280 Nm bei 1 200/min. Und obwohl dieser Motor rund 20 Zentimeter länger baute als der V 8, hatte es im Motorenraum des Achtzylinder genug Platz für den V 12, so daß das gleiche Chassis mit 356 Zentimetern Radstand verwendet werden konnte. Obwohl die Höchstgeschwindigkeit nicht sehr hoch lag (der siebensitzige Sedan mit der Standard-Übersetzung schaffte knapp 130 km/h), stand der V 12 schnell im Ruf, ein hervorragendes Reisefahrzeug zu sein, das wie der V 16 sehr ruhig und durchzugsstark war. »Wir müssen verrückt gewesen sein«, lachte Ernest Seaholm, wenn er sich an den Beginn der 30er Jahre bei Cadillac zurückerinnerte, »wir hatten einen LaSalle V 8, einen Cadillac V 8, einen Cadillac V 12 und erst noch einen Cadillac V 16.«

Verrückt oder nicht, die anderen Hersteller wie Pakkard, Pierce-Arrow und Lincoln schauten mit Schrecken auf Cadillac und bauten mit einiger Verspätung ähnliche

Fisher stellte die Karosserie für diesen fünfsitzigen Series 355C Sedan her, den es auch in der Zwölfzylinder-Version zu kaufen gab. Beachtlich die imposanten Fanfaren-Hörner, die direkt unter den Lampen angebracht waren.

Oben rechts:
Beim Styling gab es 1933 größere Änderungen. So wurde der Kühlergrill erstmals in V-Form gebaut, die Kotflügel waren bedeutend massiver, und die gesamte Erscheinung wirkte bedeutend niedriger und gestreckter. Hier im Bild ein Series 355 C Convertible Coupé, das 2 845 $ kostete und auch in der Zwölfzylinder-Version erhältlich war.

Dieser fünfsitzige Series 355 D Sedan war 1934 in drei verschiedenen Versionen zu kaufen: Die hier gezeigte Version von Fisher für 2 645 $ und 325 Zentimeter Radstand, eine weitere Version von Fisher für 2 845 $ und 345 Zentimeter Radstand, und schließlich die Variante von Fleetwood mit einem Radstand von 371 Zentimetern und einem Preis von 3 495 $.

Fünf Personen bot dieses hübsche Series 355 D Town Coupé Platz. Die «Flying Goddess» war neu bei allen Modellen serienmäßig, hingegen gehörte das Town Coupé zu den letzten Cadillac, welche das Ersatzrad noch nicht im Kofferraum hatten.

Fahrzeuge. Und dafür mußten sie sich wohl bedeutend mehr anstrengen als Cadillac. Und nur Packard konnte mit zwei Acht- und einem Zwölfzylinder dann eine ähnliche Motorenvielfalt wie Cadillac vorweisen. Doch das Mammutprogramm bei Cadillac hatte durchaus rationale Gründe.

Vom technischen Standpunkt aus betrachtet, gab es ja eigentlich nur zwei Motoren, entweder mit seitengesteuerten oder hängenden Ventilen. Der LaSalle V 8 und der Cadillac V 8 waren praktisch identisch, der V 12 war nur eine verkleinerte Ausgabe des V 16, und der V 12 konnte außerdem in das Chassis des V 8 eingebaut werden. Und weil dieses Chassis schon seit längerem mit relativ geringen Veränderungen auskam, bestand die einzige komplette Neuentwicklung im Motor mit den hängenden Ventilen. So konnte Cadillac ein wirklich komplettes Programm anbieten, ohne die Finanzen allzusehr zu strapazieren, während Packard, Pierce-Arrow und Lincoln nicht nur einen neuen Motor konstruieren mußten, sondern ebenfalls für neue Kraftübertragungen, Achsen und Fahrwerke sorgen mußten. Und das kostete viel, viel Geld.

Am meisten Entwicklungskosten sparte Cadillac dank Nackers Fähigkeiten. Teure Fehlschläge gab es bei ihm nicht. Bei der Konkurrenz schon. Marmon mußte die erste Form des V 16 wieder einstampfen, weil der Motor eine Fehlkonstruktion war, genau wie übrigens auch der erste Packard-Zwölfzylinder, der als Reihenmotor geplant war. Auch der V 12 von Pierce mußte nach Produktionsbeginn überarbeitet werden, weil zu Beginn nicht genügend Leistung vorhanden war. Und Lincoln schaffte es gar, zwei V 12 gleichzeitig zu entwickeln, wobei der erste zwei Jahre nach Produktionsbeginn bereits vom zweiten »Versuch« abgelöst wurde. Auch wenn sie alle es schließlich schafften: Cadillac baute nicht nur Spitzentechnik, sondern diese auch zum günstigen Preis. Wenn man Cadillac etwas vorwerfen kann, dann vielleicht ein unglückliche Modellpolitik: Mit dem V 12 züchtete Cadillac im Haus eine Konkurrenz zum V 16 heran. 1 984 Exemplare konnten in den ersten sechs Produktionsmonaten abgesetzt werden, bedeutend mehr als vom V 16. Allerdings läßt sich nicht abschätzen, wieviel Kunden davon ernsthaft mit einem V 16 geliebäugelt hatten, und wieviele Käufer von Packard, Pierce-Arrow oder Lincoln zu Cadillac abwanderten. Am meisten zu schaffen machte dem V 16 nicht der Zwölfzylinder, sondern die miserable Lage der Wirtschaft, die 1931 voll und ganz die Folgen des Börsen-Crash vom Dezember 1929 zu spüren bekam. 1930 waren noch 2 887 Series 452 produziert worden, von denen etwa 2 500 verkauft werden konnten. Diese Zahl sank dann auf 750 verkaufte Exemplare 1931, obwohl die Händler schon ab Frühling große Rabatte einräumten. Rund die Hälfte dieser Wagen stammte auch noch aus dem Jahr 1930, denn 1931 entstanden nur noch 364 Sechzehn-Zylinder. 1933 sank die Zahl dann noch weiter, 300 Fahrzeuge wurden verkauft, alle auf speziellen Kundenwunsch gebaut. Dieses »only built by order« wurde dann 1933 offizielle Cadillac-Praxis für den V 16, man kündigte an, daß man höchstens 400 Fahrzeuge der Serie 452C auf Kundenwunsch bauen würde. Es wurden dann 126. Von 1934 bis 1937 schaffte man dann noch insgesamt 212 Fahrzeuge, was ein Total von 3 878 ergibt (obwohl 4 425 Seriennummern verwendet wurden). Der V 12 erlitt dasselbe Schicksal, wenn auch nicht im gleichen Maße, da es 1936 und 1937 soetwas wie Lichtblicke an der Verkaufsfront gab. Insgesamt 10 821 Zwölfzylinder wurden verkauft, bedeutend mehr als Packard V 12 und Lincoln V 12. Jenseits aller kommerziellen Überlegungen war der V 16 für Cadillac trotzdem ein voller Erfolg: Erstens, weil einmal mehr die Konkurrenz ausgestochen worden war, und zweitens, weil die Stückzahlen, so niedrig sie auch waren, immer noch deutlich über dem lagen, was sich die Verantwortlichen erhofft hatten. Gerade zu Beginn mußte ja die Produktionrate vier Mal gesteigert werden. Auch den psychologischen Effekt darf man dabei nicht unterschätzen, denn obwohl zwei Jahre früher als die härtesten Konkurrenten von Packard, Pierce-Arrow und Lincoln präsentiert, schafften es keiner (vielleicht mit Ausnahme des Duesenberg), Cadillac in irgendeiner Form zu übertreffen. Vor allem für Packard war der V 16-Coup ein Schock: Man wähnte sich in Sicherheit, glaubte, den Luxusmarkt endgültig im Griff zu haben – und dann der Cadillac-Konter! Zweifelsohne verschaffte dieses Meisterwerk mit den sechzehn Zylindern der GM-Marke eine gewaltigen Prestigegewinn, doch mehr

Seltener Anblick: Ein Series 355 D Convertible Coupé, gebaut von Fleetwood und mit 371 Zentimetern Radstand. Praktisch alle Zweisitzer waren sonst auf den kürzeren Bodengruppen aufgebaut. Es gab diese Karosserie auch mit dem Zwölfzylinder, dann stieg der Preis aber von 2 645 $ auf 4 945 $.

1934 war das erste Jahr, als der ehemalige All-Wheater Phaeton als Convertible Sedan bezeichnet wurde. Hier im Bild ein Series 355 D mit in Wagenfarbe lackierten Scheibenrädern. Preis: 2 845 $.

Im Bild ein fünfsitziger Series 10 Town Sedan. Es gab diese Karosserieform aber in fünf weiteren Varianten, entweder mit längerem Radstand oder den Zwölf- und Sechzehn-Zylinder-Motoren. Die Preisskala reichte von 2 495 $ für das hier gezeigte Fahrzeug bis weit über 5 000 $.

noch: Anfang der 30er Jahre erwarteten die Käufer nicht mehr nur ständig verbesserte Fahrzeuge, sondern auch neue Ideen. Die Cadillac-Techniker waren darauf vorbereitet und hatten beim V 16 schon mal geübt.

Das beste Beispiel für diese neue Entwicklung kam allerdings nicht von Cadillac. Der 1934 präsentierte Chrysler Airflow vereinigte die meisten der neuen Gedanken über das Automobil in sich, sowohl technisch als auch beim Styling. Die meisten dieser Ideen waren so neu zwar nicht, wurden aber bei diesem kommerziell wenig erfolgreichen Fahrzeug zum ersten Mal in Serie angeboten. Zweifelsohne: Das Auto wurde modern. Und mit ihm auch Cadillac. 1934 stellte Cadillac das vor, was die Amerikaner als »flat ride« bezeichnen. Meist denkt man dabei nur an die Einzelradaufhängung, doch das Thema des »ausgeglichenen Fahrverhaltens« ist bei weitem komplexer, gerade auch deshalb, weil die Einzelradaufhängung, wie sie Cadillac präsentierte, weder neu noch, zumindest für sich allein betrachtet, besonders aufsehenerregend war. Doch beginnen wir von vorne: Die vordere Einzelradaufhängung bestand schon in der absoluten Frühzeit des Automobils, der Franzose Amédée Bollée hatte dieses Prinzip schon 1873 für seinen Dampfwagen konstruiert. Einige europäische Hersteller hatten die Ideen des Franzosen ebenfalls schon vor dem Ersten Weltkrieg für ihre Fahrzeuge adaptiert, und auch in den Vereinigten Staaten waren die Einzelradaufhängung schon in Gebrauch, zum Beispiel bei einer Marke namens Christie, die einen frontgetriebenen Wagen produzierte. Das erste in größerer Stückzahl gebaute Auto mit

Einer der wohl eindrucksvollsten je gebauten Cadillac: Dieser fünfsitzige Series 60 Convertible Sedan (5880) verfügte über einen Radstand von stolzen 391 Zentimetern! Zwischen 1934 und 1937 wurden insgesamt 21 Exemplare dieses 16-Zylinders gebaut.

135 PS schaffte der 5,7-Liter-V 8 dieses zweisitzigen Series 70 Stationary Coupé im Jahr 1936. Gebaut von Fleetwood, kostete dieses sehr sportliche und auch hübsche Fahrzeug 2 595 $. Selbstverständlich gab es hier einen Schwiegermutter-Sitz, in den man die Schwiegermutter gerade bei Regen gerne setzte ...

Einzelradaufhängung war der ab 1922 produzierte Lancia Lambda gewesen, ein Fahrzeug übrigens, das auch in die USA verkauft wurde und dort gerade bei den Ingenieuren großes Interesse weckte. Doch eigentlich hielt man diese Einzelradaufhängung, die das Fahren nicht nur angenehmer, sondern vor allem weniger kräfteraubend machte, für reichlich überflüssig. Harold Youngren, damaligs Fords Chefingenieur: »In den Vereinigten Staaten wurden die Fahrzeuge fast nur für kurze Strecken verwendet, und es saßen auch kaum Frauen am Steuer – weshalb hätte man da auch Einzelradaufhängung gebraucht?«

Zum Glück dachten nicht alle so. Maurice Olley, Chefingenieur bei »Rolls-Royce of America« in Springfield, war es zu verdanken, daß sich die Einzelradaufhängung auch in den USA durchsetzte. Nachdem der amerikanische Ableger des englischen Nobelherstellers seine Tore in den Vereinigten Staaten 1930 geschlossen hatte, zog es Olley nach Detroit, wo er in Kontakt mit Ernest Seaholm trat, dessen in Springfield beheimatete Familie

Insgesamt zehn verschiedene Karosserievarianten waren für die Series 75 von 1936 erhältlich, hier im Bild ein fünfsitziger Convertible Sedan, der gerade mit offenem Verdeck ein sehr erfreulicher Anblick war. Sein Preis: 3 395 $.

Olley seit Jahren kannte. Mit einem Empfehlungsschreiben von Seaholm's Schwester in der Tasche konnte er problemlos beim Cadillac-Chefingenieur vorsprechen. Auf die Frage von Seaholm, was er denn für Cadillac machen könne, meinte Olley: »Ich denke, ich könnte das Fahrverhalten verbessern.« Daran hatte Seaholm selbstverständlich Interesse, denn das Fahren jener Zeit war ein ständiger Kampf mit dem Wetter, mit dem Steuer und mit den Straßen. Sogar die 16-Zylinder hüpften oft wie wild über die zugegebenermaßen meist sehr schlechten Straßen, und ließen sich kaum bändigen, wenn man einmal in Schwierigkeiten kam.

Seaholm stellte Olley ein, aber er garantierte dem Mann, den er für sein »Rolls-Royce«-Benehmen sehr bewunderte, keinen Vertrag, sondern wollte zuerst Leistungen sehen. Und die lieferte Olley. Doch trotz seiner auf jeden Fall hervorragenden Leistung beanspruchte der für das entscheidend verbesserte Fahrverhalten der Cadillac verantwortliche Mann die ganze Anerkennung nicht für sich allein, sondern verwies auf die Arbeit seines Teams: »Es war sicher keine Ein-Mann-Show, auch Henry Crane, Ernest Seaholm, Charles Kettering und Owen Nacker lieferten genau wie verschiedene Cadillac- und Buick-Ingenieure ihren großen Anteile zum Erfolg. Vor allem Crane, der viele Tests selber fuhr, Kettering, der meinte, daß wir es gar nicht erlauben könnten, es nicht zu tun, und Seaholm, der immer der Auffassung war, daß ein Cadillac das Prunkstück des GM-Konzern sein müsse, waren mir in jeder Beziehung eine große Hilfe. Zu Beginn waren wir an der Einzelradaufhängung selber gar nicht besonders interessiert, denn es gab damals Dutzende von Konstruktionen, hinten, vorne, vorne und hinten, aber niemand konnte genau sagen, wofür eine Einzelradaufhängung denn genau gut sein sollte. Wir wußten nur, daß wir für das verbesserte Fahrverhalten, das vor allem den bisher stark geplagten hinteren Passagieren zugute kommen sollte, den Aufbau des Vorderwagens auf eine vollkommen andere Basis stellen mußten. So mußte ein Einfedern der Vorderachse von bis zu 30 Zentimetern möglich sein – bisher waren nur maximal sieben Zentimeter üblich gewesen.«

Olley ließ zwei siebensitzige V 12-Sedan nach seinen Wünschen bauen – »worauf mich L. P. Fisher mit einem Lachen beschuldigte, ich sei der erste Mann, der bei GM für soetwas eine Viertelmillion Dollar gebraucht habe.« Er versuchte sich zuerst mit neuen Federn, die vorderen bedeutend weicher, die hinteren entscheidend härter, doch das Resultat ließ weiterhin stark zu wünschen übrig. Diese Versuche brachten ihn der Lösung, mehr Last über der Vorderachse, nahe. Damit dies überhaupt möglich war, so erzählt zumindest Olley, mußte aus Platzgründen eine vordere Einzelradaufhängung verwendet werden.

Eine andere Legende erzählt von einem gewissen André Dubonnet, der verantwortlich gewesen sein soll für das Umdenken der amerikanischen Automobilindustrie. Nun, der Franzose mag sicher nicht unwichtig gewesen sein für den Durchbruch der Einzelradaufhängung in den USA, doch der chronologische Ablauf der Geschichte beweist, daß Dubonnet zumindest auf Cadillac keinen Einfluß gehabt haben konnte. Denn als er mit seinen unglaublich schnellen Hispano-Suiza, den er mit einer im Mai 1931 auf seinen Namen patentierten Einzelradaufhängung ausgerüstet hatte, in Detroit auftauchte, schrieb man bereits das Jahr 1932 – und zu diesem Zeitpunkt war Olley mit seinen Forschungen bereits so weit, daß er sich von Dubonnet sicher nicht mehr beeinflussen ließ. Abgesehen davon ist die Dubonnet-Entwicklung ein typisches Beispiel dafür, daß das Rad der Geschichte wirklich rund ist: Seine Konstruktion war die logische Weiterentwicklung einer Aufhängung, die als Georges Broulhiets »Kerzchen« in die Automobilhistorie einging. Diese wiederum war vom Lancia inspiriert, und Lancia hat Anleihen beim amerikanischen Hersteller Christie gemacht – siehe oben.

Die Dubonnet-Einzelradaufhängung war für die Cadillac sowieso untauglich: Sie war einfach zu wenig stabil. Olleys Mitarbeiter Robert B. Burton konstruierte deshalb die sogenannte »SLA«-Aufhängung, die wir heute als Querlenker-Aufhängung kennen. »SLA« bedeutete, obwohl oft anders gedeutet, nichts anderes als »Short and Long Arm«.

Vor allem europäische Automobilhistoriker sprechen Maurice Olley trotzdem jegliche Originalität ab, seine Ideen von der Querlenker-Einzelradaufhängung soll er gemäß ihren Forschungen ganz einfach bei Mercedes abgekupfert haben, und zwar von einem 1932 gebauten Mercedes 380 K, der von General Motors gekauft worden sei und als Vorbild für Olleys Arbeiten gedient habe. Doch genau wie bei der Dubonnet-Legende ist es auch hier wieder der chronologische Verlauf der Geschichte, der Olley als wahren Erfinder zeigt. Denn es gab ganz einfach keinen Mercedes 380 K im Jahr 1932, zumindest keinen, den sich General Motors hätte kaufen können. Das erste Chassis wurde im Jahre 1932 gebaut, aber der Öffentlichkeit erstmals in Berlin im Februar 1933 gezeigt. Aber auch dieses Fahrzeug konnte niemand kaufen: Obwohl es 1933 in der offiziellen Preisliste aufgeführt war, begann die Produktion erst Ende des Jahres, und es ist zumindest zweifelhaft, ob die Kundschaft noch im gleichen Jahr in den Genuß des Wagens kommen konnte. Die mit der Querlenker-Aufhängung ausgestatteten Versuchsfahrzeuge von Olley wurden aber mit Sicherheit bereits zu Beginn des Jahres 1933 intensiven Tests unterzogen, vom März dieses Jahres bestehen auch gesicherte Zahlen von Fahrversuchen auf dem Testgelände von General Motors – Olley: »Ich kann mich nicht erinnern, je irgendeine Mercedes-Aufhängung näher untersucht zu haben.«

Cadillac- und Mercedes-Aufhängung hatten also wenig miteinander zu tun, das zeigt auch der Vergleich der beiden Konstruktionen. So betrug das Verhältnis zwischen den langen und kurzen Lenkern (der schon erwähnten SLAs) bei Cadillac 2:1, während Mercedes mit einem Verhältnis von 10:9 arbeitete. Auch verwendete Mercedes (die später Citroën zugeschriebenen) Kugelgelenke, während Cadillac Gewindebuchsen gebrauchte. Außerdem gab es bei Cadillac hydraulische Stoßdämpfer, die als obere Dreieckquerlenker fungierten, und damit konnte Mercedes beim besten Willen nicht aufwarten. Und schließlich wurde das Cadillac-Prinzip, die Masse so weit vorn wie möglich zu plazieren, von Mercedes komplett vernachlässigt: Sogar der Kühler befand sich beim Mercedes noch hinter der Mitte der Vorderachse.

Die ersten Versuchsfahrzeuge des Jahres 1933 waren nicht nur vorne, sondern auch hinten mit Einzelradaufhängung ausgestattet. Doch die hintere Konstruktion – man dachte hauptsächlich an eine DeDion-Achse – wurde dann nicht für die Serienproduktion verwendet, weil sie einfach zu komplex und vor allem zu teuer in der Produktion war. Allerdings wurde die gute alte Starrachse auf ein Roll-Untersteuern ausgelegt sowie mit einem Stabilisator und einem Hotchkiss-Antrieb (anstelle des vorher verwendeten Schubrohres) versehen. Dank dieser Maßnahmen war der Cadillac nicht wiederzuerkennen. Besonders die Passagiere im Fond waren entzückt, denn sie waren bisher gewaltig durchgeschüttelt worden. Ihre vornehmste Funktion bestand bislang darin, so drückte sich zumindest Olley aus, eine gewisse Balance in den Wagen zu bringen, damit dem Chauffeur das Fahren nicht zu unangenehm wurde. Auch die zeitgenössischen Cadillac-Prospekte wiesen auf die deutlichen Vorteile der Einzelradaufhängung hin: Die ungefederte Masse sei deutlich reduziert worden, war zu lesen, und »eine weichere Abfederung vorne ist ein klare Verbesserung für das Fahren hinten.«

Doch nicht nur Olley, der dank Seaholms Fürsprache endlich auch einen festen Vertrag erhielt, auch andere großartige Spezialisten arbeiteten zu dieser so wichtigen Zeit für Cadillac. Einer davon war Francis W. Davis, auf den Olley gestoßen war, als es während der Abstimmungsarbeiten der neuen Aufhängungen immer wieder Probleme mit der Lenkung gab. Davis beendete etwas,

Sehr beliebt war 1936 dieser fünfsitzige Series 75 Formal Sedan, der 3.395 $ kostete. Obwohl er aussieht wie eine der berühmten Gangster-Limousinen, so war er es doch nicht, denn die bösen Buben bevorzugten den stärkeren Motor des Zwölfzylinders.

Mit dem Zwölfzylinder-Motor stellte dieser siebensitzige Series 85 Touring Sedan eine optimale Reiselimousine dar. Dank einem Radstand von 351 Zentimetern verfügte er über als mehr als ausreichend Platz, und auch sein Preis von 3.495 $ war sehr interessant.

So richtig sportlich war dieses viersitzige Series 70 Convertible Coupé. Vier Sitze hatte das Fahrzeug aber nur deshalb, weil der »Rumble Seat« im Preis von 2.695 $ inbegriffen war.

Sechs verschiedene Karosserievarianten bot Cadillac 1937 für die Zwölfzylinder an, hier im Bild ein Series 85 Town Car. Früher war diese Version noch Limousine Brougham genannt worden. Diese stattlichen Fahrzeuge wurden nur auf Bestellung gebaut.

1937 zeichnete Cadillac für seine Fahrzeuge erstmals diesen »eggcrate«-Kühlergrill, der über viele Jahre ein Erkennungszeichen bleiben sollte. Schön auch die je drei Chromleisten seitlich des Kühlergrills, die keine Sinn machten, aber eine schöne Verzierung darstellten. Hier im Bild ein Series 75 Formal Sedan.

was die Amerikaner so freundlich mit »shimmy« bezeichnen. Sollte man diesen Effekt umschreiben, muß man vom »von selbst auftretenden Radflattern um die Lenkachsen beider Räder einer Achse« sprechen. Davis, zuvor bei Pierce-Arrow, kam schon 1926 mit seinem selber modifizierten Pierce zu General Motors. Er zeigte seine hydraulische Servolenkung dem damaligen stellvertretenden Chefingenieur Strickland, dem Cheftester Gilbert und Prentis, der bei Cadillac für die Lenkung, die Stoßdämpfer und das Chassis zuständig war. Die drei Männer erkannten die großen Möglichkeiten von Davis' Konstruktion, und der Lenkungsspezialist wurde von der GM-Entwicklungsabteilung angeheuert.

Schon 1927 erhielt ein GM-Lastwagen die neue Len-

Mit 1 655 $ war das zweisitzige Series 60 Coupé 1937 einer der günstigsten Cadillac – und bot sehr viel Auto für dieses Geld, denn immerhin wurde als Antrieb der 135 PS starke 5,7-Liter-V 8 angeboten.

Einer der schönsten Cadillac des Jahres 1937 war sicher dieser Series 60 Convertible Sedan, der für 2 120 $ zu haben war. Die gleich Karosserieversion gab es selbstverständlich auch für die Zwölf- und Sechzehn-Zylinder.

kung. Der Fahrer pries die Davis-Konstruktion, die sich selbst beim Einparken mit nur einem Finger bedienen ließ. Nach diesem kleinen Erfolg erhielt auch Cadillac die Servolenkung von Davis, was nicht ganz so einfach war und größere Anpassungen erforderte. Obwohl die Sache funktionierte, gab Davis keine Ruhe: Für eine Serienproduktion war sie nämlich zu teuer. Denn die Hersteller der bisher verwendeten Lenkungen, entweder nach dem Rollfinger- oder Spindel-Prinzip, hatten während der letzten Jahre nicht geschlafen und ihre Konstruktionen zwar nicht entscheidend verbessert, aber doch bedeutend verbilligt.

Die Zeit war reif für die Servolenkung, gerade auch deshalb, weil Olley immer mehr Gewicht auf die vorderen

Räder verlagerte, die außerdem auch immer breiter wurden. Charles Kettering selber war es, der Davis ermutigte, seine Arbeit fortzusetzen. Nach einer Testfahrt mit einem mit Servolenkung ausgestatteten Cadillac meinte Ket, er wäre bereit, zusätzliche 100 Dollar für diese Option zu bezahlen – viel Geld in einer Zeit, als der günstigste Cadillac knapp über 2 000 $ kostete. Also baute Davis zwei weitere Prototypen, die in einen Acht- und einen Zwölfzylinder-Cadillac installiert wurden. Auch die folgenden Testfahrten fielen zur vollen Zufriedenheit aus, so daß einer Serienproduktion nichts mehr im Wege stand. Als Seaholm sich dann allerdings erkundigte, was der Spaß allein an Werkzeugkosten für die Produktion nach sich ziehen würde, kam das Aus für die Servolenkung.

Verfrüht – wie sich 20 Jahre später zeigen sollte. Davis verließ Cadillac 1934, nachdem er keine Chance mehr sah, und arbeitete einige Jahre für Bendix. 1939 kehrte er zu General Motors zurück, allerdings nicht zu Cadillac, sondern zu Buick. Wieder konnte er beweisen, daß seine Konstruktion tadellos funktionierte, wieder waren die Ingenieure davon überzeugt, daß man die Servolenkung unbedingt in Serie bauen sollte – doch dann fielen die japanischen Bomben auf Pearl Harbour, und Davis stand mit seiner Servolenkung wieder auf der Straße. Während des Krieges arbeitete er zwar weiter für General Motors, doch die Arbeit an der Lenkung für einen gepanzerten Chevrolet der britischen Armee mochte ihn wenig begeistern. Nach dem Krieg sprach er wieder bei Cadillac vor, zeigte sein verbessertes Modell an einem von ihm selber umgebauten Cadillac, erhielt aber einmal mehr keine Chance, weil Cadillac in der schwierigen Zeit nach dem Krieg ganz einfach kein Geld hatte für solche Spielereien. Erst als Chrysler 1951 ein Fahrzeug mit etwas Ähnlichem wie einer Servolenkung auf den Markt brachte, besann sich Cadillac auf die Qualitäten des Francis W. Davis und bot ab 1952 Wagen mit einer Lenkung an, die schon 20 Jahre zuvor in der gleichen Form hätte angeboten werden können.

Nicht ganz so lang mußte Earl Thompson auf seinen Erfolg warten, der Mann, der für Cadillac das Synchro-Mesh-Getriebe konstruiert hatte. Schon im August 1930 war er nach dem Rücktritt von W.R. Strickland, der gesundheitliche Probleme hatte, zum stellvertretenden Chefingenieur bestellt worden. Thompson bewies seine Fähigkeiten als rechte Hand von Seaholm in fast allen technischen Belangen, doch seine wahre Liebe galt weiterhin den Zahnrädern. Noch im Jahr seiner Ernennung erdachte er sich nämlich eine grundlegende Veränderung, die das Verhältnis der Amerikaner zu ihrem liebsten Spielzeug grundlegend verändern sollte: die Hydramatic. Die Geschichte des automatischen Getriebes begann auf der Londoner Auto Show des Jahres 1930, als sich Ernest Seaholm ernsthaft in den neuen Daimler verguckte und diesen englischen Sportwagen mit sich nach Detroit brachte. Der Wagen selber schien Seaholm zwar wenig interessant – ihn lockte einzig das Schwungrad, das an diesem Daimler zum ersten Mal

Eine überraschende und viel beachtete Premiere feierte 1938 der wunderbare Sixty Special. Es war dies das erste GM-Fahrzeug, für das der geniale Bill Mitchell seinen Stift gespitzt hatte – und das Resultat konnte sich mit seinen ruhigen, sehr würdevollen Linien auf jeden Fall sehen lassen. Der fünfsitzige Sedan mit seinem Preis von 2 090 $ verkaufte sich wie warme Semmeln: Mit 3 703 Exemplaren war er der meistverkaufte Cadillac des Jahres 1938.

In der günstigen 60-Reihe war dieser fünfsitzige Touring Sedan 1938 das meistverkaufte Modell. Im Vergleich zum Sixty Special sah er allerdings ein wenig bieder aus, auch wenn er noch über die weiterhin sehr beliebten Trittbretter verfügte.

Bis zu acht Personen konnte dieser Series 75 Business Sedan aus dem Jahre 1938 aufnehmen. Obwohl der Preis von 3 105 $ eigentlich recht vernünftig war, wurden von diesem stattlichen Fahrzeug nur 25 Exemplare verkauft.

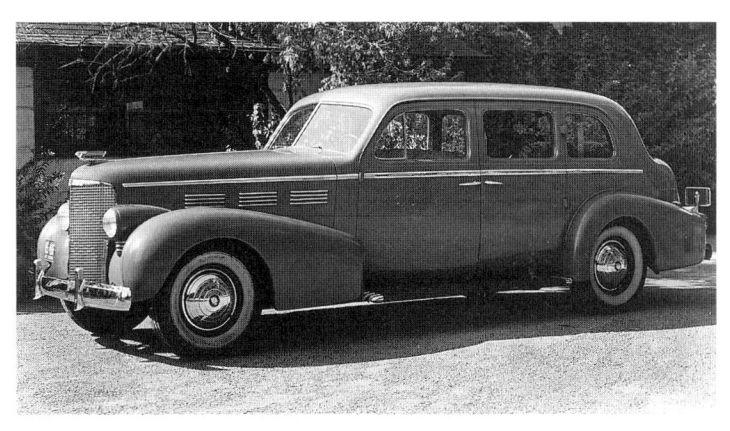

Einer der schönsten Cadillac des Jahres 1939 war sicher der Series 75 Convertible Sedan, dessen Karosserie von Fleetwood kam. Nur 36 Exemplare dieser Version mit den seitlich angebrachten Ersatzrädern und den Weißwandreifen entstanden 1939. Preis: 3 945 $.

eingebaut war. Doch außer Thompson schien sich bei General Motors niemand dafür zu interessieren. Also setzte sich der Getriebespezialist in sein stilles Kämmerchen und ersann dort in kürzester Zeit das, was er die »Brain-Box«, das Hirn eines Getriebes nannte. Seaholm, der als erster von Thompsons Gedankengängen unterrichtet wurde, sah natürlich sofort die immensen Möglichkeiten dieses »Hirns« und ordnete dessen weitere Entwicklung an. Doch als die Cadillac-Ingenieure mitten in der Entwicklung steckten, brachen die Folgen der großen Depression voll über General Motors herein, was zur Folge hatte, daß der Etat für die weitere Entwicklung von neuen Erfindungen über Nacht um die Hälfte zusammengestrichen wurde. Doch Thompson hatte Glück im Unglück: Die verantwortlichen Bosse erkannten das Potential seiner Erfindung und trieben die Testarbeiten voran.

Diese Arbeiten begannen 1932 und entwickelten sich so günstig, daß Thompson im März 1933 zum »specialassignments engineer« ernannt wurde und damit eine Abteilung leitete, die sich ausschließlich mit dem automatischen Getriebe beschäftigte. Seine freigewordene Stelle als stellvertretender Chefingenieur wurde von Owen Nacker eingenommen. Doch ganz problemlos ging die Entwicklung der Hydramatic auch nicht über die Bühne: Weil man mit einem herkömmlichen Getriebe arbeitete, gab es oft Schwierigkeiten mit undichten Stellen, durch die Öl auf die Kupplung tropfte. Um diesem Fehler auf die Spur zu kommen, was beim fahrenden Fahrzeug ziemlich schwierig war, mußte für Motor und Getriebe ein spezieller Prüfstand aufgebaut werden. Einmal, als Thompson Ernest Seaholm eine Neuerung vorführen wollte, explodierte die unter Vakuum stehende Ölpumpe – und sowohl Seaholm als auch Thompson wurden von oben bis unten in Öl getaucht.

Mitte 1934 hatte Thompson dann ein Getriebe entwickelt, das bei der optimalen Drehzahl den Gang automatisch wechselte. An diesem Prototyp wurde dann in den Jahren 1935 und 1936 sowohl von Thompsons Männern bei »GM Central Research« als auch bei Oldsmobile weitergearbeitet, wo diese ersten Automaten ausführlichen Straßentests unterzogen wurden. 1937 wurden dann die ersten Buick und Oldsmobile mit diesem »Traffic Transmission« genannten Halbautomaten ausgestattet. Erst im Jahre 1939 war es dann allerdings soweit, daß die Hydramatic mit ihrer Flüssigkeitskupplung, dem Planetengetriebe und Thompsons »Brain Box« reif war für die Serie. Ab 1940 gab es die Hydramatic zuerst bei Oldsmobile, ein Jahr später dann auch bei Cadillac gegen Aufpreis zu kaufen.

Auch wenn dieses automatische Getriebe in der Automobil-Geschichte einen großen Schritt vorwärts bedeutete, so darf man doch nicht vergessen, daß die Hydramatic nur eine geniale Zusammenfassung früherer Erfindungen war. So war ein Planetengetriebe sowohl bei den frühen Cadillac als auch, und noch früher, bei Marmon und Olds eingebaut. Auch die Engländer hatten dieses Getriebe, so zum Beispiel Lanchester und Wilson. Wilson offerierte auch erstmals ein Vorwählgetriebe, ähnlich dem des Daimlers, das 1930 in London die Aufmerksamkeit von Seaholm geweckt hatte. Auch Flüssigkeitskupplungen waren an und für sich nichts Neues, sie wurden bei Schiffsmotoren schon vor dem Ersten Weltkrieg eingesetzt. Ein gewisser Charles R. Radcliffe, der 1904 und 1905 für die »Long Distance Automobile Company« gearbeitet hatte, durfte aus diesen Jahren einige Patente in diesem Bereich für sich in Anspruch nehmen, die er allerdings erst wieder gebrauchen konnte, als er für Studebaker 1919 ein Schwungrad ausarbeitete. Doch obwohl dieses neuartige Getriebe auch in den Preislisten auftauchte, dürfte es nur ein einziges Mal gebaut worden sein, nämlich für ein 1919 auf der New Yorker Motor Show ausgestelltes Studebaker-Chassis. Die Ehre für das erste in einer größeren Serie produziertes Getriebe dieser Art gebührt der englischen »Daimler Company«, deren Chefingenieur L.H. Pomeroy dieses Vorwählgetriebe zu Beginn des Jahres 1930 zur Serienreife brachte. Hier muß man allerdings unbedingt unterscheiden, denn das Daimler-Getriebe war keine Automatik, im Gegensatz zur Hydramatic mußte nämlich noch immer gekuppelt werden. Doch gerade dieses Kupplungspedal war Thompson ein echter Dorn im Auge. Während einer Fahrt mit seinem Assistenten Oliver K. Kelley kam er auf die Idee, es mit einer hydraulischen, druckabhängigen Schaltung zu versuchen. Kelley konnte zu diesem Geistesblitz die nichtrutschende Flüssigkeitskupplung beitragen – so entstand die Hydramatic, für die Thompson 1964 (!) im Alter von 72 Jahren mit dem »Elmer A. Sperry Award« ausgezeichnet wurde.

Auch sonst waren neue Ideen gefragt, bis auf das erst kürzlich überarbeitete Fahrwerk waren die Cadillac jener Jahre doch in die Jahre gekommen. Neben einem neuen Rahmen standen auch neue Motoren ganz oben in der Wunschliste, denn der V 8 war nicht mehr ganz taufrisch, und die V 12 und V 16 ganz einfach zu teuer und zu kompliziert. Nacker, der stellvertretende Chefingenieur, der wegen seinem bei jeder Gelegenheit getragenen Stetson auch »Sheriff« genannt wurde, krempelte die Ärmel hoch und fing an. Mit ihm zusammen arbeiteten einige höchst begabte junge Männer, die bei General Motors auch Karriere machen sollten. Unter ihnen war neben dem schon erwähnten Oliver K. Kelley, der einiges zur Entwicklung der Hydramatic beigetragen hatte, auch John Gordon, der spätere Präsident von General Motors, Ed Cole, ebenfalls ein späterer GM-Präsident, Harry Barr, der es zum GM-Vizepräsidenten bringen sollte, sowie die zukünftigen Cadillac-Chefingenieure Fred Arnold und Carl Rasmussen. Ernest Seaholm erinnerte sich gern an diese Zeit: »Sie kamen nach ihrer Universitätsausbildung einfach bei uns vorbei und fragten nach Arbeit. Man konnte sie gut gebrauchen, denn sie waren loyal, enthusiastisch und wollten ihr Bestes geben – genau die Männer also, die man immer gebrauchen kann.«

John F. Gordon, der Nacker bei Cadillac als Chef der Motorenabteilung ablösen sollte, war im Jahre 1900 in Akron, Ohio, geboren, hatte 1922 die »U.S. Naval Academy« abgeschlossen, 1923 seinen Titel als »Master Of Science« an der »University of Michigan« gemacht, und war noch im gleichen Jahr bei Cadillac als Laborassistent eingestellt worden. 1928 wurde er zum Leiter des Forschungslabors befördert, und als er 1933 zum Motoren-Chefkonstrukteur ernannt wurde, zählte er gerade einmal 33 Jahre – etwa die Zeitspann, die Nacker schon als Motorenkonstrukteur tätig gewesen war.

Und es gab einiges zu tun für Gordon, insbesondere beim Volumenmodell, dem V 8. Die ganze Konstruktion war veraltet, ein dreiteiliges Kurbelgehäuse aus Leicht-

Zusammen mit den Schwestermodellen von Pontiac, Buick und Oldsmobile erhielten die günstigen Cadillac der Series 61 1939 die gleichen, nicht eben aufregenden Karosserien. Hier im Bild ein fünfsitziger Touring Sedan.

Der in Rosemont in der Nähe von Philadelphia beheimatete Karossier Derham baute bis weit in die 60er Jahre immer wieder Spezialaufbauten für große Cadillac-Limousinen. Hier im Bild ein sehr formelles Werk aus dem Jahre 1939 auf der Basis der Series 75.

metall und Gußeisenblöcke waren alles andere als innovativ. Die Zukunft gehörte dem einteiligen Gehäuse aus einem einzigen Material, wie es die »Ferro Foundry« aus Cleveland mit einer Reihe von Acht- und Zwölfzylindern schon ab 1916 vorgeführt hatte. Diese Motoren waren übrigens vom ehemaligen Cadillac-Ingenieur Alanson Brush konstruiert worden und fanden in einigen weniger bekannten Fabrikaten wie Hollier Verwendung. Auch General Motors hatte schon einen solchen »Monoblock«-Motor konstruiert, und zwar für den Oakland und den Olds Viking der Jahre 1929 bis 1931. Diese Triebwerke waren einigermaßen erfolgreich, da sie völlig problemlos liefen und auch bei der Produktion keine Schwierigkeiten bereiteten. Noch bekannter und vor allem bedeutend erfolgreicher war der Ford V 8, der allerdings nicht nur den »Monoblock« in die Waagschale werfen konnte, sondern auch bereits über einen Fallstromvergaser sowie ein fortschrittliches Krümmersystem verfügte, das alle Zylinder gleichmäßig mit Kraftstoff versorgte. Mit seinen 3,6 Litern Hubraum und den stolzen 65 PS war der 1932 präsentierte Ford V 8 auch den meisten seiner Konkurrenten an Liter Leistung überlegen.

Cadillac hatte vor allem dem Fallstromvergaser immer mißtraut, doch der neue V 8, der 1936 präsentiert wurde, war ebenfalls damit ausgerüstet und bestand, wie der Ford, aus einem Guß. Der neue Motor, obwohl komplett aus Gußeisen gefertigt, war dank dünnerer Wände nur etwa 10 Kilo schwerer als das alte Triebwerk mit seinem Leichtmetallgehäuse, aber bedeutend stabiler. Und als stabil sollte sich dieser V 8 wahrhaftig erweisen: Er bildete bis 1949 die Basis aller Achtzylinder von Cadillac. Zum Produktionsstart 1936 gab es ihn in zwei Versionen: Für die Serie 70 und 75 mit 333 und 351 Zentimetern Radstand mit 5 670 cm³ Hubraum (Bohrung x Hub 88,9 x 114,3 mm) und 135 PS; die ganz neue Series 60 mit 307 Zentimeter Radstand erhielt einen V 8 mit 5 277 cm³ Hubraum (Bohrung x Hub 75,7 x 114,3 mm) und 125 PS. Diese Series 60 basierte auf dem LaSalle-Chassis und erhielt die sogenannte GM-»B-Body«-Karosserie, die auch die Buick des gleichen Jahrgangs bekleidete. Mit einem Gewicht von nur 1 900 Kilogramm und dem neuen Motor war dieser Cadillac ein schon fast sportliches Modell, das den Klagen der Kunden, daß schon ein billiger Ford schneller sei, ein Ende setzte. Es waren übrigens nicht nur Cadillac-Kunden, die sich über die schnellen Ford beschweren mußten.

Ein fünfsitziger Sedan mit neuem Motor lief nun knapp 150 km/h, beschleunigte von 15 km/h auf 95 km/h in knapp über 17 Sekunden, und erreichte eine für die damalige Zeit extrem hohe Reisegeschwindigkeit. Und weil Cadillac im gleichen Jahr auch erstmals die hydraulischen Bremsen anbieten konnte, konnte der Fahrer fast so schnell zum Stillstand kommen wie beschleunigen. Im Vergleich zur bekanntesten Konkurrenz, dem Packard 120 und dem Lincoln Zephyr, war der Cadillac sowohl in der Beschleunigung als auch bei der Höchstgeschwindigkeit besser, was der Cadillac-Besitzer allerdings auch mit einem deutlich höheren Benzinverbrauch erkaufen mußte. Der Vergleich mit dem Packard ist allerdings ein wenig unfair, da dieses Fahrzeug bedeutend billiger war – das zweisitzige Coupé gab es schon für 980 $ – als der mindestens 1 695 $ teure Cadillac. Im Vergleich zum Lincoln, der 1 320 $ kostete, setzte sich der Cadillac allerdings in jeder Beziehung – sieht man vom Styling einmal ab – besser in Szene, wie auch ausführliche Tests auf dem GM-Testgelände bewiesen.

Die Series 60 erhielt außerdem ein neues Getriebe, das sich perfekt schalten ließ (und deshalb noch heute in vielen »Hot-Rod-Cars« zu finden ist). Doch auch sonst waren die Fahrleistungen der Cadillac mit dem neuen V 8 außerordentlich gut, wie auch David Scott-Moncrieff zu berichten wusste: »Ein Freund von mir fuhr mit sei-

Als einen der schönsten je gebauten Cadillac darf man sicher dieses wunderbare Series 62 Convertible Coupé aus dem Jahre 1940 bezeichnen. Die Series 62 war die günstigste Cadillac-Reihe, so daß man diesen Traumwagen schon für 1 795 $ bekommen konnte. Auch die Fahrleistungen waren alles andere als schlecht, da das Fahrzeug nur 1 830 Kilo wog.

nem Bugatti so schnell wie möglich von seinem Hotel in der Schweiz nach Paris. Als er ankam, war er völlig erschöpft – und mit den Nerven völlig fertig, als ihn ein Cadillac überholte, in dem zwei munter schwatzende amerikanische Matronen hinter ihrem Chauffeur saßen, der genau eine Stunde später vom gleichen Hotel aus losgefahren war und keinerlei Ermüdung zeigte.« Noch heftiger trieb es der englische Pilot J. M. Boothby, wie er 1944 im englischen Magazin »Motor Sport« zum Ausdruck brachte: »Ich hatte mir in Kanada einen Ford V 8 gekauft, den ich einen Monat später gegen den 38er LaSalle mit dem potenten Cadillac-V 8 eintauschte. Nach einigen Modifizierungen am Getriebe und dem Einbau spezieller Kerzen machte ich ausgiebige Messungen mit dem Fahrzeug. Ich erreichte eine Spitze von 172,5 km/h, und ich konnte in 10,2 Sekunden von 0 auf 96 km/h beschleunigen. Auf den gut ausgebauten Straßen war es möglich, den ganzen Tag mit einem Schnitt von 140 km/h zu fahren, und einmal schaffte ich mit zwei Passagieren an Bord die 270 Kilometer von Royal York Hotel in Toronto bis Port Albert in zwei Stunden und 27 Minuten. (...) Ich fuhr den Wagen über fast 45 000 Kilometer, die meisten davon auf sehr schlechten Straßen, und die gesamten Reparaturen beliefen sich auf 12.50 £. Den Wagen verkaufte ich nur, weil ich keine Ersatzreifen mehr bekommen konnte.« Boothby wußte, wovon er schrieb, denn er hatte vor dem LaSalle immerhin Vauxhall, GN, Morgan, Salmson, Lancia Lambda, Bugatti Brescia, Delage, Bentley, Mercedes 38-250 sowie Sunbeam 3-Litre und Alvis Silver Eagle besessen.

Und selbst wenn der englische Pilot etwas übertrieben haben sollte, so machen die obenstehenden Zahlen doch etwas ganz klar: Der neue V 8 war nicht nur schneller als der V 12, er machte sogar dem V 16 bei den Fahrleistungen Konkurrenz. Doch anstatt den wenig verkauften 16-Zylinder still und heimlich auslaufen zu lassen, traf man bei Cadillac eine heute etwas seltsam anmutende Entscheidung: Man wollte einen gänzlich neuen V 16 konstruieren. Nur ein halbwegs vernünftiger Grund sprach für diese Neuentwicklung: Cadillac wollte seine Position an oberster Stelle des Luxusmarktes nicht kampflos abgeben, deshalb mußte ein neuer »Super-Motor« her. Für das Projekt sprach, daß auch der neue V 16 wieder in die Chassis der kleineren Modelle eingebaut werden konnte, und daß auch bei der Kraftübertragung keine Anpassungen erfolgen mußten. So konnte man die Kosten für die Neukonstruktion einigermaßen im Zaum halten. Außerdem bestand die Hoffnung, den neuen Motor vielleicht der Marine verkaufen zu können – was aber nicht geschah, denn die Navy kaufte den Pakkard-Zwölfzylinder.

Die Idee für den neuen V 16 war einfach, sofern im Zusammenhang mit einem 16-Zylinder überhaupt etwas einfach sein kann: Weniger kompliziert und leichter sollte er werden. Seaholm umriß etwas genauer, was er sich darunter vorstellte: Das neue Triebwerk sollte mindestens soviel Leistung und noch mehr Fahrkultur wie bisher erbringen, aber kürzer zu bauen, leichter, einfacher in der Produktion und servicefreundlicher aufgebaut sein. Was herauskam, das konnte sich zwar durchaus sehen lassen, mutete aber ein wenig seltsam an, denn die zwei Zylinderreihen standen in einem Winkel von 135 Grad zueinander. Doch Seaholm wußte seine Ideen zu verteidigen: »Wir wollten bei den sechzehn Zylindern bleiben, weil keine anderer Motor derart laufruhig sein konnte. Außerdem versprachen wir uns eine längere Lebensdauer, da die Kolben bei diesem Motor kaum Weg zurücklegen müssen. Der neue Motor wurde dann in vier verschiedenen Versionen gebaut, wobei am Schluß diejenige berücksichtigt wurde, die genau wie der neue V 8 ganz aus Gußeisen gefertigt werden konnte. Im Vergleich zum alten V 16 war das neue Triebwerk schließlich mehr als 100 Kilo leichter, konnte mit weniger als der Hälfte der Teile gebaut werden, und beanspruchte außerdem nur noch zwei Drittel des Volumens, da wir auch den Vergaser und die Krümmer innerhalb der Zylinderreihen plazieren konnten. Insgesamt baute er 15 Zentimeter kürzer, besaß eine neunfach gelagerte Kurbelwelle im Gegensatz zu vorher, als sie nur fünffach gelagert war, und übertraf seinen Vorgänger sogar noch an Laufruhe und Fahrkultur. Außerdem war das neue Triebwerk sehr servicefreundlich, da wir viele Teile wie die Vergaser einfach in doppelter Ausführung einbauten, so daß sich die Mechaniker, die Angst vor einem 16-Zylinder-Ungetüm hatten, einfach mit V 8-Teilen abgeben konnten.«

Und der neue V 16 stellte erneut eine absolute technische Meisterleistung dar: Er machte den Series 90 weit über 160 km/h schnell, verhalf ihm zu vorzüglichen Beschleunigungs- und Elastizitätswerten, und war die Ruhe selber. Andererseits: Schnell und ruhig, das war der Cadillac V 8 auch. Wer zwischen 1938 und 1940 zu den wenigen Käufern der Series 90 gehörte, der war ganz einfach vom Prestige dieses hervorragenden Fahrzeugs begeistert. Viele Sammler haben diesen ab 1938 gebauten V 16 denn auch bis vor wenigen Jahren unterschätzt, wobei eine logische Erklärung dafür sehr schwer zu finden ist: Vielleicht hatte der neue V 16 nicht mehr jenen »Glanz«, den die früheren Modelle hatten, weil er ganz einfach ein zu gutes Auto war, das einfach zu fahren, einfach zu reparieren, ganz einfach zu komfortabel war. Doch bleibt die Zurückhaltung gegenüber dem 135°-V 16 auch gerade deshalb unverständlich, weil er doch bedeutend seltener ist als sein älterer Bruder: Nur 508 Fahrzeuge wurden gebaut, insgesamt gab es 514 Motoren – diese Zahl wird sogar von den Duesenberg noch übertroffen.

Daß viele Kritiker dem neuen Motor wenig abgewinnen konnten, lag einzig daran, daß er nicht mehr ganz so ästhetisch aussah wie sein Vorgänger, allerdings war die schiere Schönheit kein Konstruktionskriterium mehr gewesen. Bei Cadillac hielt man es da mit einem französischen Konstrukteur, der sagte: »Wahre mechanische Schönheit ist der sinnvolle Gebrauch von Material für die bestmögliche Technik.« Verantwortlich für diese »Sparmaßnahmen« war Nicholas Dreystadt, der 1926 zu Cadillac gekommen war, im April 1932 Albert V. Widman als für die Fertigung verantwortlichen Manager ablöste, und schon im Juni 1934, nachdem L. P. Fisher in die Unternehmensleitung von GM berufen worden war, Chef von Cadillac wurde. Dreystadt war nicht gerade das, was man als ausgesprochen freundlichen Menschen bezeichnet, dafür ein knallharter Geschäftsmann mit ausgeprägtem Kostenbewußtsein. Bei Cadillac hatte man sich nie groß, wenn überhaupt, um die Finanzen gekümmert, in den zwanziger Jahren konnte man sowieso machen, was man wollte, und verdiente damit noch viel Geld. Doch diese goldenen Zeiten waren in den 30er Jahren vorbei, und Cadillac machte alles andere als gute Geschäfte. Ganz im Gegenteil: Es ging der Luxusmarke, wie allen anderen amerikanischen Luxusmarken, schlichtweg miserabel. So miserabel, daß man bei General Motors sogar ernsthaft darüber nachdachte, Cadillac aufzulösen, sollte nicht innerhalb einer vernünftigen Zeit

135

Nicht von schlechten Eltern war auch der Series 62 Touring Sedan, dessen weiche, rundliche Formen, die durch die Zweifarben-Lackierung noch betont wurden, einen guten Eindruck machten. Auch der Preis von 1 745 $ war sicher nicht übertrieben, wobei darin die zwei seitlich montierten Ersatzräder nicht inbegriffen waren.

eine vernünftige Lösung gefunden werden. Und diese Lösung hieß Nicholas Dreystadt.

Dreystadt stellte den Cadillac-Mitarbeitern echte Denksportaufgaben: Warum mußte ein Teil, das bei einem anderen Hersteller zwei Dollar in der Produktion kostete, bei Cadillac drei oder vier Dollar kosten? Wie konnte man dieses Teil billiger machen, ohne daß es schlechter wurde? Er kümmerte sich um jedes Detail, sparte hier einen Dollar, zwackte dort 20 Cent ab. Er rationalisierte und straffte die Produktion, konzentrierte den Cadillac-Bau auf zwei Stockwerken und die bisherige Modellvielfalt auf nur noch zwei Motorvarianten. Damit machte er zwar sich bei den wenigsten Leuten beliebt, doch er rettete Cadillac. Und Seaholm gab Dreystadt viele Jahre später absolut recht: »Wenn ich so zurückblicke, dann muß ich sagen, daß er die produktivste Arbeit geleistet hat, die je ein Mann für Cadillac erbracht hatte.« Aber auch die anderen Luxusmarken mußten heftig über die Bücher, und manche, wie auch der ehemalige große Cadillac-Konkurrent Packard, taten des Guten gar zuviel: Es wurde so stark reduziert, daß nicht einmal mehr der gute Name übrigblieb.

Neben dem neuen V 16 gab es bei Cadillac 1938 noch andere Höhepunkte: Zu ihnen gehört der 60 Special. Seine Designelemente waren nicht neu, doch so gekonnt zusammengefügt, daß ein absolutes Meisterwerk entstanden war. Schon die Dachlinien, die an einen Convertible erinnerten, machten klar, daß hier ein Fahrzeug entstanden war, das nicht vom Chauffeur gefahren werden wollte – der 60 Special war der erste in Großserie produzierte amerikanische Wagen, der über das »upper and lower«-Design verfügte, eine auf den Rest des Wagen bezogene Dachlinie. Auch war er ein wenig kleiner als seine Vorgänger, und ohne Chromverzierungen schlicht gehalten. Neu war der Kühlergrill, der nicht mehr wie ein Fels in den Wind ragte, sondern Eleganz und Dynamik ausstrahlte, ganz neu war auch der Kofferraum, der fließend in die Gesamtform des Wagens integriert war. Ebenfalls verfügte der 60 Special durch seine kompakte Bauweise über einen für die damalige Zeit extrem stabilen Rahmen, der so verwindungssteif war, daß er sogar 25 Jahre später noch zu den Standardwerten in der Automobilindustrie gehörte. Wie sehr das Design des 60 Special auch die anderen Hersteller beeinflußte, beweist eine kleine Aktennotiz, die am 30. August von der Packard-Entwicklungsabteilung in die Packard-Chefetage übersandt wurde und den Titel trug »Notes on Packard Styling Problem«: »Der Clipper soll nicht als vollkommen neues Design gesehen werden, das von Packard erfunden worden ist, sondern als Entwicklung eines Designs, das von General Motors erfunden wurde.« Damit wurde ganz eindeutig auf den Cadillac 60 Special und seinen ebenso aufregenden Nachfolger angespielt, auch wenn verschiedene, und selbstverständlich europäische, Automobilhistoriker noch immer glauben, das wirklich glänzende Design des Packard Clipper sei vom von Touring eingekleideten BMW 328 MM beeinflußt gewesen.

Auch wenn neben dem V 16 und dem 60 Special so ziemlich alles verblaße – ganz besonders die Konkurrenz –, so gab es 1938 doch noch weitere interessante Neue-

Einmal mehr bildete der Sixty Special so etwas wie die Krönung des Cadillac-Programms des Jahres 1940. Obwohl gegenüber seinem Vorgänger nicht viel verändert, blieb der 60 S eines der modernsten amerikanischen Fahrzeuge in der Vorkriegszeit. Sein Preis lag auch im dritten Produktionsjahr bei 2 090 $.

rungen. Alle Modelle von Cadillac und LaSalle erhielten neue Karosserien, die bei längerem Radstand bedeutend mehr Innenraum boten, außerdem konnten die Wagen dank der bei allen Modellen verwendeten Hypoid-Achsen tiefer gebaut werden. Die LaSalle gab es mit dem unveränderten 5,3-Liter-V 8 und insgesamt fünf verschiedenen Fisher-Aufbauten. Bei Cadillac waren die Series 60 (323 Zentimeter Radstand), 65 (335 Zentimeter Radstand) und 75 (358 Zentimeter Radstand) alle mit dem neuen 5,7-Liter-V 8 ausgerüstet, dazu gab es für den 60 eine Fisher-Karosserie, für den 65 drei verschiedene Fisher-Karosserien, und für den 75 sieben Fleetwood-Aufbauten. Für die Series 90 mit dem V 16 gab es die gleichen Karosserien wie für die Series 75 bei ebenfalls gleichem Radstand. Und für diesen gewaltigen 16-Zylinder, der so lammfrom war, konnte auch das gleiche Fahrwerk und die gleiche Kraftübertragung verwendet werden wie für die Achtzylinder-Modelle. Das Getriebe selber, in das Cadillac in den vergangenen Jahr viel Arbeit gesteckt hatte, war kleiner und leichter als das Mahlwerk, das für die bedeutend schwächeren, im Vergleich mit dem 185 PS starken V 16 geradezu schwächlichen Chevrolet des gleichen Jahrgangs verwendet wurde.

Im folgenden Jahr wurde das Design mit Ausnahme des V 16 noch verfeinert, aber sonst blieben die Änderungen minimal. Für die LaSalle und Cadillac von 1938 und 1939 konnte man auf Wunsch einen Blinker ordern, der selbsttätig zurückging, doch wenige Kunden verspürten den Wunsch nach diesem nervösen Spielzeug. Weitere Sonderausstattungen dieser Jahre waren das Radio (69.50 $), die Heizung (31.50 $), Sitzbezüge (8.25 $ pro Sitz), die Innenbeleuchtung (18.50 $), die Scheibenwaschanlage (5.75 $) und die Nebellampen (14.50 $ für das Paar). 1940 gab es dann serienmäßig die Sealed-Beam-Scheinwerfer sowie eine neue Kugelumlauf-Lenkung von Saginaw, die schon bald darauf von fast allen Luxusherstellern adaptiert wurde und noch heute Verwendung findet, neu waren gegen Aufpreis das verstellbare Lenkrad (15 $) und Chromverzierung für die Räder (4 $ pro Stück) sowie die Scheinwerfer (1.50 $ pro Stück) erhältlich.

Schon fast radikal waren dann die Änderungen für das Jahr 1941 – zum ersten Mal seit 15 Jahren hieß es wieder »Eine Marke, ein Motor«. Der V 16 und die La Salle verschwanden von der Angebotsliste, ersterer, weil sich seine Produktion nicht einmal mehr aus Prestigegründen lohnte. Bei LaSalle waren die Gründe für die Aufgabe etwas komplexer: Die letzten LaSalle waren zu sehr Cadillac, sowohl technisch als auch im Preis. Dieser Preis war allerdings so tief, daß die LaSalle mit den Buick konkurrieren konnten, die für General Motors im mittleren Preissegment die Kastanien aus dem Feuer holten. Zwar versuchten sich die härtesten Konkurrenten von Cadillac, Packard, Lincoln und neu auch Chrysler, ebenfalls in dieser mittleren Klasse, doch es war keine schlechte Strategie von Cadillac, sich voll und ganz auf das Luxussegment zu konzentrieren, wie sich schon wenig später zeigen sollte.

Außerdem erforderten die LaSalle trotz der nahen Verwandtschaft zu Cadillac einen erheblichen Arbeitsaufwand, der wirtschaftlich nicht mehr zu vertreten war. So verließ am 26. August 1940 der letzte LaSalle die Fertigungshallen in Detroit – eine große Marke, die vor allem beim Design einige Meilensteine gesetzt hatte, war nur noch Geschichte.

Dafür gab es sechs verschiedene Cadillac-Serien vom V 8 mit 5,7 Litern Hubraum, der jetzt stolze 150 PS leistete. Die Series 60 Special, 61, 62, und 63 waren auf ein Chassis mit 320 Zentimetern Radstand aufgebaut, die Series 67 verfügte über einen Radstand von 353 Zentimeter, die Series 75 hatte einen Radstand von 345 Zentimetern. In Verbindung mit den neuen Übersetzungen 3,77 und 4,27 als Standard sowie einer speziell für die Modelle mit kurzem Radstand angebotenen 3,36-Übersetzung waren die Fahrzeuge nicht nur viel schneller (Höchstgeschwindigkeit immer über 160 km/h, 0 bis 96 km/h in 14 Sekunden, 0 bis 129 km/h in 23 Sekunden), sondern auch bedeutend sparsamer, vor allem wenn man sie mit den 1936 angebotenen Modellen vergleicht, bei denen nicht zu Unrecht ihr immenser Durst kritisiert worden war.

Und weil dieser hohe Verbrauch immer wieder angekreidet worden war, veröffentlichte Cadillac 1941 auch erstmals offizielle Verbrauchszahlen, die teilweise aber etwas optimistisch scheinen:

Durchschnittsgeschw.	3,77	3,36
20 Meilen	11,1/100 km	10,6 l/100 km
30	12,4	11,6
40	13,5	12,4
50	14,9	13,6
60	18,1	15,5
70	19,8	18,5

Hätte man diesen Verbrauch bei einem Wagen gemessen, der mit der 1941 erstmals lieferbaren Klimaanlage ausgerüstet gewesen wäre, so hätte er mit Bestimmtheit einiges höher gelegen, denn diese erste »Air Conditioning« war ein Ärgernis sondergleichen. Rund 150 Kilo schwer, mit über das ganze Fahrzeug verteilten Einzelteilen, machte sie nicht nur einen gewaltigen Lärm, sondern zeigte auch kaum Wirkung und konnte nur ausgeschaltet werden, indem man den Motor ausmachte. Daß Cadillac ein solch untaugliches Gerät, von dem auch nur 300 Stück gegen Aufpreis verkauft werden konnten, überhaupt einbaute, läßt sich nur damit erklären, daß Packard schon 1940 eine Klimaanlage im Angebot hatte, hinter dem man nicht zurückstehen wollte. Allerdings war auch die Packard-Maschinerie keinen Deut besser.

Im gleichen Jahr konnte man für die Cadillac auch erstmals die »Hydramatic« ordern – zwar viel besser durchdacht und ausgeführt als die Klimaanlage, aber auch auf jeden Fall noch stark verbesserungswürdig, war sie trotzdem die erste funktionierende Automatik auf dem Markt (wenn man einmal davon absieht, daß sie bei den Oldsmobile schon ein Jahr früher zu haben war). Das bedeutete auch, daß Cadillac vor dem Zweiten Weltkrieg das Getriebe schon zum zweiten Mal neu erfunden hatte.

Insgesamt betrachtet, hatten die Cadillac der Jahre 1938 bis 1941 mit ihrem Vorgängern herzlich wenig gemeinsam. Innerhalb von nur wenigen Jahren hatten sich die Modelle radikal verändert, nach Ansicht mancher konservativer Cadillac-Käufer waren die revolutionären Änderungen im Design und die neuen, wenig attraktiv aussehenden Motoren etwas gar heftig ausgefallen. Man sprach von Verarmung und Gesichtsverlust, ein, selbstverständlich englischer, Kritiker ging gar soweit zu behaupten, daß Cadillac »allen Charakter verloren« habe. Doch ein anderer, erstaunlicherweise ebenfalls englischer, Automobilhistoriker kam der Sache mit folgender Aussage schon näher: »Vielleicht haben die Cadillac vor dem Krieg unter der Haube etwas bäuerisch ausgesehen, doch sie waren defintiv und unwidersprechbar sehr feine Fahrzeuge, die ihre Arbeit hervorragend taten. (...) Vom technischen Standpunkt gesehen waren sie allererste Klasse. (...) Es gab in ihrer Zeit keine anderen Fahrzeuge, die ihnen in Sachen Fahrkomfort gerade bei schnellen Fahrten über schlechte Strassen auch nur einigermassen nahe kamen. Der Rolls-Royce Phantom III, der übrigens über eine in Lizenz von General Motors gebaute Vorderachse verfügte, mag über einen ähnlichen Fahrkomfort verfügt haben, doch er war in der Höchstgeschwindigkeit etwa 15 km/h langsamer. Außerdem mochte man einem Rolls mit seiner wunderbaren, handgefertigten Karosserie solche Mühen gar nicht erst zumuten.«

Die letzten Vorkriegs-Cadillac darf man mit Fug und Recht als in unserem Sinne moderne Fahrzeuge bezeichnen, verfügten sie doch über viele technische Details, die bei anderen Marken erst lange nach dem Zweiten Weltkrieg zum Standard wurden. Und verglichen mit ihren Konkurrenten waren sie schneller, beschleunigten besser, erlaubten höhere Reisegeschwindigkeiten bei einem niedrigeren Verbrauch, waren von höchster Qualität und einfach zu fahren. Wenn man diese Punkte in Betracht zieht und dazu noch Zuverlässigkeit und Servicefreundlichkeit nicht vergißt, dann kann man die anderen Fahrzeuge, die heute als »Klassiker« dieser Zeit gelten und für die unverschämte Preise bezahlt werden, getrost vergessen. Nur ein Konkurrent konnte mit den Cadillac mithalten: Die 1940 vorgestellten Packard der Series 160 und 180. Diese Fahrzeuge konnten in fast jeder Beziehung den Vergleich mit den Cadillac aufnehmen, außerdem sollen sie, zumindest laut Aussagen von Packard-Ingenieuren, sogar noch schneller gewesen sein. Doch allein damit ist der Vorwurf des verlorenen Charakters noch nicht von der Hand gewiesen. Doch was bedeutet im Zusammenhang mit einem Automobil Charakter? Die Cadillac waren gemäß ihres Erfinders Henry Martyn Leland als praktische Autos gedacht – und praktisch waren die Cadillac dieser Jahre, ein schlichtes, klares Design, das sowohl beim Styling als auch bei der Technik auf jeden unnötigen Schnörkel verzichtete. Der V 16 mag vielleicht den absoluten automobilen Gipfel dargestellt haben, doch die V 8 der Jahre 1936 bis 1941 waren die Fahrzeuge, die den »Standard of the World« setzten – ganz im Sinne des unvergeßlichen H. M. Leland.

KAPITEL 5
CADILLAC UND DER TRAUM VOM FRIEDEN

DIE VIERZIGER JAHRE

Im Dezember 1941 begann auch für Cadillac der Krieg. Im Februar 1942 wurde die normale Produktion vollkommen gestoppt, und schon 55 Tage später rollte der erste M-5, ein leichter Panzer, von den Fertigungsstraßen der feinsten Automobilfirma der Welt. Begonnen hatte die Entwicklung schon im Frühling 1941, als die Cadillac-Ingenieure den V 8 und das dazugehörige Getriebe an diesen Panzer anzupassen versuchten – je ein Motor und ein Getriebe trieben eine Kette an. Das Armeebeschaffungsamt war begeistert vom Startverhalten und dem Handling bei geringen Geschwindigkeiten. Und, besonders wichtig für die Tester der Armee: Die Produktion konnte sofort aufgenommen werden, außerdem kannten Tausende von Mechanikern den Motor und das Getriebe aus ihrer täglichen Arbeit mit Cadillac-Automobilen. Kein Wunder, daß der M-5 deshalb zu einem der effizientesten Militärfahrzeuge des Zweiten Weltkrieges wurde. Und vielseitig: Sein Chassis diente später für die M-8-Haubitze, für leichten Panzer M-24 und das Luftabwehrfahrzeug M-19.

Doch Cadillac war auch an einem anderen Projekt beteiligt, das noch viel bedeutender für das amerikanische Militär war: der Allison-Flugzeugmotor V-1710. Die Firma Allison wurde 1915 in Indianapolis von James A. Allison gegründet, dem Mann, der auch die berühmte Rennstrecke aus der Taufe gehoben hatte. Allison war schon am «Liberty»-Projekt beteiligt gewesen, und als James Allison 1928 starb, blieb sein Nachfolger Norman H. Gilman beim Bau von Flugzeug-Motoren.

Und damit lag er goldrichtig, denn Gilman entwarf einen Ersatz für den mittlerweile etwas veralteten Curtiss V-12, den am meisten verwendeten Flugzeugmotor der 20er Jahre. Im August 1931 lief der erste Allison V-1710 mit 650 PS auf dem Prüfstand, wurde aber weiterentwickelt, so daß er im April 1937 als erster Flugzeugmotor überhaupt die strengen »Air Corps«-Bestimmungen, die eine Leistung von 1 000 PS für über 150 Stunden verlangten, erfüllte. Ab Dezember 1941 wurden 1 100 Motoren täglich produziert, viele berühmte Flugzeuge wurden von diesem Allison-Kraftwerk angetrieben: die Curtiss P 40 (bekannt von den »Flying Tigers«), die Bell P 39 Aircobra und deren Nachfolger, die P 63 Kingcobra, sowie die berühmteste Maschine von allen, die P 38 Lightning, der von den deutschen Piloten so gefürchtete »Gabelschwanz-Teufel«. Insgesamt wurden bis im Dezember 1947 über 70 000 Allison V-1710 (der pro Stück stolze 16 500 $ kostete) produziert, die letzten Versionen entwickelten 2250 PS bei 3 200/min.

Cadillac ermöglichte die reibungslose Produktion dieses Motors, fertigte während der Kriegsjahre Nockenwellen, Kurbelwellen, Kolben und Reduktionsgetriebe für diesen Flugzeugmotor. Und da Allison auf Betreiben von L.P. Fisher schon seit 1929 zu General Motors gehörte, waren die besten Cadillac-Ingenieure an der Weiterentwicklung dieses Motors beteiligt. So arbeiteten ab 1941 neben Buick-Ingenieur John Dolza auch Owen Nacker, John Gordon und Ed Cole bei Allison in Indianapolis. Nacker blieb nur ein Jahr bei Allison, wechselte dann zu Chevrolet und ging 1947 in Pension. Gordon blieb bis 1943, um dann wieder zu Cadillac zurückzukehren und die Nachfolge des zurückgetretenen Ernest Seaholm anzutreten.

Seaholm trat in noch »jungen« Jahren zurück, er war erst 56 und noch bei bester Gesundheit. »Aber ich war immer der Auffassung, daß man die Party verlassen sollte, wenn die Stimmung auf dem Höhepunkt ist«, erzählte er Maurice D. Hendry, »und ich war nie ein Mensch, der sich nach Macht und Prestige sehnte. Seit ich 17 Jahre alt war, hatte ich ununterbrochen gearbeitet, ich war mehr als 20 Jahre Chefingenieur bei Cadillac – was wollte ich mehr? Ich war glücklich, ich hatte genug Geld, ich hatte ein Häuschen auf dem Land, ich wollte mich, sobald der Krieg zu Ende war, auch einmal um andere Dinge kümmern.« Diese anderen Dinge bestanden für Seaholm, der immer ein sehr gläubiger Mann gewesen war, in der Arbeit für die Gemeinschaft und deren Wohl. So diente er als Lehrer an Schulen, spendete sein Geld zum Aufbau von Schulen und zeigte sich gerne als der Bürger, der sich viele Gedanken über das öffentliche Leben macht. Darin unterschied er sich nur wenig von den Lelands, allerdings war Seaholm bei weitem nicht so puritanisch veranlagt wie der Cadillac-Gründer und dessen Sohn.

Im Gegensatz zu den Lelands war der ruhige, sehr überlegte Seaholm bei seinen Mitarbeitern ausgesprochen beliebt. Wenn er einen Fehler hatte, so war das seine übermäßige Bescheidenheit – er wollte nie für seine Verdienste geehrt werden. Und die waren nicht gering.

Vielleicht war es diese Bescheidenheit, die Seaholm zum großen Unbekannten bei Cadillac machten. Namen wie Nacker, Thompson, Olley oder Davis werden heute noch im Zusammenhang mit ihren Erfindungen und Entwicklungen genannt, ihr Chef wurde aber in der automobilen Geschichtsschreibung fast gänzlich vergessen. Dabei war er mit Sicherheit nach Henry Martyn Leland und Charles Kettering für Cadillac der wichtigste aller brillianten Mitarbeiter. Nicht vergessen sollte man in diesem Zusammenhang, wie sehr sich Cadillac unter Seaholms kluger Führung entwickelte: Zu Beginn seiner 23jährigen Karriere als Chefingenieur waren die Cadillac zwar qualitativ hochwertige, aber äußerlich doch ziemlich primitive Fahrzeuge, als Seaholm zurücktrat, gab Cadillac nicht nur technisch, sondern auch im Design weltweit den Ton an. Auch war es Seaholm zu verdanken, daß Cadillac sich nach den schwierigen Zeiten – als Seaholm eintrat, hatten alle grossen Namen der Leland-Ära inklusive der Lelands die Firma gerade verlassen – wieder zu einem der führenden Hersteller der Automobilindustrie entwickeln konnte. Sicher, er hatte den mächtigen GM-Konzern im Rücken, doch es war sicher nicht gerade einfach, so eigensinnige und hochspezialisierte Männer wie Nacker, Olley oder Thompson zu führen und ihnen ein gemeinsames Ziel zu vermitteln.

Kein Wunder, daß viele spätere Führungspersönlichkeiten von General Motors unter der zwar strengen, aber doch sehr menschlichen Führung Seaholms heranreiften. Ed Cole, späterer GM-Präsident, bezeichnete Seaholm als eine der herausragendsten Persönlichkeiten, mit denen er je zusammengearbeitet hatte: »Er hatte die unglaubliche Fähigkeit, auf den ersten Blick zu erkennen, ob es sich lohnte, ein Projekt weiterzuverfolgen oder nicht. Er war einer der Männer, die Cadillac zu dem gemacht haben, was Cadillac heute ist.«

Der gewonnene Krieg versetzte das Land – verständlicherweise – in einen Freudentaumel: Man hatte die Welt vor dem Untergang gerettet, ihr wieder die richtige Ordnung verliehen, und in dieser Ordnung standen die Vereinigten Staaten an erster und oberster Stelle. Das war schon vor dem Krieg so gewesen, und so sollte es auch jetzt wieder sein. Und das merkte man spätestens am ersten Nachkriegsjahrgang der Automobilindustrie. Denn der sah genauso aus wie die letzten Fahrzeuge der Friedenszeit. Am 17. Oktober 1945, genau 54 Tage nach dem Produktionsstop für die M-24-Panzer, rollte der erste Nachkriegs-Cadillac vom Band. Obwohl in einigen Details verändert – man konnte es sich bei Cadillac gar nicht vorstellen, einen neuen Jahrgang unverändert ins Rennen um die Käufergunst zu schicken –, handelte es sich bei diesen Fahrzeugen um die Fortsetzung der nie gebauten 42er-Produktion, die wiederum auf den Cadillac des Jahrgangs 1941 basierte. Für 1942 hätten die Fahrzeuge der Series 61, 62, 63 und 60 Special neue Stoßfänger und größere Kotfügel erhalten, die vorne und hinten bis in die Mitte der Türen reichten und den Cadillac ein etwas massiges Aussehen verliehen. Der 60 Special war bei gleichem Radstand noch fast 30 Zentimeter länger, besonders auffällig waren die Dachregenleiste, die für die hintere und vordere Tür speziell geführt wurde, und die verschiedenen Chromteile, die dem 60 Special ein etwas schwerfälliges Aussehen gaben. Auf Wunsch gab es für diesen viertürigen Sedan auch eine Scheibe, die Fahrer und hintere Passagiere voneinander abtrennte. Abgerundet wurde das 42er- und folglich auch das 46er-Programm von der gewaltigen 75 Limousine, die bis zu neun Personen Platz bot, sowie von der eher seltenen »Streamlined«-Limousine der Series 67.

Diese Series 67 und auch die Series 63, die sich beide mehr schlecht als recht verkauften, wurden 1946 nicht mehr angeboten. Die Series 67 fiel, genau wie ihr Schwester-Modell Buick Limited, auch aus dem Programm, weil man keinen Markt mehr sah für große Sedan. Abgesehen davon machte der 63er anderen Cadillac-Modellen Konkurrenz. Mehr als die Hälfte der 1945/46 produzierten Cadillac bestand aus der viertürigen Series 62, bei Fisher hatte man die Produktion früher wieder aufnehmen können als bei Fleetwood. Die Fertigung der Series 61 wurde erst im Mai 1946 wieder aufgenommen, auf die Series 75 mußte man gar bis zum August warten, und der 60 Special von Fleetwood rollte ab Juli wieder vom Band.

Cadillac selber verfügte nun über eine deutlich höhere Produktionskapazität als noch vor dem Krieg. 1943 war eine gewaltige neue Fabrikationshalle entstanden, und 1944 ging ein neues Auslieferungslager in Betrieb. In der Fabrik selber wurden riesige, an der Decke befestigte Schienenkrane installiert, welche die Maschinenteile aus der Gießerei zu den Fertigungsplätzen transportierten. Auch gab es neue Gebäude für Entwicklungs- und Forschungsabteilungen, die mit den seinerzeit modernsten Prüfständen bestückt waren. Auch personell änderte sich eine Menge, im Juni 1946 wurde Cadillac-Boß Nicholas Dreystadt von GM-Präsident C.E. Wilson zum Chef von Chevrolet berufen. Zu seinem Nachfolger wurde John F. Gordon ernannt, der wiederum von Edward N. Cole als Cadillac-Chefingenieur abgelöst wurde.

Wie erwähnt, entsprachen die ersten Nachkriegs-Cadillac weitgehend dem nie gebauten 42er Jahrgang. Änderungen betrafen den leicht modifizierten Kühlergrill, die um die Front gezogenen Stoßstangen und Kleinigkeiten am Armaturenbrett. Viel wichtiger war das, was sich unter dem Blech abspielte. Der 5,7-Liter-V8 war während der ganzen Kriegsjahre in beträchtlicher Anzahl für das Militär weiterproduziert worden und im Armeeauftrag laufend verbessert worden. Es gab härtere neue Kolbenringe, besser gekühlte Zylinderköpfe, verfeinerte Lager, neu konstruierte Ventilführungen, neue, schwere Ventilstößel, eine verbesserte Drosselklappensteuerung, einen verbesserten Thermostat sowie einen modifizierten Vergaser, der den Kraftstoffzufluß vor allem unter Voll- und Leerlast verbesserte. Auch die Hydramatic wurde während der Kriegsjahre ständig verbessert, so daß sie mit Fug und Recht als das beste Getriebe der Zeit unmittelbar nach dem Zweiten Weltkrieg gelten darf: Vielfach verstärkt oder verfeinert, war die Hydramatic ein Muster an Zuverlässigkeit – und fast unzerstörbar. Eingedenk der Qualitäten des Cadillac-Antriebs versuchten in der unmittelbaren Nachkriegszeit viele Bastler, mit Kriegsmaterial ihre Zivilautos wieder flott zu machen. So wurden einige Versuche unternommen, Motor und Getriebe des M-24-Panzers in alte Cadillac einzubauen, was allein deswegen schon zum Scheitern verurteilt war, weil der über zwei Ketten angetriebene Panzer keinen Rückwärtsgang brauchte, die umgebauten Cadillac aber schon. Andererseits war es kein Wunder, daß man sich auch mit solch ungeeigneten Mitteln zu helfen versuchte: Cadillac konnte längst nicht so viel liefern, wie bestellt wurde. 1946 (inklusive 1945) entstanden 28144 Fahrzeuge, 1947 waren es dann schon 59436 – und trotzdem mußten 96000 Bestellungen abgelehnt werden. Der Grund dafür war einfach: Es gab nicht genug Rohstoffe für die Autoproduktion.

»Für das Jahr 1947 haben wir ein großes Ziel«, erklärte D.E. Ahrens, »wir möchten jedem Amerikaner, der einen Cadillac kaufen will, einen Cadillac verkaufen. Das scheint zwar schwierig, ist aber durchaus nicht unmöglich, denn wenn wir in die Vergangenheit zurückblicken, so haben wir 1941 – unserem Rekordverkaufsjahr – täglich durchschnittlich 300 Fahrzeuge hergestellt, während wir jetzt nur 215 Exemplare pro Tag bauen. Der Grund dafür liegt in der Materialknappheit, die noch weiter anhalten wird, sofern nicht eines schönen Tages einfach ein Wunder passiert. Das beweist uns aber auch,

Einmal mehr bot ein Cabriolet einen sehr guten Wert: Mit einem Preis von 1 645 $ war man 1941 bei diesem Series 62 Convertible Coupé dabei. So ganz nebenbei sah das Auto auch noch wunderschön aus.

Für viele Cadillac-Freunde gilt der 1941 gebaute Sixty Special als schönstes Fahrzeug der Marke überhaupt. Wie auch immer, ein erfreulicher Anblick war der 60 S auf jeden Fall – und auch Cadillac hatte Freude daran, denn trotz einer Preiserhöhung auf 2 195 $ konnten 4 100 Exemplare verkauft werden.

Mit seiner Zweifarben-Lackierung, den verkleideten Hinterrädern und dem gewaltig guten Aussehen war das Series 62 Deluxe Coupé des Jahres 1941 jeden Cent der 1 510 $ wert, die es kostete.

daß wir den Krieg noch nicht ganz verkraftet haben. Doch wir haben noch ein ganz anderes Problem bei Cadillac: Unsere Fahrzeuge sind, und ich drücke mich hier ganz vorsichtig aus, die wohl beliebtesten und gefragtesten der Zeit, sie sind ein Symbol für den wahrhaften Erfolg. Außerdem haben wir das Glück der unglaublichen Loyalität unserer Kunden: Wer einen Cadillac hatte, der will wieder einen Cadillac – und sonst gar nichts.«

Das war wohl auch der Grund dafür, daß Cadillac die bis 1942 üblichen »Special Features«-Bücher aufgab, Kataloge, in denen Hunderte von Sonderausstattungen aufgeführt waren, die aus einem Großserienprodukt einen ganz besonderen Cadillac machen konnten. Sicher, man konnte auch nach dem Krieg gerade bei Polstern und Farben noch Spezialwünsche äußern, doch die schier unerschöpfliche Vielfalt der Vorkriegsjahre war nicht mehr vorhanden. So gab es für die Series-75-Modelle zwar ein neues Armaturenbrett, wunderbar in rostfreiem und poliertem Stahl gehalten, doch die sogenannten DeLuxe-Ausführungen wurden ersatzlos gestrichen.

Als spezielle Farben konnte man sich vor allem Zweiton-Lackierungen wünschen, besonders nett die graublauen oder silber-blauen Ausführungen. Wohl wichtigste Neuerung auf der Zubehörliste für das Jahr 1947 waren die erstmals erhältlichen elektrischen Fensterheber, die Series 75 und Series 62 Convertible hatten diese sogar serienmäßig.

Der Preis für einen gewöhnlichen Series 61 betrug 1947 2 324 $ – 38 Prozent mehr als für das fast gleiche Vorkriegsfahrzeug. Doch richtig Kasse machen konnten die Händler aufgrund der hohen Nachkriegsinflation nur dann, wenn sie den Kunden noch Zusatzteile aus ihrem Ausstattungsfundus andrehen konnten. Von der Sonnenblende über die Nebellampen und die Sitzbezüge bis hin zum Heckscheibenwischer und zusätzlichen Chromteilen boten sie alles an, was die Cadillac vielleicht nicht besser, sicher aber teurer machte. Zusammen mit den schon ab Werk angebotenen Sonderausstattungen konnte der Kunde, trotz des Wegfalls der »Special Features«, seinen Cadillac immer noch sehr individuell gestalten.

In diesen Nachkriegszeiten waren es oftmals die GM-Mitarbeiter in höheren Chargen, die sich ein goldenes Händchen mit ihren Cadillac verdienten: Sie kauften sich ihre Fahrzeuge mit Mitarbeiter-Rabatt, fuhren sie ein Jahr, und verkauften sie dann zum offiziellen Neupreis. Das war alles andere als schwierig, denn zum Beispiel in Los Angeles schlossen sich potentielle Kunden zu Gruppen zusammen, um gemeinsam ein Auto zu kaufen: Die Chancen, auch wirklich einen Cadillac zu erhal-

Nur gerade 400 Exemplare des Series 62 Convertible Sedan baute Cadillac 1941 – und es sollten für immer die letzten viertürigen Cadillac-Cabriolets bleiben. Mit 1 965 $ war der Convertible Sedan das teuerste Modell der Series 62.

Einzelstück: Die Zeiten, in denen Sonderanfertigungen an der Tagesordnung waren, waren 1941 auch für Fleetwood vorbei. Dieser Sixty Special Town Car, der in New York ausgestellt wurde, sollte der letzte seiner Art sein. Das Fahrzeug wurde schon längere Zeit nicht mehr gesehen, soll aber noch existieren.

ten, waren bei sechs Bestellungen einfach größer, als wenn jeder einzelne ein Fahrzeug bestellt hätte. Wie genau der Cadillac dann unter den sechs Besitzern aufgeteilt wurde, na ja, da war dann wohl oft die Phantasie der Anwälte gefragt. Solche Gruppenkäufe gab es bei den anderen Luxusmarken wie Chrysler, Lincoln oder Packard nicht, obwohl diese Fahrzeuge auch zu den eher raren Artikeln gehörten – doch den Chrysler, Lincoln und Packard kam auch nicht die Ehre zuteil, vor dem berühmten Nachtclub »Ciro's« einen reservierten Parkplatz zu haben. »Cadillac's only« hieß es dort auf einen Schild bei den besten Plätzen.

Ab dem Jahrgang 1948 verdienten sich die Cadillac diese besten Plätze bei «Ciro's» noch mehr. Wieder war es Harley Earl, der die Cadillac wie schon 1927, 1932, 1934, 1938 und 1941 zu einem optischen Meilenstein in der Automobil-Geschichte machte: Zusammen mit seinem Assistenten Julio Andrade verlieh er ihnen nämlich Flügel. Schon lange vor dem japanischen Angriff auf Pearl Harbour hatte Earl die noch geheime P-38 Lightning sehen können und ihre wunderschöne, aerodynamische Form bewundert. Solchermaßen inspiriert, hatte er schon wenige Tage nach seinem Besuch auf dem Flugplatz Selfridge Field die ersten Modelle fertig. Sie erinnerten mehr an Flugzeuge denn an Automobile, er träumte von Fahrzeugen mit Heckflossen wie Flugzeugleitwerke, von Flugzeugcockpits und einer propellerartigen Front – glücklicherweise blieben nur die Heckflossen übrig.

Und selbst darum mußte er hart kämpfen. Diese »Tail-Fins« gefielen dem neuen Boß Jack Gordon nicht besonders, er war in Sachen Styling eher konservativ eingestellt – wie fast alle seine Vorgänger. Earl, Andrade und der Chef des »Advanced Styling Studio«, Franklin Q. Hershey, verbrachten Stunden damit, Gordon von den Vorteilen des neuen Designs zu überzeugen. Immer wieder mußten Details und ganze Formen verändert werden, bis Gordon schließlich sein Plazet gab. Als dann die Händler erstmals den 48er Jahrgang sahen, trauten sie ihren Augen nicht – und behaupteten sofort, daß sie ihren Kunden ein solches Fahrzeug niemals zumuten könnten. Doch zumindest eines sprach für die neuen Formen: die Aerodynamik. Erstmals wurden die Cadillac im Windkanal auf dem »GM Proving Ground« in Milford getestet, sie schnitten deutlich besser ab als die Vor-

Als fünfsitziges Series 61 Club Coupé wurde dieses Fahrzeug kurz vor der Umstellung auf die Rüstungsproduktion angeboten. Bei dieser zeitgenössischen Aufnahme zeigt sich, daß Cadillac ganz klar eine betuchte Kundschaft ansprechen wollte: Wer sonst konnte sich schon eine Segelyacht und einen Cadillac leisten.

Nur zwei Jahre lang wurde die Series 63 gebaut, 1942 kam mit dem amerikanischen Kriegseintritt das Ende. Insgesamt wurden 6 700 Fahrzeuge der nur als fünftüriger Fließheck-Sedan erhältlichen Reihe hergestellt, was sie heute für Sammler besonders interessant macht. Zu beachten ist bei diesem Fahrzeug auch die auf dem Kotflügel angebrachte Radio-Antenne.

gänger, auch bei den Fahrversuchen, obwohl sie mit neuen, weniger Druck benötigenden und deshalb langsameren Reifen ausgerüstet waren. Die Heckflossen waren außerdem ein Stylingelement, mit dem sich Cadillac von der Konkurrenz deutlich abheben konnte, hatten doch Kaiser-Frazer und Studebaker im gleichen Jahr die ersten Fahrzeuge ohne die großen aufgesetzten Kotflügel präsentiert. Diese Pontonform kam eigentlich aus Italien, doch die Amerikaner adaptierten sie schnell. Auch bei den Cadillac waren die Kotflügel schon etwas geschrumpft, aber ganz darauf verzichten wollte man auch nicht – Cadillac-Kunden waren eher konservativ. Außerdem ließen diese »rudder-type fenders« die Autos sehr viel länger und stattlicher erscheinen, zumindest nach der damals gängigen PR-Auffassung: In aller Regel wurde für die Fahrzeug-Werbung schräg von vorne fotografiert. Aus dieser Perspektive betrachtet wirkten die Cadillac ungeheuer lang, und »big is beautiful« war ja schon immer eine typische amerikanische Lebensphilosophie. Weitere Änderungen im Heckbereich des Modelljahrgangs 1948 betrafen die direkt an die Karosserie angebauten Stoßstangen sowie der hinter einem Hecklicht versteckte Tankverschluß.

Alle Cadillac des Jahrgangs 1948 wurden mit diesen Heckflossen verschönert, mit Ausnahme der 75 Limousine, die erst 1950 in ihren Genuß kam. Doch nicht nur Cadillac profitierte von den Flossen, auch andere GM-Produkte wie die Buick (ebenfalls noch 1948) und die Oldsmobile, Pontiac und Chevrolet (ab 1949) wurden hinten von Earl's Styling beflügelt. Doch auch wer ein Auto ohne Heckflossen besaß, mußte sich nicht grämen: Wie Pilze schossen Zubehörhändler aus dem Boden, die auch die neuen Ford und alten Chevrolet mit Flossen ausrüsteten. Die meisten dieser Konstruktionen zeichneten sich durch eine gnadenlose Häßlichkeit aus. Alles andere als häßlich war hingegen das 1948er Coupé von Cadillac, das den Beinamen »Sedanette« trug. Es blieb für lange Jahre das ultimative Vorbild für alle großen und luxuriösen Coupés, auch für den Bentley Continental, der allerdings erst viele Jahre später für Aufregung unter den Schönen und Reichen sorgen sollte.

Interessant waren aber auch die Änderungen im Frontbereich des 48er Jahrgangs. Auch vorne wurde darauf geachtet, daß die Cadillac einen überaus mächtigen Eindruck machten. Der Kühlergrill war niedriger, aber breiter, und mit zwei horizontalen sowie sieben vertikalen Chromstreben aufgeteilt. Dafür wurde die Stoßstange schwerer und setzte damit den eher filigranen Kühlergrill in ein noch besseres Licht. Auch wurde die Motorhaube tiefer gezogen, was eine bessere Straßensicht ermöglichte, die jedoch gleichzeitig von der geneigten und oben gerundeten Frontscheibe wieder eingeschränkt wurde. Die vorderen Kotflügel waren im Gegensatz zu den hinteren nicht mehr aufgesetzt, verliefen von vorne bis unter das hinterste Fenster ohne Schnörkel und verliehen den neuen Cadillac eine besonders attraktive Note.

Trotz dieser schon fast revolutionären Änderungen blieben die neuen Cadillac ganz klar als Cadillac erkennbar. Gut ersichtlich blieben weiterhin die Inschrift auf der Seite, das in einem V stehende Markenemblem sowie die fliegende Göttin als Kühlerfigur auf der Motorhaube. Typisch blieben die an Projektile erinnernden Stoßstangenhörner, die reichlich vorhandenen Zierleisten, die Radkappen und der Kühlergrill – einen Cadillac konnte man immer auf den ersten Blick als Cadillac identifizieren. Und schließlich waren ja da noch die Heckflossen, die man noch heute fast ausschließlich mit dem Namen Cadillac verbindet.

Der neue Jahrgang rollte übrigens nur noch in fünf Karosserievarianten vor. 1941 hatte es noch zehn verschiedene Versionen gegeben, 1942 noch neun, 1946 und 1947 noch sieben. Die 1948 angebotenen Series 61 und 62 erhielten identische Karosserien, die (beim Sedan) um 163 $ teurere Series 62 erhielt einfach etwas mehr Chrom außen und eine verfeinerte Ausstattung innen. Beide Serien sind heute bei den Sammlern sehr beliebt, besonders die Coupés, stellen sie doch mit ihren zwar einfachen, aber doch unverwechselbaren Formen einen Höhepunkt der damaligen automobilen Designkunst dar. Noch beliebter sind heute selbstverständlich die Cabriolets, die 1948 etwa zehn Prozent der gesamten Cadillac-Verkäufe ausmachten. Und die Convertibles waren schon damals – in einer Zeit, als die Klimaanlagen noch nicht so recht funktionieren wollten – absolut begehrenswerte Fahrzeuge, sie waren nicht nur schön, sie waren mit ihrer edlen Lederausstattung, dem feinen Fahrwerk und dem durchzugskräftigen Motor der Gipfel des gepflegten Fahrvergnügens.

Übertroffen werden die Series 61 und 62 eigentlich nur noch vom Sixty Special. Er erschien erstmals 1938 und war immer so etwas wie das Aushängeschild der Typenreihe. Im Gegensatz zum 61 und 62, die von Fisher eingekleidet wurden, erhielt der 60S eine Fleetwood-Karosserie. Und dieses Kleid war nicht nur großartig, es war auch wirklich groß: 574 Zentimeter maß es von Stoßstange zu Stoßstange, die majestätische Series 75 war auch nicht länger. Einige Details wie weniger Chromzierleisten, fünf schmale Lüftungsschlitze am hinteren Dachpfosten oder die hintere Kotflügelblende blieben exklusiv dem 60S vorbehalten. Frank Hershey meinte einmal, daß der Sixty-Special der P-38 Lightning am ähnlichsten sehen sollte und am ähnlichsten sah. Fleetwood gab sich alle Mühe, den 60S durch Rückgriffe auf das Fisher-Programm im Preis so günstig wie möglich zu machen. So konnten viele Karosserieteile der Series 61 und 62 verwendet werden, einzig im Heckbereich, wo der Sixty-Special bedeutend länger ist, waren die Teile nicht austauschbar. Genau wie der Series 75 und das Series 62 Convertible war der 60S ebenfalls serienmäßig mit elektrischen Fensterhebern ausgestattet. Laurence Pomeroy vom englischen Magazin »The Motor« schrieb über die neuen Cadillac-Modelle: »Die Cadillac sind bekannt als die besten amerikanischen Fahrzeuge: Ausgerüstet mit der Automatik und einem 150 PS starken Motor sind sie die besten Beispiele des transatlantischen Designs«. Mit diesem transatlantischen Design sprach er auf den sprichwörtlichen Komfort amerikanischer Automobile und die vom Cadillac ebenfalls erreichten sportlichen Leistungen europäischer Fahrzeuge an. Auch Fabio Rapi von der ehemals bekannten italienischen Luxusmarke Isotta-Fraschini war von den Cadillac begeistert, und wollte »einen Wagen von höchster Qualität konstruieren, der vielleicht mit den Cadillac in Konkurrenz treten könnte«. Und Donald Healey, nicht gerade bekannt als Freund großer Automobile, nannte die Cadillac nach einen Besuch in Detroit 1948 »wunderbare Exemplare von Luxusfahrzeugen«.

Healey's Aussage wird jeder bestätigen, der schon einmal in einem 48er Cadillac gesessen hat. Wenn man

Ebenfalls nur zwei Jahre wurde die Series 67 gebaut. Die Fahrzeuge dieser Reihe waren zwar günstiger als die Series 75, verfügten aber mit 351 Zentimetern trotzdem über einen längeren Radstand. Und über gewaltig viel Platz im Innenraum, wie diese Aufnahme zeigt.

zum ersten Mal Platz nimmt, wird man vor allem vom gewaltigen Armaturenbrett beeindruckt sein. Im Gegensatz zu früheren Modellen, die einfach eine mehr oder weniger breite Leiste mit schönen Rundinstrumenten aufwiesen, ist der 48er Jahrgang mit einer einzigen monumentalen, halbrunden Armatur ausgerüstet, die irgendwie gar nicht in einen Cadillac passen will. Obwohl heute bei Sammlern sehr gesucht, war dieses Armaturenbrett 1948 bei der Kundschaft alles andere als beliebt, so daß es schon 1949 wieder durch eine klassischere Variante ersetzt wurde. Im Gegensatz dazu war die »Hydramatic« sehr beliebt: 97 Prozent aller 1948 ausgelieferten Cadillac wurden mit diesem automatischen Getriebe ausgerüstet. Dies, obwohl die »Hydramatic« seit ihrer Einführung immer eine Sonderausstattung geblieben war: 1941 kostete sie 110 $ extra (Marktanteil 30 %), 1946 schon 176 $ (Marktanteil 87 %) und 1949 dann 200 $. Was Marktanteile betraf, stand Cadillac in den Nachkriegsjahren gegen seine Konkurrenten nicht schlecht. Direkt nach dem Krieg blieb Packard der stärkste Gegner, die Verkaufszahlen glichen sich (30 883 Packard gegen 29 144 Cadillac in den Jahren 1945 und 1946), doch Packard erzielte den größten Teil seiner Verkäufe mit seinen bedeutend günstigeren Sechszylinder-Modellen. Nur der DeLuxe Eight, der Super Clipper und der Custom Super Clipper Eight konnten als direkte Konkurrenten der Cadillac betrachtet werden. 1948 setzte Packard noch eins drauf: Die Series 22 erhielt ein vollkommen neues Design und wurde beispielsweise von der »Fashion Academy of New York« zum »Fashion Car of the Year« ausgezeichnet. Auch bei den Kunden kamen die neuen Packard mit ihrem Reihenachtzylinder gut an, fast 100 000 Fahrzeuge konnten verkauft werden, während es Cadillac auf 66 209 Einheiten brachte. Zum großen Packard-Erfolg in dieser Zeit trug sicher auch die Vielfalt der lieferbaren Modelle bei, so daß fast jeder Kundenwusch erfüllt werden konnte. Außerdem gab es neuerdings ein automatisches Getriebe, die »Ultramatic«. Erst mit dem 1949 präsentierten Motor konnte Cadillac Packard in die Schranken weisen, diesmal aber endgültig.

Die anderen Konkurrenten hatten den beiden Marken nichts entgegenzusetzen. Die Lincoln sahen 1946 nicht besser aus als 1939 und schleppten noch immer den absolut veralteten V 12 mit sich herum, der selbst in der Topversion nur 130 PS leistete und fast mehr Öl als Benzin verbrauchte. Erst 1949 gab es einen neuen V 8 sowie wirklich neue Karosserien, bis dahin war es aber fast schon zu spät. Der damals präsentierte Lincoln Cosmopolitan hätte das Zeug zum echten Konkurrenten gehabt – wenn nur die Qualität besser gewesen wäre: Allein 1949 mußten 117 Detailänderungen eingeführt werden, damit der Cosmopolitan wenigstens einigermaßen straßentauglich war. Trotzdem konnte Lincoln in diesem Jahr insgesamt 35 123 Fahrzeuge verkaufen – etwas mehr als ein Drittel der Cadillac-Produktion von 1949. Auch Chrysler war keine echte Konkurrenz, weder für Cadillac noch für Packard. Ihr Spitzenmodell, der New Yorker, rangierte in all diesen Jahren eine Kategorie weiter unten, und von den exklusiven Imperial und Crown Imperial konnte Chrysler im besten Fall 100 Stück pro Jahr losschlagen.

Schon im Januar 1949 sorgte Cadillac wieder für Aufsehen: mit einem neuen 5,4-Liter-V 8, kurzem Hub und hoher Verdichtung. Bei der Gelegenheit hatte man auch die Karosserie ein wenig aufgefrischt, so wurde der Kofferraum endlich so gestaltet, daß man ihn auch wirklich benutzen konnte. Vor allem am Kühlergrill hatte sich einiges getan: 1938 war er noch mit 38 horizontalen Chromstreben verziert gewesen, 1940 gab es nur noch 20, 1941 dann noch zehn, sechs im Jahre 1942, fünf im Jahre 1946, vier im Jahre 1947, drei im Jahre 1948 und schließlich noch zwei im Jahre 1949. Auch sonst verzichtete man auf viel Chrom am neuen Modelljahrgang, der damit bedeutend weniger überladen wirkte. Außerdem waren Chromteile teuer, die Bearbeitung aufwendig: Zuerst mußte das Metall gereinigt werden, bevor es dann

Cadillac-Werbung im Jahre 1943.

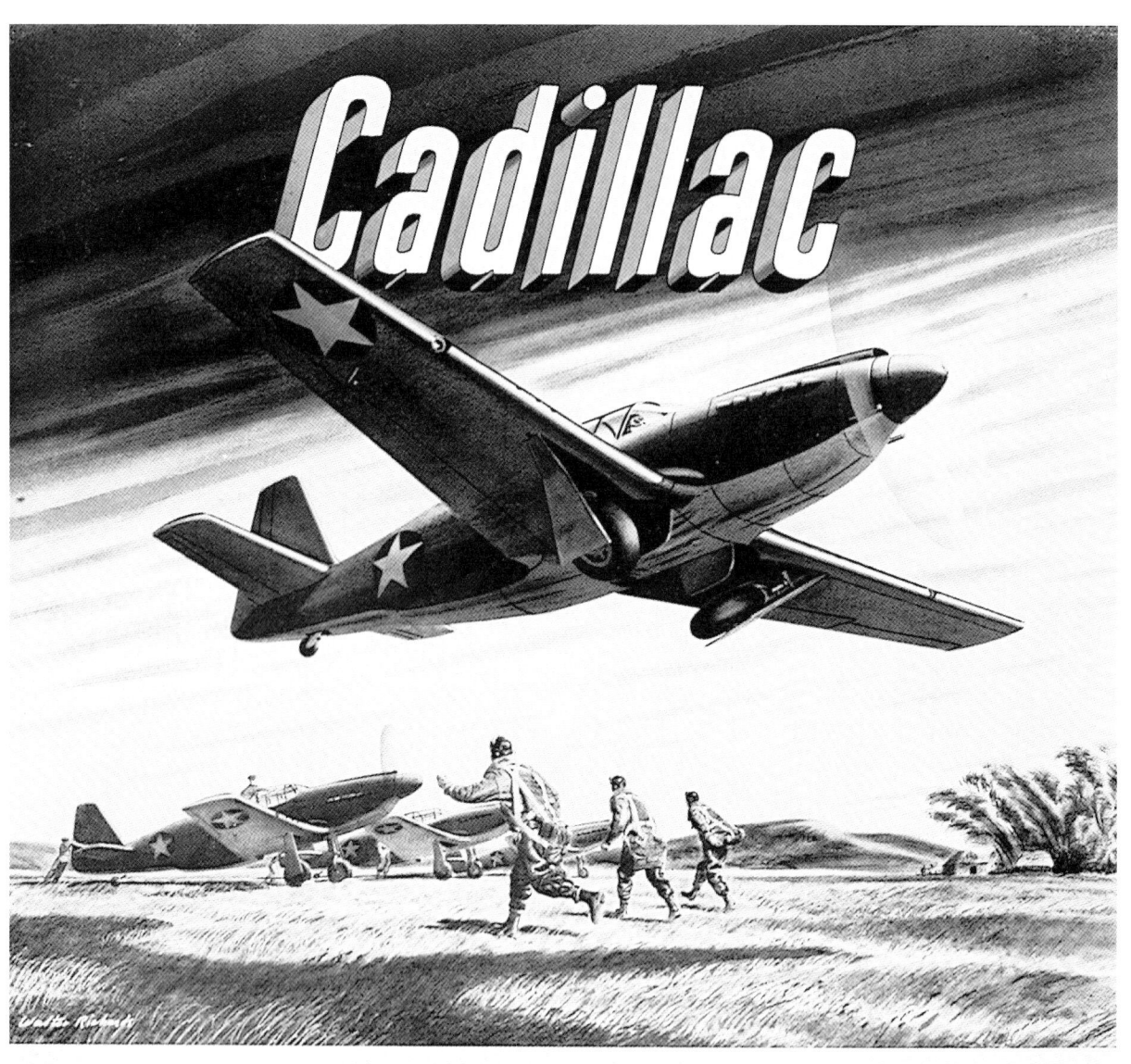

Cadillac

Forty years of *know how* in its nose!

Before any of these pilots were born, Cadillac was acquiring a "know how" in manufacturing which will, we feel sure, stand many of them in good stead today.

For one of the wartime jobs entrusted to Cadillac craftsmen is the production of basic power-producing assemblies for America's most famed liquid-cooled aircraft engines. There's forty years of "know how" in the nose of every fighter plane so powered—forty years that help to endow each with a degree of dependability which only the utmost in precision manufacturing and craftsmanship can insure.

Thus the Cadillac peacetime traditions are carried on in time of war, with this far broader implication:

Cadillac's responsibility today is to nations as a whole—to all Americans—to our Allies—with the clear mandate to produce vital war materiel in necessary quantities until the need ceases to exist.

Cadillac proudly accepts this trust and is now engaged in war production to the fullest extent in its history. The M-5 light tank, built in its entirety in Cadillac plants, special machinery for the Navy, and other subcontracted war materiel are and will continue to be our sole concern until Victory is won.

CADILLAC MOTOR CAR DIVISION — GENERAL MOTORS CORPORATION

LET YOUR DOLLARS WORK, TOO—
BUY
WAR BONDS AND STAMPS

Cadillac Ad No. 43-109—Job F1840—Fin. H—6-7-43
1 page—11 x 13⅞ inches—bleed
Saturday Evening Post—June 19, 1943
Collier's—June 12, 1943
Life—July 5, 1943
Fortune—July, 1943
Army & Navy Journal—June 5, 1943
(A) Newsweek—May 31, 1943
New Yorker—June 5, 1943
Time—June 7, 1943
U. S. News—June 18, 1943
MacMANUS, JOHN & ADAMS, Inc.

Cadillac-Werbung im Jahre 1946.

Cadillac

... Standard of the World – for 44 years

When the Cadillac Motor Car Company was organized, it was the declared purpose of its founders to build the finest car possible to produce. In this purpose Cadillac has never wavered. For forty-four years, Cadillac has consistently embodied in its cars the most advanced engineering that research has been able to achieve. Cadillac has also long enjoyed the priceless advantage which comes from membership in the great General Motors family—advantages in engineering, research and testing that would not be available under any other conditions. Having built so long to such high purpose, it is not unusual that Cadillac has come to stand uniquely alone among the motor cars of the world. Wherever roads lead and wheels turn, this one fact stands out—the man who owns a Cadillac has the definite assurance that he is enjoying the finest personal transportation available anywhere.

* CADILLAC MOTOR CAR DIVISION * GENERAL MOTORS CORPORATION *

Auch 1946 waren und blieben die Series 75, hier der siebensitzige Sedan, die teuersten und exklusivsten Cadillac. Sie wurden praktisch unverändert aus der Zeit vor dem Krieg übernommen.

Neben dem Sixty Special blieben die fünfsitzigen Series 62 Convertible Coupé die schönsten Cadillac, auch im Jahre 1946. Nur 1 342 Stück wurden in diesem Jahr gebaut, der Preis lag bei 2 521 $.

Praktisch unverändert wurde der Sixty Special von 1942 in das Jahr 1947 übernommen, wenn man einmal von den sogenannten Sombrero-Radzierblenden absieht. Das tat seiner sehr gefälligen Erscheinung aber keinen Abbruch – 8 500 Kunden konnten sich für dieses mittlerweile 3 195 $ teure Fahrzeug begeistern.

Der bei weitem am besten verkaufte Cadillac des Jahres 1947 war der fünfsitzige Series 62 Sedan. Abgesehen von einigen geringfügigen Veränderungen sah auch dieser Wagen noch genau so aus wie 1942.

mit einer Schicht Kupfer, einer Schicht Nickel und schließlich noch mit einer Schicht Chrom versehen werden konnte. Obwohl bei der Herstellung also wirklich nicht gegeizt wurde, haben viele dieser Nachkriegs-Cadillac ihren Chromzierrat verloren. In den meisten Fällen wurde das Chrom durch häufiges Waschen und Polieren in Jahrzehnten einfach abgetragen, die Chromzierleisten glänzen deshalb in Nickelfarbe. Echte Sammler allerdings haben nichts dagegen, zeigt es doch, daß der Wagen jederzeit gut gepflegt wurde. Doch zurück zum Jahrgang 1949 und dem, was er unter der Haube trug: der neue Motor. Er markiert, wie die Cadillac-Achtzylinder von 1914 und 1923, einen absoluten Höhepunkt in der technischen Entwicklung der Detroiter Luxusmarke. Dabei bestand vordergründig gar kein Bedarf: Das bisher verwendete L-Head-Triebwerk war nie besser gewesen und gehörte trotz seines Alters weiterhin zu den besten amerikanischen Maschinen. Der alte Motor stellte eigentlich genau das dar, was man in diesen ersten Nachkriegsjahren brauchte: Einen vor allem im unteren Drehzahlbereich extrem starken, durchzugskräftigen Motor, der für die damals noch immer nicht hervorragenden Straßen perfekt geeignet war. Das neue kopfgesteuerte Triebwerk war mehr auf die Zukunft gerichtet, die den Amerikanern die breiten, endlosen Highways bringen sollte, auf denen man mit dem neuen Cadillac-Motor in absoluter Ruhe und mit sehr hoher Durchschnittsgeschwindigkeit reisen konnte.

Der neue V 8 sollte zu dem Motor werden, den nicht nur die ganze amerikanische Automobilindustrie in oft sehr ähnlicher Form nachbaute. Oft wurde dieses neue Triebwerk auch der »Kettering-Motor« genannt, was die Sache aber beim besten Willen nicht trifft. Kettering hatte etwa gleichzeitig einen vollkommen anderen Motor fertig, einen Sechszylinder mit 2,9 Litern und einer noch höheren Verdichtung (12,5:1) als das Cadillac-Triebwerk. Auch mit dem gleichzeitig vorgestellten Oldsmobile-Motor konnte man den Cadillac-Antrieb nicht vergleichen, das Cadillac-Meisterwerk besaß bei nur zehn Prozent mehr Hubraum fast zwanzig Prozent mehr Leistung und war noch um einige Kilo leichter.

Zu verdanken hatte die Nachwelt den neuen 5,4-Liter-V 8 also weder Kettering noch anderen General-Motors-Ingenieuren, sondern John F. Gordon, Harry Barr und Edward N. Cole. Besonders der dynamische Ed Cole verdient besondere Beachtung, er bestimmte auch ab 1967 die Geschicke von General Motors. Geboren am 7. September 1909 in Marne, Michigan, kam er als 20jähriger zu Cadillac – nicht als Unbekannter: Er hatte unter anderem einen Chevrolet mit drei Vergasern, einem offenen Auspuff und den Ventilkipphebeln des Cadillac V 16 aufgerüstet. Mit diesem »Hot-Rod« trat er dann mit Vorliebe auf der Clark Street, direkt vor der Cadillac-Fabrik, zum Beschleunigungsduell gegen dem Anschein nach weit stärkere Fahrzeuge an. Einer seiner Gegner war Fred Arnold, der einen besonders schnellen Cadillac V 12 besaß, den Ort des Schreckens aber nach einer vernichtenden Niederlage gegen den kleinen Chevi mit Tränen in den Augen verließ.

Die Arbeit am neuen V 8 begann schon 1937, also lange vor dem Krieg. Damals hatte man eingesehen, daß der bekannte V 8 mit 5,7 Liter Hubraum mit seiner Bauweise schon bald an seine Grenzen stoßen würde, vor allem in bezug auf eine leistungsfördernde höhere Verdichtung. Mehr als ein Verhältnis von 8:1 war mit dem seitengesteuerten Motor nicht möglich, weil durch den beengten Raum im Zylinderkopf und die verwinkelten Wege der Kraftstoffzuleitung kein akzeptabler Füllungsgrad mehr erreicht werden konnte. Auch verlangsamte sich dann der Verbrennungsvorgang. Doch eine höhere Verdichtung mußte sein, da sie die Verwendung des neuen, hochoktanigen Kraftstoffes ermöglichte.

Nicht gerade ergonomisch war das Cockpit der Cadillac des Jahres 1947. Beachtlich die gewaltigen, zentralen Lüftungsschlitze, die Uhr, die der Fahrer nur mit Mühe einsehen konnte sowie das Überangebot an Fußraum.

Und dieser wiederum versprach einen bedeutend höheren Wirkungsgrad des Motors. Welche Reserven da noch steckten, bewies die »Etyhl Corporation«, die einen alten Cadillac-V 8 mit einem Kompressor versah und so, ohne sonstige Modifikationen, auf stolze 234 PS kam. Die ersten Schritte in Richtung des neuen Motors unternahm Cadillac mit der Entwicklung der fünffach gelagerten Kurbelwelle, mit der man herausfinden wollte, ob bei beim alten Motor trotzdem eine höhere Verdichtung möglich wäre. Mit dieser Kurbelwelle konnte die problematische Drehzahl von 2 600/min auf 3 700/min gesteigert werden, auch wurden die Vibrationen reduziert und der Füllungsgrad verbessert, doch der Motor lief den Cadillac-Ingenieuren noch immer zu rauh. Also versuchte man sich mit einem kopfgesteuerten Motor, der schon genannten fünffach gelagerten Kurbelwelle, einem kurzen Hub und gespreizten Verbrennungsräumen, einer Konstruktion also, die in ihren Grundzügen auch beim 1949er Triebwerk verwendet werden sollte. Dieser Motor war ebenfalls schon vor dem amerikanischen Kriegseintritt fertig. Mitentscheidend für den Erfolg des neuen Triebwerks waren die »Slipper«-Kolben, die mit ihrem beschnittenen Schaft leichter waren. Sie konnten tiefer zwischen die Ausgleichsgewichte der Kubelwelle eintauchen, was den Einsatz kürzerer Kolben möglich machte, was wiederum eine Gewichtsersparnis durch einen kompakter bauenden Motor bedeutete. Dank dieser Bauweise mußten die Kolben bei 4 000/min nicht mehr über 900 Meter zurücklegen, sondern nur noch rund 730 Meter. Diese Slipper-Kolben waren eine Erfindung von Byron Ellis, der schon für die 1934 entwickelten Aluminium-Kolben verantwortlich gewesen war. Ellis kam auf die Idee mit den beschnittenen Kolben schon 1938 und konnte seine Entwicklungsarbeit auch während des Krieges fortsetzen.

Das war für den Rest der Entwicklungsarbeiten nicht der Fall, man hatte sich bei Cadillac während der Kriegsjahre um die Verfeinerung des bekannten 5,7-Liter-V 8 zu kümmern. Doch sofort nach Kriegsende nahmen Barr und Cole die unterbrochene Arbeit wieder auf, und entschieden, daß der neue Motor auf eine Verdichtung von 12,5:1 auszulegen sei, auch wenn man ihn zu Beginn der Produktion nur mit einer Verdichtung von 7,5:1 ausliefern wollte. Doch schon mit dieser verhältnismäßig niedrigen Kompression vertrug der Motor das neu auf den Markt gekommene 88-Oktan-Benzin, gleichzeitig lief er auch problemlos mit dem bekannten 84-Oktan-Kraftstoff. Für den Export in Länder mit noch schlechterem Benzin gab es auf Wunsch eine mit 6,7 verdichtete Version. Nicht wenig Kopfzerbrechen bereitete auch der Kostenrahmen, denn für den neuen Motor hatte der bestehende Maschinenpark zu genügen. Das wurde genau wie ein besserer Leistungskoeffizient, kleinere Abmessungen, ruhigerer Lauf, gute Zugänglichkeit, höhere Fahrleistungen und verbesserte Zuverlässigkeit erreicht. Das neue Aggregat leistete trotz geringerer Abmessungen rund 160 PS (was einer Verbesserung um sieben Prozent entsprach), das maximale Drehmoment stieg von 260 auf 270 Nm. Besonders stolz war man bei Cadillac auf den deutlich verringerten Verbrauch, der im Schnitt mehr als einen Liter unter den Werten des 5,7-Liter-V 8 lagen. Herausragend auch das Gewicht des neuen Triebwerks: Mit 316 Kilo war der Motor 85 Kilo leichter als der bisher verwendete Antrieb. Wenn man noch die dank verbesserter Kühlung kleiner gehaltenen Kühler und Kühlflüssigkeitsleitungen dazu rechnete, dann war der neue Motor sogar über 100 Kilo leichter als sein Vorgänger. Auch konnte beim neuen Triebwerk die Zuverlässigkeit bei maximaler Belastung verbessert werden: Während der alte V 8 nach einem Dauerlauf von 131 Stunden bei 4 250/min erste Abnützungserscheinungen zeigte, war der neue auch nach 541 Stunden bei gleicher Drehzahl noch in perfektem Zustand. Die Höchstgeschwindigkeit betrug mit der 3,77-Übersetzung 167 km/h, mit der 4,27-Übersetzung 155 km/h. Offiziell hielt man sich mit solchen Zahlen bei Cadillac, wo man

Erstaunlicherweise war dieses sehr elegante Coupé der Series 62 im Jahre 1949 nicht sehr beliebt – es wurden sogar mehr Convertibles verkauft. Am Preis konnte es kaum liegen, für 2 992 $ erhielt man doch 1,9 Tonnen Gegenwert.

Wie immer hatte der Sixty Special auch 1949 eine Extrawurst in Sachen Radstand, der bei ihm als einzigem Cadillac 338 Zentimeter betrug. Zum ersten Mal wurde der 60S in diesem Jahr auch als sechssitziger Sedan angeboten, obwohl er innen keinen Zentimeter mehr Raum aufwies als im Vorjahr.

Stolze 37 617 Exemplare dieses sechssitzigen Series 62 Sedan konnte Cadillac 1949 verkaufen. Das weiße Papier vor dem Wagen lag nicht einfach zufällig da, sondern wurde von den Photographen so plaziert, um die richtigen Lichteffekte auf den großzügig verwendeten Chrom zu werfen.

den Motor in den Prospekten hochtrabend als »the greatest automobile engine ever built« angekündigte, aber wie gewohnt etwas zurück, man nannte als Höchstgeschwindigkeit für alle Modelle 155 km/h. Verschiedene Fachmagazine schafften aber bedeutend höhere Geschwindigkeiten.

Das ehrwürdige »Time«-Magazin meinte bei einer Modellvorstellung am 25. Oktober 1948, »daß der schwere Cadillac in rund 30 Sekunden aus dem Stillstand auf 130 km/h beschleunigt« und bescheinigte, ebenso wohlwollend, daß der Benzinverbrauch geringer und die Laufruhe größer geworden sei. Vor allem dieser Benzinverbrauch war eines der Entwicklungsziele von John F. Gordon gewesen, der die dummen Witze der Tankwarte nicht mehr hören konnte, die immer empfahlen, den Motor zum Tanken abzustellen, weil sonst der Tank nie voll werde. Auch mit der Laufruhe war Gordon nach ersten Testfahrten zufrieden, zumindest beinahe: Er verlangte von seinen Ingenieuren, die Borduhr zum Schweigen zu bringen, sie übertöne das Motorengeräusch. Wie sehr die neuen Cadillac die Meinungen polarisierten, beweist ein Bericht aus dem englischen Fachmagazin »The Motor«. Briggs Cunnigham hatte einen viertürigen Sedan zur Verfügung gestellt, dessen Test die Engländer mit den Worten beschlossen: »Eines der besten Fabrikate der Welt, beeindruckend, ausgewogen und von einer gewaltigen Größe, die allein schon eine gewisse Überlegenheit symbolisiert«. Weiter führte »The Motor« lobend aus, daß »die Fahrleistungen so hervorragend sind, daß sie nur von wenigen anderen Fahrzeugen überhaupt erreicht, von einer noch geringeren Anzahl noch übertroffen werden. Der Cadillac ist ein Fahrzeug, daß dafür geschaffen ist, lange Strecken hinter sich zu bringen und dabei den Fahrer so wenig wie möglich zu beanspruchen. Außerordentlich ist die Laufruhe, auch bei 130 km/h können sich die bequem reisenden Passagiere noch in normaler Lautstärke unterhalten. Die hervorragende Beschleunigung macht es zusammen mit der hohen Höchstgeschwindigkeit möglich, auf einigermaßen guten Straßen eine Durchschnittsgeschwindigkeit von gegen 100 km/h zu erreichen«. Bei diesem Test erreichte »The Motor« auch einen beachtlichen Durchschnittsverbrauch von zwischen 13 und 16 Litern auf 100 Kilometern.

Doch die Kommentare unter den Testern von »The Motor« reichten von wenig erstaunlichen »perfektes Auto« und »hervorragendes Transportmittel« bis hin zu »würde ich für kein Geld der Welt kaufen«. Das ist eigentlich nicht weiter verwunderlich: Während die Cadillac in den Vereinigten Staaten immer einen hervorragenden Ruf genossen und zu den Traumautos gehörten, waren die Meinungen in Europa immer schon geteilt, und das bis zum heutigen Tag. Den einen sind die amerikanischen Luxuskreuzer zu groß für die schmalen europäischen Straßen, den anderen sind sie zu erfolgreich: Ein Fahrzeug, von dem jährlich 100 000 Exemplare hergestellt werden, kann einfach nicht besser sein als ein in Handarbeit oder wenigen tausend Stück gefertigtes europäisches Fabrikat, das außerdem noch sündhaft teuer ist.

Laurence Pomeroy, damaliger Chefredaktor von »The Motor«, war einer dieser «Besserwisser« und besonders hartnäckigen Kritiker. Beim Test 1949 des viertürigen Sedan bemängelte er die Größe des Cadillac, seine Bremsen, seine Lenkung, sein Getriebe, seine Federung, die mangelnde Verarbeitungsqualität und das Fehlen einer Bar. Nach diesem Generalverriß billigte er dem Cadillac aber doch noch zu, »daß er ein bemerkenswertes Fahrzeug ist, schnell und sparsam, das keine Anforderungen an der Fahrer stellt und über die beste Heizung verfügt, die ich je bei einem Auto kennenlernen durfte«. Zusammenfassend nannte er den Cadillac eine »Transatlantische Apotheosis«, griff dann zu nautischen Begriffen und verglich den Wagen mit der »Queen Mary«, deren Kapitän allen Komfort genießen darf, über jegliche Hilfsmittel verfügt, aber selber kaum eingreifen kann und darf. Auch sein Redaktionskollege Joseph Lowrey schlug mit seinem Kommentar in die gleiche Bresche: »Der Cadillac repräsentiert den Gipfel der amerikanischen Automobilentwicklung, ist aber mit seiner Größe und seiner Federung nicht für europäische Straßen geeignet.«

Doch es gab auch andere Stimmen aus Europa. »The Autocar« testete ein Jahr nach der Konkurrenz von »The Motor« ebenfalls einen Cadillac und bemerkte, daß »wenn man einmal im Wagen ist, schnell realisiert, daß General Motors mit Cadillac wirklich etwas Besonderes hat. Der Wagen verfügt über außerordentliche Fahrleistungen, und eine Fahrt über 160 Kilometer konnten wir mit einer Durchschnittsgeschwindigkeit von über 80 km/h hinter uns bringen. Bei hohen Geschwindigkeiten fährt sich das Fahrzeug sehr leicht, und strahlt auch eine gewisse Qualität aus. Auch ist man begeistert von der Laufruhe. (...) Der Cadillac bereitet höchstes Fahrvergnügen. Wenn man die Fahrleistungen, den Komfort und die Handlichkeit als Kriterien einer Beurteilung heranzieht, so kann das Fahrzeug auch den kritischsten Fahrer überzeugen«. Als »Autocar« 1951 einen bekannten englischen Hersteller besuchte, zeigte man sich trotzdem sehr überrascht, als man in der Konstruktionsabteilung einen Cadillac-V 8 fand.

Der »ewige« Cadillac der 40er Jahre war allerdings die

157

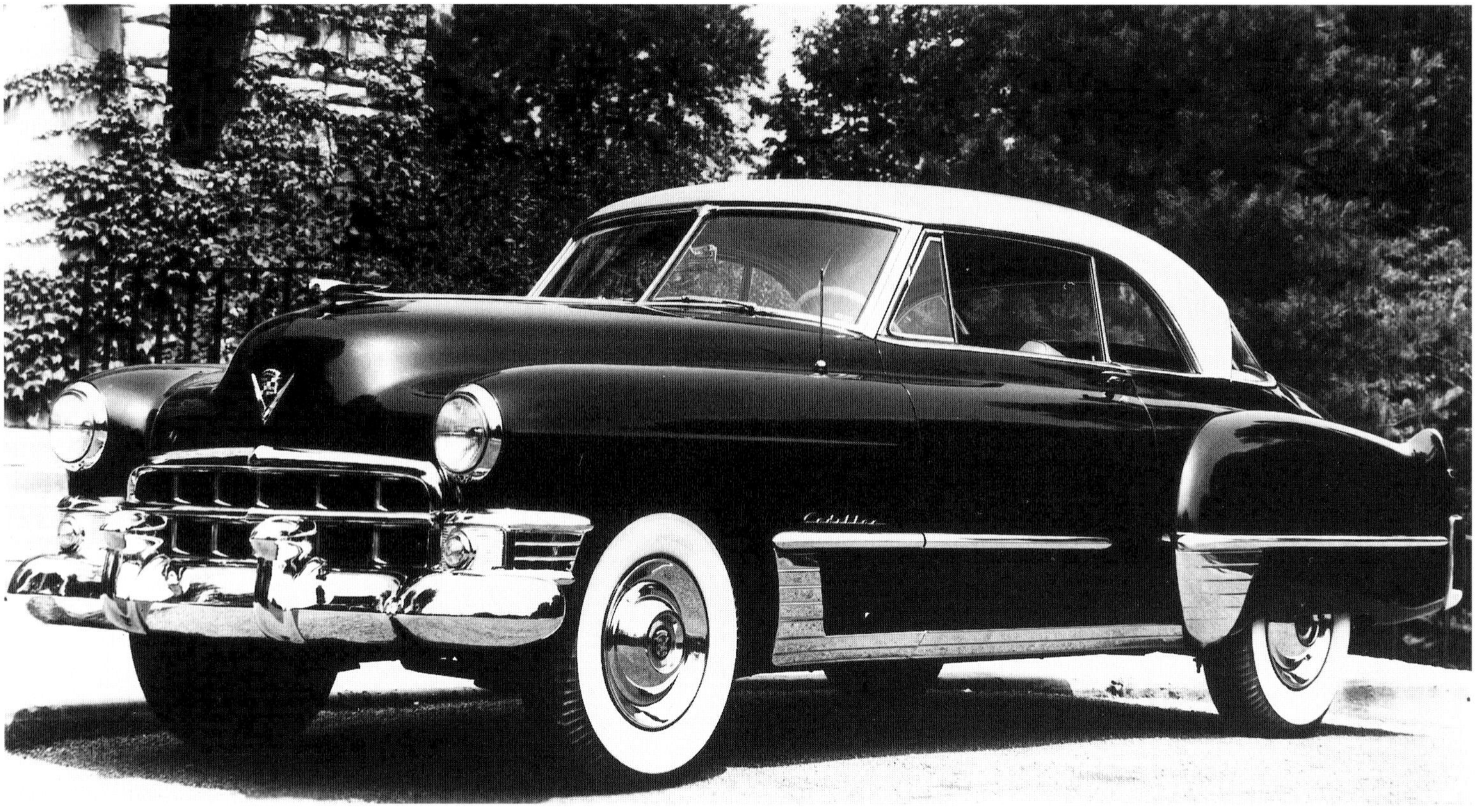

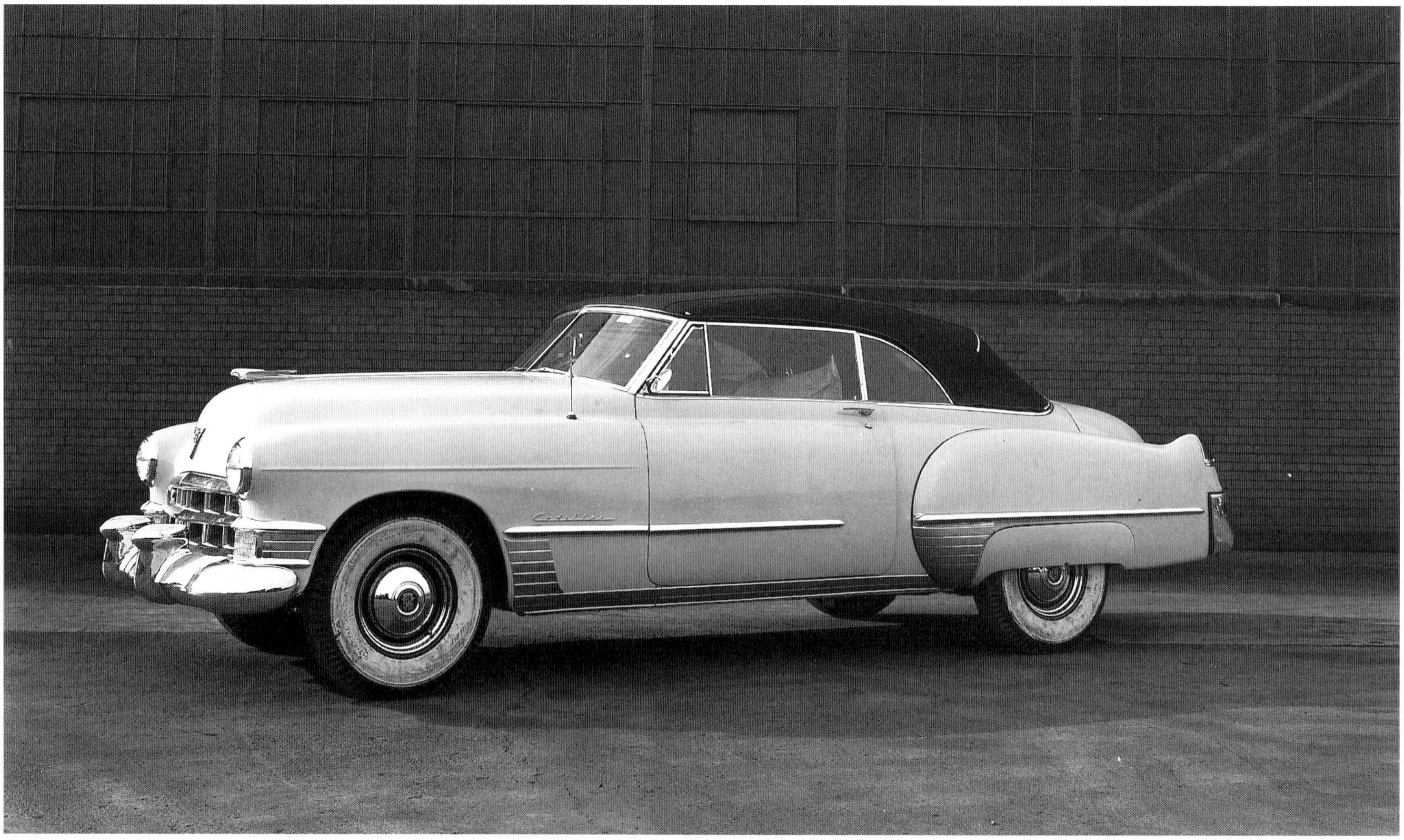

Am 25. November 1949 durften sich der damalige Cadillac-Chef John F. Gordon und sein Verkaufschef Don E. Ahrens über den einmillionsten Cadillac – ein Coupé de Ville – freuen. 47 Jahre hatte es gedauert, bis die erste Million vollbracht war – für die zweite brauchte Cadillac dann nur noch neun Jahre.

Linke Seite:
Erst Ende des Jahres wurde eine sensationelle neue Karosserieform eingeführt: Das Coupé de Ville, das ohne mittleren Dachpfosten auskam. Nur 2 150 Coupé de Ville wurden in diesem Jahr produziert, was dieses wunderschöne Fahrzeug vor allem für Sammler sehr begehrenswert macht. Sein Preis lag damals bei 3 497 $, sein Gewicht bei 1 750 Kilo, was ihn zum leichtesten Cadillac von 1949 machte.

Auch mit geschlossenem Verdeck war das Series 62 Convertible Coupé alles andere als ein häßliches Fahrzeug. Mit einem Preis von 3 523 $ war das viersitzige Cabriolet das teuerste Modell der Series 62.

Series 75, die unter dem Blech von allen Neuerungen wie der verbesserten Hydramatic und dem neuen Triebwerk profitierte äußerlich aber während des ganzen Jahrzehnts fast keine Änderungen erfuhr. Das gewaltige Fahrzeug mit seinem sehr konservativen Design wurde trotzdem weltbekannt, nicht nur, weil es die bequemste und stilvollste Möglichkeit des Reisens bot, sondern weil es durch unzählige Auftritte in Film und Fernsehen zu einem Symbol für das amerikanische Automobil der 40er Jahre wurde. Doch die Zeiten sollten sich ändern, schon 1949 wollten die GM-Designer mit der guten Tradition brechen und die Series 75 optisch an die anderen Cadillac-Produkte angleichen. Aber Cadillac-Boß Jack Gordon legte sein Veto ein, denn er liebte diese konservativen Fahrzeuge, die praktisch ausschließlich in Schwarz ausgeliefert wurden.

Und es war auch Jack Gordon, der am 25. November 1949 bei der Feier zur Produktion des einmillionsten Cadillac-Modells, einem Coupé de Ville, die richtigen Worte für das ausgehende Jahrzehnt fand: »Während Cadillac immer die Prinzipien der höchsten möglichen Qualität bei der Produktion seiner Fahrzeuge hochgehalten hat, war es auch immer ein Ziel der Firma, die Preise für die Cadillac so tief wie möglich zu halten. Daß wir dieses Ziel erreicht haben, kann ein Vergleich der relativen Kosten zeigen: Vor 15 Jahren lag der durchschnittliche Preis für einen Cadillac noch rund viereinhalbmal über dem Durchschnittspreis für ein amerikanisches Fahrzeug – heute liegt dieser Preis nur noch rund 1,6mal höher. Diese vorteilhaften Preise waren ein wichtiger Faktor in den ständig anwachsenden Verkäufen, die in diesem Modelljahr die stolze Zahl von 92 554 Cadillac-Fahrzeugen erreicht haben. Dies sind 39 Prozent mehr als je zuvor. Mit diesem Rekord lag die Gesamtproduktion in den vier Nachkriegsjahren bei 236 380 Fahrzeugen. Außerdem haben unsere Angestellten, auch durch ihre lange Mitarbeit – mehr als 20 Prozent unserer Mitarbeiter arbeiten schon mehr als 15 Jahre für Cadillac – und ihrem Verständnis für unser Arbeitsmotto »Handwerk ist eine Berufung, Genauigkeit ein Gesetz«, ein Know-how entwickelt, das nirgends in der Automobilindustrie übertroffen wird. So können wir heute stolz sein, daß von der bis heute produzierten Million Cadillac noch immer 453 000 Fahrzeuge in Betrieb sind.«

KAPITEL 6
CADILLAC UND CHROM UND FLOSSEN

DIE FÜNFZIGER JAHRE

Cadillac-Werbung aus dem Jahre 1950.

Frederick Stanley Bennett war 80 Jahre alt, als er es noch einmal allen zeigte. Der Mann (obwohl Engländer), welcher der amerikanischen Marke zu weltweiter Reputation verholfen hatte, beteiligte sich 1953 noch einmal an einem Rennen und bewies, daß weder er noch sein Auto – ein fünfzig Jahre alter Cadillac – zum alten Eisen gehörten. Bennett und sein Wagen gingen mit der Nummer 530 bei der Neuauflage des »1 000-Mile Trials« an den Start, eben jener Veranstaltung, bei der der kleine Einzylinder mit dem großen Mann am Steuer 50 Jahre zuvor für so großes Aufsehen gesorgt hatte. Die Idee des veranstaltenden »Veteran Car Club of Great Britain« war ganz einfach: Man wollte eine Neuauflage des legendären Rennens organisieren, mit den gleichen Fahrzeugen und, sofern möglich, auf den gleichen Strecken wie 50 Jahre zuvor. Eine ähnliche Veranstaltung hatte schon 1913 stattgefunden, veranstaltet vom »Royal Automobile Club«, und Bennett war schon damals dabeigewesen.

Bennett war der einzige Teilnehmer, der sowohl die erste als auch die zweite Ausfahrt mitgemacht hatte, kein Wunder also, daß er beim 50jährigen Jubiläum als Ehrengast wieder mit dabei war. Und er hatte nichts verlernt, mit dem gleichen Ehrgeiz, mit dem er die Marke Cadillac in Europa bekannt gemacht hatte, engagierte er sich auch bei diesem Oldtimerrennen. Selbstverständlich trat er im Wagen von damals an. Zwar hatte Bennett den Einzylinder schon bald nach den ersten Erfolgen verkauft, doch 1913 fand er ihn in Slough wieder, wo ihn ein Chemiker als Lieferwagen benutzt hatte. Er kaufte das Fahrzeug, das etwa 80 000 Kilometer auf dem Buckel hatte, zurück, trat bei der zweiten Auflage des »1000-Mile Trial« an und legte in den folgenden 40 Jahren weitere 400 000 Kilometer mit seinem kleinen Liebling zurück – und mußte nicht mehr reparieren als den lecken Benzin- und den Wassertank.

Das Interesse der Öffentlichkeit war riesig. Als das Rennen am 18. September 1953 gestartet wurde, widmete sogar die ehrwürdige Mutter aller Zeitungen, die Londoner »Times«, Frederick Bennett und seinem Cadillac einen längeren Artikel. Und Bennett hatte die Aufmerksamkeit verdient: Wie immer sehr elegant gekleidet und mit seinem charakteristischen Lächeln auf den Lippen, brachte er die Strapazen der zehntägigen Fahrt hinter sich. Locker steckte auch der Cadillac die Anstrengungen weg: Keine einzige Schwäche ließ er sich anmerken, zog so souverän wie einst die Berge hoch und absolvierte die Prüfung mit einer Durchschnittsgeschwindigkeit von 34,1 km/h sogar noch schneller als 50 Jahre zuvor. »Auf einigen Streckenabschnitten fuhr Bennett mit fast 70 km/h«, schrieb ein begeisterter Reporter der »Portsmouth Evening News«. Kein Wunder, daß die Begeisterung für den alten Mann und seinen alten Cadillac groß war, als er in Brighton über die Ziellinie fuhr. »Hats off to Mr. Bennett« war auf einem großen Spruchband zu lesen, das die Veranstalter aufgehängt hatten. Verdient hatte er das wirklich.

Hut ab auch vor den Cadillac der 50er Jahre. Nie waren sie eleganter gewesen, oder prachtvoller, wenn sie auch nicht alle so aussahen wie der »Debutante«: Für die Präsentation der neuesten Modelle im feinen Waldorf Astoria in New York hatte Cadillac ein atemberaubendes Sondermodell auf die Räder gestellt. Das Debütanten-Cabriolet, die Sensation der General-Motors Ausstellung »Mid Century Motorama«, war innen mit dem Fell von 187 aus Somalia importierten Leoparden ausgekleidet. Die Lackierung war perlmuttweiß und glänzte fast so stark wie das Gold, mit dem ein großer Teil des Armaturenbretts sowie der Zündschlüssel veredelt worden war. Kein Wunder, daß der »Debutante« auf stolze 30 000 $ geschätzt wurde, rund zehnmal soviel wie der günstigste Cadillac. Auch die anderen Cadillac, die auf dieser »Motorama« vorgestellt wurden, konnten sich sehen lassen. Cadillac begann die 50er Jahre mit acht verschiedenen Modellen: der Series 61 mit einem viertürigen Sedan und einem zweitürigen Coupé, der Series 62 mit einem viertürigen Sedan, einem zweitürigen Coupé, einem Cabriolet und einem Coupé de Ville, der Series 60 Special sowie der neu eingekleideten Series 75 mit den siebensitzigen Sedan und Imperial. Neu waren vor allem die einteilige, gewölbte Windschutzscheibe, der längere und breitere Hintern sowie die noch elegantere Linie des hinteren Kotflügels mit den aufgesetzten (und funktionslosen) Lüftungsschlitzen. Ebenfalls neu, allerdings wenig beachtet, war der leichtere und stabilere Rahmen sowie die geänderte Federung. Auch erhielt der erst in sei-

Cadillac

Its Owner is Entitled to Dual Respect!

The man who owns a 1950 Cadillac should be respected as much for his practical wisdom as for his good taste. He has, of course, one of the world's most distinguished personal possessions. Yet, if he has one of the lower-priced Cadillacs, he actually paid less for it than he would have to pay for certain models of numerous other makes of cars. He also has an extremely economical car—both to operate and maintain. Gasoline mileage in a Cadillac actually approaches that of the lowest-priced popular cars. And the car's endurance and dependability are, of course, traditional. Have you driven a 1950 Cadillac? If not, better see your Cadillac dealer today. He will gladly arrange for the driving thrill of a lifetime.

CADILLAC MOTOR CAR DIVISION · GENERAL MOTORS CORPORATION

nem zweiten Produktionsjahr stehende V 8 einen neuen, in Öl gebadeten Luftfilter. Und schließlich wurde noch die Hydramatic verbessert.

Unterscheiden ließen sich die Modelle 61 und 62 auch 1950 kaum, obwohl die Series 61 in diesem Jahr erstmals auf einem zehn Zentimeter kürzeren Chassis aufgebaut war, der Radstand betrug nur noch 310 Zentimeter. Große Ähnlichkeit wiesen auch das Coupé de Ville und das normale Coupé der Series 62 auf, einzig das weniger luxuriöse Interieur machte den Unterschied. Und dann war da noch der Preis: Mit 3 150 $ konnte das Coupé de Ville als wahres Sonderangebot gelten. Innerhalb der Series 62 und im ganzen Cadillac-Programm war der viertürige Sedan das populärste Modell, von dem 1950 insgesamt 41 897 Exemplare verkauft werden konnten. Nicht ganz so erfolgreich war der Sixty-Special, der 13 755 Kunden fand, ohne die Preissenkung von 4 131 $ auf 3 920 $ wären es noch weniger gewesen.

Von allen Neuerungen erregte das Facelifting des 75 am meisten Aufsehen. Der Radstand wurde auf 371 Zentimeter verlängert, die Gesamtlänge betrug 601 Zentimeter. Trotz dieser gewaltigen Maße blieb der Seventy-Five ein sehr elegantes Fahrzeug, das auch optisch als der größere Bruder der nicht besonders kleinen Cadillac erschien. Von hinten war die Series 75 an ihren bedeutend kleineren Rücklichtern zu erkennen, außerdem trug er, im Gegensatz zum 60 S, kein Fleetwood-Emblem, sondern das im V stehende Cadillac-Signet. Erhältlich war der sanfte Riese als Sedan und als Limousine, deren Fahrer-Abteil durch eine Scheibe vom hinteren Passagierraum abgetrennt war. Trotz der nicht gerade günstigen Preise (4 770 $ für den Sedan, 4 959 $ für die Limousine) war, abgesehen von den elektrischen Fensterhebern, die Ausstattung eher mager, so wurde der Seventy-Five beispielsweise serienmäßig mit einem manuellen Dreigang-Getriebe ausgerüstet. Die Hydramatic gab es nur gegen Aufpreis. Vielleicht deswegen, und trotz der außergewöhnlichen Eleganz und dem feinen Motor, zeigte die zahlungskräftige Klientel der Series 75 die kalte Schulter. Vor allem qualitativ konnte das Fahrzeug nicht mit den großen Packard mithalten. Das optimale Fahrzeug damals, so Doug M. Hendry, hatte Hudson-Rahmen, Chrysler-Bremsen, die Verarbeitung eines Packard sowie Motor und (Automatik-)Getriebe von Cadillac.

Motor und Getriebe waren wirklich das beste Stück am Cadillac, und deswegen fanden sie auch Beachtung dort, wo niemand damit rechnete. So verteilte beispiels-

Und weiter ging es aufwärts: Vom Series 62 Sedan konnte 1950 schon 41 890 Exemplare verkauft werden. Neu war das kleine hintere Seitenfenster, der dem Sedan zur Bezeichnung »Six Window« verhalf. Sein Preis lag bei 3 234 $.

weise Tom McCahill, der legendäre Cheftester der »Mechanix Illustrated«, höchste Noten für den Cadillac-Motor – und das in einem Magazin, in dem ausschließlich über getunte Fahrzeuge berichtet wurde. Auch in England wurde der Cadillac-V8 und sein Getriebe in ein Fahrzeug verpflanzt, das wirklich alles andere als eine Luxuslimousine war: der Allard J 2, einer der berühmtesten Sportwagen der frühen 50er Jahre. »The Motor« schrieb in einem Fahrbericht: »Die Zahlen, die wir mit dem von einem Cadillac-Motor angetriebenen Allard erreichten, sind wirklich einmalig, in einigen Bereichen sogar die besten, die wir je in unseren Tests geschafft haben.«

Nicht nur die Automobiljournalisten waren begeistert, auch bei den Lesern des amerikanischen Wirtschaftsmagazins »Fortune« erfreuten sich die Cadillac 1950 größter Beliebtheit. In einer Umfrage antwortete über die Hälfte der Teilnehmer, gefragt, welches Auto sie sich am liebsten kaufen würden, mit »Cadillac«. Noch überzeugender fiel das Votum bei der Frage nach Amerikas beliebtester Marke aus, dort schlug Cadillac sämtliche Konkurrenten im Verhältnis fünf zu eins. Die Cadillac-Verantwortlichen waren von diesem Ergebnis vielleicht nicht überrascht, so doch sicher geschmeichelt, vor allem auch deshalb, wie sie später in einer Broschüre ausführten, »weil nur eine kleine Gruppe von Amerikaner je einen Cadillac besessen hat – und so überhaupt das Vergnügen haben konnte, die Fahrt in einem Cadillac zu genießen.« 1950 eröffnete Cadillac eine neue Fabrik in Cleveland. Ed Cole wurde im Januar Manager dieser neuen Zweigstelle, seine Nachfolger als Cadillac-Chefingenieur trat Fred Arnold an, der seinerzeit gegen Cole das legendäre Beschleunigungsrennen auf der Clark Street verloren hatte. Im Juli 1950 gab es eine weitere Veränderung an der Cadillac-Spitze: John F. »Jack« Gordon wurde in die Unternehmensleitung von General Motors berufen, sein Nachfolger wurde der vormalige Verkaufschef D. E. Ahrens.

Mit dem, was er bei Dienstantritt vorfand, war er nicht sonderlich zufrieden, und der Fahrbericht eines Series 62 Sedan in der Novemberausgabe des amerikanischen Magazins »Motor Trend« dürfte ihn vollends aufgebracht haben: Zwar zeigten sich die Tester von der Sparsamkeit des Cadillac begeistert, ein Verbrauch von knapp unter zehn Litern auf 100 Kilometern bei einer durchschnittlichen Geschwindigkeit von 70 km/h war wirklich alles andere als schlecht (und erscheint uns heute als ziemlich unrealistisch). Doch ansonsten ließ »Motor Trend« kein gutes Haar am Cadillac, besonders an seinem Handling: Bei etwa 100 km/h begann des Heck bedrohlich zu schwanken, außerdem war der Lenkeinschlag für enge Kurven zu gering, und schließlich protestierten die Reifen mit einem wüsten Quietschen gegen etwas zügiger umrundete Kurven. Dem pflichte auch das englische Magazin »The Autocar« bei, das den Cadillac – immerhin – als insgesamt zwar gutes Fahrzeug bezeichnete, allerdings die leicht zu Fading neigenden Bremsen kritisierte.

Die Schelte war gerechtfertigt, außer Karosseriekosmetik hatten die Cadillac des Jahrgangs 1951 nicht viel zu bieten. Neu, und selbst das ist zu hoch gegriffen, war lediglich die Umbenennung der Hydramatic-Fahrstufen – sie hießen jetzt N, D, L, R anstatt N, DR, LR und R –, neu waren auch die Lufteinlaßschlitze unterhalb der Lampen und die größeren, in die Stoßfänger integrierten Stoßstangenhörner. Dafür waren sie aber wenigstens innen schöner geworden. Das Interieur des 60 S beispielsweise war in vier verschiedenen Farbtönen erhältlich, grün, blau, grau oder bräunlich, die Polster selbst waren reich verziert mit Stickereien. Die Seitenpanels erhielten eine Kontrastfarbe zur gewünschten Sitzfarbe, und der Dachhimmel bestand aus feinstem Wollstoff und war farblich auf den Rest des Interieurs abgestimmt. Das Series 61 Coupé de Ville hatte grundsätzlich dunkle Sitze mit zweifarbigem Leder (blau/grau, braun/bräunlich und grün/grün), die Teppiche auf die Polster und der Dachhimmel auf das Leder abgestimmt. Die restlichen Series-61-Typen erhielten Stoffpolster in jeweils zwei verschiedenen Tönen – grau oder braun – mit den dazu passenden Seitenpanels. Analog dazu war auch das Interieur der Series 62, mit Ausnahme des Cabriolets: Die Lederausstattung war in drei verschiedenen Farben sowie zwei Zweifarbenkombinationen (grün oder blau) erhältlich. Selbstverständlich konnten bei allen Modellen entsprechende Sonderwünsche berücksichtigt werden, die oben genannten Beispiele beziehen sich nur auf die serienmäßige Ausstattung.

Wenn es, neben der Farbgebung, noch etwas Positi-

Von allen neun 1950 angebotenen Cadillac machte das Series 62 Convertible Coupé sicher den sportlichsten Eindruck – und war vielleicht auch das schönste Fahrzeug dieses Jahrgang. Fast 7 000 Exemplare dieses 3 654 $ teuren Wagens konnten verkauft werden.

Die größten Veränderungen von allen Modellen des Jahres 1950 erlebte sicher der Series 75 Sedan, der endlich seinen Vorkriegs-Look ablegen durfte. Trotz ihrer gewaltigen Größe – der Radstand betrug 373 Zentimeter – erfreute sich die Series 75 wenig Beliebtheit, von den mindestens 4 770 $ teuren Wagen wurden 1950 nur 1 459 Exemplare verkauft.

Im Januar 1950 zelebrierte GM im New Yorker Astoria die »Mid-Century Motorama« – und baute für diesen Anlaß das einmalige Ausstellungsexemplar »Debutante«. Das weiß lackierte und golden verzierte Series 62 Convertible Coupé war innen mit den Pelzen von 187 Leoparden ausgekleidet.

Irgendwie ging beim Cadillac-Jahrgang 1950 etwas schief: Vor allem der Sixty Special hatte im Vergleich zum Vorjahresmodell viel von seiner schlichten Eleganz verloren und sah etwas schwerfällig aus.

54 596 dieser fünfsitzigen Series 62 Sedan konnte Cadillac 1951 verkaufen. Damit hatte erstmals ein einzelnes Modell die Marke von 50 000 Exemplaren in einem einzigen Jahr geschafft. Inklusive der Zweifarben-Lackierung kostete der Sedan, der auch mehr als die Hälfte der gesamten Cadillac-Produktion ausmachte, 3 458 $.

Um nur wenige Exemplare konnte 1951 das Coupé de Ville (ohne Dachpfosten) das fast baugleiche Series 62 Coupé (mit Dachpfosten) distanzieren: Ende des Jahres stand das Match 10 241:10 132 zugunsten des Coupé de Ville. Zum ersten Mal wurde auch die Typenbezeichnung in feinen, goldenen Buchstaben auf den hinteren Dachpfosten geschrieben.

ves an diesem Modelljahrgang zu vermelden gab, so vielleicht die Preispolitik bei der Series 61, die Cadillac selber als »Einsteigermodell« bezeichnete. Das Coupé kostete 2 831 $, der Sedan 2 940 $: Im Vergleich dazu war der 1951 neu auf dem Markt erscheinende Hudson Hornet mit Sechszylindermotor für 2 568 $ (viertüriger Sedan) und 2 869 $ (Hollywood Hardtop) zu haben, auch der ebenfalls sechszylindrige Nash Ambassador kostete schon 2 501 $, wobei weder Hudson noch Nash als wirkliche Cadillac-Konkurrenten zählen: Schließlich fehlte es diesen Wagen an der Ausstrahlung und dem Prestige, das in der amerikanischen Oberklasse so wichtig war. Schon eher Cadillac-Format wiesen der Chrysler Saratoga (2 989 $) und die Packard 250 Series auf, die mit mehr als 3 200 $ zu Buche schlug.

Überhaupt lohnt sich ein Blick auf die Konkurrenz: Stärkster Gegner war noch immer Packard, die einzige wollte seine Topversionen extrem konservativ gestaltet sehen, seiner Meinung nach fuhr ein aufrechter Amerikaner ausschließlich mit Hut und erwarte deshalb eine anständige Kopffreiheit. Dies machte die teuren Chrysler optisch bestenfalls mäßig attraktiv, die meisten wandten sich mit Grausen ab und merkten gar nicht, daß unter der eigenwillen Hülle eine feines Stück Technik steckte: Scheibenbremsen, zumindest bei einigen Modellen, und ab 1951 ein wirklich hervorragender V8-Motor mit 180 PS. Abgesehen vom Styling gab es bei Chrysler zu dieser Zeit noch immer kein vernünftiges automatisches Getriebe, was sich bei so teuren Modellen – der Crown Imperial kostete immerhin 6 623 $ – als großer Nachteil erwies.

Eine Umfrage, die 1951 vom Magazin »Popular Mechanics« durchgeführt wurde, untermauerte die Überlegenheit der Cadillac auch in Zahlen: 82 Prozent der Cadillac-Besitzer bewerteten ihr Fahrzeug als »exzellent«, während sich nur 67 Prozent der Chrysler-Fahrer sowie 64 Prozent der Packard-Kunden zur gleichen Note durchringen konnten. Noch interessanter die Aussagen zum Kauf des nächsten Autos: 90 Prozent der Cadillac-Fahrer wollten wieder einen Cadillac kaufen, nur 77 Prozent schaffte Chrysler, und Packard war mit 66 Prozent weit abgeschlagen. Wenn bei dieser Umfrage etwas überrascht, so sicher nicht die gute Bewertung von Cadillac, sondern höchstens, daß Chrysler Packard distanzieren konnte.

Bei der obigen Liste wurde Lincoln erst gar nicht genannt. Die Erklärung fällt leicht: Lincoln hatte in den ersten Nachkriegsjahren ganz einfach zu wenig zu bieten, um mit Cadillac, Chrysler und Packard mithalten zu können. Dies sollte sich 1952 aber entscheidend ändern: Der neue Jahrgang war ein höchst elegantes Fahrzeug, das durch seinen neuen, ebenfalls kopfgesteuerten Motor sowie die fortschrittliche Aufhängung – Lincoln verwendete als erste amerikanische Marke eine Kugelgelenk-Federung – zu einem ernsthaften Konkurrenten von Cadillac werden sollte. »Sollte«, das ist hier der richtige Ausdruck: Ford machte nämlich 1952 den großen Marketing-Fehler, den neuen Modellen Cosmopolitan und Capri nur 160 PS zuzubilligen, was zu wenig war, um mit den 180 Chrysler-PS und den neuerdings 190 PS starken

amerikanische Marke, die Cadillac an Ruhm, Prestige und Tradition das Wasser reichen konnte. Doch Packard trug eine schwere Hypothek: Die Fahrzeuge waren zwar noch immer höchst gediegen und von unaufdringlicher Eleganz, doch der Reihenachtzylinder hatte seine besten Jahre längst hinter sich. 1951 verkaufte Packard insgesamt 100 713 Fahrzeuge, knapp weniger also als Cadillac mit seinen 103 200 Exemplaren. Über 70 Prozent der Packard-Verkäufe entfielen allerdings auf das kleinste Modell, die Series 200, die weit unterhalb dem günstigsten Cadillac rangierte. In den höheren Klassen bot Packard gegen den Sixty-Special die Series 300 und 400 auf und konnte sich einigermaßen behaupten, hatte allerdings gegen die Series 62, vor allem gegen das Cabriolet und das Coupé de Ville, keinen Pfeil im Köcher. Das trieb Packard beinahe in den Ruin. Eine ähnliche Fehleinschätzung leistete sich auch Chrysler-Boß Keller: Er

Bis auf wenige geringfügige Änderungen wurde der Sixty Special zwischen 1950 und 1953 unverändert gebaut. Dafür gab 1952 unter dem Blech viel Neues: Der V 8 war mittlerweile mit einem Vierfach-Vergaser 190 PS stark, die Hydramatic wurde überarbeitet, und schließlich gab es erstmals eine Servolenkung. Der Preis lag bei 4 269 $.

Cadillac mitzuhalten. Mit anderen Worten, Ford hatte den Beginn des großen PS-Rennens, das eigentlich mit der Präsentation des Chrysler-Motors mit seinen Hemi-Zylinderköpfen schon 1951 begonnen hatte, ganz einfach verschlafen. Trotzdem, auf einen stolzen Zuwachs von 72 Prozent brachten es die neuen Lincoln 1952 immer noch, insgesamt konnte Ford 27 271 Exemplare seiner Topmodelle absetzen.

Cadillac war 1952, im Jahr seines 50jährigen Jubiläums, nicht ganz so erfolgreich. In absoluten Zahlen selbstverständlich schon, es wurden insgesamt 96 880 Fahrzeuge gebaut, doch das war im Vergleich zu 1951 ein klarer Rückgang. Das lag allerdings nicht daran, daß die Kunden ausblieben, ganz im Gegenteil: Über 90 000 Bestellungen konnten nicht erfüllt werden, wie Ende des Jahres Verkaufschef James M. Roche einerseits stolz, andererseits beschämt mitteilen mußte oder konnte. Durch den Korea-Krieg und den Streik der amerikanischen Metaller war Stahl rationiert, Cadillac konnte aufgrund der Materialknappheit nicht mehr Autos bauen.

Cadillac ließ sich in seinem Jubiläumsjahr dennoch einiges einfallen, um weiterhin die Nummer Eins auf dem amerikanischen Luxusfahrzeug-Markt zu bleiben. Zu erkennen gaben sich die 52er-Modelle vor allem durch ihr jetzt vergoldetes Markenemblem, sonst war dem Geburtstagskind nichts anzumerken, wenn man einmal von den beiden in die hinteren Stoßstangenhörner integrierten Auspuffrohren absieht. Diese Auspuffrohre gehörten zu einem neuen und effizienteren Abgassystem, in dem jede Zylinderreihe einen eigenen Kollektor hatte. Zusammen mit dem erstmals angebotenen Vierfachvergaser – entweder ein Carter WFCB oder ein Rochester 4GC steigerte das die Leistung auf 190 PS bei 3 800/min und auf ein maximales Drehmoment von 320 Nm bei 2 400/min. Außerdem gab es eine überarbeitete Hydramatic, die dem Fahrer erlaubte, für schnellere Beschleunigung länger im dritten Gang zu bleiben.

Die Fahrleistungen der 52er-Cadillac waren berauschend. »Motor Trend« stoppte einen Series 62 mit stolzen 176 km/h, während sich der Chrysler mit 170 km/h begnügen mußte. Nicht ganz so hoch war die für den Cadillac gemessene Höchstgeschwindigkeit in »Science and Mechanics«, dort schaffte der Series 62 nur 169 km/h, war allerdings in der Beschleunigung von 0 bis 96 km/h (entspricht 60 Meilen) mit 10,89 Sekunden bedeutend schneller als die von »Motor Trend« ermittelten 13,2 Sekunden. Bei »Motor Trend« schaffte der Cadillac die in den USA als Standardwert geltende Viertelmeile (402 Meter) in 18,4 Sekunden, der Chrysler brauchte 19,5 Sekunden, der Packard 300 20,7 Sekunden und der Lincoln gar 21,6 Sekunden.

Doch nicht nur in den Fahrleistungen konnte der neue Cadillac-Jahrgang überzeugen, auch die Fahreigenschaften wurden deutlich verbessert. Nachdem Chrysler 1951 die erste Servolenkung präsentiert hatte, schlug Cadillac ein Jahr später mit der bedeutend besseren Saginaw-Servolenkung zurück. Der Mann, der für Cadillac diese Lenkung entwickelte, hieß Francis W. Davis – erinnern wir uns: Schon zu Beginn der 30er Jahre hatte er eine Servolenkung für Cadillac entwickelt, die dann allerdings aus Kostengründen nicht auf den Markt kam. Allerdings gab es diese Lenkhilfe nur als Sonderausstattung, die mit 198.43 $ außerdem noch happig teuer war. Ebenfalls als Sonderausstattung zu 53.36 $ war das sogenannte »Automatic Eye« zu haben, eine prismatische Linse, die das Licht eines entgegenkommenden Fahrzeugs auffing und sogleich die Scheinwerfer zurückschaltete, bis der andere Wagen den Cadillac passiert hatte.

Endlich wurden beim Jubiläumsjahrgang auch die Bremsen verbessert. Alle Cadillac erhielten die größeren Trommeln der Series 75. Dies machte die Series 62 zum Fahrzeug mit den wenigsten Kilo pro Quadratzentimeter Bremsfläche, und alle Cadillac zu erstaunlich guten Bremsern. »Science and Mechanics« rapportierte in einem ausführlichen Test, daß die Cadillac-Bremsen auch nach 32 Vollbremsungen aus Geschwindigkeiten zwischen 30 und 100 km/h immer noch tadellos funktionierten. Auch »Motor Trend« schloß sich dieser Meinung an und erkor 1952 die Series 62 zum »Car of the Year«, ein Titel, der ein Jahr zuvor noch an den Chrysler verliehen worden war. In den Kategorien Fahrleistungen, Fahrverhalten, Sicherheit, Verbrauch und Servicefreundlichkeit hatten die Cadillac bei diesem großen »Motor Trend«-Test am besten abgeschnitten, nicht schlecht für ein Geburtstagskind. Und weil sie schön sind, hier noch

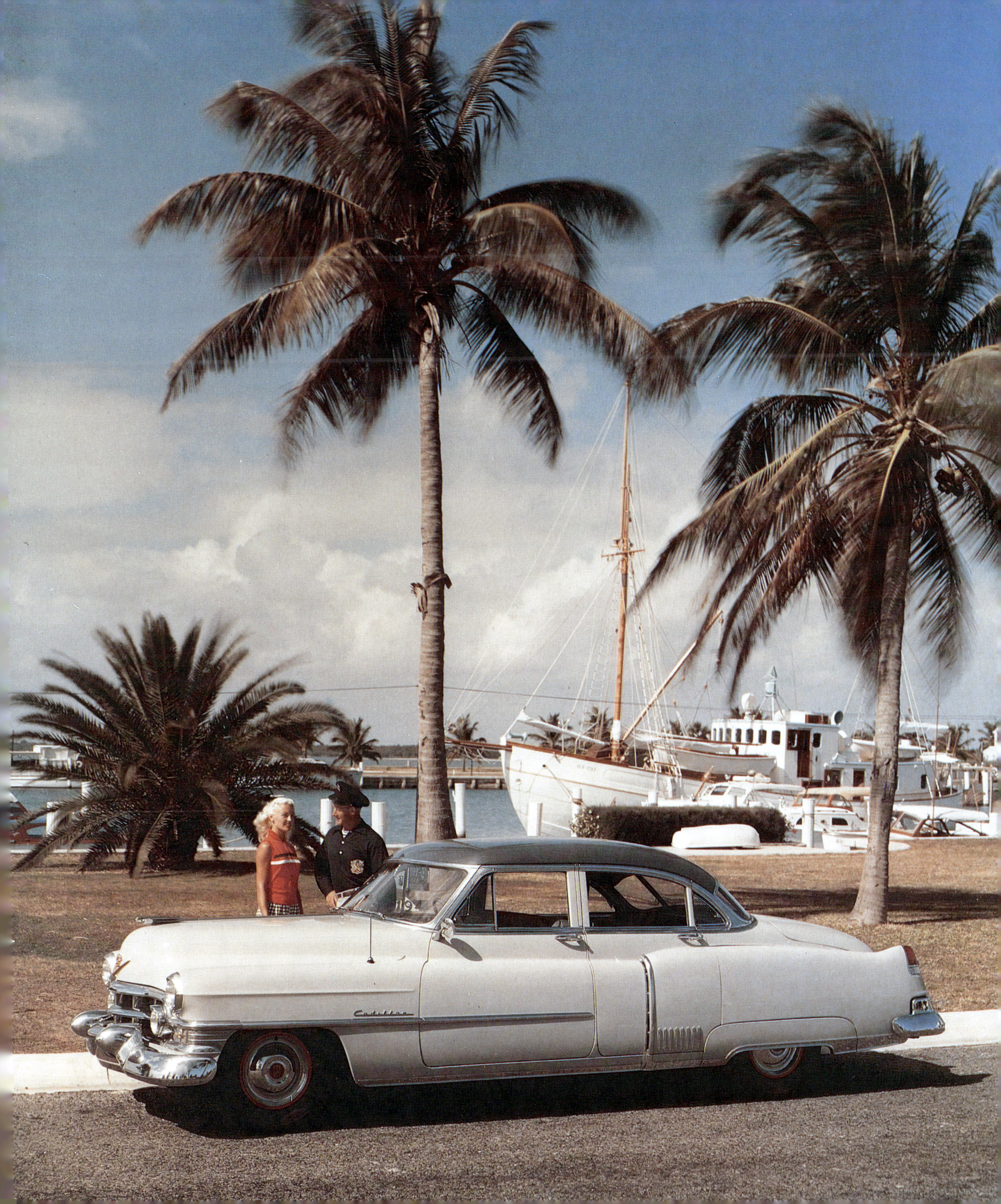
Cadillac

Die Schönheitskönigin unter den Cadillac-Modellen des Jahres 1952 blieb das Series 62 Convertible Coupé. Innen war das 4 110 $ teure Cabriolet komplett mit Leder ausgestattet. Insgesamt konnten 6 400 Exemplare verkauft werden.

einige weitere Worte von »Motor Trend« zu Cadillac: »Der Name Cadillac ist schon immer ein Synonym gewesen für Klasse. Und wer sich nun fragt, wie lange einzig Klasse noch für die Führungsposition in der Luxusklasse ausreicht, dem können wir nach ausführlichen Tests sagen, daß allein schon das Prestige noch auf Jahre hinaus für eine führende Rolle der Cadillac sorgen wird.«

Auch für das 51. Jahr hatte sich Cadillac einiges vorgenommen, wie einem zu Beginn des Jahres publizierten Prospekt zu entnehmen ist: »Das Jahr 1953 wird in die Geschichte eingehen als ein weiterer Meilenstein des Fortschritts und der Entwicklung der Firma Cadillac. Der Name Cadillac wird für all die Dinge stehen, welche die Firma in den letzten 50 Jahren erfunden und erfolgreich auf den Markt gebracht hat – und gleichzeitig wird der Name Cadillac der Bote einer neuen Ära der automobilen Entwicklung sein. Der 53er Cadillac ist mit Bestimmtheit das beste Fahrzeug, das je den Namen Cadillac getragen hat.« Nun, die Werbeabteilung von Cadillac war zu keiner Zeit besonders bescheiden und nahm den Mund oft recht voll. Doch gerade in diesem Jahr war das Eigenlob angebracht, auch wenn die Änderungen an den neuen Modellen nicht weltbewegend waren.

Obwohl der Hubraum nicht vergrößert wurde, bescheinigte Cadillac dem neuen Jahrgang 210 PS, zwanzig mehr als noch im Vorjahr. Im Jahr darauf standen plötzlich 230 PS in den Papieren, ohne daß am Motor irgend etwas verändert worden wäre. Dazu Evan Aiken in »Automobile Topics«: 1954 blieb alles gleich, »nur die Werbung mußte geändert werden.«

Der Leistungszuwachs 1953 ging auf das Konto intensiver Feinarbeit am Cadillac-V 8: So wurden neue Ein- und Auslaßventile verwendet, die sich in einem Winkel von 22 respektive 27 Grad öffneten. 1952 hatten diese Winkel noch 14 und 24 Grad betragen. Der Durchlaß des Auslaßventils betrug jetzt 0,868 cm anstelle 0,866 cm. Außerdem wurden die Motoren mit 8,25:1 (vorher 7,5:1) verdichtet, längere und aluminiumbeschichtete Kolben verwendet sowie die Brennräume überarbeitet. Chefingenieur Fred Arnold: »Als wir den kopfgesteuerten Motor 1949 einführten, haben wir ihn ganz bewußt so gebaut, daß wir ihn Jahr für Jahr ändern konnten. Durch eine einfache Erhöhung der Verdichtung konnten wir so von den Fortschritten bei der Entwicklung von höheroktanigem Benzin profitieren, außerdem konnten wir durch ein simples Modifizieren der Brennräume ganz einfach mehr Leistung erreichen.« Erstmalig wurden die Cadillac auch mit 12-Volt-Batterien ausgerüstet.

Nachdem Cadillac die Series 61 nicht mehr produzierte, wurde das Series 62 Coupé zum günstigen Fahrzeug der Marke. Insgesamt konnten 1952 10 065 Coupé zu einem Preis von 3 542 $ verkauft werden.

Durch die Erhöhung des Kofferraumdeckels konnte Cadillac 1952 beim meistverkauften Series 62 Sedan mehr Ladevolumen bieten. Der Kofferraum war allerdings, gemessen an heutigen Verhältnissen, nicht eben groß. Vor allem das riesige Ersatzrad nahm viel Platz weg.

Der stärkere Motor machte die Verwendung einer längeren Übersetzung möglich, während 1952 noch eine 3,36:1-Übersetzung Standard war, wechselte man für 1953 auf eine 3,07:1-Übersetzung. Dadurch sank der Verbrauch, ohne daß die Cadillac-Besitzer deshalb auf sportliche Beschleunigungswerte verzichten mußten. Den Sprint von 0 auf 100 km/h absolvierten alle Modelle in weniger als 13 Sekunden, die Höchstgeschwindigkeit lag bei stolzen 185 km/h. Aber nicht nur unter dem Blech, auch das Blech selber erlebte 1953 einige Veränderungen. Für das Jahr 1954 wollte man ein komplett neues Styling bringen, deshalb mußte die Kundschaft schon 1953 sanft auf die noch kommenden Änderungen vorbereitet werden. Am offensichtlichsten ließ sich der neue Jahrgang an den Stoßstangenhörnern erkennen, die mittlerweile ein wenig arg weit auslegten. Im Volksmund hießen diese »bumper guards« schlicht »Dagmars«, nach einer seinerzeit beliebten und sehr, sehr weiblichen Fernsehschauspielerin. Natürlich waren diese Stoßstangenhörner längst schon ein Designelement. Schön eingebettet in den Kühlergrill, drängten sie den Blinker und die Positionslichter immer weiter nach außen. Alle Modelle erhielten außerdem die sogenannten »cadet-vizors«, die Lampenabdeckungen, vormals auf der Aufpreisliste und gern wahrgenommene Option. Für 1953 wurde dieses todschicke Accessoir noch weiter nach vorne gezogen, die Konkurrenz zog wieder einmal nach und imitierte diesen Styling-Gag. Ebenfalls neu waren die Scheibenräder, die es allerdings nur gegen Aufpreis zu kaufen gab.

Die nicht gerade kleinen Stoßstangenhörner vorne fanden ihre Entsprechung auch hinten: Viel größer ging es nicht mehr, die Cadillac des Jahrgangs 1953 sahen auch so schon aus wie ein Raketensilo auf Rädern. Neu gestaltet war auch der Steinschlagschutz am hinteren Kotflügel, allerdings waren hier die Veränderungen so dezent ausgefallen, daß der Prospekt extra darauf hinwies: »Dieser neue Schutz behält die bekannten Charakteristiken, die ihn in den vergangenen Jahren zu einem besonderen Kennzeichen der Cadillac gemacht haben. Und doch verleiht er dem Cadillac eine neue, sehr distinguierte Note, indem er die akzentuierte Form des hinteren Kotflügels noch mehr betont.« Wie gesagt, in der Werbeabteilung von Cadillac waren begabte Dichter am Werk.

Auch innen gab es einige Veränderungen, die allerdings so gering waren, daß nur Kenner den neuen Jahrgang vom Vormodell unterscheiden konnten. So wanderte das Cadillac-Emblem am Armaturenbrett bei der Series 62 weiter nach oben und glänzte nun in Gold und Silber anstelle des reinen Silbers noch im Jahre 1952. Alle anderen Modelle trugen selbstverständlich den Fleetwood-Schriftzug am Armaturenbrett. Ebenfalls höher angebracht wurde die Uhr, die nicht mehr zwölf, sondern nur noch vier Ziffern besaß. Entsprechend dem Vormodell gab es ein Lenkrad, bei dem die Handgriffe mit künstlichem Leder verkleidet waren, die Temperatur- und Benzin-Anzeige besaßen weiterhin weiße Nadeln vor einem chromfarbenen Hintergrund, und außerdem gab es noch zwei Innenleuchten, die oberhalb des Radios angebracht waren.

Exklusiv bei Cadillac gab es den Innenspiegel, der von Hand abblendbar war. Und endlich, endlich konnte der schwitzende Cadillac-Besitzer 1953 gegen den stolzen Aufpreis von 619 $ auch eine wirklich funktionierende Klimaanlage bestellen. Für den Mehrpreis gab es ein paar Löcher im Blech: Einen Cadillac mit Klimaanlage konnte man einfach an den Luftansaugschlit-

171

zen auf den hinteren Kotflügeln erkennen. Das System, das von General Motors »Frigidaire Division« produziert wurde, verfügte über einen Rotations-Kompressor, der rechts im Motorraum angebracht war, einen Kondensator, der vor dem Kühler eingebaut wurde, sowie einen Kühlerblock, der hinten im Kofferraum ziemlich viel Platz wegnahm.

Daß trotz all dieser Verbesserungen, die aus den hervorragenden Cadillac des Jahres 1952 noch bessere Cadillac machten, im Jahre 1953 nur 103 538 Fahrzeuge produziert und verkauft werden konnten, lag weder an der Konkurrenz noch an der mangelnden Kauflust der Cadillac-Klientel; noch immer mußten Zehntausende von Bestellungen zurückgewiesen werden. In diesem Fall trug ein verheerendes Feuer die Schuld, das im August die Fabrik, in der die Hydramatic produziert wurde, in Schutt und Asche legte. Einen ganzen Monat lang ruhte die komplette Cadillac-Produktion, erst ab dem 8. September gab es wieder Fahrzeuge zu kaufen. Und diese hatten einen entscheidenden Schönheitsfehler: Da es keine Hydramatic mehr gab, mußte auf das automatische »Dynaflow«-Getriebe von Buick zurückgegriffen werden.

Insgesamt wurden 28 000 Fahrzeuge mit der »Dynaflow«, die bei Cadillac »Twin Turbine« hieß, ausgerüstet. Ihr Einbau erforderte verschiedene Umbauten. So wurde wieder die 1952 übliche 3,36:1-Achsübersetzung eingebaut, es gab andere Vergaser, und auch das Auspuffsystem wurde angepaßt. Doch trotz dieser Detailarbeiten konnte die Buick-Automatik die Hydramatic beim besten Willen nicht ersetzen – die Beschleunigung von 0 auf 100 km/h war rund zwei Sekunden schlechter, außerdem waren die »Dynaflow«-Modelle einiges durstiger.

Doch ein Stern leuchtete trotz all dieser Schwierigkeiten bei der Produktion in besonders hellem Glanz über dem Cadillac-Himmel des Jahres 1953: der Eldorado. Gedacht als Konkurrenz zu den ultraluxuriösen Packard Caribbean, Kaiser Dragon, Buick Skylark und Oldsmobile Fiesta war nicht nur der Preis des Eldorado von 7 465 $ höchst exklusiv, auch das Fahrzeug konnte einiges bieten. Aufgebaut auf dem Cabriolet der Series 62, war der Eldorado mit allem ausgestattet, was man sich bei einem offenen amerikanischen Fahrzeug nur wünschen konnte: Hydramatic – so lange sie es denn gab –, Weißwand-Reifen, Lederausstattung, Nebellampen, verchromte Räder, Außenspiegel, Radio mit Suchlauf und Vorwahltasten, Servolenkung, elektrische Scheibenheber, elektrisch verstellbare Vordersitze, doppeltes Heizsystem vorne und hinten, Scheibenwaschanlage. Dazu gab es neben den zwölf Serienfarben, die für jeden Cadillac erhältlich waren, noch vier dem Eldorado vorbehaltene Speziallackierungen: Aztec-Rot, Azure-Blau, Alpine-Weiss und Artisan-Ocker. Je nach Außenfarbe war das Interieur in Rot, Blau oder Schwarz, jeweils weiß abgesetzt, gehalten.

Auch äußerlich setzte der Eldorado Akzente – wie zum

Linke Seite:
Ein großer Name fand 1953 Eingang in das Cadillac-Programm: Eldorado. Zum ersten Mal wurde er benutzt für ein nur in limitierter Auflage hergestelltes Series 62 Convertible, das mit der Panorama-Windschutzscheibe, einer speziellen Verdeck-Abdeckung und allem, was das Autofahren angenehm und teuer macht, aufgerüstet worden war. Der Preis des Eldorado, fast schon freche 7 750 $, lag fast doppelt so hoch wie der des Series 62 Convertible. Insgesamt wurden 1953 532 Eldorado produziert.

Genau 20 000 Exemplare des edlen Sixty Special konnte Cadillac 1953 verkaufen – ein neuer Rekord für diesen 4 304 $ teuren fünfsitzigen Sedan. Zu beachten sind die Lufteinlässe beim hinteren Dachpfosten, weisen sie doch darauf hin, daß 1953 erstmals eine Klimaanlage gegen Aufpreis bestellt werden konnte.

Beispiel mit der exklusiven Panorama-Windschutzscheibe, die auch der Oldsmobile Fiesta aufzuweisen hatte. Außerdem türmte sich der Eldorado nicht so hoch auf, mit einer Höhe von 148,5 Zentimetern war der Luxusliner immerhin siebeneinhalb Zentimeter niedriger als die Series 62, was ihm ein bemerkenswert elegantes Aussehen verlieh. Extravagant auch die geknickte Gürtellinie mit ihrer an der niedrigsten Stelle nur 94 Zentimeter hohen Tür, welche die hinteren und vorderen Kotflügel auf wundersame Weise miteinander verband. Böse Zungen mögen jetzt behaupten, daß Cadillac nur den berühmten Pininfarina-Knick imitiert habe, doch wird sich das nie beweisen – oder widerlegen – lassen. Beschränken wir uns auf die Feststellung, daß dank dieser gestalterischen Kniffe der Eldorado wirklich die Krone der Cadillac-Schöpfungen darstellte. Allerdings sind die Amerikaner überzeugte Demokraten: Gerade einmal 532 Enthusiasten huldigten 1953 diesem königlichen Gefährt.

Noch seltener als der Eldorado waren die im gleichen Jahr hergestellten Einzelstücke. So gab es einen »Orleans Show Car«, der allerdings nur ein besonders schön herausgeputztes Coupé de Ville war. Bei weitem interessanter waren die drei Cadillac »Le Mans«, die in einem direkten Zusammenhang mit den Erfolgen von Cunninghams Cadillac bei den 24 Stunden von Le Mans im Jahre 1950 standen. Notiz am Rande: Der Rennsport zu Beginn der 50er Jahre hatte einen ganz anderen Stellenwert als heute, er beeinflußte praktisch alle größeren amerikanischen Automobilhersteller. Der erste wirkliche US-Sportwagen der Nachkriegsjahre war der 1949 präsentierte Crosley Hotshot Super-Sports, der bald seine Nachfolger fand. Kleinere Serien von Zweisitzern mit kräftigen Motoren wurden von Brooks Stevens, Sterling Edwards und Frank Kurtis produziert, im größeren Stil versuchte sich Nash-Kelvinator-Chef George Mason, der mit Hilfe des englischen Sportwagenpioniers Donald Healey 1951 den Nash-Healey auf die noch schmalen Räder stellte. Auch General Motors entwickelte zu Beginn der 50er Jahre seine Vorstellungen vom Sportwagen der Zukunft. 1951 wurden der Le Sabre und der Buick XP-300 gezeigt, auf der Motorama 1953 präsentierte mit Ausnahme von Pontiac jede GM-Marke ihren »Dream Car«, von denen jedoch nur die zukünftige Corvette einigermaßen realistische Ansätze aufwies. Der Cadillac »Le Mans«, der Buick »Wildcat« und der Oldsmobile »Starfire« dagegen galten als reine Studien.

Der »Le Mans« von Cadillac war in vieler Hinsicht ein sehr interessantes Fahrzeug. Viele Designelemente wie die Panorama-Windschutzscheibe und die tiefere Gürtellinie wurden im gleichen Jahr auch vom Eldorado aufgegriffen. Nur 129,5 Zentimeter hoch und 498 Zentimeter lang, war der »Le Mans« einiges kompakter als die Serien-Cadillac, auch sein Gewicht von 1 720 Kilo war einiges geringer. Die Karosserie nahm vorweg, was Cadillac mit seinen Serienmodellen in den nächsten Jahren vorhatte: Die Front war ganz im Stil des 54er Jahrgangs ge-

Einmal konnte das Coupé de Ville seinen internen Konkurrenten, das Series 62 Coupé, in der Verkaufsstatistik hauchdünn schlagen – und zwar um müde 197 Exemplare. Insgesamt wurden 14 550 Coupé de Ville zu einem Preis von 3 994 $ verkauft.

Das bestverkaufte Cadillac-Modell des Jahres 1953 blieb der fünfsitzige Series 62 Sedan, auch wenn die 47 316 Verkäufe bei weitem nicht Rekordmaß erreichten. Das in einem V stehende Cadillac-Markenemblem wurde 1953 in Gold gehalten, die neuen Modelle konnten aber noch einfacher an den gewaltigen Stoßstangenhörnern erkannt werden.

halten, ebenso die Hecklichter. Vom »Le Mans« übernommen wurden auch die Radabdeckungen. Zukunftsmusik dagegen waren das vollautomatische Verdeck, das sich bei einem Regenschauer selbständig schloß, sowie der sogenannte »Memory-Seat«, der beim Öffnen der Tür selbsttätig nach vorne kippte und beim Schließen der Tür wieder zurückklappte.

Angetrieben wurde der »Le Mans« vom bekannten 5,4-Liter-V 8, dem man mit einer höheren Verdichtung von 9:1 stolze 250 PS bei 4 500/min entlockte. Eine modifizierte Hydramatic sorgte dafür, daß der vierte Gang erst bei 140 km/h eingelegt wurde, so daß der »Le Mans« den Sprint von 0 auf 100 km/h in etwa neun Sekunden schaffte. Bei Fahrversuchen auf dem GM-Testgelände zeigten sich die Journalisten von den Fahrleistungen des Cadillac hellauf begeistert, Verkaufschancen billigten sie ihm nicht zu: Cadillac und Sport, das schloß sich einfach aus. Insgesamt wurden drei leicht unterschiedliche »Le Mans« gebaut, von denen einer auch die öffentlichen Straßen sah: Harley Earl mit seinem Gespür für eine gute Show ließ sich gerne in einem »Le Mans« bewundern.

Wie schon angedeutet, war der Jahrgang 1954 für Cadillac ein ganz besonderer: Zum dritten Mal nach dem Krieg erhielten die Fahrzeuge vollkommen neue Karosserien, den sogenannten »General Motors C-Body«, der auch bei den Buick Super und Roadmaster Verwendung fand. Cadillac-Boß Don Ahrens, der noch immer mehr Bestellungen als produzierte Fahrzeuge vorweisen konnte, beschrieb den neuen Wagen als »das beste Auto der Welt« und pries sein Design als »gelungene Mischung aus vollkommen neu und altbewährt.« Natürlich gab es auch Kritiker. Ein europäischer Journalist fand die neue Front sogar »ausgesprochen häßlich«. Auch der gewaltige hintere Überhang stieß auf Kritik, übrigens ebenso wie die happige Gewichtszunahme: In den sechs Jahren zwischen 1948 bis 1954 hatte ein Series 62 Sedan doch immerhin über 400 Kilo zugelegt und und wog nun einiges über 2,3 Tonnen. Traditionell wurden für den neuen Jahrgang der Kühlergrill und die Stoßstangeneinheit neu geformt. Nachdem die Designer beim Kühlergrill in den vergangenen Jahren immer mehr reduziert hatten, verteilten sie 1954 wieder eine Unmenge an Chrom in horizontalen und vertikalen Verstrebungen. Die Stoßstange sah nun aus wie ein zweigeteilter Mövenflügel, beherrscht von noch immer gewaltigen Hörnern; die Blinker und Positionslichter rückten wieder mehr zur Mitte. Außerdem wurden die Linien des vorderen Kotflügels über den oberen Lampenrand hinaus verlängert, was der Front einen ziemlich agressiven Eindruck verlieh.

Im seitlichen Profil wirkten die neuen Cadillac nicht nur länger und gestreckter, sie waren es auch: Bei allen Modellen wuchs der Radstand um 7,5 Zentimeter (Series 62: 328 Zentimeter, Sixty-Special: 338 Zentimeter, Series 75: 380 Zentimeter). In der Höhe wurden die neuen Modelle um vier Zentimeter beschnitten, während die Gesamtlänge beträchtlich zunahm, der kleinste Cadillac, ein Series 62 Sedan, maß 1954 stolze 548 Zentimeter, der größte, die Series 75, schon fast unglaubliche

Nach der Einführung des Eldorado waren die Series 75 nicht mehr länger die teuersten Modelle im Cadillac-Programm. Dafür blieben sie weiterhin mit Abstand die größten Fahrzeuge im Angebot – und boten vor allem den hinteren Passagieren unglaublich viel Platz.

602 Zentimeter. Damit war der Cadillac aber noch immer nicht das längste amerikanische Serienauto, dieser Titel gebührte dem Packard Executive Sedan mit 606 Zentimetern. Auch von hinten war der neue Jahrgang unverkennbar, das Heck gestalteten die Designer im gleichen Stil wie beim 53er »Le Mans« mit den abrupt aus der Gürtellinie wuchernden Heckflossen.

Selbstverständlich erhielten alle Modelle die umstrittene Panorama-Windschutzscheibe. Sie, so wurde beispielsweise behauptet, breche auseinander, wenn das Fahrzeug hochgebockt werden müsse; auch verzerre das gewölbte Glas die Sicht. So schlimm kann das alles nicht gewesen sein, denn die Panorama-Scheibe wurde innerhalb von wenigen Jahren von fast allen amerikanischen Herstellern in ähnlicher Form ins Programm genommen. Und 72 Prozent der Cadillac-Fahrer unter den »Popular Mechanics«-Lesern gaben bei einer Umfrage an, keinerlei Schwierigkeiten mit der gewölbten Scheibe zu haben. So ganz nebenbei mußten aus Gründen der Dachstabilität auch noch ausstellbare, rechteckige Fenster ausgeführt werden, die in der Werbung als der Weisheit letzter Schluß angepriesen wurden. Stolz war man bei Cadillac auch auf die Lufteinlässe direkt unter der Windschutzscheibe, wo sie nicht mehr so sehr den Abgasen der anderen Automobile ausgesetzt waren.

Zwar war das Stichwort »Sicherheit« 1954 noch nicht ganz so wichtig wie heute, trotzdem war Cadillac schon damals stolz auf die aus einem Stück gegossene hintere Stoßstange sowie die verstärkte Karosseriekonstruktion. Zum verbesserten Sicherheitspaket gehörten auch der bedeutend steifere Rahmen, das Zweikreis-Bremssystem sowie die größeren Bremstrommeln. Dazu gab es gegen Aufpreis noch die Hydravac-Servobremshilfe von Bendix mit einem Reserve-Bremssystem, falls der Hauptbremskreis einmal ausfallen sollte. Nicht der Sicherheit, sondern der Bequemlichkeit dienten die noch breiteren Sitze hinten und vorne, die nach heutigen Gesichtspunkten nur ein Mindestmaß an Seitenhalt bieten konnten. Überhaupt war Raum wohl das geringste Problem beim neuen Jahrgang, der längere Radstand kam fast ausschließlich den hinteren Passagieren zugute, die schon in den früheren Modellen nicht ausgesprochen unkomfortabel gereist waren. Diesem Komfort und vor allem einem verbesserten Fahrverhalten dienten auch die Änderungen am Fahrwerk: Die Cadillac erhielten neue Stoßdämpfer, die vor allem kleinere Schläge bedeutend besser als zuvor absorbierten. Zum besseren Handling trug außerdem der drei Zentimeter tiefer montierte Motor bei. All diese Verbesserung machten aus den Cadillac zwar keine Sportwagen, doch die jetzt realisierte Gewichtsverteilung von 51 Prozent vorn und 49 Prozent hinten könnte auch bei heutigen Sportwagen nicht besser sein. Die vom Jahrgang 53 beibehaltenen 230 PS machten die Cadillac gerade in der Beschleunigung fast unschlagbar – der Series 62 Sedan wurde vom Fachmagazin »Motor Trend« gar zum schnellsten Auto des Jahres gekürt, und das gegen die starke Konkurrenz von Buick Century, Chrysler New Yorker, Lincoln Capri und Oldsmobile Supper 88. Folgende Werte wurden von »Motor Trend« ermittelt:

0–30 mph (0–48 km/h)	3,7 s
0–60 mph (0–96 km/h)	11,3 s
10–30 mph (16–48 km/h)	3,4 s
30–50 mph (48–80 km/h)	5,7 s
50–80 mph (80–128 km/h)	12,7 s
Viertelmeile (400 Meter)	18,4 s
Höchstgeschwindigkeit	181,8 km/h

Insgesamt wurde der neue Cadillac-Jahrgang von den Kunden sehr geschätzt, die Fahrzeuge waren einfacher zu fahren, verhältnismäßig sparsam, sehr schön anzuschauen, sehr schnell, sehr ruhig. Selbstverständlich wurde gleichzeitig auch die Hydramatic angepaßt. Natürlich gab es diverse Sonderausstattungen, die gegen Auf-

Die gewaltigen Stoßstangenhörner, im Volksmund in Anlehnung an eine sehr gut gebaute Schauspielerin »Dagmars« genannt, waren eines der Kennzeichen der für 1954 vollkommen neu gestalteten Cadillac. Diese Exemplare gehören zu einem Series 62 Sedan.

Rechte Seite oben:
1954 wurden dem Eldorado die Flügel beschnitten, er war nicht mehr länger der teuerste Cadillac. Trotzdem, er kostete mit 5 738 $ noch immer 1 300 $ mehr als das Series 62 Convertible Coupé. Die 2 150 gebauten Exemplare wurden in vier, für den Eldorado reservierten Farben ausgeliefert, darunter auch dieses Apollo Gold.

Rechte Seite unten:
Auch der Sixty Special wurde wie alle Cadillac für das Jahr 1954 neu eingekleidet – doch irgendwie sah er auch nach getaner Arbeit wieder ganz so aus wie vorher. Das war vielleicht auch der Grund, weshalb nur noch knapp über 16 000 Exemplare des 4 683 $ teuren Wagens verkauft werden konnten.

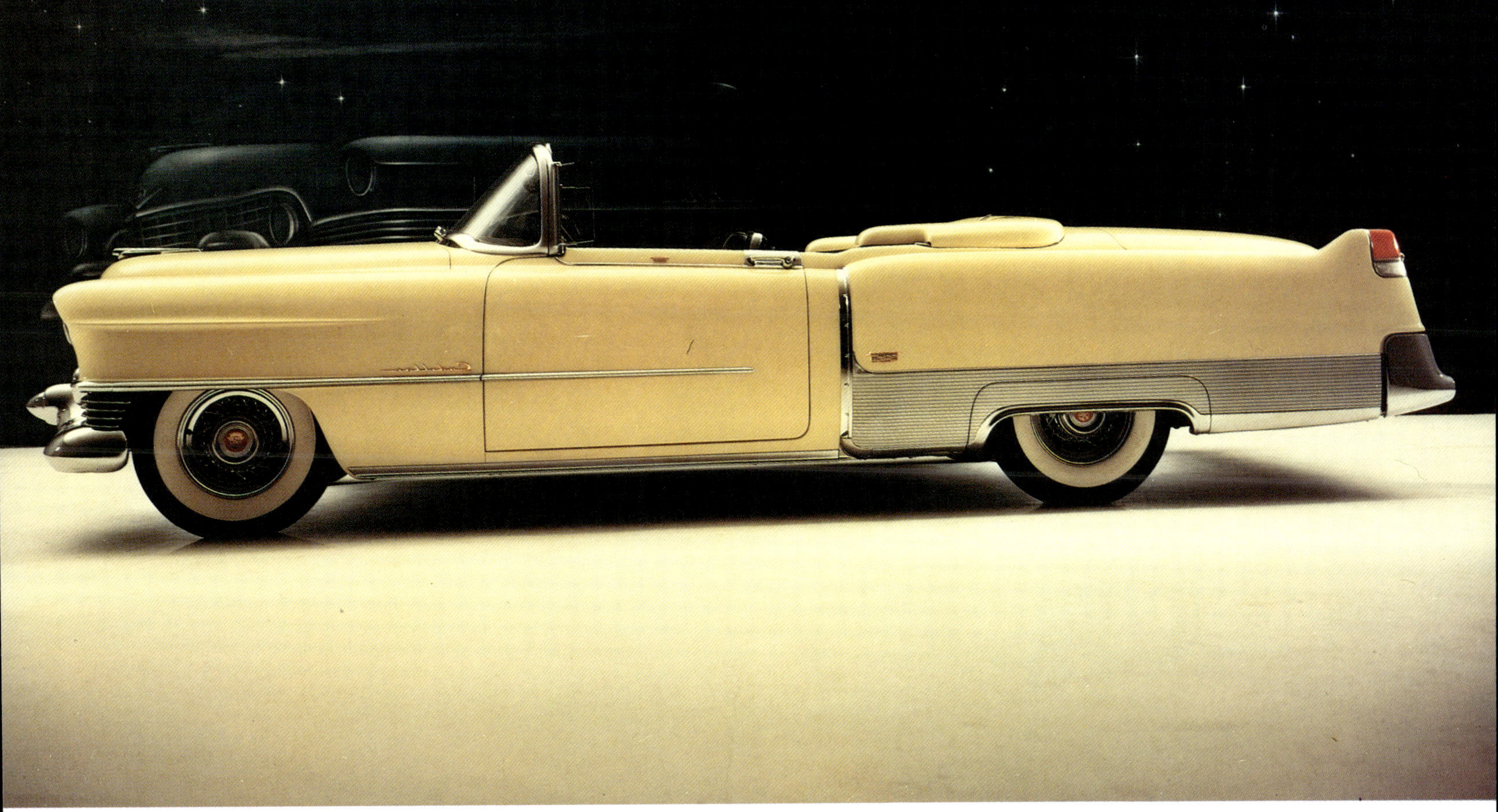

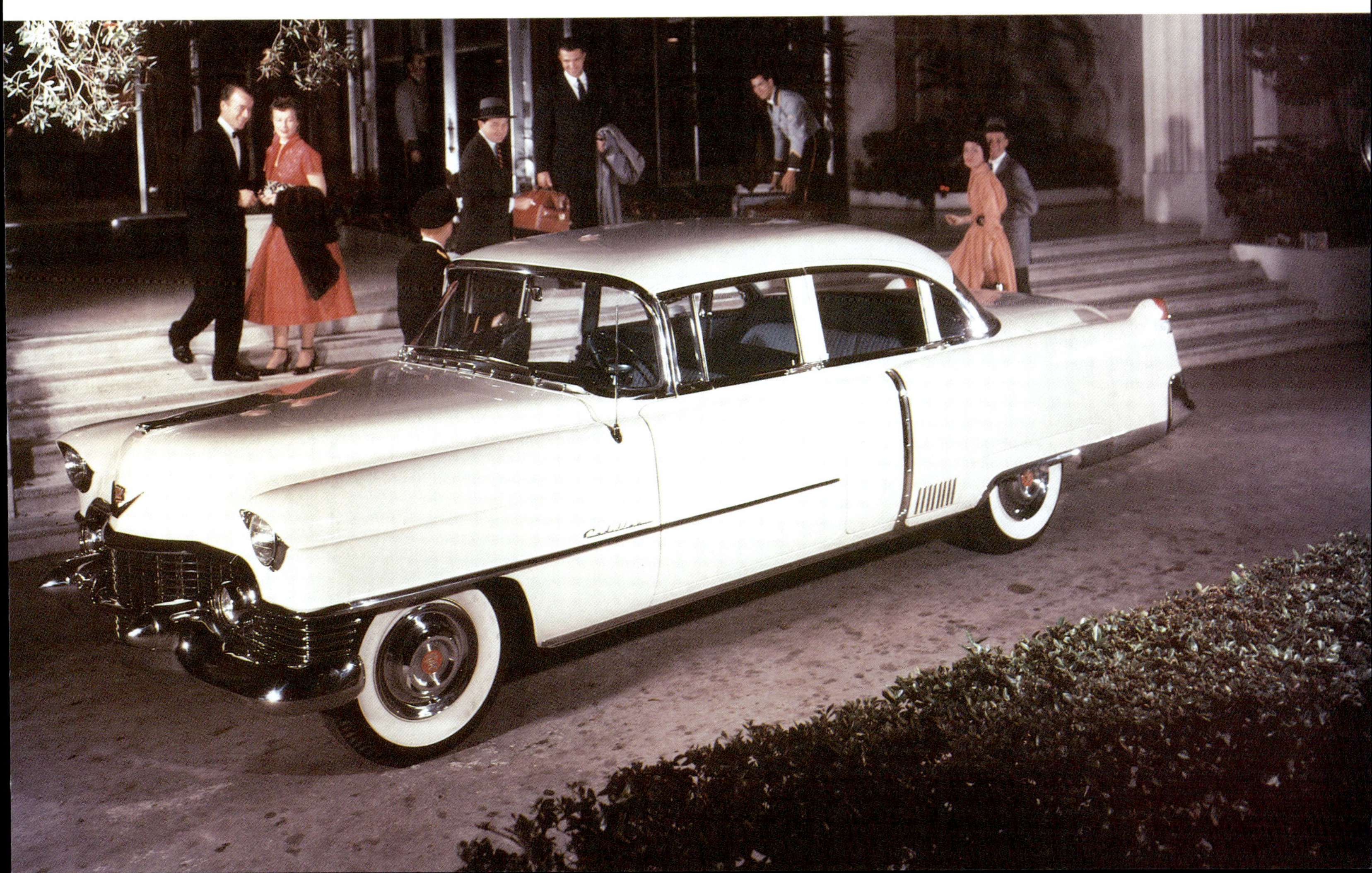

Für 4 404 $ konnte man 1954 stolzer Besitzer dieses Series 62 Convertible werden, das nur unwesentlich weniger faszinierend war als der bei weitem teurere Eldorado. 6 310 Amerikaner konnten sich denn auch für dieses wunderbare Cabriolet begeistern.

Er war wohl der wichtigste Prototyp des Jahres für Cadillac, der »Le Mans«. Viele seiner Stylingelemente wie die in die Stoßstangenhörner eingelassenen Auspuffrohre, die flache Gürtellinie und selbstverständlich die ganze Frontpartie sollten später bei anderen Cadillac wieder auftauchen. Insgesamt wurden drei »Le Mans« gebaut, einer davon diente dem Vergnügen von Harley Earl.

Genannt »La Espada«, wurde auch dieser Prototyp von 1954 zu einem Vorläufer für spätere Cadillac. Zu beachten sind die Anordnung der vorderen Lampen sowie die Heckflossen.

preis offeriert wurden – zu stolzen Preisen. So kostete ein Radio, der nicht nur Sender speichern konnte, sondern auf Knopfdruck auch den stärksten Sender in der Umgebung suchte, satte 120 $. Servounterstützte Bremsen kosteten 49 $, die Heizung 129 $, die Klimaanlage stolze 620 $, elektrische Fensterheber und Vordersitze waren für 124 $ zu haben, und die verchromten Felgen standen mit unverhältnismäßigen 325 $ in der Aufpreisliste.

Das alles, und noch mehr, erhielt der Käufer eines neuen, auf dem Series 62 Convertible basierenden Eldorado, schon ab Werk. Nicht zuletzt deswegen wirkte er fast schon wie ein Sonderangebot, das Top-Cabriolet kostete mit 5 738 $ sogar weniger als im Vorjahr. 2 150 El-

Auch der dritte Prototyp mit dem Namen »El Camino«, der auf der gleichen Bodengruppe wie der »La Espada« mit nur 292 Zentimetern Radstand basierte, zeigte einiges von den zukünftigen Cadillac. Zusammen mit dem »La Espada« war er der erste Cadillac mit vier Scheinwerfern.

Während die anderen Cadillac 1955 nur in den Genuß von minimalen Änderungen kamen, wurde der Eldorado komplett neu gestaltet. Beachtlich vor allem die Heckflossen, die an ein Raumschiff erinnern sollten und später bei allen anderen Cadillac auftauchten. Der Eldorado wurde von einem exklusiv für ihn hergestellten 270 PS starken 5.4-Liter-V 8 angetrieben, sein Preis lag bei 3 950 $.

Vor allem im hinteren Dachbereich mit den sogenannten »florentinischen« Kurven sind die Veränderungen beim 60 S für das Jahr 1955 zu suchen. Um die Verkäufe anzukurbeln, wurde der Preis auf 4 342 $ gesenkt – und prompt wurde man wieder über 18 000 Sixty Special los.

dorado gingen 1954 über den Tresen, nicht nur eine Folge des guten Preises, sondern auch des gewaltigen Prestige, das die eleganten Eldorado genossen.

Noch extravaganter waren die drei »Dream Boats«, die Cadillac 1954 auf die Räder stellte, »Park Avenue«, »La Espada« und »El Camino«. Der »Park Avenue« als Vorläufer des Eldorado Brougham wird später noch ausführlich behandelt, doch auch der »La Espada« und der »El Camino« verdienen einige Worte: Beide Prototypen bestanden aus Fiberglas und waren Zweisitzer, wobei der »La Espada« ein Cabriolet, der »El Camino« ein Fahrzeug mit festem Hardtop aus Aluminium war. Beide waren mit 510 Zentimetern gleich lang, mit 202 Zentimetern gleich breit, besaßen mit 292 Zentimetern auch den gleichen Radstand, nur war das Cabriolet etwa einen halben Zentimeter niedriger. Besonders auffällig waren die Heckflossen, die bei Cadillac »supersonic« hießen, die doppelten Frontlampen sowie die niedrige Front, die fünf Jahre später die 59er Modelle zu einem ästhetischen Meisterwerk machen sollten. Angetrieben wurden sie vom bekannten, 230 PS starken V 8, dessen Kraft sie allerdings nie auf öffentlichen Straßen ausleben durften. Was allerdings alle drei Prototypen des Jahres 1954 ganz klar zeigten: Cadillac dachte nicht nur über die Zukunft nach, man war in Detroit auch bereit, diese Zukunft auf die Straße zu bringen.

»Science and Mechanics« sah allerdings ein ganz anderes Problem: »Cadillac repräsentiert – mit gutem Grund – so ziemlich alles, was man sich von einem Automobil wünschen kann. Das einzige Problem mit dem Titel »Die Besten« liegt darin, daß Cadillac jetzt nur noch gegen sich selber und seine Perfektion antreten kann – was ja nicht gerade einfach ist.« Doch auch das amerikanische Fachmagazin war begeistert von den neuen Modellen: »Wohl am meisten zu gefallen vermag die Leichtigkeit, mit der die Cadillac ihre Aufgaben erfüllen. Alles funktioniert perfekt, so daß einem gar nicht mehr auffällt, wie komplex ein modernes Fahrzeug überhaupt ist. Alles läuft in vollkommener Ruhe ab.«

Insgesamt wurden im Kalenderjahr 1954 96 680 Fahrzeuge gebaut, daß es nicht mehr wurden, lag am nur langsamen Wiederanlaufen der Hydramatic-Produktion. Schon imposanter waren die 123 746 im Modelljahr produzierten Fahrzeuge, was um rund 6 000 Einheiten über der von Verkaufschef geforderten 117 000 Exemplaren lag. Doch auch die 96 680 Verkäufe sicherten Cadillac eine komfortable Position auf dem amerikanischen Luxusmarkt, wie folgende Aufstellung zeigt:

Marke	Modelljahr	Marktanteil
Cadillac	96 680	53,24 %
Chrysler New Yorker	40 084	22,07 %
Lincoln	36 993	20,37 %
große Packard-Modelle	7 892	4,34 %
Total	181 589	

Chrysler konnte sich gegenüber 1953 im Luxusmarkt zwar minimal verbessern, doch insgesamt konnte die Marke nur noch 104 985 Fahrzeuge verkaufen, was gegenüber den 170 006 Exemplaren des Vorjahres einen happigen Einbruch bedeutete. Auch Packard machte dicke Verluste, einzig Lincoln konnte die Position seines Capri verbessern, was sicher auch mit dem dritten aufeinanderfolgenden Sieg bei der »Carrera Panamericana« zusammenhing. Allgemein erlebte die amerikanische Automobilindustrie 1954 ein katastrophales Jahr, die Gesamtproduktion fiel um fast elf Prozent auf nur noch 5 258 115 Fahrzeuge. Umso erstaunlicher der hohe Auftragsbestand bei Cadillac und die immer noch 90 000 unerfüllten Bestellungen.

Das ließ für 1955 einiges erwarten – und diese Erwartungen wurden auch erfüllt. 153 334 Cadillac entstanden im Modelljahr 1955, 141 038 Fahrzeuge wurden im Kalenderjahr 1955 auch wirklich verkauft. Da konnte die Konkurrenz nur neidvoll erblassen. Packard, der alte Gegenspieler, war 1955 nur ein Schatten seiner glorreichen Vergangenheit – und das, obwohl endlich ein moderner V 8 im Angebot stand, die »torsion-bar suspension« für Aufsehen sorgte und auch die Optik stimmte. Doch der edle Name kämpfte mit großen Schwierigkeiten: Die Produktion kam nie so recht auf Touren, außerdem gab es große Qualitätsprobleme. Daß trotzdem 16 833 Fahrzeuge gebaut und verkauft werden konnten, zeigt, wie groß die Möglichkeiten des neuen Packard gewesen wären. Vor allem der neue Caribbean mit seinem 275 PS starken 5,8-Liter-V 8 hätte ein starker Gegner für den Eldorado werden können – wenn er richtig vermarktet worden wäre und die Kundschaft auch nur einen Teil des ehemaligen Vertrauens in die Marke gehabt hätte. So blieb das gewaltige Cabriolet mit einer Stückzahl von nur 500 Exemplaren ein absoluter Außenseiter, während der Eldorado sich 1955 auf stolze 3 950 Einheiten steigerte.

Auch Lincoln hatte hart zu beißen und fiel um 27 Prozent auf 27 222 Fahrzeuge zurück. Beim Ford-Ableger wartete man sehnsüchtig auf das 56er-Modell, das sich ja dann auch als hervorragendes Fahrzeug herausstellen sollte. Einen Schritt weiter war man dagegen bei Chrysler: 1955 wurde der »Hundred Million Dollar Look«

Auf der Motorama präsentierte Cadillac 1955 diesen ersten Eldorado Brougham, der als Antwort auf den gewaltigen Lincoln Continental Mark II gedacht war. Bis der Brougham allerdings in Produktion ging, vergingen noch zwei Jahre.

präsentiert. Und auch wenn man um die nicht gerade schlichten Worte der Werbeabteilungen der amerikanischen Automobilindustrie weiß, die neuen Chrysler waren wirklich eine Sensation. Das Styling präsentierte sich als eine gelungene Mischung aus Tradition, Eleganz und avantgardistischen Details, ohne daß die neuen Chrysler deshalb zu sehr den im Design weiterhin führenden Cadillac glichen. Immerhin 11 432 Exemplare des Imperial, der jetzt eine eigene Marke innerhalb des Chrysler-Konzern bildete, konnten verkauft werden. Doch auch diese überraschend hohe Zahl konnte die Cadillac-Konkurrenz nicht so recht trösten: Noch immer genügte es nicht, ein gutes Fahrzeug zu bauen, auch die Kombination von hoher Qualität, modernem Styling und starkem V 8-Motor vermochte gegen Cadillac nichts auszurichten. Einzig Packard hatte viele Jahre vorher das gehabt, was Cadillac so stark machte: Prestige.

Bis auf den Series 75, der unverändert blieb, erhielten die anderen 55er Cadillac eine neue Lufteinlaß-Attrappe auf dem hinteren Kotflügel, den hinteren Dachabschluß, der 1954 schon bei den Hardtop-Modellen zu sehen war (»florentinischer Stil« hieß das damals), sowie weniger an Chrom, zumindest bei der Series 62. Doch Cadillac nahm – und Cadillac gab, der Sixty Special im üppigen Chromschmuck des Jahres 1955 sei gepriesen. Von hinten gab sich der neue Modelljahrgang an sechs vertikalen Chromleisten zu erkennen, die es ein Jahr zuvor noch nicht gegeben hatte. Vorne wurden die Stoßstangenhörner größer, standen weiter auseinander und wurden höher angesetzt.

Auch am Motor wurde gefeilt. Einmal mehr wurden die Brennräume überarbeitet und die Kompression erhöht, die jetzt bei 9:1 lag. Außerdem gab es einen größeren Vierfachvergaser, größere Ventilöffnungen, eine stabilere Kubelwelle sowie eine neue Wasserpumpe. All diese Verbesserungen bewirkten eine Erhöhung der Leistung auf 250 PS bei 4 600/min, das maximale Drehmoment stieg auf 345 Nm bei 2 800/min. In den acht Jahren seiner Produktion hatte sich der Cadillac-V 8 also um 90 PS verbessern können, ohne daß der Hubraum erhöht werden mußte. In dieser Zeit stieg auch die Literleistung des 5,4-Liter-Motors beachtlich: Betrug sie 1948 noch 29,5 PS/Liter, so waren es 1955 schon 46 PS/Liter.

Eine Neuerung kam vor allem den Kunden zugute, die über wenig technisches Verständnis verfügten: Weil sie nicht so recht zwischen langen und kurzen Übersetzungen unterscheiden konnten, und die »lange« und sparsamere 3,07:1-Übersetzung für die »kurze« und schnellere 3,36:1-Übersetzung hielten, wurde 1955 wieder die kürzere Variante serienmäßig eingebaut. Damit blieben die Cadillac selbstverständlich auch weiterhin unter den schnellsten amerikanischen Erzeugnissen. So gewann ein Cadillac bei der »Daytona Beach Speed Week« ein Beschleunigungsrennen über eine Meile (1,609 Kilometer) mit einer Höchstgeschwindigkeit von 129,4 km/h, vor einem viel leichteren Chevrolet, der 125,75 km/h schaffte. Auf nur 123,63 km/h brachte es der erste amerikanische »Muscle-Car«, der 300 PS starke Chrysler 300. Dafür durfte dieser 1955 in nur 1 725 Exemplaren gebaute Chrysler die Lorbeeren für das schnellste Fahrzeug bei einem Rennen über eine Meile mit fliegendem Start für sich in Anspruch nehmen, bei dem er stolze 205,63 km/h schaffte. Aber auch das Resultat des Cadillac war nicht schlecht, er erreichte immerhin 193,85 km/h. Erstmals gab es 1955 bei Cadillac schlauchlose Reifen.

Größer als bei den anderen Modellen des Jahres 1955 waren die Veränderungen beim Eldorado. Er glich vor allem hinten stark den früheren Prototypen »El Camino« und »La Espada«, gerade mit seinen gewaltigen Heckflossen und den darunter angebrachten Rücklichtern. Eine komplett neue Entwicklung waren auch die Leichtmetallräder, deren Form schon die Prototypen des Jahres 1955 gezeigt hatten. Und die Prospekte fanden auch große Worte für diesen großen Cadillac: »Schon seine Formen sprechen für einen gewagten Aufbruch. Vor allem seine Heckpartie ist so gestaltet, daß man jetzt schon sagen kann, daß die anderen Hersteller sie ganz einfach kopieren müssen. Der Eldorado ist nicht umsonst eines der teuersten Fahrzeuge des Jahrzehnts, denn er ist wunderbar anzusehen, herrlich zu fahren – und es ist ein unvergleichliches Vergnügen, einen zu besitzen.« Diese Worte bedürfen auch heute noch keiner Ergänzung. Auch der Motor wurde speziell für den Eldorado etwas verstärkt. Mit neuem Einlaßkrümmer, größerem Luftfilter und zwei Carter-Vierfachvergasern versehen, leistete er 270 PS bei 4 800/min. Das Drehmoment von 340 Nm bei 3 200/min lag allerdings etwas niedriger als beim normalen V 8, der nicht so hoch gedreht werden mußte. Diese zusätzlichen PS kamen gegen einen Aufpreis von 161 $ auch den anderen Cadillac zugute, leider existieren für einen so verstärkter Series 62 Sedan keine Testwerte. Seine Fahrleistungen dürften phänomenal gewesen sein, erreichte doch schon der rund 100 Kilo schwerere Eldorado die 100-km/h-Marke aus dem Stand in knapp über zehn Sekunden.

1956 produzierte Cadillac bereits sein einmillionstes Fahrzeug nach dem Krieg. Nicht schlecht, hatte man doch für die erste Million noch 35 Jahre gebraucht, für die zweite dann nur noch sieben: Der mit Abstand der

Linke Seite:
Als komplett neues Modell stellte Cadillac 1956 den traumhaften Eldorado Seville vor, der die Coupé-Version des bekannten Eldorado darstellte und sich folglich vor allem im Heckbereich von den anderen Modellen unterschied. Obwohl sein Preis von 6 014 $ relativ hoch war, konnten auf Anhieb 3 900 Eldorado Seville verkauft werden.

Als 1956 auch eine Coupé-Variante des Eldorado eingeführt wurde, erhielt das bisherige Eldorado-Cabriolet noch einen zweiten Namen: Biarritz. Sonst blieb eigentlich alles beim alten – bis auf den Preis und den Absatz: Erster ging in die Höhe, letzterer ging in den Keller.

Die mit Abstand wichtigste Neuerung im Cadillac-Programm für 1956 war der Sedan de Ville, der wie das Coupé de Ville ohne mittleren Dachpfosten auskam. Der viertürige Sedan de Ville löste den Series 62 Sedan als Bestseller ab – schon im ersten Jahr konnten 41 732 Exemplare zu einem Preis von 4 330 $ abgesetzt werden.

beliebteste Luxusfahrzeug-Hersteller hieß Cadillac, die jährliche »Crowell-Collier«-Umfrage ergab, daß 93 Prozent der Cadillac-Besitzer sich wieder für einen Cadillac entscheiden würden. Auf dem zweiten Rang in dieser in den USA sehr beachteten Umfrage folgte Buick mit immer noch beachtlichen 80 Prozent. Auch als Gebrauchte waren Cadillac sehr beliebt: So waren 1956 die einzigen Gebrauchtwagen mit fünf Jahren auf dem Buckel, die gemäß dem weitverbreiteten »Used Car Red Book« mehr als 1 000 $ kosteten, selbstverständlich Cadillac. Damals wie heute ist ein Cadillac aus zweiter Hand allererste Wahl ...

Für Cadillac war 1956 einmal mehr ein Rekordjahr – und das auf einem drastisch schrumpfenden Markt. Statt der 7 942 200 Fahrzeuge des Vorjahres rollten nun nur noch 5 801 900 Wagen von den Bändern. Nur Cadillac legte zu: Schon im ersten Halbjahr schaffte man sensationelle 81 143 Exemplare, die Produktion für das gesamte Modelljahr belief sich auf 154 577 Fahrzeuge. In der Rangliste der amerikanischen Hersteller konnte sich Cadillac vom zehnten auf den neunten Platz vorarbeiten und erreichte einen Marktanteil von 2,43 Prozent (1955: 1,93 Prozent). Dieser großartige Erfolg brachte gleichzeitig das Aus für Packard: Der große Name verschwand endgültig von der Bildfläche – trotz gewaltiger Anstrengungen. Denn nie waren sie besser gewesen, die Packard lagen in punkto Verarbeitung auf Cadillac-Niveau und brillierten mit technischen Verbesserungen, die auch einem Cadillac gut zu Gesicht gestanden hätten. Auch die verzweifelten Anstrengungen, das Image aufzupolieren, griffen nicht mehr, die Entscheidung, die miserablen Clipper-Modelle nicht mehr unter dem Packard-Schild laufen zu lassen, kam zu spät. Und weder die 310 PS des 6,1-Liter-V 8, welche die Führung im großen

PS-Rennen bedeuteten, noch die wirklich feinen Caribbean-Modelle konnten die einst so edle Marke retten.

Auch Chrysler kam mit seinem Imperial wieder auf den Boden der Tatsachen zurück, und verkaufte einige Fahrzeuge weniger als im Vorjahr. Nur Lincoln konnte unter den Cadillac-Konkurrenten 1956 wirklich glänzen, die Verkäufe lagen um stolze 83 Prozent über dem Vorjahr und erreichten hervorragende 50 322 Exemplare. Dieser Erfolg war nicht weiter erstaunlich, waren doch die 56er Lincoln sehr futuristische und trotzdem höchst elegante Fahrzeuge, die mit ihren tiefliegenden Lampen und dem harmonischen Heck wirklich zu gefallen vermochten. Außerdem schöpfte der V 8 aus 6 030 cm³ mehr oder weniger echte 285 PS, die den Lincoln endlich standesgemäß motorisierten.

Auch bei Cadillac hatte man nicht geschlafen. Erstmals seit seiner Einführung wurde 1956 der V 8 im Hubraum vergrößert, er wuchs von 5424 cm3 auf 5 981 cm³. Der Hub blieb mit 92 Millimetern gleich, die Bohrung wurde von 96,5 auf 101,6 Millimeter erhöht. Dies ergab bei einer Verdichtung von 9,75:1 neuerdings 285 PS bei 4 600/min, das maximale Drehmoment von 390 Nm lag bei 2 800/min. Gespeist wurden die acht Zylinder weiterhin von einem einzelnen Vierfach-Vergaser, den entweder Carter oder Rochester lieferte. Im Interesse einer besseren Kraftstoffversorgung wanderte die Benzinpumpe weiter nach hinten, also näher zum Tank hin. Beim Eldorado wurden weiterhin zwei Vierfach-Vergaser verwendet, was eine Leistung von 305 PS bei 4 700/min sowie ein maximales Drehmoment von 390 Nm bei 3 200/min ergab. Damit erreichte das Eldorado-Triebwerk mit 51 PS/Liter die höchste Literleistung aller amerikanischen Motoren.

Nebenbei gesagt: Die amerikanischen PS-Angaben der damaligen Zeit sind eher mit Vorsicht zu genießen. Bei Cadillac wurden sie im »General Motors Corporation Engine Test Code 20«-Prüfverfahren ermittelt, bei dem weder der Anlasser noch der Luftfilter noch der Einlaßkrümmer montiert waren sowie der Zündpunkt von Hand reguliert werden durfte. Die so ermittelten PS-Zahlen hatten natürlich dann nichts mit der Wirklichkeit zu tun. Die anderen Hersteller ermittelten ihre Leistungsangaben sogar ohne Auspuff, Benzin- und Wasserpumpen und Generator. So sind beispielsweise auch die eher aus dem Reich der Phantasie kommenden 310-Packard-PS zu erklären.

Für den vergrößerten Motor konnte Cadillac die gleichen Zylinderblock-Abmessungen, Zylinder-Zentren und Zylinderkopf-Abmessungen wie bei 5,4-Liter-V 8 beibehalten. Neu waren der Zylinderblock, die Kolben, die Kolbenringe, die Kurbelwelle, der Auslaß-Krümmer, die Nokkenwelle, die Ventile sowie ihre Führung. Dank dieser Ventile – nur die Auslaßventile erhielten eine minimal größere Öffnung – und ihrer hydraulischen Stössel verkraftete der Motor auch Drehzahlen von über 5 000/min; die höhere Verdichtung wurde einzig durch den zusätzlichen Hubraum und die Verbesserung der Brennräume erreicht, ohne daß deshalb die Kolben in neuer Form hätten entstehen müssen. Hier hatte sich Cadillac schon bei der Einführung 1948 gegen die von Chrysler verwendeten hemisphärischen Brennräume entschieden, weil den Konstrukteuren eine hohe Verdichtung bei gleichzeitig hoher Laufruhe als richtige Lösung erschien. Gleichzeitig attestierten die Cadillac-Ingenieure dem seit 1954 produzierten Chrysler-Motor »die beste Höchstleistung«, die jedoch für Personenwagen selten von Nutzen sei. »Die hemisphärischen Brennräume«, schrieb Cadillac-Ingenieur Harvey L. Mantey später, »sind im obersten Leistungsbereich besser und sprechen schneller auf die Zündung an. Dafür sind sie bei niedrigen Drehzahlen sehr rauh.«

Insgesamt hatte der neue Motor durch all diese Verbesserung nur 13,5 Kilo zugelegt, er wog jetzt 308 Kilo, während das Eldorado-Triebwerk 317 Kilo auf die Waage brachte. Natürlich war auch die Hydramatic entsprechend verstärkt, eine sogenannte »Controlled Coupling«, eine kontrolliertes Kuppeln, verminderte das Rukken beim automatischen Wechsel der Fahrstufen. Außerdem schaltete die Automatik dank der neuen, wartungsfreien Einscheibenkupplung nicht mehr so häufig auf und ab. 32 Millionen Dollar ließ sich Cadillac die neue Hydramatic kosten, sie umfaßte nun auch eine kleine Flüssigkupplung, deren Behälter sich nur füllte, wenn schnell durch die Gänge geschaltet werden mußte. Dieser Füllvorgang dauerte nur eine Sekunde, so daß die sanfteren Schaltvorgänge nur mit geringer Verzögerung

Es wurde nie daran gedacht, diesen Prototyp des Eldorado Brougham Town Car in Serie gehen zu lassen, doch immerhin sorgte er bei der Motorama 1956 für einiges Aufsehen. Nur 141 Zentimeter hoch und mit einer Fiberglas-Karosserie versehen, konnte dieser Cadillac auf jeden Fall gefallen.

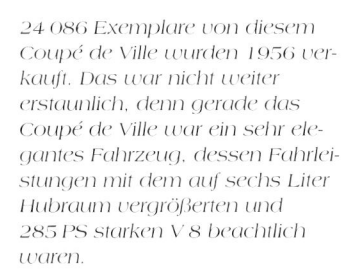

24 086 Exemplare von diesem Coupé de Ville wurden 1956 verkauft. Das war nicht weiter erstaunlich, denn gerade das Coupé de Ville war ein sehr elegantes Fahrzeug, dessen Fahrleistungen mit dem auf sechs Liter Hubraum vergrößerten und 285 PS starken V 8 beachtlich waren.

Der größte Cadillac des Jahres 1956 war einmal mehr der achtsitzige Series 75 Sedan. Von diesem 6 040 $ teuren und sehr eindrücklichen Fahrzeug wurden knapp über 1 000 Exemplare verkauft.

Zum ersten Mal nach der Ära der Sechzehn-Zylinder versuchte sich Cadillac 1957 wieder im alleobersten Luxussegement – und wie! Der Eldorado Brougham kostete nicht nur schon fast wahnsinnige 13 074 $, er war auch mit allem ausgestattet, was für den automobilen Feinschmecker nur vorstellbar war. Genau 400 Stück wurden 1957 von Hand gebaut.

einsetzten. Gleichzeitig wurde noch ein anderer Kritikpunkt, den verschiedene Cadillac-Besitzer 1955 bemängelt hatten, ausgemerzt: Die Fahrzeuge fuhren 1956 bedeutend schneller im Rückwärtsgang. Dank der großzügigen Verwendung von Aluminium wog die Schaltautomatik mit 94 Kilo nicht mehr als im Vorjahr.

Fortschrittlicher präsentierte sich auch die Bremsanlage des Modelljahrgangs 1956. Beide Zylinder des Haupt- und des Servosystems bildeten nun eine Einheit, was sich vor allem bei Reparaturarbeiten bezahlt machte. Außerdem sanken Pedaldruck und -weg, so daß die Bremsen schneller ansprachen. Modifikationen erfuhr auch die weiterhin von Saginaw gelieferte Servolenkung. Ihr Umlenkverhältnis wurde von 21,3:1 auf 19,5:1 verringert, was sich vor allem beim Fahren auf dem Highway erfreulich bemerkbar machte.

Bei so vielen Änderungen unter dem Blech war es fast verständlich, daß Cadillac an das Blech selber nicht mehr groß Hand legte. Einmal mehr wurde der Kühlergrill überarbeitet, er wurde feiner modelliert und war auf Wunsch – in Anlehnung an den Film »The Solid Gold Cadillac« – auch mit einer Goldlegierung erhältlich, die Blinker und Positionslichter wanderten unter die Stoßstange. Ebenfalls goldglänzend zeigte sich das neugestaltete Markenemblem, bei dem das V einen größeren Winkel erhielt. Hinten wurden die jetzt ovalen Auspuffrohre höher angesetzt, blieben aber weiterhin in den Stoßstangenhörnern. Die Stoßfänger selbst wurden etwas vergrößert, die sechs vertikalen Chromleisten verschwanden so schnell wieder, wie sie 1955 gekommen waren, und die Aussparung für die Nummerntafel rückte weiter nach unten. Im Profil gesehen, wirkten die neuen Modelle um einiges gestreckter, eine Folge der noch stärkeren Betonung der (weiterhin überflüssigen) hinteren Lufteinlässe und der längeren Linie des vorderen Kotflügels. Sie erstreckte sich vom hinteren Ende der Türen bis zu den Lampen.

Gleichzeitig verloren alle Cadillac ein wenig an Statur: Der Series 62 Sedan maß 546 Zentimeter (vorher 549 Zentimeter), die restlichen Series 62 564 Zentimeter (vorher 567 Zentimeter), die Series 75 schrumpfte auf 599 Zentimeter (vorher 602 Zentimeter), und auch der Eldorado mußte Federn lassen und war logischerweise gleich lang wie die Series 62. Auch innen wurde alles etwas kleiner, denn Cadillac versah die Armaturenbretter mit einem Handschuhfach, das gemäß Umfrage von 41 Prozent der Kunden sehnlichst gewünscht worden war. Nur 37 Prozent dagegen vermißten einen zweiten Aschenbecher, aber selbstverständlich war auch das Cadillac Befehl. Auf Wunsch erhielt die Klientel auch einen von innen einstellbaren Rückspiegel auf der Fahrerseite, der besonders in Verbindung mit dem ebenfalls gegen Aufpreis erhältlichen, elektrisch sechsfach verstellbaren Fahrersitz oft zum Einsatz kam. Insgesamt standen 23 Farben für die Karosserie und 86 verschiedene Kombinationsmöglichkeiten für das Interieur zur Auswahl.

Zwei neue Modelle machten diese Auswahl noch schwieriger: Schon am 24. Oktober 1955, also rund einen Monat vor der offiziellen Präsentation des neuen Modelljahrgangs am 18. November, hatte Cadillac den Eldorado Seville und den Series 62 Sedan de Ville vorgestellt. Der Eldorado Seville war der geschlossene Bruder des nun Eldorado Biarritz genannten Cabriolets und offerierte für 6 501 $ so ziemlich jeden Luxus, den man sich bei einem Automobil Mitte der 50er Jahre nur vorstellen konnte. »Der Eldorado Seville stellt alles dar, was Cadillac so bekannt gemacht hat«, griff die Werbeabteilung für ihr neues Modell einmal mehr heftig in die Tasten, »er ist ein »Dream Car« für die Straße.« Für das neue Topmodell (nur die Series 75, die auch einiges mehr an Material verbrauchte, war noch teurer) änderten die Designer noch einmal das Heck und ließen auch im Innern nur die feinsten Stoffe zu Zug kommen. Unter den insgesamt 6 050 verkauften Eldorado des Jahres 1956 befanden sich immerhin 3 900 Seville.

Noch größere Akzeptanz fand bei den Kunden die zweite neue Karosserievariante, der Sedan de Ville: 41 732 Exemplare wurden noch 1956 produziert, mehr als Packard und Chrysler Imperial zusammen. Den viertürigen Viersitzer mit dem pfostenlosen Dach pries Cadillac als »wunderbare Ergänzung zum weltberühmten Coupé de Ville. Der Sedan de Ville bringt seinem Besitzer den Komfort, den Raum und die Bequemlichkeit eines Viertürers, verbunden jedoch mit der Brillanz und dem Charme eines Coupés«. Nicht ganz verständlich bleibt hingegen, weshalb Cadillac nicht schon 1956 ein viertüriges Hardtop-Modell auf den Markt brachte, wie das auch bei Buick und Oldsmobile geschah. Cadillac befand sich in der eigentlich unmöglichen Situation, zusammen mit den Billigmarken Chevrolet, Ford und Rambler, aber auch Packard und Imperial, einen Design-Trend schlichtweg zu verschlafen haben.

Und noch etwas machte Cadillac 1956 zu schaffen: Lincoln hatte am 6. Obktober 1955 auf dem Auto-Salon in Paris den Continental Mark II vorgestellt, ein Fahrzeug, das über 10 000 $ kostete und eine neue Runde im Kampf um den ersten Rang unter den amerikanischen Luxusfahrzeugherstellern einläuten sollte. Doch auf die Antwort – und zwar die ultimative Antwort – von Cadillac brauchten die Kunden nicht lange zu warten: Im Dezember 1956 wurde der Eldorado Brougham vorgestellt.

Die Geschichte dieses einmaligen Fahrzeugs beginnt im Jahr 1953. Auf der Motorama stand die Corvette von Chevrolet, eine Sensation ersten Ranges, die den von Cadillac präsentierten Prototyp »Orleans« völlig untergehen ließ. Vielleicht lag's an der Optik: Der »Orleans« zeigte auf den ersten Blick nichts, was es nicht schon gab. Er sah aus wie ein normales 53er-Modell, das mit der Panorama-Windschutzscheibe des Eldorado aufgerüstet worden war. Nur wer genauer hinsah, merkte, daß der viertürige Sedan keinen Mittelpfosten aufwies.

Ein Jahr später erregte der direkte »Orleans«-Nachfolger auf der Motorama bedeutend mehr Aufsehen. Obwohl mit seinen Heckflossen, den gewaltigen Stoßstangen und der großzügigen Verwendung von Chrom ganz klar als Cadillac erkennbar, stellte der »Park Avenue« genannte Prototyp eine neue Ära im Cadillac-Design dar. Und gut sah er aus: Im Gegensatz zu dem noch sehr hohen »Orleans«-Dach wurden die Linien sehr flach gezogen, außerdem bestand das Hardtop wie beim »El Camino« aus von Hand poliertem Aluminium. Ein Rückschritt war allerdings der Mittelpfosten, der das Dach stabilisierte.

Harley Earl, immer wieder er, setzte sich bei seinem Chef Don Ahrens nachhaltig für eine Serienproduktion ein. Außerdem wußten sowohl Ahrens wie auch Earl, daß Lincoln im Herbst 1955 ein sensationelles Fahrzeug präsentieren würde. Mit dem Continental erfüllte Ford den Herzenswunsch all derjenigen, die bis 1948 diesem edelsten Namen unter allen Ford-Produkten treu geblieben waren, mangels eines Nachfolgers aber zu Cadillac umgestiegen waren. Direkt nach dem Krieg und auch zu Beginn der 50er Jahre war Ford finanziell nicht in der Lage, ein absolutes Topfahrzeug zu bauen, man hatte sich an fünf Fingern abzählen können, daß ein solches Überauto nur Verluste bringen würde. Im obersten Marktsegment, in dem Rolls-Royce in den USA gerade einmal 150 Wagen jährlich verkaufen konnte, war die Luft mehr als nur dünn. Trotzdem wagte Ford diesen Schritt nach vorn, auch wenn man wußte, wie schwierig es werden

Vollkommen neu wurden die Cadillac für 1957 gestaltet. Die Unterschiede zwischen dem Series 62 Coupé und dem Coupé de Ville wurden damit auch immer kleiner, man konnte sie eigentlich nur noch an den Namensschildern erkennen. Das hier abgebildete Coupé de Ville kostete 5 048 $ und wurde in 23 815 Exemplaren verkauft.

würde, ein noch besseres Fahrzeug als die Cadillac zu bauen. Denn etwas war den Ford-Verantwortlichen ganz klar: Der Continental mußte die Cadillac in jeder Beziehung übertreffen, optisch als auch technisch – der Preis durfte keine Rolle spielen. Vor allem in Sachen Prestige sollte der Conti Pluspunkte sammeln können, denn hier hatte man bei Ford den Schwachpunkt der Cadillac ausgemacht: Es gab einfach zu viele Cadillac auf der Straße, wer ein wirklich exklusives Fahrzeug wollte und das nötige Kleingeld dafür hatte, der sollte sich einen Continental Mark II anschaffen.

Earl überzeugte die Cadillac-Bosse schnell, daß ein Continental-Konkurrent auf die Räder gestellt werden mußte: »Am 4. Mai 1954 wurden bereits die ersten Beschlüsse gefaßt, wie der Eldorado Brougham innen aussehen sollte«, erinnert er sich, »es sollte selbstverständlich ein Viersitzer sein. Wenig später einigte man sich auch auf den Radstand und die Spurbreite, so daß schnell ein Modell mit Sitzen, Lenkrad und Pedalen hergestellt werden konnte. Gleichzeitig gab ich den Auftrag, ein erstes Gips-Modell der Karosserie herzustellen.« Unter der Leitung von Ed Glowacke entstand ein dem »Park Avenue« sehr ähnliches Modell, mit Aluminium-Dach, aber ohne mittlere Dachpfosten, ohne verchromte Fensterrahmen und ohne die Lufteinlässe, die bei einem Fahrzeug mit Klimaanlage sowieso unnötig waren.

»Am 10. August 1954 war das erste Modell fertig«, weiß Harley Earl, »die hinteren Überhänge wurden reduziert, um das Manövrieren zu erleichtern und das ganze Fahrzeug kompakter zu machen. Dann sah sich das Topmanagement das Modell an, kritisierte einige Dinge, dann ging das Fahrzeug wieder zurück ins Cadillac-Studio.« Unterdessen wurde hart am Interieur gearbeitet, neue, bedeutend größere Sitze wurden ausprobiert, die den Passagieren das Gefühl von schierem Luxus vermittelten. Im September wurde das Interieur in Gips geformt, am 6. November konnten die Ingenieure mit dem Bau des endgültigen Modells beginnen – genau 74 Tage, bevor die Motorama ihre Tore öffnete. Am 10. Januar fehlte nur noch die Lackierung, dann blieben aber nur noch zwei Tage für letzte Korrekturen am Brougham bis zur Eröffnung der Show. Als der Wagen endlich in New York ankam, fiel er um zwei Uhr in der Früh dann auch noch vom Lift, der ihn in die Ausstellungshalle bringen sollte, und hatte einige unschöne Beulen. Als die Motorama allerdings am folgenden Nachmittag mit einer kleinen Party eröffnet wurde, drehte sich der erste Eldorado Brougham auf seinem Präsentierteller, wie wenn nichts geschehen wäre.

Und es geschah danach auch nicht viel, auch wenn der Chamäleon-grüne Eldorado Brougham auf der Motorama noch mit glühenden Worten gepriesen wurde: »Der einzigartige Eldorado Brougham zeigt einmal mehr eindrucksvoll die Führungsrolle von Cadillac im Automobil-Design. Gleichzeitig ist er auch ein Versprechen für die Zukunft, in der Cadillac immer bessere amerikanische Automobile bauen wird.« Das war natürlich auch ein Seitenhieb gegen den noch nicht angekündigten, aber mit großer Spannung erwarteten Continental, den Don Ahrens in seiner Präsentationsrede allerdings mit keiner Silbe erwähnte. Stattdessen meinte er, daß der Eldorado Brougham »die Leute Rolls-Royce vergessen lassen wird«. Außerdem kündigte Ahrens noch an, daß das neue Cadillac-Topmodell, vom dem jährlich rund 1 000 Stück gebaut werden sollten, noch 1955 in Produktion gehen würde und rund 8 500 $ kosten sollte.

Als der Continental Mark II in Paris am 6. Oktober 1955 allerdings seine Weltpremiere erlebte, konnte von einer Serienproduktion des Brougham noch keine Rede sein. In Paris stand lediglich der erste Produktions-Prototyp: Man sei aber auf dem besten Wege, so Cadillac. Auch auf der Motorama 1956 war noch einmal ein solcher Prototyp ausgestellt, zusammen mit einer »Dream Car«-Version, einem Eldorado Town Car. Erst am 4. Dezember 1956 lief die Produktion des Eldorado Brougham an, was dann am 8. Dezember mit dem dritten überhaupt gebauten Fahrzeug auf dem New Yorker Auto-Salon auch bewiesen wurde. Bis zur Auslieferung an die Händler vergingen aber weitere vier Monate. Der Preis war im Vergleich zum Continental Mark II, der für 9 517 $ zu haben war, sehr hoch, verlangte Cadillac für sein Topmodell doch gewaltige 13 074 $. Damit war der Eldorado Brougham fast gleich teuer wie ein Rolls-Royce – und trotzdem noch ein Sonderangebot. Cadillac gab später zu, daß jeder Eldorado Brougham allein in der Herstel-

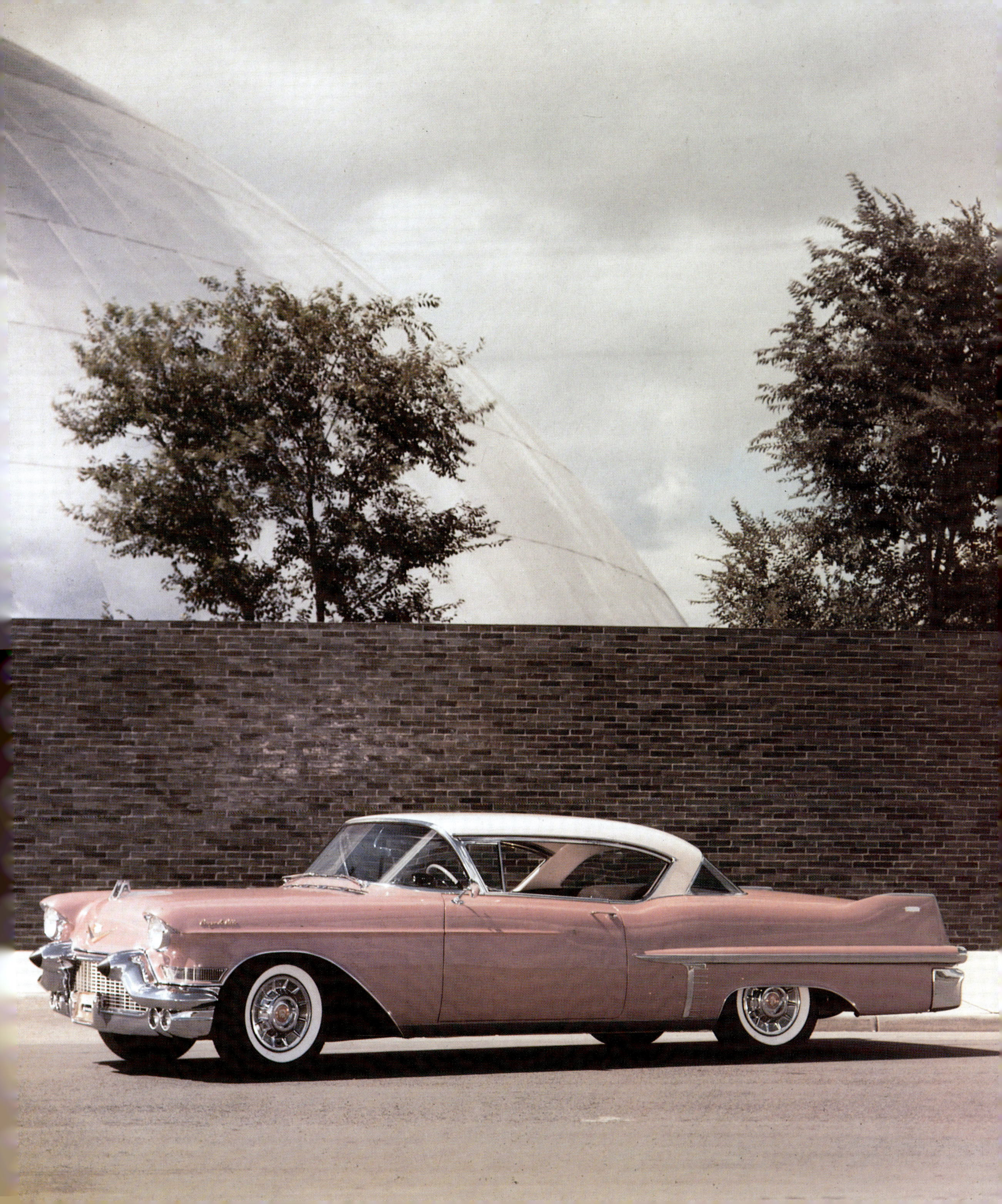

Das Interieur des Eldorado Brougham von 1957 enthielt allen nur denkbaren Luxus – sogar ein Parfümfläschchen durfte nicht fehlen. Das Gaspedal war deshalb so groß, weil man 325 Pferden die Sporen geben konnte.

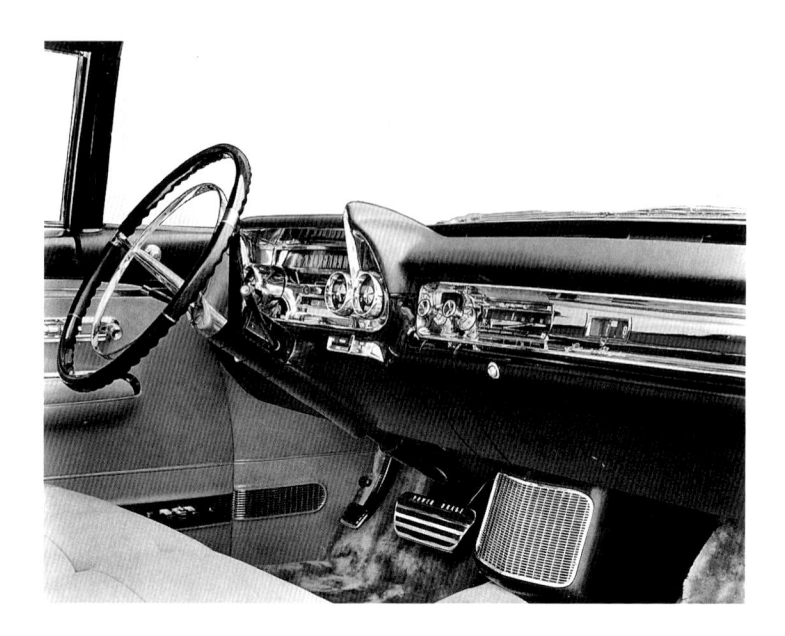

lung 23 000 $ verschlang. Der Fehlbetrag wurde als Beitrag zur Imagebildung abgebucht. Irgendwie mußte der Continental Mark II ja in die Schranken gewiesen werden, sonst wären die Ford-Bäume noch in den Himmel gewachsen.

Doch was war an diesem so teuren Automobil so besonders? Äußerlich zuerst einmal nicht viel, denn während der Continental sich ganz klar von den billigeren Lincoln-Modellen abhob, war der 13 000-Dollar-Wagen den günstigeren Cadillac-Modellen ziemlich ähnlich. Ein echtes Manko für den Eldorado Brougham: Wer soviel Geld für ein Auto ausgab, der wollte auch wirklich etwas Besonderes, ein Fahrzeug, das unverwechselbar und exklusiv war. Gerne hörte man die Kritik bei Cadillac selbstverständlich nicht, man verwies auf die Kunden, die nicht unbedingt protzen wollten, auf die doppelten Lampen vorne, die rechteckigen Nebellampen, die Lufteinlässe für Motor und Innenraum, die speziellen Heckflossen, die dreigeteilte hintere Stoßstange, die speziellen Farben, die speziellen Reifen, das spezielle Modellemblem »Eldorado Brougham by Cadillac«. Einzigartig war außerdem das Dach ohne Mittelpfosten sowie die vier Türen, die nicht mehr wie bei den ersten Prototypen und dem »Orleans« in verschiedene Richtungen – als sogenannte Selbstmörder-Türen – öffneten. Doch war das schon genug?

Eindeutig überlegen war der Eldorado Brougham allerdings in der serienmäßigen Ausstattung, die beim Continental nicht einmal die Klimaanlage umfaßte. Überhaupt war die Ausstattungsliste fast länger als das 549 Zentimeter messende Fahrzeug, im Preis inbegriffen waren Armlehnen hinten und vorne, von innen verstellbarer Außenspiegel, elektrische Fensterheber, Handbremsen-Warnlicht, Handschuhfach, zwei Heizungen, sechs Innenlampen, Klimaanlage, aus dem Cockpit zu öffnender Kofferraum, Leichtmetallfelgen, automatischer Lichtdimmer, spezieller Luftfilter, Nebellampen, Radio, selbständig abblendender Rückspiegel, Scheibenwaschanlage, Servobremsen, elektrische Sitzverstellung, elektrische Uhr, Weißwandreifen, zwei Zigarettenanzünder (hinten und vorne). Auf einige Dinge war man bei Cadillac besonders stolz, beispielsweise auf die selbständig abblendenden Scheinwerfer, die die bei weitem beste Lichtausbeute aller amerikanischen Wagen boten; auf die elektrisch verstellbaren Vordersitze, die mit einer »Memory«-Funktion ausgestattet waren und beim Einsteigen automatisch Platz machten; das Vierklanghorn; das Radio mit den zwei Lautsprechern und der automatisch ausfahrenden Antenne, die in Normalstellung nur bis zur Höhe des Daches reichte, für besseren Empfang aber auch ganz ausgefahren werden konnte; auf die automatisch schliessenden Türen, wenn ein Gang eingelegt war, sowie auf die Zündung, die nur auf ON geschaltet werden mußte und dann den Motor selber in Gang brachte, wenn die Hydramatic auf »Park« oder »Neutral« geschaltet wurde. Selbstverständlich war der Eldorado Brougham auch innen mit allem Luxus ausgestattet, den man sich damals nur vorstellen konnte, so auch einem Parfumfläschen, das ab Werk mit einem Lanvin-Duft gefüllt war.

Unter der flachen Haube arbeitete ein verstärkter Motor, der mit seinen zwei Vierfach-Vergasern stolze 325 PS leistete. Doch nicht dieser war es, der das Vergnügen, einen Eldorado Brougham zu fahren, einzigartig machte: Vielmehr war es die Luftfederung, welche die Passagiere wie auf einem Kissen über die Straßen trug. Heute wird Citroën als Erfinder dieser Federung genannt, doch erstens verwendete der französische Hersteller mit der Hydro-Pneumatik ein komplett anderes System, und zweitens hatten die Entwicklungen der jeweiligen Systeme absolut voneinander unabhängig stattgefunden. Die für den Eldorado Brougham verwendete Luftfederung war bei ihrer Einführung nämlich schon fünf Jahre alt, so lange wurde sie nämlich bereits bei verschiedenen GM-Bussen eingebaut. Außerdem hatten verschiedene Hersteller auf der ganzen Welt schon vor

Wie alle Cadillac des Jahrgang 1957 verfügte auch das sehr begehrenswerte Series 62 Convertible über die gebogene Panorama-Windschutzscheibe. Mit 5 229 $ war man dabei, was zu rekordverdächtigen 9 000 Cabrio-Verkäufen führte.

dem Zweiten Weltkrieg mit dieser Art von Federung experimentiert.

Erfunden hatten die GM-Luftfederung L. J. Keyhoe und V. D. Polhemus, den Bedürfnissen eines Personenwagens wurde die bestehende Luftfederung der Busse von Lester D. Milliken und Fred H. Cowin angepaßt, die dem Eldorado Brougham einen über einen Elektromotor betriebenen Luftkompressor verpassten.

Sowohl die amerikanischen als auch die europäischen Tester waren begeistert von der Cadillac-Federung. Zu Recht fragten sie sich allerdings, weshalb ein solcher Aufwand überhaupt nötig war, waren doch schon die konventionell gefederten Cadillac alles andere als unkomfortabel. Einzig auf wirklich schlechten Straßen sah man gewisse Vorteile und verglich den amerikanischen Strassenkreuzer sogar mit dem bedeutend leichteren und in Sachen Federung wirklich sensationellen Citroën. In der Praxis erwies sich die Cadillac-Lösung als zu teuer, zu kompliziert und zu störungsanfällig, vor allem Kälte und Feuchtigkeit schadeten ihr sehr. Nach vier Jahren verschwand die hochgelobte Luftfederung wieder aus dem Programm.

Auch der Eldorado Brougham erlitt dieses Schicksal. Nach vier Jahren und weniger als 1 000 gebauten Exemplaren – 400 1957, 304 1958, 99 1959 und 101 1960 – kam das Aus. Während der ersten beiden Jahre wurden die Fahrzeuge bei Fleetwood in Detroit von Hand zusammengebaut, danach wurden die Chassis für die Fertigung nach Italien zu Pininfarina verschifft. Was genau der Grund für diese Reise nach Turin war, ist heute nicht mehr ersichtlich. Die niedrigeren Arbeitskosten konnten es nicht gewesen sein, da allein die Transportkosten ein gewaltiges Sümmchen schluckten. Außerdem mußten die italienischen Eldorado Brougham jeweils in Detroit noch kräftig nachbehandelt werden, damit sie die Cadillac-Ansprüche an die Qualität erfüllen konnten. Möglicherweise nahm man all das in Kauf, um die Fleetwood-Fabrik von dieser aufwendigen Produktion zu entlasten, vielleicht hoffte Cadillac auch, die Exklusivität des sehr exklusiven Eldorado Brougham mit dem feinen Namen von Pininfarina noch ein wenig zu steigern. Fest steht al-

Einzig sein Radstand von 338 Zentimetern blieb gleich, ansonsten war der Sixty Special von 1957 ein vollkommen neues und vollkommenes Fahrzeug. Wie der Sedan de Ville verfügte der 60 S über ein pfostenloses Hardtop, was ihm ein bedeutend sportlicheres Aussehen gab. Selbstverständlich konnte dieses Modell einen neuen Verkaufsrekord erreichen: 24 000 Exemplare wurden für 5 539 $ losgeschlagen.

lerdings, daß die italienischen Cadillac nicht besonders beliebt waren, heute werden für diese Eldorado Brougham deutlich weniger bezahlt als für die 1957 und 1958 produzierten Exemplare. Auch die »The Milestone Car Society« hat nur die amerikanischen Ausführungen in ihren ehrenwerten Club aufgenommen, in dem nur wirklich außerordentliche amerikanische Automobile Platz finden.

Im Vergleich zum 622 Zentimeter langen Continental Mark II macht der Eldorado Brougham eigentlich eine schlechte Figur – allerdings nur, was die Verkäufe betrifft. Den in vier Jahren produzierten 904 Eldorado Brougham standen in nur zwei Jahren 4 660 gebaute Mark II gegenüber. Beiden Fahrzeugen muß und darf allerdings zugebilligt werden, daß sie einzigartige Beweise der amerikanischen Automobilbaukunst waren, der Cadillac als technisch sehr fortschrittlicher Wagen, der Continental Mark II als Wiedergeburt des klassischen Luxuswagens. Verkaufserfolge waren sie beide nicht, auch der Conti nicht, was sicher mit am hohen Preis lag – aber nicht nur: Die Zeit, so scheint es, war einfach noch nicht reif für solche Feinschmecker-Automobile.

Selbstverständlich profitierten auch die anderen 57er Cadillac von den technischen und stilistischen Errungenschaften des Eldorado Brougham. Mit Ausnahme der Series 75, die sich gegenüber dem Vorjahr nur unwesentlich änderte, und natürlich der Cabriolets, verfügten alle Modelle des neuen Jahrgangs über das pfostenlose Dach, das Cadillac als einziger amerikanischer Hersteller bereits 1957 einführte. Auch heute noch muß man zugeben: Sie waren wunderschön, »terrific«, wie die Amerikaner so gerne sagen. Die Series 62 umfaßte ein zwei- und ein viertüriges Hardtop-Modell, das Convertible Coupé, das Coupé de Ville und den Sedan de Ville. Den Sixty-Special gab es weiterhin nur in einer Version, dem viertürigen Sedan. Die neuen Karosserien, den sogenannten »C-Body« von General Motors teilten die Cadillac mit den Buick Super und Roadmaster, allerdings waren viele Kleinigkeiten sehr verschieden.

Es muß ein erfreuliches Arbeiten gewesen sein in der Design-Abteilung von Cadillac. Unter der Leitung von Ed Glowacke entwickelten sein Assistent Bob Schelk sowie Ned Walters, Dave Holls und Ron Hill ihre Ideen. Hill, der für die Linien des Eldorado Biarritz zuständig war, erinnerte sich später: »Der Biarritz sollte so etwas wie die himmlische Version der Series 62 werden. (...) Wir hatten keine Vorgaben, alle arbeiteten bei allen Fahrzeugen mit, und wir wollten einfach etwas, was ganz anders war als alle anderen Autos. Die einzige Einschränkung war, daß man auch die 57er Modelle sofort als Cadillac erkennen mußte, doch das war nicht weiter schlimm. Von der uns gegebenen Freiheit machten wir natürlich ausgiebig Gebrauch.«

Die neuen Modelle waren wirklich ein sehr erfreulicher Anblick – je länger man sie betrachtet, desto besser gefallen sie auch heute noch. Die Fahrzeuge wurden ein wenig länger, hatten einen minimal vergrößerten Radstand und wurden deutlich niedriger (Series 62 und Sixty Special von 157 auf 150 Zentimeter). Auch die gesamte Fläche des Glases nahm ab, so daß die 57er Modelle sehr elegant und gestreckt wirkten. Der Verzicht auf ein Übermaß an Chrom wirkte sich sehr positiv aus, auch die höheren Radausschnitte standen den 57er Cadillac gut zu Gesicht. Der hintere Kotflügel wurde ebenfalls umgestaltet, zwar blieben die Heckflossen, doch die Lichter wanderten weiter nach unten, ihre Position war durch

Linke Seite:
Mit dem »Extended Deck« bot Cadillac 1958 einen um 21 Zentimeter verlängerten Series 62 Sedan an, der mit rund 21 000 verkauften Exemplaren gleich zu einem Bestseller wurde. Und obwohl man erst ein Jahr zuvor alle Fahrzeuge neu gestaltet hatte, gab es bereits wieder einige signifikante Änderungen, die vor allem im Heckbereich sehr gut ersichtlich waren.

Auch beim Sixty Special wuchsen 1958 die Heckflossen dem Himmel entgegen. Die Verwendung von Chrom kannte keine Grenzen. Ob die Fahrzeuge deswegen wirklich schöner wurden, das sei dahingestellt.

Die große Series 75 Limousine wurde im Styling den anderen Modellen des Jahrgangs 1958 angeglichen, auch wenn hier die großen Heckflossen nicht ganz so auffällig waren. Die hier gezeigte Limousine wurde in nur 730 Exemplaren zu einem Preis von 8 525 $ verkauft.

Der Traum aller jungen Amerikaner blieb auch 1958 dieses Series 62 Convertible. Bei diesem Fahrzeug fielen die ausladenden Formen vor allem bei offenem Dach nicht so sehr ins Gewicht, ganz im Gegenteil – das 5 364 $ teure Cabrio war der wohl schönste Cadillac des Jahres 1958.

Im Frontbereich wurden auch der Eldorado Seville (hier im Bild) und der Eldorado Biarritz neu gestaltet. Trotzdem fielen die Verkäufe ins Bodenlose: Gerade einmal 855 Seville konnten zu einem Preis von 7 410 $ verkauft werden.

*Rechte Seite:
Das Saturday Night Fever brach auf jeden Fall aus, wenn man mit einem Series 62 Convertible des Jahres 1959 unterwegs war. Gerade in Rot und mit diesen gewaltigen Flossen war das Fahrzeug sicher ein einzigartiger Anblick, der auch heute noch seine Wirkung nicht verfehlt. Das Series 62 Covertible konnte 1959 in 11 130 Exemplaren verkauft werden, was einen neuen Rekord bedeutete.*

eine seitliche Zierleiste zusätzlich betont. Natürlich wurden wie in jedem Jahr der Kühlergrill und die »Dagmars« geliftet, im Gegensatz zum Brougham gab es aber weiterhin keine Doppelscheinwerfer. Zum ersten Mal seit vielen Jahren war die markante Kühlerfigur nur noch auf Wunsch erhältlich.

Die Modellpflege im Innenraum betraf in erster Linie das Cockpit. Der bis 120 mph reichende Tachometer war nicht mehr rund und riesig, sondern in die Länge gestreckt. Die wichtigsten Warnlichter, die Tankuhr und die Blinkanzeige fanden sich schön angeordnet unterhalb des Tachos, für einen Aufpreis von 164.25 $ war auch das aus dem Eldorado Brougham bekannte Radio mit Automatik-Antenne erhältlich. Ebenfalls gegen Aufpreis konnte man noch eine Heizung und einen Defroster ordern, dessen Kontrolleinheit unter dem Radio lag. Insgesamt war das neue Cockpit nicht nur schöner, sondern auch sicherer, ragten doch die Schalter und Knöpfe nicht mehr wie früher wie Spieße in Richtung des Fahrers. Auch die bedeutend besser lesbaren Armaturen trugen ihren Teil zur Sicherheit der Insassen bei.

Cadillac hatte gute Gründe, sich auch an einem neuen Rahmen zu versuchen. Die bisherige Konstruktion wurde von einem Röhrenrahmen abgelöst, der nicht nur weniger vibrierte, sondern auch fast 20 Prozent steifer war als sein Vorgänger (der schon die meßbare beste Steifigkeit aller Rahmen auf dem amerikanischen Markt aufwies). Noch andere Vorteile hatte der neue Rahmen zu bieten: Weil er wie die Mercedes-Rahmen jener Zeit keine seitlichen Verstärkungen mehr benötigte, konnte die Gürtellinie der Karosserie niedriger gehalten werden. Außerdem wurden die Herstellungskosten gesenkt, weil für alle Cadillac-Modelle nur noch ein Rahmen verwendet werden mußte, der für die verschieden langen Radstände einfach in der Mitte verlängert wurde. Nicht minder einfach war es, den neuen Rahmen für die Cabriolets entsprechend zu versteifen. So wog der Rahmen beim Series 62 Sedan noch 186 Kilo, während er für das Cabriolet 249 Kilo auf die Waage brachte.

Die Geschichte der Entwicklung dieses neuen Rahmens dauerte länger als er schließlich produziert wurde. Als Hudson 1948 als erste amerikanische Marke die selbsttragende Karosserie einführte, dachte man bei Cadillac zuerst daran, dieses Prinzip zu kopieren. Allerdings fand man schnell heraus, daß diese Rahmen/Karosserie-Einheit den Einfällen der Designer enge Grenzen setzte. Also machte sich A. O. Smith schon 1950 daran, den erst 1957 präsentierten Rahmen zu entwickeln. Er hatte gute Arbeit geleistet – zu gut: Acht Jahre später wurde er wieder aus der Produktion genommen, weil er – zu stabil war. Da er sich bei besten Willen um keinen Millimeter verneigte, hatte man vor allem auf schlechten Wegstrecken das Gefühl, auf einem Brett über die Straße zu hüpfen. Da konnte auch das gleichzeitig mit dem Rahmen modernisierte Fahrwerk nicht helfen, die Vorderrad-Aufhängung wurde mit Kugelgelenken versehen, rundum gab es weichere Stoßdämpfer. Gemeinsam mit Buick offerierte Cadillac als erster amerikanischer Hersteller 15-Zoll-Räder.

Überraschenderweise hatten die Ingenieure auch das Gefühl, die Bremsen des 56er Jahrgangs seien zu gut gewesen, so daß sie die Gesamtbremsfläche minimal reduzierten.

Trotzdem vermittelten die mittlerweile fast drei Tonnen

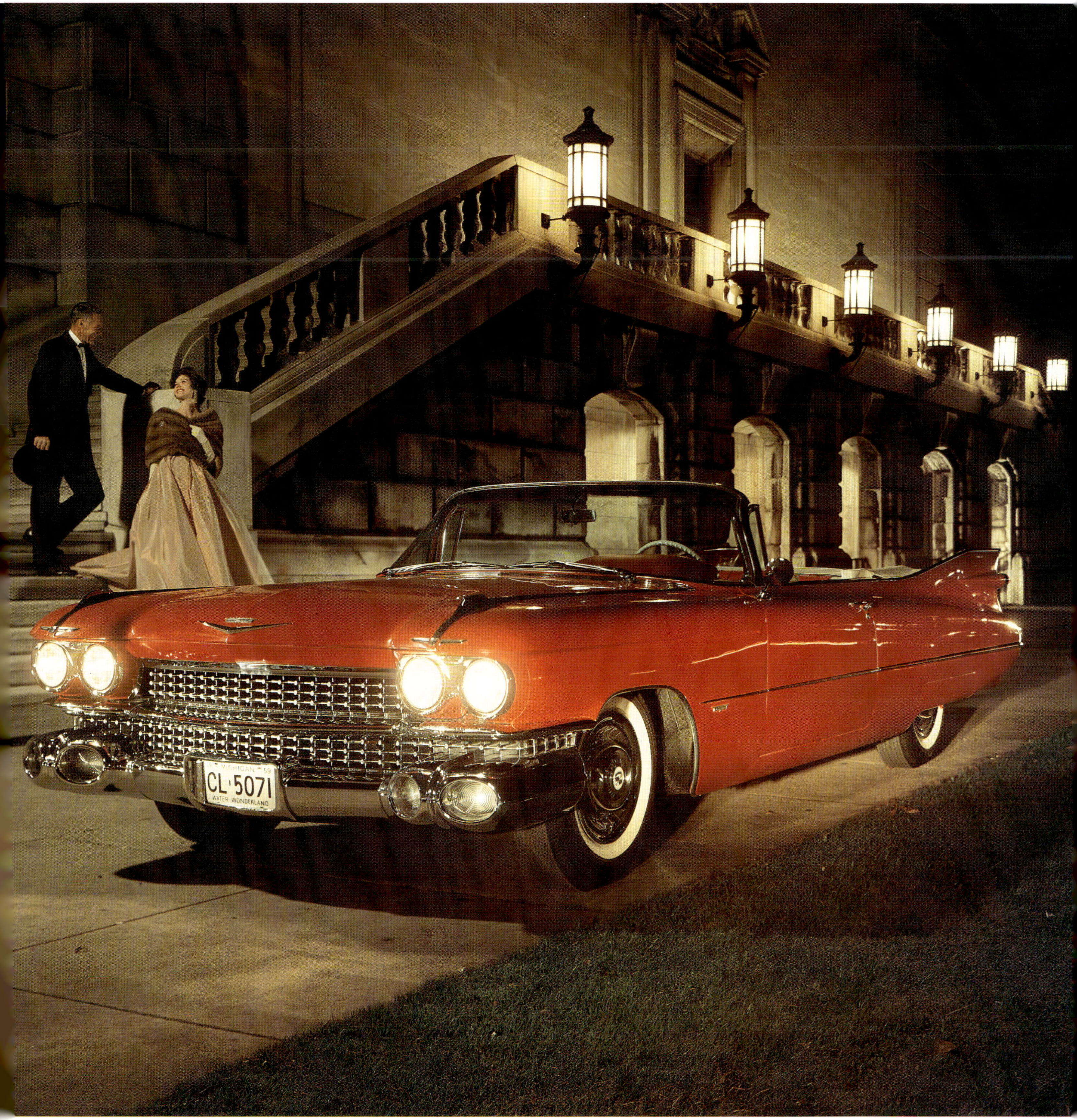
MICHIGAN 59
CL 5071
WATER WONDERLAND

schweren Cadillac auch 1957 ein ungetrübtes Fahrvergnügen, solange man sie nicht zu heftig in die Kurve werfen wollte. Denn dafür waren sie nicht gedacht, ihr Terrain waren die breiten, schnellen Autobahnen, auf denen die kürzeste Gerade mindestens bis zum Horizont reichte. Fuhr man trotzdem einmal Ideallinie, so mußte man schon beide Hände am Steuer haben, denn die Cadillac neigten zu heftigem Übersteuern – sofern sie ausnahmsweise nicht einfach über alle vier Räder wegschoben. Allerdings boten ihre neuerdings 300 Pferdestärken auch genug Reserven, um ein Ausbrechen des Wagens zu verhindern. Das schafften allerdings nur geübte, sportliche Fahrer, und die waren unter der Cadillac-Klientel nicht ausnehmend häufig vertreten. Seine 300 PS erreichte der 5,9-Liter-Motor bei 4 800/min, das maximale Drehmoment blieb mit 390 Nm gleich, wurde allerdings erst bei 3 200/min erreicht. Einmal mehr wurde die Achs-Übersetzung geändert, serienmäßig war wieder die lange 3,07:1-Übersetzung montiert, die den Verbrauch senkte. Die Beschleunigung verbesserte sich trotz der zusätzlichen PS nicht, sie lag immer noch irgendwo knapp über zehn Sekunden für den Sprint von 0 auf 100 km/h.

Insgesamt 146 841 Fahrzeuge produzierte Cadillac im Modelljahr 1957, knapp 8 000 weniger als noch ein Jahr zuvor, und das trotz des Eldorado Brougham – eine Enttäuschung? Prinzipiell ging es GM 1957 alles andere als hervorragend, man mußte eine Einbuße von rund neun Prozent hinnehmen und verkaufte anstelle der 3 062 400 Exemplare von 1965 nur noch 2 816 400 Fahrzeuge. Und außerdem sonnte sich die Cadillac-Konkurrenz in einem gewaltigen Aufschwung, Chryslers Luxusmarke Imperial legte von 10 684 auf 37 557 Fahrzeuge zu. Lincoln mußte wie Cadillac ein wenig abgeben, und schaffte – Continental hin, Mark II her – nicht mehr 50 322, sondern nur noch 41 123 Fahrzeuge.

Bei Lincoln war der Grund für den Einbruch relativ einfach zu finden: Die 57er Modelle sahen zwar sehr futuristisch aus, doch das neue Design wirkte irgendwie aufgeklatscht, nicht recht harmonisch, so, als habe man, nur um mit Cadillac gleichzuziehen, auf die Schnelle irgendwas gemacht. Doch immerhin: Der Ford-Ableger avancierte innerhalb von zehn Jahren zu einer festen Größe auf dem amerikanischen Luxusmarkt – klar hinter Cadillac, aber das war man sich bei Lincoln aus den 30er Jahren ja schon gewohnt. Noch besser setzte sich Ende der 50er Jahre Chrysler in Szene, wobei sich die Lancierung von Imperial als eigenständige Marke sehr positiv bemerkbar machte. Die neuen Modelle überzeugten optisch durch die von Virgil Exner gezeichneten »Flight-Sweep«-Karosserien, und brillierten technisch durch die Hemi-Motoren und das hervorragende Fahr-

Für 1959 wurden die Eldorado – mit Ausnahme des Brougham selbstverständlich – den anderen Cadillac-Modellen ähnlich, behielten aber ihren zusätzlichen Chrom und verfügten über eine bessere Ausstattung. Mit 7 401 $ war man dabei.

Erst auf den zweiten Blick ließ sich erkennen, daß der Eldorado Brougham noch immer etwas anderes als die anderen Cadillac war. Gebaut wurde er größtenteils in Italien bei Pininfarina, dem Meisterkarrossier, der auch für das Design zuständig war.

Angetrieben wurde er von einem 345 PS starken 6,4-Liter-V 8, der Preis lag bei 13 074 $. Heute gehört der in nur 200 Exemplaren hergestellte Eldorado Brougham von Pininfarina zu den am meisten unterbewerteten klassischen Cadillac.

werk. Wenn es bei Imperial etwas zu kritisieren gab, so die noch immer nicht sehr gute Qualität, die an die sehr lieblos zusammengebastelten billigeren Chrysler-Modelle erinnerte, sowie das Fehlen eines absoluten Topmodells, wenn man einmal vom in nur 37 Exemplaren bei Ghia in Italien hergestellten Crown Imperial absieht.

1958 befanden sich die amerikanischen Hersteller vollends auf Talfahrt, gerade noch 4 244 000 Fahrzeuge kamen auf den Markt, verglichen mit den 6 115 400 Exemplaren im schon nicht sonderlich guten Jahr 1957 ein absolutes Desaster. Dieser Rückgang ist eigentlich schwer zu erklären. Vielleicht wirkte sich das Auftauchen der europäischen Kleinwagen schon mehr aus, als in Zahlen auszudrücken ist (immerhin verkaufte Volkswagen 1958 schon stolze 80 000 Käfer in den USA). Ein Grund für diesen extremen Rückgang könnte auch das Buch »The Insolent Chariots« von John Keats gewesen sein, in dem die amerikanische Automobilindustrie auf heftigste beschuldigt wurde, nur noch zu große, zu starke und zu viel verbrauchende Fahrzeuge zu bauen. Von dieser Kritik konnte man natürlich auch die Cadillac nicht ausnehmen – ob das Buch von Keats allerdings der Grund dafür war, das die Produktion um 25 063 Einheiten auf 125 778 Fahrzeuge fiel, das darf doch bezweifelt werden.

Doch nicht nur Cadillac, auch Lincoln hatte Probleme. Obwohl die 58er Modelle einmal mehr optisch glänzten, fiel die Produktion unter 30 000 Fahrzeuge. Obwohl jetzt von einem V 8 mit 7 046 cm^3 und 375 PS angetrieben, obwohl jetzt auch bedeutend mehr Karosserievarianten erhältlich waren, obwohl der Continental Mark III neu und bedeutend günstiger auf den Markt kam, konnte Lincoln seine Position auch im Vergleich mit Cadillac nicht halten. Auch Chrysler hatte mit seinem Imperial einen heftigen Rückschlag zu verbuchen, obwohl man 1958 als erster amerikanischer Hersteller die »Cruise Control« und die Zentralverriegelung anbieten konnte. So war es nicht weiter wunderlich, daß die beiden übriggebliebenen Cadillac-Erzrivalen auf 1959 hofften, gegen den 58er Cadillac-Jahrgang hatten sie eh keine Chance. Daß sie auch 1959 alt aussehen würden, konnten sie ja noch nicht wissen.

Die Veränderungen der 58er Cadillac steckten im Detail. Einmal mehr und wie immer mußte der Kühlergrill dran glauben, doch diesmal war es mehr als nur Kosmetik. Bekannt dafür, sehr offen und empfänglich für gute Ideen zu sein, erhielt Cadillac immer wieder Verbesserungsvorschläge auch von außerhalb des GM-Konzerns. So konnte die »Doehler-Jarvis Division« den Cadillac-Bossen ein neues Preßverfahren anbieten, das in Deutschland schon erfolgreich war und mit dem in viel kürzerer Zeit viel mehr und viel günstigere Stahlteile geformt werden konnten. Clarence Morphew, der seit 1956 für den Karosseriebau bei Cadillac verantwortlich war,

Genau gleich teuer wie der etwas praktischere Eldorado Seville, konnten vom offenen Eldorado Biarritz 1959 doch 1 320 Exemplare verkauft werden. Von den Flügelmonstern des Jahres 1959 war der Biarritz vielleicht das eleganteste.

packte die Gelegenheit beim Schopf und verordnete den neuen Modellen einen neuen Grill aus diesen neu gepreßten Teilen, die in der Werbung leicht widersprüchlich als »konkave, kugelförmige Projektile« bezeichnet wurden. Wie sie auch immer heißen wollten, diese Gitterstäbe machten den Cadillac-Kühlergrill noch markanter als er schon immer war.

Mit der Einführung dieses neuen, sehr effektiven Stahlbearbeitungsverfahrens – bei dem auf viel größeren Maschinen gearbeitet werden konnte – fiel auch die Entscheidung, die Produktionskapazität bei Cadillac aufzustocken. Doch während andere Autohersteller in Detroit sich für viel Geld neue Denkmäler setzten, herrschte bei Cadillac immer noch die Lelandsche Sparsamkeit, das Management sah sich nach einer ausrangierten Fabrik um, die man umbauen wollte. Nachdem man die alte Hudson-Produktionshalle nicht bekommen konnte – sie wurde später in einen Parkplatz verwandelt –, begnügte man sich mit der Halle, in der früher die Hudson-Karosserien gefertigt worden waren. Nach dem Umbau, der nur rund ein Drittel eines Neubaus kostete, wurde in dieser neuen »Plant Four« alles hergestellt, was gepreßt werden konnte, also hauptsächlich Karosserieteile. Der Umzug – zu jener Zeit der größte der Industriegeschichte – von rund 350 Maschinen mit einem Gewicht von 70 000 Tonnen, war so gut geplant, daß kaum ein Produktionstag ausfiel. Gleichzeitig schaffte sich Cadillac auch 64 neue Pressen an, die genauer und viel schneller arbeiteten als die alten Geräte. Der so geschaffene Platz in den alten Fabrik blieb auch nicht lange leer, es gab eine neue Produktionsstraße für Zylinderköpfe und -blöcke, die wegweisend in der Qualitätskontrolle war.

Und wenn wir schon von Qualitätsverbesserungen sprechen: 1958 führte Cadillac auch einen neuen Verchromungsprozeß ein. Die vielen Chromteile, die umständlich aufgerauht, dann mit Nickel bezogen und schließlich verchromt wurden, waren den perfektionswütigen Ingenieuren der eigens geschaffenen »Polishing and Plating«-Abteilung schon lange ein Dorn im Auge. Zusammen mit der »Metal & Thermit Corporation« wurde deshalb ein Verfahren entwickelt, mit dem sich das Chrom viel weniger schnell abnützte und unempfindlicher gegen Rost wurde. Bei der Entwicklung des neuen Verfahrens entdeckte man außerdem, daß nicht nur Nickel, sondern auch Stahl verchromt werden konnte.

Doch zurück zu den 58er Modellen. In diesem Jahr konnte gegen Aufpreis bei allen Cadillac-Modellen die aus dem Eldorado Brougham bekannte Luftfederung geordert werden. Gleichzeitig baute man bei allen Modellen auch eine neue Hinterrad-Aufhängung ein, die den Cadillac vor allem ein besseres Kurvenverhalten brachten. Auch am Motor wurde gefeilt, er leistete jetzt trotz geringerem Benzinverbrauch 310 PS bei 4 800/min und erreichte sein maximales Drehmoment von 395 Nm bei 3 100/min. Dies wurde mit längeren Ein- und größeren Auslaßventilen sowie einer höheren Verdichtung (neu 10,25:1) und veränderten Brennräumen erreicht. Der Eldorado-Motor, der gegen Aufpreis auch bei allen anderen Modellen zu haben war, schaffte 335 PS bei 4 800/min und gleichem maximalen Drehmoment.

Selbstverständlich gab es neben dem schon erwähnten Kühlergrill und den etwas sanfteren Stoßstangenhörnern noch andere Retuschen am neuen Modell. Am offensichtlichsten als Neuerung zu erkennen waren die doppelten Frontlampen sowie die Lufthutzen am vorderen Kotflügel. Im Vergleich aber zu dem, was 1959 bei Cadillac folgte, standen die 58er Modelle ziemlich im Abseits. Ganz egal, wie man zu diesen 59er-Heckflossenmonstern steht: Was Cadillac in diesem Jahr bot, übertraf bei weitem alles, was man bisher im Automobildesign kannte. Wild wuchernde Formen waren angesagt – wie übrigens bei allen GM-Produkten, mit denen die Cadillac 1959 bedeutend mehr gemein hatten als früher. Diese schiere Größe war für viele, vor allem europäische Kritiker, ganz einfach ein Ausdruck von schlechtestem Geschmack, doch die Amerikaner schienen die wenig harmonischen Linien zu mögen, sie waren vielleicht auch der beste Ausdruck dafür, daß sich die USA endgültig von den Nachwehen des Zweiten Weltkrieges erholt hatten und jetzt der ganzen Welt zeigen wollten und konnten, wer die Nummer Eins ist.

Denn es waren nicht nur die Cadillac, die 1959 gewaltig in die Länge und Breite und Höhe gingen, Buick offerierte schon fast arrogante Heckflossen, auch Chrysler versuchte sich mit ebenfalls grotesken Formen besser am Markt zu positionieren. Doch übertroffen wurde alles von den »Tail-Fins« der Cadillac: Gegenüber 1958 wurden sie um stolze 9,5 Zentimeter höher und hatten ihren Höhepunkt auf 97 Zentimetern, nur noch 40 Zentimeter unterhalb des Dachs. So gewaltig diese Maße – sie übertrafen die Chrysler-Flossen, die zweithöchsten auf dem Markt, um mehr als sechs Zentimeter – auch waren, man sollte nicht vergessen, daß die 59er Flossen nur eine Entwicklung krönten, die bei Cadillac schon elf Jahre zuvor eingesetzt hatte. Bereits 1960 wurde man auch bei Cadillac wieder vernünftiger, und vier Jahre später waren die Heckflossen dann ganz und gar verschwunden. Wenn man an den hinteren Auswüchsen etwas als schön bezeichnen kann, dann vielleicht die beiden projektilförmigen Lämpchen, die den Cadillac vor allem in der Hitze der Nacht das gewisse Etwas gaben.

Doch jenseits aller Geschmacksfragen ist eines unstrittig: Die Heckflossen-Cadillac gehören zu Amerika wie Hamburger, Baseball und Coca-Cola. Am 59er Modell fielen allerdings nicht nur die Heckflossen auf, auch vorne standen die neuen Modelle in bestem Licht – insgesamt acht Lampen sorgten auch bei Nacht für gute Sicht. Wieder einmal war für die neuen Modelle der Kühlergrill geändert worden, diesmal aber nur in Maßen, außerdem wurden die vorderen Stoßstangenhörner in dem Maße kleiner, wie die Heckflossen anwuchsen. Nicht mehr viel mit einer Stoßstange hatte hingegen das massive hintere Chromwerk zu tun, das wohl auch gegen Unfälle schützte, aber vor allem deshalb so gigantisch ausfiel, damit die Autofahrer, die von einem 59er Cadillac überholt wurden, auch etwas zu staunen hatten. Zum ersten Mal seit vielen Jahren dienten die hinteren Stoßfänger nicht mehr als Tarnung für den Auspuff, dieser wanderte schön versteckt weiter nach vorne.

Ebenfalls erstmals seit vielen Jahren bot Cadillac nur noch zwei verschiedene Radstände an, bei der Series 75 380 Zentimeter, bei allen anderen Modellen 330 Zentimeter. Die Außenlänge bei der Series 62, Series 63, dem Sixty-Special und den Eldorado betrug 572 Zentimeter, bei der Series 75 schon fast monströse 622 Zentimeter. Dies bedeutete zwar mehr Beinfreiheit, doch diese wurde auch gebraucht, denn die Kopffreiheit wurde durch die neuen Dachkonstruktionen um rund 2,5 Zentimeter eingeschränkt. Gleichzeitig nahm aber auch die Breite zu, 206 Zentimeter standen 1959 zu Buche, ein Maß, das in Europa kaum in eine normale Garage paßt. Nun, für die Amerikaner galt halt immer noch »bigger is better« – und eine Garage brauchte niemand, einen Cadillac parkte man sowieso auf der Straße.

Doch nicht nur gesehen werden, auch sehen konnte man in den neuen Modellen: Die sogenannte »Vista-Panoramic«-Windschutzscheibe machte das möglich, eine logische Weiterentwicklung der Panorama-Scheibe des Eldorado Brougham von 1957. Über dieser Scheibe türmten sich bei den Hardtop-Modellen zwei komplett verschiedene Dachversionen: Die Sechsscheiben-Modelle besaßen ein festes hinterstes Fenster sowie eine sanft gerundete Heckscheibe, während die Vierscheibenmodelle über nur vier Seitenscheiben – eigentlich verständlich bei dieser Bezeichnung –, ein flacheres Dach und eine deutlich stärker gerundete Heckscheibe verfügten. Letztere, erhältlich bei der Series 62 und beim Sedan de Ville, waren bei der Kundschaft allerdings nicht sonderlich beliebt, wie folgende Aufstellung zeigt:

	6 Scheiben	4 Scheiben
Series 62	23 461	14 138
Sedan de Ville	19 158	12 308

Wenig auszusetzen gab es am neuen Armaturenbrett, »Motor Life« nannte es gar das übersichtlichste aller GM-Produkte. Wenig auszusetzen gab es für amerikanische Verhältnisse auch am weiter verbesserten Fahrverhalten, was vor allem auf die Verwendung des nicht ganz ungiftigen Gases »Freon 12« in den Stoßdämpfern zurückzuführen war. Nach wie vor gab es die Eldorado-Brougham-Luftfederung, die jetzt allerdings bedeutend einfacher und reparaturfreundlicher aufgebaut war. Leider gab es in der Beziehung immer noch zuviel zu tun. Außerdem wurde die Servolenkung verbessert, sie vermittelte nun einen besseren Fahrbahnkontakt, und der Wendekreis konnte um einen ganzen Meter reduziert werden. »Car Life« bezeichnete diese Lenkung als die mit Abstand beste aller amerikanischen Automobile. Für europäische Verhältnisse war sie eher schwammig. Entsprechend der hinteren Flügel wuchs 1959 auch der Hubraum. Er betrug bei einer gleichbleibenden Bohrung von 101,6 Millimetern und dem vergrößerten Hub von 98,4 Millimeter 6391 cm³. Dazu gab es eine neue Kurbelwelle, eine höhere Verdichtung (10,5:1), einen neuen Einlaßkrümmer mit größeren Ein- und Auslaßventilen. Die Leistung betrug 1959 weiterhin mit Vorsicht zu genießende 325 PS bei 4 800/min, das maximale Drehmoment stieg auf 400 Nm bei 3 100/min. Der Eldorado schaffte in diesem Jahr 345 PS.

Ob schön oder nicht schön – die 59er Cadillac hatten durchaus ihre Qualitäten. Doug Hendry erzählt in seinem Buch »Cadillac - Standard of the World« von einem reichen Neuseeländer, der einen Chevrolet, einen Jaguar Mk VIII, einen Rolls-Royce Silver Cloud sowie zwei Cadillac, einen 49er und eben einen 59er, besaß. Ihm sei der 59er Cadillac über alles gegangen, ob er nun nur um des Fahrens willen fuhr oder seinen Cadillac für eine lange und trotzdem bequeme Reise gebrauchte. Ebenfalls erwähnt Hendry den australischen Journalisten Peter Hall, den eine Testfahrt mit einem 59er Modell für sein Magazin »Wheels« von einem Cadillac-Kritiker in einen Cadillac-Freund verwandelt habe. »Da ist Gold hinter all dem Glitzerzeug«, schrieb er in seinem Testbericht. Und: »Ich muß die großartige Qualität dieses Wagens bewundern, keine Wolke auf dem Lack, nichts scheppert. Auch ist der Wagen sehr gut durchdacht, die Sitzposition ist hervorragend, die Übersichtlichkeit trotz oder gerade wegen der gewaltigen Größe auch, die Servolenkung sehr gefühlvoll. Am Fahrverhalten gibt es nichts zu kritisieren, der Wagen ist extrem spurtreu, und die Bremsen entsprechen den hervorragenden Fahrleistungen. Es ist schwierig, diesen beeindruckenden Wagen in Sachen Komfort, Handlichkeit und Fahrleistungen zu übertreffen – der Cadillac ist ohne Zweifel ein großartiges Fahrzeug, eines der besten, die heute gebaut werden.« Große Worte für einen Mann, der sich selber als Liebhaber europäischer Sportwagen bezeichnete. Doch Hall lieferte auch gleich noch die Zahlen, die seine Aussagen belegten:

Höchstgeschwindigkeit: 185,7 km/h
Viertelmeile: 18,2 s
0 bis 96 km/h: 10,6 s
0 bis 128 km/h: 18 s
Verbrauch l/100 km: 19,4 (zügige Fahrweise)

Im Januar 1959 hatte Cadillac auf der Auto-Show in Chicago auch den neuen Eldorado Brougham vorgestellt, von dem schon einmal kurz die Rede gewesen ist. Obwohl der Continental Mark II nicht mehr auf dem Markt und ein anderer ernsthafter Konkurrent nicht in Sicht war, behielt Cadillac sein weiterhin 13 075 $ teures Topmodell bei, wohl vor allem deshalb, damit niemand den Vorwurf machen konnte, Cadillac habe den Brougham

Nicht eben schön geraten war der Sixty Special für das Jahr 1959, der in diesem Jahr auch von seinem ihm vorbehaltenen, etwas längeren Radstand zurückgestuft wurde. Es soll allerdings Leute geben, denen gefällt der Lufteinlaß auf dem hinteren Kotflügel, der beim besten Willen keinen Sinn machte, da er nur Attrappe war.

Sehr charakteristisch am Sedan de Ville des Jahres 1959 waren nicht nur die Heckflossen, sondern auch die hintere Panoramascheibe und der große Dachüberhang. Insgesamt 12 308 Exemplare dieses 5 498 $ teuren Fahrzeugs wurden verkauft.

Auch der achtsitzige Series 75 Sedan kam in den Genuß der überdimensionalen Heckflossen. Die Verkäufe blieben aber auf einem tiefen Niveau, von diesem Sedan mit der neuen Typenbezeichnung 67 wurden gerade 710 der 8 750 $ teuren Exemplare verkauft.

Ende der 50er Jahre machte sich Pininfarina ...

... einige Gedanken, wie die Cadillac der Zukunft ...

... aussehen könnten. Die Ideen waren manchmal gut ...

... manchmal nicht ausgesprochen gelungen ...

... oder ganz daneben, wie auch bei diesem Nachfolger des Brougham.

nur wegen dem Continental gebaut. Mit dem Herzen war man allerdings nicht mehr so recht dabei, auch wenn viel Arbeit zur Angleichung an die anderen Cadillac-Modelle investiert wurde. So waren jetzt viele Teile identisch mit denen anderer Eldorado-Modelle. Gebaut wurde das Fahrzeug allerdings nicht in Detroit, sondern in Turin bei Pininfarina. Das trug nicht unbedingt zu einer Verbesserung der Qualität bei, die begnadeten italienischen Handwerker schafften es, jeder einzelnen der insgesamt 200 Karosserien in den Jahren 1959 und 1960 minimal unterschiedliche Maße zu verpassen.

Doch wie auch immer, der italienische Eldorado Brougham war ein wahrhaftig wunderbarer Anblick. Zwar war er mit seinen ebenfalls gewaltigen Heckflossen sofort als Cadillac erkennbar, doch irgendwie schafften es die beiden für das Styling verantwortlichen Designer Dave Holls und Chuck Jordan, dem Brougham mit einfachen Mitteln (und vielen Vereinfachungen) eine ganz besondere Eleganz zu geben, die den anderen 59er Modellen eher abging. Auch nahmen sie das Design der 60er Modelle schon vorweg. Vor allem die nicht mehr gewölbte, aber in einem Winkel von 61 Grad schräg gestellte Windschutzscheibe sollte sich als Trendsetter erweisen.

Selbstverständlich war der Eldorado Brougham mit 1959 gerade einmal 99 gebauten Exemplaren nicht unbedingt die Butter auf dem Brot von Cadillac. Auch der Continental Mark IV Town Car und die dazugehörige Limousine, die von Hand bei der »Hess and Eisenhardt Company« in Cincinnati, Ohio, zusammengebaut wurden, konnten mit zusammen 127 Exemplaren auch nicht gerade als das Gelbe vom Ei in der Verkaufsstatistik bezeichnet werden. Noch miserabler lief der ebenfalls in Turin bei Ghia gebaute Chrysler Crown Imperial, von denen 1959 gerade einmal sieben Stück entstanden. Doch Cadillac war ja nicht auf den Eldorado Brougham angewiesen, 1959 stiegen die Verkäufe wieder um 17 Prozent gegenüber dem Vorjahr und erreichten über 142 000 Fahrzeuge. Da konnte keiner der Konkurrenten mithalten, Lincoln mußte trotz 375 PS einen herben Rückschlag um weitere neun Prozent hinnehmen, und die Imperial von Chrysler hatten noch mehr als an der Konkurrenz am Umzug in eine neue Fabrik an der Warren Avenue in Dearborn zu beißen.

Aber GM ließ sich auch einiges einfallen, um den Verkauf anzukurbeln. So wurden vor allem die Cadillac-Händler ausgiebig geschult: »Die heutige Marktsituation verlangt von den Händlern nicht nur, daß sie ihre Produkte durch und durch kennen, sie müssen auch die Produkte der Konkurrenz einschätzen können. Dieses Wissen, vor allem über die Konkurrenz von Chrysler und Lincoln, sollte bei jedem Händler selbstverständlich sein.« Deshalb erhielt jeder Cadillac-Händler zwei Broschüren: »29 Punkte, einen Cadillac einem Imperial vorzuziehen« und »24 Punkte, einen Cadillac einem Lincoln vorzuziehen«. Dazu gab es jeweils eine Händlertagung, auf der den Händlern die wichtigsten Vorteile der Cadillac in Sachen Styling, besserer Lenkung, besserem Getriebe, besserer Klimaanlage, besserer Verarbeitung und größerer Auswahl bei den Farben und Interieurs eingebleut wurden. Zum Schluß dieser Schulung durfte jeder Händler noch ein paar Runden mit den jeweiligen Konkurrenzprodukten drehen, damit er auch wirklich wußte, wovon er sprach. So geschult konnte man sich bei Cadillac zwar nicht zurücklehnen, aber doch auf die 60er Jahre freuen.

# KAPITEL 7
CADILLAC UND DIE WOGE DES ERFOLGS

DIE SECHZIGER JAHRE

Es scheint ganz so, als ob die führenden Marken der amerikanischen Automobilindustrie immer ein Trio bildeten. So wie wir heute von den »Big Three« General Motors, Ford und Chrysler sprechen, so bestand auch der amerikanische Luxusmarkt immer aus drei Marken: Ganz zu Beginn die drei »P«, Packard, Peerless und Pierce-Arrow, dann Cadillac, Lincoln und Packard. Nach 1955, als Packard kein ernsthafter Konkurrent mehr war, hießen die drei führenden Marken Lincoln, Cadillac und Imperial. Gerade Chrysler-Ableger Imperial machte seine Sache in den 60er Jahren sehr gut, fand eine eigene Linie, war größer und schwerer als die Konkurrenz, etwas schwächer motorisiert, aber sehr elegant, sehr ruhig und mit allem ausgestattet, was es an Optionen nur geben konnte. Und bot außerdem noch einen anständigen Kofferraum.

Die Nachfolge von Packard als härtestem Gegner von Cadillac trat aber mit Sicherheit Lincoln an. Während in den 50er Jahren die Verkäufe mit 43 000 Exemplaren 1956 ihren Höhepunkt erreichten, konnte sich Lincoln in den 60er Jahren noch weiter steigern. Und das noch nicht einmal unverdient, waren sie den Cadillac zwar nicht überlegen, so doch in vielen Bereichen ebenbürtig. Lincoln reichte trotzdem nie an die Cadillac-Zahlen heran, was allerdings eher daran lag, daß die Konkurrenz von der Clark Street über bedeutend mehr Händler und verschiedene Modelle verfügte – und daß der Name von Cadillac einfach besser war.

Doch in den 60er Jahren spürte Cadillac nicht nur den Atem von Lincoln und Imperial im Nacken, es tauchten auch einige Newcomer auf, die Cadillac die Marktanteile bei den über 4 500 $ teuren Wagen streitig machten. Harold G. Warner, damaliger Cadillac-Chef, ließ sich aber trotz eines Rückgangs der Cadillac-Vormachtstellung im sogenannten Luxussegment von 64 auf 32 Prozent Marktanteil keine grauen Haare wachsen: »Der Markt von Cadillac schließt alle Amerikaner ein, die jährlich mehr als 20 000 $ verdienen«, meinte er, und dachte dabei an die rund eine Million Amerikaner, die 1960 zu dieser Gruppe gehörten. Natürlich kam nur ein Teil dieser Klientel als Cadillac-Käufer in Frage, ein junger, dynamischer Manager, der ein Auge auf einen Ford Thunderbird geworfen hatte, setzte sich nicht in einen Cadillac. Interessanterweise gab es aber auch einige »selbstgezüchtete« neue Konkurrenten, die aus dem GM-Konzern kamen, wie diese Aufstellung aus dem Jahre 1962 zeigt:

Fahrzeug	Verkäufe	Marktanteil
Cadillac	151 528	31,9 %
Ford Thunderbird	73 975	15,5 %
Oldsmobile 98	74 389	13,5 %
Buick Electra 225	57 904	12,2 %
Oldsmobile Starfire	39 224	8,3 %
Lincoln Continental	31 533	6,6 %
Chrysler New Yorker	19 258	4,1 %
Chevrolet Corvette	15 239	3,2 %
Chrysler Imperial	13 558	2,9 %
Buick Riviera	8 108	1,7 %
Studebaker Avanti	441	0,1 %

Diese Zahlen sind besonders interessant, wenn man auch die in die USA importierten Fahrzeuge betrachtet. In der Zeit nach dem Zweiten Weltkrieg waren es vor allem die Engländer, die eine Konkurrenz darstellten, zumindest, was die Fahrleistungen und die Qualität betraf. Zwei dieser Importe trugen besonders klangvolle Namen: Jaguar und Rolls-Royce. Die Jaguar waren in etwa so schnell wie die Cadillac, und die Rolls-Royce, na ja, sie konnten in Sachen Qualität konkurrieren. Wobei, so richtig ernst nahm in Detroit die Engländer niemand, immerhin gestattete GM seinen Buick/Oldsmobile-Händlern, auch eine Rolls-Royce-Vertretung zu übernehmen. Vielleicht scheint es ein wenig gesucht, einen Rolls mit einem Cadillac zu vergleichen, aber immerhin war es ein Engländer, L. J.K. Setright, der meinte, daß die Rolls-Royce die »amerikanischsten aller Engländer sind«. Und Bob Hope, das amerikanische, aber in England geborene Komiker-Idol, nannte die Rolls-Royce »Cadillac, die in Oxford waren«.

Ab 1958 erschien ein neuer Name in den Vereinigten Staaten: Mercedes-Benz. In diesem Jahr schlossen die Deutschen einen Vertrag mit Studebaker-Packard ab, der die Vertretung des Sterns in den USA beinhaltete. Die Deutschen konnten somit auf ein bestehendes Händlernetz zurückgreifen. Allerdings hatte Studebaker nicht unbedingt den besten Namen im Bereich der Luxuswagen. Trotzdem, im Jahre 1962 waren schon 53 000 Mercedes in den USA registriert, Jaguar hatte rund 23 000 Fahrzeuge an amerikanische Kunden verkaufen können. Und Mercedes startete voll durch: 9 970 Einheiten im Jahre 1963, 1964 waren es 13 374, 1965 schon 14 462, 1966 dann 18 796, 1967 nur 17 614, 1968 dafür 23 724 und 1969 sogar 24 693 Verkäufe. Und 1970 erreichten die Stuttgarter erstmals 30 000 verkaufte Exemplare in den USA. Diese Zahlen bescherten Mercedes, prozentual betrachtet, einen ebenso großen Marktanteil bei den Importwagen wie Cadillac am gesamten US-Markt erreichte, also etwa zwei bis drei Prozent. Jaguar konnte da beim besten Willen nicht mithalten: Nachdem die Engländer 1954 insgesamt 14 000 in den USA registrierte Fahrzeuge aufweisen konnten, fiel man in den folgenden Jahren weit hinter Mercedes zurück, schaffte 1963 noch die Hälfte der Verkäufe, kam 1967 gar auf nur noch rund ein Viertel der Mercedes-Zahlen. Und von all den während der 60er Jahre exportierten Jaguar machten die sportlichen E-Type den Löwenanteil aus, die luxuriösen Limousinen schafften kaum mehr Einheiten als die rund dreimal teureren Rolls-Royce.

Und keine englische Marke, Rolls-Royce einmal ausgeklammert, verfügte über einen ähnlich guten Ruf wie Mercedes-Benz. Zu Beginn der 50er Jahre sprachen die Amerikaner mit besonderer Hochachtung von »den guten, kleinen Fahrzeugen, die allerdings teuer sind und für die man nur schwierig Ersatzteile erhält«. 1957 kam dann der Mercedes 300 auf den Markt, ein eigentlich sehr feines Fahrzeug, dem es allerdings im Vergleich zu den großen Amerikanern eindeutig an Kraft mangelte. Sein Styling konnte auch mit europäisch verklärtem Blick bestenfalls als »traditionell teutonisch« bezeichnet werden. Außerdem verfügte der 300er über höchstens mittelmäßige Bremsen – ein Mangel übrigens, den die Europäer damals gerne den Amerikanern ankreideten. Trotzdem, die Amerikaner mit besseren Einkommen zeigten sich gerne in dieser herrschaftlichen Limousine, insgesamt 11 000 Exemplare konnten über einen Zeitraum von rund zehn Jahren verkauft werden. Bedeutend besser verkaufte sich noch der kleine 220, der schon 1955 auf den Markt gekommen war und vom guten Namen von Mercedes stark profitierte. Noch besser wurde es für die Stuttgarter, als sie 1961 die neuen Modelle auf den amerikanischen Markt brachten. Doch auch hier stellt sich die Frage, ob diese Mercedes überhaupt mit den Cadillac verglichen werden können, vor allem auch deshalb, weil der 220 weiterhin das mit Abstand bestverkaufte Stuttgarter Modell in den USA blieb. Die amerikanische Presse war begeistert vom Handling dieser Fahrzeuge, vor allem auf schlechten Straßen, und wurde auch nicht müde, die Verarbeitungsqualität des deutschen Produkts zu loben. Doch es gab auch einige Punkte, mit denen die Journalisten alles andere als zufrieden waren. So war die Bedienung der Mercedes eher kompliziert, ohne das genaue Lesen der Bedienungsanleitung konnte niemand so recht glücklich werden. Das Fehlen einer vernünftigen Automatik war ein weiterer Minuspunkt, außerdem mangelte es den Fahrzeugen weiterhin an Kraft, da nützten auch Benzineinspritzung und eine hohe Literleistung wenig. Das größte Problem waren allerdings die hohen Reparaturkosten. In Europa sah man dann vor allem den 1964 mit großem Getöse präsentierten Mercedes 600 als Konkurrenten der großen Amerikaner wie Cadillac. Der Vergleich brachte aber einige Überraschungen ...

Doch zurück ins Jahr 1960 – und der Feststellung, wie sehr und vor allem wohltuend sich die neuen Cadillac-Modelle von den überkandidelten Formen des Jahres 1959 abhob. Während noch ein Jahr zuvor fast alle Journalisten höchstens über die bombastischen Heckflossen lächelten, gingen die gleichen Herren 1960 soweit, den neuen Jahrgang als die schönsten Cadillac aller Zeiten zu bezeichnen. Nun, das mag damals wie heute etwas übertrieben erscheinen, doch zu gefallen wußten die neuen Modelle schon, vor allem auch im Vergleich zu der Konkurrenz von Lincoln und Imperial, die gegen die neuen Cadillac wirklich alt aussah. Dabei, so neu waren die neuen Modelle gar nicht: Das Design hatte schon der von Pininfarina gezeichnete und in einigen wenigen Exemplaren gebaute 59er Eldorado Brougham vorweg genommen. Trotzdem fanden sich in den Cadillac-Prospekten wieder große Worte: »Die Fahrzeuge, die 1960 den Namen von Cadillac auf die Straßen dieser Welt tragen werden, bringen die Tradition von Cadillacs Überlegenheit auf ein noch nie gekanntes Maß. Der Wagen ist jetzt noch aufregender zu fahren, noch erfreulicher zu genießen, noch wunderbarer zu besitzen als je ein Cadillac zuvor in der Geschichte. Das klassische, neue Profil, die zurückhaltendere Verwendung von Verzierungen, der Kühlergrill, der von solcher Eleganz ist, daß er von einem Meisterjuwelier geschaffen worden sein könnte – all dies beweist, daß der »Standard of the World« 1960 einen dramatischen Schritt vorwärts gemacht hat.«

Gerade so abgehoben muß man den neuen Jahrgang nicht unbedingt sehen, doch es lohnt sich auf jeden Fall, ihn etwas genauer zu betrachten. Die Heckflossen schrumpften nicht nur auf ein annehmbares Maß, sie blieben in ihrer Eleganz ein Hauptmerkmal des Cadillac-Stylings. Im Profil betrachtet verliefen sie über die ganze Länge des Fahrzeugs und unterstrichen die gestreckten Linien geradezu perfekt. Im Gegensatz zu früheren Jahren und vor allem auch zur Konkurrenz von Lincoln und Imperial wurde dieses Profil jetzt auch nicht mehr von wilden Chromverzierungen und anderen Wucherungen verunstaltet, sondern war von einer höchst erfreulichen Schlichtheit – etwas, was die Cadillac-Designer sicher auch von Sergio Pininfarina, diesem Meister der Reduktion, gelernt hatten. Auch die meisten anderen Designelemente folgten diesem Trend zur Vereinfachung. Die vordere Stoßstange war nicht mehr ganz von der monumentalen Größe früherer Jahre, auch das Kühlergitter wurde feiner gestaltet, und hinten verzichtete man ebenfalls auf die gewohnten Täler und Berge aus Chrom. Ein Cadillac-Heck hinterließ mit seinen weit vorstehenden und als Stoßstangenhörner dienenden Rücklichtern allerdings immer noch einen mächtigen Eindruck.

Unter dem Blech gab es 1960 wenige Veränderungen. Die entscheidenste Verbesserung war die Vakuum-gesteuerte Handbremse, die sich von selbst löste, wenn bei laufendem Motor ein Gang eingelegt wurde. Außerdem erhielten die Bremsen jetzt selbstnachstellende Trommeln sowie größere Bremszylinder. Unsinnigerweise kamen jetzt noch einmal rund zehn Prozent weichere Federn zum Einsatz, was die Cadillac zwar höchst komfortabel machte und ihnen das verlieh, was wir heute als den typisch amerikanischen »ultrasmooth ride« bezeichnen – für eine etwas schnellere Gangart waren diese Schaukeln aber nur mäßig geeignet. Doch das schien die amerikanischen Kunden wenig zu stören, die ihre Cadillac hauptsächlich als luxuriöse Reisewagen verwendeten – und nur selten ein Bergrennen damit bestritten.

Die einheimische Konkurrenz von Imperial und Lincoln tat sich in noch einer Beziehung sehr schwer: dem Motor. Der Ford-Luxusableger hatte zwar den mit 7 046 cm³ Hubraum größten Motor, dieser leistete allerdings nur 315 PS und sah gegen die 325 PS des Cadillac und die gar 350 PS des Imperial eher schlecht aus. Das war auch aus den Beschleunigungswerten ersichtlich. Der Lincoln brauchte für den Sprint von 0 auf 100 km/h mehr als 14 Sekunden, der Chrysler war rund zwei Sekunden schneller, und Cadillac setzte mit einer Zeit von

Linke Seite:
Man könnte es auch als eine Rückkehr zur Vernunft bezeichnen, zumindest was die Heckflossen und den sonstigen Zierat betraf. Der Sixty Special gewann 1960 auf jeden Fall wieder an Statur und Würde.

Der von Pininfarina eingekleidete Eldorado Brougham machte auch 1960 noch eine gute Figur, obwohl es auch im zweiten Produktionsjahr noch immer Qualitätsprobleme gab. Keine zwei Fahrzeuge waren in ihren Dimensionen völlig identisch. Doch italienische Handarbeit braucht halt ein gewisses Verständnis.

Wieder wurde mit dem Series 62 Convertible ein neuer Verkaufsrekord aufgestellt: 14 000 Stück konnte man 1960 absetzen. Das ist nicht weiter erstaunlich, denn das Cabriolet war wirklich ein sehr elegantes Fahrzeug, das auch heute noch viele Liebhaber findet. Der Preis damals: 5 455 $.

1960 sollte der Eldorado Seville zum letzten Mal im Programm von Cadillac auftauchen. Einmal mehr zeichneten sie sich durch die massive Verwendung von Chrom aus. Der Preis stand bei mit 7 401 $ drei Jahre lang auf gleichem Niveau.

Die Heckflossen waren auch 1960 noch gigantisch – und vor allem sehr gefährlich, da so spitz zulaufend, daß man sich fast die Zähne damit reinigen konnte. Das Coupé de Ville verkaufte sich aber trotzdem gut: Cadillac schaffte für 5 252 $ immerhin 21 585 Exemplare.

*Rechte Seite:
Der 5 233 $ teure Sixty Special befand sich auch 1961 auf dem Weg zur Besserung: Seine Linien wurden wieder klassischer, auf überflüssige Verzierungen wurde verzichtet. Kein Wunder, daß die Verkäufe wieder auf 15 500 Exemplare anstiegen.*

knapp über zehn Sekunden noch immer die eindeutige Bestmarke. Besser schnitt der Lincoln im Vergleich zum Cadillac einzig beim Verbrauch ab, trotzdem trat man nicht zum »Mobilgas Economy Run« von 1960 an. Der Klassensieg ging an Cadillac, mit einem Schnitt von knapp über 20 Litern …

Auch optisch hatte Cadillac einmal mehr die Nase vorn. Der Imperial, dessen Styling noch immer von 1955 stammte und 1960 bereits zum dritten Mal überarbeitet wurde, war ganz einfach eine häßliche, völlig überladene Angelegenheit. Auch im Interieur setzte sich dieser schlechte Geschmack fort, so daß sich niemand außer den Chrysler-Verantwortlichen wunderte, daß 1960 nur 17 707 Imperial verkauft werden konnten. Allerdings bot Chrysler mit dem weiterhin bei Ghia in nur wenigsten Exemplaren gebauten, achtsitzigen Crown Imperial das teuerste amerikanische Automobil überhaupt an, 15 600 $ waren arg viel Geld, wenn man bedenkt, daß der günstigste Cadillac schon für 4 892 $ zu haben war. Mit 24 820 Exemplaren zog sich auch Lincoln nicht viel besser aus der Affäre, vor allem wenn man die Zahlen von 1958 betrachtet, die doppel so hoch gewesen waren. In Detroit, wo die wahren Qualitäten eines Wagens nicht viel, aber die Verkaufszahlen alles bedeuteten, schrillten bei Lincoln wie auch bei Imperial alle Alarmglocken. »Motor Life« publizierte im August 1960 einen Vergleichstest zwischen den drei Marken, gefahren wurden ein Series 62 von Cadillac, ein Imperial Le Baron von Chrysler sowie ein Continental von Lincoln: »Was bei allen drei Fahrzeugen gleich ist: Sie isolieren die Passagiere vom Geschehen auf der Straße, ihr einziges Ziel ist Geschmeidigkeit und Ruhe. Der Cadillac hat zwar den höchsten Verbrauch des Trios, doch auch mit Abstand die besten Fahrleistungen. Auch hat man im Vergleich zu den anderen beiden Fahrzeugen nicht das Gefühl, daß er außerordentlich geräumig sein soll, wenn man aber nachmißt, so ist man überrascht, daß er mit Abstand am meisten Platz bietet. Schließlich ist das Cockpit so gut gestaltet, wie man es sich nur wünschen kann – alles ist da, wo man denkt, daß es sein müsse, es gibt keine Reflektionen und keine Unklarheiten. Doch die vielleicht bemerkenswerteste Eigenheit des Cadillac ist seine Qualität: Und hier ist es nicht nur die Verarbeitung oder die Lösung von Details – es ist die souveräne Art, wie der Cadillac alles erledigt.«

Da hatte Konkurrenz nicht mehr viel zu bieten. Lincoln lernte schnell, schon 1961 sah das ganz anders aus. In absoluten Verkaufszahlen drückte sich das noch nicht aus, Cadillac produzierte in diesem Jahr stolze 138 379 Fahrzeuge, während Lincoln auf gerade 25 164 Einheiten kam. Doch der neue Lincoln hatte das Zeug, den Cadillac das Wasser zu reichen. Sicher, die Motorisierung konnte sich noch immer nicht mit dem wirklich feinen Cadillac-V 8 messen, auch lag die Verarbeitung des Lincoln weiterhin um Welten zurück, ganz zu schweigen vom Prestige. Trotzdem, Lincoln zeigte einen neuen Weg für die amerikanischen Luxusfahrzeuge auf: Deutlich kleiner – der Radstand wurde um 19 Zentimeter reduziert, die Gesamtlänge um 38 Zentimeter – als das Vormodell, war das neue Fahrzeug von einer herausragenden Eleganz und bot trotzdem alles, was der Käufer in dieser Klasse erwarten konnte. Um das große Vertrauen in den neuen Wagen zu beweisen, war im Preis des Lincoln auch eine Garantie über zwei Jahre oder 24 000 Meilen inbegriffen – alle anderen Hersteller trauten ihren Fahrzeugen nur während 90 Tagen oder 3 000 Meilen über den Weg. Daß der Verkaufserfolg dieses wirklich guten Automobils nicht größer war, lag sicher daran, daß Lincoln noch immer nicht den guten Namen von Cadillac hatte. Und außerdem gab es den Lincoln nur in zwei Karosserievarianten, als viertürige Limousine mit Hardtop sowie als Cabriolet.

Auch bei Cadillac wurde 1961 abgebaut. Der Eldorado Brougham verschwand, die Eldorado-Reihe wurde auf ein Cabriolet reduziert (das der Series-62-Reihe zugeschlagen wurde) – und schließlich wurden die Fahrzeuge um 7,6 Zentimeter kürzer. Und gerade dieser Punkt machte die Cadillac-Händler ziemlich nervös: Konnte man diese »kompakten« Fahrzeuge überhaupt noch verkaufen? Man konnte, selbstverständlich, doch irgendwie war man mit diesen Schrumpf-Ausgaben des Jahres 1961 nicht so ganz zufrieden. Schon ihr Design war eine Zangengeburt gewesen: Als die Designer die ersten Entwürfe präsentierten, konnten sich niemand so recht dafür erwärmen. Die Entscheidung, das Styling ganz im Stil des 60er Eldorado Brougham zu halten, war nur ein Kompromiß. Er bedeutete neben noch kleineren Heckflossen vor allem eine bedeutend tiefere Gürtellinie und die Abkehr von der Panorama-Windschutzscheibe.

Es ist schon fast müßig zu erwähnen, daß auch 1961 der Kühlergrill einmal mehr geändert wurde, außerdem wurden durch die verkürzten vorderen Kotflügel die doppelten Scheinwerfer freigelegt. Im gleichen Stile, im Sinne einer Vereinfachung, wurden auch die Stoßstangen gestaltet: Einzig der Mittelteil, der für das Nummernschild gedacht war, erinnerte noch entfernt an die monumentalen »Dagmars« früherer Jahre. Überhaupt wollte zu den neuen, klaren Formen vorne die Heckgestaltung nicht recht passen: Die kleinen Heckflossen erregten zusammen mit den quergestellten Hecklichtern und der großzügigen Verwendung von Chrom einen etwas zerklüftteten Eindruck. Schon erfreulicher war die etwas gemäßigtere Verwendung von gebogenem Glas: Alle Scheiben waren nicht nur kleiner, sondern ganz einfach normaler in ihrer Form und nutzten nicht mehr bis zum Exzeß alle Möglichkeiten aus, die es zu Beginn der 60er Jahre in der Kunst der industriellen Glasbearbeitung gab.

Mit dem Town Sedan de Ville, gemäß der Werbung »speziell für das Fahren in der Stadt gebaut« komplettierte Cadillac sein 1961er Programm. Von den anderen Modellen unterschied er sich allein im Heckbereich, der hintere Überhang wurde um 17,8 Zentimeter reduziert, so daß der »Stadt-Cadillac« nur noch 546 Zentimeter lang war. Auf die Idee mit dem verkürzten Heck kam man nach einer Umfrage bei den Händlern der 17 größten amerikanischen Städte, in der über 30 Prozent der Sedan-Käufer bemängelt hatten, daß ihr Auto ganz einfach zu groß sei. Also kündigte man den Town Sedan de Ville an »für alle, die zwar wegen einer kleineren Garage oder einem engen Parkplatz ein weniger langes Fahrzeug brauchen, aber trotzdem nicht auf die Eleganz, den Raum, den Komfort und die Fahrleistungen eines Cadillac verzichten wollen«. Ganz so groß wie erwartet war der Kundenandrang dann aber beim besten Willen nicht,

Am besten verkaufte sich 1961 der Sedan de Ville »Six Window«, der auf jeder Seite drei Fenster hatte. Insgesamt 26 415 Stück konnten abgesetzt werden, und zwar zu einem Preis von 5 498 $.

Noch einmal setzte der Series 62 Convertible 1961 einen neuen Rekord: 15 500 Exemplare konnten produziert werden. Gerade im Profil vermag dieses Cabriolet sehr zu gefallen, während im Bereich des Hecks einige Dinge nicht ausgesprochen sauber gelöst sind.

1961 konnten 3 756 »kurze« Cadillac verkauft werden, 1962 dann noch 2 600, so daß der Town Sedan de Ville schon 1963 nicht mehr in der Preisliste erschien.

Was sich unter dem Blech änderte, wurde wie meist bei Cadillac wenig beachtet, doch ist durchaus der Erwähnung wert: Auch hier hatte die neue Bescheidenheit Einzug gehalten, ihr fiel die kapriziöse und aufwendige Luftfederung zum Opfer. Außerdem gab es bei der Frontaufhängung anstelle des unteren, an drei Punkten aufgehängten Kontrollarms eine nur noch doppelt geführte Einheit. Das sorgte für einen stabileren Geradeauslauf und ließ die vorderen Bremsen nach außen in den kühlenden Fahrtwind rücken. Bei der Gelegenheit wurden auch größere Bremszylinder montiert. So verbessert, erhielten die 61er Cadillac von den Fachmagazinen in Sachen Fahrverhalten einmal mehr sehr gute Noten. »Car Life« kam zum Schluß, daß der Wagen, gemessen an seiner noch immer imposanten Größe, über ein hervorragendes Handling verfüge. Auch »Motor Trend« bescheinigte den Cadillac in dieser Beziehung Gutes, war allerdings von der Ruhe, die im Innern der Fahrzeuge herrschte, noch mehr beeindruckt: Geräusche von außen könne man nur hören, wenn man die Fenster offen habe.

Genau wie die Luftfederung wanderte 1961 auch die Politik der zwei verschieden starken Motoren zum Alteisen. Alle Modelle wurden jetzt vom 6,4-Liter-V 8 mit Vierfach-Rochester-Vergaser angetrieben, der bei 4 800/min 325 PS leistete und ein maximales Drehmoment von 420 Nm bei 3 100/min schaffte. Das verhalf den leichteren Modellen mit der Standard-Übersetzung von 2,94:1 zu einer Beschleunigung von 10,5 Sekunden von 0 auf 100 km/h. Die mit Klimaanlage ausgerüsteten Fahrzeuge erhielten ab Werk eine 3,21:1-Übersetzung, was die Fahrleistungen noch verbesserte: »Car Life« schaffte im Juni 1961 mit einem so ausgestatteten Coupé de Ville den Sprint auf 100 km/h in nur 9,5 Sekunden, die Viertelmeile in 17,1 Sekunden und eine Höchstgeschwindigkeit von 185 km/h. Bob Russo von »Motor Life«, der im Juli 1961 das Glück hatte, sowohl ein Coupé de Ville, einen Imperial Le Baron und einen Lincoln Continental zu fahren, kam zum Schluß, daß der Cadillac »den größten Komfort und die rassigste Erscheinung bietet«.

Und weil er das so schön gesagt hat, soll auch David McKay vom australischen Magazin »Modern Motor« noch zu Wort kommen, der erst im Januar 1962 einen Sedan de Ville, Jahrgang 61, chauffierte: »Ein Cadillac Sedan de Ville – Liebling von Filmstars, amerikanischen

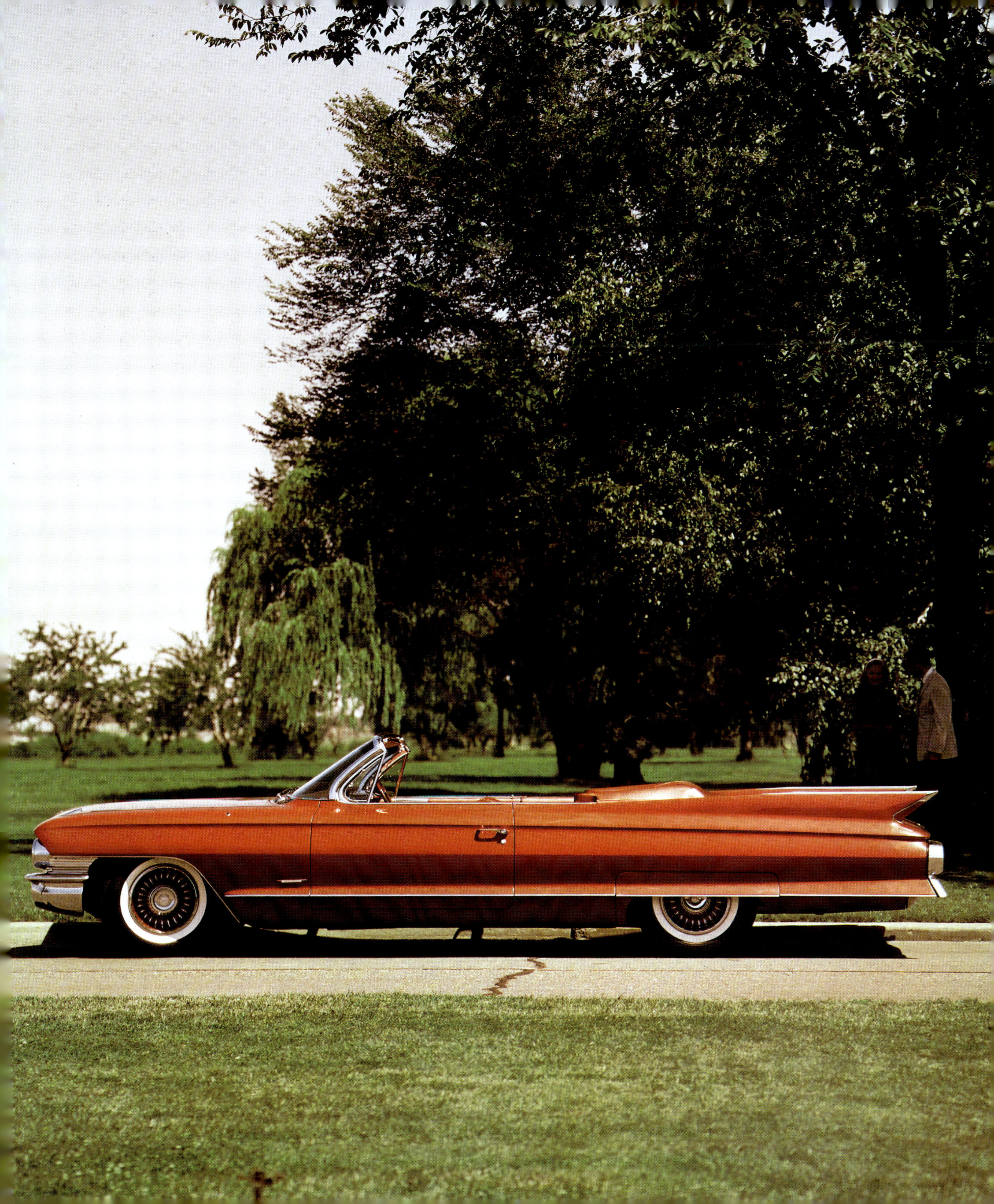

Der günstigste der 1961 angebotenen Cadillac war das Series 62 Coupé, das für 4 892 $ angeboten wurde. Mit einem Gewicht von knapp über zwei Tonnen verfügte dieses Coupé über mehr als nur akzeptable Fahrleistungen.

Neu für 1961 bot Cadillac in der Series 62 diesen Town Sedan an, der im hinteren Bereich um 18 Zentimeter gekürzt worden war. Allerdings war der kompakte Cadillac kein großer Verkaufserfolg - nur 2 600 Exemplare wurden 1962 produziert.

Wirtschaftsgrößen und arabischen Ölscheichs – fand dieser Tage seinen Weg in meine nicht an ihn gewöhnten Hände. (...) Nachdem ich mich an die unglaublich direkte Lenkung (nur dreieinhalb Umdrehungen von Anschlag zu Anschlag) gewöhnt hatte, lehnte ich mich zurück und begann zu genießen, das heißt, ich fühlte mich sogar wohl wie ein Fisch im Wasser. (...) Doch ich mußte arbeiten, ich hatte den Caddy nicht zum Vergnügen erhalten, sondern für einen Test. Als ich neben einem Bentley zu stehen kam, war ich überrascht, wie niedrig der Cadillac ist: Der Bentley macht im Vergleich den Eindruck eines Doppeldecker-Busses. (...) Ich muß zugeben, daß ich nie ein besseres Interieur gesehen habe. Die Sitze bieten extrem viel Platz für alle sechs Passagiere, und den Raum für die Beine im Fond darf man wirklich als außerordentlich bezeichnen. (...) Obwohl ich mich wirklich zurückhielt und den Wagen auf meiner gewohnten, hügeligen Strecke fuhr wie ein vielleicht etwas eiliger Geschäftsmann, schaffte ich einen Schnitt von 80 km/h, eine Geschwindigkeit, die manchen Sportwagen zur Ehre gereichen würde. Auf einer längeren Strecke, zum Beispiel von Sydney nach Adelaide, da müßte sich wohl jedes Fahrzeug ziemlich heftig sputen, um mit dem Cadillac mithalten zu können. (...) Vielleicht wird GM, wo man in jeder Beziehung hervorragende Fahrzeuge bauen kann, dem Beispiel von Daimler-Benz folgen und den Cadillac bald mit Scheibenbremsen ausrüsten, was den Wagen noch besser machen würde. Doch wir wollen nicht vergessen: Der Cadillac ist ein sehr feiner Wagen. Der Fahrkomfort, das Handling, die Fahrleistungen, all dies zeigt, was Detroit wirklich kann, wenn man nur will und Geld keine Rolle spielt. (...) Kein Wunder, daß der Cadillac der bestverkaufte Luxuswagen der Welt ist.«

Noch begeisterter wäre David McKay wohl gewesen, wenn er schon die neuen 62er Modelle hätte fahren dürfen. Denn zum Jubiläum des 60jährigen Bestehens der Firma ließ man sich in Detroit einiges einfallen. Doch lassen wir den damaligen Cadillac-Chef Harold G. Warner ausdrücken, was 1962 wichtig war: »Eine dramatisch neue Silhouette, außerordentliche Entwicklungen im mechanischen Bereich sowie Sicherheitsstandards, die für ein amerikanisches Fahrzeug völlig neu und einzigartig sind, machen die einmalige Kombination der Fahrzeuge in unserem Jubiläumsjahr aus.« Und weiter: »Wie die Geschichte zeigt, war die verbesserte Sicherheit noch in jedem Jahr ein primäres Ziel von Cadillac. Auch dieses Jahr bildet keine Ausnahme, nein, 1962 legten wir noch größeren Wert auf diesen Punkt und bringen ein Zweikreis-Bremssystem und eine deutlich verbesserte Lichtanlage.« Noch mehr auf den Punkt brachte es ein Inserate-Text: »In seiner ganzen glorreichen Vergangenheit hat Cadillac noch nie ein Fahrzeug gebaut, das qualitativ hochwertiger, tiefgreifender verbessert und fortschrittlicher entwickelt war.«

Ganz so heftig war es denn doch nicht, Länge und Breite blieben gleich, lediglich die Series 75 büßte vier Höhen-Zentimeter ein. Das bemerkte man allerdings nicht auf den ersten Blick, auffälliger war die weitere Reduktion der Heckflossen, die auf ein mittlerweile wieder akzeptables Maß schrumpften. Gleichzeitig wurde auch das zerklüftete Heck wieder etwas klarer gestaltet, vor allem die mit durchsichtigem Glas überzogenen Heckleuchten, die wieder hoch standen, machten sich ganz gut. Leider blieb das sogenannte »Beauty-Panel«, die hintere Chromverzierung, weiterhin bestehen, es erinnerte irgendwie stark an die von Lincoln gleichfalls verwendete Blende. Vorne wurde das Kühlergitter weiter vereinfacht und näherte sich den Cadillac-Jahrgängen 54 bis 57. Die von Warner in seiner Jubiläumsrede angesprochene Sicherheit sollten wohl vor allem die um die Ecken gezogenen Blinker gewährleisten ...

Ebenfalls von Warner angesprochen und ebenfalls sicherer wurden die Cadillac durch das Zweikreis-Bremssystem. Die hinteren und vorderen Räder, und das war das Besondere, erhielten separate Kolben und Flüssigkeitsbehälter, so daß im Notfall immer noch mindestens zwei Räder verzögert werden konnten. Neben Cadillac bot nur noch Rambler dieses eigentlich unentbehrliche System, beide allerdings verzichteten nach wie vor auf Scheibenbremsen. Bei einigen – und viel leichteren – englischen Sportwagen waren diese schon seit 1955 Standard, und auch Cadillac hatte schon 1955/56 mit Scheibenbremsen experimentiert. Weniger mit der Sicherheit als viel mehr mit der Bequemlichkeit hatte die Vergrößerung des Benzintanks auf 98,5 Liter zu tun, die allen Modellen außer dem Town Sedan und dem Park Avenue zugute kam, die weiterhin mit dem bisherigen 80-Liter-Tank auskommen mußten.

Das Jubiläumsjahr verlief für Cadillac hervorragend: 158 528 Fahrzeuge konnten während des Kalenderjahres gebaut werden, die 160 840 Exemplare für das Modelljahr bedeuteten einen neuen absoluten Rekord für Cadillac. 1962 war überhaupt ein sehr gutes Jahr für die amerikanische Automobilindustrie, von 5 516 400 Fahrzeugen im Jahr 1961 konnte die Gesamtproduktion 1962 auf 6 935 200 Einheiten gesteigert werden. In Pro-

Armer Eldorado Biarritz! Aus dem einst so einmaligen Fahrzeug war eine etwas besser ausgestattete Version des Series 62 Convertible geworden, der jegliche Eigenständigkeit fehlte. Trotzdem konnten von dem 6 610 $ teuren Cabriolet 1 450 Stück losgeschlagen werden.

zenten ausgedrückt steigerte sich Cadillac um 16,2 Punkte im Vergleich zum Vorjahr, weniger als Imperial mit seinen 16,9 Prozent und Lincoln mit seinen 23,4 Prozent. Doch das muß man relativ sehen: Allein der Zuwachs um 22 461 Fahrzeuge bei Cadillac überstieg die Imperial-Gesamtproduktion um das Dreifache und lag ganz in der Nähe der von Lincoln, wo man 1962 insgesamt 25 164 Fahrzeuge herstellte.

Mit »Kann ein Cadillac sich selber noch übertreffen?« waren die Prospekte für das Jahr 1963 überschrieben. Selbstverständlich hielten die Dichter der Werbeabteilung die Antwort gleich selber bereit: »Die Cadillac des Jahres 1963 können genau das. Mit ihrer Schönheit, mit ihrem Luxus, mit ihren Fahrleistungen.« Und die Kunden sahen das genauso: Mit 163 174 Exemplaren erreichten die Verkaufszahlen eine neue Rekordhöhe. Und die verschiedenen Fachmagazine schürten noch die Euphorie. »Stellen Sie sich vor«, schrieb beispielsweise Charles Nerpel im Januar 1963 in »Motor Trend«, »Sie würden in einer Ecke im schönsten Zimmer Ihres Hauses in einem bequemen Lederstuhl sitzen, hätten ein Lenkrad vor sich und würden durch eine nette Landschaft fahren. Genau so müssen Sie sich das Fahren im neuen Cadillac vorstellen.«

Fast noch interessanter waren die Aussagen, die »Popular Mechanics« von seinen Cadillac-fahrenden Lesern sammelte. Eine Umfrage im Juli 1963 ergab, daß 52 Prozent der Cadillac-Besitzer den Komfort ihres Fahrzeuges liebten, 38,1 Prozent waren von der einfachen Bedienung begeistert, und 33,6 Prozent schließlich nannten die Fahrleistungen als herausragendsten Aspekt. Was den Lesern von »Popular Mechanics« nicht gefiel: 4,9 Prozent beklagten sich über Windgeräusche, 7,2 Prozent über die zuwenig wirksame Heizung, und, man lese und staune, fast zehn Prozent der Cadillac-Besitzer waren nicht zufrieden mit dem – Aschenbecher. Noch andere Zahlen aus diesem Report sind interessant: 78 Prozent der Befragten gaben an, daß sie sich einen neuen Cadillac kauften, weil sie vorher schon einen Cadillac besessen hatten, rund 76 Prozent antworteten, daß sie sich wieder einen Cadillac kaufen würden, und 98,7 Prozent gaben an, daß sie ihren Cadillac niemals gegen ein importiertes Fahrzeug wie einen Mercedes, Jaguar oder Rolls-Royce tauschen würden.

Dabei war am 63er Jahrgang eigentlich nur der Motor wirklich neu. Das alte Triebwerk, 1949 mit 5 424 cm³ Hubraum und 160 PS präsentiert, hatte nach 14 Produktionsjahren mit 6,4 Litern Hubraum und 345 PS seinen Höhepunkt erreicht, ohne deswegen veraltet zu sein: Manch ein Hersteller wäre froh gewesen, hätte er einen solchen Motor in seinem Programm gehabt. Doch man dachte bei Cadillac an die Zukunft, sah voraus, daß das Rennen um Pferdestärken und Hubraum noch lange nicht vorbei war, und trennte sich deshalb schweren Herzens von einem Motor, der nicht nur Geschichte geschrieben, sondern mit seiner Bauweise, seiner Ruhe und Kraft praktisch alle anderen Hersteller in ihrer Arbeit entscheidend beeinflußt hatte. Und außerdem hatte man nicht nur bei Cadillac neue Erkenntnisse in Sachen Motor gewonnen, die man gerne an einem vollkommen neuen Produkt anwenden wollte.

Und neu war dieser Motor wirklich, auch wenn es seine Eckdaten auf den ersten Blick nicht erkennen ließen. Die Bohrung blieb mit 101,6 Millimetern gleich, der Hub blieb mit 98,4 Millimetern gleich, folglich blieb auch der Hubraum mit 6 390 cm³ gleich, und mehr PS durfte das neue Kraftwerk auch nicht produzieren, 325 Pferdestärken sollten vorerst genügen. Auch konnten verschiedene Teile des alten Antriebs beim neuen Motor weiterhin verwendet werden, so daß sogar verschiedene Fachmagazine die Veränderung kaum bemerkten; auch Cadillac selber nannte das Aggregat nur »großartig verfeinert«. Understatement pur nennt man das – und es geschah vor allem deswegen, weil die Kunden bisher höchst zufrieden gewesen waren und die eher konservative Cadillac-Klientel großartige Überraschungen nicht besonders mochte.

Eines der bestverkauften Modelle blieb auch 1963 das vollkommen neu gestylte Coupé de Ville, das auf 31 749 Stück kam. Erstaunlich bei diesem Fahrzeug ist der extrem lange Kofferraum, der allerdings nur einen bescheidenen Raum bot, weil für das Ersatzrad noch immer keine befriedigende Lösung gefunden worden war.

Das Series 63 Convertible war immer für Überraschungen gut und konnte sich in der Verkaufsstatistik auf 17 600 Exemplare steigern. Man beachte auch die Reifen mit dem feinen weißen Streifen, die 1963 sehr in Mode waren.

Die immer kleiner werdenden Heckflossen kamen dem Erscheinungsbild des Sixty Special sehr zugute: 1963 spielte er seine distinguierte Rolle im Cadillac-Programm wieder nahezu perfekt. Wer sich dieses höchst elegante Fahrzeug kaufen wollte, mußte beim Cadillac-Händler 6 300 $ abliefern.

Wer von den Cadillac-Eignern einen Blick unter die Haube riskierte, sah allerdings sofort klar: Sein 63er Cadillac hatte ein neues Kraftwerk. Zwar konnte nur ein geschultes Auge erkennen, daß der Motor um 15 Kilo leichter sowie um drei Zentimeter niedriger und 2,5 Zentimeter kürzer geworden war. Was aber auf den ersten Blick auffiel, war die neue Anordnung von Wasser-, Benzin- und Ölpumpe sowie Ölfilter, die alle vorne am Triebwerk plaziert werden konnten. Damit war der neue Motor nicht nur leichter, sondern auch servicefreundlicher, da besser zugänglich. Kürzere Kolben, besser plazierte Krümmer und die anders plazierten Stößel ließen das Aggregat kompakter werden, und da gleichzeitig eine neue Wandkonstruktion für den Zylinderblock zum Einsatz kam, fiel er sehr viel stabiler aus. Die Zylinderblöcke wurden bei Cadillac in einer fabrikeigenen Gießerei hergestellt, wo höchste Qualitätsanforderungen galten, exakt 64,716 Kilo durfte das fertige Teil wiegen. Präzision war auch bei der neuen, weiterhin fünffach gelagerten Kurbelwelle gefragt. Insgesamt werkten 272 Kilogramm Gußeisen unter der Cadillac-Haube – 45 Kilo weniger als beim 6,2-Liter-V 8 von Rolls-Royce, der aus Leichtmetall bestand.

Das neue Triebwerk sei »noch ruhiger und geschmeidiger als je zuvor« meinte Cadillac, und verwies wieder einmal auf die erhöhten Qualitätsanforderungen. Die Fertigungstoleranzen gehörten, sofern überhaupt vorhanden, zu den geringsten in der Automobilindustrie. Die selbstgesteckten Ziele wurden auch erreicht, einzig das Auspuffgeräusch geriet um einige Nuancen lauter als bei den bis 1962 verwendeten Motoren. Die Motormontage erfolgte übrigens in einer vollklimatisierten Halle, eventuelle Temperaturschwankungen hätten möglicherweise die Fertigungspräzision beeinträchtigt.

Nicht ganz so dramatisch fielen die Karosserieänderungen aus. Die vorderen Kotflügel waren um fast zwölf Zentimeter länger, sowohl Front als auch Heck nicht mehr so überladen. Zum ersten Mal seit 1955 saßen die vorderen Blinker und Positionslichter auch nicht mehr in der Stoßstange, sondern wurden in den Kühlergrill unterhalb der Doppelscheinwerfer integriert. Am Heck war offensichtlich, daß Cadillac ernsthaft daran dachte, in Zukunft auf die so typischen Heckflossen zu verzichten, 1963 hatten die Designer noch nicht den Mut zu dieser radikalen Lösung. Dennoch hatten sie ganze Arbeit geleistet, die 63er Modelle bestachen durch ihre unaufdringliche Eleganz, nicht zuletzt deshalb, weil sie, bar allen Chromes, in der Seitenansicht wieder stärker an die Eldorado Brougham der Jahre 59 und 60 erinnerten.

Auch innen gab sich Cadillac alle Mühe, jeden, aber wirklich jeden Kundenwunsch zu erfüllen. Die Liste der verschiedenen Interieurs umfaßte nicht weniger als 143 verschiedene Kombinationen. Gegen Aufpreis konnte man 1963 auch erstmals ein sechsfach verstellbares Lenkrad und ein neues AM-FM-Transistorradio erstehen.

Das Cadillac-Programm 1963 umfaßte dreizehn Modelle. Die Series 62 gab als Sedan mit entweder vier oder sechs Scheiben, als Coupé sowie als besonders gefälliges Cabriolet. Den DeVille konnte man ebenfalls als Sedan mit vier oder sechs Scheiben, als Coupé sowie als Park Avenue Sedan kaufen. Unterscheiden ließen sich die beiden Reihen nur an ihrer Kennzeichnung sowie ihrer Innenausstattung, die bei den DeVille etwas feiner ausfiel. Eindeutig spezieller war dann der Eldorado Biarritz: »Unter allen von Menschen hergestellten Produkten«, durfte man im Prospekt lesen, »können nur wenige eine solche Überlegenheit beim Design, eine solche Hingabe bei der Fertigung und eine solche allseitige Anerkennung vorweisen wie der Eldorado Biarritz.« Nur in limitierter Auflage hergestellt – 1 825 Fahrzeuge mit einem Preis von stolzen 6 609 $ wurden gebaut – war der Biarritz eng mit dem anderen Höhepunkt im Cadillac-Programm, dem Sixty Special Sedan, verbunden. Beide kamen ohne jeglichen Schmuck außer dem bekannten Fleetwood-Emblem aus, waren innen dafür mit allem ausgestattet, was man sich auch als verwöhnter Cadillac-Kunde nur vorstellen konnte. Noch etwas konservativer, die gewölbte Panorama-Windschutzscheibe blieb weiterhin bestehen, waren die gigantischen Modelle der Series 75, die Limousine und der neunsitzige Sedan.

Insgesamt galten die Cadillac des Jahres 1963 als die ausgewogensten Fahrzeuge, die in den USA gebaut wurden. Ein Chrysler 300 bot vielleicht die besseren Fahrleistungen, die Lincoln waren noch komfortabler und ein Imperial konnte mit seinem geräumigen Innenraum überzeugen. Doch die Cadillac waren in jedem dieser Berei-

Von diesem Series 62 Sedan «Six Window» wurden 1963 12 929 Exemplare gebaut. Mit seinem Preis von 5 214 $ gehörte er zu den günstigen Angeboten im Programm – und war ein erfreulicher Anblick.

Obwohl mit einem Preis von 5 036 $ einiges günstiger als das äußerlich fast identische Coupé de Ville, konnte das Series 62 Coupé nicht annähernd die Verkaufszahlen erzielen wie sein teurer Bruder. Aber Cadillac-Kunden dachten eben nicht immer sehr rational.

1961 und 1962 waren zwei Modelle mit verkürztem Heck eingeführt werden, der Town Sedan in der Series 62, der Park Avenue in der Series 63. Der Park Avenue wurde auch 1963 beibehalten, allerdings konnten sich nur 1 575 Kunden für den »kurzen«, 5 633 $ teuren Cadillac begeistern.

Die günstige Series 62, hier im Bild ein Sedan de Ville »Four Window« aus dem Jahre 1964, war daran zu erkennen, daß sie nicht gekennzeichnet war. Für 1964 gab es bei allen Cadillac-Modellen nur minimale Änderungen.

che mehr als nur überdurchschnittlich – und als Ganzes unerreicht. Wenn man den Cadillac etwas ankreiden konnte, dann höchstens, daß sie über die Jahre nicht nur etwas gar groß, sondern etwas gar luxuriös geworden waren.

Die Palette blieb sich auch 1964 gleich, mit Ausnahme des Convertible der Series 62, das jetzt in der DeVille-Reihe zu finden war. Dafür fiel der viertürige Park Avenue Sedan aus dem Programm. Auch in diesem Jahr blieb kein Stein auf dem anderen, was wörtlich zu nehmen ist: 1964 ging die erweiterte Fabrik in Betrieb, mit deren Bau Cadillac schon 1962 begonnen hatte. Den bestehenden Anlagen wurden noch weitere 38 000 Quadratmeter Fläche hinzugefügt, weitere 20 000 Quadratmeter brachte die Umwandlung eines Parkplatzes zur Fabrikationsanlage. Erreicht werden konnte diese Vergrößerung nur durch eine Erhöhung, alle bestehenden Gebäuden wurden um zusätzliche Stockwerke vergrößert. Als die Chefetage dran war, residierten die obersten Bosse wochenlang in einem wenig repräsentativen Lagerhaus. Als der Umbau abgeschlossen war, vereinigten die altehrwürdigen Cadillac-Anlagen alles unter einem Dach. Nur Fleetwood und ein einziges Teilelager befanden sich nicht auf dem Gelände. Der Wechsel vom alten in die neuen Gebäude fand im Juli und August 1964 statt, kurz nachdem im Juli das letzte 64er Modell die Halle verlassen hatte und bevor am 24. August die Produktion der 65er Modelle wieder aufgenommen wurde. Insgesamt kostete der Umbau rund 55 Millionen Dollar.

In der Zwischenzeit hatte man sich bei Cadillac auf die veränderte Konkurrenzsituation eingestellt, wie erwähnt tummelten sich mittlerweile fast ein Dutzend Mitbewerber im einst von Cadillac so klar dominierten Luxussegment. Die neue Fabrik war der erste Schritt, um sich in dieser veränderten Marktsituation zu behaupten. Schließlich vertrat Cadillac-Chef Harold G. Warner die Ansicht, daß viele Kunden zwar das Geld für einen Cadillac ausgaben, dennoch keinen bekamen, weil Cadillac nicht liefern konnte. Der nächste Schritt war eine Neustrukturierung des Vertriebs. Unter der Leitung des ehemaligen stellvertretenden Chevrolet-Verkaufschefs Lee N. Mays wurde eine neue, dezentrale Verkaufsorganisation auf die Beine gestellt, was den Kontakt zum Endverbraucher verbesserte und eine intensivere Betreuung mög-

Seit die Heckflossen im Jahre 1959 ihren absoluten Höhepunkt erlebt hatten, waren sie in den folgenden Jahren immer weiter geschrumpft, der Jahrgang 1964 sollte gar der letzte mit diesem Stylingelement sein. Dieses de Ville Convertible wurde 1964 für 5 590 $ verkauft.

lich machte. Und, drittens, verordnete sich Cadillac ein neues Image: Nicht mehr nur die wirklich wohlhabenden, älteren Stammkunden sollten sich einen Cadillac kaufen, auch eine jüngere, gutverdienende Klientel sollte in den Genuß eines Cadi kommen. Diese zu ködern, erforderte ein etwas jugendlicheres Design (zumindest bei einigen Modellen), und die Abkehr von der bisherigen Werbepolitik, in der nur die großen Worte, nicht aber die Produkte wichtig gewesen waren. Erstmals sah man in den Prospekten für die 64er Modelle Damen und Herren abgebildet, die nicht ausschließlich über graue Haare verfügten.

Entsprechend modifiziert präsentierte sich auch der neue Jahrgang. Allerdings waren auch die 64er Cadillac nicht gerade die Autos, mit denen man am Samstagabend vom Rennfieber gepackt wurde und Beschleunigungsrennen auf der Hauptstraße austrug. Wobei: Möglich wäre das schon gewesen, mit dem neuen, vergrößerten Motor und der verbesserten Automatik hätten die Cadillac auch gegen all die GTO und sonstigen Donnervögel nicht schlecht ausgesehen. Das Triebwerk wurde nur ein Jahr nach seiner Vorstellung schon auf einen Hubraum von 7 030 cm³ vergrößert, die Bohrung betrug jetzt 104,9 Millimeter, der Hub 101,6 Millimeter. Mit 10,5:1 verdichtet, leistete der mit einem Vierfach-Vergaser von Carter ausgestattete Motor nun 340 PS bei 4 000/min und schaffte ein maximales Drehmoment von 470 Nm bei 3 000/min.

Bei der Series 62 und der Series 75 wurde die bekannte Hydramatic mit einer effizienteren Kühlung und einem verstärkten Rückwärtsgang aufgewertet. Die restlichen Cadillac erhielten eine neue, sogenannte »Turbo Hydra-Matic«, die die nicht schlechte Hydramatic – die immerhin von Rolls-Royce in Lizenz nachgebaut wurde – in jedem Punkt übertraf. Zuerst einmal war sie rund 15 Kilo leichter, wog also durch die großzügige Verwendung von Aluminium noch 76 Kilo. Durch die Verwendung eines mit einem Drehmomentwandler verbundenen Planetengetriebes konnten außerdem der Aufbau vereinfacht und die hohen Produktionskosten gesenkt werden. Ein fortschrittliches Detail sollte nicht vergessen werden: der eingebaute Konvertor, der auf Höhen- und Druckveränderungen ansprach und über ein Ventil entsprechend reagierte. Die Kombination von neuem

Das Coupé de Ville blieb eines der beliebtesten Cadillac-Modelle überhaupt und schaffte 1964 mit 38 195 Exemplaren ein bisher unerreichtes Hoch. Sein Preis lag bei 5 386 $, das Vinyldach kostete noch einmal 86 $ Aufpreis.

Getriebe und erstarktem 7-Liter-V 8 machte die Cadillac des Jahres 1964 nicht einfach nur jugendlich frisch, sondern schon fast verboten schnell: Sowohl »Motor Trend« im März 1964 als auch »Car Life« im Juli 1964 stoppten für einen Sedan de Ville 8,5 Sekunden für den Sprint zur 96-km/h-Marke. »Car Life« schaffte außerdem 160 km/h in nur 23,5 Sekunden, erreichte auf einer Viertelmeile in 16,4 Sekunden 138 km/h, und verzeichnete als Höchstgeschwindigkeit stolze 195 km/h. Beide Publikationen priesen – natürlich – die Fahrleistungen des 64er Jahrgangs in höchsten Tönen und kamen zum Schluß, daß die Cadillac ihrer direkten Konkurrenz von Lincoln und Imperial in fast jeder Beziehung überlegen seien. »Motor Trend« bezeichnete nach ausgiebigen Testfahrten mit nahezu allen Luxusprodukten der Welt die Cadillac als die Fahrzeuge mit dem weitaus besten Preis-/Leistungsverhältnis, während »Car Life«, nach anfänglichen Bedenken, daß die Cadillac nur eindeutig überschätzte Statussymbole seien, am Ende in schon fast marktschreierischen Worten die Qualitäten des Testwagens lobte.

Dem schloß sich auch das amerikanischen Fahrzeugen gegenüber immer sehr strenge englische Fachmagazin »The Autocar« an, außerdem lobten die Briten die fantastische Geschmeidigkeit des Motors, die absolute Ruhe und das hervorragende Handling des getesteten Coupé de Ville. Man ging in England überraschenderweise sogar soweit, die 64er Cadillac mit den Einzylinder-Cadillac zu vergleichen, die einst das Maß aller Dinge in Sachen Qualität gewesen seien.

Weniger zufrieden war man allerdings mit den Bremsen, trotz ihrer gewaltigen Auflagefläche von 2 438 cm². »Motor Trend« schaffte bloß zwei Vollbremsungen aus 185 km/h, während »The Autocar« dies nur einmal schaffte und »Car Life« sich beklagte, daß schon nach einer Vollbremsung aus 130 km/h gar nichts mehr ging. Auf zufriedenstellende Bremsen mußten die Kunden bei Cadillac noch einige Zeit warten, ab 1964 konnte man dafür eine geradezu sensationelle Klimaanlage bieten. Zum ersten Mal machte man keine großen Worte – schließlich hatte man ja ein neues Werbekonzept –, son-

»Cadillac of the Cadillacs«: Der Sixty Special mit seiner reichhaltigen Ausstattung und seinem konservativen Erscheinungsbild war 1964 in jeder Hinsicht das Topmodell der Marke. Sein Preis lag bei 6 366 $ – und die Verkäufe kletterten auf 14 500 Exemplare.

dern beließ es einfach bei der Bezeichnung »Comfort Control«. Der größte Vorteil dieser neuen Air-Condition bestand darin, daß man sie nur einmal einstellen mußte, danach herrschte im Innern des Cadillac Tag und Nacht, Winter und Sommer immer genau die Temperatur, die man sich gewünscht hatte. Etwas weniger sensationell, aber nicht weniger wirksam war die erstmals serienmäßig installierte Heckscheibenheizung, die gerade in einem so großen Fahrzeug, wie die Cadillac es immer noch waren, sehr gute Dienste tat.

Sonst geschahen keine Wunder: Auch 1964 erhielten die Cadillac ihre jährliche Kosmetik, die in diesem Jahr darin bestand, daß die Heckflossen noch weiter schrumpften, bevor sie dann 1965 endgültig verschwanden. Der Kühlergrill wurde einmal mehr umgestaltet, Blinker und Positionslampen wanderten in den Grill und der Chrombehang wurde noch mehr reduziert. Insgesamt ein sehr elegantes Design, das durch die ruhigen und sehr gestreckten Linien gut zur Geltung kam. Kein Wunder, daß mit einer Produktion von 165 959 Exemplaren einmal mehr ein neuer Rekord erreicht wurde, und das, obwohl auf dem ganzen Fabrikationsgelände fleißig umgebaut wurde, was die Produktion bekanntlich nicht unbedingt fördert. Bedeutend besser als im Vorjahr schnitt Chrysler mit seinem Imperial ab – sehr zum Mißfallen von Lincoln: Der ehemalige Lincoln-Stylist Elwood P. Engel – er zeichnete den 61er Lincoln –, schuf das gefällige Design, gekennzeichnet durch eine gewisse »Europäisierung«. Damit, und selbstverständlich einigen signifikanten technischen und qualitativen Verbesserungen, schaffte Chryslers Luxusableger den schon lange erwarteten Sprung nach oben in der Verkaufsstatistik. Stolz konnte man bei Imperial 1964 auf 23 285 verkaufte Fahrzeuge verweisen, womit man etwas näher an Lincoln heranrückte, wo man 32 969 (veraltete) Fahrzeuge an den Mann brachte.

Cadillac rangierte unangefochten an der Spitze. Am 4. November 1964 konnte man die Produktion des 3millionsten Fahrzeugs feiern. Nach dem Zweiten Weltkrieg hatte man 2 467 909 Fahrzeuge gebaut, während Lincoln im gleichen Zeitraum auf 676 666 Exemplare kam. Imperial, erst ab 1955 als eigene Marke geführt, schaffte bis 1965 197 618 Fahrzeuge, kaum mehr, als Cadillac allein im Jahr 1965 produzierte.

Aber schauen wir uns die Cadillac-Zahlen des Jahres 1965 etwas genauer an:

Produktion Modelljahr 1965: 181 435
Produktion Kalenderjahr 1965: 196 595
Gesamtzahl Verkäufe 1965: 189 661

Eigentlich hatte man sich bei Cadillac nach der Einweihung der vergrößerten Fabrikanlagen ein Jahresziel von 207 000 Fahrzeugen gesetzt, konnte man doch bei voller Auslastung 800 Einheiten täglich produzieren. Doch schon im September 1964, die Produktion des neuen Modelljahrgangs war gerade einen Monat angelaufen, stoppte ein Streik der »United Auto Worker's« diese hochfliegenden Pläne. Erst im Dezember konnten die Bänder wieder auf vollen Touren laufen. Und was von diesen

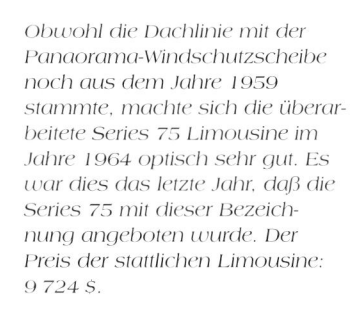

Obwohl die Dachlinie mit der Panorama-Windschutzscheibe noch aus dem Jahre 1959 stammte, machte sich die überarbeitete Series 75 Limousine im Jahre 1964 optisch sehr gut. Es war dies das letzte Jahr, daß die Series 75 mit dieser Bezeichnung angeboten wurde. Der Preis der stattlichen Limousine: 9 724 $.

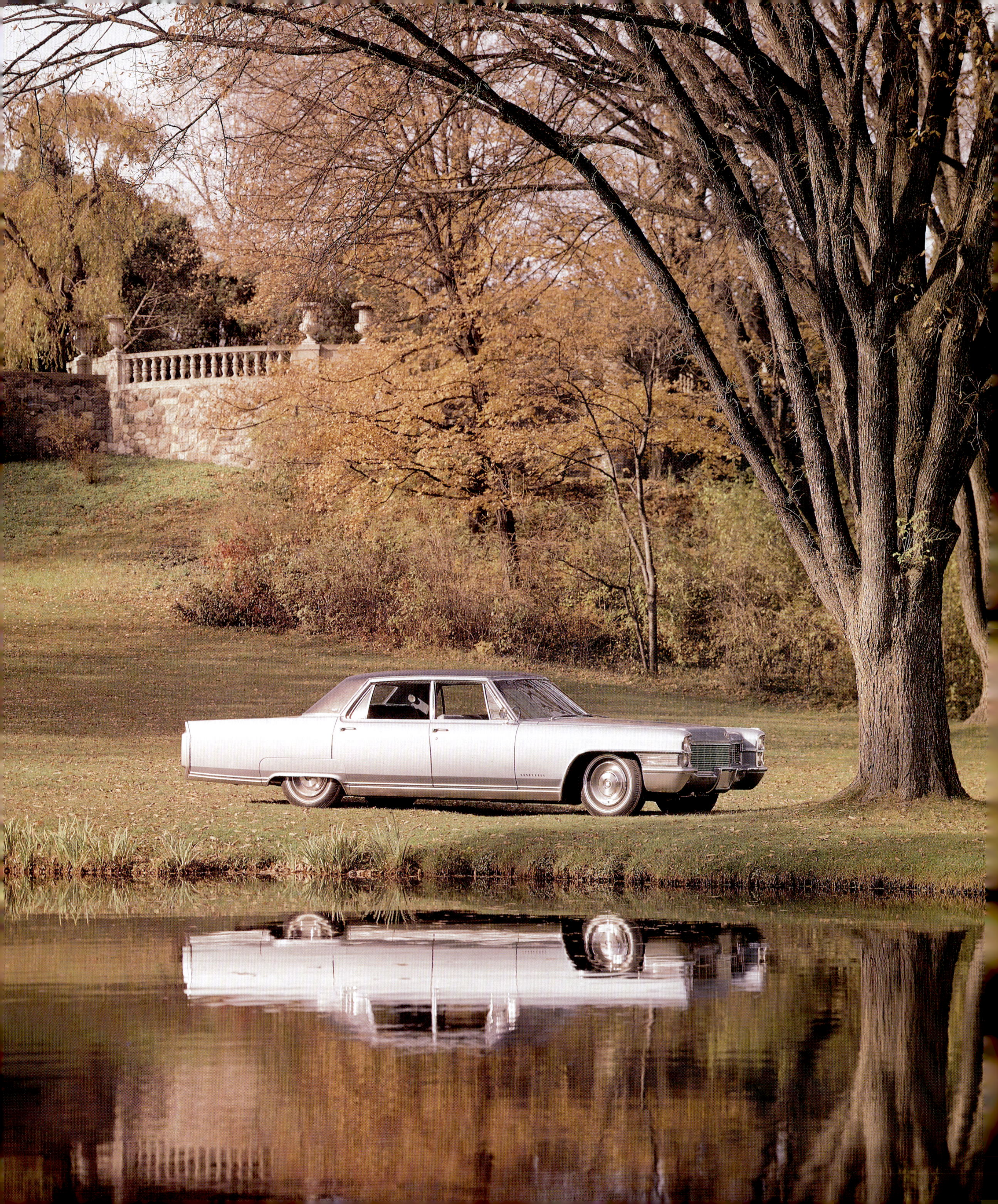

1965 bot Cadillac eine noch weiter verfeinerte Version des Sixty Special an, den Fleetwood Brougham. Zu erkennen war er am Vinyldach sowie den »Brougham«-Schildern am hinteren Dachpfosten. Weil das Modell, das 194 $ Aufpreis kostete, so beliebt war, wurde es 1966 eine eigenständige Version.

Für 6 738 $ konnte 1965 dieses Eldorado Convertible käuflich erworben werden. Das Fehlen jeglicher Chromverzierungen an den Flanken gab dem Fahrzeug ein sehr elegantes, gestrecktes Aussehen. Trotzdem wollten nur 2 125 Kunden den offenen Eldorado erwerben.

Bändern lief, das konnte sich wirklich sehen lassen. Cadillac selber erklärte die 65er Modelle zur »entscheidensten Änderung in der Geschichte – sowohl beim Design als auch in der Technik«. Doch was stand hinter diesen großen Worten?

Da war sicher einmal das neue Chassis, das alle Modelle bis auf den Series 75 erhielten. Es gab einen sogenannten X-Rahmen mit Kastenträgern, der vorne einen Hilfsrahmen für Motor und Aufhängung erhielt. Dank dieses Hilfsrahmens (und auch dank einer neuen Motoraufhängung) wurden die Vibrationen und die Übertragung der Abrollgeräusche auf ein Minimum gedämpft. Der neue Rahmen war nicht mehr ganz so verwindungssteif wie der bisher verwendete, mit gutem Grund, der alte war völlig unflexibel, was auch nicht das Maß aller Dinge sein konnte. Dank der Verwendung eines neuen Anlassers wanderte der Motor für einen günstigeren Schwerpunkt weiter nach hinten, außerdem wuchs mit dem neuen Chassis die Spur auf 159 Zentimeter.

Das erforderte natürlich auch neue Karosserien. Und hier waren die Änderungen einmal mehr augenfällig, nicht etwa weil wie immer der Kühler geliftet wurde, sondern vor allem deshalb, weil es zum ersten Mal seit 1948 keine Heckflossen mehr zu bestaunen gab. Der sogenannte D-Body, den Cadillac mit den größeren Buick- und Oldsmobile-Modellen teilen mußte, verfügte neben seinen sehr gefälligen Linien außerdem über im Vergleich zum Vorjahr geneigtere Scheiben, schmalere Türpfosten und einen tiefer angebrachten Passagierraum. Der wahre Höhepunkt war trotz des Wegfalls der Flossen aber das Heck mit seinen vertikalen Lampen. Sie bildeten so etwas wie die Quintessenz der Cadillac-Designgeschichte, von den einst so massigen, mit den Stoßstangenhörnern verbundenen Hecklichtern blieben nur noch schmale Schlitze, an denen man die Cadillac für die nächsten Jahre erkennen konnte. Für die nächsten drei Jahre wurden auch die Frontlichter ebenfalls vertikal angeordnet. Unter der Haube blieb fast alles wie gehabt, wenn man einmal von einem ruhigeren und effizienteren Auspuffsystem absieht. Neu war einzig die bereits verbes-

Von allen Cadillac, die für 1965 ein neues Design erhielten, war sicher das Coupé de Ville eines der optisch ansprechendsten Modelle. Und auch die Verkaufszahlen konnten sich sehen lassen: Stolze 43 345 Exemplare wurden zum Preis von 5 469 $ abgesetzt. Das Vinyldach kostete noch immer Aufpreis.

serte »Turbo Hydra-Matic«, die den Cadillac zu einer noch besseren Durchzugskraft in den unteren Geschwindigkeiten und sanfteren Schaltvorgängen verhalf. Neuerdings stand gegen einen Aufpreis von 80.65 $ auch eine automatische Niveauregulierung, der »Delco Superlift«, in der Liste. Ebenfalls gegen Aufpreis gab es ein sechsfach in der Höhe und 7,5 Zentimeter in der Länge verstellbares Lenkrad. Das Jahr 1965 sah auch das Ende der Series 62, die auf den Namen Calais umgetauft wurde. Die Unterschiede zur DeVille-Reihe bestanden aber weiterhin nur in der etwas verdünnten Ausstattung sowie den fehlenden Schriftzügen. Schon etwas aufregender als diese Namensänderung war da der Sixty Special, der nach sechs Jahren erstmals wieder einen längeren Radstand erhielt: statt der Cadillac-üblichen 329 Zentimeter 338 Zentimeter. Auch kehrte Cadillac bei seinem Vorzeigemodell wieder zur typischen Sedanform mit dem Dachpfosten zurück. Gegen einen Aufpreis von 199 $ konnte die Kundschaft den 60S auch in einen Fleetwood Brougham verwandeln, was etwas mehr Chrom, einen in die Polster eingestickten Fleetwood-Namenszug und ein in vier verschiedenen Farben erhältliches Vinyldach bedeutete. Zusammen mit dem Eldorado Convertible und den beiden Seventy-Five bildete der Sixty Special die neu benannte Fleetwood-Serie.

Calais, DeVille und Fleetwood hießen die drei Cadillac-Modellreihen auch 1966. Und alle zusammen setzten den »Standard of the World«, wenn auch mit Unterschieden, wie die Werbung bemerkte: Die Calais waren »Standard of the World in Luxus und Sachlichkeit«, die DeVille »Standard of the World in Glanz und Gefühlserregung«, die Fleetwood »Standard of the World in Einzigartigkeit und Würde«. Bei diesen Fleetwood wurde der Fleetwood Brougham ab 1966 als eigenständiges Modell geführt, auch wurde die Series 75 technisch und optisch den anderen Modellen angepaßt. Insgesamt konnten vom neunsitzigen Sedan 980 Stück zu einem Preis von 10 312 $ verkauft werden, während es die 10 521 $ teure Limousine auf 1 037 Exemplare brachte. Ansonsten blieben die Änderungen beim 66er Jahrgang gering, auch wenn die obligatorische Kühlergrillkosmetik durchgeführt wurde. Außerdem wurde heftig an Chrom gespart, so heftig, daß verschiedene Fachmagazine schon meinten, das Glitzerzeug sei bei Cadillac rationiert worden. Sogar der untere Teil der hinteren Stoßstange wurde nicht mehr verchromt, sondern in der Wagenfarbe gespritzt. Dies gereichte dem neuen Jahrgang auf jeden Fall zur Ehre, die Fahrzeuge aller Modellreihen sahen noch eleganter und gestreckter aus. Der gute Geschmack setzte sich auch beim Interieur fort, das nicht nur weiter vereinfacht wurde, sondern auch über einige neue und sehr sinnvolle Details verfügte. So war beispielsweise gegen Aufpreis von happigen 287.90 $ eine für die damalige Zeit geradezu sensationelle Stereoanlage mit AM-FM-Radio sowie vier Lautsprechern zu haben. Nicht erhältlich war dieser Musikgenuß einzig bei der Series 75, die dafür ein zweites Radio für die hinteren Passagiere eingebaut erhielt.

Doch verweilen wir noch ein wenig bei den Annehmlichkeiten und gegen Aufpreis lieferbaren Sonderausstattungen. Interessant sicher die erstmals angebotene Sitzheizung für 78.95 $, die bereits wieder verbesserte Lenkradverstellung in vertikaler und horizontaler Richtung, die geschwindigkeitsabhängige Servolenkung. Die Bedienung wurde vereinfacht durch die Zentralverriegelung, die in den beiden vorderen Armlehnen angebracht war, sowie durch die elektrische Sitzverstellung, welche auf der Fahrerseite der Frontsitzbank positioniert war. Auch der Innengeräuschpegel sank: So war das Dämmmaterial zwischen Motor und Innenraum ab 1966 nur noch aus einem Stück gefertigt, die Motorhaube wurde innen mit einer Fiberglas-Matte ausgekleidet, und die Türen erhielten neue Gummidichtungen.

Das alles machte das Fahren in den Cadillac zu einem lautlosen Vergnügen. Und da man bekanntermaßen in einem ruhigen Auto gerne etwas schneller fährt, weil man keinen Lärm hört, wurde auch das Fahrwerk verbessert. Die Vorderradaufhängung wurde renoviert, es gab wieder härtere Stoßdämpfer, und das Chassis wurde schon nach nur einjähriger Produktionszeit durch stabilere Rohre und

Auch ohne Heckflossen noch durch und durch ein Cadillac: Der Sedan de Ville von 1965 war ein sehr gefälliges Fahrzeug, von dem genau 15 000 Exemplare verkauft werden konnten.

Der Sixty Special hatte 1965 durch den Fleetwood Brougham interne Konkurrenz bekommen. Dennoch blieb er mit seinem neuen Design, dem gegenüber den DeVille und Calais um neun Zentimeter längeren Aufbau und den übereinandergestellten Lampen ein sehr elegantes Fahrzeug. Sein Preis lag bei 6 479 $.

verschlungenere Verstrebungen versteift. Dies verhalf den Cadillac zu einem bedeutend besseren Fahrverhalten, vor allem in punkto Geradeauslauf. Ein düsteres Kapitel blieben die Bremsen: Auch 1966 erachtete man Scheibenbremsen für unnötig, die Vergrößerung der Bremsfläche war da nur ein schwacher Ausgleich.

Am Motor wurde nicht viel geändert, wenn man einmal vom komplett neu konstruierten Rochester-Vierfachvergaser absieht, der das Carter-Modell ablöste. Völlig diskret stellte man auch einen Fehler ab, der viele Besitzer der 65er Modelle geärgert hatte: den hohen Ölverbrauch, ein Folge der verwendeten Aluminium-Kolben, die oft sehr plötzlich ihre »Spannung« verloren. Dank neuer Stahlkolben, stabileren Ölabstreifringen sowie einer verbesserten Ölwannendichtung hörten die Klagen auf.

Mag sein, daß es immer noch Fahrer gab, die einem Cadillac nichts abgewinnen konnten. Denen versuchte Cadillac mit Werbetexten auf die Sprünge zu helfen – Texten wie dem von »McManus, John & Adams«: »Die Gründe für die überschäumende Popularität der Cadillac sind zahlreich. Die wichtigsten sind sicher ihre fortschrittliche Technik und die bis ins letzte Detail ausgefeilte Handwerkskunst bei der Produktion. Außerdem sind Styling und Luxus der Cadillac bekannt für ihre Würde und ihren guten Geschmack. Auch können sie mit ihren Fahrleistungen und ihrem Handling gegen viele Sportwagen in Konkurrenz treten. Und schließlich behält kein anderer Luxuswagen seinen Wert länger oder besser als ein Cadillac.« Mit diesem Anspruch rollten 1966 194 212 Exemplare vom Band. Dank eines 250 000 $ teuren Straßen-Simulators, mit dem man alle möglichen und bekannten Straßenverhältnisse im Labor nachvollziehen konnte, mußten sie die Konkurrenz noch weniger als bisher fürchten.

Zwar konnte Lincoln 1966 dank eines sehr gelungenen, weil konservativen Restylings, eines neuen, 340 PS starken 7,6-Liter-Motors und einer intelligenteren Modellpolitik die Verkaufszahl auf 54 755 Einheiten steigern, doch im Vergleich zu Cadillac war das noch immer nicht sonderlich beeindruckend. Imperial erreichte im gleichen Jahr gerade noch 13 742 Einheiten, was Chrysler dazu bewegte, seinen Luxusableger wieder ins Mutter-

*Rechte Seite, unten:
Nach dem großen Erfolg im vorangegangenen Jahr wurde der Fleetwood Brougham 1966 offiziell ins Verkaufsprogramm aufgenommen. Und das zu Recht:*

Während die Verkäufe des 317 $ günstigeren Sixty Special auf 5 445 Exemplare sanken, konnten von 6 695 $ teuren Fleetwood Brougham stolze 13 630 Stück verkauft werden.

Genau 5 555 $ kostete das DeVille Convertible im Jahre 1966, und wie 1965 wurden genau 19 500 Exemplare verkauft. Das Lederinterieur war serienmäßig, wer allerdings Sicherheitsgurte haben wollte, der mußte einen Aufpreis von 184 $ berappen.

haus einzugliedern, weil man alle Hoffnungen auf bessere Zeiten begrub. Wenn Cadillac einen Konkurrenten etwas genauer beobachtete, dann höchstens Mercedes-Benz, wo man 1966 das einjährige Jubiläum der selbständigen nordamerikanischen Verkaufsorganisation mit einem neuen Verkaufsrekord feiern konnte.

Doch gehen wir für einen genaueren Vergleich auch mit Mercedes-Benz noch einmal zurück ins Jahr 1965, als »Car & Driver« sich in der Juli-Ausgabe ausführlich und nach eigenen Angaben »subjektiv« mit einem Mercedes-Benz 600, einem Rolls-Royce Silver Cloud III, einem Jaguar Mark X, einem Imperial Le Baron, einem Lincoln Continental und einem Cadillac Fleetwood Brougham befaßte. Zuerst einmal ein paar technische Vergleichsdaten:

lischen und göttlichen Rolls-Royce in Konkurrenz treten kann.« Die Tester betrachteten die sechs Fahrzeuge unter ihrem ganz eigenen Standpunkt, versuchten allerdings, in ihrer Wertung ganz besonders die Punkte zu berücksichtigen, die für amerikanische Käufer wichtig sein konnten, also Komfort, Ruhe, die Qualität der verwendeten Materialien und der Verarbeitung, die unendliche Leichtigkeit des Fahrens. Das Resultat war keineswegs überraschend, sagte doch ein höherer Cadillac-Mitarbeiter schon vor Beginn des Tests: »Der Mercedes ist vielleicht der ultimative Cadillac.« So sahen es auch die Autoren von »Car & Driver« in ihrem Resumée: »Der Mercedes-Benz 600 ist der klare Sieger – ganz klar außerhalb der Reichweite der Konkurrenz. Ebenso klar und für viele überraschend ist der Cadillac auf dem zweiten

	Cadillac	Mercedes	Imperial	Jaguar	Lincoln	Rolls
Preis	8360 $	20 500 $	5 596 $	6 990 $	7 472 $	17 321
Zyl.	8	8	8	6	8	8
Hubraum	7 030	6 325	6 768	4 179	7 046	6 227
PS	340	300	340	265	320	n. b.
max. Drehmoment	475	430	465	278	460	n. b.
Länge	578	554	579	513	550	538
Breite	203	195	203	193	199	191
Höhe	142	151	145	138	138	163
Gewicht	2 084	2 437	2 281	1 812	2 392	2 038
0–96 km/h	9,2	9,4	12,0	10,3	11,3	12,4
0–128 km/h	15,5	16,5	22,0	18,0	19,4	21,4
128–0 km/h	6,9	4,7	7,2	5,6	5,3	5,0
l/100 km	22,3	21,6	15,6	15,4	17,7	16,2

Es waren geschliffene und passende Worte, welche die Autoren damals fanden: »Es gibt in keiner Automobilkategorie mehr Mythen als bei den Luxuswagen. Wie viele sonst gut informierte Bürger glauben zum Beispiel immer noch, daß die Rolls-Royce mit einer lebenslänglichen Garantie ausgeliefert werden? Oder wie wäre es mit, »alle Amerikaner sind Mist, ein Cadillac ist nur ein verchromter Chevrolet«? Dieses Syndrom des Anti-Amerikanismus scheint sogar auf den Mercedes 600 abzufärben, (...) viele unserer Leser glauben, daß nicht einmal die Deutschen ein Auto bauen können, das mit dem eng-

Rang plaziert. Auf dem dritten Rang folgt der Lincoln Continental, dicht gefolgt vom Rolls-Royce, der wiederum den Imperial nur ganz knapp distanzieren konnte. Am Schluß der Rangliste findet sich der Jaguar, nicht etwa, weil er ein schlechtes Fahrzeug wäre, sondern ganz einfach, weil er kein Luxusfahrzeug ist.«

Das Lob für den Mercedes soll hier nicht weiter diskutiert werden, er hat es mit seinem stolzen Preis sicher auch verdient. Doch interessant ist auch, was die Tester über den Cadillac zu sagen hatten: »Unter Autoliebhabern ist der Cadillac vielleicht das am meisten unter-

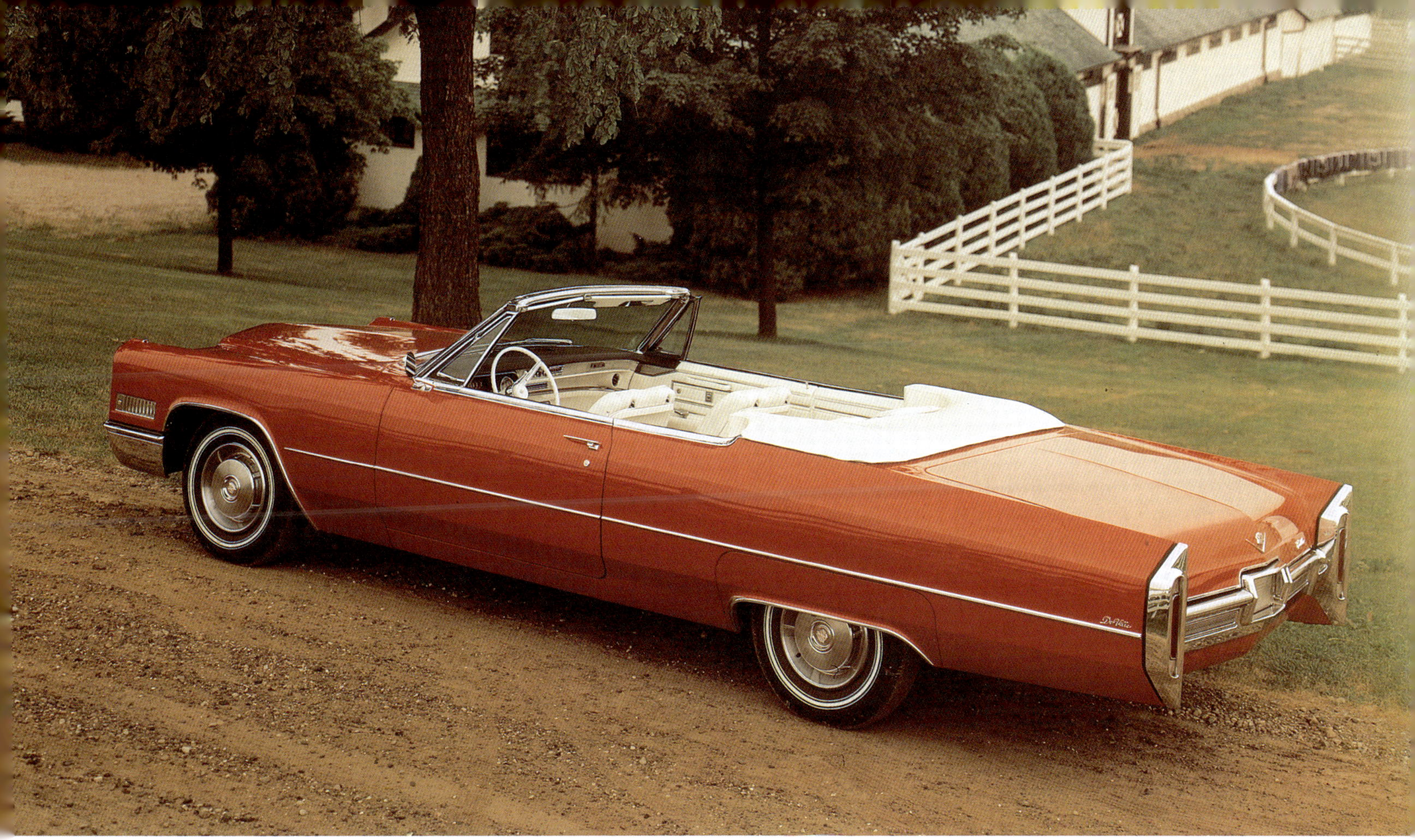

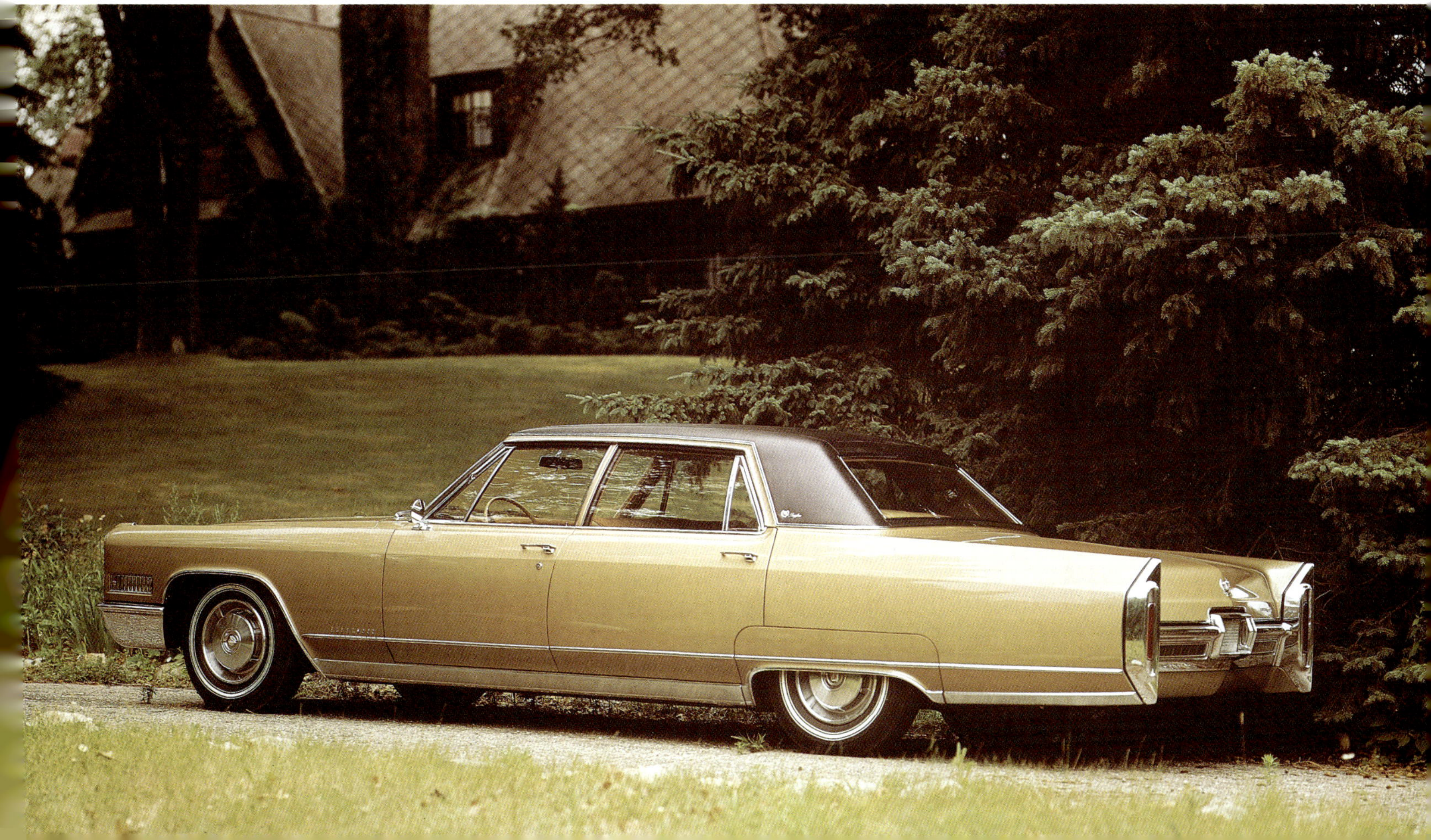

schätzte Fahrzeug der Welt, denn in einigen Bereichen ist er gleich gut oder sogar noch besser als der Mercedes 600. Er bietet sicher das beste Preis-/Leistungsverhältnis in der Kategorie der Luxuswagen, sofern dies in diesem Segment überhaupt von Belang ist. Sicher hat der Cadillac mehr sinnvolle Details als alle anderen Konkurrenten vorzuweisen. (...) Der Cadillac fährt sich, entgegen weitverbreiteter Meinung, sehr gut. Er ist handlich und einfach zu beherrschen, fährt immer genau dorthin, wo man ihn auch haben möchte. (...) Sein Fahrverhalten ist das beste des Sextetts, wenn die Straßen wirklich gut oder wirklich schlecht sind. (...) Seine Automatik ist besser als die Getriebe der Konkurrenz. Im Gegensatz dazu stehen allerdings die Bremsen, die den hohen Standard des Fahrzeugs nicht halten können.«

Der letzte Abschnitt in den Betrachtungen über den Cadillac Fleetwood Brougham kommt zu einem Schluß, der gerade aus europäischer Sicht eigentlich zu denken geben sollte, weil er die Cadillac genau dort einstuft, wo sie das europäische Publikum eigentlich nie sehen wollte: »Nach unserer Meinung ist es einzig der große Verkaufserfolg, der für das »schlechte« Image verantwortlich ist. Würden die Cadillac in England gebaut so wie sie sind, und würden nur rund tausend Stück pro Jahr gebaut, so wären sie automobile Legenden, für die man gerne 15 000 Dollar bezahlen würde. Doch dem ist nicht so, und Cadillac wird auch in Zukunft mehr Fahrzeuge verkaufen als alle anderen Luxushersteller zusammen.«

Was hätte also hätte es für einen Sinn gehabt, wenn man dieses Erfolgsrezept 1967 im großen Stil geändert hätte? Die Kunden liebten ihre Cadillac, sie kauften ihre Cadillac – und sie kauften immer mehr Cadillac. Also konnte man sich darauf beschränken, weiterhin am Detail zu feilen und so die Fahrzeuge immer ein Stückchen perfekter zu machen. Durch eine neue Karosserieaufhängung und besseres Dämmaterial auch im Interieur wurden die Cadilac des Modelljahres 1967 noch leiser, außerdem versuchte man das immer noch nicht völlig abgestellte Problem des erhöhten Ölverbrauchs mit einer neuen Zylinderbohrungstechnik und modifizierten Kolbenringen in den Griff zu bekommen. Wenig Änderungen erfuhr die Optik, der alljährliche Kleinkram am Kühlergrill, neue Einfassungen für die nach vorne geneigten Frontlampen und eine stark hervortretende Chromleiste, die sich über die gesamte Länge der Fahrzeuge hinzog, waren die einzige und eigentlich nicht dringend nötige Kosmetik.

Doch nicht die Calais, die DeVille oder die Fleetwood waren die eigentliche Sensation des Cadillac-Jahres 1967 – es war ein völlig neuer Eldorado, der seinen großen Namen absolut zu Recht tragen durfte. Doch auch wenn sie das neue Modell von seinen Markenbrüdern sowohl äußerlich als auch innen und beim (Front-)Antrieb stark unterschied, so war der neue Eldorado doch ganz klar als Cadillac erkennbar. Im Gegensatz zu allen anderen Modellen, welche eine stylistische Fortführung einer über Jahrzehnte gewachsenen, für Cadillac so typischen Form darstellten, sollte der Eldorado Kunden ansprechen, die bisher nicht im Traum daran gedacht hatten, einen Cadillac zu kaufen. Dafür konnte man auch auf das gewohnte und gewaltige Platzangebot verzichten – Form der Form willen war beim Eldorado gefragt.

Aber beginnen wir von vorne. Wer genau zum ersten Mal einen Frontantrieb konstruierte, das läßt sich heute nicht mehr mit Bestimmtheit sagen. Sicher war es nicht Citroëns »Traction Avant« von 1932, der war »bloß« das erste Großserienfahrzeug mit angetriebenen Vorderrädern. Er machte den Frontantrieb salonfähig. Denn gerade in den Vereinigten Staaten gab es schon um die Jahrhundertwende Fahrzeuge mit Frontantrieb, das bekannteste war wohl der gewaltige Rennwagen von Walter Christie. Technisch interessant waren aber sicher auch die Cord der 20er und 30er Jahre, der L 29 und der 810, denen beiden zwar kein Verkaufserfolg, aber dafür ein Platz unter den legendärsten aller Automobile beschieden war. Bei Cadillac dachte man erstmals 1955 an einen Frontantrieb, und zwar mit dem auf der Motorama ausgestellten Sportwagen-Prototypen LaSalle II. Dieses etwas gar avantgardistische Gefährt verfügte aber nicht über einen Motor, den erhielt erst ein Prototyp eines GMC-Trucks namens Universelle. So richtig ernsthaft dachte man bei General Motors über den Frontantrieb erst nach, nachdem 1959 der revolutionäre Mini vorgestellt worden war. Zu Versuchszwecken wurde ein 7-Liter-Cadillac mit automatischen Getriebe und angetrie-

Weiterhin das bestverkaufte Cadillac-Modell des Jahres 1966 war dieser Sedan de Ville, der sensationelle 60 550 Käufer fand. Die Veränderungen für das Jahr 1966 beschränkten sich auf ein leichtes Restyling der Heckpartie, und selbstverständlich gab es einen neuen Kühlergrill.

Zum ersten Mal in der Geschichte des 1949 eingeführten Coupé de Ville konnten 1966 innerhalb eines Jahres mehr als 50 000 Stück losgeschlagen werden. Kein Wunder: das vom 7-Liter-V 8 mit 340 PS angetriebene Coupé verfügte über vorzügliche Fahrleistungen.

Nach sieben Jahren erhielt 1966 die Series 75 ein komplett neues Design. Die Türen wurden in die Dachlinie hineingezogen, um auch Passagieren mit Hut den Einstieg zu vereinfachen. Zum ersten Mal seit Jahren kostete ein Cadillac auch wieder mehr als 10 000 $, der hier gezeigte Sedan kam auf 10 312 $.

Es war ein spektakuläres Fahrzeug, das 1967 neu in das Cadillac-Programm kam: der frontgetriebene Eldorado. Er galt als »luxury personal car«, als Fahrzeug also, das man selber fuhr, und das beim Fahren viel Spaß machen sollte. Und der 6 277 $ teure Eldorado wurde sofort zu einem Erfolg: Schon im ersten Jahr konnten 17 930 Exemplare verkauft werden.

benen Vorderrädern gebaut, der vor allem auf nasser oder gar vereister Straße den heckgetriebenen Vergleichsmodellen eindeutig überlegen war.

Die Entstehung des 67er Eldorado hatte Cadillac allerdings einer eigenen Fehlentscheidung zu verdanken. GM-Design-Chef Bill Mitchell hatte Cadillac 1960 ein Fahrzeug vorgeschlagen, daß die Verantwortlichen um Harold G. Warner aber beim besten Willen nicht im Programm haben wollten. Als Cadillac nicht wollte, wollte Buick schon, aus dem Vorschlag von Mitchell entstand der 63er Buick Riviera. Als der Buick dann präsentiert wurde, dachte man bei GM bereits über eine nächste Riviera-Generation nach, aus Kostengründen sollten sich auch Oldsmobile und Cadillac an diesem Buick-Projekt beteiligen. Führend in diesem Trio war Olds, wo man schon seit 1961 intensiv über ein frontgetriebenes Fahrzeug nachdachte. Das Resultat sah dann etwas anders aus, als man sich ursprünglich gedacht hatte: Alle drei Fahrzeuge, die 1966 präsentierten Buick Riviera und der Oldsmobile Tornonado so-

wie der Cadillac Eldorado verfügten zwar über die gleiche Karosserie, den sogenannten E-Body, doch ausgerechnet Buick entschied sich gegen den Frontantrieb und leitete die Kraft weiterhin nach hinten.

Trotz gleicher Basis bauten Buick, Oldsmobile und Cadillac äußerlich völlig verschiedene Autos. Die »General Motors Engineering Staff« leistete nur die Vorarbeit, ab 1964 mußten sich dann die einzelnen Abteilungen selber um ihre Fahrzeuge und deren Design kümmern. Cadillac machte sich am meisten Gedanken über seine Neuheit und baute zwei Prototypen, sowohl mit zwei als auch mit vier Türen – und setzte schließlich auf das falsche Pferd: Zwei Türen waren gerade für Cadillac doch zu wenig. Ford dagegen verkaufte seinen ebenfalls viertürig erhältlichen Thunderbird ab 1967 sehr gut.

Das endgültige Styling war intern heiß umstritten, der Presse allerdings gefiel's ausgezeichnet: »Car Life« etwa ging gar soweit, den Eldorado mit dem 55er Lincoln Continental Mark II zu vergleichen – was die Cadillac-Design-

Das Vinyldach kostete beim Coupé de Ville des Jahres 1967 zwar 132 $ Aufpreis, doch das war es den meisten Kunden des doch 5 392 $ teuren Wagen wert. Die Cadillac des Jahres 1967 waren kräftig überarbeitet worden, was sich vor allem in einer neuen Frontpartie ausdrückte.

abteilung natürlich nicht so toll fand. Aber irgendwie hatte »Car Life« schon recht: Beide Fahrzeuge verfügten über extrem lange Motorhauben (beim Eldorado maß sie über 180 Zentimeter) und einen verhältnismässig kurzen Kofferraum. Bei beiden konnten die hinteren Sitze für alles verwendet werden außer für den Transport von Passagieren. Beide boten extrem gute Fahrleistungen. Und beide richteten sich an ein sehr zahlungskräftiges Publikum.

Von vorne hatte der Eldorado alles, was einen Cadillac jener Zeit ausmachte: Den akzentuierten Kühlergrill, unter dem sich die zwei Frontlampen verbargen, weit nach vorne verlaufende Kotflügel, die beim Eldorado etwa so endeten, wie sie bei anderen Cadillac hinten aussahen – massig, aber nicht unelegant. Auch hinten gaben sich die Cadillac-Designer alle Mühe, dem Eldorado eine unverwechselbare Form zu geben. Wenn man den Eldorado heute betrachtet, so mag man fast nicht glauben, daß er mit seinen 305 Zentimetern Radstand, seiner Breite von 203 Zentimetern und seiner Länge von 561 Zentimetern 1967 der kleinste aller Cadillac war. Und dennoch war er rund 25 Zentimeter länger als das Parallelmodell von Oldsmobile, der Toronado.

Innen bot der Eldorado natürlich alles, was man von einem Cadillac der Fleetwood-Reihe erwarten konnte. Schierer Luxus erfreute das Auge der Insassen, deren Zahl meist aus höchstens zwei bestand, denn die hinteren Sitze waren eine Zumutung. Erfreulich war das für damalige amerikanische Verhältnisse sehr einfach gehaltene Cockpit mit sportlichem Volant, sein Durchmesser entsprach noch der Größe des inneren Rings des Lenkrades der 58er Cadillac. Insgesamt standen 18 Varianten von Stoff und Leder zur Auswahl, auch diese waren, mit wenigen Ausnahmen, sehr geschmackvoll. Unter dem Blech interessierte natürlich vor allem der Frontantrieb, auch wenn die schon 1966 erfolgte Präsentation des Oldsmobile hier den Wert der Neuigkeit ein wenig schmälerte. Trotzdem, interessant war die Lösung schon, denn

Auch 1967 konnten vom Sedan de Ville wieder rund 60 000 Exemplare zu einem Preis von 5 625 $ verkauft werden. Wobei Sedan de Ville nicht gleich Sedan de Ville war: Das hier gezeigte Modell verfügte über ein Hardtop und war ein Bestseller, dann gab es noch den »four door« Sedan de Ville, der es auf nur 8 800 Stück brachte, obwohl er ziemlich genau gleich aussah.

hier war alles anders als bei den heckgetriebenen Cadillac. Die Turbo-Hydramatic wurde um 180° gedreht und nach vorne gerichtet links neben dem Motor montiert. Eine drei Zentimeter starke, von Hydramatic und Borg-Warner konstruierte und aus über 2 000 Einzelteilen bestehende Kette leitete die Kraft zu einem an das Getriebe angeschraubten Differential weiter. Von dort floß sie an die gummigelagerten Antriebswellen. Selbstverständlich mußte auch die vordere Aufhängung geändert werden, sie wurde auch gleich bedeutend härter konstruiert – sprich sportlicher – als bei allen anderen Cadillac-Modellen. Und fast so etwas wie sportlich war der Eldorado auch, auch wenn er bei den Fahrleistungen nicht mit dem 360 PS starken Buick Riviera Gran Sport und dem 385 PS kräftigen Oldsmobile Toronado mithalten konnte. Aber eine Beschleunigung von 0 auf 96 km/h in neun Sekunden, die Viertelmeile in 17 Sekunden und eine Höchstgeschwindigkeit von 210 km/h waren alles andere als schlecht. In den meisten Situationen konnte der Fahrer nicht genau sagen, ob er nun mit einem front- oder heckgetriebenen Fahrzeug unterwegs war, bei schnell gefahrenen Kurven schob der Eldorado, der 60 Prozent seines Gewichts auf den vorderen Rädern trug, über die Vorderräder wie alle anderen Cadillac auch. Auf nasser Fahrbahn gab es allerdings schon gewisse Traktionsprobleme.

Auch die Presse reagierte begeistert auf den Eldorado, auch wenn man sich schon einige Gedanken über den Sinn dieses neuen Cadillac machte. »Car & Driver« war zu Beginn etwas enttäuscht, denn man hatte einen Mercedes aus Detroit erwartet – und man bekam wieder einen Cadillac! Doch nach intensiven Testfahrten mußte auch »Car & Driver« dem Eldorado zugestehen, daß er »mit seinem Frontantrieb schon fast so etwas wie ein automobiler Mythos ist.« Andere Publikationen waren etwas genauer: »Car Life« schrieb, »der Eldorado steht außerhalb aller automobilen Kategorien, er ist optisch sehr eigenwillig, mit gutem Geschmack luxuriös, extrem teuer und so individuell, wie es vor ihm nur die Fahrzeuge der klassischen Ära (der 30er Jahre) waren«. »Automobile Quaterly« verlieh dem Eldorado gar seinen begehrten Preis für »Design and Engineering Excellence«. Auch mit den Fahreigenschaften konnten sich die Journalisten anfreunden, wie ein Kommentar in »Motor Trend« bewies: »Wenn man zu schnell in eine Kurve fährt, dann muß man ganz einfach auf dem Gas bleiben, die Reifen werden dann zwar einen gewaltigen Lärm machen, doch das Fahrzeug bleibt schön in der Spur.«

Wenn es an diesem neuen Fahrzeug etwas zu bemängeln gab, so waren es die Bremsen. »Motor Trend« maß für eine Vollbremsung aus 96 km/h eine Strecke von 68 Metern – exakt so viel, wie 1966 ein Chrysler Town & Country Station Wagon mit einem Zusatzgewicht von fast 400 Kilo gebraucht hatte. Noch tragischer waren die Zahlen von »Car & Driver«: Hier stand der Eldorado bei der Vollbremsung aus 96 km/h erst nach 117 Metern. Zwar gab es gegen eine Aufpreis von 105.25 $ für den Eldorado Bremsen mit größerem Trommel-Durchmesser, doch auch diese garantierten noch lange keine ordentliche Verzögerung. Verzögerungen gab es allerdings bei der Auslieferung, der Eldorado hatte die typische Cadillac-Krankheit: Die Nachfrage überstieg die Produktionskapazität, Lieferfristen von drei Monaten waren in den USA mehr als außergewöhnlich. Obwohl der Preis von 6 277 $ nicht gerade bescheiden war, konnten 1967 insgesamt 17 930 Eldorado verkauft werden. Im Vergleich dazu schaffte der 4 869 $ teure Toronado 21 790 Exemplare, der 4 469 $ teure Riviera 42 799 Einheiten, während der Ford Thunderbird, der in seiner teuersten Ausführung 4 825 $ kostete, insgesamt auf 77 896 Exem-

Nachdem der Eldorado sich 1967 zum frontgetriebenen Coupé gewandelt hatte, war das DeVille Convertible das einzige offene Cadillac-Modell. Und kein ausgesprochen häßliches, so daß sich immer noch 18 200 Kunden für dieses Cabriolet entschieden.

plare kam. Obwohl man damit klar hinter diesen Konkurrenten lag, war man bei Cadillac mehr als nur zufrieden mit den Verkäufen des Eldorado. Und außerdem hatte man ja noch all die anderen Modelle im Programm: Genau 200 000 Cadillac des Modelljahres 1967 wurden produziert, im Kalenderjahr schaffte man stolze 213 161 Einheiten. Und damit hatte man die Nase vorn: Lincoln mußte nach dem Rekordjahr 1966 einen happigen Rückschlag um 17 Prozent hinnehmen und verkaufte noch 45 677 Fahrzeuge, während Imperial bei müden 17 614 Einheiten in der Flaute dümpelte. Sowohl Lincoln als auch der Imperial litten unter ihrem eher konservativen Aussehen, vor allem der Chrysler war optisch eine Katastrophe. Das wurde auch 1968 nicht besser: Chrysler (15 361 Stück) und Lincoln (46 904 Exemplare) mußten Cadillac einmal mehr den unangefochtenen ersten Rang unter den amerikanischen Luxusfahrzeugen zugestehen. Im Gegensatz dazu schaffte Cadillac beim Modelljahr 1968 einen neuen Rekord von 230 003 produzierten Fahrzeugen. Stolz durfte man am 10. Juni 1968 auch die Produktion des dreimillionsten Nachkriegs-Cadillac vermelden. Irgendwie war dieser Zuwachs bei Cadillac und die Stagnation bei der Konkurrenz nachvollziehbar: Denn während Lincoln und Imperial 1968 als herausragendste Neuigkeit einen neuen Kühlergrill vorstellten, gab sich Cadillac alle Mühe, mit den verschiedensten technischen und optischen Änderungen seine Führungsrolle auszubauen. Das Vorgehen war fast gleich wie 1949: Zuerst hatte man ein Jahr zuvor ein komplett neues, aufsehenerregendes Styling präsentiert, dann setzte man mit einem neuen Motor gleich noch eins drauf. Calvin J. Werner, der im September 1966 Kenneth N. Scott, der nur sechs Monate lang in seinem Amt war, als Präsident von Cadillac abgelöst hatte, kündigte das neue Triebwerk am 21. September 1967 mit folgenden Worten an: »Dies ist der größte und ruhigste Motor, der je in ein Automobil eingebaut wurde. Er repräsentiert die vierte Generation der V 8-Motoren, seit Cadillac vor 53

Der Fleetwood Brougham verkaufte sich 1967 viermal besser als sein günstigerer Zwilling, der Sixty Special. Man begann 1967 wieder, die Seiten mit Chrom zu verzieren, wenn auch längst nicht mehr in dem Ausmaß, wie man es in den 50er Jahren teilweise gesehen hatte.

Cadillac-Werbung aus dem Jahre 1967.

Cadillac-Werbung aus dem Jahre 1968.

Cadillac for 1968 introduces its all-new 472 V-8 engine—designed to give you full-range performance, plus the capacity to efficiently operate power steering, power brakes and Cadillac's many other convenience features. The 472 V-8 represents the fourth major development in V-8 engine design since Cadillac introduced America's first production V-8. It's almost like having two engines: One to give you amazingly quiet acceleration and road performance, the other to power all the luxuries that make Cadillac motoring so pleasurable. Drive it and see.

Elegance in action...with the greatest "inside story" in fine car history

Mit einer Länge von 622 Zentimetern war die Series 75 Limousine 1968 ein sehr eindrucksvolles Fahrzeug, das selbstverständlich allen Luxus und sehr, sehr viel Platz bot. Sein Preis: 10 598 $.

Es waren nur kleine Veränderungen, die den Jahrgang 1968 des Eldoradao kennzeichneten. So hatte er zum Beispiel neue Blinker und Positionslichter erhalten. Die vorderen Scheibenbremsen waren bei Eldorado serienmäßig, während sie bei allen anderen Modellen Aufpreis kosteten.

Jahren den ersten in Serie gebauten Achtzylinder vorgestellt hat. Und er hat die Charakteristiken von zwei Motoren: Einer gibt dem Fahrer aufsehenerregende Fahrleistungen, der andere all den Luxus, der das Fahren eines Cadillac zu einem solch unvergleichlichen Vergnügen macht. Der neue 7,7-Liter-V 8 ist geschmeidiger, ruhiger, effizienter und zuverlässiger als alle vorangegangenen großen Cadillac-Motoren.«

Das neue Triebwerk konnte sich wirklich sehen lassen: Kein anderer Serienmotor der Welt übertraf ihn in Hubraum (7735 cm³) und Drehmoment (510 Nm). Carl A. Rasmusson, der legendäre Chefingenieur, der seit 1965 im Amt war: »Der neue Motor wurde komplett neu entwickelt und ist das Produkt einer dreijährigen Entwicklungsarbeit sowie von über zwei Millionen Testkilometern. Das Resultat ist ein Triebwerk, das mit seiner Kraft und Qualität neue Werte setzt.« Man hatte sich die Entscheidung wirklich nicht leicht gemacht, gleichzeitig mit dem neuen 7,7-Liter-V 8 hatte man auch einen Zwölfzylinder bis zur Serienreife gebracht. Wie ernst es Cadillac mit diesem Zwölfzylinder war, bewies der Eldorado: Sein Motorraum war für die Aufnahme dieser außergewöhnlichen Antriebsquelle bemessen. Letztendlich entschied sich dann doch für den Achtzylinder, und das aus gutem Grund: Die europäische Konkurrenz war auf dem amerikanischen Markt noch immer verschwindend klein, die Exporte von Cadillac nach Europa kaum der Rede wert. Also mußte man vor allem Lincoln und Chrysler in die Schranken weisen, was mit einem noch größeren V 8 ziemlich einfach war.

Außerdem verfügte die neue Konstruktion über ein gewaltiges Potential: Auch 9,8 Liter (!) Hubraum hätten kein technisches Problem dargestellt. 1968 beschied man sich mit einer Bohrung von 109,2 Millimetern und einem Hub von 103,1 Millimetern, was einen Hubraum von 7 735 cm³ und, 10,5 verdichtet, eine Höchstleistung von 375 PS bei 4 400/min ergab. Trotz seiner doch bemerkenswerten Vergrößerung geriet der neue Motor nur gerade 36 Kilo schwerer als sein Vorgänger, und das auch nur deshalb, weil man den Motorblock einiges stabiler konstruierte. Damit erreichte man eines der drei Ziele, die man sich für den neuen Antrieb gesetzt hatte: Weniger Lärm, weniger Vibrationen. Die anderen zwei Punkte, die ebenfalls berücksichtigt wurden, betrafen die weiter verbesserte Zuverlässigkeit sowie die Reduktion der Einzelteile. Gleichzeitig hatte man bei der Konstruktion schon Rücksicht darauf genommen, daß aus Washington in Zukunft wohl bedeutend strengere Abgasnormen kommen würden, die man aber mit Leichtigkeit und geringem technischem Aufwand würde einhalten können. So war der neue Cadillac-Motor als erstes amerikanisches Triebwerk überhaupt mit einer Abgaskontrolle ausgerüstet, die über eine Lufteinspritzung funktionierte. Ebenfalls erhielt der Motor ein Überhitzungs-Warnsystem, das nicht allein auf der Wassertemperatur gründete, sondern am Motorblock angebracht war, um den

Die größte Neuerung lag bei diesem Coupé de Ville wie bei allen anderen Modellen des Jahres 1968 unter der Haube: Es war der neue 7,7-Liter-V 8, der stolze 375 PS Höchstleistung entwickelte. Auch das maximale Drehmoment von rund 510 Nm konnte sich sehen lassen.

Fahrer wirklich rechtzeitig auf ein Problem aufmerksam zu machen.

Um den Motor wirklich ruhig und zuverlässig zu machen, griff Cadillac auf modernste Technologien zurück. Für die Nockenwelle verwendete man stabileres Gußeisen, die Kolbenmäntel wurden verlängert und in sogenanntem »Armasteel« ausgeführt, neue, »hydrodynamische« Ölbehälter wurden gestaltet, und schließlich entwickelte man auch noch ein komplett neues Verfahren zur noch genaueren Bohrung der Zylinder. Neue Kolbenringe reduzierten den Ölverbrauch, die Ölpumpe war einteilig. Wie immer bei der Einführung eines neuen Motors gab sich Cadillac größte Mühe, mit modernsten Arbeitsmethoden die Qualität der Produktion zu steigern. Mehr als ein Viertel der für die Motorenfertigung notwendigen 167 Maschinen waren komplett neu und von überragender Präzision.

Als Option waren endlich, endlich auch vordere Scheibenbremsen erhältlich. Weshalb nicht gleich alle vier Räder serienmäßig mit Scheibenbremsen ausgerüstet wurden, läßt sich eigentlich nur mit Kostengründen erklären. Wohl ebenfalls Kostengründe führten dazu, daß der schon 1965 eingeführte D-Body der Modelle Calais, DeVille und Fleetwood nur geringfügig verändert wurden. Wer den 67er und den 68er Jahrgang miteinander verglich, stieß dennoch auf markante Unterschiede. So war beispielsweise die Motorhaube des neuen Cadillac stolze 16,5 Zentimeter länger, auch die Scheibenwischer verschwanden darunter. Im neuen Kühlergrill saßen die Parklichter etwas höher angebracht, auf dem vorderen Kotflügel wurden Blinker positioniert, was man allerdings nicht freiwillig tat, sondern auf Befehl der amerikanischen Behörden. Auch der Eldorado mußte sich bereits im zweiten Produktionsjahr einige Änderungen gefallen lassen, die vor allem den Heckbereich und die dortigen Lampen betrafen.

Die günstige Calais-Reihe umfaßte 1968 zwei Hardtop-Modelle, mit zwei oder vier Türen. Im Preis von 5 315 $ für das Coupé und 5 491 $ für den Sedan inbegriffen waren die elektrischen Scheibenheber, die Servolenkung, eine elektrische Uhr, die beleuchteten Aschenbecher, die Turbo-Hydramatic – alles halt, was das Fahren in einem amerikanischen Luxuswagen so angenehm macht. Die etwas teureren DeVille-Modelle waren noch etwas reicher ausgestattet – zum Beispiel mit elektrischer Sitzverstellung – sowie mit einem entsprechenden Emblem veredelt. Für alle drei Reihen gab es insgesamt 16 verschiedene Serien-Farben: Sable-Schwarz, Regal-Silber, Arctic-Blau, Caribe-Hellblau, Kashmir-Weiss, Nußbaum-Braun, Normandy-Blau, Pinien-Grün, Sudan-Beige, San-Mates-Rot, Griechisch-Weiß, Summit-Grau, Sieger-Blau, Ivanhoe-Grün, Barock-Gold und Königs-Braun. Gegen Aufpreis waren noch fünf Spezial-Farben erhältlich, die sogenannten »Firemist«-Lackierungen in Spektralblau, Rosenholz, Topazgold, Monterey-Grün und Madeira-Blau. Hier auch noch sämtliche Möglichkeiten der Interieur-Stoffe und Leder-Farben aufzuzählen, würde zu weit führen, belassen wir es bei der Feststellung: Es gab sie reichlich. Und meistens auch geschmackvoll.

Die Fleetwood-Modelle rangierten am oberen Ende der Palette. Der Sixty Special und der Brougham waren von den günstigeren Versionen an ihren längeren Radstand zu unterscheiden, außerdem natürlich an den verschiedenen Fleetwood-Emblemen. Der größte Unterschied im technischen Bereich betraf die serienmäßige Niveauregulierung, bei den Interieurs gab es weitere 26 Möglichkeiten, das Fahrzeug besonders komfortabel und zum Kleid der Beifahrerin passend auszustatten. Zur Series 75 bemerkte der Prospekt schlicht: »Kein Fahrzeug auf dieser Welt paßt besser zu wichtigen gesellschaftlichen Ereignissen und bedeutenden geschäftlichen Anlässen als diese Fleetwood-Limousinen.« Nicht ganz so bescheiden war das, was diese Flaggschiffe wirklich zu bieten hatten: Ein Radstand von 380 Zentimetern und eine Länge von 623 Zentimetern machte die Series 75 zu den längsten serienmäßig gebauten Fahrzeugen der Welt.

Verschiedene Fachmagazine widmeten den neu motorisierten Cadillac 1968 ausführliche Testberichte. Die engste Beziehung zu einem Cadillac hatte wohl Tom

McCahill von »Mechanix Illustrated«, der einen Fleetwood Brougham im Juni von Küste zu Küste bewegte und zum Schluß kam, daß kein anderes amerikanisches Fahrzeug auch nur im entferntesten mit den Cadillac mithalten könne. Außerdem lobte er den Komfort, die Handlichkeit und die hervorragenden Fahrleistungen. 8,7 Sekunden für den Sprint von 0 auf 96 km/h konnten sich aber auch wirklich sehen lassen. Im gleichen Ton lobte auch das englische Magazin »Autocar« ein Coupé de Ville. Zwar war man vom Design wenig begeistert, auch wurden die Bremsen bemängelt (das Coupé de Ville verfügte noch nicht über die gegen Aufpreis erhältlichen Scheibenbremsen), doch bei den Fahrleistungen (9,9 Sekunden von 0 auf 96 km/h, 16,9 Sekunden für die stehende Viertelmeile) und beim Verbrauch sah das schon anders aus: 14,5 Liter im Schnitt für die gesamte und sicher nicht langsam gefahrene Teststrecke waren alles andere als schlecht.

Obwohl sich Cadillac eigentlich schon früh um die Sicherheit der Insassen gekümmert hatte, Ende der 60er Jahre mußten die Anstrengungen auch wegen neuer gesetzlicher Bestimmungen verstärkt werden. Ab 1968 hatten die Cadillac deshalb größere Seitenspiegel, die weniger Windgeräusche produzierten; die Armaturen der Klimaanlage wanderten weiter nach unten, wo sie im Falle eines Unfalls die Insassen nicht verletzen konnten. Außerdem gab es ein Warnlicht für nachlassende Bremswirkung sowie eine neue Scheibenwaschanlage, die einen bedeutend größeren Teil der Frontscheibe sauber halten konnte. Mehr zur Sicherheit der Insassen trug ein Summer bei, der nervtötend ertönte, wenn die Fahrertür geöffnet wurde und der Zündschlüssel noch steckte.

Dieser Trend zu verbesserter Sicherheit setzte sich auch 1969 fort, als man alle Cadillac serienmäßig mit vorderen Scheibenbremsen ausrüstete. Auch in der Optik glichen sich die Calais, DeVille und Fleetwood mehr dem Eldorado-Design an, insbesondere in der Frontpartie mit ihren vertikalen Lampen und den weit nach vorne gezogenen Kotflügeln. Der 69er Eldorado wurde nur geringfügig verändert, von früheren Modellen unterschied er sich nur durch die neu und auffälliger positionierten Scheinwerfer. Die ganze Sache hatte nur einen Haken: Von vorne sahen die Cadillac dem Lincoln Continental Mark III, der im April 1968 vorgestellt worden war, ziemlich ähnlich.

Mit ihm war Cadillac erstmals wieder ein ernsthafter Konkurrent erwachsen. Das Flaggschiff der Ford Motor Company basierte auf dem erfolgreichen Ford Thunderbird und schlug im Design die Brücke zum Continental Mark II von 1955 bis 1957, schon damals der große Rivale des Eldorado. Wenn gemeckert wurde, dann über den Kühlergrill, der viele Kritiker sehr an Rolls-Royce erinnerte. Im Gegensatz zu Cadillac blieb der Lincoln dem konservativen Heckantrieb treu, in der Leistung schenkten sich beide nichts, der Ford-7,5-Liter-V 8 entwickelte 365 PS und erreichte ein maximales Drehmoment von 490 Nm. Kein Wunder also, daß der Mark III den Eldorado ernsthaft in Schwierigkeiten brachte: 1969 betrug seine Produktion 23 088 Fahrzeuge, knapp 250 Exemplare weniger als beim Cadillac Eldorado. In den folgenden Jahren sollte es der Lincoln sogar schaffen, den Eldorado in der Rangliste der Verkäufe deutlich zu distanzieren. »Motor Trend« verglich im April einen Mark III mit einem Imperial Le Baron und – leider, ein Eldorado hätte

Linke Seite:
Neuer Rekord: 1969 konnte Cadillac vom 5 936 $ teuren Sedan de Ville 72 958 Exemplare verkaufen. In diesem Jahr wurden einmal mehr die Front und das Heck verändert, was man vor allem vorne gut erkennen konnte. Hier gut zu sehen ist die neue Anordnung der hinteren Lampen.

Weiterhin einer der schönsten Cadillac überhaupt blieb das DeVille Convertible, vor allem mit geöffnetem Verdeck. Dieses Fahrzeug, das sich perfekt zum typisch amerikanischen »cruising« eignete, kostete 1969 nicht übertriebene 5 887 $.

besser gepaßt – einem Coupé de Ville. Die technischen Daten:

	Imperial	Lincoln	Cadillac
Motor:	90° OHV V 8	90° OHV V 8	90° OHV V 8
Bohrung × Hub:	109,7 × 95,2	110,7 × 99,7	109,2 × 103,1
Hubraum cm³:	7 210	7 558	7 735
PS bei /min:	350/4 400	365/4 600	375/4 400
Nm bei /min:	470/2 800	490/2 800	510/3 000
Verdichtung:	10,1:1	10,5:1	10,5:1
Vergaser:	4fach	4fach	4fach
Getriebe:	Automatik	Automatik	Automatik
Bremsen vorne:	Scheiben	Scheiben	Scheiben
Bremsen hinten:	Trommeln	Trommeln	Trommeln
Aufhängung vorne:	Einzelrad, Drehstabfeder	Einzelrad, Schraubenfeder	Einzelrad, Schraubenfeder
Aufhängung hinten:	halbelliptische Mehrblattfeder	halbelliptische Mehrblattfeder	Längslenker, Schraubenfeder
Radstand:	323 cm	320 cm	329 cm
Länge:	583 cm	569 cm	571 cm
Breite:	201 cm	202 cm	203 cm
Höhe:	140 cm	139 cm	138 cm
Tankinhalt:	91 Liter	96,5 Liter	98,5 Liter
Leergewicht:	2 256 kg	2 360 kg	2 165 kg
0 bis 48 km/h:	4,3 s	3,3 s	3,5 s
0 bis 96 km/h:	11,6 s	9,0 s	9,4 s
Viertelmeile:	17,2 s	16,2 s	16,5 s
64 bis 96 km/h:	7,0 s	5,0 s	4,9 s
80 bis 112 km/h:	7,4 s	5,1 s	5,6 s
48 bis 0 km/h:	5,8 m	8,8 m	8,0 m
96 bis 0 km/h:	35,6 m	33,5 m	45,6 m
Basispreis:	5 788 $	6 063 $	5 721 $

Schon diese Zahlen zeigen, wie sehr der Lincoln am Eldorado Maß genommen hatte. Das bestätigten auch die Tester von »Motor Trend«. Beim Komfort und beim Handling lag der Cadillac vorne, bei Bremsen und Fahrleistungen war der Mark III geringfügig besser, in punkto Verarbeitungsqualität mußte sich der Cadillac vollends geschlagen geben. Das dürfte die Cadillac am meisten geärgert haben, auch wenn »Motor Trend« dem Coupé de Ville abschließend zubilligte, noch immer das beste Statussymbol unter den drei getesteten Fahrzeugen zu sein.

So richtig Angst mußte man bei Cadillac aber trotzdem nicht haben. Die Produktion für das Modelljahr 1969 sank zwar leicht auf 223 267 Fahrzeuge, dafür setzte man für das Kalenderjahr mit 266 798 Einheiten einen absoluten neuen Rekord. Und schließlich hatte man noch einen guten Trumpf im Ärmel – einen Motor, der noch lange nicht sein ganzes Potential ausgeschöpft hatte. Eine Erhebung im Jahr 1968 ergab, daß noch mehr als 1,7 Millionen Cadillac aller je gebauten Cadillac noch immer über die amerikanischen Straßen rollten.

Mit nur wenigen Veränderungen ging der Eldorado in sein drittes Produktionsjahr, neu waren eigentlich nur die Radzierblenden. Auch wenn die Verkäufe leicht auf 23 333 Exemplare zurückgingen, so zeigte sich doch, daß sich die Amerikaner auch für einen frontgetriebenen Luxuswagen begeistern konnten.

Wer die Chance hatte, zu jener Zeit einen Rundgang durch die Fabrikhallen zu machen, für den war diese Zahl – die an Prozenten der Gesamtproduktion sicher nur noch von Rolls-Royce übertroffen wird – wenig überraschend. Denn man tat wirklich alles, um die Cadillac so perfekt wie möglich zu bauen: So hätte man bei diesem Rundgang vielleicht auch den »Nerzmantel-Test« miterleben können. Diese edlen Pelze wurden bei der Evaluation von neuen Stoffen dazu benützte, herauszufinden, ob etwa Haare auf dem für das Interieur gedachten Material zurückblieben. Wenn ja, so kam der Stoff für einen Cadillac gar nicht erst in Frage.

Auch sonst ließ man sich einiges einfallen, um die Qualität auf dem höchstmöglichen Level zu halten. So war es für die Cadillac-Tester vollkommen normal, ihre Fahrzeuge vom kalten Norden Kanadas in die gewaltige Hitze Arizonas zu hetzen, bloß um die optimale Arbeit der Klimaanlage zu gewährleisten. Die meisten Fahrversuche konnten zwar auf den Versuchsgeländen von General Motors in Milford, Michigan, und Phoenix, Arizona, absolviert werden, trotzdem ließen es sich vor allem die Cadillac-Bosse nicht nehmen, zufällig ein Auto aus der aktuellen Produktion herauszugreifen und persönlich damit auf Testfahrt zu gehen. Diese Versuche waren natürlich nicht mit allen Cadillac möglich – die Polizei von Detroit wäre davon wohl nur mäßig begeistert gewesen, wenn über 200 000 Cadillac jährlich die Gegend unsicher gemacht hätten –, doch jedes Fahrzeug wurde einem Brems-, Steuer- und Getriebetest unterzogen, bevor es zu den Händlern kam. Gab es Probleme, wurden die fabrikneuen Cadillac in der »Minor Repair Area« auf Vordermann gebracht, waren die Schwierigkeiten schwerwiegender, so erhielten sie ihren letzten Schliff in der »Major Repair Section«.

10 400 Angestellte zählte Cadillac Mitte der 60er Jahre. Davon dienten 1 500 schon länger als 25 Jahre in der Firma, weitere 1 500 taten nichts anderes, als die Arbeit der anderen Mitarbeiter zu kontrollieren. Jedes, aber auch wirklich jedes Fahrzeug mußte vom Beginn der Produktion bis zum Ende insgesamt 23 000 Inspektionen durchlaufen, und das, obwohl jedes Fahrzeug aus nur etwa 15 000 Einzelteilen bestand. Bevor die neuen Cadillac aus den Hallen zu den Fahrversuchen rollten, wurden 300 speziell anfällige Stellen auf ihre Qualität gete-

Die neue Linie des Daches gab dem Cadillac des Jahrgangs 1969 ein noch gestreckteres, eleganteres Aussehen. Im Bild hier ein Coupé de Ville, das 1969 5 703 $ kostete und mit 65 755 Exemplaren einen neuen Verkaufsrekord markierte.

stet, danach wurde ein gewisser Prozentsatz aus der laufenden Produktion für die dauernden Zuverlässigkeitstests aussortiert. Rund 30 Fahrzeuge wurden aber auch jeden Tag von ihren neuen Besitzern direkt in der Fabrik abgeholt. Der Warteraum für diese Kunden war, gemäß einer Aussage eines Detroiter Journalisten, so sauber, daß er auch als Operationssal für ein Krankenhaus hätte dienen können.

Was bei all dieser Mühe und auch bei den erreichten Stückzahlen aber doch wundert, ist die oft schroffe Ablehnung von Cadillac von einem Großteil der amerikanischen Motor-Journalisten. Daß Cadillac nie den Ruf einer Marke wie Rolls-Royce genießen durfte, hängt hauptsächlich damit zusammen, daß viele Journalisten der Meinung waren, daß aus Detroit gar kein anständiges Fahrzeug kommen könne, gleich welcher Marke. Nun, bei nur 2 000 jährlich gebauten Rolls-Royce ein Fahrzeug zu finden, das unter irgendwelchen Fabrikationsmängeln leidet, ist nicht einfach – bei über 200 000 jährlich gebauten Cadillac ist dies bedeutend leichter. Eine Erklärung liegt sicher auch in der Prinzipientreue bestimmter Journalisten: Einmal eine schlechte Meinung, und daran wird eisern festgehalten, ohne Rücksicht auf die Fakten. Daß der Kunde oft ganz anderer Meinung ist, scheint dabei nicht zu stören.

Doch lassen wir zum Schluß des Kapitels noch einige Herren zu Worte kommen, die über jeden Zweifel erhaben sind und wissen, wovon sie sprechen. Da wäre einmal Abner Doble, einer der begabtesten Ingenieure, die Amerika je gesehen hatte, der sein ganzes Genie leider damit verschwendete, die Dampfautos wieder salonfähig zu machen. Er fuhr selber einen Cadillac und stellte sich gegen Ende seiner Karriere die Frage, wie er denn ein Fahrzeug bauen sollte, daß mit einem Cadillac in Konkurrenz treten könnte. Auch Phil Walters, in den 50er und 60er Jahren einer der erfolgreichsten amerikanischen Rennfahrer, antworte auf die Frage, mit welchem Auto er denn gerne von New York nach San Francisco fahren möchte, ganz einfach: »Mit einem Cadillac mit Klimaanlage, was denn sonst?«

KAPITEL 8
CADILLAC UND RENNSPORT

IM LUXUS-LINER DURCH DIE PAMPA

Es war ein eigenartiges Fahrzeug, das Briggs Swift Cunningham 1950 zu den berühmt-berüchtigten »24 Stunden von Le Mans« anmeldete. Das Fahrzeug sah genau so aus, wie es auch genannt wurde: »Le Monstre«. Eine vollkommen offene Karosserie, die Howard Weinman von »Grumman Aircraft« gezeichnet hatte, wurde auf das durch Stahlrohre verstärkte Chassis eines Series 61 Cadillac gestülpt; fünf Fallstrom-Doppelvergaser hauchten einige zusätzliche PS ein, die Kraftübertragung erfolgte über ein manuelles Cadillac-Dreigang-Getriebe. Abgesehen von den besser belüfteten Bremsen und einem Funkgerät blieb unter dem eigenartigen Kleid des Monsters sonst alles so wie bei einem Cadillac von der Stange.

Dem Monster von Cunningham gelang ein starker Auftritt. Zwar flog Briggs Cunningham selber im Training einige Male ab, im Verlauf des Rennens verabschiedeten sich auch noch der erste und zweite Gang, außerdem gab es Schwierigkeiten mit einer immer schwächer werdenden Batterie. Doch der immerhin 210 km/h schnelle, zweisitzige Cadillac arbeitete sich mit Cunnigham und Phil Walters am Steuer vom 35. Platz nach einer Stunde auf den 15. Rang nach acht Stunden und schließlich den elften Rang im Gesamtklassement nach vorne. »Le Monstre« hatte die 24 Stunden von Le Mans mit einem Schnitt von 130,86 km/h hinter sich gebracht und insgesamt 3 141 Kilometer zurückgelegt. Briggs Cunnigham zweiter für Le Mans gemeldeter Cadillac konnte das noch besser: Das Coupé de Ville der Series 61 war so gut wie serienmäßig, nur der Vergaser war leicht modifiziert worden, außerdem gab es von Hand betriebene Scheibenwischer, da die elektrischen Scheibenwischer nicht der französischen Straßenverkehrsordnung entsprachen. Das von Sam und Miles Collier gefahrene Coupé schaffte auf der legendären Mulsanne-Geraden stolze 188 km/h, war nach einer Stunde auf dem 19. Rang plaziert, arbeitete sich bis zur achten Stunde auf den 15. Platz vor und schaffte schließlich mit einem Schnitt von 131,1 km/h den hervorragenden zehnten Rang im Gesamtklassement. Der Sieger des Rennens, ein Talbot, schaffte es im Durchschnitt auch nur auf 144,36 km/h.

Die Idee für den Cadillac-Auftritt kam übrigens von Ed Cole, dem Mann in der Cadillac-Spitze, der schon immer ein offenes Ohr für etwas höhere Geschwindigkeiten hatte. Er war es auch, der Cunningham die zwei Fahrzeuge besorgte, er war es, der den Fünffachvergaser für »Le Monstre« entwickelte – eine interessante Konstruktion übrigens, war doch bei niedriger Geschwindigkeit nur ein Vergaser für die Kraftstoffversorgung zuständig, während beim vollen Beschleunigen oder auf der Mulsanne-Gerade alle fünf Vergaser arbeiteten. Cole hatte Cunnigham auch eine extrem lange 2,9:1-Übersetzung besorgt, die sich allerdings als wenig tauglich herausstellte, weil der Wagen nur gemächlich aus den Kurven herausbeschleunigte.

Briggs Swift Cunningham war das, was man den klassischen amerikanischen »Sportsman« nennt. Nicht gerade von Armut geknechtet, verkaufte er Bugatti und Maserati in den USA, brachte zusammen mit dem legendären Luigi Chinetti den ersten Ferrari zu einem Rennen in die Vereinigten Staaten – und gewann so nebenbei auch noch den »America's Cup«, die wohl wichtigste Segel-Trophäe. Er hatte schon 1949 in Le Mans antreten wollen, doch die Rennkommission ließ seinen Fordillac, einen von einem Cadillac-Motor angetrieben Ford Sedan, nicht zu. Solche Basteleien waren typisch für Cunningham, seine ersten Rennen bestritt er auf einem Bu-Merc, einer sehr eigenartigen Mischung aus einem Buick-Chassis, einem Buick-Motor und Karrosserieteilen eines Mercedes SSK.

Und nachdem er 1950 zum ersten Mal in Le Mans Blut geleckt hatte, wollte Briggs mehr: Sofort nach der Rückkehr nach West Palm Beach begannen er und sein Team mit dem Bau des C-1, der ein potentieller Le-Mans-Sieger sein sollte. Grundlage für den sehr hübschen Sportwagen war wieder Chassis, Motor und Getriebe eines Cadillac; von Ford stammte die Vorderradaufhängung, hinten kam eine von Cunningham selber konstruierte DeDion-Achse zum Einsatz. Doch nur ein C-1 wurde fertiggestellt, weil Cadillac das Cunningham-Projekt nicht weiter unterstützen wollte. Cunningham mußte danach zwar seine Träume von einem Sieg bei den 24 Stunden von Le Mans begraben, sein wunderschöner Sportwagen wurde allerdings in kleiner Zahl gebaut, C-3 genannt, und von einem Chrysler Hemi-Motor angetrieben. Die englische Marke Allard hatte da schon mehr Glück. Ebenfalls von einer Cadillac-Motor- und Getriebeeinheit befeuert, belegte der optisch sehr gefällige Allard J2 in Le Mans 1950 einen fast schon sensationellen dritten Platz. Dieser sehr offene Sportwagen mit der typischen britischen Ausstrahlung und Härte – man muß spüren, ob die Zigarette, die man auf der Straße überfahren hat, einen Filter hatte oder nicht – wurde darauf auch in kleiner Serie produziert. Das englische Magazin »The Motor« hatte 1951 das Vergnügen: »Die Fahrleistungen des mit einem Cadillac-Motor ausgerüsteten Allard kann man getrost als einmalig bezeichnen, die Elastizität und die Beschleunigung sind die besten, die wir bei unseren Tests je messen durften. Diesen Wagen zu fahren ist eine der schönsten Erfahrungen, die ein Automobilist nur machen kann.« Heute sind diese Cadillac-getriebenen Allard gesuchte Sammlerstücke, weil sie auch technisch keine Probleme bieten.

Und da schon vom Jahre 1950 die Rede ist, darf natürlich auch das sportliche Ereignis nicht fehlen, bei dem die Cadillac eine besonders gute Figur abgaben: die Carrera Panamericana. Die Idee zu diesem Rennen quer durch Mexiko hatte ein gewisser Guillermo Ostos Ende der 40er Jahre, als Mexiko gerade mit dem Bau der berühmten Panamericana beschäftigt war. Man stellte ein Organisationskomitee auf die Beine, das von Antonio Cornejo, einem damals 55jährigen Geschäftsmann aus Mexico City, geleitet wurde. Innerhalb kurzer Zeit stand der Streckenplan – in neun Etappen waren insgesamt 3 436 Kilometer zwischen Ciudad Juarez an der Grenze zu den USA und El Ocotal an der guatemaltekischen Grenze zurückzulegen. 1950, bei der ersten Austragung, betrug das Startgeld stolze 258 $, trotzdem wurden 132 Fahrzeuge gemeldet. Die Cadillac waren mit 22 Meldungen die am besten vertretene Marke, gefolgt von 17 Buick, 16 Lincoln, 13 Oldsmobile, elf Mercury, acht Ford und vier Chevrolet. Die Europäer waren ebenfalls vertreten, und zwar mit je einem Jaguar, einem Talbot, einem Hotchkiss, einem Delahaye und zwei Alfa Romeo,

Briggs Cunningham (links) und Phil Walters (2. von links) posieren in Le Mans vor ihrem »Le Monstre«, mit dem sie 1950 auf dem elften Platz landeten.

Nicht gerade schön, aber schnell: »Le Monstre« schaffte stolze 210 km/h Höchstgeschwindigkeit.

Der legendäre Cunningham C-1, der von einem 5,4-Liter-Cadillac-Motor angetrieben wurde und von dem leider nur ein Exemplar gebaut wurde.

*Unten:
Die anglo-amerikanische Freundschaft: Der Allard J-2, hier bei einer Rallye in England aufgenommen, wurde mit einem 5,4-Liter-V 8 von Cadillac sehr schnell gemacht.*

den berühmten Modellen 6C 2500 »Freccia d'Oro«, die von den Spitzenpiloten Piero Taruffi und Felice Bonetto gelenkt wurden. Sehr prominent war auch der Fahrer des Delahaye, Jean Trévoux, der immerhin 1934, 1939 und 1949 die Rallye Monte Carlo gewonnen hatte.

Von diesem an Geschichten so reichen Rennen gäbe es viele Anekdoten zu erzählen, doch hier soll die Rede sein von den Cadillac. Beispielsweise von der Startnummer neun, die von einem Leutnant der mexikanischen Armee, Rodolfo Castaneda, gefahren wurde. Gemeldet hatte ihn das Büro des mexikanischen Präsidenten, und Castaneda tat alles, um der großen Verantwortung, das mexikanische Volk bei diesem Rennen zu vertreten, gerecht zu werden – aber meist tat er eben ein bißchen zuviel. Zwei Überschläge und ein 25. Rang im Gesamtklassement waren das Resultat.

Auf den ersten Etappen, die hauptsächlich aus endlos langen Asphaltgeraden bestanden, zeigten die Cadillac mit ihren offiziell 150 PS der Konkurrenz problemlos das Heck. Obwohl die vom Werk angegebene Höchstgeschwindigkeit für die Series 62 Coupé bei etwa 155 km/h lag, schaffte der Sieger der ersten Etappe, William Sterling, auf dem 375 Kilometern zwischen Ciudad Juarez und Chihuahua einen Schnitt von 161,6 km/h. Das sagt eigentlich schon alles über die Einhaltung des Reglements: Es waren nur strikt serienmäßige Fahrzeuge zur Carrera zugelassen...

Auch die folgenden Etappen sahen eine klare Dominanz der Cadillac. Von Chihuahua nach Parral war Lynch der schnellste, von Parral nach Durango wieder Sterling, der auch im Gesamtklassement klar vorne lag, die vierte Etappe von Durango nach Leon gewann Johnson auf Cadillac vor Sterling, der auf dem fünften Teilstück, das Deal – selbstverständlich auf Cadillac – gewann, dann aber die Führung an Johnny Mantz auf Lincoln abgeben mußte. Langsam begann die Sache dramatisch zu werden, denn man kam in die Berge, wo dann die leichten Alfa den schweren Amerikanern eindeutig überlegen waren. Nach der siebten Etappe hatte Sterling auf Cadillac Mantz als Leader wieder abgelöst, weil dieser an seinem Lincoln einen Platten eingefangen hatte und deshalb dieses Teilstück nur auf dem 69. Platz beendete. Doch Mantz, immerhin als einer der besten

Gleich zwei Cadillac stehen hier am Start zur Carrera Panamericana im Jahre 1950, vorne ein Series 62 aus dem Jahre 1950, hinten ein Modell mit Jahrgang 1948.

amerikanischen Piloten bei den 500 Meilen von Indianapolis bekannt, gab sich nicht so schnell geschlagen, gewann die achte Etappe, auf der Thomas Deal auf Cadillac vor Hershel McGriff auf Oldsmobile die Führung im Gesamtklassement übernahm.

Fehlten also noch die letzten 275 Kilometer von Tuxtla Gutierrez nach El Ocotal. Der größte Teil der Strecke verlief über nicht asphaltierte Straßen. Pat Connor auf Nash schaffte die schnellste Zeit, wurde aber später disqualifiziert, so daß der Etappensieg an Piero Taruffi ging. Doch würde es Tom Deal gelingen, den Sieg für Cadillac nach Hause zu fahren? Er schaffte es nicht, denn er wurde durch verschiedene Unfälle und Reifenschäden aufgehalten – nach 3 436 Kilometern fehlten ihm nur 76 Sekunden auf den Überraschungssieger Hershel McGriff aus Portland, Oregon, der die erste Carrera Panamericana vor allem deshalb gewinnen konnte, weil er mit seinem Oldsmobile keine Probleme und nur zwei Reifenschäden hatte. McGriff erhielt für seinen Sieg ein Preisgeld von 17 341 $, Deal mußte sich mit 11 560 $ zufriedengeben, und der drittplazierte Al Rogers, ebenfalls auf Cadillac, kassierte noch 5 780 $. Der erst 22jährige McGriff hatte die 3 436 Kilometer in 27 Stunden, 34 Minuten und 25 Sekunden zurückgelegt, was einer Durchschnittsgeschwindigkeit von stolzen 124,6 km/h entsprach. Und daß das Rennen alles andere als ein Zuckerschlecken war, mögen vielleicht die Worte von Bud Sennett beweisen, der auf seinem Buick den fünften Platz im Gesamtklassement belegte: »Ich habe in den sechs Tagen sechs Kilo Gewicht verloren, mein Teamkollege Johnny Balch sogar zehn Kilo. Ernährt haben wir uns die ganze Zeit von warmer Cola, denn das mexikanische Wasser haben unsere Magen nicht vertragen.«

In den folgenden Jahren konnten die Cadillac wie auch alle anderen amerikanischen Fabrikate bei der Carrera bei weitem nicht mehr die Resulate erzielen wie 1950. Der Grund dafür war ganz einfach: Die Europäer traten schon 1951 mit hochgezüchteten Rennmaschinen an, gegen die die schweren Amerikaner vor allem in den Bergen keine Chance mehr hatten. Trotzdem, zu einigen guten Leistungen reichte es den Cadillac trotzdem. 1951 belegte Al Rogers einen guten siebten Rang, nachdem er sich bis auf die ersten beiden Etappen immer unter den ersten Zehn hatte plazieren können. Sein Rückstand auf die Sieger Taruffi/Chinetti auf Ferrari 212 E Vignale betrug nicht einmal ganz eine Stunde. 1952 gewann Karl Kling auf Mercedes-Benz 300 SL die Gesamtwertung, Stevenson auf einem Lincoln Capri konnte die Klasse der »Turismo Standard« für sich entscheiden, in der Kirby seinen Cadillac auf den siebten Platz brachte. Ein

Jack McAfee startete 1951 mit diesem Cadillac zur Carrera Panamericana.

Hallo, Freunde: Bill Sterling grüßt Zuschauer und Konkurrenten 1953 bei der Carrera Panamericana sehr freundlich.

Jahr später war es der legendäre Juan Manuel Fangio, fünffacher Formel-1-Weltmeister, der auf einem Lancia D 24 die Carrera Panamericana für sich entscheiden konnte, während der tragische Held der ersten Austragung, William Sterling, seinen Cadillac auf 19. Rang im Gesamtklassement brachte – mit viereinhalb Stunden Rückstand auf den Sieger Fangio, der eine Durchschnittsgeschwindigkeit von fast 170 km/h erreicht hatte. Etwas besser sah es dann für Cadillac bei der letzten »Carrera« 1954 aus, Andrews belegte einen guten elften Rang im Gesamtklassement, das von Magioli auf Ferrari 375 Plus mit Pininfarina-Karosserie angeführt wurde.

Neben diesen Ehrenplätzen und Ehrenmeldungen sind die sportlichen Erfolge von Cadillac sehr selten, wobei gerade in den Vorkriegsjahren immer wieder Cadillac zu verschiedenen, allerdings eher unbedeutenden Rennen antraten. So konnte ein gewisser T. J. Beaudet 1911 einen bis auf die allernotwendigsten Teile erleichterten Thirty Roadster bei einem 24-Stunden-Rennen in Los Angeles auf dem zweiten Platz fahren. Er schaffte in dieser Zeit stolze 2 330 Kilometer, was einen Schnitt von rund 97 km/h bedeutet.

Eine andere motorsportliche Großtat jener längst vergangenen Zeiten hat ebenfalls Erwähnung verdient. Im Mai 1916 fuhren der legendäre »Cannonball« Baker und W. F. Sturm mit einem V 8-Roadster quer durch die Vereinigten Staaten von Los Angeles nach New York. Für die knapp über 6 000 Kilometer über allerschlechteste Straßen benötigten die beiden bei miserablem Wetter elf Tage, sieben Stunden und 52 Minuten – damit waren sie rund vier Tage schneller als im Vorjahr, als sie mit einem Stutz Bearcat bereits einen Rekord aufgestellt hatten. In Erinnerung an Baker und seine Abenteuer veranstaltete der bekannte amerikanische Journalist und frühere Rennfahrer Brock Yates von »Car and Driver« in den 70er Jahren das »Cannonball Baker Sea to Shining Sea Memorial Dash«, bei dem frisierte Produktionsfahrzeuge in so kurzer Zeit wie nur möglich von einer Küste an die andere zu gelangen versuchten. Dieses »Rennen« bewegte sich ziemlich heftig außerhalb der Legalität, weil auf normalen Straßen jegliche Geschwindigkeitsbeschränkungen großzügig ignoriert wurden. Bei der zweiten Austragung belegten Larry Opert und Ron Hasko auf einen Cadillac Coupé de Ville hinter einem Ferrari den zweiten Platz, und sie hätten wohl gewonnen, wenn sie nicht so oft von der Polizei angehalten worden wären.

Noch besser machten es 1972 Steve Behr, Bill Canfield und Fred Olds auf einem vollkommen serienmäßigen Coupé de Ville. Sie brauchten für die knapp 5 000 Kilometer nur 37 Stunden und 16 Minuten und zeigten damit auch den schnellsten Ferrari, Mercedes, Lamborghini und Konsorten deutlich den schönen Hintern. Brock Yates – er war auf einem getunten Dodge Challenger gestartet – konnte es nicht fassen: »Da verbaut man 2 000 $, damit man den schnellsten amerikanischen Gran Turismo fahren kann – und wird von einem ganz gewöhnlichen Cadillac verblasen.«

# KAPITEL 9
CADILLAC UND DIE VERNUNFT

DIE SIEBZIGER JAHRE

Seit Amerika 1906 Frankreich von der Spitze der automobilbauenden Nationen verdrängt hatte, waren in den Vereinigten Staaten immer mehr Automobile gebaut worden als in jedem anderen Land dieser Welt – und noch 1970 sah es nicht so aus, als ob sich daran je etwas ändern könnte. Die amerikanischen Hersteller saßen auf ihrem hohem Roß und blickten verächtlich und mit einem guten Stück Arroganz auf die europäische und fernöstliche Konkurrenz herunter, die sich redlich bemühte. Angst – wieso denn? Der Cadillac Eldorado war mit seinem 8,2-Liter-Motor das größte Luxusgefährt der Welt, kein Hersteller konnte mehr PS mobilisieren als Chrysler mit seinem 425 PS starken 7-Liter-Hemi-V 8, und mit rund 6,5 Millionen Einheiten produzierte man in den USA rund doppelt soviele Fahrzeuge wie der nächstbeste Konkurrent Japan.

Doch Hochmut kommt vor dem Fall: Erste Anzeichen einer Krise waren bereits Mitte der 60er Jahre zu erkennen, als sich ein junger Anwalt namens Ralph Nader an seine Schreibmaschine setzte und mit dem Buch »Unsafe At Any Speed« der amerikanischen Autoindustrie den Kampf ansagte. Im November 1965 veröffentlichte der fast zwei Meter große Riese einen Artikel, in dem er die Konstrukteure des sowieso etwas eigenartigen Chevrolet Corvair beschuldigte, die hintere Pendelachse des Heckmotorwagens völlig falsch konstruiert zu haben, so daß es bei schneller Kurvenfahrt schon fast zwangsläufig zu einem Überschlag kommen mußte. Das habe man schon vorher gewußt – aber nichts dagegen unternommen. Maurice Olley, der ehemalige Rolls-Royce- und spätere Cadillac-Konstrukteur, hatte ebenfalls vor dem Corvair und seiner Pendelachsenkonstruktion gewarnt, doch Chevrolet hatte seine Warnungen in den Wind geschlagen.

Der Schaden für General Motors war kaum abzusehen. Auf der einen Seite gingen die Verkäufe des Corvair nach Naders Artikel merklich zurück, auf der anderen Seite verloren viele Kunden das Vertrauen in die GM-Produkte, denn Nader hatte völlig zu Recht in seinem Artikel auch noch erwähnt, daß General Motors sich eine bessere Forschung problemlos hätte leisten können, da das Unternehmen bezogen auf den Prozentsatz der verkauften Fahrzeuge netto 10,2 Prozent und bezogen auf das investierte Kapital 20,4 Prozent verdiente. Um es in Zahlen auszudrücken: Im Jahre 1964 erarbeiteten die 662 000 GM-Mitarbeiter einen Umsatz von 68 Milliarden DM sowie einen Gewinn von rund sieben Milliarden DM. Doch es sollte noch schlimmer kommen. Denn Ende der 60er Jahre entstanden die meisten neuen Fahrzeuge nicht mehr in Detroit, sondern in der Hauptstadt Washington: Zunehmend bestimmte jetzt der Gesetzgeber, wie die Autos auszusehen hatte. Die Normen für Benzinverbrauch, Abgasausstoß und Sicherheit machten den »großen Drei« mehr Kopfzerbrechen als die Festlegung eines neuen Design oder der Bau stärkerer Motoren. Statt Pferdestärken und Kubik ging es jetzt um Katalysatoren, Stoßfänger, Sicherheitsgurten und Airbags. Vor allem der Bundesstaat Kalifornien mit seinen strengen Abgasvorschriften war eine stetige Herausforderung an die Ingenieure. Anfangs waren die neuen Grenzwerte noch mit einer schlichten Kurbelgehäuse-Entlüftung zu erreichen, doch in den 70er Jahren gab es keine andere Lösung mehr als einen drastischen Leistungsrückgang der Motoren. 1971 leistete der 7,5-Liter-Motor von Lincoln noch 365 PS, ein Jahr später waren es nur noch 224 PS, und 1976 dann bloss noch 202 PS. Noch heftiger wurde der 7,2-Liter-V 8 von Chrysler beschnitten: 1971 schaffte er stolze 385 PS, 1977 waren es noch 195 PS.

Dazu gesellte sich auch die Verknappung der Energiereserven. Bis in die 50er Jahre hatten die Vereinigten Staaten ihren gesamten Ölbedarf aus eigenen Quellen decken können. In den folgenden Jahren stieg der amerikanische Energiebedarf jedoch ständig, so daß die USA immer mehr von Importen vor allem aus den arabischen Ländern abhängig wurden. Der arabisch-israelische Krieg von 1973 ließ den Ölpreis in die Höhe schnellen, während gleichzeitig die Lieferungen an die mit Israel befreundeten Staaten gekürzt wurden. Als die Mineralölkonzerne eine 15prozentige Preiserhöhung anboten, forderten die arabischen Scheichs 70 Prozent – und die bekamen sie, zusammen mit einer fünfprozentigen Kürzung der Fördermenge. Die unmittelbare Folge bestand in einem dramatischen Rückgang der Verkaufszahlen bei großen Fahrzeugen.

Zu Beginn der 70er Jahre war schließlich auch das Re-

Zum letzten Mal konnte man 1970 den klassischen, heckgetriebenen Cadillac als Cabriolet kaufen: Das DeVille Convertible sollte 1972 vom Eldorado abgelöst werden. Schade eigentlich, denn die langen, fließenden Formen standen diesem offenen Amerikaner immer besonders gut.

1 240 neunsitzige Limousinen der Fleetwood-75-Reihe wurden 1970 hergestellt. Ihr Preis lag bei 11 178 $ – und trotz ihrer wirklich imposanten Größe wirkten diese Fahrzeuge ziemlich elegant und gediegen.

sultat der Untersuchungen von Ralph Nader über die Sicherheit von amerikanischen Automobilen soweit in die Köpfe der Konsumenten eingedrungen, daß in dieser Beziehung auch ein Umdenken der Hersteller stattfand. Denn bisher war man in Detroit davon überzeugt gewesen, daß Sicherheit kein wirklich taugliches Verkaufsargument war. Einige Hersteller hatten halbherzige Gesten in dieser Richtung gemacht – Chrysler veranstaltete mit dem Airflow Überschlagversuche, um die Festigkeit der selbsttragenden Karosserie zu beweisen, Muntz bastelte in sein 52er Cabrio Sicherheitsgurten. Doch gerade, als man Nader eigentlich als Schnee von gestern betrachtete und zur Tagesordnung übergehen wollte, ereignete sich im Mai 1972 ein Unfall, der die amerikanischen Fahrzeuge von Grund auf verändern sollte: Lily Gray war in ihrem nagelneuen Ford Pinto auf eine Schnellstraße eingebogen, als plötzlich der Motor abstarb. Bevor sie ihn wieder in Gang bringen konnte, fuhr ihr das nachfolgende Fahrzeug ins Heck. Der Benzintank, eingequetscht zwischen hinterer Stoßstange und Achse, zerbarst, Benzindämpfe gelangten in den Innenraum und explodierten. Lily Gray starb kurz darauf, ihr 13jähriger Beifahrer Richard Grimshaw erlitt so schwere Verletzungen, daß er während vieler Jahre nur dank der Kunst der Ärzte am Leben erhalten werden konnte. Der Unfall vom Mai 1972 blieb allerdings kein Einzelfall: Im Laufe der Jahre starben, vorsichtig geschätzt, 59 weitere Pinto-Fahrer auf die gleiche Weise wie Lily Gray. Die Ursache lag in der falschen Sparsamkeit der Ford-Ingenieure: Sie hatten im Heckbereich des Pinto Teile aus dem verstärkenden Rahmen entfernt, um das Gewicht des Wagens unter 900 Kilo zu halten. Das Sparen kam Ford teuer zu stehen. Ein Richter sprach Richard Grimshaw 3,5 Millionen Dollar direkten Schadenersatz und weitere 125 Millionen Dollar Schadenersatz aus einer strafbaren Handlung zu, die allerdings in einer zweiten Verhandlung auf drei Millionen Dollar reduziert wurden. Und doch hatte der Fall »Pinto« etwas Gutes: Die amerikanischen Hersteller beschäftigten sich – mehr oder minder freiwillig, aber auf jeden Fall intensiv – mit dem Thema Sicherheit.

Eines der Opfer dieses zunehmenden Sicherheitsbewußtseins war auch der Inbegriff des amerikanischen Traumautos, das Cabriolet. Chrysler hörte schon 1970 mit der Produktion von offenen Fahrzeugen auf, Dodge und Plymouth folgten 1971, Ford stellte den letzten Mercury Cougar XR-7 am 7. Juli 1973 her. General Motors machte noch etwas länger weiter, Buick, Chevrolet und Oldsmobile bis 1975, Cadillac bis 1976. Am 21. April 1976 rollte das letzte Eldorado-Cabriolet vom Band. Cadillac wurde mit Bestellungen für dieses »letzte« Cabrio überschwemmt und baute 200 identische Fahrzeuge, alle mit weißer Lackierung, weißem Dach, roter oder blauer Polsterung und weißen Radkappen. Manch ein geschlossener Eldorado mußte wegen der großen Nachfrage sein Dach lassen, auch gab es nach 1976 einige Karosseriebauer, die im großen Stil vor allem Cadillac-Fahrern zu neuem Frischluftvergnügen verhalfen.

Doch nicht nur der Eldorado litt unter dem neuen Sicherheitsdenken, Cadillac selber war von den neuen Bestimmungen aus Washington und den Anschuldigungen von Ralph Nader ebenfalls stark betroffen, wenn auch bei weitem mit nicht so negativen Folgen wie andere amerikanische Hersteller. Und doch waren die Auswirkungen verheerend, denn noch heute stehen die Cadillac wie alle amerikanischen Fahrzeuge durch die verschiedenen Rückrufaktionen der 70er Jahre im Ruf einer schlechten Verarbeitung. Es begann bei Cadillac ziemlich harmlos: Im August 1972 mußten erstmals Fahrzeuge zurückgerufen

Auch im vierten Produktionsjahr wurde das große, frontgetriebene Luxuscoupé Eldorado kaum verändert. Allerdings war ein neues Styling dringend nötig, denn die Verkaufszahlen gingen ständig bergab. Nur noch knapp über 20 000 Eldos konnten zum Stückpreis von 6 903 $ verkauft werden.

werden, nachdem Ralph Nader's »Council for Automotive Safety« festgestellt hatte, daß bei der Series 75 des Modelljahrgangs 72 wegen ungenügender Schrauben ein hinteres Rad wegfallen konnte. Diese erste Rückrufaktion zur vorsorglichen Kontrolle betraf 3 872 Fahrzeuge. Doch schon am 11. September kam es viel schlimmer: 37 000 Cadillac mußten kontrolliert werden, weil bei rund 5 000 Fahrzeugen an der Hinterachse zu lange Schrauben eingebaut waren, was schwerwiegende Bremsprobleme zur Folge haben konnte.

Im Mai 1973 veröffentlichte das »Center for Auto Safety«, das nicht länger mit Ralph Nader zusammenarbeitete, einen Report, nach dem 275 000 Cadillac der Jahrgänge 69 und 70 mit einem Relais ausgerüstet seien, das ein möglicher Brandherd sein könne. General Motors widersprach, zwar gebe es ein fehlerhaftes Relais, doch das beeinflusse höchstens die Klimaanlage. Dann begann eine heftige Fehde zwischen GM und dem »Center for Auto Safety«: Nach deren Unterlagen waren mindestens drei Brände aufgetreten, wovon einer sogar zu einer ambulanten Behandlung im Krankenhaus geführt habe. General Motors seinerseits bestätigte darauf vier ausgebrannte Cadillac, die aber in keinem Zusammenhang mit dem fehlerhaften Relais standen, sondern ganz normale Feuer gewesen seien, wie sie bei einem Fahrzeug bei unsachgemäßer Behandlung durchaus auftreten können. Auch legte man bei GM großen Wert auf die Feststellung, daß Cadillac keineswegs versucht habe, diese Brände zu vertuschen – und auch die Neukonstruktion des Relais sei längst erfolgt.

Aber nicht genug damit: Schon wenige Wochen später brachte das »Center of Auto Safety« die Anschuldigung, bei den Cadillac der Jahre 1959 und 1960 breche der sogenannte Pitman-Arm, der die Lenksäule mit der Lenkung verbindet, unverhältnismäßig oft, was zu vielen Unfällen und einigen Verkehrstoten geführt habe. Jetzt schaltete sich die staatliche »National Highway Traffic Safety Administration« (NHTSA) ein, welche zwar die Unfälle, nicht aber die Toten und Verletzten bestätigte. Trotzdem, auch die NHTSA war der Meinung, daß ermüdetes Material bei voll eingelenkten Rädern »oft und ohne Vorwarnung« breche. GM wiederum sprach von höchstens zwei Unfällen, die unter Umständen mit einem gebrochenen Pitman-Arm in Verbindung gebracht werden könnten: »Würde ein Grund bestehen, die Fahrzeuge zurückzurufen, so würden wir dies tun.«

Es kam noch schlimmer. Am 25. September 1973 mußte Cadillac 380 000 Fahrzeuge der Jahrgänge 1971 und 1972 zurückrufen, um an der Lenkung eine zusätzliche Schmierung anzubringen – eine vorsorgliche Maßnahme, wie ein Cadillac-Sprecher betonte, es habe zwar drei Unfälle gegeben, bei denen aber keine Menschen zu Schaden gekommen seien. In diesem Stil ging es weiter: Anfang 1974 belegte das »Departement of Transportation«, daß bei der an insgesamt 411 000 GM-Fahrzeugen eingebauten Cruise-Control ein Schaden auftreten konnte, bei dem das Gaspedal in Vollgasstellung steckenblieb. General Motors räumte das ein, erklärte aber gleichzeitig, daß alle fünf gemeldeten Unfälle bei Buick aufgetreten seien. Am 31. Oktober 1974 rief Cadillac 270 000 Fahrzeuge der Jahrgänge 73 und 74 zurück – wegen Lenkungsproblemen, die aber mit einem kleinen Eingriff beseitigt werden konnten. Außerdem: Unfälle, die darauf zurückzuführen seien, kenne man keine, doch immerhin sei es möglich, daß gewisse Teile der Lenkung nicht genügend geschmiert werden könnten. Das könne zu Problemen führen, vor allem in Gegenden mit harten Wintern, wo die Straßen gesalzen werden.

Sehr gut verkaufte sich weiterhin der Sedan de Ville, auch wenn er 1970 kaum von den Modellen des Jahres 1969 zu unterscheiden war. Obwohl man für das Vinyldach einen Aufpreis zu bezahlen hatte, wurde ein Großteil der Sedan de Ville mit dieser Option bestellt.

Die Zeiten waren schlecht – und sie waren ganz speziell schwierig für Cadillac, den Hersteller, der den Amerikanern immer alle automobilen Träume erfüllt hatte, die jetzt so sehr in Frage gestellt wurden. Hunderte von Büchern und Tausende von Zeitungsartikeln beschäftigten sich mit dem uramerikanischen Traum der Mobilität, der ins Grenzenlose gewachsen sei und keinen Zusammenhang mehr habe mit der Realität, die aus Luftverschmutzung, Energieverknappung und Verkehrstoten bestehe. Ganz unrecht hatten diese Kritiker natürlich nicht, auch wenn sie im Sog einer immer stärkeren Anti-Auto-Lobby oft etwas abhoben und ihrerseits völlig unrealistische Vorschläge machten. Doch Cadillac mußte sich Gedanken machen um seine Zukunft – mehr denn je. Allerdings: Ganz so dunkel, wie jetzt dieser komprimierte Überblick vermuten läßt, waren die Wolken über der Nummer Eins der amerikanischen Luxushersteller aber nicht.

Zu Beginn des Jahrzehnts strahlte die Cadillac-Sonne heller als je zuvor. Zum sechsten Mal in Folge hatte Cadillac einen neuen Verkaufsrekord gesetzt: Trotz eines längeren Streiks aller GM-Arbeiter, trotz der starken Konkurrenz vor allem des Lincoln Continental wurden 238 745 Fahrzeuge gebaut. Dabei waren die Veränderungen und Verbesserungen zum Modelljahr 1970 sicher nicht großartig – wie auch Cadillac-Chef George R. Elges zugab. Warum auch, waren sie doch ein kleines Stück im großartigen Cadillac-Mosaik, das sich in seiner Gesamtheit so sehr von dem der Konkurrenz abhob. Wenn etwas 1970 die Konsumenten und die Presse beschäftigte, dann die Erhöhung des Hubraums beim Eldorado-Motor: Exakt 500 Cubic inch, also 8 194 cm3, standen dem größten Serienmotor der Welt neu zur Verfügung. Erreicht wurde diese Höchstleistung nicht mit großartigem konstruktivem Aufwand, sondern mit der simplen Erhöhung des Hubs von 103,1 Millimeter auf 109,3 Millimeter. Gleichzeitig wuchs die maximale Leistung auf 400 PS bei 4 400/min, das maximale Drehmoment erreichte fast unglaubliche 540 Nm bei 3 000/min. So gekräftigt, wurde der Eldorado aber nicht etwa schneller, nach wie vor schaffte er die 0 bis 100 km/h nur in etwas enttäuschenden 9,5 Sekunden. Die Höchstgeschwindigkeit des fast 2,5 Tonnen wiegenden Fahrzeugs lag bei knapp über 200 km/h.

Weniger aufregend waren die weiteren Verbesserungen für den neuen Modelljahrgang, entsprechend der Philosophie von George Elges: »Die Cadillac-Kunden kaufen ein neues Modell selten deshalb, weil es technische Veränderung gibt«. Interessante Details gab es trotzdem zu entdecken, allen voran die neuen Lenkungs-Gelenke, die stabiler, einfacher zu reparieren und vor allem viel günstiger zu produzieren waren. Über eine halbe Million Kilometer brachte die Testcrew hinter sich, bevor Chefingenieur Carl Rasmussen mit dieser kleinen, aber feinen Neuerung zufrieden war. In die gleiche Kategorie der eher unauffälligen Verbesserungen fallen auch der neue Kühlerventilator, dessen Blätter ab 1970 aus flexiblem, rostfreiem Stahl gearbeitet waren, ein neues Verbrennungssystem, das eine Vorwärmstufe für den Vergaser sowie eine vorgestellte Zündung beinhaltete und für geringere Emissionen sorgte, und die selbständig rückstellenden Blinker, die schon 1969 bei den Eldorado erhältlich waren. Noch mehr Details gefällig? Bitte: Für die heckgetriebenen Modelle wurde eine neue Hinterachse entwickelt, die in ihrer Konstruktion zwar fast gleich aussah wie die Achse der früheren Modelle, doch weniger Lärm produzierte und besser zugänglich war. Und neu gab es auch noch einen AM/FM-Radio, der selber die besten Sender suchte und über eine in die Windschutzscheibe eingebaute Antenne verfügte.

Der Fleetwood Brougham wurde 1970 überarbeitet und erhielt weitere Verzierungen in Chrom. Das tat dem Erfolg keinen Abbruch, 16 913 Exemplare konnten zu einem Preis von 7 284 $ abgesetzt werden.

Auch beim Design hielt man sich bei Cadillac beim Modelljahrgang 1970 merklich zurück. Selbstverständlich gab es einige Änderungen – Kühlergrill, Hecklampen und hintere Stoßfänger, um nur drei Beispiele zu nennen –, doch die optischen Unterschiede zum Vorjahresmodell waren gering. Und so sollte es ja auch sein: Die neuen Modelle hatten so auszusehen wie die Fahrzeuge des vorangegangenen Jahres, aber trotzdem schon auf die Cadillac-Linie der Zukunft weisen. Deshalb ließen sich zwischen zwei direkt aufeinanderfolgenden Modelljahren kaum Unterschiede entdecken, während in der längerfristigen Entwicklung sehr wohl Fortschritte zu sehen waren. Das genaue Studieren der Kataloge beispielsweise zeigte, daß von den insgesamt 21 angebotenen Farben 15 neu abgemischt waren, sieben verschiedene Farben für das Vinyldach und insgesamt 167 Variationen für das Interieur zur Verfügung standen.

Wie schon in früheren Jahren bildete die Calais-Reihe weiterhin den günstigsten Weg, um zu einem neuen Cadillac zu kommen. Dennoch interessierte sich niemand so recht für diese Einsteigermodelle, 4724 Coupé und 5187 Sedan wurden an den Mann gebracht, lächerlich wenig im Vergleich zum Sedan DeVille mit 83 274 Einheiten und dem Coupé DeVille mit 76 043 Exemplaren.

Aber für die Konkurrenz waren diese Verkaufszahlen mehr als nur ein Traum. Der Lincoln Continental schaffte es trotz einigen stilistischen Veränderungen und kleinerer technischen Verbesserungen noch immer nicht, den Eldorado in der Verkaufsrangliste hinter sich zu lassen, hatte sich aber mit 21 432 Einheiten an den Cadillac mit 23 842 Exemplaren herangearbeitet. Insgesamt brachte Ford von den teureren Lincoln-Modellen 59 127 Stück unters Volk, während Imperial seinen Kriechgang mit nur noch 11 816 Exemplaren weiter fortsetzte. Auch 1971 ging es in diesem Stil weiter: Gerade noch 11 558 Fahrzeuge konnte Chrysler verkaufen, während Lincoln mit 62 642 Exemplaren einen neuen Rekord setzte. Und Cadillac? Zwischen dem Eldorado und dem Continental ging das Rennen extrem knapp aus, Cadillac ging bei 27 368 Exemplaren mit einem knappen Vorsprung von 300 Einheiten vor Lincoln über die Ziellinie. Doch insgesamt setzte Cadillac selbstverständlich noch eins drauf, distanzierte mit einem neuen Rekord von 267 868 Fahrzeugen für das Kalenderjahr 1971 einmal mehr die Konkurrenz.

Und Respekt verdiente auch der komplett neue Cadillac für 1971. Das Design war anders als bisher gewohnt, weniger eckig, sondern es glänzte mit fließenden Formen, die den Fahrzeugen einen sehr eleganten Eindruck verliehen. Trotzdem, man mußte schon zweimal hinschauen, bis man die Unterschiede zum Vorjahr bemerkte: Mit einigen wenigen Strichen bei den Windschutzscheiben, den Seitenscheiben, der Form des Dachs und der Front waren die 70er Cadillac in höchst modern anmutende Automobile verwandelt worden, ohne deshalb auch nur ein bißchen weniger markant zu wirken. Durch eine klarere Einheit von vorderem Kotflügel und Frontlampen wurde eine noch größere Verwandtschaft mit dem Eldorado erreicht, zum ersten Mal seit 1951 gab es auch wieder vertikal stehende Stoßstangenhörner. Damit wollte man aber keineswegs die Nostalgiker unter den Cadillac-Fahrern erfreuen, hier ging es um die Verbesserung der Sicherheit, genau wie bei den Verstärkungen des Rahmens im Motorbereich. Ebenfalls an frühere Jahre erinnerten die Heckleuchten, die man in ähnlicher Form schon 1965 und 1966 bei den Cadillac gesehen hatte. Komplett neu war das Interieur, gemäß Elges »eine mindestens so dramatische Veränderung wie außen«. Zum ersten Mal in der Cadillac-Geschichte orientierte sich das Armaturenbrett zum Fahrer hin, bestand nicht mehr aus über fast die ganze Wagenbreite verteilten Uhren und Schaltern. Sogar die Uhr, die direkt vor den Augen des Beifahrers angebracht wurde, neigte sich zum Fahrer hin. Außerdem konzentrierten die Designer erstmals alle Warnlampen kompakt rechts außen, vom Fahrer aus prima einzusehen. Und erstmals ließ sich die Motorhaube vom Innenraum aus entriegeln, was Dieben ihre Arbeit etwas erschwerte.

Obwohl das Coupé de Ville von 1971 ein sehr ansehnliches Fahrzeug war, konnte es den Verkaufsrekord des Vorjahres nicht überbieten. Sein Preis lag bei 6 264 $.

Unter dieser Haube lagen die Verbesserungen im Detail. Die meisten Nebenaggregate fanden einen neuen Platz, was vor allem die Reparatur- und Servicefreundlichkeit erhöhte. Der Ölmeßstab saß beispielsweise jetzt an einer Stelle, an der er auch erreichbar war. Andere Detailverbesserungen waren nicht auf den ersten Blick ersichtlich: So wurden die Sitze besser geschäumt, die Servolenkung direkter übersetzt, der Tank auf 102 Liter Inhalt vergrößert und der Luftdurchsatz der Klimaanlage um 20 Prozent erhöht.

Wenn man die technischen Daten der 71er Cadillac mit denen früherer Jahre vergleicht, scheinen diese innerhalb eines Jahres kräftig an Leistung verloren zu haben. Was auch stimmte – der 7,7-Liter leistete noch 345 PS statt der vorherigen 375 PS, der 8,2-Liter des Eldorado kam auf 365 PS, 1970 waren es noch 400 PS gewesen. Doch diese Zahlen tauchten nirgends mehr auf, hatte sich Cadillac doch entschlossen, ab 1971 die Leistungsausbeute in sogenannten SAE-PS anzugeben, gemessen nach J245-Norm der »Society of Automotive Engineers«. Diese Norm entspricht mehr oder weniger der in Europa gebräuchlichen DIN-Norm für Leistungsmessungen bei Motoren, das Triebwerk wird mit all seinen Nebenaggregaten wie Luftfilter, Auspuff und Heizung gemessen. Für die Cadillac-Motoren bedeutete dies: 220 PS bei 3 800/min für den 7,7-Liter-V 8, 235 PS bei 3 800/min für den Eldorado. So gemessen ging natürlich auch das maximale Drehmoment zurück, erreichte aber noch immer beeindruckende Höhen: 370 Nm bei 2 400/min für den »kleineren« Motor, 410 Nm bei 2 800/min für den 8,2-Liter-V 8. Darin inbegriffen waren allerdings auch die Verringerung der Kompression von 10:1 auf 8,5:1, der verbesserte Quadrajet-Vierfachvergaser sowie die neuen Kolben und Zylinderköpfe, die für schadstoffärmere Abgase sorgen sollten. Für eine bessere Luft sorgten auch das »General Motors AIR«-Auspuffsystem sowie ein »Controlled Combustion System«, das die Verbrennung des Kraftstoffs effizienter machte. Damit noch nicht genug der technischen Fortschritte: Die Bremsfläche wurde vergrößert, so daß die Verzögerung einigermaßen zufriedenstellend ausfiel – vom Prädikat »gut« waren die Cadillac-Bremsen immer noch Meilen entfernt. Nicht nur gut, sondern geradezu hervorragend machten sich allerdings die Verbesserungen an der Motor- und Karosserieaufhängung, die einen noch ruhigeren, einen noch sanfteren Lauf garantierten: Durch die Verwendung von größeren und stärkeren Gummiteilen wurden die Passagiere noch weniger als bisher von Straßenlärm, Fahrbahn-Unebenheiten und Vibrationen belästigt.

Bei der Modellpolitik für das Jahr 1971 gab es einige Veränderungen: Die Calais-Reihe war entweder als Coupé oder als Sedan erhältlich, ebenso die DeVille, bei denen das Convertible und der gewöhnliche Sedan entfielen. Die Fleetwood gab es weiterhin als 60S Brougham, als siebensitzigen Sedan oder als neunplätzige Limousine, neuerdings wurden die Eldorado als eigene Reihe geführt. »Die« Eldorado heißt es hier ganz richtig: Neben dem zweitürigen Coupé war neu auf dem längeren Radstand von 321 Zentimetern auch ein Cabriolet erhältlich. Dieses Convertible mit seinem gewaltigen Motor und den beeindruckenden Dimensionen gilt für viele als letzter echter Cadillac: Wunderbar offen, wunderbar kräftig, nicht ganz so wunderbar verarbeitet. Er war so et-

Die hinteren Stoßstangen der komplett überarbeiteten 71er-Modelle glichen stark denjenigen der Cadillac von 1964. Hier im Bild ein Calais Sedan, der trotz seines vorteilhaften Preises von 6 075 $ nur 3 569mal verkauft werden konnte.

was wie der letzte Saurier, der alles verkörperte, was die amerikanischen Automobile über die Jahrzehnte so einzigartig gemacht hatte. Beim Aufbau des Verdecks folgte Cadillac dem vorbildlichen Dach der Mercedes-Roadster, das sich hinter den Sitzen verstecken ließ und den nicht gerade üppigen Raum für die hinteren Passagiere nicht noch einschränkte.

Auch das Eldorado Coupé war überarbeitet worden. Optisch setzte es viele Akzente, die an vergangene Cadillac-Modelle erinnerten. So war der Eldorado seitlich mit einer Chromleiste verziert, die nur bis kurz vor das Ende der Tür reichte und so ein Stylingelement der Modelle der Jahre 46/47 aufgriff. Eine noch stärkere Reminiszenz an die Vergangenheit bildete der Lufteinlaß auf dem hinteren Kotflügel, den man schon von 1950 bis 1954 bei den Cadillac gesehen hatte. Auch zukunftsweisende Design-Elemente waren zu finden: Die meisten amerikanischen Hersteller kopierten in den folgenden Jahren fleißig das sogenannte »Coach«-Fenster im hinteren Dachpfosten.

Im gleichen Stil ging es auch 1972 weiter: Die Änderungen waren nicht sonderlich dramatisch, zeigten aber ganz klar, daß Cadillac sich auch im 70. Jahr des Bestehens alle Mühe gab, unbestrittener Leader auf dem amerikanischen Luxuswagenmarkt zu bleiben. Von außen ersichtlich waren der wie jedes Jahr geänderte Kühlergrill – diesmal mit verstärkter horizontaler Komponente –, die geänderte Scheinwerferanordnung vorn und hinten (hier allerdings nur durch das Ersetzen eines Zierstabes durch ein Cadillac-Emblem) sowie die ständig anwachsenden Stoßstangen. Mittlerweile waren diese so massiv, daß sie einen Aufprall vorn mit acht km/h, hinten mit

fünf km/h schadlos überstehen sollten. Durch diese neuen Stoßstangen, die vielleicht nicht gerade der Gipfel der Schönheit, im Vergleich zu anderen Häßlichkeiten aber immer noch relativ elegant waren, wuchs die Gesamtlänge aller Cadillac des Jahres 1972 um vier Zentimeter an. Ebenfalls der Sicherheit dienten die Gurten, die bei allen nach dem 1. Januar 1972 gebauten Cadillac serienmäßig waren – wer sie nicht freiwillig anlegte, wurde von einem nervtötenden Geräusch unerbittlich dazu aufgefordert.

Geänderte Gesetze erforderten auch größere Eingriffe in die Motortechnik. Hier galt es die neuen Abgasbestimmungen einzuhalten, welche den Triebwerken der amerikanischen Hersteller nur bedingt gut bekamen. Auch Cadillac hatte hier einige Probleme zu lösen (die allerdings auch schon bei den 71er-Modellen bestanden hatten), vor allem das Kaltstartverhalten war alles andere als gut. Trotzdem wurden die Ingenieure nicht müde, immer wieder zu betonen, daß Cadillac den Hydrocarbon-Ausstoß seit 1960 um über 80 Prozent, den Carbon-Monoxid-Ausstoß um mehr als 60 Prozent reduziert habe.

Den 70. Geburtstag zelebrierte Cadillac mit einer sehr gelungenen Werbekampagne: Jedem Modell des neuen Jahrgangs wurde im Prospekt ein Meilenstein der Cadillac-Geschichte gegenübergestellt, beispielsweise begleitete ein Sixty-Special von 1938 den Calais Sedan. Ob diese Erinnerungen an die gute, alte Zeit zu besseren Verkäufen beitrugen, das läßt sich heute nicht mehr eindeutig bestimmen, sicher ist nur, daß Cadillac 1972 einen neuen Verkaufsrekord (257 795) und einen neuen Produktionsrekord (267 865) für das Modelljahr aufstellte. Allerdings konnte sich auch Lincoln auf 94 560

Auch 1971 behielt der überarbeitete Sixty Special Brougham seinen exklusiven Radstand von 338 Zentimetern bei. Das Vinyldach war bei diesem edlen Fahrzeug selbstverständlich serienmäßig, neckisch ist das sogenannte »Opem-Lämpchen« auf dem hinteren Dachpfosten.

Fahrzeuge steigern. Besonders verdrießlich reagierte Cadillac auf die guten Zahlen des neuen Lincoln Continental Mark IV – zum ersten Mal nach dem Krieg schlug ein direkt mit einem Modell vergleichbares Fahrzeug den Cadillac in der Käufergunst. Mit 48 591 Einheiten überholte der Mark IV den Eldorado, von dem fast 8 000 Einheiten weniger (32 099 Coupés und 7 995 Cabriolets) hergestellt wurden.

Diese Schmach hatte Folgen: Veränderungen an der Konzernspitze hatten sich schon länger angekündigt, Ende des Jahres wurden sie Tatsache. Im Dezember 1972 wurde Carlton A. Rasmusson als Chefingenieur von Robert J. Templin abgelöst. Templin, geboren 1927, hatte seit 1947 für General Motors, seit 1950 für Cadillac gearbeitet. 1965 stieg er zum stellvertretenden Chefingenieur im Bereich Chassis auf, 1969 wurde er zu den »GM Research Laboratories« transferiert, wo er ein Wankelmotor-Projekt leitete. Der neue Chefingenieur führte bei Cadillac einige entscheidende Änderungen durch.

Die Bestallung von Templin war gleichzeitig eine der letzten Amtshandlungen von George Elges, dem bisherigen Cadillac-Präsident. Ungern gab er seinen Posten ab, um bei Buick, wo man ihn sehr gut brauchen konnte, nach dem Rechten zu schauen. Sein Nachfolger auf dem Chefsessel von Cadillac war kein geringerer als der ehemalige und seiner Funktion sehr erfolgreiche Chefverkäufer von Chevrolet, Robert D. Lund. Dieser hatte seit 1946 für General Motors gearbeitet und 1971 mit drei Millionen verkauften Chevrolet einen einmaligen Rekord für die amerikanische Autoindustrie gesetzt. Lund, der Vorzeige-Manager, führte sich gleich gut ein: Als er seinen Posten am 1. Januar 1973 antrat und schon im ersten Monat seiner Regentschaft ein neuer absoluter Produktionsrekord aufgestellt wurde, ließ er die gesamte Belegschaft mit Kaffee und Kuchen bewirten – und machte bei dieser Gelegenheit auch gleich klar, daß ihn Verkaufsrekorde eigentlich viel mehr interessierten. Und ganz so schlecht ließ sich seine Präsidentschaft nicht an: Im Juni konnte der fünfmillionste Nachkriegs-Cadillac gefeiert werden, als ein blauer Sedan de Ville mit weißen Dach vom Band rollte. Gerne verwies Lund bei dieser Gelegenheit darauf, daß sich der Abstand zwischen jeder Million Cadillac immer mehr verkürzte: Zwischen der ersten und zweiten Million Cadillac lagen neun Jahre, zwischen der zweiten und dritten Million sechs Jahre, zwischen der dritten und vierten Million noch fünf Jahre, und von vier auf fünf Millionen Fahrzeuge schaffte man es dann in nur noch vier Jahren. Aber nicht nur im personellen Bereich kam es zu Veränderungen, einmal mehr wurden auch die Produktionsanlagen modernisiert und weiter ausgebaut. Um Platz zu sparen, wurde beispielsweise ein Tunnel gebaut, der von der Lackiererei bis zur Endkontrolle der Fahrzeuge reichte. Diese baulichen Maßnahmen waren unbedingt notwendig, denn Cadillac war auf dem Weg zu neuen Produktions- und Verkaufsrekorden: 1973 entstanden trotz eines längeren Streiks erstmals über 300 000 Cadillac in nur einem Jahr, was sicher nicht allein auf den neuen Cadillac-Boß Lund zurückgeführt werden kann. Doch er bewirkte immerhin, daß Cadillac sich auch in seiner Werbung ein frischeres Image gab, und so auch eine jüngere Kundschaft angesprochen werden konnte. Damit war das Verkaufsgenie aber noch nicht zufrieden: 400 000 Fahrzeuge – und natürlich auch Verkäufe – jährlich waren sein erklärtes Ziel.

Vor allem am Eldorado war für den neuen Modelljahrgang gearbeitet worden – ein Folge des Lincoln-Erfolgs, auch wenn man bei Cadillac nicht müde wurde zu betonen, daß der Rückstand auf den Lincoln nur deswegen

Äußerlich war der Eldorado 1971 vollkommen neu, unter der Haube arbeitete weiterhin der 1970 eingeführte 8,2-Liter-V 8. Obwohl Cadillac große Probleme mit Streiks hatte, konnten über 20 000 Eldorado zu einem Preis von heftigen 7 383 $ verkauft werden.

Im Jahr des 70jährigen Bestehens erlebten die Cadillac kaum nennenswerte Veränderungen – wenn man einmal von den Verkaufszahlen absieht, die neue Rekordhöhen erreichten. Das hier gezeigte Coupé de Ville fand 95 280 Kunden, die dafür 6 116 $ bezahlten.

Nur ganz knapp an der Marke von 100 000 verkauften Exemplaren schrammte der Sedan de Ville vorbei. Auf diesem Bild gut zu erkennen ist der auch für 1972 einmal mehr geänderte Kühlergrill.

263

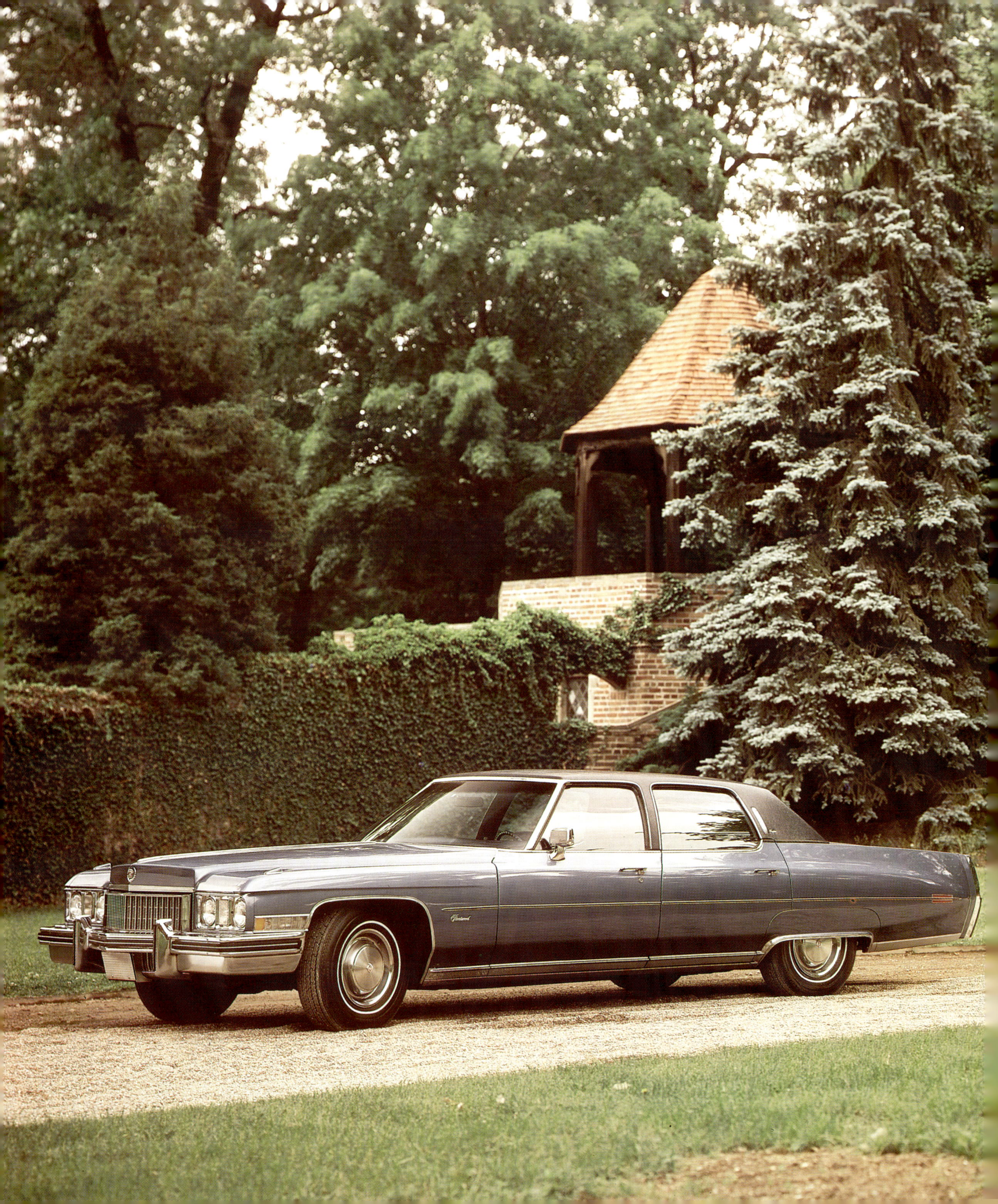

Nur Kleinigkeiten wurden 1973 verändert, und trotzdem konnte man den Fleetwood Brougham leicht von seinen Vorgängern unterscheiden. In diesem Jahr gab es für dieses wirklich schon vollständig ausgestattete Fahrzeug eine noch teurere Version mit dem Namen »d'Elegance«. Insgesamt 24 800 Sixty Special in allen Konfigurationen konnten 1973 verkauft werden.

zustande gekommen sei, weil Cadillac gar nicht genug Kapazität gehabt habe, um noch mehr Eldorado auf die Räder zu stellen. Wie auch immer, 1973 erhielt der Eldorado ein Restyling, das den edlen Fronttrieblern ein einfacheres und damit eleganteres Aussehen verlieh. Der etwas gar überladene Kühlergrill wich einem klassischeren Exemplar, die Chromverzierungen wurden auf ein vernünftiges Maß zurückgeschraubt, und die um die Ekken gezogenen Blinker und Positionslichter verliehen dem Coupé und dem weiterhin erhältlichen Cabriolet ein freundlicheres Gesicht. Auch hinten wurde vereinfacht, Stoßstange und Rücklichter verkleinert. Auf die bei früheren Modellen in den Motorblock eingegossene Bezeichnung »8.2 Litre« verzichtete man ebenfalls, was sicher nicht die schlechteste Entscheidung war in einer Zeit, als alle Welt von einem schonenderen Umgang mit den Ressourcen sprach und die Araber den Ölhahn zusperrten.

Gleichzeitig wurde auch beim Eldorado das maximale Drehmoment ein wenig gedrosselt, es stand jetzt bei 375 Nm bei 2 400/min. Alle Cadillac erhielten außerdem ein Abgasrückführungs-System (Exhaust-Gas Recirculation, EGR), das den Ausstoß von NOx minderte. Damit auch die Lärmbestimmungen eingehalten werden konnten, gab es ebenfalls ein neues Auspuffsystem für alle Modelle, das gleichzeitig auch den Innengeräuschpegel senkte. Ab 1973 wurden energieabsorbierende Stoßstangen Pflicht, Cadillac hatte diese Gesetzesbestimmungen schon mit den Vorjahresmodellen einhalten können. Trotzdem wurden bei allen Modellen die Motorhauben um einige Zentimeter verkürzt, damit bei gleichbleibender Außenlänge größere Stoßstangen montiert werden konnten.

Umfragen unter den Cadillac-Kunden zeigten, daß diese »personalisierte« Fahrzeuge bevorzugten. Im Klartext: Jedem sein eigener, unverwechselbarer Cadi, je mehr Ausstattung, desto besser, was den Mißerfolg des »billigen« Calais und den relativen Erfolg des »teuren« Sixty Special erklärte. Ganz neu war diese Erkenntnis ja nicht, der 60S mit der Brougham-Sonderausrüstung von 1965 war der beste Beweis: Die Vollausstattung war so beliebt, daß Sixty Special Brougham 1970 als einziges 60S-Modell im Programm blieb. 1973 gab es Verstärkung: den »Brougham d'Elegance«. Für 750 $ erhielt der Käufer ein goldenes Typenschild, spezielle Felgen, ein Vinyldach und eine etwas bessere Innenausstattung.

Wenn wir schon bei der Aufpreisliste sind: 99,6 Prozent aller 73er Cadillac wurden mit Klimaanlage und getönten Scheiben bestellt, 96,7 Prozent waren mit einer elektrischen Sitzverstellung ausgerüstet, 94,7 Prozent verfügten über Zentralverriegelung, 89,3 Prozent über ein Vinyldach, und 72,3 Prozent über ein horizontal und vertikal verstellbares Lenkrad. Ab 1973 wuchs die Spielzeugliste der Sonderausstattung ins Endlose, so standen jetzt eine elektrisch einfahrende Antenne, eine Heckscheibenheizung, ein Außenthermometer (im rechten Rückspiegel eingebaut) oder ein Alarmsystem auf der Liste. Letzteres trat dann in Kraft, wenn nicht innerhalb von 20 Sekunden nach dem Öffnen der Türen ein versteckter Schalter betätigt wurde – und leider trötete es trotzdem sehr oft los, weil die Elektrik nicht stimmte.

Wie schon erwähnt, war 1973 für Cadillac ein hervorragendes Jahr. Die Produktion für das Kalenderjahr belief sich auf 302 554 Fahrzeuge, für das Modelljahr schaffte man sogar 304 639 Einheiten. Trotzdem war Robert D. Lund nicht so ganz zufrieden, denn Lincoln verbesserte sich auf insgesamt 128 073 Fahrzeuge – und der Continental Mark IV plazierte sich mit 69 437 Einheiten deutlich vor dem Cadillac Eldorado mit 51 451 Exemplaren. Doch der Kampf zwischen Lincoln und Cadillac war höchstens ein Nebenkriegsschauplatz beim Kampf um die Vorherrschaft auf dem amerikanischen Automobilmarkt. Während GM mit Chevrolet, Pontiac, Oldsmobile, Buick und Cadillac in reinen Zahlen deutlich vor der Konkurrenz aus Dearborn lag, fuhr Ford für 1973, relativ gesehen, mehr Gewinn ein. Der Profit stieg im Vergleich zu 1969 um 59 Prozent auf stolze 870 Millionen Dollar (GM: 2,1 Milliarden Dollar, plus 26 Prozent). Wie gesagt, Cadillac tangierte das nur am Rande, viel mehr allerdings machten Cadillac die ausländischen Importe zu schaffen. Und da besonders Mercedes-Benz. Insgesamt 41 000 Fahrzeuge hatte der deutsche Konzern 1972 in den USA verkaufen können. Nach Meinung von Cadillac hätten fast alle Mercedes-Kunden auch im Cadillac-Programm fündig werden können. Immer lauter wurde deshalb der Ruf nach einem kleineren Cadillac, den man in Detroit aber 1973 noch unter Verschluß hielt, obwohl

Man sprach 1973 in den USA immer mehr über Sicherheit, und der Eldorado bekam das zu spüren. Er erhielt neue Stoßstangen, die ihn nicht unbedingt schöner machten. Trotzdem konnten sich über 40 000 Kunden für das frontgetriebene Coupé begeistern.

Rechte Seite, unten: 112 849 Coupé de Ville setzte Cadillac 1973 ab – absoluter Rekord! Der Bestseller kostete ohne Steuern und direkt ab Fabrik in Detroit faire 6 268 $.

Rechte Seite, oben: Obwohl der Sedan de Ville 1973 erstmals über 100 000 Verkäufe innerhalb eines Jahres schaffte, fiel er in der internen Rangliste auf den zweiten Platz hinter dem Coupé de Ville zurück. Der Sedan de Ville kostete genau 6 500 $.

George Elges bei seiner letzten Pressekonferrenz Ende 1972 zugegeben hatte, daß bereits zwei Prototypen gebaut worden waren.

Und gute Ideen waren gefragt, denn 1974 mußte Cadillac wie fast alle Automobilhersteller auf der ganzen Welt einen drastischen Rückgang der Verkaufszahlen hinnehmen. Ein Grund war sicher die noch weiter verstärkte Diskussion um Sicherheit und Verarbeitungsmängel, bei der auch Cadillac seinen Teil wegbekam. Doch weit schlimmer traf die amerikanischen Hersteller das arabische Ölembargo, welches das Benzin stark verteuerte und gerade die nicht ausnehmend sparsamen US-Fahrzeuge am Lebensnerv traf. Cadillac gab sich zwar alle Mühe, der Kundschaft von der Sparsamkeit seiner Modelle vorzuschwärmen, doch das war schon eher Augenwischerei – auch wenn man in diesem Zusammenhang vielleicht betonen sollte, daß ein großer Mercedes oder ein Rolls-Royce auch nicht weniger schluckten.

Um den Verbrauch zu senken, wurde für 1974 hart an den Motoren gearbeitet. Die Verdichtung wurde von 8,5:1 auf 8,25:1 gesenkt, die Brennräume ein wenig vergrössert und einseitig geschlossen, damit der Kraftstoff konzentrierter zur Explosion gebracht werden konnte. Jetzt konnte die Zündung perfekt auf das 91-Oktan-Ben-

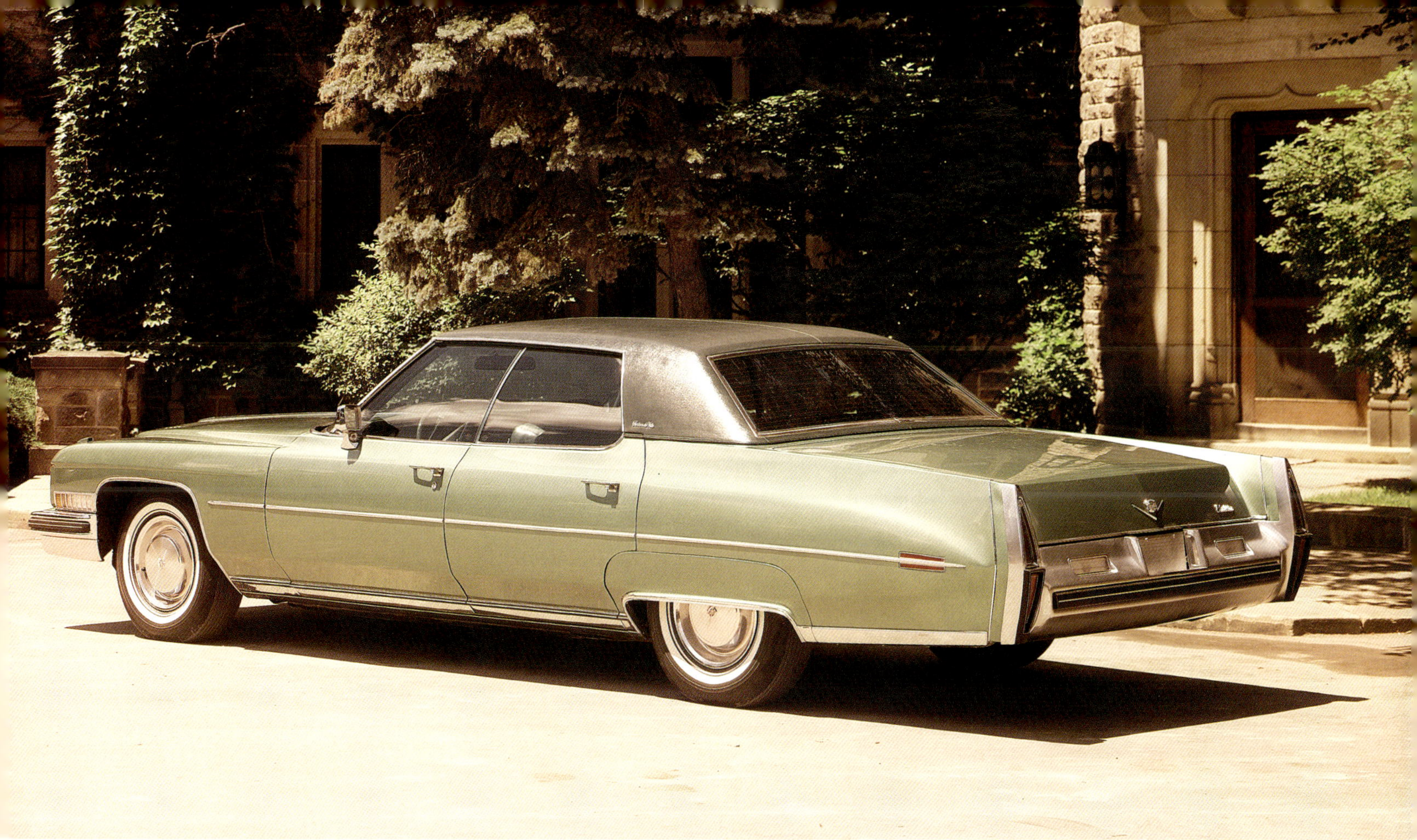

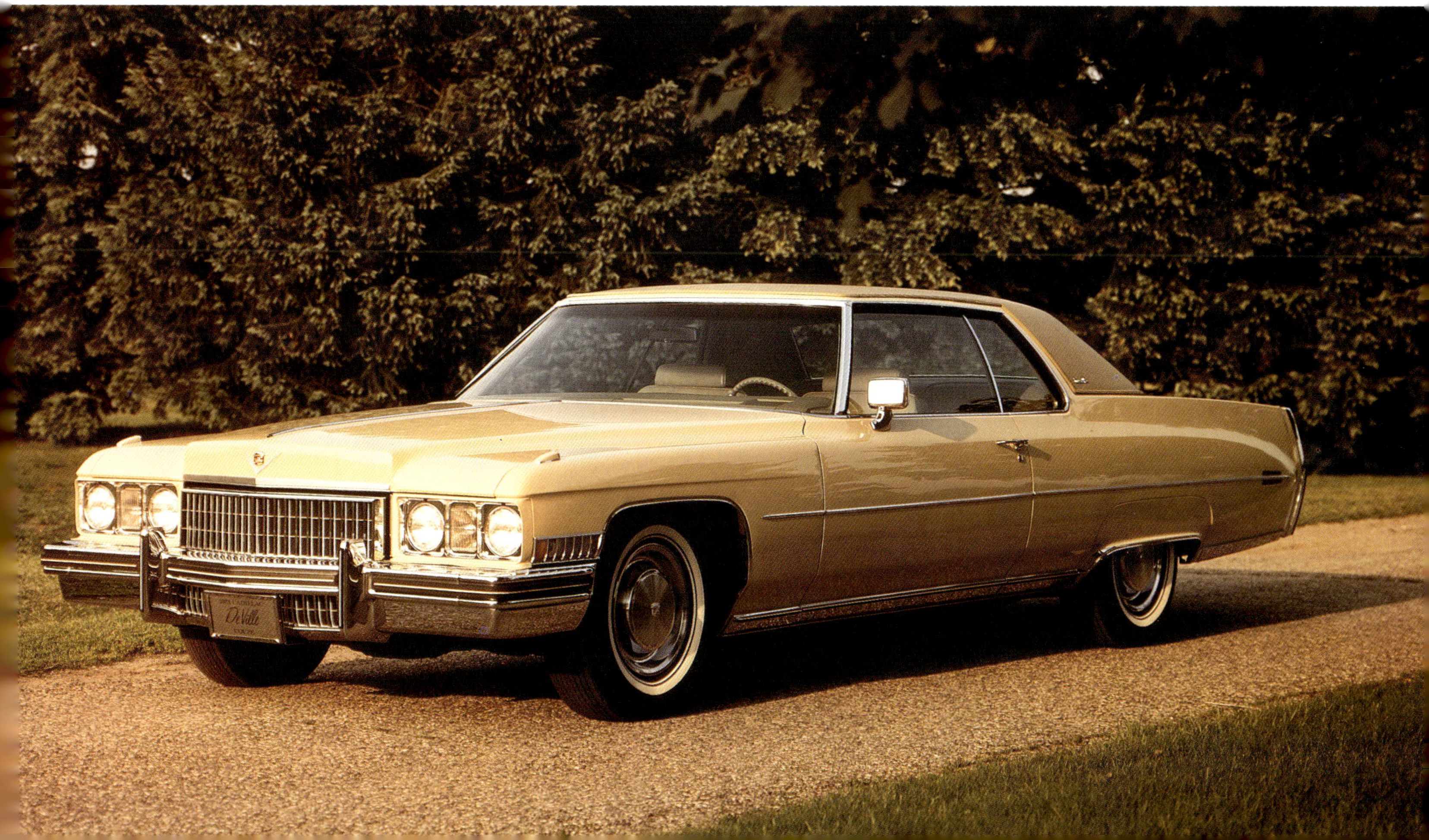

Knapp 10 000 Exemplare schaffte das Eldorado Convertible im Jahr 1973. Damit kam das Cabriolet bei weitem nicht an die Rekordzahlen des DeVille Convertible heran, doch die Ära der großen, offenen Saurier auf Rädern neigte sich dem Ende entgegen: Sicherheit und Verbrauch bliesen ihnen das Lebenslicht aus.

zin eingestellt werden, mit dem sich die besten Verbrauchswerte erzielen ließen. Daneben spendierte Cadillac dem Quadrajet-Vergaser einen anderen Luftfilter, der den Motor mit kühlerer Luft von außerhalb des Motorraums versorgte. Gegen Aufpreis war auch eine Delco-Remy-Zündung »High Energy Ignition« erhältlich, die bis 37 500 Volt, also rund 75 Prozent mehr als bisher, abgab. Und schließlich wurde die Leistung weiter reduziert, der 7,7-Liter schaffte noch 205 PS bei 4 000/min, der Eldorado-Motor brachte es auf 210 PS bei 3 800/min. Doch nicht nur die strengeren Lärm-, Abgas- und Verbrauchsbestimmungen verschlangen Unsummen, auch das Thema Sicherheit kostete – und nicht zu knapp. Und es wurde nicht immer sinnvoll angelegt. Gipfel der von Washington verordneten Absurditäten war 1974 der sogenannte »Pendel-Test«. Danach wurden Stoßstangen von einem Pendel sechs Mal aus beliebigen, von einem Experten nach seinen eigenen Vorstellungen einstellbaren Winkeln getroffen und durften dabei keinerlei Anzeichen von Schwäche zeigen. Was diese Prüfung allerdings mit der Realität des Straßenverkehrs zu tun haben sollte, das konnte sich niemand so genau erklären.

Cadillac schaffte es aber trotzdem, die Stoßstangen seiner Fahrzeuge noch einigermaßen gefällig zu gestalten, auf jeden Fall zerstörten sie nicht vollends die Optik, wie das vor allem bei europäischen Autos der Fall war. Für 1974 ließ Cadillac seinen Modellen nur Detailänderungen angedeihen, die den Fahrzeugen ein insgesamt etwas konservativeres Aussehen verliehen. Und eine eigentlich sehr beliebte Modellvariante verschwand: Erstmals seit 1949 stand kein zweitüriges Fahrzeug mit Hardtop mehr im Programm. Seine Nachfolge traten Calais Coupé und Coupe de Ville an, die beide das 1973 beim Eldorado eingeführte kleine Fenster im hinteren Dachbereich erhielten. Dies schränkte die Aussicht der hinteren Passagiere zwar ein, doch die standen sowieso ganz im Banne des neuen, sehr übersichtlichen Instrumententrägers. Alle Warnlampen wurden zusammengefaßt und direkt vor den Augen des Fahrers plaziert, ebenfalls in der Mitte über dem Steuer war der Tachometer zu finden. Eigenartigerweise reichte der nur bis 100 Meilen, dabei wußte doch jeder, daß ein Cadillac bedeutend mehr schaffte. Nett anzuschauen auch die vielen Holzapplikationen im Innenraum, eher aufdringlich dagegen die Unmenge der überall auftretenden Schriftzüge – hätte jemand beim Fahren vergessen, in welchem Fahrzeug er sitzt, die vielen Schriftzüge hätten ihn wieder daran erinnert. Sonst tat sich 1974 eigentlich nicht viel, abgesehen vielleicht noch von den neuen hinteren Querstabilisatoren des Eldorado, die dem Fahrzeug vor allem bei schnell gefahrenen Kurven zugute kamen. Etwas fällt hingegen auf, wenn man sich die Preisliste der 74er Cadillac ansieht: Das Angebot an aufpreispflichtigen Spezialausstattungen war bedeutend länger geworden. Fast jeder Wunsch konnte erfüllt werden: Es gab ein »Talisman« genanntes Sondermodell des Fleetwood 60S Brougham, bei dem man gegen einen Aufpreis von 2450 $ nur noch vier, dafür in teuerstes Leder gehüllte Sitzplätze, ein edles Schreibset und sonstige mäßig wichtige Kleinigkeiten erhielt; 220 $ kostet ein »falsches« Cabrioverdeck für die Coupés; 60 $ berechnete Detroit für einen vom Innenraum zu öffnenden Kofferraum; 65 $ löhnte derjenige, der unbedingt eine Abschleppwinde haben wollte, und für 52 $ blitzten sogenannte »Opern-Lämpchen« am hinteren Dachpfosten. Sogar der Rahmen für das Nummerschild kostete extra, die sechs Dollar fielen allerdings nicht weiter ins Gewicht. Viel wichtiger war 1974 eine Personalentschei-

Der Fleetwood Brougham erhielt immer mehr interne Konkurrenz durch besonders reich ausgestattete Sonderversionen wie den Fleetwood Brougham »Talisman«. Das tat seinem Erfolg aber keinen Abbruch: Der neben der Limousine sicher konservativste Cadillac fand auch 1974 über 18 000 Käufer.

dung: Robert D. Lund fand sich plötzlich auf dem Chef-Sessel von Chevrolet wieder. Zu seinem Nachfolger wurde ebenfalls ein Chevrolet-Mann ernannt, Edward C. Kennard.

Wie Cadillac hatte auch Lincoln 1974 hart mit dem arabischen Ölembargo zu kämpfen, die Verkäufe fielen um 26 Prozent auf weniger als 100 000 Fahrzeuge. Immerhin konnte der Continental Mark IV, für den es die verschiedensten Spezialausführungen mit so aufregenden Namen wie »Gold Luxury Group Option« gab, aber die komfortable Führungsrolle gegenüber dem Eldorado halten. Hart zu beißen hatte weiterhin Chrysler mit seinem Imperial, der trotz eines völlig neuen Designs auf gerade einmal 14 426 Einheiten kam. Von Imperial gab es eigentlich bis 1981 nichts mehr zu berichten, Cadillac hingegen stellte schon im April 1975 eine sensationelle Neuerung vor: den Seville!

Daß Cadillac einen kleineren, kompakteren Wagen auf die Räder stellte, stand allerdings nicht in Zusammenhang mit dem arabischen Ölembargo. Zu Beginn der 70er Jahre, als mit der Konstruktion des Seville begonnen wurde, dachte noch kein Mensch daran, daß die Araber eines Tages ihr schwarzes Gold zum begehrtesten Artikel der ganzen Welt machen würden. Der Anstoß zur Seville-Entwicklung kam nicht aus dem Nahen Osten – sondern aus Deutschland. Cadillac konnte und wollte sich nicht länger mitansehen, wie Mercedes, BMW und Konsorten sich in den USA mit kleineren, aber sehr gut ausgestatteten und kräftig motorisierten Fahrzeugen in eine immer bessere Position manövrierten. Deshalb erhielten einige amerikanische Mercedes-Kunden 1971 überraschende Post: Einen Fragebogen von Cadillac mit der Bitte um Auskunft, was genau sie zum Kauf eines deutschen Automobils bewogen habe.

Die Auswertung war schnell gemacht, eine Entscheidung über einen kleineren Cadillac aber noch lange nicht gefallen. Denn es gab einige Herren bei General Motors, die von einem Cadillac mit weniger als sechs Sitzplätzen nichts wissen wollten, darunter auch der damalige GM-Boss Ed Cole. Tagelang wurde diskutiert, viele Projekte kamen auf den Tisch und wurden wieder verworfen, darunter beispielsweise die Idee eines Cadillac mit Frontantrieb und Wankelmotor! Länger nachgedacht wurde über die Möglichkeit, den Opel Diplomat, ein in der Tat stark unterschätztes und der damaligen Mercedes S-Klasse durchaus ebenbürtiges Fahrzeug, für den amerikanischen Markt zu adaptieren. Doch allein der Transport der Teile von Deutschland nach Detroit hätte die kleinen Cadillac plötzlich teurer werden lassen als die Series 75.

Also schaute man sich in den Regalen von General Motors um. Dort fand man das »X-Body« genannte Chassis, auf dem Chevrolet Nova, Pontiac Ventura, Oldsmobile Omega und Buick Ventura basierten. Cadillac entschied sich für diese »billige« Lösung und handelte sich prompt herbe Kritik ein: Das sei mal wieder typisch für die amerikanischen Automobilkonstrukteure, hieß es, die lieber etwas verbesserten als sich selber Gedanken zu machen. Nun, diese Aussage mag in verschiedenen Fällen durchaus ihre Berechtigung haben: Beim Seville stimmte sie sicher nicht. Zwar diente der X-Body als Ausgangspunkt, doch bis der Seville endlich präsentiert wurde, war das Chassis derart überarbeitet worden, daß es sich wirklich nicht mehr mit dem von Nova & Co. vergleichen ließ. Ganz im Gegenteil: Weil sich die Konstrukteure derart Mühe beim Verbessern und Ändern gaben, stiegen allein die Fertigungskosten für die neuen Produktions-Werkzeuge auf 100 Millionen Dollar, da nur ganz wenige schon bestehende GM-Teile verwendet werden konnten. Schließlich hatte Chefingenieur Bob Templin seine ganz eigenen Vorstellungen von Seville: »Doing it my way« war seine klare Devise. Das galt auch für das Design, das von Stan Parker vom »Advanced Cadillac Studio« in Zusammenarbeit mit Irv Rybicki und Jack Humbert erarbeitet wurde: Die ersten Entwürfe zeigten einen klassischen Fastback, der den Namen »La Salle« erhielt. Gerade diese ersten Zeichnungen und Modelle zeigten den großen Einfluß vom GM-Chefstylist Bill Mitchell, der im kleinen Cadillac eine Hommage an den großartigen Sixty-Special von 1938 sah. Wenig später wurde dem »La Salle« der »La Scala« gegenübergestellt, der schon bedeutend mehr wie der spätere Seville aussah. Im Juli 1973 war es dann soweit: Bei einem Treffen in Anaheim, Kalifornien, konnten sich GM und Cadillac auf die endgültige Form des Seville einigen, ab November wurde nichts mehr geändert.

Fehlte nur noch die Technik. Selbstverständlich hatte man sich schon vor 1973 Gedanken gemacht. Dennoch wurde die komplette Ingenieursarbeit in nur neun Monaten – vom Januar bis September 1974 – erledigt. Das sei dem Seville auch anzumerken, wie einige Kritiker meinten, die beispielsweise nicht verstanden, weshalb ein neuer Cadillac nicht vier Scheibenbremsen erhielt. So etwas war doch zum Beispiel beim Mercedes 450 SE längst Standard. Der Grund war einfach: In den Regalen von GM fand sich kein System, das in den Seville gepaßt hätte. Einzig die Corvette-Bremsen wären eine Möglichkeit gewesen ...

Auch in Sachen Fahrwerk schieden sich die Geister. Die meisten europäischen Hersteller setzten schon lange auf Einzelradaufhängung hinten und vorne, während man sich bei Cadillac hinten mit der guten, alten Starrachse zufrieden gab. Ganz so tragisch war dies allerdings nicht, wie Vergleichstests mit dem Mercedes 450 SE ergaben: Der Benz hatte seine Vorteile auf schlechten Straßen, doch dort, wo sich der Verkehr zur Hauptsache abspielt, also auf gut ausgebauten Hauptstraßen und Autobahnen, war der Seville dem deutschen Qualitätsprodukt eindeutig überlegen. Die Cadillac-Techniker wollten keinen Rennwagen, sondern eine bequeme Reiselimousine: Und dieses Ziel hatten sie mit dem samtweich abrollenden und sehr leisen Seville auch erreicht. Und wenn wir schon bei Mercedes-Benz 450 SE sind: Bei einem Test von »Road & Track« war der Seville bei verschiedenen Fahrversuchen wie dem Slalom sogar schneller, wenn auch nur ganz minimal.

Den Motor für den Seville besorgte man sich bei Oldsmobile. Doch auch hier steckte Cadillac viel eigene Konstruktionsarbeit hinein, bis das Triebwerk so war, wie es sich Bob Templin vorgestellt hatte. Vor allem die Benzineinspritzung – beim Seville erstmals für ein amerikanisches Fahrzeug ausschließlich serienmäßig angeboten – und die neu konstruierten Einlaßkrümmer machten aus dem Oldsmobile-Motor einen feinen Cadillac-Motor. Die Benzineinspritzung selber war beim besten Willen keine bahnbrechende Neuerung, hatte doch der Deutsche Robert Bosch schon in den 20er Jahren funktionierende Systeme konstruiert. Mercedes-Benz hatte dem 300 SL schon zu Beginn der 50er Jahre eine Benzineinspritzung spendiert, in den USA kamen ab 1957 als erste Fahrzeuge die Chevrolet in den Genuß dieser kontrollierten Kraftstoffregelung. In den USA konnte sich die Benzineinspritzung allerdings nicht so recht durchsetzen, für die großvolumigen Achtzylinder waren die in der Produktion bedeutend günstigeren Drei- und Vierfachvergaser nämlich mindestens ebenso geeignet wie die Einspritzanlagen. In den 70er Jahren erinnerte man sich dann allerdings wieder an diese Systeme, vor allem auch im Zusammenhang mit den Abgas- und Verbrauchsbestimmungen. Der mit einer Bendix-Einspritzung ausgerüstete Seville-Motor leistete aus 5,7 Liter Hubraum 180 PS, das maximale Drehmoment lag bei rund 270 Nm bei 2 000/min.

Durch die Presse geisterte der kleine Cadillac schon seit Beginn der 70er Jahre, der erste Bericht mit etwas mehr als nur Gerüchten fand sich im Oktober 1974 in der »Chicago Sun Times«: Danach sollte der neue Wagen den Namen »La Salle« erhalten. Und dieser Vorschlag war alles andere als abwegig, hatte doch schon eine erste Studie diesen Namen getragen. Trotzdem konnte man sich bei Cadillac nicht dazu durchringen, obwohl die Handbücher und die Präsentationsunterlagen alle schon mit »La Salle« geschrieben worden waren – in letzter Sekunde wurde der Name auf Seville geändert. Ob

Nur ganz knapp verfehlte das Coupé de Ville 1974 einen weiteren Rekord, blieb aber mit 112 201 verkauften Exemplaren das beliebteste Cadillac-Modell überhaupt. Was man auf diesem Bild schlecht erkennen kann, ist das vollkommen neu gestaltete Armaturenbrett.

Auch bei der mittleren DeVille-Reihe hatte die Kundschaft 1974 die Möglichkeit, ihre Fahrzeuge mit Sonderversionen wie diesem Sedan de Ville d'Elegance zu personalisieren. In diesem Fall waren ein Vinyldach sowie ein schönes Typenschild Kennzeichen der Nobelversion. Die zusätzliche Ausstattung machte den Wagen unverhältnismäßig teuer.

da vielleicht ein Zusammenhang damit bestand, daß Ford seinen kleinen Luxuswagen Granada, daß Chrysler seinen kleinen Luxuswagen Cordoba genannt hatte? Spanische Städte scheinen Mitte der 70er Jahre in Detroit sehr in Mode gewesen zu sein ...

Nachdem der letzte Eldorado im Februar 1975 im als »Omaha Beach« bekannten Gebäude an der Clark Avenue vom Band gelaufen war, riß ein Bulldozer die Mauern ein, und innerhalb eines Monats wurde eine komplett neue Produktionsanlage aus dem Boden gestampft. Bereits am 26. März lief die Produktion des Seville an, und am 1. Mai standen die ersten 1600 Fahrzeuge bei den Händlern. Alle diese Seville sahen gleich aus, alle waren silber-metallic lackiert, alle hatten ein graues Lederinterieur, alle waren komplett ausgestattet – mehr als nur ein Gag, denn so erhielten die Arbeiter auch die notwendige Übung bei der Fertigung des neuen Fahrzeugs, das selbstverständlich von der bekannten Cadillac-Qualität sein mußte. Diese Qualität konnten die Käufer auch erwarten, denn mit 12 479 $ war der Seville trotz seiner relativ kompakten Dimensionen (»nur« 518 Zentimeter lang) eines der teuersten amerikanischen Automobile überhaupt. Sogar bei Cadillac selber übertraf nur die Series 75 den Seville, das Calais Coupé war dagegen fast 4 000 $ günstiger.

Selbstverständlich beließ man es bei Cadillac 1975 nicht beim Seville, auch alle anderen Modelle erhielten diverse Verbesserungen. Neben den optischen Verände-

271

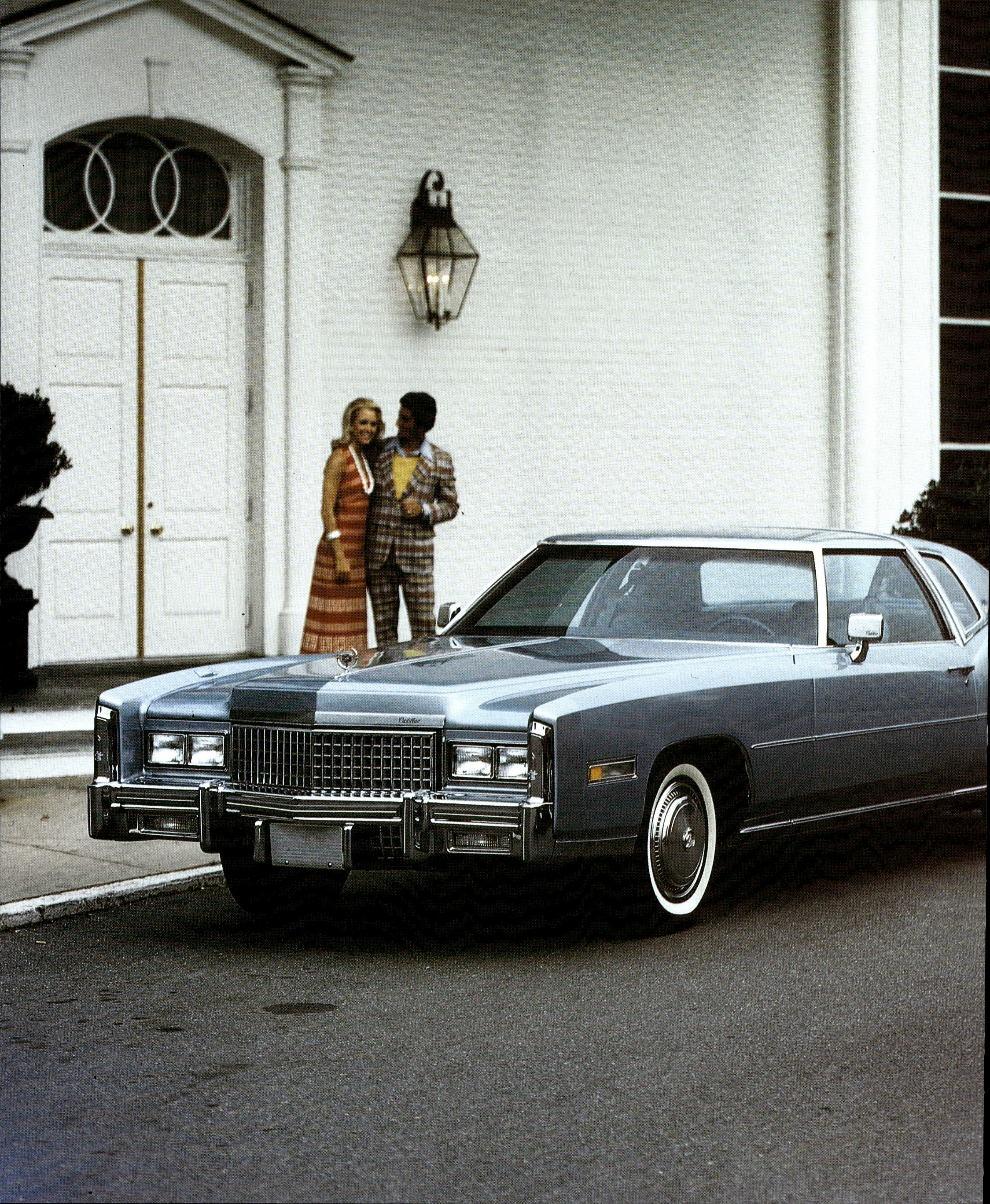

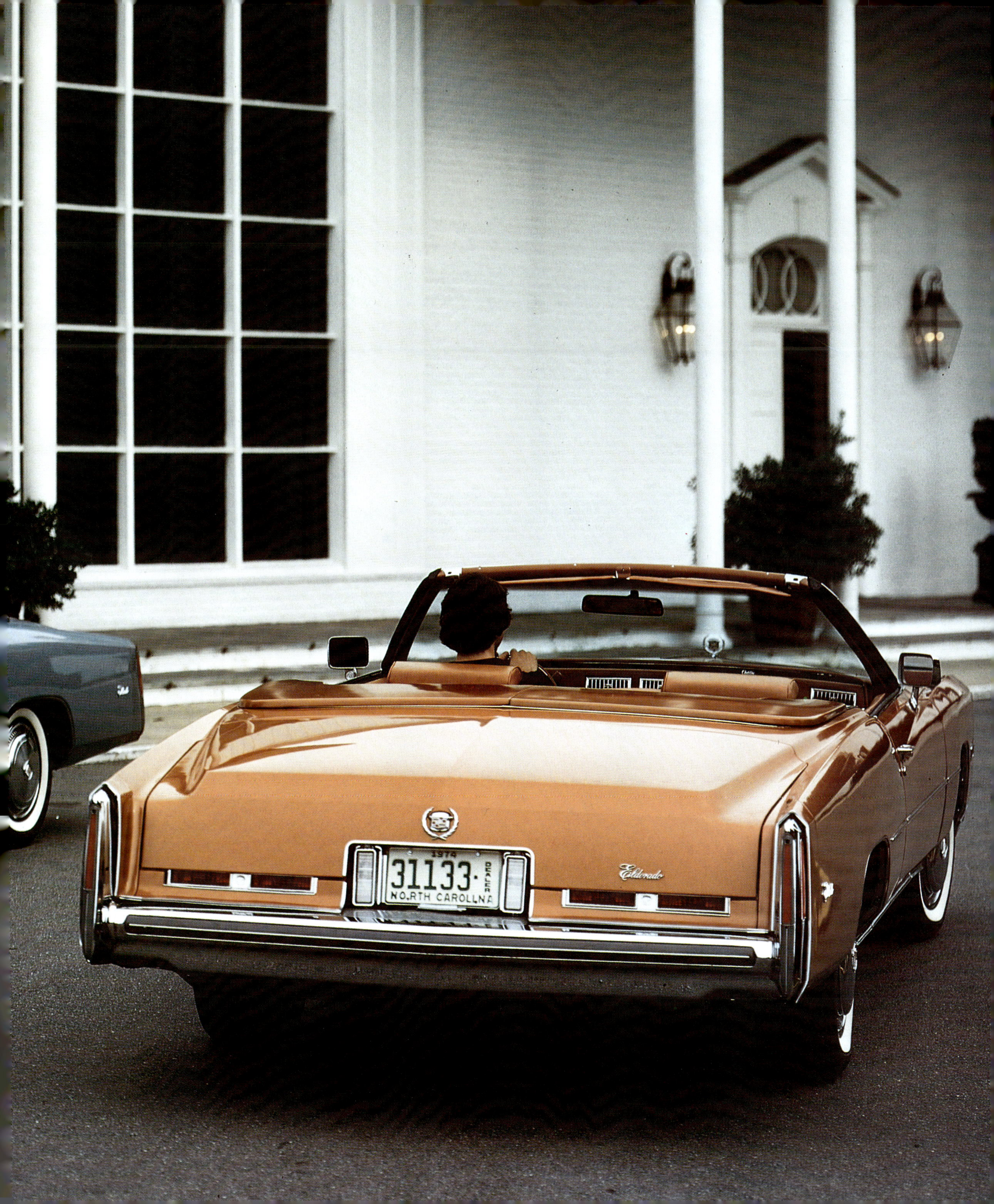
1974
31133
DEALER
NORTH CAROLINA
Eldorado

Eigentlich erstaunlich: Die Calais-Reihe kam und kam nicht auf Touren, obwohl sie äußerlich vollkommen identisch war mit der weitaus erfolgreicheren DeVille-Reihe. Aber wer sich einen Cadillac leisten konnte, der konnte sich auch gleich eine etwas bessere Ausführung leisten. Von diesem Calais Sedan wurden nur 2 500 Stück zu einem Preis 8 390 $ verkauft.

Seite 272/273:
Die Eldorado, sowohl das Coupé als auch das Cabriolet, hatten 1975 keine hinteren Radabdeckungen mehr. Die Anordnung der Lichter war neu, und schließlich wurde – dies war sowieso selbstverständlich – der Kühlergrill neu gezeichnet. Die Verkäufe gingen leicht zurück, insgesamt wurden noch 44 752 Eldorado verkauft.

Auch der Fleetwood Brougham, der die klassische Bezeichnung als Sixty Special nicht mehr in seinem Namen führte, war 1975 mit dem gewaltigen 8,2-Liter-V 8 ausgestattet, der vorher dem Eldorado vorbehalten gewesen war. Sein Preis stieg auf 10 427 $, die Verkäufe auf 18 755 Einheiten.

Noch knapp über 60 000 Exemplare des Sedan de Ville konnte Cadillac 1975 verkaufen. Bei diesem Bild gut zu sehen sind die neuen, rechteckigen Lampen sowie der Kühlergrill, der für 1975 neu gezeichnet worden war.

rungen – Kühlergrill, Rechteckscheinwerfer – war Cadillac vor allem stolz auf die technischen Fortschritte, die den Kunden offeriert werden konnten. Man unternahm (auch in der Werbung) große Anstrengungen, vom schlechten Image des »Gas Guzzler«, des Benzinsäufers, wegzukommen: Ein überarbeiteter Drehmomentwandler, eine längere Achsuntersetzung, die nun für alle Modelle erhältliche Hochleistungszündung, neue Reifen, das alles verringerte den Verbrauch um je einige Schlucke. Entscheidender war da sicher die Einführung der Benzineinspritzung bei allen Modellen (außer der Limousine und dem neunplätzigen Sedan, dort gab es sie auf Wunsch.) Wer es nicht so recht glauben wollte, dass sein Cadillac tatsächlich sparsamer geworden war, der konnte an einem grünen Licht im Armaturenbrett ablesen, dass er kraftstoffeffizient unterwegs war – brannte das rote Licht, dann lag der Verbrauch nicht ausgesprochen niedrig. Doch nicht nur diese Verbrauchsanzeige war neu zu finden im Armaturenbrett: Mit einigen geringfügigen Änderungen wurde das etwas gar zu gewagte Cockpitdesign vom Vorjahr wieder etwas entschärft.

Eine nicht ganz glückliche Hand bewies Cadillac allerdings in seiner Werbung, schließlich hatte auch der Ruf des amerikanischen Luxusfahrzeug-Hersteller Nummer eins stark unter Verarbeitungsmängeln und Rückrufaktionen gelitten: »Hinter dem hervorragenden Aussehen versteckt sich ein hervorragendes Fahrzeug«, war etwa in den Verkaufsbroschüren zu lesen. Gut, es war zumindest nicht ganz gelogen, immerhin hatten die Ingenieure die Motoraufhängung am neuen Jahrgang geändert, die das Leben im Auto noch angenehmer machte. Andererseits war schon 1975 offensichtlich, daß sich die Zeiten der riesigen amerikanischen Straßenkreuzer ihrem Ende entgegen neigten. Aber immerhin durfte Cadillac stolz sein, die mit Abstand begehrtesten amerikanischen Luxusautos zu bauen: Zwar schaffte man nur knapp über 260 000 Einheiten im Kalenderjahr 1975, doch auch Lincoln mußte einen Rückschlag hinnehmen – der Verbrauch war plötzlich wichtiger als ein Platzangebot für sechs Personen.

Bei Cadillac begann man sich intensive Gedanken um die Zukunft zu machen, vielleicht mit ein Grund, warum am Modelljahrgang 1976 kaum Änderungen durchgeführt wurden. Stattdessen konzentrierte man sich auf eine geradezu revolutionäre Verkleinerung der gesamten Modellpalette. Trotzdem erreichte Cadillac mit 304 485 Einheiten nahezu die Stückzahlen des Boom-Jahres 1973, obwohl Cadillac-Boss Edward C. Kennard eigentlich nur mit etwa 280 000 Einheiten gerechnet hatte. Dieses hervorragende Ergebnis, erzielt mit eigentlich unzeitgemäß großen Autos, führte zu einer Umfrage unter den Cadillac-Kunden, um den zukünftigen Cadillac-Kurs abzustecken. Sie ergab, daß sie wohl auch zukünftig der Marke die Treue halten würden, gleichgültig, wie groß der Cadillac auch ausfiel. Diese Befragung der Klientel erbrachte auch einige überraschende Erkenntnisse über die Seville-Käuferschaft. Rund 45 Prozent der Kunden waren Frauen, das Durchschnittsalter lag bei 55,7 Jahren, und praktisch alle Käufer verfügten über einen höheren Schulabschluss. Interessanterweise hatte fast die Hälfte der Kunden vor dem Kauf des Seville mit einem Importfahrzeug geliebäugelt.

Zwei Dinge waren aber trotzdem bemerkenswert am neuen Jahrgang: Der Eldorado erhielt endlich Vierrad-Scheibenbremsen serienmäßig – und das Eldorado Convertible wurde 1976 aus der Produktion genommen. Da-

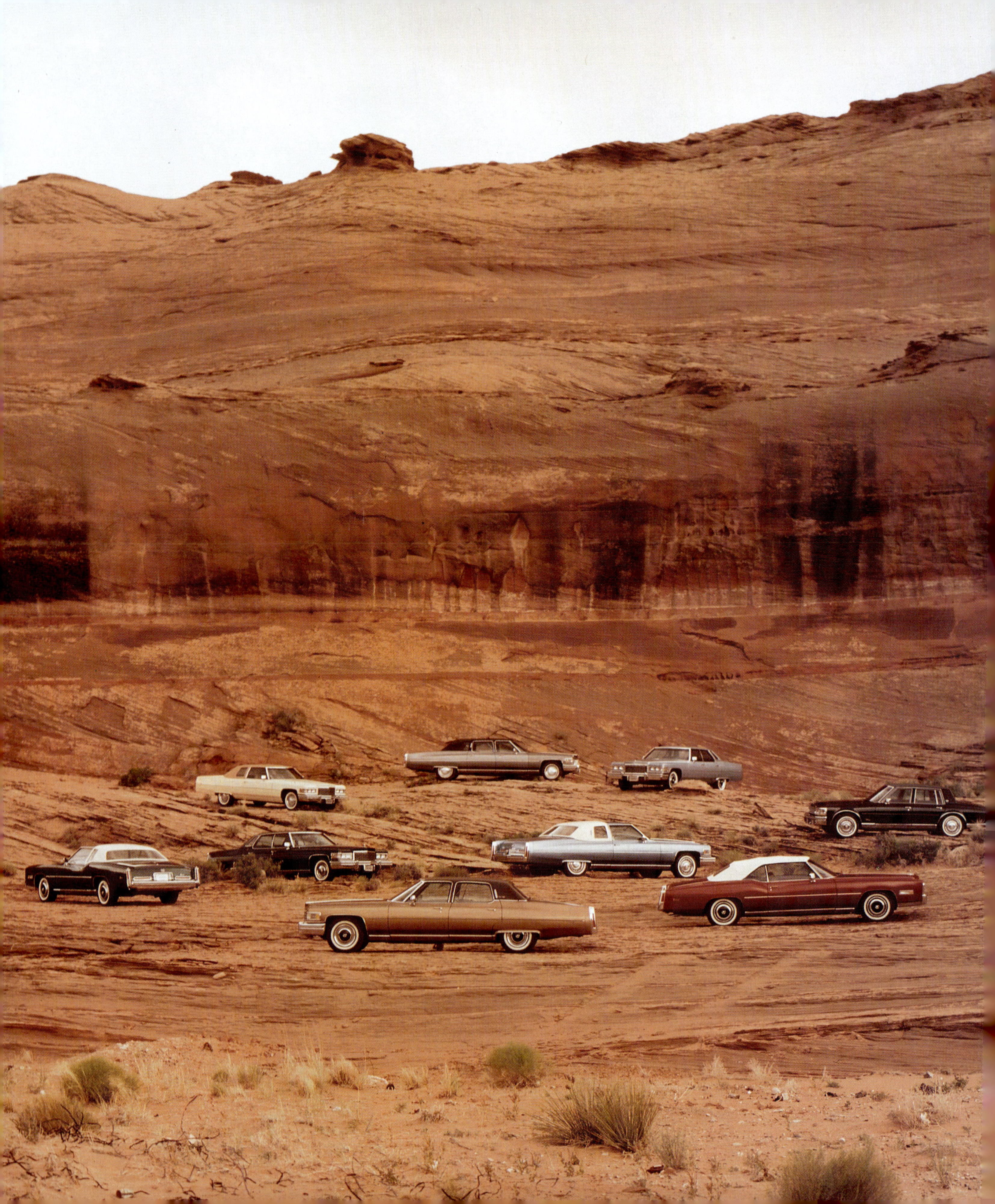

Insgesamt neun verschiedene Modelle umfaßte das Programm von Cadillac 1976. Vorne links: Eldorado Coupé. Vorne Mitte: Fleetwood Brougham. Vorne rechts: Eldorado Convertible. Mitte links: Calais Sedan. Mitte Mitte: Calais Coupé. Mitte rechts: Seville. Hinten links: Coupé de Ville. Hinten Mitte: Fleetwood 75 Sedan. Hinten rechts: Sedan de Ville.

mit gab es kein werksseitig gebautes amerikanisches Cabriolet mehr, auch war erstmals in der mittlerweile 74jährigen Cadillac-Geschichte kein offenes Fahrzeug mehr im Programm. Sicher, die Cabriolets hatten bei den heftigen Diskussionen um Sicherheit in den 70er Jahren keinen guten Stand, auch von den Stückzahlen her war da nie das große Geld zu verdienen: In den 60er hatte Cadillac jährlich rund 20 000 Convertibles verkaufen können, in den 70ern hatten sich die Eldorado Convertibles die Reifen platt gestanden – und doch war es schade. Gerade der Eldorado mit seinem gewaltigen Motor und seinen, dank Frontantrieb, sicheren Fahreigenschaften ließ »Cruising« in seiner schönsten Form erleben. Seinen letzten Auftritt gestaltete das Eldorado Cabriolet aber grandios: Ganz in weiß lackiert, mit weißem Dach und rotem oder blauem Interieur, wurden die letzten 200 schon zu Liebhaberpreisen gehandelt, bevor sie überhaupt vom Band rollten. Und nach der Ankündigung, daß 1976 das letzte Jahr mit einem offenen Cadillac sei, gingen die Bestellungen derart gehäuft ein, daß insgesamt 14 000 Convertibles verkauft werden konnten. Nachfolgend die Zahlen der gesamten Cabriolet-Produktion von Cadillac in den Jahren 1946 bis 1976:

Jahr	Modell	Produktion
1946	Series 62	1 342
1947	Series 62	6 755
1948	Series 62	5 450
1949	Series 62	8 000
1950	Series 62	6 986
1951	Series 62	6 117
1952	Series 62	6 400
1953	Series 62	8 367
	Eldorado	532
1954	Series 62	6 310
	Eldorado	2 150
1955	Series 62	8 150
	Eldorado Biarritz	3 950
1956	Series 62	8 300
	Eldorado Biarritz	2 150
1957	Series 62	9 000
	Eldorado Biarritz	1 800
1958	Series 62	7 825
	Eldorado Biarritz	815
1959	Series 62	11 130
	Eldorado Biarritz	1 320
1960	Series 62	14 000
	Eldorado Biarritz	1 285
1961	Series 62	15 500
	Eldorado Biarritz	1 450
1962	Series 62	16 800
	Eldorado Biarritz	1 450
1963	DeVille	17 600
	Eldorado Biarritz	1 825
1964	DeVille	17 900
	Eldorado Biarritz	1 870
1965	DeVille	19 200
	Eldorado	2 125
1966	DeVille	19 200
	Eldorado	2 250
1967	DeVille	18 200
1968	DeVille	18 025
1969	DeVille	16 445
1970	DeVille	15 172
1971	Eldorado	6 800
1972	Eldorado	7 975
1973	Eldorado	9 315
1974	Eldorado	7 600
1975	Eldorado	8 950
1976	Eldorado	14 000

Nicht minder einschneidend als das Ende der Cabriolets gerieten die Änderungen am Modelljahrgang 1977, der am 3. September 1976 von Cadillac-Boss Edward C. Kennard vorgestellt wurde. Entgegen der mittlerweile 75jährigen Firmen-Tradition stand er nicht mehr für die sanfte Erneuerung und stetige Verbesserung der Fahrzeuge, sondern brachte eine schon fast revolutionäre Verkleinerung der Cadillac-Dimensionen. Damit stand Cadillac nicht allein, das ganze GM-Programm erlebte diesen radikalen Wandel – und dies ein Jahr bevor die Konkurrenz von Ford und Chrysler ebenfalls diesen Schritt zurück zur Vernunft unternahm.

Aber obwohl hier die Rede von »kleineren« Cadillac ist, handelte es sich immer noch nicht um Kompaktautos: Der DeVille wurde um 24 Zentimeter kürzer und maß bei einem Radstand von 309 Zentimetern jetzt

Die großartige Neuerung für den Modelljahrgang 1976 war der Seville, der obwohl deutlich kleiner als alle anderen Cadillac, üppige 12 479 $ kostete. Er war gedacht als Konkurrenz zu den importierten Luxuswagen aus Deutschland – vor allem jenen mit einem Stern auf der Kühlerhaube – und schaffte 1976 schon stolze 43 722 Exemplare. Beachtlich war der Mut von Cadillac, ein vollkommen neues Fahrzeug so konservativ zu gestalten.

Es war das letzte Jahr für den Saurier auf vier Rädern – aus Sicherheits-Überlegungen mußte der Eldorado Convertible 1976 sterben. Im letzten Jahr wurden noch einmal 14 000 Exemplare abgesetzt, und zwar zu einem Preis von 11 049 $.

noch 562 Zentimeter, der Fleetwood Brougham wurde um 32 Zentimeter kürzer und hatte jetzt die gleichen Abmessungen wie die DeVille-Reihe, und auch die Limousine wurde um 20 Zentimeter gekürzt und kam jetzt bei einem Radstand von 367 Zentimeter auf eine noch immer respektable Länge von 620 Zentimeter. Alle Cadillac mit Ausnahme des Seville und des Eldorado wurden auch um fast neun Zentimeter schmaler sowie, auch nicht ganz unwichtig, im Schnitt um 430 Kilo leichter. Gerade auf diesen letzten Punkt war man bei Cadillac besonders stolz, und Ed Kennard verwies auf »die hervorragende Arbeit der Ingenieure, die diese Gewichtsersparnis durch die Verwendung von leichteren, aber sehr stabilen Materialien sowie dem Einsatz von modernsten Computern erreichten.« Im einzelnen sahen die größten Einsparungen so aus: 49 Kilo (oder umgerechnet minus 28 Prozent im Vergleich zu den früheren Modellen) bei der Karosserie, 42 Kilo (minus 12 Prozent) beim Motor, 31 Kilo (minus 27 Prozent) bei den Stoßstangen. Nicht gespart dagegen wurde an der luxuriösen Ausstattung und am üppigen Platzangebot im Innenraum. Kennard: »Mit der Entwicklung der leichten, kleineren und sparsameren Fahrzeuge war Cadillac innerhalb des GM-Konzern besonders gefordert, weil wir unsere Tradtionen aufrechterhalten mußten – und wir haben uns dieser Herausforderung gestellt.« Auch wenn es langjährigen Cadillac-Fahrern auf den ersten Blick schwerfiel, Kennard zu glauben, so belehrten sie die nackten Zahlen eines Besseren: Obwohl über 30 Zentimeter kürzer, blieb die Beinfreiheit beim Fleetwood Brougham unverändert groß, während sie beim um über 20 Zentimeter geschrumpften Sedan de Ville sogar noch um rund drei Zentimeter anstieg.

Gleichzeitig mit der Reduzierung von Größe und Gewicht wurde auch das Modellprogramm eingeschränkt. Nachdem 1976 schon das Eldorado Cabriolet hatte weichen müssen, verschwanden jetzt auch die gesamte Calais-Reihe, der neunsitzige Sedan und die berühmte Bezeichnung Sixty-Special. Und obwohl die Calais-Reihe aus dem Modell-Programm verschwand, wurde gar nicht erst der Versuch unternommen, den DeVille zum Cadillac für Ein- und Aufsteiger zu machen, ganz im Gegenteil, die DeVille wurden um rund 750 Dollar teuer.

Was an Angeboten übrigblieb, also das Coupé de Ville, der Sedan de Ville, der Fleetwood Brougham, die achtsitzige Limousine, die siebenplätzige Formal Limousine sowie die praktisch unveränderten Seville und Eldorado, war aber weiterhin ganz klar als Cadillac erkennbar – wenn auch als völlig neue Cadillac. Die Linien waren weiterhin klassisch und elegant, verschiedene bekannte Elemente wie Kühlergrill, Lampenanordnung vorne und hinten sowie die herausragende Kühlerfigur blieben erhalten. Selbstverständlich wurde bei der Neugestaltung der äußeren Formen auch gleich das Armaturenbrett neu gestaltet, wobei die Minimierung der auf einen Blick einsahbaren Angaben vielleicht nicht eine besonders glückliche Lösung darstellte. Neu war auch ein Zweispeichen-Lenkrad.

Cadillac hätte seine Arbeit nicht vollkommen geleistet, wenn nicht auch am Motor größere Veränderungen passiert wären. Selbstverständlich gab es auch hier eine Reduzierung, bei einer Bohrung von 103,6 Millimetern und einem Hub von 103,1 Millimetern hatte das V 8-Triebwerk neu noch einen Hubraum von 6 964 cm^3, was für eine Leistung von 180 PS bei 4 000/min und ein maximales Drehmoment von 310 Nm bei 2 000/min reichte. So gesehen war das Jahr 1977 schon fast ein historischer Moment, denn zum ersten Mal in seiner Geschichte steigerte Cadillac den Hubraum seines V 8 nicht, sondern verkleinerte ihn. Standardausrüstung blieb weiterhin der Vierfachvergaser Quadrajet, bei den DeVille, dem Brougham und dem Eldorado war weiterhin die Benzineinspritzung auf Wunsch erhältlich. Wenig geändert wurde am Fahrwerk, es wurde auf Basis der bisher gemachten Erfahrungen übernommen und den neuen Dimensionen angepaßt.

Grössere Anstrengungen unternahm Cadillac da schon, als es darum ging, die Fahrzeuge längerfristig zuverlässig zu machen. Selbstverständlich wurde gleichzeitig mit der Einführung der kleineren Modelle die Qualitätskontrolle verstärkt – sie mußte verbessert werden, nach den eher schlechten Erfahrungen der vergangenen Jahre. Außerdem wurde zum ersten Mal ernsthaft über das Problem des Rostens nachgedacht, verschiedene anfällige Teile wurden verzinkt. Auch in Sachen Elektrik und Elektronik wurde einiges verbessert, auf der

Am 1. Mai 1975 war es soweit: Der Cadillac Seville war erstmals bei den Händlern zu sehen. Dieses Bild entstand aber schon am 7. Februar 1975, als der Seville der Presse präsentiert wurde – und manch ein Journalist konnte anscheinend nicht warten, den kleinen Cadillac endlich zu sehen.

*Unten:
Der Fleetwood Brougham des Jahres 1976: Wieder gab es zwei Spezialversionen, den »d'Elegance« und den »Talisman«, und wieder stieg der Absatz: von 18 755 auf 24 500 Exemplare. Gestiegen war auch der Preis – von 10 427 $ auf 10 935 $.*

immer länger werdenden Aufpreisliste tauchten immer bessere Radios und eine »Electronic Cruise Control« auf, mit der man per einfachen Knopfdruck eine gewählte Geschwindigkeit einhalten oder sogar beschleunigen konnte. Der Seville und der Eldorado erlebten in diesem Jahr nur geringfügige Veränderungen, beide erhielten eine neue Front, in der Kühlergrill – selbstverständlich neu gezeichnet – und Lampen eine vertikale Einheit bildeten.

Wenn Cadillac auch kleinere Autos baute, der Erfolg wurde deshalb keineswegs geschmälert, ganz im Gegenteil: Mit insgesamt 357 188 für das Kalenderjahr 1976 gebauten Fahrzeugen wurde ein absoluter neuer Rekord aufgestellt, mit dem Cadillac sein 75jähriges Jubiläum würdig begehen konnte. Doch auch die Konkurrenz schlief nicht: Mercedes-Benz konnte seine Verkäufe in den USA um 5517 Einheiten auf 48 722 Exemplare steigern, und Lincoln schaffte wie Cadillac eine neue Rekordmarke von 191 355 Fahrzeugen. Mit eine Ursache für diesen Erfolg lag sicher in der Tatsache, daß der Luxusableger von Ford seine Fahrzeuge in den Dimensionen sogar noch ein wenig anwachsen ließ. Außerdem war der Continental Mark V in seiner 1976 präsentierten Form ein sehr ansehnliches Fahrzeug, das seine guten Verkaufszahlen durchaus verdient hatte. Mit 80 000 verkauften Exemplaren konnte der Mark V auch klar über seinen direkten Konkurrenten, den Eldorado, triumphieren.

Dieser klare Erfolg des Continental über den Eldorado setzte sich auch 1978 fort, auch wenn der Mark V eine leichte Einbuß um rund 8 000 Einheiten hinnehmen mußte, während der Eldorado nur um etwa 500 Exemplare nachgab und sich seine Verkäufe bei über 46 000 Fahrzeugen einpendelten. Wie alle anderen Cadillac war der Eldorado für das neue Modelljahr kaum verändert worden, nach der Revolution von 1977 war das ja auch kaum zu erwarten gewesen. Von außen konnte man den 78er Jahrgang nur am geänderten Kühlergrill erkennen – und vielleicht an den gegen Aufpreis erstmals erhältlichen Speichenrädern. Auf den ersten Blick nicht zu erkennen war die Motorhaube aus Aluminium, die Cadillac den Fleetwood Brougham und den Sedan de Ville für den Verkauf in Kalifornien spendierte. Die größte technische Änderung für das Jahr 1978 betraf die neukonstruierte elektronische Niveauregulierung, die beim Eldorado, Seville, Fleetwood Brougham und den großen Limousinen serienmäßig war und für die DeVille gegen Aufpreis bestellt werden konnte. Ein elektronischer Sensor erkannte, wenn das Auto beladen war, und hielt es dann mittels eines Luftkompressors automatisch auf der vom Werk vorgegebenen Höhe. Neu im Programm waren zwei Sonderausführungen, der Seville Elegante und der Eldorado Biarritz. Der Elegante verfügte über eine Zweifarben-Lackierung, Speichenräder, mehr Chromteile sowie im Interieur über eine edle Lederausstattung, während der Eldorado Biarritz in Erinnerung an die großartigen Cabriolets zwar aussah wie ein Convertible, aber keines war, denn das Dach war fest und mit Vinyl überzogen. Zur Sonderausstattung des Biarritz gehörte wie beim Seville Elegante mehr Chrom, eine spezielle Lak-

Als schon fast dramatische Neuerung könnte man die Formen des Sedan de Ville des Jahrgang 1977 bezeichnen: Sie waren bedeutend kleiner, bedeutend leichter, und es gab auch einen neuen 7-Liter-V 8, der die »neue Generation von Luxuswagen« auch noch bedeutend sparsamer machte. Und so ganz nebenbei hatte Cadillac auch noch Erfolg: Vom Sedan de Ville wurden 95 421 Exemplare verkauft.

Noch erfolgreicher als beim Sedan de Ville verlief der Wechsel auf die eindeutig gemäßigteren Dimensionen beim Coupé de Ville: Stolze 138 750 Exemplare fanden ihre Abnehmer. Obwohl viel kleiner, stieg der Preis für das Coupé de Ville 1977 auf 9 654 $.

Verglichen mit den anderen Cadillac war der Eldorado 1977 ein absoluter Riese. Und weil es 1977 kein Cabriolet mehr gab, war der »Custom Biarritz« erhältlich, dessen Dach aussah wie ein Cabrioverdeck, sich aber nicht abklappen ließ. Denn: »The Show Must Go On«.

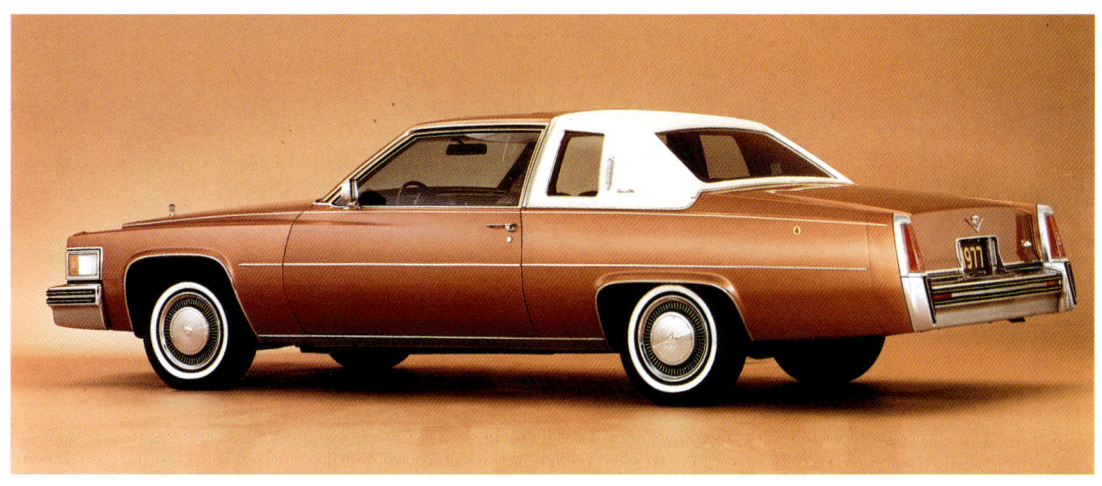

Cadillac-Werbung aus dem Jahre 1977

Leave it to Cadillac to lead the way.

... with the next generation of the luxury car. Fleetwood Brougham. Coupe deVille. Sedan deVille. Designed and engineered for a changing world. Retaining the things that have made Cadillac America's most popular luxury car... Roominess. Elegance. Security. And adding to it. With more maneuverability than in 1976 for easier parking. More rear legroom and headroom in the DeVilles. More extensive measures to help fight corrosion. Even more comfort and convenience. Small wonder Cadillac 1977 has received such fantastic acceptance in the marketplace. But you must drive it. You must drive it to know why we call it the next generation of the luxury car.

Cadillac 1977

Mit einigen Detailverbesserungen wurde der Seville 1978 weiter aufgewertet: So war neuerdings auch ein Dieselmotor zu haben, das Vinyldach gab es auf Wunsch, und schließlich wurde auch ein wenig an der Karosserie und ihrer Lackierung gearbeitet. Die Preisskala begann bei 14 161 $ (der Diesel kostete stolze 16 447 $), die Verkäufe stiegen auf 56 985 Stück.

Als Option beim schon luxuriös ausgestatten Fleetwood Brougham konnte man die Variante »d'Elegance« wählen, die vor allem innen mit allem verwöhnte, was sich der Cadillac-Fahrer nur wünschen konnte.

Genau 20 000 $ mußte der Kunde für diese gewaltige Fleetwood Formal Limousine auslegen, was denn auch nur 682 mal geschah. Dafür konnten dann sieben Passagiere ohne Platzprobleme befördert werden.

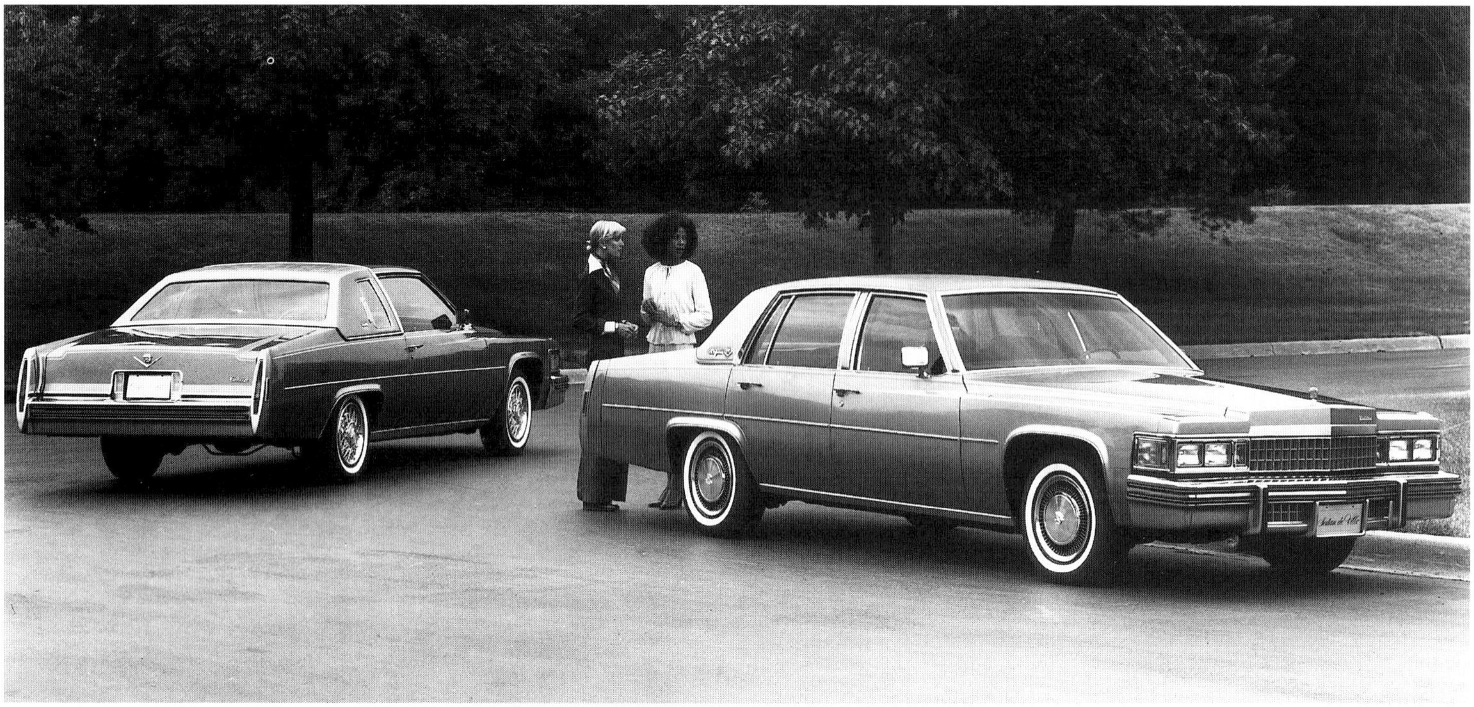

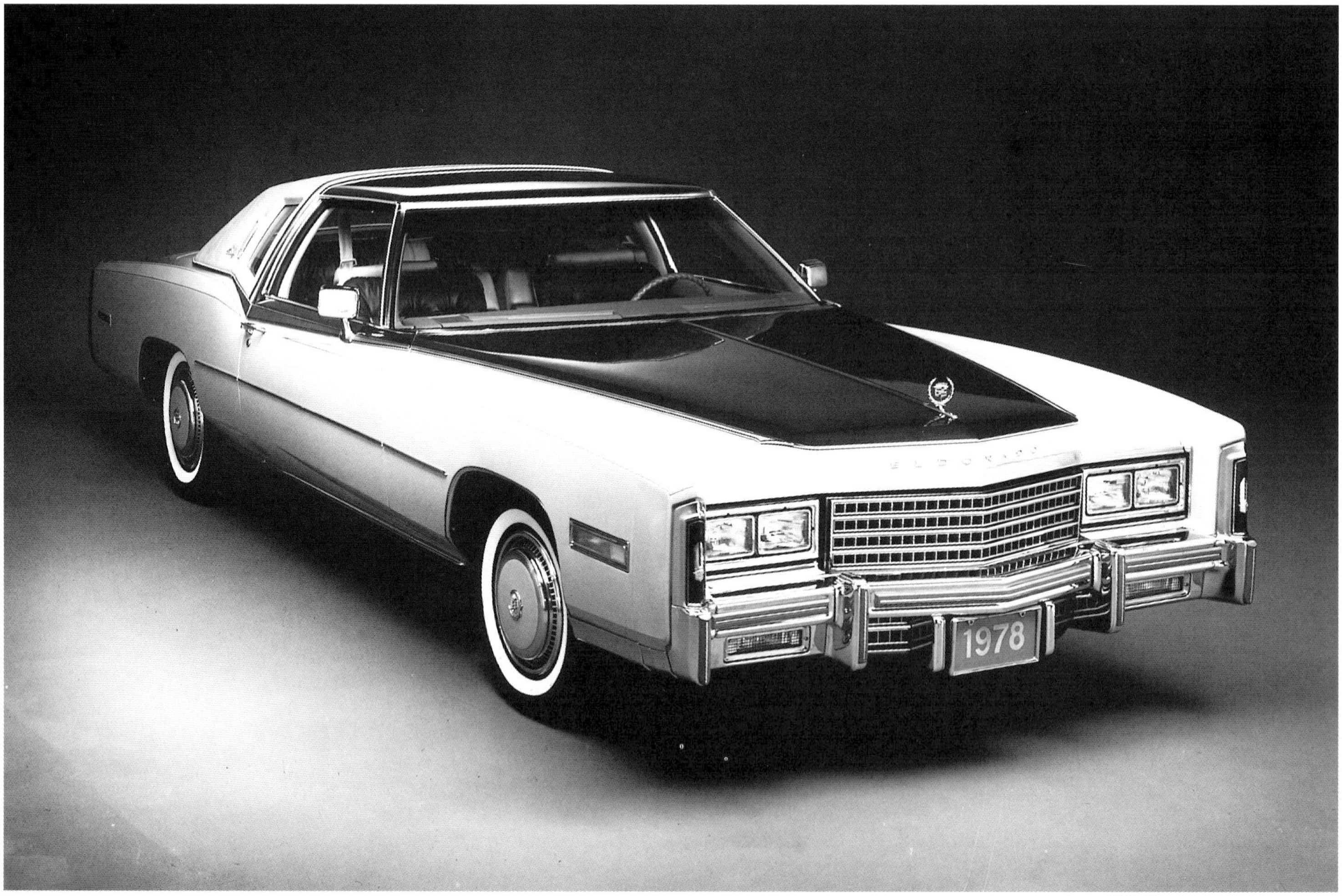
1978

Linke Seite:
Die beiden DeVille, das Coupé de Ville (hinten) und der Sedan de Ville, blieben auch 1978 die mit Abstand beliebtesten Cadillac-Modelle. Über 200 000 Exemplare konnten verkauft werden, wobei das 10 399 $ teure Coupé de Ville mit 117 750 Einheiten einmal mehr der Bestseller war.

Innen und außen mit speziellen Farben und Materialien aufgemacht war der Eldorado Custom Biarritz Classic für das Jahr 1978. Das konnte aber nicht darüber hinwegtäuschen, daß dem großen Fronttriebler die letzte Stunde geschlagen hatte – nicht einmal mehr seinen 8,2-Liter-V 8 durfte er in seinem letzten Jahr behalten, wie alle anderen Cadillac mit Ausnahme des Seville (5,7-Liter-V 8) wurde er von einem 7-Liter-V 8 angetrieben.

Auch wenn dieses Coupé de Ville von 1978 die Zusatzbezeichnung »Phaeton« trug, so war das Cabriodach selbstverständlich eine Mogelpackung, denn es ließ sich nur mit einer Kettensäge öffnen. Trotzdem, die Amerikaner liebten solche »Dummies«, vor allem auch deshalb, weil diese Spezialversionen zu einem guten Preis über eine reichhaltige Ausstattung verfügten.

kierung sowie ein Lederinterieur. Ansonsten blieb im ganzen Cadillac-Programm alles beim Alten – und das war auch gut so, denn obwohl man mit 348 832 gebauten Fahrzeugen nicht mehr ganz das Rekordniveau des Vorjahres erreichte, so mußte man sich dieser Verkaufszahlen sicher nicht schämen.

Noch weniger zu schämen brauchte sich Cadillac im Jahre 1979: Erneut wurde ein absoluter Produktionsrekord aufgestellt, und dies mit schon fast sensationellen 381 113 Fahrzeugen. Dies sagt eigentlich alles über die Popularität der Marke Cadillac in den USA aus: Cadillac war und blieb der Inbegriff des amerikanischen Luxusfahrzeugs, auch wenn die Fahrzeuge kleiner wurden und in Europa einen alles andere als guten Ruf genossen. Aufrechte Patrioten fuhren eben Cadillac, und wer sich keinen neuen leisten konnte, der kaufte ihn gebraucht: Davon gab es schließlich auch genug, denn gemäß einer firmeninternen Studie waren noch über 45 Prozent aller je gebauten Cadillac in Betrieb.

Erstaunlich sind diese Rekordzahlen für das Jahr 1979 aber aus zwei Gründen: In diesem Jahr begann der amerikanische Ärger mit dem Iran, der nach der Energiekrise von 1973 bereits wieder eine Erdölverknappung und somit eine spürbare Benzinpreis-Erhöhung mit sich brachte, die so großvolumigen Fahrzeugen wie den Cadillac das Leben besonders schwer machte. Und dann wurde nach dem Seville 1975 und dem komplett neuen Design der Volumenmodelle 1977 im Jahre 1979 bereits die dritte Revolution eingeläutet: Der Eldorado verlor von seiner imposanten Größe mehr als einen halben Meter und rangierte nun mit einer Länge von 518 Zentimetern zusammen mit dem Seville am unteren Ende der Modellpalette.

Vom bekannten Eldorado blieb außer dem Namen, der gediegenen Ausstattung, der zweitürigen Coupé-Form und dem Prinzip des Frontantriebs nichts mehr übrig. Dabei verlief die Entstehungsgeschichte des neuen Eldorado analog zu der des Vormodells in den 60er Jahren, denn wieder wurde er gemeinsam mit dem Buick Riviera und dem Oldsmobile Toronado entwickelt – mit einem entscheidenden Unterschied: Weil der Eldorado seine internen Konkurrenten in den letzten Jahren in den Verkaufszahlen immer klar übertroffen hatte, oblag Cadillac bei der Neukonstruktion des sogenannten E-Body die Federführung. So war Cadillac verantwortlich für das Chassis, die hintere Aufhängung und die elektronische Niveauregulierung, während Buick die Bremsen und Oldsmobile die vordere Aufhängung für alle drei Marken konstruierte. Die Karosserie und der Antrieb blieben Sache der einzelnen Hersteller, auch wenn Cadillac-Hausstylist Fisher auch bei Buick und Oldsmobile ein gewichtiges Wörtchen mitzureden hatte.

Selbstverständlich war auch der neue Eldorado auf den ersten Blick als Cadillac erkennbar, und das nicht nur, weil er einen imposanten Kühlergrill vor sich herschob. Die rechteckigen Linien erinnerten stark an die Formen des 1975 vorgestellten Seville, wirkten aber einiges moderner und vor allem sportlicher. Die Länge be-

Es war ein harter Schlag für alle Liebhaber der großen, klassischen Amerikaner, als sie den Eldorado für den Jahrgang 1979 erstmals zu sehen bekamen: Sie hatten gewußt, daß er kleiner werden würde – aber daß er gleich dermaßen winzig ausfallen würde, brachte die Cadillac-Enthusiasten schon aus der Fassung. Allerdings setzte der geschrumpfte Eldorado 1979 einen absoluten neuen Rekord, denn trotz seiner gewöhnungsbedürftigen Größe (oder gerade deshalb) konnten sich 67 435 Kunden für diesen Wagen mit seinem 5,7-Liter-V 8 begeistern.

Neu gestaltet wurde 1979 auch das Coupé de Ville, auch wenn hier die Änderungen nicht ganz so heftig ausfielen wie beim Eldorado. Mit 121 190 verkauften Einheiten blieb das Coupé de Ville weiterhin der beliebteste Cadillac – und auch der günstigste mit einem Preis von 11 728 $.

Der Sedan de Ville (Basispreis 12 093 $) konnte 1979 für 755 $ extra zu einem »d'Elegance« aufgewertet werden, womit man ihn dann endgültig nicht mehr vom Fleetwood Brougham unterscheiden konnte. Die Verkaufszahlen blieben knapp unter 100 000 Exemplaren.

trug nur 518 Zentimeter, der Radstand 290 Zentimeter, die Breite 182 Zentimeter, und das Gewicht sank auf moderate 1720 Kilo. Auch unter dem Blech hatte der Eldorado einiges zu bieten: So gab es eine Einzelradaufhängung an allen vier Rädern, ein für amerikanische Verhältnisse sehr aufwendiges Fahrwerk, eine weiter verbesserte Niveauregulierung und vier Scheibenbremsen. Angetrieben wurde der Eldorado vom aus dem Seville bekannten 5,7-Liter-V 8 mit Benzineinspritzung, der 170 PS leistete. Gerade dies mag eine herbe Enttäuschung für die bisherigen Eldorado-Kunden gewesen sein, die sich ein 8,2-Liter-Triebwerk gewohnt waren, doch nach einer Testfahrt durften sie schnell erkennen, daß diese Leistung vollkommen genügte, denn mit einer Beschleunigung von 0 auf 100 km/h in knapp zehn Sekunden war der neue, über 500 Kilo leichtere Eldorado schneller als der alte Straßenkreuzer. Einmal ganz abgesehen davon, daß er mit seinen reduzierten Abmessungen auch entschieden handlicher war.

Der Seville hatte 1979 interne Konkurrenz vom Eldorado bekommen und sah in der heckgetriebenen Form seinem Ende entgegen. Immerhin konnten von diesem konservativen Modell auch 1979 über 50 000 Stück verkauft werden. Die Preisspanne begann bei 16 224 $, kletterte aber weit über 20 000 $, sofern Extras geordert wurden.

Der Fleetwood Brougham verkaufte sich weiterhin gut, da er mit einem Preis von 14 102 $ auch ein faires Angebot darstellte. Allerdings konnte man ihn kaum noch vom günstigeren Sedan de Ville d'Elegance unterscheiden.

Nicht reduziert wurde aber der Preis: Mit 14 688 $ kostete der neue Eldorado rund 2 500 $ mehr als sein Vorgänger. Dafür bot er – überraschenderweise – mehr Kopf- und Beinfreiheit sowie eine komplette Ausstattung mit edlem Holz, elektrischer Sitzverstellung, Stereoanlage und Klimaanlage. Wer es noch feiner haben wollte, der konnte auf den Eldorado Biarritz zurückgreifen, der wieder über ein vorgetäuschtes Cabrio-Dach, Speichenräder und eine Lederausstattung verfügte. Weiterhin und wie die anderen Modelle nahezu unverändert blieb die Sonderausführung des Seville namens Elegante erhältlich, die trotz ihres hohen Preises 3 400 Käufer fand. Das war gerade deshalb erstaunlich, weil 1979 vom bekannten Seville-Modell nur noch gerade 5 887 Einheiten produziert wurden – ein komplett neuer Seville war für das Modelljahr 1980 geplant. Bedeutend besser lief da schon der Eldorado, der auf fast 70 000 Exemplare kam. Dieses Ergebnis hatte bei Cadillac niemand erwartet, man hatte im Gegenteil damit gerechnet, daß einige Überzeugungsarbeit nötig sein werde, um den Kunden den »kleinen« Eldorado schmackhaft zu machen.

Ab März 1978 bot Cadillac auch erstmals in seiner Geschichte eine Dieselmotor an, ein von Oldsmobile konstruiertes 5,7-Liter-Triebwerk mit einer Leistung von 105 PS. Im Jahre 1979 war dieser Antrieb, der ein Jahr zuvor nur auf Wunsch für den Seville erhältlich gewesen war, für alle Modelle außer den Limousinen zu bestellen. In einer Zeit, als das Benzin immer teurer wurde und in verschiedenen amerikanischen Bundesstaaten sogar Verkehrsbeschränkungen eingeführt wurden, war dieses sparsame Diesel-Triebwerk natürlich eine gute Möglichkeit, die Verkäufe zu steigern, auch wenn der Selbstzünder alles andere als ein Rennmotor war. »Damit fahren Sie um Meilen weiter als mit einem importierten Fahrzeug, sei es ein Mercedes 450 SEL oder ein Honda Civic«, war in der Werbung zu lesen. Diese wirklich enorme Reichweite mit dem Diesel-Motor war nicht weiter erstaunlich, denn die so angetriebenen Fahrzeuge verfügten ja auch über einen 95-Liter-Tank.

Die Konkurrenz hatte einige Schwierigkeiten, das von Cadillac vorgelegte Tempo mitzuhalten. Die Imperial von Chrysler waren mittlerweile fast ganz von der Bühne des amerikanischen Luxusmarktes verschwunden, und Lincoln hatte auch 1979 noch keinen Versuch gewagt, die Dimensionen seiner Fahrzeuge zu reduzieren. Die Verkäufe gingen aber trotzdem nicht schlecht, mit 189 546 produzierten Fahrzeugen wurde fast das Niveau des Rekordjahres 1977 erreicht. Der Hauptgrund lag sicher nicht im 1977 vorgestellten Seville-Konkurrenten Versailles, der sich nur mäßig verkaufte und 1980 wieder aus dem Programm verschwinden sollte, sondern eher darin, daß Lincoln die großen Autos anbot, die bei Cadillac nicht mehr zu kaufen waren. Aber was sollte man sich bei Cadillac darüber Gedanken machen – die 70er Jahre gingen so zu Ende wie alle anderen Jahrzehnte zuvor auch, nämlich gut.

KAPITEL 10
CADILLAC UND DIE ZUKUNFT

NEUE ZIELE, ALTE WERTE

Im Jahr 1979 litt die amerikanische Industrie wie 1973/74 unter einem arabischen Ölembargo. Vor allem für die Automobilindustrie waren die Zeiten alles andere als glänzend: Mit dem Modelljahr 1980 fuhr Chrysler einen Verlust von 1,2 Milliarden Dollar ein, und auch Ford stand mit 1 000 000 000 $ im Minus. Doch damit nicht genug: Nicht nur die Energiekrise zehrte an der Substanz der »Big Three«, die Vereinigten Staaten schlitterten in eine tiefe Rezession, welche die Verkaufszahlen der Automobil-Hersteller weit absacken ließ. Und gerade Cadillac mit seinen überdurchschnittlich teuren Fahrzeugen steckte so tief in Schwierigkeiten, wie man sie seit den stürmischen Anfangszeiten als Tochter von General Motors nicht mehr erlebt hatte. Einen Fehler mußte man sich bei Cadillac aber auch selber eingestehen: Vielleicht war der Wechsel von den ganz großen Straßenkreuzern hin zu den einigermaßen vernünftig dimensionierten Fahrzeugen etwas gar zu schnell abgelaufen. Denn es gab viele gute Kunden, die länger als sonst üblich zuwarteten mit dem Kauf eines neuen Cadillac – ein »kleines« Auto würden sie sich ja sowieso irgendwann kaufen müssen, also versuchte man, den süßen Genuß der wahren amerikanischen Größe so lange als möglich auszukosten.

Um die sehr konservativ gesinnten Kunden zu befriedigen, die den guten, alten Zeiten nachtrauerten, mußte der Seville über die Klinge springen. Bill Mitchell, von 1959 bis 1977 stellvertretender Chefdesigner bei GM und verantwortlich für so wunderbare Fahrzeuge wie die 63er Corvette, den 63er Buick Riviera und den 70er Camaro, verwirklichte sich mit dem 80er Seville einen Traum, den er anscheinend seit vielen Jahren mit sich herumgetragen hatte – daß ein Cadillac so aussehen dürfe wie ein Rolls-Royce. Mitchell orientierte sich scheinbar am buckligen Rolls-Royce Silver Wraith aus dem Jahr 1954, der über eine Hooper-Karosserie verfügte. Das Design dieses Rolls war 1968 dann vom Daimler SP 420 mehr oder weniger unglücklich wieder aufgenommen worden – und Bill setzte diesem wenig gelungenen Styling mit dem aufgesetzten Kofferraum mit seiner letzten Arbeit für GM gleich noch die Krone auf. Als eine besondere Schönheit will den 80er Seville wohl kaum jemand bezeichnen, und es darf bezweifelt werden, daß Mitchell sein Werk besonders gut gefiel. »Auto Week« brachte es nach der Präsentation – die erstaunlicherweise für ein amerikanisches Auto auf der IAA in Frankfurt stattfand – auf den Punkt: »Wenn einem das Auto gefällt, dann wird man es wirklich lieben – wenn es einem aber nicht gefällt ....«

Doch nicht nur das Aussehen schadete den Verkäufen des Seville, die im Vergleich zu 1979, als noch 53 487 Fahrzeuge gebaut wurden, auf deutlich weniger als 40 000 Exemplare fielen: Auch der Wechsel vom Heck- zum Frontantrieb wurde von vielen traditionellen Seville-Kunden nicht gerade goutiert. Für diese Verlagerung des Antriebs gab es allerdings einen guten Grund, denn trotz seines eigenwilligen Aussehens war der Seville zu einem technischen Zwilling des Eldorado geworden – und er wurde auch in der gleichen Fabrik in Lincoln, New Jersey, zusammengebaut. Und wenn schon von den Punkten die Rede ist, die nicht gerade zum Erfolg des neuen Seville beitrugen, so soll auch noch die eher fragwürdige Entscheidung von Cadillac erwähnt werden, als Standard-Motorisierung für den Seville den Diesel-Motor anzubieten. Gut, hier konnte sich der Kunde auch für den bekannten 5,7-Liter-V 8 oder den neuen, modernisierten 6-Liter-V 8 entscheiden, doch der Diesel war definitiv nicht das Triebwerk, das einem Fahrzeug wie dem Seville zur Ehre gereichte: Lahm wie ein Ente (mehr als 20 Sekunden für den Sprint von 0 auf 100 km/h), mangelte es dem Selbstzünder außerdem an Laufkultur, die man an einem Cadillac sonst so schätzen durfte. So ist es nicht weiter erstaunlich, daß nur ein Drittel der Seville mit dem serienmäßigen Dieselmotor ausgeliefert wurden. Zur Verteidigung konnten die Verantwortlichen allerdings vorbringen, daß Mercedes mit seinen vier in den USA angebotenen Dieselmodellen, dem 240 D, dem 300 D, dem 300 CD und dem 300 SD mehr als die Hälfte seiner Verkäufe bestritt, und man dem immer stärker werdenden Konkurrenten das Feld nicht so einfach überlassen wollte.

Alle anderen Cadillac mit Ausnahme der großen Fleetwood-Limousinen konnten ebenfalls mit diesem 105 PS starken Selbstzünder bestellt werden, doch auch bei den anderen Modellen beschränkte sich das Interesse auf einige wenige Prozentpunkte, die kaum der Rede wert sind. Schon eher mögen andere Punkte interessieren am neuen Jahrgang: Alle heckgetriebenen Cadillac wurden dank der niedrigeren Frontlinien und dem höheren Kofferraum aerodynamischer und rund 100 Kilo leichter. Als Standard-Motorisierung wurde ein 6-Liter-V8 angeboten, dessen Höchstleistung von 145 PS bei 3 800/min viele Cadillac-Kunden nicht eben begeistern konnte. Immerhin konnte dieses Triebwerk mit seiner digitalen, mikroprozessorgesteuerten Einspritzung aber alle vom Staat verlangten Grenzwerte bei Lärm und Abgasen unterbieten. Mit den neuen Karosserien für die 80er Cadillac mit Heckantrieb gab es auch eine um drei Zentimeter größere Beinfreiheit. Eine weitere Neuheit, die ab Mitte des Jahres angeboten wurde, war der zweitürige Fleetwood Brougham.

Für nur 95 $ erhielt man für den Eldorado, der praktisch unverändert in den neuen Modelljahrgang ging, ein sportlicheres Fahrwerk, das zuerst »Sport Handling Package«, später »Touring Suspension« genannt wurde, und hinten mit 20 Prozent, vorne mit 40 Prozent härteren Feder operierte. Damit ausgerüstet stand der Eldorado den Fahreigenschaften eines BMW oder Mercedes kaum mehr nach, auch deshalb, weil die Karosserieneigung praktisch ganz unterbunden werden konnte. Dieses straffere Fahrwerk war auch für den Seville erhältlich, doch machte dort eigentlich wenig Sinn, denn was hatten Sport und Diesel miteinander zu tun? Immerhin, der Eldorado konnte seine Konkurrenten, also sowohl den Lincoln Mark VI als auch seine Brüder, den Buick Riviera und den Oldsmobile Toronado, an Verkäufen klar übertreffen und schaffte mit 52 142 Exemplaren fast ein Viertel der insgesamt nur 213,002 Einheiten des Cadillac-Modelljahres 1980. Dies war ein gewaltiger Einbruch – im Modelljahr 1979 hatte man noch 314 034 Exemplare geschafft –, doch die Zeiten waren wirklich alles andere als gut und rund 25 Prozent aller 1979 noch in der Automo-

Alle Cadillac der DeVille- und Fleetwood-Reihe wurden 1980 neu gestaltet, sie erhielten einen neuen Kühlergrill, eine andere Dachpartie und ein neu gezeichnetes Heck. Hier im Bild ein Coupé de Ville mit der beliebten »Cabriolet Roof«-Sonderausstattung.

Es war nicht unbedingt der Frontantrieb, der am komplett neuen Seville 1980 überraschte, es waren vielmehr die doch gewöhnungsbedürftigen Formen mit dem aufgesetzten Kofferraum. Insgesamt 38 344 Seville wurden 1980 für 20 477 $ verkauft.

Auch die Fleetwood Limousine mit dem verlängerten Radstand bekam 1980 ein leicht verändertes Outfit. Die Formal Limousine war mit 24 343 $ der teuerste Cadillac des Jahrgangs 1980.

Zum ersten Mal seit der Einführung des Sixty Special im Jahre 1938 war diese Topversion 1980 auch in einer zweitürigen Ausführung erhältlich. Das Fleetwood Brougham Coupé kostete 15 304 $.

bilindustrie angestellten Amerikaner waren 1980 ohne Arbeit.

Mit neuer Technik versuchte Cadillac diesem Abwärtstrend der schwer angeschlagenen Automobilhersteller zu begegnen, und diese neue Technik zielte hauptsächlich auf einen geringeren Verbrauch, denn in den USA konnte und durfte es sich niemand mehr mit gutem Gewissen leisten, ein benzinsaufendes Chrom-Monster zu fahren. Doch der als V 8-6-4 bekannte Motor, den Cadillac in diesem Jahr präsentierte, sollte sich als Bumerang erweisen: Zwar wies er beim Verbrauch klare Vorteile gegenüber den anderen Cadillac-Motoren auf, doch die komplizierte Elektronik des Triebwerks erwies sich als alles andere als sattelfest. So konnte Cadillac zwar die von Staat erlassenen Verbrauchsnormen erfüllen, verlor aber durch die mangelhafte Funktion des Motors viel von seinem Ruf, qualitativ nur absolut hochwertige Fahrzeuge zu produzieren.

Während fast 70 Jahren war Cadillac Amerikas beste Adresse für wirklich feine Achtzylinder-Motoren gewesen. 1914 hatte man Pionierarbeit geleistet, 1936 und 1949 hatte man neue Zeichen gesetzt von der hohen Schule der Ingenieurskunst. Während Jahrzehnten waren die Cadillac-V 8 immer größer geworden, hatten mit 8,2 Litern Hubraum einen in der Automobilgeschichte einmaligen Höhepunkt erreicht, um dann in den 70er Jahren wieder kontinuierlich zu schrumpfen. Der V 8-6-4 war nur eine weitere Folge, denn er basierte auf dem simplen Gedanken, daß ein Fahrzeug seine volle, von allen acht Zylindern entwickelte Leistung nur in wenigen Situationen wirklich gebrauchen kann. Ein Mikroprozessor, der Electronic Control Module (ECM) genannt wurde, maß alle wichtigen Daten des Motors wie Drehzahl, Geschwindigkeit des Fahrzeugs, Kühltemparatur, Stellung der Einlaßventile und des Gaspedals, und schaltete dann je nach Kraftbedarf und unter Berücksichtigung der drei Faktoren optimale Kraftstoff-Effizienz, geringste Abgasentwicklung und höchstmögliche Laufruhe selbstständig entweder zwei oder vier Zylinder aus. So wurde aus dem 6-Liter-V 8 gleichzeitig auch ein 4,5-Liter-V6 und ein 3-Liter-V4.

Eigentlich ist gegen dieses System gar nichts einzuwenden, denn auch ein nicht gerade leichter Cadillac des Jahres 1981 brauchte für eine konstante Reisegeschwindigkeit von 90 km/h nur rund 40 PS, die auch ein Vierzylinder locker schaffen konnte. In der Realität sah es dann allerdings ein wenig anders aus: Die »Environment Protection Agency« fand nach intensiven Tests heraus, daß der V 8-6-4 im Stadtverkehr während 60 Prozent der Zeit auf allen acht Zylindern lief, sechs Zylinder waren während der drei Prozent der Strecke in Betrieb, und die restlichen 37 Prozent konnten mit vier Zylindern gefahren werden. Besser sah die Sache auf der Autobahn aus, wo der V 8 auf vier Prozent kam, der V 6 auf acht Prozent, und der V 4 auf stolze 88 Prozent. Und wie stand es mit dem Verbrauch, dessen Senkung das primäre Ziel der Zylinderabschaltung war? Hier waren die Resultate sehr unterschiedlich: Während »Car and Driver« im April 1981 nach einer Testfahrt über 2 500 Kilometer im Durchschnitt auf enttäuschende 21,4 Liter auf 100 Kilometern kam, verzeichnete »Motor Trend« im Januar 1981 sogar eine Verbesserung der Werks-Verbrauchsangaben (15,7 Liter in der Stadt, 10,7 Liter auf der Autobahn) um rund zehn Prozent.

Das alles war ja recht und schön, so verschieden die Resultate und Meinungen über den V 8-6-4 auch waren. Was allerdings blieb und niemandem so recht gefallen mochte, das waren die für einen Cadillac nicht gerade berauschenden Fahrleistungen des 145 PS starken Triebwerks, der die Cadillac in 11,5 Sekunden auf 100 km/h beschleunigte und eine Höchstgeschwindigkeit von 160 km/h erreichen ließ. Außerdem gab es große Probleme mit der Zuverlässigkeit des Motors, der immer wieder im falschen Moment auf die unpassendste Anzahl Zylinder schaltete, sofern er überhaupt noch einen Mucks tat. Auch bei Cadillac war man wenig begeistert vom diesem technischen Rückschritt, so daß man die Zylinderabschaltung zwar weiterentwickelte, aber schon ab 1982 nur noch bei den Limousinen, die sowieso meist ziemlich gemächlich bewegt wurden, einsetzte.

Noch eine zweite Neuigkeit sorgte für einen eher zweifelhaften Ruf von Cadillac: der Cimarron. Dieses Fahrzeug, das Cadillac nie so recht als eigenes Kind akzeptieren wollte und mit »Cimarron by Cadillac« auf dem Typenschild auskommen mußte, war schon im Jahre 1977 gedanklich auf die Rolle gebracht worden. Damals machte man sich bei GM ernsthafte Gedanken darüber, wie den immer besser auftretenden Japanern zu begegnen sei. Cadillac selber war in das sogenannte »J-Car Project« erst im März 1980 eingestiegen, also nur knapp ein Jahr, bevor die ersten Cimarron vom Band liefen. Das brachte natürlich einige schwerwiegende Nachteile mit sich, von denen sich der kleinste Cadillac, der zu

Linke Seite, oben:
Der eleganteste unter den Eldorado des Jahres 1981 war sicher die Sonderausführung Biarritz mit ihrem besonders weichen Vinyldach, der speziellen Lackierung und den – hier nicht sichtbaren – extrem tiefen und weichen Sesseln. Man konnte den Biarritz auch mit dem eher trägen Dieselmotor haben...

Linke Seite, Mitte:
Nur unter der Haube hatte sich 1981 beim Sedan de Ville entscheidendes verändert: Neuerdings gab es den eigenartigen und leider auch sehr störungsanfälligen »V 8-6-4« mit 6 Liter Hubraum.

Linke Seite, unten:
Mit einem Preis von 16 355 $ war das zweitürige Fleetwood Brougham Coupé mit seiner kompletten Ausstattung und dem gediegenen Aussehen eines der besten Cadillac-Angebote des Jahres 1981.

Die wichtigste Neuheit für den Modelljahrgang 1982 von Cadillac war der schon am 21. Mai 1981 vorgestellte Cimarron. Er hatte die gleiche Karosserie wie der Pontiac J-2000 und der Chevrolet Cavalier, was den Ruf des Fahrzeugs nicht gerade verbesserte. Und Cadillac konnte auch nicht so recht hinter dem Produkt stehen: Man bezeichnete das Fahrzeug nicht als Cadillac Cimarron, sondern als »Cimarron by Cadillac«.

Unten:
Unter dem Blech steckte das Geheimnis dieses Eldorado Touring Coupé von 1982: Mit einem strafferen Fahrwerk sollten sportlichere Fahrer begeistert werden. Dieses Sondermodell konnte nur in der hier zu sehenden silbergrauen Farbe bestellt werden.

Der Jumbo unter den Cadillac blieb weiterhin die Fleetwood Limousine mit ihrem Radstand von 367 Zentimetern. Auch der Preis war der Größe entsprechend: Knapp 28 000 $ wollten bezahlt sein.

sehr seinen Billig-Brüdern von Chevrolet und Pontiac glich, nie mehr so recht erholen sollte. Wie eilig man es hatte mit dem Cimarron, mag vielleicht auch die Tatsache beweisen, daß der Kühlergrill, immer ein wichtiges Erkennungsmerkmal der Cadillac, in nur 24 Stunden gezeichnet und für die Produktion vorbereitet wurde.

Das Ziel für Cadillac war klar: Die teuren Importwagen mußten einen einheimischen Gegner bekommen, der ihnen gewachsen war. Denn verschiedene europäische Marken drängten sich mittlerweile in einem Segment, in dem sich viel Geld verdienen ließ, weil vor allem jüngere Leute, die sogenannten »Baby Boomers«, diese Fahrzeuge kauften – und später, wenn sie noch mehr Geld verdienten, zu einer noch interessanteren Klientel werden konnten. Die Zahlen für diese Mittelklassen-Importe sahen für 1980 folgendermaßen aus:

Volvo: 56 429
BMW: 37 017 (hauptsächlich BMW 320i)
Audi: 27 796 (hauptsächlich Audi 100)
Saab: 13 327 (hauptsächlich Saab 900S)
Peugeot: 13 093 (hauptsächlich Peugeot 505)

Kritiker meinten nach der Präsentation am 8. Mai 1981, daß der »Cimarron by Cadillac« keine echte Konkurrenz zu diesen Fahrzeugen sein konnte, weil sich die Entwicklung des »J-Car« ursprünglich gegen die Billig-Importe aus Japan, also den Honda Accord und Honda Prelude, richtete. Chevrolet hatte die Konstruktion eines vollkommen neuen Motors übernommen – Spötter meinten, daß für viel Geld hier ein neues Triebwerk mit veralteter Technologie entstanden sei. Ganz von der Hand zu weisen

sind diese Vorwürfe nicht, denn ein Vierzylinder mit 1,8 Liter Hubraum und einer Leistung von 85 PS bei 5 100/min, das war zu Beginn der 80er Jahre alles andere als überwältigend. Vor allem, weil das Triebwerk nicht gerade ein Ausbund an Drehfreudigkeit und Laufruhe war. Böse Zungen tauften den Cavalier von Chevrolet wegen seiner miserablen Fahrleistungen sogar in »Cadaver« um. Cadillac kam da auch nicht besser weg. Zwar schafften »Car and Driver« und »Motor Trend« den Paradesprint von 0 auf 96 km/h in noch akzeptablen 13,7 Sekunden, doch das besser beachtete Magazin »Road & Track« kam auf müde 15,9 Sekunden, was den Cimarron zum langsamsten Beschleuniger des Test-Jahres machte. Nicht ganz so schlimm stand es bei den Fahrversuchen, wo der kleine Cadillac eine höhere Querbeschleunigung als der Audi 100 und der BMW 320i erreichte.

Während alle »J-Car« von General Motors auf dem gleichen Chassis basierten und sich auch äußerlich bis auf einige markenspezifische Eigenheiten ziemlich stark glichen, wurden am Cimarron schon einige Verbesserungen angebracht, die das Fahrzeug über seine mit dem gleichen Radstand (257 Zentimeter) versehenen, aber bedeutend billigeren Brüder Chevrolet Cavalier und Pontiac J-2000 erhoben. So waren die vorderen Bremsscheiben belüftet, das Fahrwerk etwas besser, die Lackierung sorgfältiger und die Ausstattung bedeutend exklusiver. Doch die anvisierte Kundschaft konnte der Cimarron trotzdem nicht so recht ansprechen: Nicht die unter 35jährigen kauften den kleinen Cadillac, sondern gestandenere Semester, von denen rund ein Drittel bereits einen Cadillac besaß. Eigentlich nicht weiter verwunderlich: Der Cimarron kostete auch stolze 12 131 $, nur knapp 2000 $ weniger als der bisher günstigste Cadillac, das doch 122 Zentimeter längere Coupé de Ville. Allen Unkenrufen zum Trotz konnten 1981 aber doch noch 14 604 Cimarron an die Frau und den Mann gebracht werden – kaum mehr als eine Tropfen auf den heißen Stein, denn mit knapp über 230 000 Einheiten blieb Cadillac auch 1981 weit unter seinen Rekordverkäufen der 70er Jahre.

Aber so schnell gab Cadillac nicht auf. Wieder versuchte man eine Aufwertung dort, wo während Jahr-

Das Coupé de Ville war längst nicht mehr das meistverkaufte Cadillac-Modell, schon 1980 war es vom Eldorado überholt worden und lag 1983 mit knapp über 60 000 Exemplaren auch noch hinter dem Sedan de Ville zurück. Immerhin bot es aber mit seinem Preis von 15 970 $ viel Auto fürs Geld.

Sehr erfolgreich war weiterhin der Fleetwood Brougham Sedan, der nur wenig unter 20 000 $ kostete. Vor allem gestandene Herren aus der obersten Schicht konnten sich gut an diesem konservativen, sehr formellen Modell erfreuen.

zehnten die ganz große Stärke gelegen hatte, bei den Motoren. Nur ein Jahr nach dem eher als unglücklich zu bezeichnenden Versuch mit dem V 8-6-4 offerierte man den Kunden bereits wieder ein neues Achtzylinder-Triebwerk, das die Bezeichnung HT-4100 trug. Aus diesem Code konnte man bereits auf den Hubraum schließen, der bei einer Bohrung von 87,9 Millimeter und einem Hub von 84,1 Millimeter 4 080 cm³ betrug. Dieser Motor war nicht nur der damals kleinste V 8 auf dem amerikanischen Markt, sondern seit den Zeiten des Vierzylinders für den Chevrolet Vega auch der erste, dessen Zylinderblock aus Aluminium bestand. Dieser Block, der über eine sehr gute Wärmedämmung verfügte, wurde in der »GM Central Foundry« hergestellt und wog gerade einmal 19 Kilo. Im Vergleich zum weiterhin angebotenen 5,7-Liter-Diesel wog der 4,1-Liter-V 8 stolze 160 Kilo weniger, auch sein Vorgänger, der 6-Liter-V 8, war noch 94 Kilo schwerer gewesen.

Ansonsten war der HT-4100 keine technische Sensation, doch viele Kleinigkeiten machten ihn zum wohl modernsten US-Motor seiner Zeit. Die Verbrennungsräume zeichneten sich durch hohe Effizienz aus, ein digital gesteuertes Abgassystem und eine fortschrittliche Benzineinspritzung (DFI) machten den V 8 sauber und sparsam, das aus dem V 8-6-4 bekannte »Electronic Control Module« (ECM) sorgte mikroprozessorgesteuert für den optimalen Benzindurchfluß und den richtigen Zündzeitpunkt. Und noch etwas war sehr modern am HT-4100: Ein Kontrollsystem überwachte alle wichtigen Motorfunktionen und warnte den Fahrer im Falle eines Problems mit einem im Armaturenbrett angebrachten »Check Engine«-Signal. Auch den Mechanikern wurde die Arbeit erleichtert, ein Computer konnte zur Lokalisierung der Problemstellen an die Motorsteuerung angeschlossen werden. Nicht gerade begeistern konnte allerdings die Leistungsausbeute des 4,1-Liter-V 8: 125 PS bei 4 200/min waren für einen Cadillac etwas wenig, auch das maximale Drehmoment von 180 Nm bei 2 000/min drückte niemanden so recht in die Sitze zurück.

Cadillac nahm diese eher mageren Leistungen allerdings in Kauf, weil man herausgefunden haben wollte, daß sich Cadillac-Kunden gar nicht so sehr für Höchstgeschwindigkeiten und gute Beschleunigung interessierten, sondern viel mehr Wert auf eine hohe Qualität und Zuverlässigkeit legten. Deshalb wurden im neuen Werk in Livonia, Michigan, auch viel genauere Qualitätskontrollen durchgeführt, der Prospekt erzählte von »den härtesten Motoren-Tests von ganz Nordamerika«. 14 verschie-

297

Nach langen acht Jahren ohne frische Luft gab es 1984 endlich wieder ein Cabriolet von Cadillac. Es wurde zwar nicht offiziell bei Cadillac hergestellt (die Firma ASC besorgte die erfrischende Schneidarbeit), doch immerhin wurde der Eldorado Biarritz Convertible über die Cadillac-Händler vertrieben. Sein Preis war mit 31 286 $ ziemlich überzogen.

Auch der Cimarron wurde nicht von Sonderversionen verschont: Hier im Bild der »d'Oro« von 1983, der neben einer Sonderlackierung serienmäßig über Nebelscheinwerfer und eine aufgewertete Innenausstattung verfügte.

dene Simulatoren prüften jedes einzelne Triebwerk auf Herz und Nieren, bevor es für den Einbau in das Chassis freigegeben wurde. Man hatte eben einiges gelernt von den Problemen mit dem V 8-6-4 ...

Aber man ließ es im 80. Jahr des Bestehens von Cadillac nicht bei einem neuen Motor bewenden. Gleichzeitig wurde auch ein neues automatisches Getriebe, die verbesserte »Turbo Hydra-Matic 325-4L«, sowie eine neue Motor- und Getriebeaufhängung, welche die Insassen der Fahrzeuge noch besser vor Vibrationen und mechanischen Geräuschen schützen sollte, eingeführt. Eine weitere Verbesserung betraf die kompaktere Anlage der Servolenkung. Dafür hielt man sich bei den Änderungen an den Karosserien stark zurück, außer beim Seville und beim Cimarron beließ man es bei einem neuen Kühlergrill. Wirklich neu war einzig das Eldorado Touring Coupé, wobei sich hier die Neuerung vor allem auf breitere Reifen (Goodyear 225/70R 15), den völligen Verzicht auf Chrom und ein strafferes Fahrwerk mit härteren Stoßdämpfern beschränkten. Damit sollte der Eldorado TC zur »ultimativen Fahrmaschine« werden, wie Cadillac in der Werbung ankündigte, was ihm allerdings etwas schwerfiel, denn das doch über 1 700 Kilo schwere Fahrzeug wurde nur von 125 nicht eben wilden Pferden angetrieben.

Alle Anstrengungen wollten aber nicht so recht fruchten. Zwar konnte die Produktion für 1982 um 18 000 Einheiten gesteigert werden und erreichte 249 295 Exemplare, doch wirklich zufrieden sein konnte man damit bei Cadillac noch lange nicht. Auch die einheimischen Konkurrenten kam nicht besser weg. Chrysler hatte 1981 zwar den Imperial komplett erneuert, was den Verkäufen aber beim besten Willen keinen großen Schub gab, denn 1982 konnten trotz gewaltig nach unten korrigierter Preise gerade einmal 2 601 Exemplare dieses immerhin 19 491 $ teuren Fahrzeuges verkauft werden. Auch Lincoln war weit davon entfernt, Cadillac die Rolle als Leader unter den amerikanischen Luxusherstellern streitig zu machen, auch wenn man sich nach katastrophalen 61 775 im Jahre 1981 gebauten Continental und Town Car 1982 wieder auf 93 068 Einheiten verbessern konnte. Ein Grund für diese Steigerung mag gewesen sein, daß der Continental mit seinem 4,9-Liter-V 8 den schwächlich motorisierten Seville bei Beschleunigungsversuchen zum Statisten degradierte.

Am Kühlergrill – und wo denn sonst? – der DeVille, Fleetwood Brougham und Limousinen konnte man den Modelljahrgang 1983 erkennen – und am modifizierten HT-4100, dessen Leistung auf 135 PS bei 4 400/min gesteigert wurde, was vor allem durch ein verbessertes Auspuffsystem erreicht wurde. Gleichzeitig mit der Leistung stieg auch das maximale Drehmoment, das jetzt bei 190 Nm bei 2 200/min lag. Nicht länger erhältlich war der 4,1-Liter-V6, den Cadillac von Oldsmobile bezogen hatte, und auch der 5,7-Liter-Diesel lag in seinen letzten Zügen – gerade noch zwei Prozent aller Seville wurden

LET'S GET IT TOGETHER...BUCKLE UP. GM

There's luxury in the air.

The wide-open fun of a convertible and the sporty elegance of an Eldorado come together in the 1985 Eldorado Biarritz Convertible. So if you're looking for open-air driving pleasure, get the Cadillac that truly brings luxury out in the open.

1985 Eldorado Biarritz Convertible.

Best of all...it's a Cadillac.

Cadillac-Werbung aus dem Jahre 1985.

mit dem Selbstzünder ausgeliefert, der seit 1982 nur noch gegen einen happigen Aufpreis von 351 $ erhältlich war. Nur für die Limousine wurde weiterhin der V 8-6-4 angeboten.

Es waren andere Mittel, mit den Cadillac neue Kunden gewinnen konnte. So wurde der Preis des Seville von 23 433 $ auf 21 440 $ gesenkt, was zur Folge hatte, dass über 30 000 Exemplare verkauft werden konnten – 1982 waren es noch knapp 19 000 Einheiten gewesen. Dieser Preisnachlaß war natürlich mit einer Straffung der Serienausrüstung verbunden, viele Kleinigkeiten wie der geheizte Außenspiegel, die Speichenräder oder die verstellbare Lenksäule wanderten in die Aufpreisliste. Dort fand sich auch das »Premium Sound System«, das Delco und Bose gemeinsam entwickelt hatten und das rund 900 $ Aufpreis kostete. Dafür erhielt man aber das mit Abstand beste Stereo-Hörvergnügen, das auf dem Markt überhaupt zu kaufen war: Das beste Radio, das beste Kassettengerät und vier Lautsprecher mit je einem eingebauten 25-Watt-Verstärker sorgten für einen Sound, wie er serienmäßig in einem Fahrzeug noch nie zu erleben gewesen war. Vor allem die Bose-Lautsprecher, die extra auf die akustischen Verhältnisse in den Cadillac angepaßt worden waren, konnten überzeugen.

Viel Überzeugungsarbeit hatte es auch gebraucht, bis die Kundschaft den Cimarron endlich als Cadillac akzeptierte. Die Verkaufszahlen stiegen langsam, aber stetig: Nachdem man es 1982 auf 13 774 Exemplare gebracht hatte, kletterten die Verkaufszahlen 1983 schon auf 19 188 Einheiten, wobei rund 20 Prozent aller Käufer Umsteiger von einem Import-Fahrzeug waren. Das kam natürlich nicht von ungefähr. Nach der harschen Kritik der Journalisten und auf Drängen der Kundschaft wurde ein Fünfgang-Getriebe (von Isuzu!) eingebaut, das Fahrwerk gestrafft, der Hubraum auf 1 983 cm³ gesteigert, die Kompression auf 9,3:1 angehoben, und eine Rochester-Benzineinspritzung eingeführt. All das steigerte die Leistung zwar nicht, man blieb bei 88 PS stehen, doch die wurden jetzt bereits bei 4 800/min erreicht.

Wichtiger war da schon die Verbesserung des maximalen Drehmoments, das neu 100 Nm bei 2 400/min betrug. Ein Sportwagen wurde der »Cimarron by Cadillac« aber deshalb noch lange nicht, »Motor Trend« maß für die Beschleunigung von 0 auf 96 km/h jetzt 12,6 Sekunden, während Cadillac die Werksangabe auf wenig optimistische 14,5 Sekunden setzte. Wichtiger als diese Kosmetik war aber der Wechsel des Produktionsstandorts: Ab 1. Juni 1982 wurden die Cimarron in der »GM Assembly Division Plant« in Jamesville, Wisconsin, gefertigt, in einer schon 60 Jahre alten Fabrik, die nach einer ausgiebigen Renovation dem neusten Stand der Technik entsprach. Rund 50 Roboter kamen in diesen Hallen, die Cadillac-Chef Kennard als »modernste Anlagen von General Motors« bezeichnete, zum Einsatz, und ermöglichten die präzise Fertigung der Karosserien. Außerdem kamen alle fertigen Fahrzeuge ins »Cimarron Quality Center«, wo sie peinlichst genau auf mögliche Produktionsfehler untersucht wurden. Cadillac ließ sich diese Kontrollen viel Geld kosten, aber der Cimarron kostete ja schließlich auch 12 215 $, was sehr viel Geld für ein

Linke Seite:
66 Zentimeter kürzer, fast zehn Zentimeter schmaler, und der Radstand wurde auch um 27 Zentimeter beschnitten – so präsentierten sich die Modelle der DeVille- und Fleetwood-Reihe des Jahres 1985. Hier im Bild ein Sedan de Ville.

Während es der Sedan de Ville mit seinem komplett neuen Styling und Frontantrieb gleich auf Anhieb über 100 000 verkaufte Exemplare schaffte, mußte sich das 17 990 $ teure Coupé de Ville mit weniger als 40 000 Verkäufen bescheiden.

Auto dieser Größe war. Wer noch 350 $ drauflegte, der konnte dann einen Cimarron D'Oro sein eigen nennen, der zweifarbig und selbstverständlich mit viel Gold lackiert sowie etwas besser ausgestattet war.

Die vielfältige Kleinarbeit machte sich bezahlt, Cadillac erlebte trotz einer weiterhin schlechten Konjunktur auf dem Automarkt bereits wieder einen Aufschwung, der sich sehen lassen konnte: 300 337 Fahrzeuge wurden 1983 produziert, womit man wieder das Niveau von Ende der 70er Jahre erreicht hatte. Besonders stark zeigte sich der kaum veränderte Eldorado, der mit seinen mehr als 71 000 Einheiten im Segment der fahrerorientierten Luxuswagen eine ganz klare Leaderstellung einnahm und sich schon fast allein gegen die durch Modedesigner wie Valentino oder Givenchy aufgewerteten Lincoln durchsetzen konnte.

Dieser Trend setzte sich auch 1984 fort: Cadillac produzierte 320 017 Fahrzeuge, obwohl nur wenig an den Modellen verbessert wurde. Wichtig unter diesen Verbesserungen das Auspuffsystem, das unter anderem durch einen rund 50 Prozent kleineren und bei Kaltstart schneller reagierenden Katalysator aufgewertet wurde, sowie die Kosmetik am 4,1-Liter-Motor, der übersichtlicher und servicefreundlicher ausgelegt wurde, und den Karosserien, wo sich die Kosmetik allerdings auf den Kühlergrill und einige Lackierarbeiten beschränkte. Signifikanter waren die Änderungen am Cimarron, mit denen Cadillac dem Wunsch der Kundschaft nach verbessertem Handling gerecht wurde. Auch erhielt der kleine Cadillac ein neues Design im Front- und Heckbereich.

Wenig zum guten Ergebnis, dafür viel für das gute Image trug die einzige wirkliche Neuerung im Cadillac-Programm des Jahres 1984 bei: der Eldorado Biarritz, das erste Cabriolet von Cadillac seit 1976, als die Produktion des offenen Eldorado aufgegeben worden war. Nur 2 000 dieser von der ASC Corporation hergestellten und stolze 31 286 $ teuren Convertibles wurden gebaut – und doch brachten sie den Namen von Cadillac auch in der Öffentlichkeit wieder in jenes gute Licht, das man sich vom amerikanischen Luxuswagenhersteller Nummer eins eigentlich gewohnt war. Auf die Idee für eine Neuauflage des Eldorado Biarritz war man bei Cadillac gekommen, als ASC-Chef Heinz Prechter 1983 ein Buick Riviera Cabriolet auf die Räder stellte, das auf Anhieb Gefallen fand. Da es vom Riviera zum Eldorado durch ihre technische Verwandtschaft nur ein kleiner Schritt war, war die Öffnung des Cadillac schnell beschlossen. Abgesehen vom Wegschneiden des Daches und der Anpassung eines Verdecks war die Arbeit von ASC aber bedeutend größer, als man auf den ersten Blick erkennen konnte: Das Chassis und die verbliebenen Karosserieteile mußten verstärkt werden, das Fahrwerk angepaßt. Beim Fahrwerk konnte sich Prechter allerdings aus der Schublade des bekannten »Eldorado Touring Suspension System« bedienen, wo er die härteren Stoßdämpfer und die breiteren Reifen fand.

Das Cabriolet machte eine sehr gute Figur, auch wenn es nicht mehr ganz so groß war wie sein Namensvetter in der Mitte der 70er Jahre. Dafür war das Fahren auch auf schlechten Straßen ein Vergnügen, denn Prechter

301

Auch der Fleetwood speckte gewaltig ab – an Größe und Gewicht. Wobei man hier natürlich ganz klar unterscheiden mußte zwischen dem frontgetriebenen Fleetwood (hier im Bild), der einfach eine etwas besser ausgestattete Ausführung der DeVille-Reihe darstellte, und dem Fleetwood Brougham.

Sogar die Fleetwood 75 Limousine, einst der Gipfel des amerikanischen Drangs zur Größe, wurde eingedampft, sie wurde um 65 Zentimeter kürzer und rund 500 Kilogramm leichter. Mit einem Preis von 32 640 $ blieb die Limousine aber wenigstens der teuerste Cadillac des Jahres 1985.

hatte mit seinen Versteifungen ganze Arbeit geleistet. Nicht ganz so gelungen war der ASC Corporation aber das elektrisch betätigte und ausschließlich in Weiß lieferbare Verdeck: Im geschlossenen Zustand störten ärgerliche Windgeräusche die sonst von einem Cadillac gewohnte Ruhe, wenn das Dach unten war, mußte eine fingernägelmordende Vinylabdeckung abgebracht werden, die weder schön anzusehen noch einfach zu bedienen war.

Am 8. April 1984 betrat Cadillac einmal mehr Neuland, wenn auch wegen Problemen mit der Anpassung einer verbesserten Hydra-Matic ein Jahr später als geplant: Die bisher heckgetriebenen DeVille und Fleetwood erhielten ein komplett neues Design und wie alle anderen Cadillac mit Ausnahme des Fleetwood Brougham Frontantrieb. Dieser Wechsel war noch dramatischer als die erste Reduktion der Dimensionen im Jahre 1977: Der Radstand des DeVille wurde um 27 Zentimeter auf 281 Zentimeter verringert, die Gesamtlänge nahm um stolze 66 Zentimeter auf 495 Zentimeter ab, und auch die Breite sank um neun Zentimeter auf 182 Zentimeter.

Dieser sogenannte »C-Body«, den die Cadillac mit dem Buick Electra und dem Oldsmobile 98 gleich hatten, stellte die Werbe- und Verkaufsabteilung vor ein ernsthaftes Problem: Wie sollte man den Kunden klar machen, daß ein deutlich kleineres Auto nicht nur mehr Innenraum bieten konnte, sondern auch noch teurer sein mußte? Wären die Fahrzeuge ein Jahr früher auf den Markt gekommen, so wäre die Überzeugungsarbeit nicht so schwierig gewesen, denn 1983/84 waren die Öl- und folglich die Benzinpreise noch so hoch, daß jeder Amerikaner auf den ersten Blick einsah, daß ein kleineres Auto auch sein Budget weniger belasten würde. Doch Ende 1984 und 1985 hatte sich die Situation in den arabischen Ländern wieder so weit beruhigt, daß auch die Kraftstoffpreise wieder auf ein akzeptables Niveau sanken. Also erdachte Cadillac das »Compensatory Consumer Value«, ein Programm, das den potentiellen Kunden die neue Bescheidenheit schmackhaft machen sollte. Abgesehen von den Zahlen für den Verbrauch, der klar geringer war, und den Maßen des Innenraums, die im Vergleich zu den früheren Modellen nicht abgenommen hatten, beinhaltete das CCV als wichtigster Punkt eine Probefahrt – die meist sehr überzeugend ausfiel. Denn der neue DeVille war nicht mehr ein Wohnzimmer auf Rädern, sondern ganz einfach ein gutes Auto, das auch höchsten Ansprüchen gerecht werden konnte. »Zeitgemäße Eleganz« hieß das Zauberwort, mit dem Cadillac seine neuen Fahrzeuge anpries. Und sehen lassen konnten sich die DeVille- und Fleetwood-Limousinen auf jeden Fall, denn obwohl konservativ mit seinem steil abfallenden Heckfenster und den angedeuteten Heckflossen, strahlte der C-Body jenen eleganten Luxus aus, den ein Cadillac ganz einfach haben mußte. Auch unter dem Blech war einiges passiert, das sicher nicht zum Nachteil gereichte: Der 4,1-Liter-V 8 hatte eine neue Elektronik erhalten, die Aufhängung konnte jetzt mit Einzelradaufhängung aller vier Räder gefallen, und die neue Hydramatic mit der Bezeichnung 440 war für besonders sanfte Schaltvorgänge computergesteuert.

Der Cimarron mußte sich 1985 einige optische Verbesserungen gefallen lassen, die ihm sicher nicht zum Nachteil gereichten. Außerdem gab es den kleinen Cadillac gegen Aufpreis mit einem V 6-Motor, der 125 PS leistete und für anständige Fahrleistungen sorgte.

Der letzte der Saurier: Der Fleetwood Brougham Sedan war zusammen mit seiner zweitürigen Coupé-Variante ab 1985 der letzte Cadillac, der noch über den klassischen Heckantrieb verfügte. Und er verkaufte sich nicht schlecht.

Besonders großen Wert legte man bei Cadillac auf die höchstmögliche Qualität der neuen Fahrzeuge. Schon wieder wurde eine neue Fabrik in Betrieb genommen, diesmal in Orion, Michigan, wo für 600 Millionen Dollar modernste Anlagen entstanden waren, die gemäß dem damaligen GM-Boss F. James McDonald »den Angestellten die besten Möglichkeiten geben sollten, die besten Fahrzeuge zu bauen«. Rund 1 000 Roboter waren im Einsatz, ein Computersystem überwachte ihre Arbeit rund um die Uhr. Was automatisiert werden konnte, wurde automatisiert: Während bei den alten DeVille noch über 80 Prozent aller Schweißarbeiten von Hand ausgeführt worden waren, konnten beim C-Body 93 Prozent der insgesamt 4 869 Schweißpunkte maschinell bearbeitet werden. Auch ein neues Modell ergänzte die DeVille-Reihe: Neben dem bekannten Coupé de Ville und dem Fleetwood Sedan gab es das Fleetwood Coupé, das serienmäßig über ein falsches Cabrio-Dach verfügte, das bei den anderen beiden Modellen nur gegen Aufpreis erhältlich war. Ebenfalls auf Frontantrieb umgestellt wurden die Limousinen, die mehr als 60 Zentimeter kürzer wurden und rund 600 Kilo weniger Gewicht herumzuschleppen hatten. Hingegen beschränkten sich die Veränderungen beim Eldorado und Seville auf nur wenige Details. Mehr zu sagen gab es über den Cimarron, bei dem das Interieur ab 1985 nicht nur mit einer Lederausstattung aufgewertet wurde, sondern für den auch der aus der großen GM-Küche stammende 2,8-Liter-V6 mit 125 PS erhältlich war. Dieses Triebwerk verbesserte selbstverständlich die Fahrleistungen des kleinen Cadillac enorm, für den Sprint von 0 auf 96 km/h vergingen jetzt kaum mehr als zehn Sekunden.

Trotz dieses verbesserten Angebots konnte sich Cadillac aber 1985 bei den Verkaufszahlen nicht mehr auf dem Vorjahresniveau halten, die Produktion sank auf 289 762 Exemplare. Erstaunlicherweise war nicht die kleinere und deshalb ungewohnte DeVille-/Fleetwood-Reihe für diesen Einbruch verantwortlich (147 573 Fahrzeuge für 1985 gegen 119 343 Fahrzeuge 1984), sondern die bekannten und bewährten Modelle Fleetwood Brougham (mit Heckantrieb), Eldorado und Seville. Eine Rolle mag auch Lincoln gespielt haben, der Fordableger offerierte nicht nur bei einigen Modellen serienmäßig ein Anti-Blockier-System, sondern bot für den Continental Mark VII LSC auch einen 185 PS starken Motor an, der dem Luxuswagen wieder zu vernünftigen Fahrleistungen verhalf. Diese Kraft fehlte den Cadillac.

1986 steigerte Lincoln die Leistung des 5-Liter-V8 sogar auf 200 PS, was den Mark VII in 8,3 Sekunden von 0 auf 96 km/h beschleunigte. Auch sonst war der Continental ein durch und durch feines Fahrzeug mit den ABS-Bremsen, der weiterhin eher konservativen Form und dem gegen Aufpreis erhältlichen Sound-System mit zwölf Lautsprechern, das den Innenraum der Lincoln wie einen Konzertsaal beschallte. Kein Wunder, daß Lincoln einen neuen absoluten Verkaufsrekord schaffte. Von dem war Cadillac auch 1986 noch weit entfernt, auch wenn man sich gegenüber dem Vorjahr wieder verbessern konnte und knapp über 300 000 Fahrzeuge produzierte. An der Spitze der markeninternen Verkaufs-

Cadillac-Werbung aus dem Jahre 1986.

rangliste blieb selbstverständlich weiterhin die DeVille-/Fleetwood-Reihe, die auf 163 910 Einheiten kam, verbessern konnte sich auch der letzte hinterradgetriebene Cadillac, der Fleetwood Brougham, der um über 30 000 Stück zulegte und auf 71 296 Exemplare kam. Halten konnte sich der Cimarron mit etwas über 23 000 Einheiten. Nicht wirklich zufrieden sein konnte man bei Cadillac aber mit den beiden für den Modelljahrgang völlig überarbeiteten Modellen Seville und Eldorado, die beide an Terrain einbüßten.

30 Jahre zuvor hatte erstmals ein Cadillac den Namen Seville getragen – und 30 Jahre lang hatte dieser Name für ein komplett ausgestattetes und sehr luxuriöses Fahrzeug von klassischer Eleganz gestanden. Dies änderte sich auch beim komplett neuen Seville 1986 nicht: Das Styling war klassisch konservativ, die Ausstattung komplett, und der hohe Preis von 26 756 $ garantierte mehr als nur einen Hauch von Luxus und Exklusivität. Aber trotzdem konnten viele Kunden und Journalisten ihre Enttäuschung über diese Neuauflage des Seville nicht verbergen: Zu ähnlich sah das Fahrzeug den viel billigeren Oldsmobile Calais und Pontiac Grand Am, zu wenig unterschied sich der 473 Zentimeter lange und 136 Zentimeter hohe Seville auch von seinen Cadillac-Brüdern. Einen Punkt konnte der Seville aber trotzdem für sich verbuchen: Mit einem cW-Wert von 0,37 war er der bei weitem aerodynamischste Cadillac aller Zeiten.

Eine weitere Verwandtschaft konnte und wollte der Seville von 1986 nicht verbergen: Die Dachlinie erinnerte stark an den Seville von 1975. Und auch innen hatte man sich alle Mühe gegeben, den neuen Seville so zu gestalten, wie sich die Kundschaft das wünschte: Tiefe, sehr bequeme Ledersessel, eine großzügige Kopf- und Beinfreiheit – die subjektiv gesehen allerdings weit von den Platzverhältnissen in früheren Fahrzeugen entfernt war, auch wenn die Kennzahlen etwas ganz anderes sagten – sowie ein auf den Fahrer gerichtetes sowie voll digitalisiertes Cockpit, das als Neuheit mit einem Bordcomputer aufgerüstet worden war. Am Motor selber wurde, bis auf ein neues Auspuffsystem, nicht viel gearbeitet. Auch wenn die Beschleunigung von 0 bis 96 km/h noch immer bei 12,5 Sekunden lag, so war der Seville doch ein sehr handliches Fahrzeug, das sich anständig schnell bewegen ließ. Wie immer seit 1978 war auch eine noch luxuriösere Elegante-Version zu kaufen, die von außen an ihrer Zweifarben-Lackierung zu erkennen war. Während in früheren Jahren der Kühlergrill immer das Merkmal war, an dem man einen neuen Cadillac erkennen konnte, so waren die Veränderungen in den 80er Jahren etwas tiefgreifender: Wann immer ein neues Modell präsentiert wurde, wurde auch gleich eine Fabrik eingeweiht. Beim Seville 1986 war es das »Buick-Oldsmobile-Cadillac Detroit-Hamtramck Assembly Center«, das für viel Geld renoviert und reorganisiert worden war. Bevor ein Arbeiter sich für die Produktion des Seville qualifizieren konnte, mußte er ein 200stündiges Trainingsprogramm durchlaufen, bei dem ihm alles, was man über Qualität und Präzision nur wissen konnte, eingetrichtert wurde. Selbstverständlich wurde die Fertigung des Seville trotzdem weitgehend maschinell ausgeführt, so daß die Arbeiter hauptsächlich Kontrollaufgaben zu erfüllen hatten. Besonders großen Wert legte Cadillac auf die perfekte Lackierung und den Korrosionsschutz, der Seville erhielt eine Durchrostungsgarantie für 250 000 Meilen.

Wie seit 1980 üblich, war der Eldorado ein mechanischer Zwilling des Seville. Das galt auch für den Modelljahrgang 1986, wobei hier auch die äußerlichen Gemeinsamkeiten ziemlich groß waren, der Eldorado sah aus wie die zweitürige Version des Seville. Wie der Seville wurde auch der Eldorado in Hamtramck gebaut, und wie der Seville krankte auch der Eldorado ein wenig an mangelnder Leistung, was man mit einigen Sondermodellen mit verbesserter Ausstattung und spezieller Lackierung zu beschönigen versuchte. Ganz gelungen war unter diesen Modellen sicher der Eldorado »America II Special Limited Edition«.

Eigentlich wollte Cadillac die beiden letzten heckgetriebenen Modelle, den Fleetwood Brougham und den Fleetwood Brougham d'Elegance, ab 1986 auslaufen lassen. Aufgrund der regen Nachfrage präsentierte Cadillac stattdessen für das Modelljahr 1986 sogar noch eine überarbeitete Version. Und weil »Think Big« in den USA anscheinend immer noch aktuell war, erhielten die beiden Saurier sogar anstelle des 4,1-Liter-V 8 mit Benzineinspritzung wieder einen 5-Liter-V 8 mit Vierfach-Verga-

WHAT MAKES A CADILLAC A CADILLAC.

It all began in 1902. A commitment to quality and excellence. As a result, for the past 37 years, more Americans have chosen to own Cadillac than any other luxury car.

Today, that commitment remains obvious in such traditional areas as fit, finish, materials, appointments, and craftsmanship.

But it now becomes evident, too, in state-of-the-art and leading-edge developments in safety and technology.

Traditional or advanced, however, the ultimate test of Cadillac quality and excellence is simply this: Does it contribute significantly to owner satisfaction?

That's what makes a Cadillac a Cadillac.

BEST OF ALL…IT'S A CADILLAC.

GM

LET'S GET IT TOGETHER…BUCKLE UP.

In seiner dritten Version seit seiner Einführung 1976 wurde der Seville optisch den anderen Cadillac angeglichen, blieb aber mit seiner kompletten Ausstattung und dem aufwendigeren Fahrwerk so etwas wie ein Über-Cadillac. Sein Preis lag bei stolzen 26 756 $, seine Verkäufe bei eher mageren 19 098 Exemplaren.

Beim Eldorado – hier in der Spezialversion Biarritz – handelte es sich im Grunde um einen Seville mit zwei Türen. Das wurde 1985 auch optisch unter Beweis gestellt. Er kostete etwas weniger als der Seville (24 251 $), verkaufte sich allerdings etwas besser (21 342 Exemplare).

1987 war für Cadillac nur ein Auto wichtig: der Allanté. Zwar wurden die Produktionsziele weit verfehlt, doch immerhin verhalf dieses optisch wunderbare, von Pininfarina gezeichnete Fahrzeug Cadillac zu einem guten Image. Leider waren die Fahrleistungen mit dem 170 PS starken 4-Liter-V-8 nicht gerade berauschend. Nicht unbescheiden dagegen sein Preis von knapp unter 50 000 $.

Für 1988 wurde der Seville leicht überarbeitet und verfügte über eine anders gestaltete Front. Seine Verkaufszahlen stiegen daraufhin leicht an und lagen knapp unter 23 000 Exemplaren.

Eigentlich hatte der Fleetwood Brougham im Cadillac-Programm des Jahres 1988 ja gar nichts mehr zu suchen, doch die Nachfrage war so groß, daß das letzte heckgetriebene Modell weiter gebaut wurde. Sicher keine Fehlentscheidung, denn immerhin 53 130 Kunden wollten im verschwenderischen Luxus des Brougham spazierenfahren.

ser, der mit 140 PS aber auch nicht gerade übermäßig kräftig ausfiel. Damit aber nicht genug: Die intensive Überarbeitung brachte eine anständige Gewichtsreduktion, die sich wiederum sehr positiv auf den Verbrauch niederschlug. So gesehen hatte John O. Grettenberger, Cadillac-Boss seit 1984, nicht unrecht, als er den größten in den USA gebauten Luxuswagen als das Fahrzeug »mit dem besten Preis-/Leistungsverhältnis auf dem Markt« anpries.

Im Jahre 1984 hatte sich General Motors eine neue Unternehmensstruktur gegeben, die vor allem darauf ausgerichtet war, Kosten zu sparen und gewisse Abläufe bei Entwicklung und Produktion zu vereinfachen. Auf der einen Seite stand die Chevrolet-Pontiac-Kanada-Gruppe, für das höhere Preissegment wurde die Buick-Oldsmobile-Cadillac-Gruppe gebildet. Gegen solche Arbeitsgruppen ist prinzipiell nichts einzuwenden, wenn sie dazu dienen sollen, die vorhandenen Energien und Fähigkeiten in die richtigen Bahnen zu lenken – bei General Motors war dies aber nur bedingt der Fall, da die einzelnen Abteilungen zu viel von ihrer Selbständigkeit aufgeben mußten. Wenn ein Cadillac gleichzeitig auch ein Buick und ein Oldsmobile war, dann machte das keinen Sinn, dann hätte General Motors die einzelnen Marken auch gleich auflösen und ihnen einen gemeinsamen Namen geben können. Vor allem Cadillac litt unter dieser Situation, so daß Cadillac-Chef John O. Grettenberger am 8. Januar 1987 um die erneute Marken-Unabhängigkeit bat, die Cadillac noch am gleichen Tag auch gewährt wurde.

Nicht nur dehalb war 1987 ein wichtiges Jahr für Cadillac, nicht minder bedeutend war die Präsentation des Allanté. Dieses Fahrzeug hatte für Cadillac etwa die gleiche Bedeutung wie die Lancierung der berühmten 48er-Modelle oder der Eldorado Brougham von 1957/60, mit denen Cadillac einmal mehr seinen Anspruch »Standard of the World« unterstrichen hatte. Und noch aus einem anderen Grund war der Allanté sehr wichtig für Cadillac: Man wollte den Kunden zeigen, daß man zu mehr fähig war als nur andere GM-Fahrzeuge zu perfektionieren.

Die Arbeit am sogenannten LST-Projekt (Luxury Two-Seater) hatte schon 1982 begonnen, das Fahrzeug war als direkte Konkurrenz zu Mercedes-Benz 560 SL, Porsche 928S, BMW 635 CSi und Jaguar XJ-S gedacht. Wie diese war er nicht als Fahrzeug für die große Masse gedacht, sondern sollte an die große Vergangenheit der Marke erinnern und gleichzeitig neue Maßstäbe in Sachen Qualität, Aussehen und Fahrleistungen bieten. Und außerdem war ein Auto in der obersten Luxusklasse einen idealer Imageträger: Wer von einem Allanté träumte, der würde sich vielleicht einen Cimarron oder Sedan de Ville leisten.

Der LST-Projektleiter Warren Hirshfield reiste noch im gleichen Jahr nach Turin zur dortigen Automobilausstellung, um sich ein Bild davon machen zu können, was an

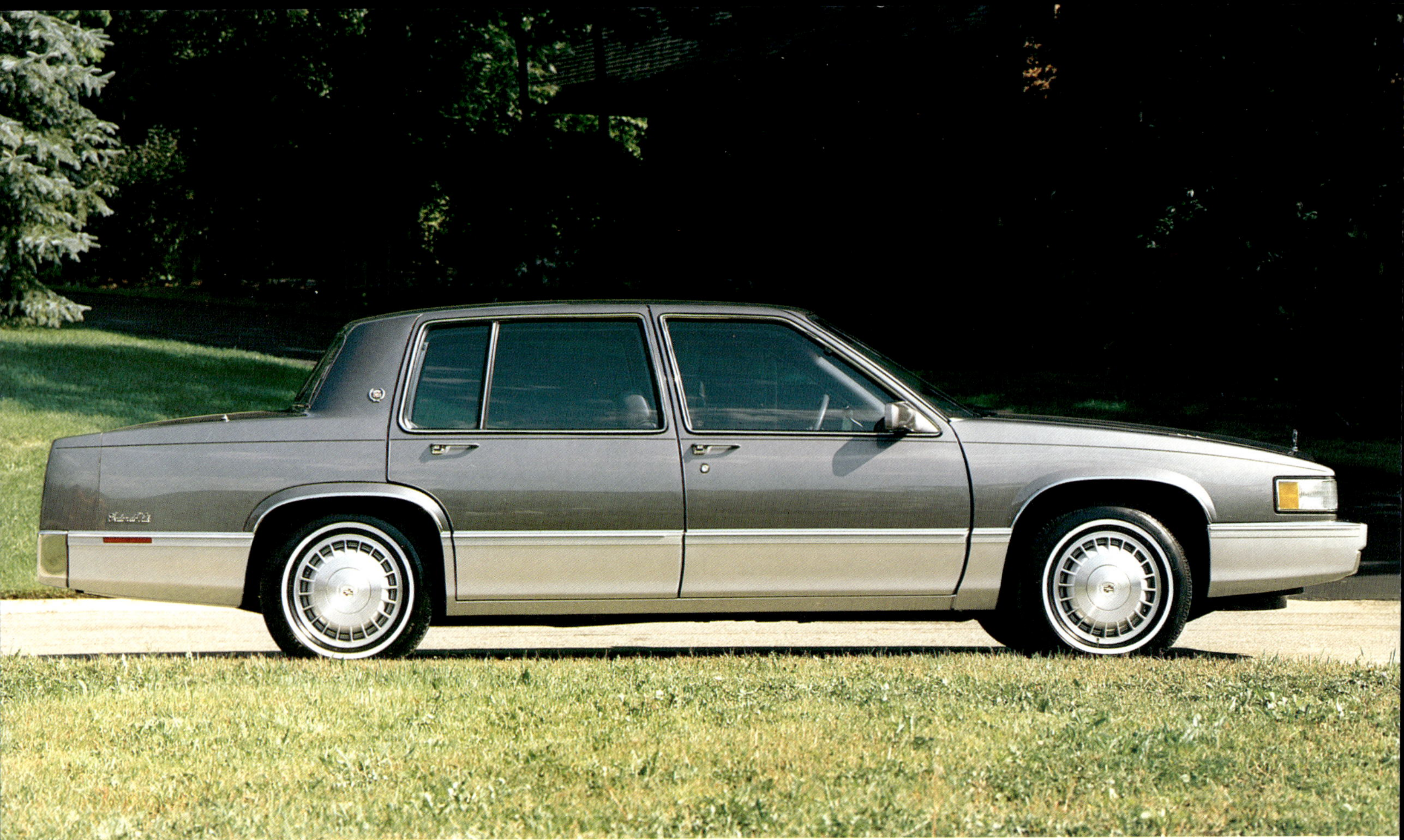

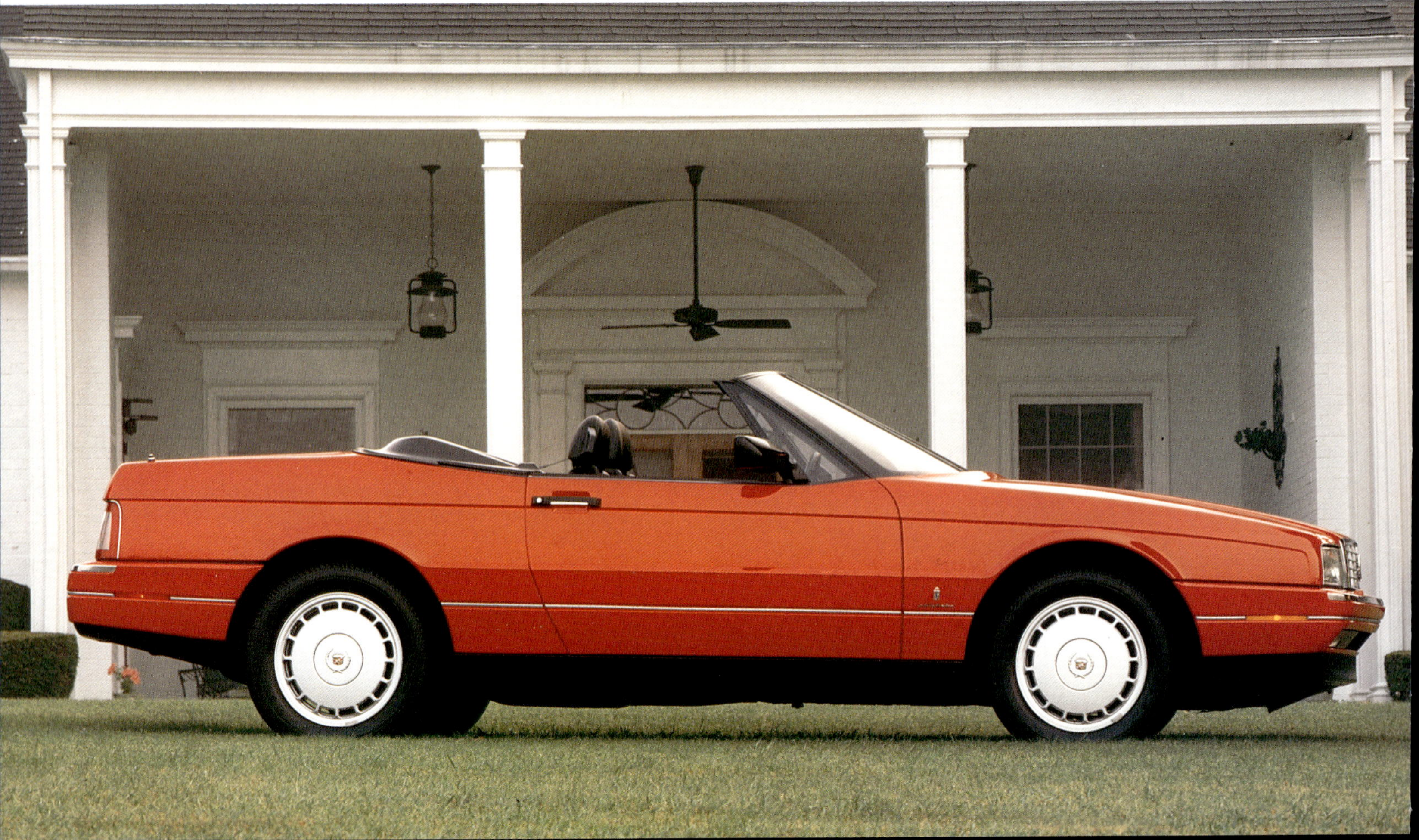

Zumindest beim Aussehen machte Cadillac 1989 wieder einen Schritt zurück zur Größe, der gleichzeitig ein Schritt nach vorne im Ansehen der Kundschaft war. Der hier gezeigte Sedan de Ville bedeutete die Abkehr von den nicht eben schönen, kastenförmigen Cadillac, hin zur neuen Eleganz. 1989 wurden insgesamt 178 938 DeVille verkauft, was eine Verbesserung im Vergleich zum Vorjahr von mehr als 25 000 Exemplaren bedeutete.

Linke Seite, unten: Der Allanté war ab 1989 nicht einfach nur schön, sondern mit dem Einsatz eines 200 PS starken 4,5-Liter-V 8 auch anständig schnell. Allerdings wurden auch 1989 nur 3 298 Exemplare verkauft.

Konkurrenz auf den neuen Cadillac zukommen könnte. Bei diesem Aufenthalt in Turin kam er auch mit verschiedenen Designern ins Gespräch, darunter auch mit Sergio Pininfarina, dessen Vater Battista »Pinin« Farina schon 1932 erstmals einen Cadillac neu eingekleidet hatte und auch für das Design des Eldorado Brougham der Jahre 1959/60 verantwortlich gezeichnet hatte. Hirshfield entschied sich dann sehr schnell für eine Zusammenarbeit mit den Italienern, sehr zur Enttäuschung der Cadillac-Designer, die mit diesem Prestigeobjekt endlich wieder einmal beweisen wollten, zu was sie fähig sind. Doch Cadillac erhoffte sich vom guten Namen des Turiner Meisterkarossiers Pininfarina einen positiven Werbeeffekt für sein Projekt – und immerhin waren Battista und Sergio Pininfarina für einige der schönsten je gebauten Autos als Designer verantwortlich gewesen.

In Detroit liefen die Entwicklungsarbeiten mittlerweile auf Hochtouren. Zuerst wollte man dem Cabriolet einen Heckantrieb verpassen und stellte deshalb einige Versuche mit Chassis des Opel Senator und des Chevrolet Corvette an. Doch weil sowohl Pininfarina als auch Cadillac Verfechter des Vorderradantriebes war, kam man schnell auf die Bodengruppe GM-30 zurück, auf der ab 1986 der Cadillac Eldorado, der Buick Riviera und der Oldsmobile Toronado basieren sollten. Das vereinfachte das Projekt aber nur unwesentlich, denn der zukünftige Zweisitzer war von Beginn weg als Cabriolet gedacht, so daß viel Arbeit in die Versteifung und das Fahrwerk gesteckt werden mußte, damit man mit der für ihre Qualitäten bekannten europäischen Konkurrenz mithalten konnte.

Europa – das war überhaupt ein Zauberwort über dem ganzen Projekt. Der Name für den neuen Cadillac, Allanté, bedeutete auf französisch soviel wie »die Schneidige«, war aber frei erfunden, hatte also nicht wie Seville oder Eldorado oder Biarritz oder Calais einen geschichtlichen oder geographischen Hintergrund, sondern sollte einfach in allen Sprachen der Welt ausgesprochen werden können. Und Europa und vor allem Turin sollte auch bei der Produktion ein wichtiges Wort mitreden: Die GM-30-Chassis wurden nämlich zusammen mit 107 in Detroit gefertigten Teilen wie Armaturenbrett, Klimaanlage und der gesamten Elektronik in speziell ausgestatteten Jumbo-Jets Boeing 747 vom Detroit Metropolitan Airport nach Turin geflogen, wo der Flughafen Caselle extra vergrößert werden mußte, damit die wertvolle Ladung, bestehend aus 56 zukünftigen Allanté, gelöscht werden konnte. Von Caselle wurden die Chassis nach San Giorgio gebracht, wo Pininfarina in einer eigens erstellten Fabrik diese zuerst kürzte, dann mit Karosserie und dem Interieur versah, wieder auf den Flughafen brachte, von wo sie dann nach Detroit zurückgeflogen wurden. In der Hamtramck-Fabrik legten dann noch einmal 110 Cadillac-Arbeiter Hand an die Allanté. Bevor die Fahrzeuge ausgeliefert wurden, hatten sie noch einen intensiven Probelauf zu bestehen. In der Nähe von Hamtramck war speziell für den Allanté eine vier Kilometer lange Teststrecke angelegt worden, auf der jedes Fahrzeug auf Herz und Nieren geprüft werden konnte. Vor allem die Elektronik, von der im offenen Cadillac mehr als reichlich vorhanden war, wurde immer und immer wieder überprüft.

Auch der Motor mußte sich einiges gefallen lassen: Jedes Aggregat brachte zuerst einmal 48 Stunden auf dem Prüfstand hinter sich, bevor es die Ehre hatte, in den Allanté eingebaut zu werden. Bei diesem Triebwerk handelte es sich um eine deutlich verstärkte Version des HT-4100, die für das zweisitzige Cabriolet auf 170 PS bei 5 300/min gebracht worden war und ein maximales Drehmoment von 220 Nm bei 3 200/min abgab. Mit dieser Leistung konnte der Allanté zwar noch bei weitem nicht mit der deutschen und englischen Konkurrenz mithalten, der 560 SL von Mercedes-Benz schaffte den Sprint von 0 auf 96 km/h in knapp über sieben Sekunden, während der Cadillac noch immer zehn Sekunden brauchte, doch immerhin war man auf dem richtigen Weg. Auch das Fahrwerk konnte sich sehen und vor allem fahren lassen, daß der Cadillac ein Cabriolet war, das merkte man auch auf schlechten Straßen oder schnell umrundeten Kurven kaum.

Und der Allanté war (und ist) ganz einfach ein schönes Fahrzeug. Pininfarina verlieh dem Cadillac klassische, sehr einfache, aber höchst elegante Formen, die ihn ganz klar als Cadillac erkennbar machten. Das Dach war vollständig versenkbar, im Preis inbegriffen war ein Hardtop aus Aluminium, das den Allanté auch wintertauglich machte. Auch das Interieur war vom Feinsten, die zwei

Passagiere durften sich auf Recaro-Sitzen niederlassen, die durchaus sportlich, aber auch auf langen Strecken nicht unbequem waren. Beim Armaturenbrett fand man den Weg zurück zur Einfachheit, wenn auch noch nicht vollständig, waren doch sowohl digitale als auch analoge Instrumente vorhanden. Selbstverständlich war auch für eine gute Geräuschkulisse gesorgt, nicht nur vom Achtzylinder-Motor, sondern auch von der Delco-Bose-Stereoanlage.

Der Allanté war ein Zeichen für den neuen Geist, »the new spirit«, mit dem Cadillac in die Zukunft fahren wollte. Auch die anderen Modelle des Jahrgangs 1987 wurden in vielen Punkten verbessert, auch wenn das nicht sehr offensichtlich zu erkennen war. Doch einmal mehr war es die intensive Arbeit an den Details, welche die Cadillac zu noch besseren Fahrzeugen machte. Außerdem darf man das Jahr 1987 durchaus als Wendepunkt zum Besseren bezeichnen: Es wurde bereits intensiv an Projekten gearbeitet, welche Cadillac wieder zu einem der ganz großen Namen und zu einer ernsthaften Konkurrenz machen sollten. Zeichen für diese Neuerungen waren auch die Unterteilungen, die im Modellprogramm unternommen wurden: Der Cimarron sollte den »Sporting Spirit« verkörpern, die DeVille-/Fleetwood-Modelle den »Contemporary Spirit«, der Brougham den »Classic Spirit«, der Eldorado den »Driving Spirit« und der Seville den »Elegant Spirit«. Ausgeklammert von dieser Schubladisierung waren die Series 75, der Allanté und der ebenfalls neu aufgelegte Sixty-Special.

Gerade die Wiedergeburt des 60 S war – auch wenn nur 2 000 Exemplare produziert werden sollten – ein weiteres klares Zeichen dafür, daß Cadillac aus den Fehlern der Vergangenheit gelernt hatte und auch beim Marketing bereit war, bedeutend aggressiver als vorher zu agieren. Der Sixty-Special war wie schon in früheren Jahren ein eigenständiges und spezielles Fahrzeug, was man auch am gegenüber dem Fleetwood d'Elegance um zwölf Zentimeter längeren, insgesamt 294 Zentimeter betragenden Radstand erkennen konnte. Der sehr formelle und klassische Sixty-Special war für all jene geeignet, die gerne auf den hinteren Sitzen den Raum einer Limousine genießen wollen. Diese Limousinen der Series 75 waren ebenfalls geringfügig verändert worden, ihre Länge betrug jetzt 559 Zentimeter.

Nicht größer, aber dafür einmal mehr stärker wurde der Cimarron, dessen Motor nach einer Änderung der Multipoint-Einspritzung für den Modelljahrgang 1987 jetzt 125 PS leistete. Damit konnte der kleinste Cadillac jetzt durchaus als sportlich bezeichnet werden, vor allem auch deshalb, weil auch die Vorderradaufhängung überarbeitet worden war, was zu deutlich verbesserten Fahreigenschaften, vor allem bei schnell umrundeten Kurven, führte. Noch einiges besser waren und blieben die Fahreigenschaften der 1986 komplett erneuerten El-

Linke Seite:
Voyage nannte Cadillac 1989 sein rollendes Versuchslabor, von dem – wie schon schon oft in der Vergangenheit von Cadillac, in der die Prototypen mehr als nur Gedankenspiele waren – einige Elemente für zukünftige Cadillac übernommen wurden.

Mit der Wiedergeburt des Sixty Special zeigte Cadillac 1989 klar und deutlich, daß man aus der Geschichte gelernt hatte. Zwar verfügte der neue 60 S über Frontantrieb, doch mit seinen klassischen Linien durfte er wieder als der ultimative amerikanische Luxuswagen gelten.

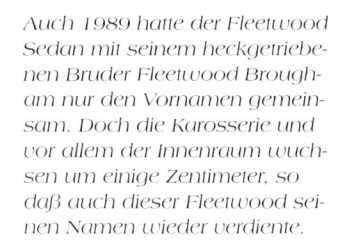

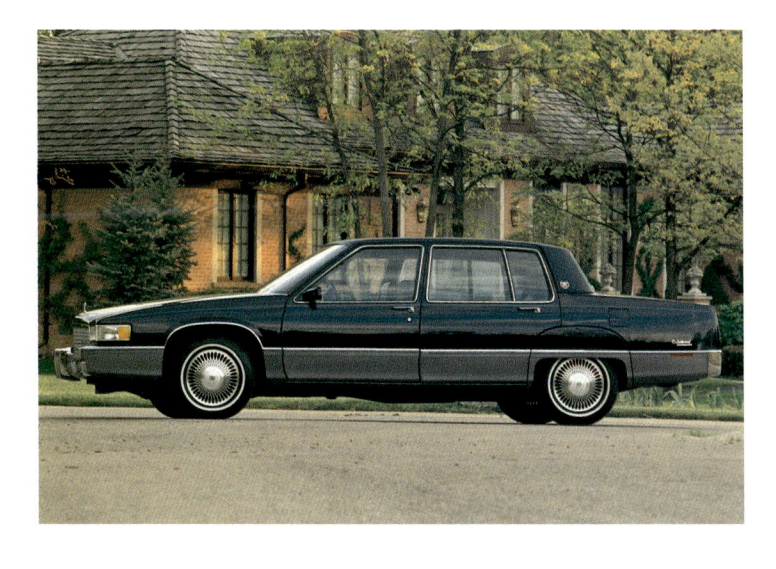

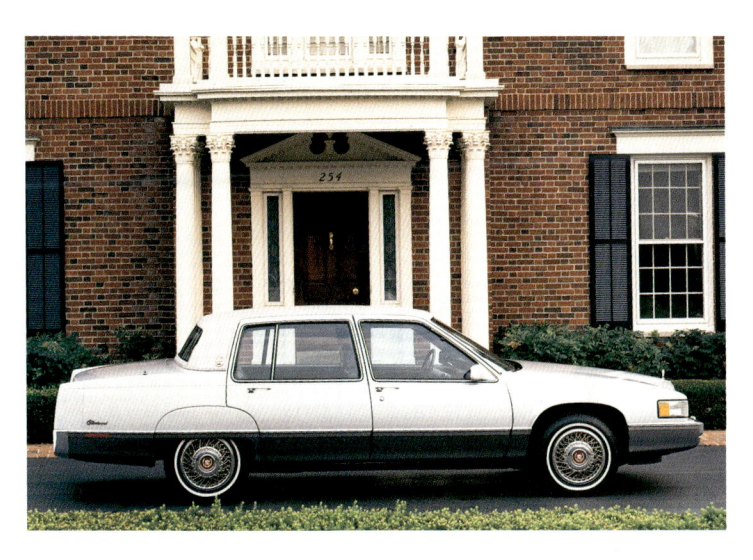

Auch 1989 hatte der Fleetwood Sedan mit seinem heckgetriebenen Bruder Fleetwood Brougham nur den Vornamen gemeinsam. Doch die Karosserie und vor allem der Innenraum wuchsen um einige Zentimeter, so daß auch dieser Fleetwood seinen Namen wieder verdiente.

dorado und Seville, die für 1987 nahezu unverändert übernommen wurden. Neu war nur die sogenannt »hydroelastische« Motoraufhängung, breitere Reifen (Goodyear 205/75R14, auf Wunsch auch 15zöllige Goodyear Eagle GT), sowie einige Änderungen beim Interieur, die das Leben in den Cadillac noch angenehmer machten. Ebenfalls kaum der Rede wert waren die Neuigkeiten, die es über den einzig verbliebenen Heckantrieb-Cadillac, den Brougham, sowie über die Bestseller, die De-Ville-/Fleetwood-Reihe, zu berichten gibt: Letztere erhielten neue Farben, durch ein neues Design im Heckbereich etwas mehr Gesamtlänge sowie größere Trommeln für die hinteren Bremsen, der Brougham erfreute mit einem neuen Kühlergrill ...

Erfreulich waren die Verkaufszahlen trotzdem nicht: Auf gerade einmal 216 284 Fahrzeuge belief sich die Produktion 1987, das seit dem katastrophalen Jahr 1980 schlechteste Ergebnis. So genau konnte man sich diesen Abschwung bei Cadillac nicht erklären, denn man glaubte sich auf dem richtigen Weg, und das Modellprogramm stimmte auch. Vielleicht lag es an der wenig begeisternde Leistung der Triebwerke: Maximal 170 PS, und 140 PS für die herkömmlichen Cadillac, das war halt einfach kein Grund zur Freude. Vor allem auch deshalb, weil man bei Lincoln gute 200 Pferde kaufen konnte, die für anständige Fahrleistungen sorgten. Für 1988 machte man deshalb einen Schritt nach vorn, wenn auch leider nur einen halbherzigen: Der Hubraum des Leichtmetall-V 8 wurde auf 4,5 Liter erhöht, die Leistung stieg auf 155 PS bei 4 000/min, das maximale Drehmoment auf 240 Nm bei 2 800/min. Damit war die Fahrleistungen zwar einiges besser, den Sprint von 0 auf 96 km/h schaffte ein 60S 1988 in 9,9 Sekunden, während er 1987 noch 12,8 Sekunden gebraucht hatte. Erstaunlicherweise verbesserte sich Cadillac 1988 in der Verkaufsstatistik wieder deutlich, obwohl sich die Veränderungen und Verbesserungen beim gesamten Modellprogramm auf ein absolutes Minimum beschränkten. Mit 266 548 Exemplaren schaffte man kein überragendes, aber doch ein zufriedenstellendes Resultat.

Wie sehr man sich bei Cadillac auch selber getäuscht hatte, zeigten die anvisierten Verkaufsziele. Vom Allanté beispielsweise wollte man jährlich rund 7 000 Exemplare verkaufen: 1987, im Jahr der Einführung des wunderbaren Cabriolets, schaffte man aber nur 3 363 Exemplare, 1988 fielen die Verkäufe sogar auf 2 569 Einheiten. 1989 gab es dann wieder ein Besserung, 3 298 Kunden konnten sich für die italienisch-amerikanische Zusammenarbeit begeistern. Der Grund für diese Verbesserung war leicht auszumachen: Der Allanté erhielt den 4,5-Liter-V 8, der eine Leistung von 200 PS aufwies. Damit wurde der Zweisitzer zwar in die mit einer Spezialsteuer belastete Klasse der »Gas Guzzler« verbannt, doch endlich konnte der von Pininfarina gezeichnete Ca-

311

Im Vergleich zum restlichen Cadillac-Programm waren Seville und Eldorado (hier im Bild) 1990 noch ein wenig rückständig in ihrem Design. Und ihre Verkaufszahlen sanken langsam, aber stetig.

Noch immer gab es 1990 diesen Saurier bei Cadillac. Und noch immer verkaufte sich der heckgetriebene Fleetwood Brougham sehr gut, knapp 34 000 Kunden konnten sich für diesen Straßenkreuzer begeistern.

Der Allanté fand seine Liebhaber auf der ganzen Welt – allerdings waren es immer weniger. 1991 leisteten sich nicht einmal 2 500 Kunden den Luxus dieses zwar teuren, aber auch faszinierenden Zweisitzers mit Pininfarina-Karosserie.

Der Sedan de Ville war und blieb das Herz im Cadillac-Programm, auch im Jahre 1991. Stolze 121 543 Exemplare wurden verkauft, was allerdings im Vergleich zum Vorjahr einen Rückgang um mehr als 10 000 Stück bedeutete. Was man aber sicher sagen durfte: Beim Sedan de Ville erhielt man weiterhin viel Auto für viel Geld.

dillac die Fahrleistungen aufweisen, die seinem Aussehen entsprachen, wie folgende Aufstellung, die auch einen Vergleich mit dem Mercedes-Benz 560 SL beinhaltet, beweist:

	4,1-Liter-Allanté	4,5-Liter-Allanté	MB 560 SL
0-96 m/h	9,5 s	8,3 s	6,8 s
Viertelmeile	17,2 s	16,6 s	15,2 s
Höchstgeschwindigkeit	191 km/h	205 km/h	220 km/h

Diese Zahlen stammen aus »Road & Track«, wo man Ende 1988 einen Vergleichstest zwischen dem Allanté, dem Mercedes, der Corvette von Chevrolet, einem Porsche 911 Cabriolet und einem Ferrari 328 GTS veranstaltete. Was die reinen Fahrleistungen betraf, hatte der Cadillac natürlich keine Chance gegen die hochkarätige Konkurrenz, doch allein schon die Ehre, gegen diese feinste Technik aus der ganzen Welt antreten zu dürfen, gereichte dem Cadillac zu Ehre. Und er schnitt auch erstaunlich gut ab: »Mit diesem Fahrzeug kann man sehr gut leben«, schrieb »Road & Track«, »es hat Qualitäten, die von den Kunden noch gar nicht entdeckt worden sind.« Insgesamt stellte man den Allanté auf die gleiche Höhe mit dem Mercedes 560 SL, was sich sicher auch mit einem gewissen Patriotismus der amerikanischen Tester erklären läßt, aber trotzdem einiges aussagt über das Potential des seit 15 Jahren stärksten Cadillac.

Der 4,5-Liter-Motor wies beim Allanté einige technische Verbesserungen auf. Die Benzineinspritzung würde überarbeitet, ein größerer Luftfilter montiert, neue Zylinderköpfe mit gerade verlaufenden Einlaßöffnungen sowie größeren Ventilen holten zusammen mit den neu gezeichneten Brennräumen die Mehrleistung aus dem Leichtmetall-Triebwerk. Auch das Automatikgetriebe wurde durch verstärkte Zahnräder und Wandler der gesteigerten Leistung angepaßt: Gezielte Einsätze der Motorelektronik (Rücknahme des Zündzeitpunkts, kurzfristige Unterbrechung der Treibstoffzufuhr) sorgten für noch sanftere Schaltvorgänge. Auch verfügte der Allanté-Motor nicht mehr über eine Regelung der Luftzufuhr oder des Abgas-Rückführungssystems. Neu war außerdem eine Anzeige für die theoretische Lebensdauer des Öls, die dem Fahrer die Ölwechselintervalle anzeigte.

Seinen 40. Geburtstag feierte 1989 auch der DeVille. Vom 1949 ursprünglich als zweitüriges Coupé eingeführten Modell waren bis zu diesem Zeitpunkt rund 4,6 Millionen Exemplare verkauft worden, was den DeVille nicht nur zum Bestseller im Cadillac-Programm machte, sondern zur meistverkauften Luxuslimousine der Welt. Und weil man bei Cadillac schon ein wenig stolz war auf seine DeVille, spendierte man den Bestsellern auch gleich eine komplett neue Karosserie, die bei einem Radstand von 289 Zentimeter um 15 Zentimeter anwuchs und nun beim Coupé de Ville 515 Zentimeter, beim Sedan de Ville 522 Zentimeter maß. Zwar wurden diese größeren Dimensionen mit den verbesserten Raumverhältnissen im Innenraum und bei Kofferraum (510 Liter) von der Kundschaft gerne gesehen, doch nicht allein dies zählte bei den neuen DeVille: Endlich, nach einigen Jahren mit eher langweiligem Design, war der neue Modelljahrgang wieder ein sehr ansehnliches und ansprechendes Fahrzeug. Im gleichen Stil wurde auch der Fleetwood gestaltet, der ebenfalls bedeutend länger und – man darf es so sagen – mit angedeuteten Heckflossen auch schöner wurde. Insgesamt wuchs der Fleetwood um 27 Zentimeter, die hinteren Passagiere kamen in den Genuß von mehr als einem Meter Beinfreiheit. Serienmäßig wurde der Fleetwood mit ABS ausgerüstet, als erster Hersteller überhaupt bot Cadillac gegen Aufpreis einen CD-Player an.

Noch zwei Fahrzeuge zeigten 1988 und 1989 an, wohin optisch die Reise bei Cadillac gehen sollte: die Concept-Cars Voyage und Solitaire. Mit ihren fließenden Formen nahmen sie einiges vom Aussehen der zukünftigen

Cadillac vorweg – und das im höchst positiven Sinne, denn sie waren die reine Freude für das Auge. Gedacht als rollende Versuchslabors, waren beide Fahrzeuge voll funktionsfähig. Der Voyage, der im September 1988 präsentiert wurde, verfügte über den bekannten 4,5-Liter-V 8, dessen Leistung allerdings auf für einen Cadillac adäquate 275 PS gesteigert worden war, der Solitaire konnte sich gar eines vollkommen neu konstruierten V12-Motors rühmen, der gemäß Aussagen von GM-Technikern an Laufruhe und Geschmeidigkeit von keinem anderen Triebwerk der Welt übertroffen wurde. Während der Solitaire aber nie für eine mögliche Serienproduktion gedacht war und vor allem in der Verwendung von komplizierter Elektronik neue Wege aufzeigen sollte, verfügte der Voyage über einige Details, die durchaus Zukunftschancen haben sollten. So wird die Traktion durch eine computergesteuerte Kraftübertragung verstärkt, die automatisch vom normalen Hinterradantrieb auf Allradantrieb umschaltet, wenn die Sensoren anzeigen, daß die hinteren Räder nicht mehr genügend greifen. Eingebaut sind auch ABS, eine elektronisch gesteuerte Viergang-Automatik, eine Infrarot-Fernbedienung der Türen und Fenster, eine Telefonanlage, die auf die Stimme des Herrn reagiert und somit keine Handbedienung benötigt, und schließlich ein ausgefeiltes Navigationssystem. Ein Jahr später, also 1990, kam bereits der nächste Concept-Car, genannt Aurora. Dieses Fahrzeug war konsequent als »Weltauto« ausgelegt, sein Design sollte also nicht nur in Amerika, sondern auch in Europa und Japan Gefallen finden. Außerdem war der Aurora sehr nah bei der automobilen Realität geblieben, alle elektronischen Spielzeuge wie das elektronisch gedämpfte Fahrwerk und die Schlupfregelung waren so ausgelegt, daß sie jederzeit hätten in Produktion gehen können.

Mit dem neuen Eldorado Touring Coupé fand Cadillac zurück zu alten Werten: Viel Platz, anständige Motorisierung – und vor allem mehr als nur ein Hauch von Klasse. Man sieht es dem Eldorado nicht an, aber er ist doch um Zentimeter größer als die aktuelle Standard-Limousine der deutschen Marke mit dem Stern.

Mit dem neuen Seville war Cadillac 1992 ein Meisterwerk gelungen. Und das nicht nur optisch, denn mit dem 4,9-Liter-V 8, der 204 PS leistete, knüpfte man auch bei den Fahrleistungen wieder an alte Traditionen an. Vor allem das Drehmoment war beachtlich, ohne daß deshalb der Verbrauch in unanständige Höhen gestiegen wäre. Außerdem verkaufte sich der Seville 1992 hervorragend: Mit 43.953 Exemplaren schaffte man ein mehr als nur befriedigendes Ergebnis.

Wie sehr diese drei Versuchsfahrzeuge die zukünftigen Cadillac beeinflußten, zeigte sich Ende 1991, als der neue Seville STS vorgestellt wurde. Zwar hatte man erst 1989 einen komplett neuen STS (Seville Touring STS) vorgestellt, dem mit seinem langen Radstand und den klaren, kantigen Linien einiger Erfolg beschieden war, doch was da neu kam, das sollte das Image des größten Luxuswagenherstellers entscheidend verändern – und zwar zum Besseren. Die Optik war eindeutig vom Voyage und vom Solitaire beeinflußt, wobei man sicher behaupten darf, daß noch selten ein 519 Zentimeter langes Fahrzeug derart europäisch-kompakt und elegant ausgesehen hat wie der Seville. Obwohl nur gerade 2,5 Zentimeter kürzer als der Mercedes-Benz 600 SEL, wirkt der Seville im Vergleich zum deutschen Panzer geradezu grazil. Verantwortlich für das Design zeichnete Richard Ruzzin, Chefdesigner von Cadillac, der für seine gewagten Entwürfe Rücksprache mit Chuck Jordan, Vizechef der GM-Designabteilung, halten mußte – wobei beiden Herren aber klar war, daß nur ein außerordentliches Fahrzeug den außerordentlichen Namen von Cadillac wieder dahin bringen konnte, wo er hingehörte, nämlich an die Spitze.

Dieses sehr moderne Design mit seinen aerodynamischen Formen verkörperte die vollständige Abkehr von den Fahrzeugen, die Cadillac lange Jahre als den Gipfel der Schönheit angesehen hatte. Noch 1991 war der 1989 präsentierte, kantige Seville STS in einer Pressemitteilung folgendermaßen gepriesen worden: »Das Karosserie-Design des Cadillac Seville aber bleibt klar auf Distanz zu den Automobilen der europäischen Oberschicht und den jungen Herausfordern aus Japan. Die Botschaft, die dieses Styling vermittelt, ist unübersehbar amerikanisch. In der kantigen Gestaltung drückt sich

Es war nicht mehr alles wie früher: 1992 waren die Zeiten, als das Coupé de Ville der bestverkaufte Cadillac war, endgültig vorbei. Knapp 8000 Exemplare konnten noch abgesetzt werden.

Auch das Fleetwood Coupé war nicht das, was man als Verkaufshit bezeichnen: Nur ausgesuchte 443 Kenner konnten sich 1992 für dieses doch etwas eigentümliche Fahrzeug begeistern.

nicht nur die Herkunft des Autos aus, das typische Stilmittel steiler Seitenfenster und einer fast senkrechten Heckscheibe hat auch einen sehr realen Hintergrund. Die steilen Scheiben vergrößern das Volumen des Passagierabteils und schaffen hier einen Eindruck großzügiger Räumlichkeit. Und was noch wichtiger ist: Unter dem breiten Dach gibt es einen weiten Schatten und sehr viel weniger Sonneneinstrahlung direkt auf die Passagiere.« Nun, ganz unrecht mögen die Texter mit ihren Worten nicht gehabt haben, trotzdem konnten die Seville-Kunden anscheinend gut auf die obengenannten Annehmlichkeiten verzichten, denn bereits im ersten Jahr nach seiner Präsentation schaffte der elegante Seville 17 500 Einheiten mehr als sein kantiger Vorgänger (1991: 26 431; 1992: 43 953).

Innen dürfen sich die Passagiere aber auch beim neuen Seville dank der raumökonomischen Konzeption mit dem vorne quer eingebauten V 8-Motor außergewöhnlicher Platzverhältnisse erfreuen, die in der automobilen Oberklasse einfach erwartet werden. Trotzdem ist der Innenraum frei jeglicher Effekthascherei. Die leider noch immer digitale Instrumentierung beschränkt sich auf die wichtigsten Daten, zusätzliche Angaben können jederzeit mit einem Knopfdruck abgerufen werden. Ebenfalls per einfachem Knopfdruck wird die extrem leise arbeitende Klimaautomatik aktiviert, es genügt, wenn die gewünschte Temperatur eingestellt wird.

Mittlerweile auf 4,9 Liter Hubraum gewachsen, erreichte der V 8 eine Höchstleistung von 204 PS bei 4 100/min sowie ein maximales Drehmoment von 373 Nm bei 3 000/min. Damit konnten wieder akzeptable Fahrleistungen erreicht werden, ohne daß der Verbrauch in astronomische Höhen gestiegen wäre (ECE-Werte: 8,0 Liter bei konstant 90 m/h; 10,1 Liter bei konstant 120 km/h; 18,3 Liter im Stadtverkehr). Sicher positiv auf diesen schonenden Umgang mit dem Kraftstoff wirkte sich das überraschend niedrige Gewicht von nur 1 724 Kilo aus, das im Vergleich zur Mercedes-S-Klasse als geradezu sensationell bezeichnet werden darf.

Kurz nach dem Seville erlebt auch sein technischer Zwilling, der Eldorado, seine Neuauflage – eine Wiedergeburt, sofern es um die Verkaufszahlen geht. Schaffte Cadillac 1991 mit dem kantigen Eldorado noch 16 212 Exemplare, so kam das dem Seville sehr ähnliche und ebenfalls höchst elegante Luxuscoupé Eldorado TC 1992 auf stolze 31 151 Einheiten. Wie der Seville war der Eldorado entscheidend gewachsen, maß jetzt 514 Zentimeter und war damit einer der längsten Zweitürer, die es auf dem Markt zu kaufen gab. Wie der Seville verfügte der Eldorado über Frontantrieb, wie der Seville wurde er vom 4,9-Liter-V 8 mit 204 PS angetrieben.

Für den Jahrgang 1993 ging Cadillac dann aber für den Seville, den Eldorado und den Allanté noch einen Schritt weiter. Das Design konnte so belassen werden, wie es war und auch vom Publikum sehr geschätzt wurde, doch beim Antrieb gab es noch eine Krönung: den Northstar-Motor. Ende der 80er Jahre hatten die Cadillac-Ingenieure mit seiner Entwicklung begonnen, und dies mit klaren Vorgaben: Das neue Triebwerk mußte nicht nur leichter sein, sondern auch sparsamer und bedeutend stärker. Keine leichte Aufgabe, da sich eigentlich alle drei Aufgabenstellungen widersprachen. Nun, das Ergebnis kann sich sehen lassen. Der 4,6-Liter-V 8 mit seinen vier Ventilen pro Zylinder leistet stolze 300 PS, wiegt mit 184 Kilo knapp weniger als sein Vorgänger, der 204 PS starke 4,9-Liter-V 8, und ist trotz der viel höheren Leistung bedeutend sparsamer (ECE-Werte für den Seville: 7,5 Liter bei konstant 90 km/h, 9,5 Liter bei konstant 120 km/h, und 16,4 Liter im Stadtverkehr).

Für die Gewichtseinsparung kamen leichte Werkstoffe wie Aluminium-Spritzguß für den Motorblock, die Zylinderköpfe und die Nockenwellenabdeckungen sowie Verdichtungsvorkammern aus Magnesium zum Einsatz. Schlüsselelemente bei der Konstruktion des Northstar waren nach Maßgaben der vereinfachten Herstellung und verbesserten Qualität auch eine Verringerung der Anzahl der benötigten Teile. Hier einige Beispiele: Beim Einbau der Nockenwellenabdeckung und der Stirnplatte wurden statt der herkömmlichen Gewindebolzen Druckbolzen aus gewalztem Gewinde eingesetzt; das Flüssigkeitsinduktionssystem wurde vereinfacht, indem zehn Halterungen, vier Kraftstoffschienenbolzen und vier Drahtklemmen durch lediglich vier Halterungen, eine Kraftstoffschiene mit Schnappbefestigung und einen einklinkbaren Kabelbaum ersetzt wurden; die Wasserpumpe wird statt über fünf Bolzen nun durch eine einfache Drehbewegung mit Einrastfunktion befestigt; die Bodenplatte des Kurbelgehäuses wird in einem Stück am Zylinderblock befestigt, was fünf Lagerdeckelschalen spart. So konnte die Gesamtzahl der Einzelteile auf 1 200 gesenkt werden – andere Motoren in der Luxusklasse, wie beispielsweise der als vorbildlich gerühmte Antrieb des japanischen Lexus, kommen auf 1 700 Teile.

So ganz nebenbei sorgt der Northstar-Motor auch noch für vorzügliche Fahrleistungen: Die Höchstgeschwindigkeit liegt bei Seville und Eldorado bei über 240 km/h, beide beschleunigen in nur wenig mehr als sieben Sekunden von 0 auf 100 km/h. Und dann ist da noch etwas: Nur wenige Triebwerke der Luxusklasse verrichten ihre Arbeit dermaßen leise und geschmeidig wie die exklusiv den Cadillac vorbehaltenen Northstar-Motoren. Da müssen sich selbst die beiden für ihre hohe Ingenieurskunst bekannten deutschen Hersteller noch einiges einfallen lassen, wollen sie im Bereich der feinen Achtzylinder mit Cadillac gleichziehen. Und außerdem ist ein Cadillac hier in Europa einiges günstiger zu kaufen als die edlen Limousinen aus deutscher Produktion.

Auch in Sachen Fahrkomfort müssen Seville, Eldorado & Co. heute den Vergleich mit der deutschen und japanischen Konkurrenz nicht mehr scheuen. Eine Antriebsschlupfregelung (ASR) bringt die gewaltige Kraft auf die angetriebenen Vorderräder, die elektronisch geregelte »Road Sensing Suspension« (RSS) stellt die Dämpfung automatisch auf die vom Fahrer gewünschte und den Straßen- und Geschwindigkeitsverhältnissen entsprechende Härte ein, die »Speed Sensitive Steering« (SSS) läßt die Servolenkung geschwindigkeits- und drehzahlabhängig weicher oder härter werden. Von all diesen Hilfsmitteln bemerken die Cadillac-Passagiere natürlich nichts, sie genießen ganz einfach den unvergleichlichen, verschwenderischen Komfort, den nur ein Cadillac bieten kann.

Für 1994 wurde dieses Programm fast unverändert beibehalten. Die aktuelle Modellpalette besteht jetzt aus den drei Seville-Modellen (Seville pur, Seville Touring Sedan, Seville Luxury Sedan), den zwei Eldorado (Eldorado nature, Eldorado Touring Coupé), dem DeVille Con-

Cadillac-Werbung aus dem Jahre 1992.

cours, dem einfachen DeVille und dem Fleetwood. An diesem Angebot soll sich erst 1996 wieder etwas ändern, wenn die im Januar 1994 in Detroit vorgestellte Studie LSE (Luxury Sedan Euro-Style) auf Basis des neuen Opel Omega in Serie gehen soll. Wenn man noch einen passenden Namen für diesen kleineren, aber deswegen nicht unbedingt günstigeren Cadillac findet, dann werden sich die Konkurrenten aus Deutschland und vor allem Japan wohl endgültig die Zähne ausbeißen – und vielleicht hat man bis dann auch in Europa gemerkt, was Cadillac eigentlich zu bieten hat.

Cadillac kann also getrost in die Zukunft blicken. Denn die Geschichte der Marke Cadillac ist eine typisch amerikanische Erfolgsgeschichte, die geprägt ist von einer typisch amerikanischen Erscheinung: Pragmatismus. Sicher, es gab Zeiten, da haben die Cadillac-Verantwortlichen nicht die Autos bauen lassen, welche die Kunden wünschten, sicher gab es auch Zeiten, in denen Cadillac im Vergleich zur Konkurrenz nicht gerade gute Fahrzeuge produzierte. Doch immer dann, wenn es niemand mehr so recht erwartete, besann man sich in Detroit wieder auf seine alten Tugenden, auf die hohe Qualität, die hohe Ingenieurskunst, den guten Geschmack. Nur so ist es zu erklären, daß Cadillac noch heute existiert – und zwar stärker denn je in seiner mittlerweile 92jährigen Geschichte.

Sicher gab es gerade in den Vereinigten Staaten Autohersteller, die es in jeder Beziehung mit Cadillac aufnehmen konnten. Aber sie sind heute alle verschwunden, Locomobile, Peerless, Marmon, Pierce-Arrow, Duesenberg und schließlich auch Packard. Was all diesen Herstellern fehlte, war die ausgewogene Mischung zwischen Technikern und Buchhaltern – und diese Mischung konnte Cadillac seit den Tagen des unvergesslichen Henry Martyn Leland eigentlich immer vorweisen. Zwar wurde verschiedentlich am Markt vorbeiproduziert, doch auch wenn man nicht gerade die aufregendsten Fahrzeuge der Welt baute, so konnte man sich bei Cadillac immer noch auf den guten Ruf der Marke verlassen, mit dem man auch in schlechten Zeiten noch Autos verkaufen konnte. Diesen Ruf mußte man sich allerdings hart verdienen – und es war nur möglich, weil Cadillac »nie ein schlechtes Auto gebaut hat«, wie Mark Howell einst sagte. Eine Aussage übrigens, die W. F. Hillstead von Bentley genau in diesem Sinne bestätigte. Noch schöner brachte es ein Lincoln-Chef in den 70er Jahren für »The Wall Street Journal« auf den Punkt: »Wir wußten zwar oft, daß wir ein besseres oder mindestens gleich gutes Fahrzeug gebaut haben wie Cadillac, aber wir schafften es nie, auch das Publikum davon zu überzeugen. Für Cadillac sprach immer die Vergangenheit.«

1958 veranstaltete das amerikanische Fachmagazin »Popular Mechanics« unter fünf bekannten Automobilhistorikern eine Umfrage, welche Entwicklungen für das Automobil seit der Jahrhundertwende entscheidend gewesen seien. Am Schluß der Auswertung beschränkten sich die verständigen Herren auf 16 Meilensteine der Entwicklung – und Cadillac wurde als einziger Hersteller viermal genannt, und zwar für die austauschbaren Ersatzteile (Einzylinder-Motor, 1908), den Anlasser (Vierzylinder, 1912), den V 8 von 1914 und schließlich für das Synchro-Mesh-Getriebe von 1929. Eine weitere Erwähnung hätte Cadillac auch noch für die Hydramatic verdient, die vom »Popular Mechanics«-Gremium aber eigenartigerweise Oldsmobile zugeordnet wurde. So stolz man bei Cadillac natürlich auf diese vier Punkte sein konnte, es hätte noch einige Dinge gegeben, die ebenfalls Erwähnung verdient hätten, so sicher der perfekt ausbalancierte V 8 von 1923, das Sicherheitsglas von 1928, der Sechzehn-Zylinder-Motor von 1930, der »Flat Ride« von 1934, der V 8 von 1949, die Servolenkung von 1954. Oder wie wäre es mit dem bahnbrechenden Design der LaSalle von 1927, oder das Styling der Modelle von 1948?

Die Geschichte von Cadillac war immer eine Geschichte von großen Männern. Der größte von ihnen ist heute zwar kaum mehr ein Begriff, weil er als einer der ganz wenigen Großen der Automobilindustrie seinen Namen nicht mit einer eigenen Marke verewigt hat (und das, obwohl er zweimal die Chance gehabt hätte), doch die Verdienste von Henry Martyn Leland für die Entwicklung des Automobils können und dürfen nicht vergessen werden. Mit der Bibel in der einen und der Schublehre in der anderen Hand predigte Leland Genauigkeit, Präzision, und machte so überhaupt erst aus dem Auto ein Massenverkehrsmittel. Oder wer wollte Namen wie

No automobile has ever won every leading automotive magazine award. Until now.

Im seinem letzten Produktionsjahr machte Cadillac den Allanté zu einem reinrassigen Sportwagen: Mit dem fast 300 PS starken 4,6-Liter-V 8 von Northstar erreichte das Cabriolet sehr gute Fahrleistungen. Und man darf dieses Fahrzeug heute als sicheren Tip für Sammler bezeichnen.

Der Eldorado hatte in seiner neuen Form viele Freunde gewonnen. Da sich auch die Verarbeitungsqualität auf einem sehr hohen Niveau bewegte, wendeten sich viele Amerikaner, die sich vorher bei den japanischen Konkurrenten umgeschaut hatten, wieder Cadillac zu.

Ab 1993 waren in der Reihe der »Brot und Butter«-Cadillac nurmehr die Modelle Sedan de Ville, Sedan de Ville Touring, Coupé de Ville und Sixty Special (hier im Bild) erhältlich. Mit dem 4,9-Liter-V 8 schafften alle diese Modelle sehr gute Fahrleistungen.

Rechte Seite:
Seville Touring Sedan – einmal mehr setzte Cadillac Maßstäbe. Einen solchen Fahrkomfort wie in diesem sehr eleganten Sedan durfte man in einem Amerikaner noch nie erleben.

Schon im April 1992 kam der letzte heckgetriebene Cadillac, der Fleetwood Brougham, in den Genuß der lange erwarteten Neuauflage. Und das Resultat konnte sich wirklich sehen lassen: Cadillac hatte wieder eine Limousine im Angebot, die ihren Namen wirklich vediente. Als einziger Cadillac verfügt der Fleetwood Brougham über den 5,7-Liter-V 8.

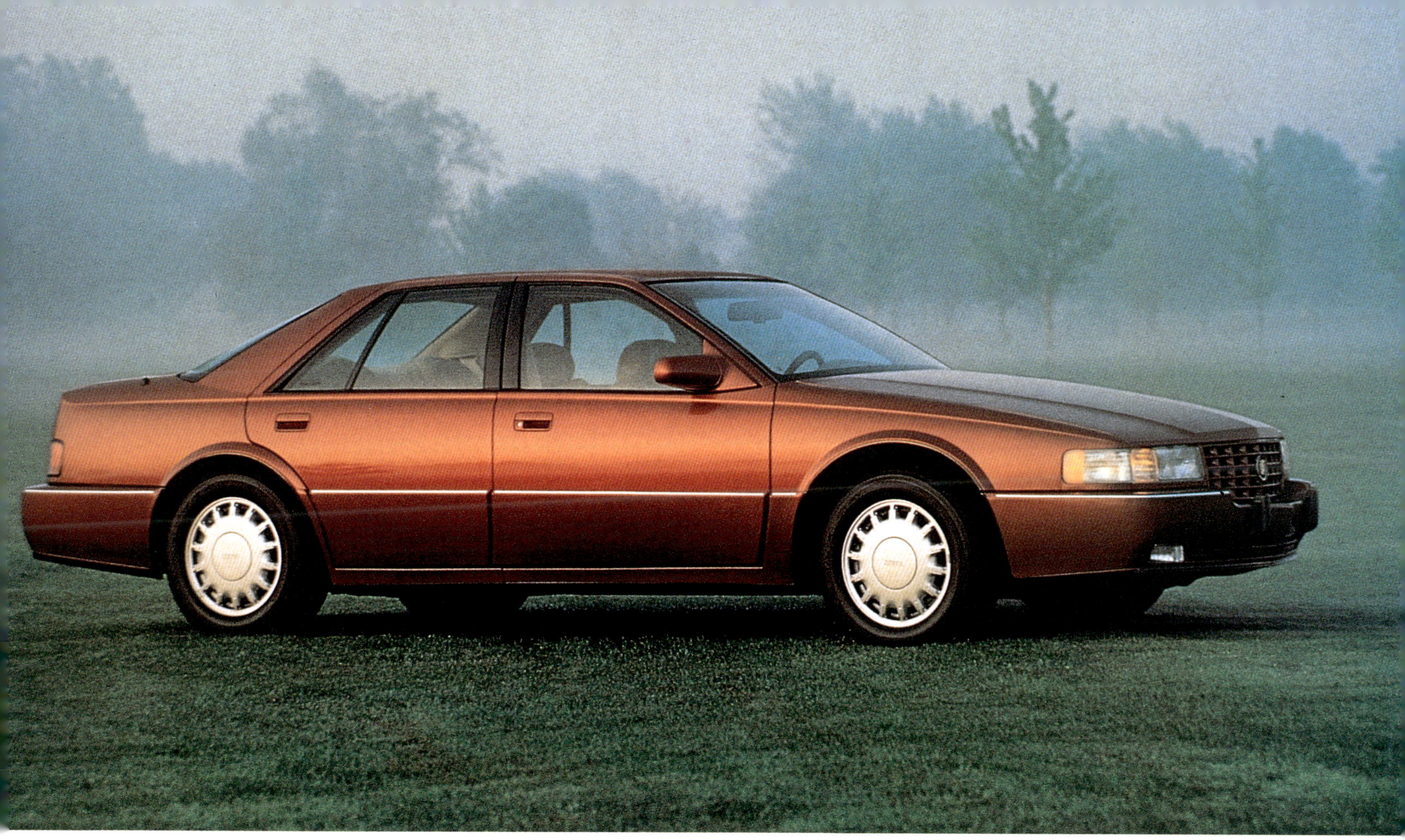

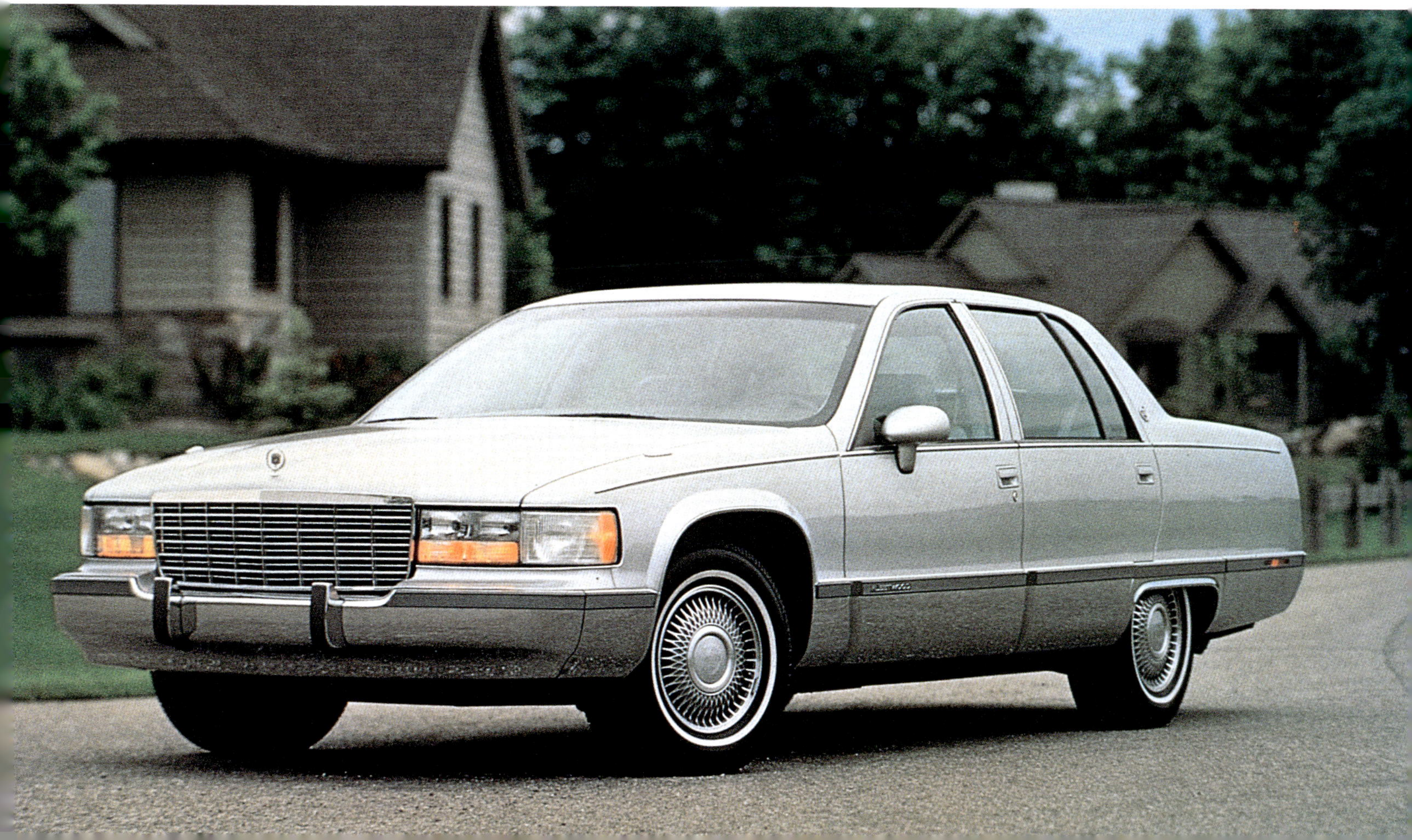

1994 kam als neues Modell der DeVille Concours ins Modell-Programm. Selbstverständlich über die Vorderräder angetrieben, ist der Sechssitzer mit einem auf 270 PS gedrosselten Northstar-V 8 mit vier Ventilen pro Zylinder ausgerüstet.

Das momentan wohl feinste Triebwerk aus amerikanischer Produktion: Der Northstar-Achtzylinder, der aus 4,6 Liter Hubraum zwischen 270 und 300 PS Leistung zieht und mit seiner geschmeidigen Laufruhe zu gefallen weiß.

Auch dem Eldorado TC verhilft der 4,6-Liter-V 8 von Northstar zu hervorragenden Fahrleistungen: Die Höchstgeschwindigkeit liegt bei 240 km/h, die Beschleunigung von 0 auf 100 km/h schafft der Eldorado in beachtlichen 7,5 Sekunden.

Charles F. Kettering, wie Frederick Bennett, wie Harley Earl vergessen, die alle ihren Teil dazu beitrugen, daß nicht nur Cadillac, sondern das Automobil überhaupt seinen Siegeszug um die Welt antreten konnte. Unvergeßlich auch Männer wie Seaholm, Johnson, McCall White, Nacker, Olley und viele, viele andere, die sich alle darum bemüht haben, das Autofahren so einfach, so komfortabel wie möglich zu machen.

Heute ist Cadillac unbestritten eine der größten Marken aller Zeiten. Darauf darf man in Detroit stolz sein – aber auf diesen Lorbeeren wird man sich nicht ausruhen, ganz im Gegenteil. Wir dürfen uns auf jeden Fall der Dinge freuen, die da noch kommen werden.

Sieht so die Zukunft von Cadillac aus? Auf der Motor Show von Detroit im Januar 1994 wurde erstmals die Studie LSE (Luxury Sedan Euro-Style) gezeigt, die auf der Basis des neuen Opel Omega aufgebaut ist und wohl 1996 in Produktion gehen wird.

Den Seville kann man 1994 in drei Ausführungen bestellen: Einfach so als Seville, dann als Seville Touring Sedan mit dem Northstar-Triebwerk, und schließlich als Seville Luxury Sedan mit einer noch verbesserten Ausstattung. Für welche Version man sich auch immer entscheidet – der Kauf eines Seville ist sicher kein Fehler.

KAPITEL 11
CADILLAC UND LASALLE

MEHR ALS NUR DIE KLEINE SCHWESTER

Schon der Name war Programm: Als die Verantwortlichen der Cadillac Motor Car Company Mitte der 20er Jahre einen Namen für den »kleinen« Cadillac suchten, kamen sie in Anlehnung auf den Namensgeber ihrer Firma, Antoine de la Mothe Cadillac, auf René Robert Cavalier, den Sieur de la Salle, der 1682 das ganze Gebiet von Louisiana für seinen König Louis XIV. annektiert hatte. Doch der Eroberer LaSalle kam wie die viele Jahre später nach ihm benannte Automarke zu einem schnellen und unrühmlichen Ende: Seine eigenen Männer brachten ihn nach einem harten Marsch durch Ost-Texas im Jahre 1687 um. Doch wie kam Cadillac überhaupt zu dieser kleinen Schwester mit dem schicksalsträchtigen Namen? Im April 1921 hatte eine Gruppe von GM-Mitarbeitern unter der Führung von Alfred P. Sloan jr. den amerikanischen Fahrzeugmarkt untersucht, einen Markt, an dem die General-Motors-Produkte damals einen Anteil von gerade 12 Prozent hielten, während Ford mit seinen rund 60 Prozent alles dominierte. Sloan und seine Männer erkannten, daß bei GM einzig Buick und Cadillac Geld brachten. Marken wie Sheridan oder Scripps-Booth dagegen waren nicht das Papier wert, auf dem sie ihre Prospekte druckten. Die Vorschläge von Sloan waren klar und machten Sinn: General Motors mußte in jeder Preisklasse mit einem konkurrenzfähigen Modell vertreten sein, und außerdem sofort auf die teuren Altlasten aus dem ehemaligen Durant-Imperium verzichten.

Ein weiterer Sloan-Vorschlag verhalf LaSalle zur Geburt: GM brauchte ein Fahrzeug, das die 1 000 Dollar große Lücke zwischen Buick und Cadillac schließen konnte. Cadillac hatte sich zu dieser Zeit – man schrieb mittlerweile das Jahr 1924 – am Markt mit seinen qualitativ hochwertigen Produkten in der Luxusklasse hinter Leader Packard gut etabliert, und nachdem Cadillac-Chef Lawrence P. Fisher mit einem fünf Millionen Dollar teuren Expansions-Programm die Produktions-Kapazitäten auf 60 000 Fahrzeuge jährlich erhöht hatte, stand der Konstruktion eines etwa 2 000 Dollar teuren, cadillacähnlichen Familienwagens nichts mehr im Wege. Auch schien die Zeit genau richtig für ein solches Vorhaben: Kein Wölkchen verdüsterte den Wirtschaftshimmel, alle Prognosen meldeten für die nächsten hundert Jahre ein stetiges Wachstum, und den Amerikanern gefiel nichts besser, als wenn sie ihr gutes Geld in schöne Autos investieren konnten. Diese angestrebten 2 000 Dollar Verkaufspreis konnten die Cadillac-Verantwortlichen bei der Vorstellung des ersten LaSalle am 5. März 1927 nicht ganz erreichen, doch mit einem Preis von 2 495 $ bis 2 695 $ lag der Series 303 genau zwischen dem teuersten Buick (1 995 $) und dem günstigsten Cadillac (2 995 $). In dieser Preisklasse hatte das jüngste GM-Kind allerdings auch gegen eine sehr harte Konkurrenz zu bestehen, es stritt sich mit Chrysler Imperial 80, Elcar 8-90, Franklin 11-B, Hupmobile E, Jordan Great Line 8, Kissel 8-75, Marmon, Packard 6, Paige 8-85, Peerless 6-72 und Roamer 8-88 um die Kundschaft. Diese Kundschaft sah man bei Cadillac, wo man die kleine Schwester in der Werbung als »Blutsbruder« anpries, vor allem im preis- und qualitätsbewußten Selbstfahrer, der mit dem LaSalle ein zwar absolut hochwertiges, aber doch nicht zu großes und deshalb einfach zu beherrschendes Fahrzeug suchte.

Aber LaSalle hatte gegenüber seinen starken Konkurrenten einen ganz gewaltigen Vorteil: Der Series 303 war nicht nur das erste amerikanische Automobil, das komplett von einem Designer entworfen worden war, es war vor allem das erste Auto, das vom genialen Harley Earl gezeichnet wurde. Der junge Kalifornier, der sich an der Westküste schon einen guten Namen mit einigen von ihm modifizierten Cadillac gemacht hatte, war im März 1926 von Fred Fisher beauftragt worden, ein Modell für den LaSalle zu gestalten. Damit wollte Cadillac bei seinem jüngsten Produkt eine gewisse Auswahl an Designmöglichkeiten haben, bevor man sich endgültig für das Aussehen des »Blutsbruders« entschied. Earl hielt sich mit seinem Vorschlag eng an das damals weit fortschrittlichere europäische Design, vor allem an die von ihm sehr bewunderten Hispano-Suiza.

Dieser erste Vorschlag muß nicht nur Larry Fisher und Alfred Sloan begeistert haben, sondern auch die einzelnen Abteilungsleiter, die für den Bau des ersten LaSalle verantwortlich waren: Kaum ein Detail wurde am Earl-Modell geändert. Daß soviel Talent gefördert und belohnt werden mußte, das war den Cadillac-Chefs spätestens in diesem Moment klar. Also bot Larry Fisher Harley Earl einen Job in der neugegründeten »Art and Colour Section« an, den der Kalifornier selbstverständlich annahm. Diese Zusammenarbeit zwischen Earl und Cadillac sollte noch einige wunderbare Früchte tragen.

Der LaSalle war im Gegensatz zu den meisten anderen US-Automobilen seiner Zeit, die schwer und überladen gezeichnet waren, wirklich ein hübscher Anblick. Mit seinem schmalen Kühler und der schlanken Front war er fast ein Abbild der von Earl so bewunderten Hispano-Suiza – und damit auch so etwas wie der Beginn der gloriosen klassischen Ära im amerikanischen Automobilbau. Besonders stolz war man bei Cadillac auf die fließenden Formen sowie auf die große Auswahl an Farben und Innenausstattungen: Zum ersten Mal überhaupt war es bei einem LaSalle möglich, das Fahrzeug serienmäßig mit Zwei-Ton-Farben zu bestellen.

Es gab auch für jeden Geschmack die passende Karosserieform. Von Fisher kamen elf verschiedene Modelle – auf dem kurzen Radstand von 317 Zentimetern die zweisitzigen Roadster, Coupé und Convertible Coupé, die viersitzigen Phaeton, Dual-Cowl-Phaeton und Victoria, die fünfsitzigen Sedan und Town Sedan, auf dem langen Radstand von 340 Zentimetern ein fünfsitziger Imperial Sedan sowie die siebensitzigen Sedan und Imperial Sedan. Von Fleetwood gab es außerdem noch einige besonders ausgesuchte und ausgesucht kostspielige Spezialversionen wie ein zweisitziges Coupé, den fünfsitzigen Sedan sowie zwei verschiedene Cabriolets.

Doch nicht nur außen setzte der LaSalle Akzente, auch unter der Haube war alles neu. Man spendierte dem Baby einen V 8-Motor mit 4 965 cm³ Hubraum und einer Leistung von 75 PS, der zwar in seinen Abmessungen und Eckdaten dem seit 1914 produzierten Achtzylinder glich, doch mehr als nur eine Weiterentwicklung darstellte. Dieser komplett neue Motor, der selbstverständlich die Quintessenz aus bereits 13 Jahren Erfahrung und über 250 000 produzierten V 8-Motoren war, sollte in seiner vergrößerten Version ein Jahr später auch in der Series 341 von Cadillac Einzug halten. Auch andere GM-Marken wie Chevrolet und Buick übernahmen 1928 viele der bei LaSalle eingeführten Neuerungen.

Ebenfalls neu waren die Bremsen, die über ein mechanisches Zweikreissystem arbeiteten. Gerade aufregend war dieses System allerdings nicht, Marken wie Peerless, Paige oder Chrysler hatten in ihren Fahrzeugen zu dieser Zeit bereits eine Hydraulik montiert, der die Tech-

Sie hatten allen Grund, stolz zu sein auf ihre Arbeit – hinter dem ersten LaSalle von 1927 posieren von links nach rechts: Ein Händler aus Boston namens Danforth, L.P. Fisher, die stellvertretenden Chefverkäufer Dunivan und Stephens, der stellvertretende LaSalle-Manager Lynn McNaugthon, Harley Earl, H. Batchelor und R. Jose. E.W. Seaholm sitzt am Steuer, neben ihm Fabrik-Chef Bert Widman.

Auch 1929 sahen die LaSalle besser aus als alle anderen amerikanischen Automobile. Hier im Bild ein fünfsitziges Series 328 Coupé, das 2 625 $ kostete.

Dieser fünfsitzige Series 340 Sedan war das beliebteste LaSalle-Modell des Jahres 1930. Sein Preis lag bei 2 565 $, die beiden Ersatzräder und die Halterung für das Gepäck gab es gegen Aufpreis.

Genannt »Fleetwing Sedanette Cabriolet« kostete dieses fünfsitzige Modell der Series 340 im Jahre 1930 stolze 3 275 $. Die Karosserie kam von Fleetwood.

niker von Cadillac allerdings noch kein Vertrauen schenkten.

So fein diese technischen Leckerbissen auf dem Papier zu lesen sind, so gut bewährten sie sich auch in der Praxis. Drei Monate nach der offiziellen Vorstellung lud GM einige Journalisten auf das Testgelände ein, um ihnen die Stärken des neuen Cadillac-Baby zu beweisen. Ein leicht modifizierter Roadster mit »Big Bill« Rader am Steuer donnerte am frühen Morgen los und legte in weniger als zehn Stunden 1 532 Kilometer zurück, bevor ihn eine kaputte Ölleitung an die Boxen zwang. Doch seine durchschnittliche Geschwindigkeit von 153 km/h war auf jeden Fall beachtlich – der im gleichen Jahr bei den 500 Meilen von Indianapolis siegreiche und doppelt so starke Duesenberg schaffte im Stundenschnitt nur gerade drei Kilometer mehr. Doch nicht nur im Renntrimm bewies die noch junge Marke große Ausdauer: Zwölf Fahrzeuge wurden direkt von der Produktionslinie auf die Teststrecke gefahren und schafften dort gemeinsam in vier Monaten rund eine halbe Million Kilometer ohne größere technische Probleme.

Sportliches Highlight der kurzen LaSalle-Karriere waren die verschiedenen Auftritte bei den Indy 500: Zwar wurden im »Nudeltopf« keine Siege erzielt, doch immerhin wurden die Fahrzeuge in den Jahren 1927, 1934 und 1937 als Pace-Cars eingesetzt, was doch eine große Ehre war und das Publikum auch auf die neuen Modelle aufmerksam machte.

Nach all diesen großartigen Vorstellungen und natürlich auch dank dem noch großartigeren Namen Cadillac im Rücken konnte an der Verkaufsfront eigentlich gar nicht mehr schiefgehen: In den Jahren 1927 und 1928 wurden insgesamt 26 807 LaSalle produziert, insgesamt rund 21 000 Fahrzeuge mehr, als Cadillac je zuvor in einem Jahr bauen konnte. Fisher, Sloan und Earl konnten auf ihr Kind zu Recht stolz sein. Und weil sich ihr Werk so gut verkaufte, mußte das 28er Modell nur in wenigen Kleinigkeiten verändert werden, vor allem mehr Auswahl brauchte das Land. So gab es neu auf der Basislinie die fünfsitzigen Sedan und Coupé sowie einen siebensitzigen Imperial, die Fleetwood-Reihe wurde mit einem zweisitzigen Business Coupé, einem viersitzigen Victoria, den fünfsitzigen Sedan und Imperial Sedan sowie einem siebensitzigen Imperial Sedan aufgestockt. Außerdem konnte Cadillac dank der großen Nachfrage 1928 die Preise für die LaSalle um 155 $ senken.

Auch ein Jahr später ließ Cadillac seinem noch jungen Kind bei der Modellpflege Sorgfalt angedeihen. Der Motor wurde vergrößert, hatte jetzt bei einer Bohrung von 82,5 Millimeter einen Hubraum von 5 375 cm^3 sowie 16 zusätzliche Pferde. Nur noch der Phaeton und der Roadster wurden mit dem kurzen Radstand verkauft, alle anderen Modelle wurden auf dem langen Radstand von 340 Zentimetern aufgebaut. Das günstigste Modell, der zweisitzige Roadster, kostete nun 2 345 $, während die größten Fleetwood-Modelle mit bis zu 5 000 $ zu Buche standen! Auch 1929 konnten wieder stolze 22 961 Exemplare produziert werden, General Motors hatte innerhalb von nur drei Jahren über 50 000 Einheiten eines vollkommen neuen Produktes mit einem vorher vollkommen unbekannten Namen verkaufen können – und das in der hart umkämpften Luxusklasse.

Die LaSalle profitierten in ihrer Anfangszeit selbstverständlich vom großen Namen Cadillac. Auch die Werbung kam an, Flieger-Ass Captain Edward V. Rickenbakker schlug mächtig auf die Pauke; außerdem wurde La-

Salle immer auch mit den technischen Neuerungen der Cadillac beliefert. So erhielten die kleinen Großen 1929 das »Clashless Synchro-Mesh«-Getriebe, Sicherheitsglas, die verstellbaren Vordersitze sowie die mechanischen Vierradbremsen – alles Neuerungen, die eigentlich für die Cadillac entwickelt worden waren.

Und doch durfte man sich bereits zu diesem Zeitpunkt die Frage stellen, inwiefern Cadillac überhaupt an den Erfolg des ursprünglichen LaSalle-Konzepts mit einem kleineren, wendigen Luxuswagen glaubte. 1930 wurden alle LaSalle auf das Chassis mit 340 Zentimeter Radstand montiert, sie waren nur noch gerade 15 Zentimeter kürzer als der kleinste Cadillac. Sicher, die meisten LaSalle-Konkurrenten wie der Packard 733, der Pierce-Arrow 133 Standard Eight, der Peerless und der Graham Custom Eight bewegten sich in der gleichen Größenklasse, sicher, der LaSalle-Käufer bekam mehr Auto für das gleiche und gute Geld, doch war es wirklich das, was der Kunde auch wollte? Die Zahlen dieses Jahres zeigten ein anderes Bild, nur noch knapp 15 000 Fahrzeuge der Series 340 wurden produziert, wobei da natürlich auch schon die Auswirkungen des Börsenchrashs spürbar wurden.

Dabei waren die LaSalle des Jahres 1930 alles andere als mittelmäßige oder gar schlechte Automobile. Man verpaßte den LaSalle eine komplett neue Karosserie, die edlen Fleetwood-Modelle trugen so klingende Namen wie »Fleetcliffe« oder »Fleetshire«, und außerdem wurde der V 8-Motor weiter auf 99,9 Millimeter aufgebohrt, was einen Hubraum von 5 571 cm^3 und eine Leistung von 90 PS ergab. Doch all diese Neuerungen wurden vom Publikum und der Presse kaum bemerkt, weil das Mutterhaus Cadillac im gleichen Jahr den gewaltigen 16-Zylinder präsentierte, hinter dessen großem Schatten alles verschwand. 1931 wurde bei LaSalle alles anders – und nicht unbedingt besser, denn LaSalle erhielt ab diesem Jahr den bekannten Cadillac-V 8 mit 5 785 cm^3. Außerdem wurde der Radstand bei den kleinsten Cadillac auf ebenfalls 340 Zentimeter reduziert. Bis auf den Preis – die Cadillac kosteten mindestens 500 Dol-

Linke Seite:
Gleich wie bei den Cadillac gab es auch bei den LaSalle der Series 340 einen siebensitzigen Imperial. Dieses Fahrzeug rollte noch auf Holzrädern, was bei den LaSalle des Jahres 1930 eher selten war.

Unter der Führung von Harley Earl entstand 1930 dieses Modell eines siebensitzigen LaSalle Sedan. Einige Styling-merkmale wurden bei späteren Fahrzeugen verwirklicht.

Dieser siebensitzige Touring Car wurde bei LaSalle 1930 Series 340 »Fleetlands« genannt. Die Karosserie kam von Fleetwood, der Preis lag bei 2 525 $.

lar mehr – bestand kaum mehr ein Unterschied zwischen den beiden »Blutsbrüdern«. Positiv konnte LaSalle in diesem Jahr eigentlich nur eine Preisreduktion um 180 $ sowie den jetzt möglichen Austausch von Teilen zwischen Cadillac- und LaSalle-Modellen vermelden. Trotzdem fiel die Produktion auch in diesem Jahr weiter und erreichte noch knapp über 10 000 Exemplare.

Auch in den nächsten Jahren waren die einzigen klaren Linien im LaSalle-Programm die schön geschwungenen Formen, die sich am berühmten Graham »Blue Streak« orientierten und einmal mehr bewiesen, welch genialer Designer Harley Earl war. Keinen Einfluß hatte Earl allerdings auf die Entscheidung, die Chassis der LaSalle schon wieder zu verändern, so daß ab 1932 ein kurzes Modell mit 330 Zentimeter Radstand sowie eine lange Version mit 345 Zentimetern Radstand angeboten wurden. Außerdem wurden die neuen LaSalle mit einer verbesserten Ventilation, einem vertikalen Kühler, dem verbesserten Synchro-Mesh-Getriebe, der Sechs-Punkt-Gummi-Motoraufhängung sowie den einstellbaren Stoß-

dämpfern aufgewertet. Auch stieg die Motorleistung in den Jahren 1932 und 1933 auf 115 PS.

Trotzdem bewertete das GM-eigene Testteam die Fahrleistungen des LaSalle als unterdurchschnittlich, der Motor erschien ihnen zu schwach und auch das Fahrverhalten gab Anlaß zu Tadel. Den Fahrern war das Chassis zu wenig stabil, es gab zuviele störende Geräusche, und dann waren da noch die starken Vibrationen, die manchmal sogar das Ersatzrad aus der Verankerung hüpfen ließen. Aber daß es mit LaSalle in diesen Jahren nicht mehr zum Besten stand, das hätte das GM-Management auch aus den Verkaufszahlen lesen können: 1932 wurden 3 390 Fahrzeuge verkauft, 1933 waren es sogar nur noch 3 381. Das lag allerdings nicht nur an den Autos selber, auch der amerikanische Markt für Luxusfahrzeuge hatte sich in den Jahren seit der Präsentation des LaSalle entscheidend verändert. Manche Marken hatten große Probleme mit der rezessiven Wirtschaft, die GM-Produkte Viking, Marquette und auch Oakland mußten ihre Tore für immer schließen. Auch LaSalle stand schon mit

Beachtlich bei diesem fünfsitzigen Series 340 »Fleetwind Sedanette« waren die hinteren Fenster, die dem Fahrzeug den Anschein eines Cabriolets gaben, das es allerdings nicht war. Der Preis für diesen LaSalle betrug 1930 3 825 $.

*Rechte Seite:
Dieses sehr häbsche fünfsitzige Series 345B Town Coupé kostete 1932 2 545 $ – und war ein sehr gutes Angebot, denn der baugleiche Cadillac kostete 3 395 $.*

Das Brot-und-Butter-Auto unter den LaSalle von 1931 war sicher dieser fünfsitzige Series 345 Sedan, der einen vernünftigen Preis von 2 295 $ hatte.

1932 erhielt der LaSalle-Käufer im Prinzip einen Cadillac, allerdings zu einem deutlich niedrigeren Preis. Das galt auch für dieses LaSalle Series 345 B Convertible Coupé, das 2 545 $ kostete.

mehr als einem Bein im Abgrund, denn das GM-Management rund um Alfred Sloan kannte kein Erbarmen mit Verlierern.

Doch das Wunder geschah, auch wenn der genaue Hergang der Geschichte eher ins Reich der Fabel gehört. So soll – das erzählt zumindest die Legende – die Entscheidung über das endgültige Aus von LaSalle bereits gefällt worden sein, als Harley Earl seine Bosse bat, sich doch noch einmal seine Entwürfe für das neue Modelljahr anzuschauen. Die Chefs kamen, die Chefs sahen – und die Chefs gaben ihr begeistertes Ja zur weiteren Produktion von LaSalle. Na ja, diese Geschichte ist einfach zu schön, um wahr zu sein: Sicher mögen die genialen Entwürfe von Earl dazu beigetragen haben, der Marke LaSalle noch einmal eine Chance zu geben, doch es mußte schon noch etwas mehr dahinter stecken, um einen knallharten Geschäftsmann wie Sloan zu überzeugen. So konnten die Cadillac-Verantwortlichen, die selber ziemlich rote Zahlen schrieben, Sloan davon überzeugen, daß man den neuen LaSalle-Jahrgang rund

1 000 $ billiger als den günstigsten Cadillac produzieren könnte – und das würde, dank vieler gleicher Baugruppen, auch den Bau der Cadillac verbilligen.

So kam man 1934 endlich auf das Konzept vom kleinen und günstigen Luxuswagen zurück, das für LaSalle eigentlich geplant war. Mit einem tiefen Griff in die Regale von GM – der Reihen-Achtzylinder mit nur noch 3 938 cm³ und 95 PS kam von Oldsmobile – sowie einem klar verkürzten Chassis mit nur noch 302 Zentimetern Radstand wurde der LaSalle nicht nur bedeutend kleiner, sondern, und das war entscheidend, auch bedeutend günstiger: Gerade noch 1 595 $ kostete das billigste Modell, bei 1 695 $ fand die Preisskala ihr oberes und äußerst vernünftiges Ende. Außerdem erhielten die LaSalle eine Einzelradaufhängung für die vorderen Räder, die der ehemalige Rolls-Royce-Ingenieur Maurice Olley entwickelt hatte und die für den amerikanischen Markt eine absolute Sensation darstellte. Und endlich erhielten die Cadillac und LaSalle ab diesem Jahr hydraulische Bremsen, ein angenehmes Detail, mit dem die Kon-

Mit den bildschönen Modellen von 1933 konnte LaSalle wieder einiges vom Kredit zurückgewinnen, den man anfangs der 30er Jahre verspielt hatte. Im Bild ein fünfsitziger Series 345 C Sedan.

Das sensationelle LaSalle-Design von 1934 wurde praktisch unverändert auch für 1935 übernommen. Und noch immer wirkten die frechen Linien sehr aufregend, wie dieses Series 50 Convertible Coupé beweist.

kurrenz schon seit Jahren beste Erfahrungen gemacht hatte.

Noch sensationeller war, wie oben schon angedeutet, das Styling, das Harley Earl und seine »Art and Colour Section« dem neuen Jahrgang verpaßte. Die Modelle des Jahres 34 waren dank fließender, pontonartiger Linien, Scheibenrädern und vielen nett anzusehenden Details um Welten moderner als ihre Vorgänger, und sie sollten das amerikanische Design für die nächsten Jahre entscheidend beeinflussen. Außerdem sollte der sehr schlanke Kühlergrill zum Markenzeichen von LaSalle werden, bis die Produktion wenige Jahre später eingestellt wurde. Es gab in diesem Jahr nur noch vier verschiedene Modelle – Sedan, Club Sedan, Coupé und Convertible Coupé –, die alle von Fleetwood hergestellt wurden. In striktem Gegensatz zu dieser bescheidenen Modellauswahl gab es allerdings eine unbeschränkte Auswahl an Farben und Farbkombinationen.

Mit der neuen Preispolitik sah sich LaSalle 1934 plötzlich ganz neuen Gegnern wie Auburn V-12, Nash Ambas-

Der fünfsitzige Series 50 Sedan von 1936 war ein absolutes Sonderangebot: Er war schon für 1 225 $ zu haben. Dafür mußte man allerdings mit dem Oldsmobile-Reihenachtzylinder leben.

Auch 1936 blieben die LaSalle fast unverändert – was aber nur beweist, wie hervorragend das Design des Jahres 1934 gewesen war. Im Bild ein zweisitziges Coupé der Series 50, das für nur 1 175 $ zu haben war.

sador 8, Reo Royale 8, Buick Series 34-90 und dem Chrysler Airflow gegenüber. Doch trotz des gewaltigen Stylings – da sahen die Konkurrenten wirklich alt aus – wurde der neue LaSalle bei weitem nicht zu dem Erfolg, den sich die Verantwortlichen erhofft hatten: 1934 wurden 7 128 Fahrzeuge gebaut, 1935 auch nur 8 653.

Einen zweifelhaften Erfolg konnte LaSalle allerdings doch noch verbuchen: Die Nachahmer wandelten sehr schnell auf dem Spuren der kleinen Cadillac-Schwester. So gab Duesenberg-Chef Harold Ames sofort nach der LaSalle-Präsentation einen kleinen Duesie in Auftrag, der mit Auburn-Teilen zu einer guten LaSalle-Alternative gemacht werden sollte. Dieses Projekt wurde allerdings nie Wirklichkeit, aber immerhin konnte Designer Gordon Buehrig seine wirklich dramatischen Entwürfe wenig später für den wunderbaren Cord 810 verwenden. Bitter für Cadillac war allerdings das Projekt von Packard: Das Modell 120, das 1935 auf den Markt kam, war nicht nur bedeutend günstiger als die LaSalle, es konnte auch in erheblichem Maße vom guten Namen Packards profitie-

1937 war das erfolgreichste Jahr in der kurzen Geschichte von LaSalle. Kein Wunder, denn Fahrzeuge wie dieser fünfsitzige Series 50 Convertible Sedan waren ein wunderbarer Anblick. Mit 1 680 $ war dieser Wagen der teuerste aller LaSalle.

*Rechte Seite:
1940 schlug die letzte Stunde für LaSalle – was um so erstaunlicher ist, wenn man dieses traumhafte Series 52 Special Coupé betrachtet, das man für nur 1 380 $ erstehen konnte.*

Dieser Prototyp hätte 1955 die Wiedergeburt der Marke LaSalle bedeuten können – ein kleiner, sportlicher, offener Zweisitzer mit Fiberglas-Karosserie und einem kräftigen 2,5-Liter-V6. Aber leider wurde nichts aus diesem Traum.

ren. Schon im ersten Jahr wurden fast 25 000 Exemeplare des 120 verkauft, was den Markt für LaSalle sehr eng machte, vor allem da mit dem Lincoln Zephyr V-12 ein Jahr später noch ein harter Konkurrent auftauchte.

1935 und 1936 blieben die LaSalle mehr oder weniger unverändert, wenn man einmal vom Motor absieht, der auf 4 064 cm³ vergrößert und auf 105 PS verstärkt wurde. Testfahrten bewiesen, daß die neuen Modelle den Vergleich mit der Konkurrenz beim besten Willen nicht zu scheuen brauchten. Man senkte die Preise weiter, 1935 kostete das günstigste Modell nur noch 1 255 $, 1936 war ein LaSalle bereits ab 1 175 $ zu haben. So konnte 1936 die Produktion auf stolze 13 004 Fahrzeuge gesteigert werden, was in dieser Klasse allerdings nur den dritten Platz in der Verkaufsstatistik hinter dem Packard 120 (55 042 Exemplare) und dem Lincoln Zephyr (15 482 Exemplare) bedeutete.

Doch so schnell gab man sich bei GM und Cadillac nicht geschlagen. 1937 verpflanzte man wieder einen Cadillac-Motor, diesmal borgte man sich den V8 aus der Series 60, der aus 5 277 cm³ Hubraum 125 PS entwickelte. Dieses Triebwerk hatte eine neue Schmier-Methode, so daß in den Kurven das Benzin nicht mehr stockte, sowie eine neue Aufhängung, die kaum mehr Motorvibrationen zuließ. Neu waren auch der einfach geführte Auspuff sowie die Hypoid-Hinterachse. Außerdem wurde der Radstand wieder auf 315 Zentimeter vergrößert, was neue und selbstverständlich wieder sehr ansehnliche Karosserien nach sich zog. Die fünf verschiedenen Modelle – zweitüriger Sedan, viertüriger Sedan, Coupé, Convertible Coupé und Convertible Sedan – wurden erneut verbilligt, die Preise lagen jetzt zwischen 995 $ und 1 485 $.

Für die Werbung war dieser Jahrgang ein gefundenes Fressen: Man konnte die LaSalle als zwar extrem günstig, aber doch von höchster Cadillac-Qualität anpreisen. Und das zog: Das neue Styling, der V 8-Motor, die aggressive Werbung sowie die wieder anziehende Wirtschaft machten den LaSalle zu einem Erfolg. Mit etwas über 32 000 produzierten Exemplaren wurden die hochgesteckten Ziele erreicht, auch wenn man noch weit hinter dem noch günstigeren Packard zurücklag, so konnte man immerhin den Lincoln knapp schlagen. Doch schon ein Jahr später war das fröhliche Treiben an der Verkaufsfront schon wieder vorbei: Nur gerade 15 501 Fahrzeuge wurden unter die Kundschaft gebracht, was sich allerdings auch mit der wieder und einmal mehr stark nachlassenden Wirtschaft erklären läßt, die 1938 Pierce-Arrow in den Konkurs trieb und Hupmobile sowie Graham entscheidend schwächte. Auch für LaSalle sah es wieder gar nicht gut aus: Man hatte nicht nur gegen die alten Konkurrenten Lincoln und Packard zu bestehen, auch aus den eigenen GM-Reihen entstand mit dem Buick Century ein nicht zu unterschätzender Gegner.

Aber auch in den beiden letzten Produktionsjahren sollte sich die Cadillac-Führung nicht ganz klar sein, was sie mit ihrem geschwächten Baby anfangen sollte. Zwar gehörte das Styling mit seinen viel größeren Fensterflächen, den eleganten Linien und den aufregenden Karosserievarianten auch 1939 und 1940 weiterhin zum Feinsten, was es auf dem amerikanischen Markt zu kaufen gab, doch diese schwellenden Formen wurden zuerst auf ein Chassis mit 305 Zentimeter Radstand, dann auf ein Chassis mit 312 Zentimeter Radstand montiert, was nicht nur die Kundschaft irritierte, sondern auch die Produktion unnötig verteuerte. Dafür wurde bei den neuen Modellen die Hinterachse verbessert sowie neue Kolben eingebaut, welche für einen bedeutend geringeren Ölverbrauch sorgten. In seinen letzten Zügen konnte LaSalle noch einen Erfolg verbuchen: Mit 24 133 produzierten Exemplaren konnte der Lincoln Zephyr um mehr als 2 000 Einheiten distanziert werden. Allerdings verkaufte Packard 1940 stolze 90 000 Stück der 120-Linie.

Das Aus kam Ende 1940 nicht unerwartet, obwohl für den neuen Jahrgang bereits Vorserienfahrzeuge existierten. Doch weil LaSalle wirklich keine Chance mehr gegeben werden konnte, blieb es bei einigen wenigen »Photo-Modellen«, die den 41er-Jahrgang als einen typischen Cadillac mit dem typischen LaSalle-Grill zeigten. Anstelle dessen führte Cadillac die günstige Series 61 ein, die mit Preisen zwischen 1 345 $ und 1 535 $ die von LaSalle hinterlassene Lücke füllte. Wie weise die Entscheidung war, zeigten die Zahlen für 1941: Die Gesamtproduktion stieg von 37 162 auf 66 130 Exemplare, was ein absoluter Rekord für Cadillac war.

Doch kann es ein Erklärung geben, weshalb LaSalle trotz der wirklich guten 205 000 Fahrzeuge, die in 14 Jahren gebaut wurden, kein Erfolg beschieden war? Sicher waren die Zeiten ganz einfach zu schlecht, um eine große Menge von Luxuswagen zu verkaufen. Viele Menschen waren arbeitslos – und alle anderen waren mehr an den 500 $ teuren Ford V 8 interessiert. Außerdem war den Cadillac-Verantwortlichen, die sonst für ihr großartiges Marketing bekannt waren, ein folgenschwerer Überlegungsfehler unterlaufen: Man hätte den kleinen Cadillac nicht unter anderem Namen verkaufen dürfen, sondern ganz einfach mit dem Namen Cadillac adeln müssen. Wie das ging, bewiesen Packard und Lincoln mit ihren direkten LaSalle-Konkurrenten: Diese Fahrzeuge verkauften sich hervorragend, obwohl sie keinen Deut besser oder aufregender oder billiger waren als die LaSalle. Ein weiterer Grund für das LaSalle-Desaster könnte in diesem Zusammenhang auch die wenig glückliche Entscheidung gewesen sein, von 1934 bis 1936 die billigen Oldsmobile-Teile in die edle Cadillac-Schwester einzubauen. Zwar wurde nur der Zylinderblock verwendet, doch für die Kundschaft machte das keinen Unterschied: Die LaSalle mußten nach dieser Phase auf jeden Fall mit einem schlechten Image leben.

Erst 1955 erstand der Name LaSalle wieder – und zwar auf zwei wunderbaren GM-»Dream Cars«, einem Roadster und einem Hard-Top-Sedan. Seinem alten Erbe entsprechend waren diesen beiden Modelle sehr europäisch gestylt, mit einem eingespritzten 2,5-Liter-V6 und einer DeDion-Hinterachse unter dem schönen Blech. Leider wurden diese Prototypen nicht in Serienfahrzeuge umgesetzt, obwohl es eine einmalige Chance gewesen wäre, mit einer Über-Corvette mit Luxus-Touch den Namen LaSalle wieder zum Leben zu erwecken.

ANHANG

TECHNIK, DATEN UND ADRESSEN

1903

MODEL A
Vorgestellt 1902
Motornummer: 1–2 500
Motor: 1-Zylinder-Motor, horizontal hinter dem Rücksitz eingebaut, Hubraum 1609 cm^3, Bohrung × Hub 127 × 127 mm, Leistung 10 PS bei 900/min, max. Tourenzahl 1200/min. Gußeisen-Zylinderblock- und kopf, stehende, mechanisch über einen Schieber und Stößel betätigte Ventile, eigene Vergaser-Konstruktion, Steigstrom-Mischer mit Ventil und Gaze-Zerstäuber.
Kraftübertragung: Hinterradantrieb über Kette, Zwei-Gang-Planeten-Getriebe.
Fahrwerk: Vorne Röhre mit halbelliptischen Längsfedern, hinten Starrachse mit halbelliptischen Längsfedern, Lenkung: Zahnstange und Ritzel, Bremsen: Hinterrad-Trommeln (über Band), Reifen: 30 × 3,5.
Karosserie:

Typ	Radstand	Länge	Breite	Höhe	Gewicht
A, Runabout	183 cm	282 cm		152 cm	620 kg
A, Tonneau					660 kg

Fahrleistungen: Höchstgeschwindigkeit ca. 50 km/h.
Preise: Runabout 750 $, Tonneau 850 $.
Produktion: 1902 Model A: 3; 1903 Model A: 2 497

1904

MODEL A, B
Motornummern: Modell A: 3 500–4 018 (mit Modell B), 8 200–8 350 (mit Modellen C,E,F, 1905), 13 501–13 706 (mit C, E, F, 1905). Modell B: 2 500–3 500, 3 500–4 018 (mit Modell A), 4 200–5 000 (mit Modellen E,F).
Motor: gleich wie Model A von 1903
Kraftübertragung: gleich wie 1903, außer: verschiedene Übersetzungen erhältlich.
Fahrwerk: gleich wie 1903, außer: Vorne Bogenröhre mit Unterzug, halbelliptische Querfedern, Zylinderkugelgelenk an Achse, Reifen: 28 × 3 (Runabout).
Karosserie: Restyling, neue Karosserieformen.

Typ	Radstand	Länge	Breite	Höhe	Gewicht
B, Runabout	193 cm	284 cm		152 cm	590 kg
B, Touring					645 kg
B, Surrey					635 kg

Preise: Model A Runabout 750 $, Tonneau, Lieferwagen 850 $. Model B Runabout 800 $, Touring, Surrey, Lieferwagen 900 $.
Produktion: Model A, B: insgesamt 2 418

1905

MODEL B, C, E, F
Motornummern: Modell B: 4 200–5 000 (mit Modellen E, F). Modell C: 6 600–8 200 (mit Modellen E, F), 8 200–8 350 (mit A, E, F), 13 501–13 706 (mit A, E, F). Modell E: 4 200–5 000 (mit Modellen E, F), 5 000–6 600 (mit F), 6 600–8 200 (mit C, F), 8 200–8 350 (mit A, C, F), 13 501–13 706 (mit A, C, F). Modell F: 4 200–5 000 (mit Modellen B,E), 5 000–6 600 (mit E), 6 600–8 200 (mit C, E), 8 200–8 350 (mit, A, C, E), 13 501–13 706 (mit A, C, E), 13 728–14 200.
Motor: gleich wie Model A von 1904
Kraftübertragung: gleich wie 1904
Fahrwerk: gleich wie 1904
Karosserie: gleich wie 1904, neue Karosserieformen.

Typ	Radstand	Länge	Breite	Höhe	Gewicht
E, Runabout	188 cm	274 cm		142 cm	500 kg

Preise: gleich wie 1904, außer: Model C Runabout 750 $, Touring 850 $. Model E Runabout 750 $. Model F Touring, Lieferwagen 950 $.
Produktion: Model B, C, E, F: insgesamt 3 556

MODEL D
Motornummer: 10 001–10 156.
Motor: 4-Zylinder-Motor (L-Head), Hubraum 4 928 cm^3, Bohrung × Hub 101,6 × 127 mm, Leistung 30 PS bei 1000/min, Gußeisen-Zylinderblock und -kopf, Nockenwelle über Zahnrad angetrieben, mechanisch über einen Schieber und Stößel betätigte Ventile, Vergaser: Einfach-Düse, Schmetterlingsdrossel mit Hilfsluft-Ventil.
Kraftübertragung: Hinterradantrieb, Dreigang-Planetengetriebe, Mehrscheiben-Kupplung.
Fahrwerk: Vorne Röhre mit halbelliptischen Federn, hinten Differential-Block in Aluminium, Stahlrohre, Schubstrebe, Lenkung: Schneckenlenkung mit Nuß, Bremsen: Fußbremse auf Getriebe, Handbremse auf die hinteren Räder über Band, Trommeln, Reifen: 34 × 4,5.
Karosserie: Längerer Radstand, einfachere Linien.

Typ	Radstand	Länge	Breite	Höhe	Gewicht
D, Touring	254 cm	391 cm		175 cm	1180 kg

Fahrleistungen: Höchstgeschwindigkeit 80 km/h. *Preise:* Touring 2 800 $.
Produktion: Model D: 156
Produktion Gesamt: 3 712

1906

MODEL K, M
Motornummern: Model K: 8 351–10 000, Modell M 20 001–22 150 (1907), Modelle K und M 22 151–24 350 (1907).
Motor: gleich wie Model B, C, E, F von 1905
Kraftübertragung: gleich wie 1905
Fahrwerk: gleich wie 1905
Karosserie: Restyling.

Typ	Radstand	Länge	Breite	Höhe	Gewicht
K, Victoria	188 cm	279 cm		137 cm	500 kg
M, Touring	193 cm	292 cm		168 cm	

Preise: Model K Victoria 750 $. Model M Touring, Lieferwagen 950 $.
Produktion: Model K, M: (inkl. Model L) 2 150

MODEL H
Motornummern: 10 201–10 709 (1906 und 1907, ab 1908 zusammen mit Modell G).
Motor: gleich wie Model D von 1905
Kraftübertragung: gleich wie 1905
Fahrwerk: gleich wie 1905, außer: Reifen 32 × 4.
Karosserie: Restyling.

Typ	Radstand	Länge	Breite	Höhe	Gewicht
H, Touring	259 cm				1 090 kg

Preise: Model H Runabout 2 400 $, Touring 2 500 $, Coupé 3 000 $.
Produktion: Model H: (inkl. 1907/1908) 509

MODEL L
Motornummern: Zusammen mit Modell H
Motor: gleich wie Model D von 1905, außer: Hubraum 6 435 cm³, Bohrung × Hub 127 × 127 mm, Leistung 40 PS.
Kraftübertragung: gleich wie 1905, außer: Reifen 36 × 4 vorne, 36 × 4,5 hinten.
Fahrwerk: gleich wie 1905, außer: Hinten zwei halbelliptische Federn sowie eine Querfeder.
Karosserie: Restyling, längerer Radstand.

Typ	Radstand	Länge	Breite	Höhe	Gewicht
L, Touring	279 cm	404 cm		191 cm	1 290 kg
L, Limousine	279 cm	411 cm		226 cm	1 635 kg

Produktion: siehe Model K, M

1907

MODEL K, M
Motornummern: siehe Model K, M, von 1906
Motor: gleich wie Model K, M von 1906
Kraftübertragung: gleich wie 1906
Fahrwerk: gleich wie 1906
Karosserie: gleich wie 1906
Preise: Model K Runabout 800 $, Victoria 925 $. Model M Touring, Victoria, Lieferwagen 950 $, Tonneau 1 000 $, Coupé 1 350 $.
Produktion: Model K, M: insgesamt 1 925

MODEL H
Motornummern: siehe Model H von 1906.
Motor: gleich wie Model H von 1906
Kraftübertragung: gleich wie 1906
Fahrwerk: gleich wie 1906
Karosserie: gleich wie 1906
Preise: Model H Runabout 2 400 $, Touring 2 500 $, Coupé 3 000 $, Limousine 3600 $.
Produktion: siehe Model H von 1906

MODEL G
Motornummern: 30 003–30 500 (1907 und 1908)
Motor: gleich wie Model wie Model L von 1906, außer: Hubraum 3703 cm³, Bohrung × Hub 101,6 × 114,4 mm, Leistung 26 PS.
Kraftübertragung: gleich wie 1906, außer: Reifen 32 × 3,5.
Fahrwerk: gleich wie 1906, außer: hinten vollelliptische Federn, Rollfingerlenkung.
Karosserie: gleich wie 1906.
Preise: Model G Runabout, Touring 2 000 $.
Produktion: Model G: 422

1908

MODEL M, S, T
Motornummern: Modelle M, S, T: 24 351–26 382.
Motor: gleich wie Model K, M von 1907
Kraftübertragung: gleich wie 1908
Fahrwerk: gleich wie 1908
Karosserie: Restyling, längerer Radstand.

Typ	Radstand	Länge	Breite	Höhe	Gewicht
S, Runabout	208 cm	307 cm		163 cm	
T, Touring	208 cm	310 cm		163 cm	

Preise: Model M Lieferwagen 950 $. Model S Runabout 850 $. Model T Victoria, Touring 1000 $, Coupé 1 350 $.
Produktion: Model M, S, T: 1 482

MODEL H
Motornummern: siehe Modell G von 1907
Motor: gleich wie Model H von 1907
Kraftübertragung: gleich wie 1907
Fahrwerk: gleich wie 1907
Karosserie: gleich wie 1907
Preise: gleich wie 1907
Produktion: siehe Model H von 1906

MODEL G
Motornummern: siehe Modell G von 1907
Motor: gleich wie Model G von 1906
Kraftübertragung: gleich wie 1906
Fahrwerk: gleich wie 1906
Karosserie: gleich wie 1906
Preise: Runabout, Touring 2 000 $, Limousine 3 000 $.
Produktion: Model G: 207

1909

MODEL M
Motornummern: siehe Modelle M, S, T von 1908
Motor: gleich wie Model A von 1903
Kraftübertragung: gleich wie Model A
Fahrwerk: gleich wie Model A
Karosserie: gleich wie Modell A
Produktion: Model M: fragwürdig

MODEL THIRTY
Vorgestellt Dezember 1908
Motornummern: 32 002–37 904
Motor: 4-Zylinder-Motor, Bohrung × Hub 101,6 × 114,4 mm, Hubraum 3703 cm³, Leistung 26 PS, 5fach gelagerte Kurbelwelle, Vergaser: eigene Produktion, Schwimmer, sonst gleich wie Modell G von 1908.
Kraftübertragung: 3-Gang-Schieberad-Getriebe, Konuskupplung.
Fahrwerk: Vorne Röhre mit gesenkgeschmiedeter Gabel, hinten Starrachse mit Stahllegierung. Lenkung: einstellbare Rollfinger, Bremsen: gleich wie Model G, Reifen: 32 × 3,5 (auf Wunsch 33 × 4).
Karosserie: Radstand: 269 cm, Leergewicht: Touring Car 1 140 kg
Preise: alle Modelle 1 400 $
Produktion: Model Thirty: 5 903

1910

MODEL THIRTY
Motornummern: 40 001–48 008
Motor: gleich wie Modell Thirty von 1909, außer: Bohrung × Hub 108 × 114,4 mm, Hubraum 4 184 cm³, Leistung 29 PS.
Kraftübertragung: gleich wie 1909, außer: Reifen 34 × 4.
Fahrwerk: gleich wie 1909
Karosserie: gleich wie 1909, außer: Radstand 279/305 cm.
Preise: Limousine 3 000 $, alle anderen Modelle 1 600 $
Produktion: Model Thirty: 8 008

1911

MODEL THIRTY
Motornummern: 50 000–60 018
Motor: gleich wie Modell Thirty von 1910, außer: Bohrung × Hub 114,4 × 114,4 mm, Hubraum 4687 cm³, Leistung 32,5 PS.
Kraftübertragung: gleich wie 1910
Fahrwerk: gleich wie 1910
Karosserie: gleich wie 1910, außer: Radstand 295 cm.
Preise: Basispreis 1700 $
Produktion: Model Thirty: 10 018

1912

MODEL THIRTY
Motornummern: 61 006–75 000
Motor: gleich wie Modell Thirty von 1911
Kraftübertragung: gleich wie 1911, außer: Reifen 36 × 4.
Fahrwerk: gleich wie 1911
Karosserie: gleich wie 1911
Preise: Touring 1 800 $, Phaeton 18 00 $, Torpedo 1900 $, Roadster 1 800 $, Coupé 2 250 $, Limousine 3 250 $.
Produktion: Model Thirty: 13 995

1913

MODEL THIRTY
Motornummern: 75 001–90 018
Motor: 4-Zylinder-Motor, Bohrung × Hub 114,4 × 146 mm, Hubraum 5 994 cm³, Leistung 49 PS, wasserummantelter Einfach-Vergaser aus eigener Produktion, Delco-Dynamo-Zündung.
Kraftübertragung: gleich wie 1912, außer: Reifen 36 × 4,5.
Fahrwerk: gleich wie 1912, außer: hinten vollschwebende Timken-Starrachse, Bremsen: 17 × 2,5" große Trommeln.
Karosserie: Radstand 305 cm.
Preise: Touring (5P), Phaeton (4P), Roadster (2P) 1975 $, Touring (7P) 2 075 $, Landaulet Coupé 2 500 $, Limousine (5P) 2 800 $, Limousine (7P) 3 250 $.
Produktion: Model Thirty: 15 018

1914

MODEL THIRTY
Motornummern: 91 005–99 999 sowie A1–A5 008
Motor: gleich wie Modell Thirty von 1913
Kraftübertragung: gleich wie 1913
Fahrwerk: gleich wie 1913
Karosserie: gleich wie 1913
Preise: gleich wie 1913.
Produktion: Model Thirty: 14 002

1915

TYPE 51 V-8
Vorgestellt September 1914
Motornummern: A6 000–A19 001
Motor: V-8-Zylinder in 90°-Winkel, Bohrung × Hub 79 × 130 mm, Hubraum 5 146 cm³, Leistung 70 PS bei 2 400/min, Verdichtung 4,25:1, Kurbelgehäuse aus Aluminium, 3fach gelagerte Kurbelwelle, eine Nockenwelle, eigene Vergaser-Entwicklung mit Warmwassermantel, Cadillac-Delco-Zündung.
Kraftübertragung: Motor und Getriebe als Einheit, 3-Gang-Schieberad-Getriebe, Mehrscheiben-Trockenkupplung.
Fahrwerk: Vorne halbelliptische Federn, Doppel-T-Träger, Röhre mit gesenkgeschmiedeter Gabel, hinten Starrachse, Lenkung: Schnecke, Bremsen: Trommel hinten, Reifen: 36 × 4,5.
Karosserie: Radstand 310 cm.
Preise: gleich wie für Model Thirty von 1913
Produktion: Type 51: 13 002

1916

TYPE 53 V-8
Motornummern: A20 000–A38 003
Motor: gleich wie Type 51, außer: Leistung 77 PS bei 2 600/min.
Kraftübertragung: gleich wie Type 51
Fahrwerk: gleich wie Type 51
Karosserie: gleich wie Type 51, außer: Radstand auch 345 cm.
Preise: Roadster, Salon, Touring 2 080 $, Victoria 2 400 $, Brougham 2 950 $, Limousine 3 450 $, Berline 3 600 $, Polizeiwagen 2 955 $, Ambulanz 3 455 $, Leichenwagen 3 800 $.
Produktion: Type 53: 18 004

1917

TYPE 55
Motornummern: 55A1–55A1000, 55B1–55B1000, weiter bis 55S2.
Motor: gleich wie Type 53
Kraftübertragung: gleich wie Type 53
Fahrwerk: gleich wie Type 53
Karosserie: gleich wie Type 53, außer: Radstand 318/335 cm
Preise: Kurzer Radstand: Roadster, Club Roadster, Phaeton, Touring 2 080 $, Victoria 2 550 $, Convertible 2 675 $, Coupé 2 800 $, Brougham 2 950 $. Langer Radstand: Limousine 3 600 $, Landaulet, Imperial 3 750 $.
Produktion: Type 55: 18 002

1918/19

TYPE 57
Motornummern: 57A1–57Z1000 (1918), 57AA1–57TT146
Motor: gleich wie Type 55
Kraftübertragung: gleich wie Type 55
Fahrwerk: gleich wie Type 55, außer: Reifen 35 × 5 (Roadster 34 × 4,5).
Karosserie: gleich wie Type 55
Preise: Kurzer Radstand: Roadster, Phaeton, Touring 2 805 $, Victoria 3 205 $, Brougham 3 650 $. Langer Radstand: Limousine 4 145 $, Town Limousine 4 160 $, Landaulet 4 295 $, Town Landaulet 4 310 $, Imperial 4 345 $.
Produktion: 1918: 20 285; 1919: 20 678

1920/21

TYPE 59
Motornummern: 59A1–59BB12
Motor: gleich wie Type 57, außer: Leistung 79 PS.
Kraftübertragung: gleich wie Type 57
Fahrwerk: gleich wie Type 57
Karosserie: gleich wie Type 57
Preise: Roadster, Phaeton 3 590 $, Touring 3 740 $, Victoria

4 340 $, Sedan 4 750 $, Suburban 4 990 $, Coupé, Limousine, Town Brougham 5 090 $, Imperial 5 190 $.
Produktion: 1920: 19 628; 1921: 5 250

1922/23

TYPE 61
Vorgestellt September 1921
Motornummern: 61A1–61Z18 006
Motor: gleich wie Type 59, außer: Vergaser neue Entwicklung.
Kraftübertragung: gleich wie Type 59, außer: Reifen 33 × 5.
Fahrwerk: gleich wie Type 59
Karosserie: gleich wie Type 59, außer: Radstand 335 cm
Preise: September 1921: Roadster, Phaeton 3 790 $, Touring 3 940 $, Coupé (2P), Victoria 4 540 $, Coupé (5P) 4 690 $, Sedan 4 950 $, Limousine 5 290 $, Imperial 5 390 $.
Ab 1. Januar 1922: Roadster 3 100 $, Touring, Phaeton 3 150 $, Victoria, Coupé (2P) 3 875 $, Coupé (5P) 3 925 $, Sedan 4 100 $, Limousine 4 550 $, Imperial 4 600 $.
Produktion: 1922: 26 296; 1923: 14 707

1924/25

TYPE V-63
Vorgestellt September 1923
Motornummern: 63A1–63M2572
Motor: gleich wie Type 61, außer: Leistung 83 PS bei 3 000/min, geänderte Kurbelwelle.
Kraftübertragung: gleich wie Type 61
Fahrwerk: Neue Vorderachse, Bremsen: Trommeln, separat wirkende Handbremse auf hintere Räder.
Karosserie: Radstand 335/351 cm.
Preise: Basispreis 1924: 2 985 $. Basispreis 1925: 3 195 $. Verschiedene Spezialmodelle erhältlich: Coupé (2P) 3 975 $, Coupé (5P) 4 350 $, Sedan 4 550 $, Suburban 4 650 $, Imperial 4 950 $. Im Januar 1925 erschien auch ein Coach von Fisher für 3 185 $.
Produktion: 1924: 18 827; 1925: 16 673

1926

SERIES 314
Vorgestellt Juli 1925
Motornummern: 100 001–114 249 (1925), 114 250–142 020 (1926)
Motor: gleiche Abmessungen wie Type V-63, sonst komplett neues Triebwerk: Leistung 86 PS bei 3 000/min, Kompression 4,7:1, neuer, effizienterer Vergaser, rund 60 Kilo leichter als sein Vorgänger.
Kraftübertragung: gleich wie Type V-63, außer: Reifen 33 × 5.75.
Fahrwerk: gleich wie Type V-63, außer: neue Hinterachse, zwei halbelliptische Längsfedern anstelle der alten Plattform, Chassis insgesamt 110 Kilo leichter.
Karosserie: gleich wie Type V-63, das Gesamtgewicht konnte um rund 150 Kilo verringert werden.
Fahrleistungen: Höchstgeschwindigkeit über 100 km/h.
Preise: Brougham 2 995 $, Coupé (2P) 3 045 $, Victoria 3 095 $, Sedan (5P) 3 195 $, Sedan (7P) 3 295 $, Imperial 3 435 $, Roadster 3 250 $. Langer Radstand: Touring Car, Phaeton 3 250 $, Coupé (5P) 4 000 $, Sedan 4 150 $, Suburban 4 285 $, Imperial 4 485 $.
Produktion: Series 314: 14 249

1927

SERIES 314-A
Vorgestellt August 1926
Motornummern: 142 021–150 619
Motor: gleich wie Series 314
Kraftübertragung: gleich wie Series 314
Fahrwerk: gleich wie Series 314
Karosserie: gleich wie Series 314
Preise: Fünfzig verschiedene Karosserieformen sowie 500 Farbkombinationen erhältlich. Beispiele: Brougham 2 995 $, Coupé (2P) 3 100 $, Victoria 3 195 $, Sedan (5P) 3 250 $, Sedan (7P) 3 350 $, Imperial 3 535 $, Sport Coupé 3 500 $, Sport Sedan 3 650 $. Custom-Linie: Roadster 3 350 $, Touring Car, Phaeton 3 450 $, Coupé (5P) 3 855 $, Sedan 4 955 $, Suburban 4 125 $, Imperial 4 350 $, Sport Phaeton 3 975 $, Convertible Coupé 3 450 $.
Produktion: Series 314-A: 36 369

1928

SERIES 341
Vorgestellt September 1927
Motornummern: 300 001–320 001
Motor: 8-Zylinder-V-Motor, Hubraum 5 588 cm^3, Bohrung × Hub 84,1 × 125,4 mm, Leistung 90 PS bei 3 000/min, max. Drehmoment 210 Nm, 3fach gelagerte Kurbelwelle, eine hohlgegossene Nockenwelle (Kette), Hochspannungs-Cadillac-Delco-Zündung.
Kraftübertragung: gleich wie 314-A, außer: neue Trockenscheibenkupplung, Reifen 32 × 6,75.
Fahrwerk: Vorne halbelliptische Federn, Doppel-T-Träger Typ Elliott, hinten Starrachse, untergebaute Federn. Lenkung: Schnecke, Bremsen: 4 Trommeln.
Karosserie: Erste von Harley Earl gezeichnete Fahrzeuge, Radstand 358 cm.
Preise: Coupé (2P) 3 295 $, Roadster 3 350 $, Touring (5P), Touring, Phaeton 3450 $, Convertible Coupé, Coupé (5P) 3 495 $, Sedan (5P) 3 695 $, Sedan (7P) 3 695 $, Imperial (5P) 3 745 $, Imperial (7P) 3 895 $.
Produktion: Series 341: 40 000

1929

SERIES 341-B
Vorgestellt August 1928
Motornummern: 320 002–338 104
Motor: gleich wie Series 341
Kraftübertragung: gleich wie Series 341, außer: synchronisiertes Getriebe.
Fahrwerk: gleich wie Series 341, außer: Delco-Stoßdämpfer, neues Zweikreis-Bremssystem (drei Bremsschuhe pro Trommel).
Karosserie: gleich wie Series 341.
Produktion: Series 341-B: 18 004

1930

SERIES 353
Vorgestellt September 1929
Motornummern: 500 001–511 005
Motor: gleich wie 341-B, außer: Bohrung × Hub 85,7 × 125,4 mm, Hubraum 5 785 cm^3, Leistung 95 PS bei 3 000/min.
Kraftübertragung: gleich wie Series 341-B
Fahrwerk: gleich wie Series 341-B, außer: nur noch zwei Bremsschuhe an den hinteren Trommeln, Reifen 7.00 × 19.
Karosserie: gleich wie Series 341-B, elf verschiedene Modelle.
Produktion: Series 353: 11 005

SERIES 370
Vorgestellt September 1930
Motornummern: 1 000 001–1 005 733
Motor: 12-Zylinder-V-Motor, Hubraum 6 030 cm^3, Bohrung × Hub 79,4 × 101,6 mm, Leistung 135 PS bei 3 400/min. Gleiche Konstruktion wie Series 452.
Kraftübertragung: gleich wie V-16
Fahrwerk: gleich wie V-16, außer: Reifen 7.00 × 19, 7.50 × 18.
Karosserie: 30 verschiedene Modelle, Radstand 357/363 cm.
Preise: Von 3 795 $ bis 4 895 $, Fleetwood-Modelle auf langem Radstand nur auf Bestellung.

Fisher, kurzer Radstand:
31152	4T –	Town Sedan
31158	2T –	Coupé
31159	4T –	Sedan
31172	2T –	Coupé

Fisher, langer Radstand:
31162	4T –	Sedan (7P)
31163	4T –	Imperial Sedan

Fleetwood, kurzer Radstand:
4702	2T –	Roadster
4735	2T –	Convertible Coupé
4757	4T –	Touring
4760	4T –	Phaeton
4780	4T –	All-Wheater-Phaeton
4785	2T –	Convertible Coupé

Fleetwood, langer Radstand:
4750	4T –	Full Collapsible Cabriolet
4812	4T –	Transformable Town Cabriolet (5/7P)
4820	4T –	Transformable Town Cabriolet (5/7P)
4825	4T –	Transformable Town Cabriolet (7P)
4825C	4T –	Collapsible Transformable Town Cabriolet
4830	4T –	Imperial Sedan
4830S	4T –	Sedan
4850	4T –	Transformable Cabriolet (7P)
4855	4T –	Imperial Cabriolet
4855S	4T –	Sedan Cabriolet
4864	4T –	Town Brougham
4864B	4T –	Town Brougham (5P)
4864Q	4T –	Town Brougham (5P)
4875	4T –	Imperial Sedan
4875S	4T –	Sedan (7P)
4882	4T –	Sedanette
4883	4T –	Limousette
4891	4T –	Transformable Limousine Brougham

Produktion: Series 370/370A: insgesamt 5 725

SERIES 452
Vorgestellt Januar 1930
Motornummern: 700 001–701 827
Motor: 16-Zylinder-V-Motor (45°), Hubraum 7 407 cm^3, Bohrung × Hub 76,2 × 101,6 mm, Leistung 165 PS bei 3 400/min, max. Drehmoment 325 Nm bei 1 200–1 500/min, Gußeisen-Zylinderblock und -kopf, kopfgesteuerte Ventile, 5fach gelagerte Kurbelwelle, 2 Steigstromvergaser.
Kraftübertragung: gleich wie Series 353.
Fahrwerk: gleich wie Series 353, außer: Reifen 7.50 × 19.
Karosserie: fünfzehn verschiedene Modelle, Radstand 376 cm.
Fahrleistungen: Höchstgeschwindigkeit 160 km/h.
Preise: Von 5 350 $ bis 9 200 $. Erhältlich waren folgende 80 (!) Modellvarianten:

2901LX	4T –	Sedan
LX2905	4T –	Town Sedan
LX2913 4T –		Coupé (5P)
2950X	4T –	Sedan
2951LX	4T –	Sedan
30X	4T –	Sedan
30-152	4T –	Town Sedan Fisher
30-158	2T –	Coupé Fisher
30-159	4T –	Sedan Fisher
30-168	2T –	Convertible Coupé Fisher
30-172	2T –	Coupé Fisher
3289A	4T –	Transformable Town Cabriolet
3981	4T –	Sedan Cabriolet
3991	4T –	Transformable Limousine Brougham
4108C	4T –	Imperial Landaulet Cabriolet (5/7P)
4130	4T –	Imperial (5/7P)
4130S	4T –	Sedan (5P)
4155	4T –	Imperial Cabriolet
4155C	4T –	Imperial Landaulet Cabriolet
4155SC	4T –	Landaulet Sedan Cabriolet
4161	4T –	Imperial Club Sedan
4161C	4T –	Imperial Landaulet Club Sedan
4161S	4T –	Club Sedan
4175	4T –	Imperial (7P)
4175C	4T –	Imperial Landaulet
4175S	4T –	Sedan (7P)
4200	4T –	Sedan Cabriolet (7P)
4206	2T –	Coupé
4207	2T –	Coupé
4208	4T –	Imperial Cabriolet
4212	4T –	Transformable Town Cabriolet (5P)
4212C	4T –	Collapsible Transformable Town Cabriolet (5P)
4220	4T –	Transformable Town Cabriolet (7P)
4220B	4T –	Transformable Town Cabriolet
4225	4T –	Transformable Town Cabriolet
4225C	4T –	Collapsible Transforamble Town Cabriolet (7P)
4235	2T –	Convertible Coupé
4243	4T –	Phaeton
4244	4T –	Phaeton
4246	4T –	Phaeton
4257A	4T –	Touring (7P)
4257H	4T –	Touring (5P)
4260	4T –	Sport Phaeton
4260A	4T –	Sport Phaeton
4260B	4T –	Sport Phaeton
4262	4T –	Imperial Cabriolet

4264	4T – Town Brougham
4264B	4T – Town Brougham
4275	4T – Imperial Sedan
4275C	4T – Imperial Landaulet Sedan
4276	2T – Coupé
4280	4T – All-Wheater-Phaeton
4285	4T – All-Wheater-Sport-Cabriolet
4291	4T – Transformable Limousine Brougham
4302	2T – Roadster
4312	4T – Transformable Town Cabriolet (5/7P)
4312C	4T – Collapsible Transformable Town Cabriolet (5/7P)
4320	4T – Transformable Town Cabriolet (7P)
4320C	4T – Collapsible Transformable Town Cabriolet (7P)
4325	4T – Transformable Town Cabriolet (7P)
4325C	4T – Collapsible Transformable Town Cabriolet (7P)
4330	4T – Imperial (5/7P)
4330S	4T – Sedan (5P)
4335	4T – Convertible Coupé
4355	4T – Imperial Cabriolet
4355C	4T – Collapsible Imperial Cabriolet
4355S	4T – Sedan Cabriolet
4361	4T – Imperial Club Sedan
4361S	4T – Club Sedan
4375	4T – Imperial
4375C	4T – Collapsible Imperial
4375S	4T – Sedan
4376	2T – Coupé
4380	4T – All-Wheater-Phaeton
4381	2T – Coupé
4391	4T – Transformable Limousine Brougham
4391C	4T – Collapsible Transformable Limousine Brougham
4412	4T – Transformable Town Cabriolet
4476	2T – Coupé

Produktion: Series 452/452A: insgesamt 3 250

1931

SERIES 355A
Vorgestellt September 1930
Motornummern: 800 001–810 717
Motor: gleich wie Series 353 von 1930
Kraftübertragung: gleich wie 1930
Fahrwerk: gleich wie 1930
Karosserie: gleich wie die 12-Zylinder-Modelle von 1930.
Preise: Von 2 695 $ bis 3 795 $.
Produktion: Series 355: 10 709

SERIES 370A
Motornummern: siehe Series 370 von 1930
Motor: gleich wie Series 370 von 1930
Kraftübertragung: gleich wie 1930
Fahrwerk: gleich wie 1930
Karosserie: gleich wie 1930
Preise: gleich wie 1930
Produktion: siehe Series 370

SERIES 452A
Motornummern: 701 828–703 251
Motor: gleich wie Series 452 von 1930
Kraftübertragung: gleich wie 1930
Fahrwerk: gleich wie 1930
Karosserie: gleich wie 1930
Preise: gleich wie 1930
Produktion: siehe Series 452

1932

SERIES 355B
Vorgestellt Januar 1932
Motornummern: 1 200 001–1 202 700
Motor: gleich wie Series 355A, außer: Leistung 115 PS bei 3 000/min.
Kraftübertragung: gleich wie 1931, außer: Getriebe schrägverzahnt.
Fahrwerk: gleich wie 1931, außer: Reifen 7,00 × 17.
Karosserie: Restyling.

Typ	Radstand	Länge	Breite	Höhe	Gewicht
355, Roadster	340 cm	526 cm			2 100 kg
355, Sedan	355 cm	541 cm			2 320 kg

Preise: Von 2 795 $ bis 4 245 $.
Produktion: Series 355: 2 693

SERIES 370B
Vorgestellt Januar 1932
Motornummern: 1 300 001–1 302 000
Motor: gleich wie Series 370A von 1931
Kraftübertragung: gleich wie 1931
Fahrwerk: gleich wie 1931
Karosserie: Restyling, Radstand 340/355 cm.
Produktion: Series 370B: 1 709

SERIES 452B
Vorgestellt Januar 1932
Motornummern: 1 400 001–1 400 300
Motor: gleich wie Series 452A von 1931, außer: Mechanische Benzinpumpe.
Kraftübertragung: gleich wie 1931, außer: Getriebe schrägverzahnt.
Fahrwerk: gleich wie 1931
Karosserie: Restyling.

Typ	Radstand	Länge	Breite	Höhe	Gewicht
452B, Coupé	363 cm	549 cm			2 510 kg
452B, Town Cab.	378 cm	564 cm			2 695 kg

Preise: Von 4 495 $ (zweiplätziges Coupé) bis 5 945 $ (siebenplätziges Town Cabriolet). Fleetwood-Modelle nur auf Bestellung.
Produktion: Series 452B: 296

1933

SERIES 355C
Vorgestellt Januar 1933
Motornummern: 3 000 001–3 100 000
Motor: gleich wie Series 355B von 1932
Kraftübertragung: gleich wie 1932
Fahrwerk: gleich wie 1932
Karosserie: 16 verschiedene Modelle.
Fahrleistungen: Höchstgeschwindigkeit 122 km/h (für siebenplätzigen Sedan)
Preise: Von 2 695 $ bis 4 145 $.
Produktion: Series 355C: 2 096

SERIES 370C
Vorgestellt Januar 1933
Motornummern: 4 000 001–4 000 953
Motor: gleich wie Series 370B von 1932
Kraftübertragung: gleich wie 1932, außer: längere Getriebeübersetzungen.
Fahrwerk: gleich wie 1932
Karosserie: gleich wie Series 355C.
Preise: Von 3 395 $ bis 4 345 $.
Produktion: Series 370C: 952

SERIES 452C
Vorgestellt Januar 1933
Motornummern: 5 000 001–5 000 126
Motor: gleich wie Series 452B von 1932
Kraftübertragung: gleich wie 1932, außer: längere Getriebeübersetzungen.
Fahrwerk: gleich wie 1932
Karosserie: gleich wie Series 355C, Sonderversionen.
Preise: Von 6 250 $ bis 8 000 $.
Produktion: Series 452C: 125

1934

SERIES 355D
Vorgestellt Januar 1934
Motornummern: 3 100 001–3 104 877
Motor: gleich wie Series 355C von 1933, außer: Leistung 130 PS bei 3 400/min, Aluminium-Zylinder, Fallstromvergaser.
Kraftübertragung: gleich wie 1933
Fahrwerk: gleich wie 1933, außer: Stabilisatoren vorne und hinten.
Karosserie: Restyling, 31 verschiedene Modelle.

Typ	Radstand	Länge	Breite	Höhe	Gewicht
355, Sp. Coupé	325 cm	523 cm			2 065 kg
355, Conv. Cab.	345 cm	543 cm			2 205 kg
355, Imp. Sedan	371 cm	578 cm			2 515 kg

Preise: Von 2 395 $ bis 5 595 $.
Produktion:
Series 355D (kurzer Radstand): 2 015
Series 355D (mittlerer Radstand): 2 729
Series 355D (langer Radstand): 339

SERIES 370D
Vorgestellt Januar 1934
Motornummern: 4 100 001–4 100 662
Motor: gleich wie Series 370C von 1933, außer: Leistung 150 PS bei 3 600/min.
Kraftübertragung: gleich wie 1933
Fahrwerk: gleich wie Series 355D, Radstand 371 cm.
Karosserie: gleich wie Series 355D
Preise: Von 4 195 $ bis 6 495 $.
Produktion: Series 370C: 683

SERIES 452D
Vorgestellt Januar 1934
Motornummern: 5 100 001–5 100 060
Motor: gleich wie Series 452C von 1933, außer: 185 PS bei 3 800/min.
Kraftübertragung: gleich wie 1933
Fahrwerk: gleich wie Series 355D
Karosserie: gleich wie Series 355D, Radstand 391 cm.
Preise: Von 6 950 $ bis 9 250 $.
Produktion: Chassis: 1
5725 Town Cabriolet: 4
5730 Imperial Brougham: 1
5733 Imperial Town Sedan: 1
5733 S Town Sedan (5P): 2
5735 Convertible Coupé (2P): 2
5775 Imperial Sedan: 10
5775 FL Imperial Cabriolet: 1
5775 S Imperial Brougham: 5
5776 Coupé (2P): 5
5780 S All-Wheater-Phaeton: 1
5780 wie oben, mit Trennscheibe: 5
5785 Convertible Coupé: 1
5799 Aerodynamic Coupé: 3
6075 Imperial Sedan (7P): 9
6075 S Sedan (7P): 5
Series 452D: 56

1935

SERIES 10/20/30
Vorgestellt Januar 1935
Motornummern: 3 105 101–3 108 336
Motor: gleich wie Series 355D von 1934
Kraftübertragung: gleich wie 1934
Fahrwerk: gleich wie 1934
Karosserie: Restyling.
Preise: Von 2 345 $ bis 5 595 $.
Produktion:
Series 10 (kurzer Radstand): 1 130
Series 20 (mittlerer Radstand): 1 859
Series 30 (langer Radstand): 220

SERIES 40 370D
Vorgestellt Januar 1935
Motornummern: 4 100 701–4 101 150
Motor: gleich wie Series 370D von 1934
Kraftübertragung: gleich wie 1934
Fahrwerk: gleich wie 1934
Karosserie: gleich wie Series 30
Produktion: Series 370C: 377

SERIES 60 452D
Vorgestellt Januar 1935
Motornummern: 5 100 101–5 100 200
Motor: gleich wie Series 452D von 1934
Kraftübertragung: gleich wie 1934
Fahrwerk: gleich wie 1934
Karosserie: Restyling.

Typ	Radstand	Länge	Breite	Höhe	Gewicht
60, Sedan	391 cm	610 cm			2 760 kg

Produktion: Chassis: 1
5725 Town Cabriolet: 2
5730 S Sedan (5P): 1
5733 Imperial Town Sedan: 2
5733 S Town Sedan (5P): 4
5775 Imperial Sedan: 15
5775 S Sedan (7P): 2
5776 Coupé (2P): 2

5780 Convertible Sedan: 4
5785 Convertible Coupé: 2
5791 B Limousine Brougham: 1
6033 S Town Sedan (5P): 2
6075 Imperial Sedan (7P): 6
6075 B Imperial Cabriolet: 2
6075 S Sedan (7P): 3
6075 H3 Imperial Brougham: 1
Series 60 452 D: 50

1936

SERIES 60
Motornummern: 6 010 001–6 016 713
Motor: 8-Zylinder-V-Motor (90°), L-Head, Hubraum 5 277 cm³, Bohrung x Hub 85,7 x 114,3 mm, Leistung 125 PS. Gußeisen-Zylinderblock und -kopf, 3fach gelagerte Kurbelwelle, 2 Stromberg Fallstromvergaser.
Kraftübertragung: gleich wie Series 10/20/30, außer: Einscheibenkupplung, 3-Gang-Getriebe (schrägverzahnt).
Fahrwerk: gleich wie 1935
Karosserie: Restyling, gleiche Karosserien wie die Buick des gleichen Jahres, der sogenannte GM-B-Body.

Typ	Radstand	Länge	Breite	Höhe	Gewicht
60, Coupé	307 cm	498 cm			1 890 kg

Preise: Coupé 1 645 $, Touring Sedan 1 695 $, Convertible Coupé 1 725 $.
Produktion: Series 60: 6 700

SERIES 70/75
Motornummern: 3 110 001–3 115 249
Motor: gleiche Konstruktion wie Series 60, außer: Hubraum 5 670 cm³, Bohrung x Hub 88,9 x 114,3 mm, Leistung 135 PS, max. Drehmoment 255 Nm bei 1 700/min.
Kraftübertragung: gleich wie Series 60
Fahrwerk: gleich wie Series 60
Karosserie: gleiche Karosserie wie die großen Buick des gleichen Jahres.

Typ	Radstand	Länge	Breite	Höhe	Gewicht
70, Touring	333 cm	524 cm	168 cm		2 120 kg
75, Town Sedan	351 cm	542 cm	175 cm		2 200 kg

Preise: Von 4 620 $ (Coupé) bis 5 115 $ (Town Cabriolet).
Produktion: Series 70: 2 000; Series 75: 3 227

SERIES 80/85
Motornummern: 4 110 001–4 110 901
Motor: gleich wie Series 40 370D von 1935
Kraftübertragung: gleich wie 1935
Fahrwerk: gleich wie 1935, außer: Hydraulische Bremsen
Karosserie: gleiche Karooserien wie Series 70/75 des gleichen Jahres.
Preise: Von 3 145 $ bis 5 145 $.
Produktion: Series 80: 250; Series 85: 651

SERIES 90
Motornummern: 5 110 001–5 110 252
Motor: gleich wie Series 60 452D von 1935
Kraftübertragung: gleich wie 1935
Fahrwerk: gleich wie 1935
Karosserie: Restyling.
Preise: Von 7 250 $ bis 8 850 $.
Produktion: Chassis: 3
5725 Town Cabriolet: 1
5725C: Town Landaulet: 1
5730 S Sedan (5P): 1
5730 FL Imperial Cabriolet (5P): 3
5733 S Town Sedan (5P): 4
5735 Convertible Coupé: 2
5775 Imperial Sedan: 24
5775 S Sedan (7P): 2
5776 Coupé (2P): 1
5780 Convertible Sedan: 6
5799 Aerodynamic Coupé: 4
Series 90: 52

1937

SERIES 60/65/70/75
Motornummern: 6 030 001–6 037 003 (Series 60), 7 030 001–7 032 401 (Series 65), 3 130 001–3 129 232 (series 70, 75).
Motor: alle Modelle wie Series 70/75 von 1936
Kraftübertragung: gleich wie 1936, außer: kürzere Übersetzung.
Fahrwerk: gleich wie 1936
Karosserie: Restyling, Radstand 315 cm (Series 60), 333 cm (Series 65/70), 351 cm (Series 75). Leergewicht 1990 kg (Series 65), 2150 kg (Series 75).
Preise: Die jeweils günstigsten Modelle waren: Series 60 Coupé 1 445 $, Series 65 Touring 1 945 $, Series 70 Touring 2 445 $, Series 75 Touring 2 645 $. Am teuersten war ein Series 75 Town Cabriolet mit 4 545 $.
Produktion: Series 60: 7 000; Series 65: 2 401; Series 70: 1 001; Series 75: 3 227

SERIES 85
Motornummern: 4 130 001–4 130 478
Motor: gleich wie Series 80/85 von 1936
Kraftübertragung: gleich wie 1936
Fahrwerk: gleich wie 1936
Karosserie: Restyling, Radstand 351 cm.
Preise: Basispreis 3 445 $.
Produktion: Series 85: 474

SERIES 90
Motornummern: 5 130 001–5 130 350
Motor: gleich wie Series 90 von 1936
Kraftübertragung: gleich wie 1936
Fahrwerk: gleich wie 1936
Karosserie: Restyling.
Preise: Basispreis 7 450 $.
Produktion: Chassis: 2
5725 Town Cabriolet: 2
5733 S Town Sedan (5P): 2
5775 Imperial Sedan: 24
5775 S Sedan (7P): 2
5775 FL Imperial Cabriolet: 3
5775 SF Imperial Brougham: 1
5776 Coupé (2P): 4
5780 Convertible Sedan: 5
5785 Collapsible Coupé: 2
5791 Limousine Brougham: 1
5799 Aerodynamic Coupé: 1
Series 90: 49

1938

SERIES 60S/61/65/75
Motornummern: 6 270 001-6 273 704 (Series 60S), 8 270 001–8 272 052 (Series 61), 7 270 001–7 271 476 (Series 65), 3 270 001–3 271 911 (Series 75).
Motor: gleich wie 1937, außer: Leistung 140 PS (Series 75).
Kraftübertragung: gleich wie 1937
Fahrwerk: gleich wie 1937
Karosserie: Restyling, völlig neues Design für Series 60S.

Typ	Radstand	Länge	Breite	Höhe	Gewicht
60S, Sedan	323 cm	527 cm			1 890 kg
61, Coupé	315 cm	527 cm			1 750 kg
65, Sedan	335 cm	537 cm			2 060 kg
75, Imp. Sedan	358 cm	560 cm			2 320 kg

Preise: Basispreise: Series 60S 2 085 $, Series 61 1 695 $, Series 65 2 285 $, Series 75 3 075 $.
Produktion: 60 Chassis: 108
6019S Sedan: 3 695
Series 60S: 3 803
61 Chassis: 101
6119 Sedan: 1 307
6127 Coupé: 438
6149 Convertible Sedan: 60
6167 Convertible Coupé: 145
Series 61: 2 051
65 Chassis: 3
6519 Sedan: 1 178
6519F Imperial Sedan: 110
6549 Convertible Sedan: 110
Series 65: 1 401
75 Chassis: 35
7519 Sedan (5P): 475
7519F Imperial Sedan (7P): 34
7523 Sedan (7P): 380
7523L Business Sedan: 25
7529 Convertible Sedan: 58
7533 Imperial Sedan: 563
7533F Formal Sedan: 40
7533L Business Imperial: 25
7539 Town Sedan: 56
7553 Town Car: 17
7557 Coupé (2P): 52
7557B Coupé (5P): 42
Series 75: 1 802

SERIES 90
Motornummern: 5 270 001–5 270 315
Motor: 16-Zylinder-V-Motor (135°), L-Head, Hubraum 7 063 cm³, Bohrung × Hub 82,5 × 82,5 mm, Leistung 185 PS bei 3 600/min, Verdichtung 6,75:1. Gußeisen-Zylinderblock und -kopf, 9fach gelagerte Kurbelwelle, hydraulische Ventilstößel, 2 Carter Fallstromvergaser.
Kraftübertragung: 3-Gang-Getriebe (schrägverzahnt), Einscheibenkupplung, Reifen 7,50 × 16.
Fahrwerk: gleich wie Series 90 von 1937
Karosserie: Restyling, zwölf verschiedene Modelle erhältlich.

Typ	Radstand	Länge	Breite	Höhe	Gewicht
90, Coupé	358 cm	510 cm			2 230 kg

Fahrleistungen: Höchstgeschwindigkeit 165 km/h.
Preise: Basispreis 4 905 $.
Produktion: 90 Chassis: 3
9006 Presidential (Radstand 409 cm): 2
9019 Sedan (5P): 43
9019F Imperial Sedan (5P): 5
9023 Sedan (7P): 65
9029 Convertible Sedan (5P): 13
9033 Imperial Sedan (7P): 95
9033F Formal Sedan: 17
9039 Town Sedan (5P): 20
9053 Town Car: 11
9057 Coupé (2P): 11
9057B Coupé (5P): 8
9067 Convertible Coupé: 10
Series 90: 311

1939

SERIES 60S/61/75
Motornummern: 6 290 001–6 295 506 (Series 60S), 8 290 001–8 295 904 (Series 61), 3 290 001–3 292 066 (Series 75)
Motor: gleich wie Series 60S/61/65/75 von 1938
Kraftübertragung: gleich wie 1938
Fahrwerk: gleich wie 1938
Karosserie: Restyling.
Preise: Basispreise: Series 60S 2 090 $, Series 75 2 995 $.
Produktion:
60 Chassis: 7
6019S Sedan: 5 259
6019SA Sedan (Sun-Roof): 225
6019SAF Imperial Sedan: 55
Series 60S: 5 506
61 Chassis: 237
6119 Sedan: 4 051
6119A Sedan (Sun-Roof): 43
6119F Imperial Sedan: 30
6127 Coupé: 1 023
6129 Convertible Sedan: 140
6167 Convertible Coupé: 350
Series 61: 5 874
75 Chassis: 41
7519 Sedan (5P): 543
7519F Imperial Sedan (7P): 53
7523 Sedan (7P): 412
7523L Business Sedan: 33
7529 Convertible Sedan: 36
7533 Imperial Sedan: 698
7533F Formal Sedan: 44
7533L Business Imperial: 2
7539 Town Sedan: 51
7553 Town Car: 13
7557 Coupé (2P): 36
7557B Coupé (5P): 23
7559 Formal Sedan: 53
7567 Convertible Coupé: 27
Series 75: 2 065

SERIES 90
Motornummern: 5 290 001–5 290 135
Motor: gleich wie Series 90 von 1938
Kraftübertragung: gleich wie 1938
Fahrwerk: gleich wie 1938

Karosserie: gleich wie 1938
Preise: Basispreis 4 915 $.
Produktion:
90 Chassis: 2
9019 Sedan (5P): 13
9019F Imperial Sedan (5P): 2
9023 Sedan (7P): 18
9029 Convertible Sedan (5P): 4
9033 Imperial Sedan (7P): 60
9033F Formal Sedan: 8
9039 Town Sedan (5P): 2
9053 Town Car: 5
9057 Coupé (2P): 6
9057B Coupé (5P): 5
9067 Convertible Coupé: 7
Series 90: 136

1940

SERIES 60S/62/72/75
Motornummern: 6 320 001–6 324 600 (Series 60S), 8 320 001–8 325 903 (Series 62), 7 320 001–7 321 525 (Series 72), 3 320 001–3 320 956 (Series 75).
Motor: gleich wie Series 60S/61/75 von 1939
Kraftübertragung: gleich wie 1939
Fahrwerk: gleich wie 1939
Karosserie: Restyling.

Typ	Radstand	Länge	Breite	Höhe	Gewicht
60S, Sedan	323 cm	551 cm			1 830 kg
62, Coupé	328 cm	549 cm			1 750 kg
72, Sedan	351 cm	576 cm			2 100 kg
75, Imp. Sedan	358 cm	580 cm			2 170 kg

Preise: Basispreise: Series 60S 2 090 $, Series 61 1 745 $, Series 72 2 670 $, Series 75 2 995 $.
Produktion:
6019S Sedan: 4 242
6019SA Sedan (Sun-Roof): 230
6019F Imperial Sedan: 110
6019AF Imperial Sedan (Sun-Roof): 3
6019LB/MB Town Car: 15
Series 60S: 4 600
62 Chassis: 1
6219 Sedan: 4 302
6227 Coupé: 1 322
6229 Convertible Sedan: 75
6267 Convertible Coupé: 200
Series 62: 5 900
72 Chassis: 275
7219 Sedan: 455
7219F Imperial Sedan: 100
7223 Sedan (7P): 305
7223L Business Sedan (7P): 25
7233 Imperial Sedan (7P): 292
7233F Formal Sedan: 20
7233L Business Imperial: 36
7259 Formal Sedan (5P): 18
Series 72: 1 526
75 Chassis: 55
7519 Sedan (5P): 155
7519F Imperial Sedan (7P): 25
7523 Sedan (7P): 166
7529 Convertible Sedan: 45
7533 Imperial Sedan: 338
7533F Formal Sedan: 42
7539 Town Sedan: 14
7553 Town Car: 14
7557 Coupé (2P): 15
7557B Coupé (5P): 12
7559 Formal Sedan (5P): 48
7567 Convertible Sedan: 30
Series 75: 959

SERIES 90
Motornummern: 5 320 001–5 320 061
Motor: gleich wie Series 90 von 1939
Kraftübertragung: gleich wie 1939
Fahrwerk: gleich wie 1939
Karosserie: gleich wie 1939
Preise: Sedan (5P) 5 140 $, Imperial Sedan 5 215 $, Sedan (7P) 5 270 $, Coupé (2P) 5 340 $, Imperial Sedan (7P) 5 420 $, Coupé, Convertible Coupé 5 440 $, Town Sedan 5 695 $, Convertible Sedan 6 000 $, Formal Sedan 6 055 $, Town Car 7 175 $.
Produktion:
90 Chassis: 1
9019 Sedan (5P): 4
9023 Sedan (7P): 4
9029 Convertible Sedan (5P): 2
9033 Imperial Sedan (7P): 20
9033F Formal Sedan: 20
9039 Town Sedan (5P): 1
9053 Town Car: 2
9057 Coupé (2P): 2
9057B Coupé (5P): 1
9059 Formal Sedan (5P): 2
9067 Convertible Coupé: 2
Series 90: 61

1941

SERIES 60S/61/62/63/67/75
Motornummern: 6 340 001–6 344 101 (Series 60S), 5 340 001–5 369 258 (Series 61), 8 340 001–8 364 734 (Series 62), 7 340 001–7 345 050 (Series 63), 9 340 001–9 340 922 (Series 67), 3 340 001–3 342 104 (Series 75).
Motor: gleich wie Series 60S/62/72/75 von 1940, außer: Leistung 150 PS bei 3 400/min, Verdichtung 7,25:1.
Kraftübertragung: gleich wie 1940, außer: Hydra-Matic als Option.
Fahrwerk: gleich wie 1940
Karosserie: Restyling.

Typ	Radstand	Länge	Breite	Höhe	Gewicht
60S, Sedan	320 cm	552 cm			1 920 kg
61, Coupé	320 cm	546 cm			1 810 kg
62, Coupé	328 cm	549 cm			1 790 kg
63, Sedan	320 cm	546 cm			1 880 kg
67, Imperial	352 cm	579 cm			2 140 kg
75, For. Sedan	346 cm	574 cm			2 230 kg

Preise: Series 60S: Sedan 2 195 $. Series 61: Coupé 1 345 $, Touring 1 445 $. Series 62: Coupé 1 420 $, Touring 1 495 $, Convertible Coupé 1 645 $, Convertible Sedan 1 965 $. Series 63: Touring 1 696 $. Series 67: Touring (5P) 2 595 $, Tou-

ring (7P) 2 735 $, Imperial Touring Sedan 2 890 $. Series 75: Touring (5P) 2 995 $, Touring (7P) 3 140 $, Imperial Touring 3 295 $, Formal Sedan (5P) 3 920 $, Formal Sedan (7P) 4 045 $.
Produktion:
6019S Sedan: 3 693
6019SA Sedan (Sun-Roof): 185
6019F Imperial Sedan: 220
6053LB Town Car: 1
Series 60S: 4 100
61 Chassis: 3
6109 Sedan: 10 925
6109D Sedan Deluxe: 3 495
6127 Coupé: 11 812
6127D Coupé Deluxe: 3 015
Series 61: 29 250
62 Chassis: 1 479
6219 Sedan: 8 012
6219D Sedan Deluxe: 7 850
6227 Coupé: 1 985
6227D Coupé Deluxe: 1 900
6229D Convertible Sedan: 400
6267D Convertible Coupé: 3 100
Series 62: 24 726
Series 63: 5 050
6719 Sedan: 315
6719F Imperial Sedan: 95
6723 Sedan (7P): 280
Series 67: 900
75 Chassis: 155
7519 Sedan (5P): 422
7519F Imperial Sedan (7P): 132
7523 Sedan (7P): 405
7523L Business Sedan (9P): 54
7533 Imperial Sedan: 757
7533F Formal Sedan: 98
7533L Business Imperial: 6
7559 Formal Sedan (5P): 75
Series 75: 2 104

1942

SERIES 60S/61/62/63/67/75
Motornummern: 6 380 001–6 386 375 (Series 60S), 5 380 001–5 386 463 (Series 61), 8 380 001–8 386 560 (Series 62), 7 380 001–7 386 375 (Series 63), 9 380 001–9 386 180 (Series 67), 3 380 001–3 386 327 (Series 75).
Motor: gleich wie Series 60S/61/62/63/67/75 von 1941
Kraftübertragung: gleich wie 1941
Fahrwerk: gleich wie 1941
Karosserie: Restyling.

Typ	Radstand	Länge	Breite	Höhe	Gewicht
60S, Sedan	338 cm	569 cm			1 960 kg
61, Coupé	328 cm	546 cm			1 830 kg
62, Coupé	328 cm	559 cm			1 860 kg
63, Sedan	328 cm	546 cm			1 870 kg
67, Sedan	345 cm	579 cm			2 090 kg
75, For. Sedan	345 cm	577 cm			2 230 kg

Preise: Series 60S: Sedan 2 435 $. Series 61: Coupé 1 560 $, Sedan 1 647 $. Series 62: Coupé 1 667 $, Sedan 1 754 $, Convertible Coupé 2 020 $. Series 63: Sedan 1 882 $. Series 67: Sedan (5P) 2 896 $, Sedan (7P) 3 045 $, Imperial 3 204 $. Series 75: Sedan (5P) 3 306 $, Sedan (7P) 3 459 $, Imperial 3 613 $, Formal Sedan (5P) 4 330 $, Formal Sedan (7P) 4 484 $.
Produktion:
60 Chassis: 1
6069 Sedan: 1 684
6069F Imperial Sedan: 190
Series 60S: 1 875
6107 Coupé: 2 482
6109 Sedan: 3 218
Series 61: 5 700
6207 Coupé: 515
6207 Coupé Deluxe: 530
6227 Coupé: 1 985
6267D Convertible Coupé: 308
6269 Sedan: 1 780
6269D Sedan Deluxe: 1 827
Series 62: 4 960
Series 63: 1 750
6719 Sedan: 200
6719F Imperial Sedan: 50
6723 Sedan (7P): 260
6733 Imperial Sedan: 190
Series 67: 700
75 Chassis: 426
7519 Sedan (5P): 205
7519F Imperial Sedan (7P): 65
7523 Sedan (7P): 225
7523L Business Sedan (9P): 29
7533 Imperial Sedan: 430
7533F Formal Sedan: 80
7533L Business Imperial: 6
7559 Formal Sedan (5P): 60
Series 75: 1 526

1946

SERIES 60S/61/62/75
Motornummern: 6 400 001–6 405 700 (Series 60S), 5 400 001–5 403 001 (Series 61), 8 400 001–8 418 566 (Series 62), 3 400 001–3 401 927 (Series 75).
Motor: gleich wie Series 60S/61/62/63/67/75 von 1942
Kraftübertragung: gleich wie 1942
Fahrwerk: gleich wie 1942
Karosserie: gleich wie 1942
Fahrleistungen: 0 bis 96 km/h 16 s, Höchstgeschwindigkeit 152 km/h
Preise: Series 60S: Sedan 3 099 $. Series 61: Coupé 2 052 $, Sedan 2 176 $. Series 62: Coupé 2 284 $, Sedan 2 359 $, Convertible Coupé 2 556 $. Series 75: Business Sedan 4 159 $, Sedan (5P) 4 298 $, Imperial Business Sedan, 4 346 $, Sedan (7P) 4 475 $, Imperial Sedan 4 669 $.
Produktion:
Series 60S: 5 700
61 Chassis: 1
6107 Coupé: 800
6109 Sedan (inkl. 1945): 3 342
Series 61 (inkl. 1945): 4 143
62 Chassis: 1
6207 Coupé: 2 323
6267D Convertible Coupé: 1 342
6269 Sedan: 14 900

Series 62: 18 566
75 Chassis: 1 292
7519 Sedan (5P): 150
7523 Sedan (7P): 225
7523L Business Sedan (9P): 22
7533 Imperial Sedan (7P): 221
7533L Business Imperial (9P): 17
Series 75: 1 927

1947

SERIES 60S/61/62/75

Motornummern: 6 420 001–6 428 500 (Series 60S), 5 420 001–5 428 555 (Series 61), 8 420 001–8 459 835 (Series 62), 3 420 001–3 425 036 (Series 75).
Motor: gleich wie Series 60S/61/62/75 von 1946
Kraftübertragung: gleich wie 1946
Fahrwerk: gleich wie 1946
Karosserie: gleich wie 1946
Preise: Series 60S: Sedan 3 195 $. Series 61: Coupé 2 200 $, Sedan 2 324 $. Series 62: Coupé 2 446 $, Sedan 2 523 $, Convertible Coupé 2 902 $. Series 75: Business Sedan 4 195 $, Sedan (5P) 4 340 $, Imperial Business Sedan, 4 388 $, Sedan (7P) 4 517 $, Imperial Sedan 4 711 $.
Produktion:
Series 60S: 8 500
6107 Coupé: 3 395
6109 Sedan: 5 160
Series 61: 8 555
62 Chassis: 1
6207 Coupé: 7 245
6267 Convertible Coupé: 6 755
6269 Sedan: 25 834
Series 62: 39 835
75 Chassis: 2 626
7519 Sedan (5P): 300
7523 Sedan (7P): 890
7523L Business Sedan (9P): 135
7533 Imperial Sedan (7P): 1 005
7533L Business Imperial (9P): 80
Series 75: 5 036

1948

SERIES 60S/61/62/75

Motornummern: 486 000 001–486 052 706 (Series 60S), 486 100 001–486 148 663 (Series 61), 486 200 001–486 252 704 (Series 62), 487 500 001–487 546 088 (Series 75).
Motor: gleich wie Series 60S/61/62/75 von 1947
Kraftübertragung: gleich wie 1947
Fahrwerk: gleich wie 1947
Karosserie: Restyling (außer Series 75).

Typ	Radstand	Länge	Breite	Höhe	Gewicht
60S, Sedan	337 cm	574 cm			1 980 kg
61, Sedan	320 cm	544 cm			1 880 kg
62, Conv. Coupé	320 cm	544 cm			2 020 kg

Preise: Series 60S: Sedan 3 820 $. Series 61: Coupé 2 728 $, Sedan 2 833 $. Series 62: Coupé 2 912 $, Sedan 2 996 $, Convertible Coupé 3 442 $. Series 75: Business Sedan 4 679 $, Sedan (5P) 4 779 $, Imperial Business Sedan, 4 868 $, Sedan (7P) 4 999 $, Imperial Sedan 5 199 $.
Produktion:
Series 60S: 6 561
61 Chassis: 1
6107 Coupé: 3 521
6109 Sedan: 5 081
Series 61: 8 603
62 Chassis: 2
6207 Coupé: 4 764
6267X Convertible Coupé: 5 450
6269 Sedan: 23 977
Series 62: 34 213
75 Chassis: 2
7519X Sedan (5P): 225
7523L Business Sedan (9P): 90
7523X Sedan (7P): 499
7533L Business Imperial (9P): 64
7533X Imperial Sedan (7P): 382
76 Commercial Chassis: 2 067
Series 75: 3 329

1949

SERIES 60S/61/62/75

Seriennummern: 496 000 000–496 088 221 (Series 60S), 496 100 000–496 192 552 (Series 61), 496 200 000–496 292 554 (Series 62), 497 500 000–497 577 135 (Series 75).
Motor: Wassergekühlter 8-Zylinder-V-Motor (90°), Hubraum 5 422 cm³, Bohrung × Hub 96,8 × 92 mm, Leistung 160 PS bei 3 800/min, max. Drehmoment 423 Nm bei 1 800/min, Verdichtung 6,7:1. Gußeisen-Zylinderblock und -kopf, hängende Ventile (Stoßstangen und Kipphebel), zentrale Nockenwelle (Zahnräder), 1 Carter-Fallstromvergaser, mechanische Benzinpumpe, Druckumlaufschmierung, Delco-Remy-Zündung.
Kraftübertragung: Vollautomatische Hydra-Matic (Flüssigkeitskupplung und 4-Gang-Planetengetriebe), Hypoid-Achsantrieb.
Fahrwerk: Kastenrahmen mit Kreuzverstrebungen, vorne Einzelradaufhängung, 2 Trapez-Dreieckquerlenker, Schraubenfedern, Kurvenstabilisator, hinten halbschwebende Starrachse, Halbelliptikfedern, Torsionsstabilisator, vorne und hinten hydraulische Delco-Stoßdämpfer. Bremsen: hydraulisch, auf Trommeln, Handbremse mechanisch auf Kardanwelle. Lenkung: Saginaw-Kugelkreislauf.
Karosserie: Restyling.
Preise: Series 60S: Sedan 3 828 $. Series 61: Coupé 2 788 $, Sedan 2 893 $. Series 62: Coupé 2 966 $, Sedan 3 050 $, Coupé DeVille 3 496 $, Convertible Coupé 3 497 $. Series 75: Business Sedan (9P) 4 650 $, Sedan (5P) 4 750 $, Business Imperial 4 839 $, Sedan (7P) 4 970 $, Imperial Sedan (5 170 $).
Produktion:
6037X Coupé DeVille: 1
6069X Sedan: 11 399
Series 60S: 11 400
61 Chassis: 1
6107 Coupé: 6 409
6169 Sedan: 15 738
Series 61: 22 148
62 Chassis: 1
6207 Coupé: 7 515
6237 Coupé DeVille: 2 150

6267X Convertible Coupé: 8 000
6269 Sedan: 37 977
Series 62: 55 643
75 Chassis: 1
7519X Sedan (5P): 220
7523L Business Sedan (9P): 35
7523X Sedan (7P): 595
7533L Business Imperial (9P): 25
7533X Imperial Sedan (7P): 626
86 Commercial Chassis: 1 861
Series 75: 3 363

Bemerkung des Autors: Ab 1950 waren die Seriennummern der Cadillac immer gleich aufgebaut, eine zehnstellige Zahl, in der die ersten zwei Ziffern den Jahrgang angaben (4 860 000 000). Die zweiten zwei Ziffern gaben das Modell an (4 860 000 000). Ab 1951 waren bei Jahresabschluß die letzten sechs Ziffern für alle Modellreihen immer 110 340 (4 860 110 340), ganz egal, wie viele Fahrzeuge insgesamt produziert wurden.

1950

SERIES 60S/61/62/75
Motor: gleich wie Series 60S/61/62/75 von 1949
Kraftübertragung: gleich wie 1949
Fahrwerk: gleich wie 1949
Karosserie: Restyling.

Typ	Radstand	Länge	Breite	Höhe	Gewicht
60S, Sedan	330 cm	571 cm			
61, Sedan	310 cm	538 cm			1 735 kg
62, Sedan	320 cm	548 cm			1 820 kg
75, Sedan	373 cm	601 cm	204 cm	163 cm	2 180 kg

Preise: Series 61: Coupé 2 761 $, Sedan 2 866 $. Series 62: Coupé 3 150 $, Sedan 3 234 $, Coupé DeVille 3 523 $, Convertible Coupé 3 654 $. Series 75: Sedan (7P) 4 770 $, Imperial Sedan 4 959 $.
Produktion:
Series 60S: 13 755
61 Chassis: 2
6137 Coupé: 11 839
6169 Sedan: 14 931
Series 61: 26 772
62 Chassis: 1
6219 Sedan: 41 980
6237 Coupé: 6 434
6237DX Coupé DeVille: 4 507
6267 Convertible Coupé: 6 986
Series 62: 59 818
7523L Business Sedan (9P): 1
7523X Sedan (7P): 716
7533X Imperial Sedan (7P): 743
86 Commercial Chassis: 2 052
Series 75: 3 512

1951

SERIES 60S/61/62/75
Motor: gleich wie Series 60S/61/62/75 von 1950
Kraftübertragung: gleich wie 1950
Fahrwerk: gleich wie 1950
Karosserie: Restyling.
Preise: Series 60S: Sedan 4 142 $. Series 61: Coupé 2 810 $, Sedan 2 917 $. Series 62: Coupé 3 436 $, Sedan 3 528 $, Coupé DeVille 3 843 $, Convertible Coupé 3 987 $. Series 75: Sedan (7P) 5 200 $, Imperial Sedan 5 405 $.
Produktion:
Series 60S: 18 631
6137 Coupé: 2 400
6169 Sedan: 2 300
Series 61: 4 700
62 Chassis: 2
6219 Sedan: 55 352
6237 Coupé: 10 132
6237DX Coupé DeVille: 10 241
6267 Convertible Coupé: 6 117
Series 62: 81 844
7523L Business Sedan (9P): 30
7523X Sedan (7P): 1 090
7533X Imperial Sedan (7P): 1 085
86 Commercial Chassis: 2 960
Series 75: 5 165

1952

SERIES 60S/62/75
Motor: gleich wie Series 60S/61/62/75 von 1951, außer: Leistung 190 PS bei 4 000/min, Verdichtung 7,5:1, Vierfach-Registervergaser.
Kraftübertragung: gleich wie 1951, außer: Neue Hydra-Matic (mit manueller Bedienung des 3. und 4. Ganges).
Fahrwerk: gleich wie 1951, außer: Saginaw-Servolenkung (auf Wunsch), größere Bremsen.
Karosserie: Restyling.
Preise: Series 60S: Sedan 4 720 $. Series 62: Coupé 3 542 $, Sedan 3 636 $, Coupé DeVille 3 962 $, Convertible Coupé 4 110 $. Series 75: Sedan (7P) 5 361 $, Imperial Sedan 5 572 $.
Produktion:
Series 60S: 16 110
6219 Sedan: 42 625
6237 Coupé: 10 065
6237DX Coupé DeVille: 11 165
6267X Convertible Coupé: 6 400
Series 62: 70 255
7523X Sedan (7P): 1 400
7533X Imperial Sedan (7P): 800
86 Commercial Chassis: 1 694
Series 75: 3 894

1953

SERIES 60S/62/75
Motor: gleich wie Series 60S/62/75 von 1952, außer: Leistung 210 PS bei 4 150/min, max. Drehmoment 440 Nm bei 2700/min, Verdichtung 8,25:1.
Kraftübertragung: gleich wie 1952
Fahrwerk: gleich wie 1952
Karosserie: Restyling, erste Eldorado produziert.
Preise: Series 60S: Sedan 4 305 $. Series 62: Coupé 3 571 $, Sedan 3 666 $, Coupé DeVille 3 995 $, Convertible Coupé 4 144 $, Eldorado Convertible Coupé 7 750 $. Series 75: Sedan (7P) 5 604 $, Imperial Sedan 5 818 $.

Produktion:
Series 60S: 20 000
62 Chassis: 4
6219 Sedan: 47 640
6237 Coupé: 14 353
6237DX Coupé DeVille: 14 550
6267X Convertible Coupé: 8 367
6267 Eldorado Convertible Coupé: 532
Series 62: 85 446
7523X Sedan (7P): 1 435
7533X Imperial Sedan (7P): 765
86 Commercial Chassis: 2 005
Series 75: 4 205

1954

SERIES 60S/62/75

Motor: gleich wie Series 60S/62/75 von 1953, außer: Leistung 230 PS bei 4 450/min.
Kraftübertragung: gleich wie 1953
Fahrwerk: gleich wie 1953, außer: Servolenkung serienmäßig.
Karosserie: Restyling.

Typ	Radstand	Länge	Breite	Höhe	Gewicht
60S, Sedan	338 cm	578 cm			2 040 kg
62, Sedan	328 cm	550 cm			1 965 kg
62, Coupé	328 cm	567 cm			1 975 kg
75, Imp. Sedan	380 cm	602 cm			2 310 kg

Preise: Series 60S: Sedan 4 683 $. Series 62: Coupé 3 838 $, Sedan 3 933 $, Coupé DeVille 4 261 $, Convertible Coupé 4 404 $, Eldorado Convertible Coupé 5 738 $. Series 75: Sedan (7P) 5 875 $, Imperial Sedan 6 090 $.
Produktion:
Series 60S: 16 200
62 Chassis: 1
6219 Sedan: 34 253
6219SX Sedan DeVille: 1
6237 Coupé: 17 460
6237DX Coupé DeVille: 17 170
6267X Convertible Coupé: 6 310
6267 Eldorado Convertible Coupé: 3 135
Series 62: 77 345
7523X Sedan (7P): 899
7533X Imperial Sedan (7P): 611
86 Commercial Chassis: 1 635
Series 75: 3 135

1955

SERIES 60S/62/75

Motor: gleich wie Series 60S/62/75 von 1954, außer: Leistung 250 PS bei 4 600/min, Eldorado 270 PS bei 4 800/min.
Kraftübertragung: gleich wie 1954
Fahrwerk: gleich wie 1954
Karosserie: Restyling.
Preise: Series 60S: Sedan 4 728 $. Series 62: Coupé 3 882 $, Sedan 3 977 $, Coupé DeVille 4 305 $, Convertible Coupé 4 448 $, Eldorado Convertible Coupé 6 286 $. Series 75: Sedan (7P) 6 187 $, Imperial Sedan 6 402 $.
Produktion:
Series 60S: 18 300
62 Chassis: 7
6219 Sedan: 45 300
6237 Coupé: 27 879
6237DX Coupé DeVille: 33 300
6267X Convertible Coupé: 8 150
6267 Eldorado Convertible Coupé: 3 950
Series 62: 118 586
7523X Sedan (7P): 1 075
7533X Imperial Sedan (7P): 841
86 Commercial Chassis: 1 975
Series 75: 3 891

1956

SERIES 60S/62/75

Motor: Wassergekühlter 8-Zylinder-V-Motor (90°), Hubraum 5 972 cm^3, Bohrung × Hub 101,6 × 92,1 mm, Leistung 285 PS bei 4 600/min, Verdichtung 9,75:1, max. Drehmoment ca. 470 Nm bei 2 800/min. Gußeisen-Zylinderblock und -kopf, hängende Ventile mit Stoßstangen und Kipphebeln, zentrale Nockenwelle (Zahnriemen), 1 Carter-Vierfach-Fallstromvergaser, mechanische Benzinpumpe, Delco-Zündung. Für Eldorado: 305 PS bei 4 700/min, 2 Vierfach-Fallstromvergaser.
Kraftübertragung: gleich wie 1955
Fahrwerk: gleich wie 1955
Karosserie: Restyling, sogenanntes »beauty treatment«.
Preise: Series 60S: Sedan 6 019 $. Series 62: Coupé 4 146 $, Sedan 4 241 $, Coupé DeVille 4 569 $, Sedan DeVille 4 698 $, Convertible Coupé 4 711 $, Eldorado Seville, Eldorado Biarritz 6 501 $. Series 75: Sedan (7P) 6 558 $, Imperial Sedan 6 773 $.
Produktion:
Series 60S: 17 000
62 Chassis: 19
6219 Sedan: 26 666
6237 Coupé: 26 649
6237DX Coupé DeVille: 24 086
6237SDX Eldorado Seville: 3 900
6239 Sedan DeVille: 41 732
6267X Convertible Coupé: 8 300
6267SX Eldorado Biarritz: 2 150
Series 62: 133 502
7523X Sedan (7P): 1 095
7533X Imperial Sedan (7P): 955
86 Commercial Chassis: 2 025
Series 75: 4 075

1957

SERIES 60S/62/70/75

Motor: gleich wie 1956, außer: Leistung 304 PS bei 4 800/min, Eldorado 330 PS bei 4 800/min, Verdichtung erstmals 10,0:1.
Kraftübertragung: Automatische Hydramatic-Controlled-Coupling-Kraftübertragung (2 Flüssigkeitskupplungen und 4-Gang-Planetengetriebe).
Fahrwerk: X-Rahmen mit Kastenträgern, vorne Einzelradaufhängung mit Trapez-Dreieckquerlenkern und Schraubenfedern, Kurvenstabilisator, hinten Starrachse mit Halbelliptikfedern, vorne und hinten hydraulische Teleskopstoßdämpfer. Eldorado Brougham: Luftfederung, zentrale Druckluftanlage mit Zuleitungen zu allen vier Radfederungselementen, Niveauregulierung durch Druckluft. Bremsen: Hydraulische Bendix-Anlage mit Hydrovac-Bremshilfe. Lenkung: Saginaw-Kugelkreislauf, servounterstützt.

Karosserie: Restyling.

Typ	Radstand	Länge	Breite	Höhe	Gewicht
62, Sedan	329 cm	561 cm	203 cm	147 cm	2 240 kg
60S	338 cm	570 cm	203 cm	150 cm	2 300 kg
75	380 cm	600 cm	203 cm	157 cm	2 560 kg
Eldorado Brough.	320 cm	550 cm	199 cm	141 cm	2 350 kg

Preise: Series 60S: Sedan 5 539 $. Series 62: Coupé 4 609 $, Sedan 4 713 $, Coupé DeVille 5 048 $, Sedan DeVille 5 188 $, Convertible Coupé 5225 $, Eldorado Seville, Eldorado Biarritz 7 286 $. Series 70: Eldorado Brougham 13 074 $. Series 75: Sedan (7P) 7 348 $, Imperial Sedan 7 586 $.

Produktion:
Series 60S: 24 000
62 Chassis: 1
62 Chassis Export Sedan: 384
6237 Coupé: 25 120
6237DX Coupé DeVille: 23 813
6237SDX Eldorado Seville: 2 100
6239 Sedan: 32 342
6239DX Sedan DeVille: 23 808
6239SX Sedan Seville: 4
6267X Convertible Coupé: 9 000
6267SX Eldorado Biarritz: 1 800
Series 62: 118 372
Series 70, Eldorado Brougham: 400
7523X Sedan (7P): 1 010
7533X Imperial Sedan (7P): 890
86 Commercial Chassis: 2 169
Series 75: 4 069

Bemerkung des Autors: Ab 1958 änderte das System der Seriennummern wieder. Die ersten zwei Zahlen gaben weiterhin den Jahrgang an. Darauf folgte ein Buchstabe, der das Modell bezeichnete (Beispiele: E für Series 62 Biarritz Convertible, F für Series 62 Convertible, G für Series 62 Coupé, H für Series 62 Coupé Seville, J für Series 62 Coupé DeVille, K für Series 62 Hardtop-Sedan, L für Series 62 Sedan DeVille, M für Series 60S Sedan, N für Series 62 Sedan Extended Deck, P für Series 70 Eldorado Brougham, R für Series 75 Sedan, S für Series 75 Imperial Sedan). Dann folgte eine sechsstellige Zahl, die bei 000 001 begann und laufend fortgeführt wurde.

1958

SERIES 60S/62/70/75

Motor: gleich wie 1957, außer: Leistung 314 PS bei 4 800/min, Eldorado 340 PS bei 4 800/min (alle Modelle auf Wunsch mit Eldorado-Motor lieferbar), Verdichtung 10,25:1.
Kraftübertragung: gleich wie 1957
Fahrwerk: gleich wie 1957, außer: neue Hinterachsführung mit Starrachse, Schraubenfedern, Längsschubarmen, Stabilisatordreieck.
Karosserie: Restyling.
Preise: Series 60S: Sedan 6 232 $. Series 62: Coupé 4 784 $, Sedan 4 891 $, Sedan (Extended Deck) 5 079 $, Coupé DeVille 5 231 $, Convertible Coupé 5 454 $, Sedan DeVille 5 497 $, Eldorado Seville, Eldorado Biarritz 7 500 $. Series 70: Eldorado Brougham 13 074 $. Series 75: Sedan (7P) 8 460 $, Imperial Sedan 8 675 $.

Produktion:
Series 60S: 12 900
62 Chassis: 1
62 Chassis Export Sedan: 204
6237 Coupé: 18 736
6237DX Coupé DeVille: 18 414
6237SDX Eldorado Seville: 855
6239 Sedan: 13 335
6239E Sedan (Extended Deck): 20 952
6239EDX Sedan DeVille: 23 989
6267X Convertible Coupé: 7 825
6267SX Eldorado Biarritz: 815
6267SSX Special Eldorado Coupé: 1
Series 62: 105 127
Series 70, Eldorado Brougham: 304
7523X Sedan (7P): 802
7533X Imperial Sedan (7P): 730
86 Commercial Chassis: 1 915
Series 75: 3 447

1959

SERIES 60S/62/63/64/67/69

Motor: Wassergekühlter 8-Zylinder-V-Motor (90°), Hubraum 6 384 cm³, Bohrung × Hub 101,6 × 98,4 mm, Leistung 330 PS bei 4 800/min (Eldorado 350 PS bei 4 800/min), Verdichtung 10,5:1. Hängende Ventile mit Stoßstangen und Kipphebeln, hydraulische Stößel, zentrale Nockenwelle (Kette), 1 Vierfach-Fallstromvergaser von Rochester oder Carter (Eldorado: 3 Fallstrom-Register-Doppelvergaser), mechanische Benzinpumpe.
Kraftübertragung: gleich wie 1958
Fahrwerk: gleich wie 1958
Karosserie: Restyling.

Typ	Radstand	Länge	Breite	Höhe	Gewicht
62, Sedan	330 cm	572 cm	204 cm	143 cm	2 310 kg
60S	330 cm	572 cm	206 cm	143 cm	2 340 kg
75	380 cm	622 cm	206 cm	151 cm	2 620 kg

Preise: Series 60S: Sedan 6 233 $. Series 62: Coupé 4 892 $, Sedan 5 080 $, Convertible Coupé 5 455 $. Series 63: Coupé 5 252 $, Sedan 5 498 $. Series 64: Seville, Biarritz Convertible 7 401 $. Series 67: Sedan 9 533 $, Imperial Sedan 9 748 $. Series 69: Eldorado Brougham 13 075 $.

Produktion:
Series 60S: 12 250
62 Chassis Export Sedan: 60
6229 Sedan (6F): 23 461
6237 Coupé: 21 947
6239 Sedan (4F): 14 138
6267 Convertible Coupé: 11 130
6329 Sedan DeVille (6F): 19 158
6337 Coupé DeVille: 21 924
6339 Sedan DeVille (4F): 12 308
6437 Eldorado Seville: 975
6467 Eldorado Biarritz: 1 320
Series 62, 63, 64: 126 421
Series 67: 1 400
Series 69, Eldorado Brougham: 99
Commercial Chassis: 2 102

1960

SERIES 60S/62/63/64/67/69
Motor: gleich wie 1959
Kraftübertragung: gleich wie 1959
Fahrwerk: gleich wie 1959
Karosserie: Restyling
Preise: gleich wie 1959.
Produktion:
Series 60S: 11 800
62 Chassis: 2
62 Chassis Export Sedan: 36
6229 Sedan (6F): 26 824
6237 Coupé: 19 978
6239 Sedan (4F): 9 984
6267 Convertible Coupé: 14 000
6329 Sedan DeVille (6F): 22 579
6337 Coupé DeVille: 21 585
6339 Sedan DeVille (4F): 9 225
6437 Eldorado Seville: 1 075
6467 Eldorado Biarritz: 1 285
Series 62, 63, 64: 126 573
Series 67: 1 550
Series 69, Eldorado Brougham: 101
Commercial Chassis: 2 160

1961

SERIES 60S/62/63/67
Motor: Wassergekühlter 8-Zylinder-V-Motor, Hubraum 6 384 cm³, Bohrung × Hub 101,6 × 98,4 mm, Verdichtung 10,5:1, Leistung 330 SAE-PS bei 4 800/min, max. Drehmoment 59,4 mkg bei 3 100/min. Hängende Ventile mit Stoßstangen und Kipphebeln, hydraulische Stößel, zentrale Nockenwelle (Kette), 1 Fallstrom-Vergaser Rochester, mechanische Benzinpumpe.
Kraftübertragung: Hinterradantrieb, Dreigang-Automatik, Achsuntersetzung 2,94:1, auf Wunsch 3,21:1.
Fahrwerk: Vorne Einzelradaufhängung mit Trapez-Dreieckquerlenkern und Schraubenfedern, Kurvenstabilisator, Teleskopstoßdämpfer, hinten Starrachse mit Schraubenfedern, untere Längsschubarme und oberes Stabilisator-Dreieck, Teleskopstoßdämpfer. Bremsen: Trommeln, selbst nachstellend mit Hydrovac-Bremshilfe. Lenkung: Kugelkreislauf mit Servo, Wendekreis 13,9 m. Reifen: 8,00–15 oder 8,20–15.
Karosserie: Restyling.

Typ	Radstand	Länge	Breite	Höhe	Gewicht
62	329 cm	563 cm	202 cm	140 cm	2 200 kg

Fahrleistungen: Höchstgeschwindigkeit ca. 180 km/h
Verbrauch: ca. 20 l/100 km, Tankinhalt 80 Liter.
Preise: gleich wie 1960.
Produktion:
Series 60S: 15 500
62 Chassis: 5
6229 Sedan (6F): 26 216
6237 Coupé: 16 005
6239 Sedan (4F): 4 700
6267 Convertible: 15 500
6329 Sedan DeVille (6F): 26 415
6337 Coupe DeVille: 20 156
6339 Sedan DeVille (4F): 4 847
6367 Eldorado Biarritz: 1 450
6399 Town Sedan: 3 756
Series 62, 63: 119 050
6723R Sedan: 699
6733S Imperial Sedan: 926
Series 67: 1 625
Commercial Chassis: 2 204

1962

SERIES 60S/62/63/67
Motor: gleich wie 1961
Kraftübertragung: gleich wie 1961
Fahrwerk: Verbesserungen am Fahrwerk: Vorne Einzelradaufhängung mit oberen Trapez-Dreieckquerlenkern, unteren Querlenkern mit elastisch gelagerter Längsschubstrebe und dazwischen angeordneter Schraubenfeder mit Stoßdämpfer, hinten Starrachse mit Schraubenfedern, untere Längsschubarme und oberes Stabilisatordreieck, vorne Kurvenstabilisator, vorne und hinten hydraulische Teleskopdämpfer.
Karosserie: Restyling.
Preise: Series 60S: Sedan 6 366 $. Series 62: Coupé 5 025 $, Sedan 5 213 $, Convertible 5 588 $. Series 63: Coupé 5 385 $, Sedan 5 631 $, Eldorado Biarritz 6 610 $. Series 67: Sedan 9 722 $, Limousine 9 937 $.
Produktion:
Series 60S: 13 350
62 Chassis: 5
6229 Sedan (6F): 16 730
6239 Sedan (4F): 17 314
6247 Coupé: 16 833
6267 Convertible Coupé: 16 800
6289 Town Sedan: 2 600
6329 Sedan DeVille (6F): 16 230
6339 Sedan DeVille (4F): 27 378
6347 Coupé DeVille: 25 675
6367 Eldorado Biarritz: 1 450
6389 Park Avenue Sedan: 2 600
Series 62, 63: 143 610
6723R Sedan: 696
6733S Limousine: 904
Series 67: 1 600
Commercial Chassis: 2 280

1963

SERIES 60S/62/63/67
Motor: gleich wie 1962
Kraftübertragung: gleich wie 1962
Fahrwerk: Modifiziertes Fahrwerk
Karosserie: Restyling.
Preise: Series 60S: Sedan 6 366 $. Series 62: Coupé 5 026 $, Sedan 5 214 $, Convertible 5 590 $. Series 63: Coupé 5 386 $, Sedan 5 633 $, Eldorado Biarritz 6 609 $. Series 67: Sedan 9 724 $, Limousine 9 939 $.
Produktion:
Series 60S: 14 000
62 Chassis: 3
6229 Sedan (6F): 12 929
6239 Sedan (4F): 16 980
6257 Coupé: 16 786

6267 Convertible Coupé: 17 600
6329 Sedan DeVille (6F): 15 146
6339 Sedan DeVille (4F): 30 579
6357 Coupé DeVille: 31 749
6367 Eldorado Biarritz: 1 825
6389 Park Avenue Sedan: 1 575
Series 62, 63: 145 172
6723R Sedan: 680
6733S Limousine: 795
Series 67: 1 475
Commercial Chassis: 2 527

1964

SERIES 60S/62/63/67

Motor: V 8-Motor (90°), Hubraum 7 025 cm³, Bohrung × Hub 104,9 × 101,6 mm, Leistung 345 PS bei 4 600/min, max. Drehmoment 655 Nm bei 3 000/min, Verdichtung 10,5:1. Hängende Ventile mit Stoßstangen und Kipphebeln, hydraulische Ventilstößel, zentrale Nockenwelle (Kette), 1 Fallstrom-Vierfachvergaser Carter oder Rochester, mechanische Benzinpumpe.
Kraftübertragung: Serie 62, 67: Hydramatic (2 Flüssigkeitskupplungen und 4-Gang-Planetengetriebe). Serie 60S, 63: Automatische Kraftübertragung »Turbo-Hydramatic« (hydraulischer Drehmomentwandler und 3-Gang-Planetengetriebe), auf Wunsch Positraction-Sperrdifferential.
Fahrwerk: X-Rahmen mit Kastenträgern, vorn Einzelradaufhängung mit oberem Dreieckquerlenker, unterem Querlenker mit elastischer Längszugstrebe und dazwischen angeordneter Schraubenfeder, hinten Starrachse mit Schraubenfedern, untere Längsschubstreben und oberem Stabilisatordreieck, vorne Kurvenstabilisator, vorne und hinten hydraulische Teleskopstoßdämpfer.
Karosserie: Restyling.
Preise: Series 60S: Sedan 6 388 $. Series 62: Coupé 5 048 $, Sedan 5 236 $, Convertible 5 612 $. Series 63: Coupé 5 408 $, Sedan 5 655 $, Eldorado Biarritz 6 630 $. Series 67: Sedan 9 746 $, Limousine 9 960 $.
Produktion:
Series 60S: 14 550
6229 Sedan (6F): 9 243
6239 Sedan (4F): 13 670
6257 Coupé: 12 166
6267 Convertible Coupé: 17 900
6329 Sedan DeVille (6F): 14 627
6339 Sedan DeVille (4F): 39 674
6357 Coupé DeVille: 38 195
6367 Eldorado Biarritz: 1 870
Series 62, 63: 147 345
6723R Sedan: 617
6733S Limousine: 808
Series 67: 1 425
Commercial Chassis: 2 639

Bemerkung des Autors: Ab 1965 erhielten die Fahrzeuge neue Seriennummern. Zuerst stand ein Buchstabe, der für die einzelnen Modelle stand. Dann folgte eine Zahl für den Jahrgang, schließlich eine sechsstellige Ziffer, beginnend bei 100 001, die für die fortlaufende Produktionszahl stand.

1965

CALAIS/DEVILLE/FLEETWOOD

Motor: gleich wie 1964
Kraftübertragung: gleich wie 1964, außer: alle Modelle mit »Turbo-Hydramatic«.
Fahrwerk: Fleetwood gleich wie Serie 67 von 1964. Alle anderen Modelle: Kastenrahmen mit Traversen, vorn oberer Trapez-Dreieckquerlenker, unterer einfacher Querlenker mit elastisch gelagerter Zugstrebe und Schraubenfeder, Kurvenstabilisator, hinten Starrachse mit Schraubenfedern, unteren Längslenkern und oberen zum Differential führenden Schräglenkern sowie pneumatischer Niveauregulierung, Teleskopdämpfer.
Karosserie: Restyling.
Preise: gleich wie 1964
Produktion:
68239 Hardtop Sedan: 13 975
68257 Hardtop Coupé: 12 515
68269 Sedan: 7 721
Calais: 34 211
68339 Hardtop Sedan: 45 535
68357 Hardtop Coupé: 43 345
68367 Convertible: 19 200
68369 Sedan: 15 000
DeVille: 123 080
68069 Sixty Special Sedan: 18 100
68467 Eldorado Convertible: 2 125
69723 75 Sedan: 455
69733 75 Limousine: 795
69890 Commercial Chassis: 2 669
Fleetwood: 24 144

1966

CALAIS/DEVILLE/FLEETWOOD

Motor: gleich wie 1965
Kraftübertragung: gleich wie 1965
Fahrwerk: gleich wie 1965
Karosserie: Detailänderungen, außer beim 75, der eine gänzlich neue Karosserie erhielt (erstmals seit 1959).
Preise: Calais: Coupé 4 986 $, Sedan 5 171 $. DeVille: Coupé 5 339 $, Convertible Coupé 5 555 $, Sedan 5 581 $. Fleetwood: Sixty Special Sedan 6 378 $, Eldorado Convertible 6 631 $, Sixty Special Brougham 6 695 $, 75 Sedan 10 312 $, 75 Limousine 10 521 $.
Produktion:
68239 Hardtop Sedan: 13 025
68257 Hardtop Coupé: 11 080
68269 Sedan: 4 575
Calais: 28 680
68339 Hardtop Sedan: 60 550
68357 Hardtop Coupé: 50 580
68367 Convertible: 19 200
68369 Sedan: 11 860
DeVille: 142 190
68069 Sixty Special Sedan: 5 445
68169 Sixty Special Brougham: 13 630
68467 Eldorado Convertible: 2 250
69723 75 Sedan: 980
69733 75 Limousine: 1 037
69890 Commercial Chassis: 2 463
Fleetwood: 25 805

1967

CALAIS/DEVILLE/FLEETWOOD

Motor: gleich wie 1966
Kraftübertragung: gleich wie 1966, außer für Modell Fleetwood Eldorado: Frontantrieb (über Doppelgelenkwellen mit homokinetischen Rzeppa-Gelenken), Motor-Getriebeblock, Getriebeautomat »Turbo-Hydramatic« (hydraulischer Wandler und 3-Gang-Planetengetriebe), Wandler hinten, Planetengetriebe neben dem Motorblock links (Drehmomentübertragung mittels Kette).
Fahrwerk: gleich wie 1966, außer für Modell Fleetwood Eldorado: Kastenrahmen mit Traversen, vorne Trapez-Dreieckquerlenker und unterer längsliegender Torsionsfederstab, Kurvenstabilisator, hinten Starrachse mit Schraubenfedern, unteren Längslenkern und oberen Schräglenkern, Teleskopdämpfer, pneumatische Niveauregulierung. Bremsen: Zweikreislaufsystem, vorne Scheiben, hinten Trommeln. Lenkung: Kugelkreislauf mit Servo.
Karosserie: gleich wie 1966, außer: Fleetwood Eldorado neu als frontgetriebenes, zweiplätziges Coupé.
Preise: Calais: Coupé 5 040 $, Sedan 5 215 $. DeVille: Coupé 5 392 $, Convertible 5 608 $, Sedan 5 625 $. Fleetwood: Eldorado Coupé 6 277 $, Sixty Special Sedan 6 423 $, Sixty Special Brougham 6 739 $, 75 Sedan 10 360 $, 75 Limousine 10 571 $.
Produktion:
68247 Hardtop Coupé: 9 085
68249 Hardtop Sedan: 9 880
68269 Sedan: 2 865
Calais: 21 830
68347 Hardtop Coupé: 52 905
68349 Hardtop Sedan: 59 902
68367 Convertible: 18 200
68369 Sedan: 8 800
DeVille: 139 807
68069 Sixty Special Sedan: 3 550
68169 Sixty Special Brougham: 12 750
68467 Eldorado Coupé: 17 930
69723 75 Sedan: 835
69733 75 Limousine: 965
69890 Commercial Chassis: 2 333
Fleetwood: 38 363

Bemerkung des Autors: Ab 1968 erhielten die Fahrzeuge neue Seriennummern. Die Zahl 6 zu Beginn stand für Cadillac. Die zweite und dritte Zahl standen für die Serie, die vierte und fünfte Ziffer für die Karosserievariante. Die nächste Zahl gab den Jahrgang an (8 für 1968), dann folgte ein Buchstabe für den Herstellungsort (Q für Detroit, L für Linden, New Jersey). Die nächsten sechs Ziffern, beginnend bei 100 001, kennzeichneten die laufende Produktionszahl.

1968

CALAIS/DEVILLE/FLEETWOOD

Motor: V 8 in 90°, Hubraum 7 729 cm³, Bohrung × Hub 109,2 × 103,1 mm, Leistung 223 PS bei 4 000/min, max. Drehmoment 500 Nm bei 2 400/min. Hängende Ventile, hydraulische Ventilstößel, zentrale Nockenwelle (Kette), 5fach gelagerte Kurbelwelle. Fallstrom-Vierfachvergaser Rochester.
Kraftübertragung: gleich wie 1967
Fahrwerk: gleich wie 1967
Karosserie: Detailänderungen an Front und Heck.
Preise: Calais: Coupé 5 315 $, Sedan 5 491 $. DeVille: Coupé 5 552 $, Convertible 5 736 $, Sedan 5 785 $. Fleetwood: Sixty Special Sedan 6 583 $, Eldorado Coupé 6 605 $, Sixty Special Brougham 6 899 $, 75 Sedan 10 629 $, 75 Limousine 10 768 $.
Produktion:
68247 Hardtop Coupé: 8 165
68249 Hardtop Sedan: 10 025
Calais: 18 190
68347 Hardtop Coupé: 63 935
68349 Hardtop Sedan: 72 662
68367 Convertible: 18 025
68369 Sedan: 9 850
DeVille: 164 472
68069 Sixty Special Sedan: 3 300
68169 Sixty Special Brougham: 15 300
68467 Eldorado Coupé: 24 528
69723 75 Sedan: 805
69733 75 Limousine: 995
69890 Commercial Chassis: 2 413
Fleetwood: 47 341

1969

CALAIS/DEVILLE/FLEETWOOD

Motor: gleich wie 1968
Kraftübertragung: gleich wie 1968
Fahrwerk: gleich wie 1968
Karosserie: Detailänderungen
Preise: Calais: Coupé 5 484 $, Sedan 5 660 $. DeVille: Coupé 5 721 $, Convertible 5 905 $, Sedan 5 954 $. Fleetwood: Eldorado Coupé 6 711 $, Sixty Special Sedan 6 779 $, Sixty Special Brougham 7 110 $, 75 Sedan 10 841 $, 75 Limousine 10 979 $.
Produktion:
68247 Hardtop Coupé: 5 600
68249 Hardtop Sedan: 6 825
Calais: 12 425
68347 Hardtop Coupé: 65 755
68349 Hardtop Sedan: 72 958
68367 Convertible: 16 445
68369 Sedan: 7 890
DeVille: 163 048
68069 Sixty Special Sedan: 2 545
68169 Sixty Special Brougham: 17 300
68467 Eldorado Coupé: 23 333
69723 75 Sedan: 880
69733 75 Limousine: 1 156
69890 Commercial Chassis: 2 550
Fleetwood: 47 764

1970

CALAIS/DEVILLE/FLEETWOOD

Motor: gleich wie 1969, außer für Fleetwood Eldorado: V 8 in 90°, Hubraum 8 194 cm³, Bohrung × Hub 109,2 × 109,3 mm, Leistung 238 PS bei 3800/min, max. Drehmoment 525 Nm bei 2 400/min. Hängende Ventile, hydraulische Ventilstößel, zentrale Nockenwelle (Kette), 5fach gelagerte Kurbelwelle. Fallstrom-Vierfachvergaser Rochester.
Kraftübertragung: gleich wie 1969, außer: gesamte Kraftübertragung verstärkt.

Fahrwerk: gleich wie 1969
Karosserie: Detailänderungen
Preise: Calais: Coupé 5 637 $, Sedan 5 813 $. DeVille: Coupé 5 884 $, Convertible 6 068 $, Sedan 6 118 $. Fleetwood: Eldorado Coupé 6 903 $, Sixty Special Sedan 6 953 $, Sixty Special Brougham 7 284 $, 75 Sedan 11 039 $, 75 Limousine 11 178 $.
Produktion:
68247 Hardtop Coupé: 4 724
68249 Hardtop Sedan: 5 187
Calais: 9 911
68347 Hardtop Coupé: 76 043
68349 Hardtop Sedan: 83 274
68367 Convertible: 15 172
68369 Sedan: 7 230
DeVille: 181 719
68069 Sixty Special Sedan: 1 738
68169 Sixty Special Brougham: 16 913
68467 Eldorado Coupé: 23 842
69723 75 Sedan: 876
69733 75 Limousine: 1 240
69890 Commercial Chassis: 2 506
Fleetwood: 47 115

1971

CALAIS/DEVILLE/FLEETWOOD
Motor: gleich wie 1970
Kraftübertragung: gleich wie 1970
Fahrwerk: gleich wie 1970
Karosserie: Restyling.

Typ	Radstand	Länge	Breite	Höhe	Gewicht
De Ville					
Sedan	330 cm	577 cm	203 cm	139 cm	2 225 kg
Calais Coupé	330 cm	577 cm	203 cm	137 cm	2 140 kg
Fleetwood					
60S	338 cm	584 cm	203 cm	141 cm	2 270 kg
Fleetwood 75	385 cm	631 cm	203 cm	147 cm	2 570 kg
Eldorado	321 cm	566 cm	203 cm	137 cm	2 190 kg

Preise: Calais: Coupé 5 899 $, Sedan 6 075 $. DeVille: Coupé 6 264 $, Sedan 6 498 $. Fleetwood: Eldorado Coupé 7 383 $, Eldorado Convertible 7 751 $, Sixty Special Brougham 7 763 $, 75 Sedan 11 869 $, 75 Limousine 12 008 $.
Produktion:
68247 Hardtop Coupé: 3 360
68249 Hardtop Sedan: 3 569
Calais: 6 929
68347 Hardtop Coupé: 66 081
68349 Hardtop Sedan: 69 345
DeVille: 135 426
68169 Sixty Special Brougham: 15 200
69347 Eldorado Coupé: 20 568
69367 Eldorado Convertible: 6 800
69723 75 Sedan: 752
69733 75 Limousine: 848
69890 Commercial Chassis: 2 014
Fleetwood: 46 182

Bemerkung des Autors: Ab 1972 erhielten die Fahrzeuge neue Seriennummern. Die 6 zu Beginn stand für Cadillac. Es folgte ein Buchstabe, welche die Modellreihe kennzeichnete (B für Brougham, C für Calais, D für DeVille, F für Fleetwood 75 und L für Eldorado). Die zwei nächsten Zahlen standen für die Karosserievarianten. An fünfter Stelle stand ein Buchstabe, welcher den Motor kennzeichnete (R für 7,7 Liter Hubraum, S für 8,2 Liter Hubraum). Es folgte eine Ziffer für den Jahrgang (2 für 1972), dann ein Buchstabe für den Herstellungsort. Schließlich folgte noch die laufende Produktionszahl. Beispiel: 6C47R2Q123456, was für das 123 456. im Jahr 1972 in Detroit hergestellte Cadillac Calais Coupé (zweitürig) mit 7,7-Liter-Motor steht.

1972

CALAIS/DEVILLE/FLEETWOOD
Motor: gleich wie 1971
Kraftübertragung: gleich wie 1971
Fahrwerk: gleich wie 1971, außer: auf Wunsch Antiblockvorrichtung für die Hinterräder.
Karosserie: Detailänderungen.
Preise: Calais: Coupé 5 771 $, Sedan 5 938 $. DeVille: Coupé 6 168 $, Sedan 6 390 $. Fleetwood: Eldorado Coupé 7 360 $, Sixty Special Brougham 7 637 $, Eldorado Coupé 7 681 $, 75 Sedan 11 948 $, 75 Limousine 12 080 $.
Produktion:
68247 Hardtop Coupé: 3 900
68249 Hardtop Sedan: 3 875
Calais: 7 775
68347 Hardtop Coupé: 95 280
68349 Hardtop Sedan: 99 531
DeVille: 194 811
68169 Sixty Special Brougham: 20 750
69347 Eldorado Coupé: 32 099
69367 Eldorado Convertible: 7 975
69723 75 Sedan: 955
69733 75 Limousine: 960
69890 Commercial Chassis: 2 462
Fleetwood: 65 201

1973

CALAIS/DEVILLE/FLEETWOOD
Motor: gleich wie 1972
Kraftübertragung: gleich wie 1972
Fahrwerk: gleich wie 1972
Karosserie: Detailänderungen
Preise: Calais: Coupé 5 886 $, Sedan 6 038 $. DeVille: Coupé 6 268 $, Sedan 6 500 $. Fleetwood: Eldorado Coupé 7 360 $, Eldorado Coupé 7 681 $, Sixty Special Brougham 7 765 $, 75 Sedan 11 948 $, 75 Limousine 12 080 $.
Produktion:
68247 Hardtop Coupé: 4 275
68249 Hardtop Sedan: 3 798
Calais: 8 073
68347 Hardtop Coupé: 112 849
68349 Hardtop Sedan: 103 394
DeVille: 216 243
68169 Sixty Special Brougham: 24 800
69347 Eldorado Coupé: 42 136
69367 Eldorado Convertible: 9 315
69723 75 Sedan: 1 043
69733 75 Limousine: 1 017
69890 Commercial Chassis: 2 212
Fleetwood: 80 523

1974

CALAIS/DEVILLE/FLEETWOOD
Motor: gleich wie 1973, außer: Auf Wunsch mit Benzineinspritzung
Kraftübertragung: gleich wie 1973
Fahrwerk: gleich wie 1973, außer: Auf Wunsch Radialreifen.
Karosserie: Detailänderungen
Preise: Calais: Coupé 7 371 $, Sedan 7 545 $. DeVille: Coupé 7 867 $, Sedan 8 100 $. Fleetwood: Eldorado Coupé 9 110 $, Eldorado Coupé 9 437 $, Sixty Special Brougham 9 537 $, 75 Sedan 13 120 $, 75 Limousine 13 254 $.
Produktion:
68247 Hardtop Coupé: 4 559
68249 Hardtop Sedan: 2 324
Calais: 6 883
68347 Hardtop Coupé: 112 201
68349 Hardtop Sedan: 60 419
DeVille: 172 620
68169 Sixty Special Brougham: 18 250
69347 Eldorado Coupé: 32 812
69367 Eldorado Convertible: 7 600
69723 75 Sedan: 895
69733 75 Limousine: 1 005
69890 Commercial Chassis: 2 265
Fleetwood: 62 827

1975

CALAIS/DEVILLE/FLEETWOOD
Motor: nur noch 8,1-Liter-Motor erhältlich
Kraftübertragung: gleich wie 1974
Fahrwerk: gleich wie 1974
Karosserie: Detailänderungen
Preise: Calais: Coupé 8 184 $, Sedan 8 377 $. DeVille: Coupé 8 600 $, Sedan 8 801 $. Fleetwood: Eldorado Coupé 9 935 $, Eldorado Coupé 10 354 $, Brougham 10 414 $, 75 Sedan 14 218 $, 75 Limousine 14 557 $.
Produktion:
68247 Hardtop Coupé: 5 800
68249 Hardtop Sedan: 2 500
Calais: 8 300
68347 Hardtop Coupé: 110 218
68349 Hardtop Sedan: 63 352
DeVille: 173 570
68169 Sixty Special Brougham: 18 755
69347 Eldorado Coupé: 35 802
69367 Eldorado Convertible: 8 950
69723 75 Sedan: 876
69733 75 Limousine: 795
69890 Commercial Chassis: 1 328
Fleetwood: 66 506

1976

CALAIS/DEVILLE/FLEETWOOD/ELDORADO
Motor: gleich wie 1975
Kraftübertragung: gleich wie 1975
Fahrwerk: gleich wie 1975
Karosserie: Detailänderungen
Preise: Calais: Coupé 8 629 $, Sedan 8 825 $. DeVille: Coupé 9 067 $, Sedan 9 265 $. Fleetwood: Eldorado Coupé 10 586 $, Brougham 10 935 $, Eldorado Convertible 11 049 $, 75 Sedan 14 889 $, 75 Limousine 15 239 $.
Produktion:
68247 Hardtop Coupé: 4 500
68249 Hardtop Sedan: 1 700
Calais: 6 200
68347 Hardtop Coupé: 114 482
68349 Hardtop Sedan: 67 677
DeVille: 182 159
68169 Sixty Special Brougham: 24 500
69347 Eldorado Coupé: 35 184
69367 Eldorado Convertible: 14 000
69723 75 Sedan: 981
69733 75 Limousine: 834
69890 Commercial Chassis: 1 509
Fleetwood: 77 008

SEVILLE
Vorgestellt April 1975
Motor: V 8 in 90°, Hubraum 5737 cm^3, Bohrung × Hub 103 × 86 mm, Leistung 183 PS bei 4 400/min, max. Drehmoment 373 Nm bei 2 000/min, Verdichtung 8:1. Gußeisenzylinderblock und -kopf, hängende Ventile, hydraulische Ventilstößel, zentrale Nockenwelle (Kette), 5fach gelagerte Kurbelwelle, indirekte elektronische Benzineinspritzung, 2 elektrische Benzinpumpen.
Kraftübertragung: Heckantrieb. Getriebeautomat »Turbo Hydramatic« (hydraulischer Wandler und 3-Gang-Planetengetriebe), Hypoid-Achsantrieb.
Fahrwerk: Selbsttragende Karosserie mit vorderem Hilfsrahmen, vorn Trapez-Dreieckquerlenker und Schraubenfedern, Kurvenstabilisator, hinten Starrachse mit Mehrblattfedern, Kurvenstabilisator und automatischer Niveauregulierung, Teleskopdämpfer. Bremsen: Zweikreissystem mit Servo, vorne Scheiben, hinten Trommeln. Lenkung: Kugelkreislauf mit Servo.
Karosserie: neues Modell.

Typ	Radstand	Länge	Breite	Höhe	Gewicht
Seville	291 cm	518 cm	183 cm	139 cm	1970 kg

Preise: 12 479 $.
Produktion:
69999 Seville Sedan: 43 772

1977

DEVILLE/FLEETWOOD/ELDORADO
Motor: V 8 in 90°, Hubraum 6 966 cm^3, Bohrung × Hub 103,7 × 103,1 mm, Leistung 183 PS bei 4 000/min, max. Drehmoment 435 Nm bei 2 000/min, Verdichtung 8,2:1. Gußeisenzylinderblock und -kopf, hängende Ventile, hydraulische Ventilstößel, zentrale Nockenwelle (Kette), 5fach gelagerte Kurbelwelle, Fallstrom-Vierfachvergaser Rochester. Auf Wunsch: Elektronische Benzineinspritzung, Leistung 198 PS bei 3 800/min.
Kraftübertragung: gleich wie 1976
Fahrwerk: gleich wie 1976, außer: Eldorado mit serienmäßigen Vierradscheibenbremsen.
Karosserie: Detailänderungen, Fleetwood Brougham und Fleetwood Limousine neue Karosserie.

Typ	Radstand	Länge	Breite	Höhe	Gewicht
Brougham	309 cm	562 cm	194 cm	144 cm	2 015 kg
Limousine	367 cm	621 cm	194 cm	145 cm	2 225 kg

Preise: DeVille: Coupé 9 654 $, Sedan 9 864 $. Fleetwood: Eldorado Coupé 11 187 $, Brougham 11 546 $, 75 Sedan 18 193 $, 75 Limousine 18 858 $.
Produktion:
68347 Hardtop Coupé: 138 750
68349 Hardtop Sedan: 95 421
DeVille: 234 171
68169 Brougham: 28 000
69347 Eldorado Coupé: 47 344
69723 75 Sedan: 1 582
69733 75 Limousine: 1 032
69890 Commercial Chassis: 1 299
Fleetwood: 79 257

SEVILLE
Motor: gleich wie 1976
Kraftübertragung: gleich wie 1976
Fahrwerk: gleich wie 1976, außer: Vierradscheibenbremsen serienmäßig.
Karosserie: gleich wie 1976
Preise: 13 359 $.
Produktion:
69999 Seville Sedan: 45 060

1978

DEVILLE/FLEETWOOD/ELDORADO
Motor: gleich wie 1977
Kraftübertragung: gleich wie 1977
Fahrwerk: gleich wie 1977
Karosserie: Detailänderungen
Preise: DeVille: Coupé 10 444 $, Sedan 10 668 $. Fleetwood: Eldorado 11 921 $, Brougham 12 292 $, Sedan 19 642 $, Limousine 20 363 $.
Produktion:
D47 Coupé: 117 750
D69 Sedan: 88 951
DeVille: 206 701
B69 Brougham Sedan: 36 800
L47 Eldorado Coupé: 46 816
F23 Sedan: 848
F33 Limousine: 682
Z90 Commercial Chassis: 852
Fleetwood: 85 998

SEVILLE
Motor: gleich wie 1977, außer: Leistung 172 PS bei 4 200/min, max. Drehmoment 366 Nm bei 2 000/min.
Kraftübertragung: gleich wie 1977
Fahrwerk: gleich wie 1977
Karosserie: gleich wie 1977
Preise: 14 267 $
Produktion: S69 Seville: 56 985

1979

DEVILLE/FLEETWOOD
Motor: gleich wie 1978
Kraftübertragung: gleich wie 1978
Fahrwerk: gleich wie 1978
Karosserie: Detailänderungen

Preise: DeVille: Coupé 11 139 $, Sedan 11 439 $. Fleetwood: Brougham 13 446 $, Sedan 20 987 $, Limousine 21 735 $.
Produktion:
D47 Coupé: 121 890
D69 Sedan: 93 211
DeVille: 215 101
B69 Brougham Sedan: 42 200
F23/F33 Limousinen: 2 025
Z90 Commercial Chassis: 864
Fleetwood: 45 089

SEVILLE
Motor: gleich wie 1978
Kraftübertragung: gleich wie 1978
Fahrwerk: gleich wie 1978
Karosserie: gleich wie 1978
Preise: 15 646 $
Produktion: S69 Seville: 53 487

ELDORADO
Motor: gleich wie Seville
Kraftübertragung: Vorderradantrieb, automatisches Getriebe Turbo-Hydramatic.
Fahrwerk: gleich wie Seville
Karosserie: komplett neu.

Typ	Radstand	Länge	Breite	Höhe	Gewicht
Coupé	289 cm	518 cm	181 cm	138 cm	1 720 kg

Preise: 14 240 $
Produktion: L57 Coupé: 67 436

1980

DEVILLE/FLEETWOOD
Motor: gleich wie 1979
Kraftübertragung: gleich wie 1979
Fahrwerk: gleich wie 1979
Karosserie: Detailänderungen
Preise: DeVille: Coupé 12 401 $, Sedan 12 770 $. Fleetwood: Brougham Coupé 14 927 $, Brougham Sedan 14 927 $, Sedan 22 586 $, Limousine 23 388 $.
Produktion:
D47 Coupé: 55 490
D69 Sedan: 49 188
DeVille: 104 678
B47 Brougham Coupé: 2 300
B69 Brougham Sedan: 29 659
F23/F33 Limousinen: 1 612
Z90 Commercial Chassis: 750
Fleetwood: 34 321

SEVILLE
Motor: Standard: V8-Diesel von Oldsmobile, Hubraum 5 735 cm^3, Bohrung × Hub 103,8 × 86 mm, Leistung 105 PS bei 3 200/min, max. Drehmoment 200 Nm bei 1 600/min, Verdichtung 22,5:1. Gusseisenzylinder-Block und -Köpfe, Dieseleinspritzung, 5fach gelagerte Kurbelwelle, hydraulische Ventilstößel. Als Option: 6-Liter-V8, 145 PS bei 3 600/min, max. Drehmoment 265 Nm bei 2000/min, Benzineinspritzung.
Kraftübertragung: Vorderradantrieb, automatisches Getriebe Turbo-Hydramatic.
Fahrwerk: gleich wie Eldorado

Karosserie: komplett neu.

Typ	Radstand	Länge	Breite	Höhe	Gewicht
Coupé	290 cm	520 cm	181 cm	138 cm	1 770 kg

Preise: 19 662 $
Produktion: S69 Seville: 39 344

ELDORADO
Motor: gleich wie 1979
Kraftübertragung: gleich wie 1979
Fahrwerk: gleich wie 1979
Karosserie: Detailänderungen
Preise: 15 509 $
Produktion: L57 Coupé: 52 683

1981

DEVILLE/FLEETWOOD
Motor: gleich wie 1980, außer: Neuer Sechszylinder-Motor. V6 in 90°, Hubraum 4128 cm^3, Bohrung × Hub 100,7 × 86,4 mm, Leistung 127 PS bei 3 800/min, max. Drehmoment 285 Nm bei 2 000/min, Verdichtung 8:1. 4fach gelagerte Kurbelwelle, 1 Fallstrom-Vierfachvergaser Rochester. Ebenfalls neu: 6-Liter-V8 mit mikroprozessorgesteuerter Zylinderabschaltung.
Kraftübertragung: gleich wie 1980
Fahrwerk: gleich wie 1980
Karosserie: gleich wie 1980
Preise (mit V6): DeVille: Coupé 13 285 $, Sedan 13 682 $. Brougham: Coupé 15 777 $, Sedan 16 190 $. Fleetwood: Sedan 24 464 $, Limousine 25 323 $.
Produktion: D47 Coupé (inkl. Brougham Coupé B47): 62 724
D69 Sedan (inkl. Brougham Sedan B69): 86 991
F23/F33 Limousinen: 1 200

ELDORADO
Motor: gleich wie 1980, außer: Neuer Sechszylinder-Motor. 6-Liter-V8 mit mikroprozessorgesteuerter Zylinderabschaltung.
Kraftübertragung: gleich wie 1980
Fahrwerk: gleich wie 1980
Karosserie: gleich wie 1980
Preise: 17 385 $
Produktion: L57 Coupé: 60 643

SEVILLE
Motor: gleich wie 1980, außer: Neuer Sechszylinder-Motor. 6-Liter-V8 mit mikroprozessorgesteuerter Zylinderabschaltung.
Kraftübertragung: gleich wie 1980
Fahrwerk: gleich wie 1980
Karosserie: gleich wie 1980
Preise: 20 598 $
Produktion: S69 Sedan: 28 631

Bemerkung des Autors: Ab 1981 verfügten alle Cadillac über eine neue, 17stellige Seriennummer. Die erste Zahl stand für das Herstellungsland (1 für USA), gefolgt von einem G für General Motors und einer 6 für Cadillac. An vierter Stelle folgte ein Buchstabe, der die Antriebssysteme kennzeichnete (A für manuell, B für automatisch). Danach wieder ein Buchstabe, der für die Modellreihe stand (B für Fleetwood Brougham, D für DeVille, F für die Fleetwood-Limousinen, L für Eldorado, S für Seville, Z für die Chassis). An sechster und siebter Stelle ein Zahlencode für die Karosserievarianten (23 für den achtplätzigen Sedan, 33 für die Li-mousine, 47 für das Coupé, 57 für das Eldorado Coupé, 69 für den Sedan, 90 für das Chassis). Es folgte der Code für den Motor (4 für den V6, N für den Diesel, 6 für den V8, 9 für den V8-DFI). An neunter Stelle stand ein Kontrollcode, gefolgt vom Jahrgang (B für 1981) und dem Herstellungsort (9 für Detroit, E für Linden). Die letzten sechs Ziffern standen für die laufende Produktionszahl und begannen mit 100 001 für alle in Detroit gebauten Fahrzeuge sowie mit 600 001 für den Eldorado und 680 001 für den Seville.

1982

CIMARRON
vorgestellt im April 1981
Motor: 4-Zylinder-Reihenmotor, vorne quer eingebaut, Hubraum 1 841 cm^3, Bohrung × Hub 89 × 74 mm, Verdichtung 9:1, Leistung 89 PS bei 5 100/min, max. Drehmoment 136 Nm bei 2 800/min. Gußeisenblock und -kopf, hydraulische Ventilstößel, seitliche Nockenwelle (Kette), 5fach gelagerte Kurbelwelle, 1 Fallstrom-Registervergaser Rochester Varajet II.
Kraftübertragung: Vorderradantrieb, wahlweise 4-Gang-Getriebe oder Getriebeautomat THM 125 (hydraulischer Wandler und 3-Gang-Planetengetriebe).
Fahrwerk: Vorderer Hilfsrahmen, vorne Federbeine und unterer Dreieckquerlenker, Kurvenstabilisator, hinten Einzelradaufhängung mit Längsschwingen und Kurvenstabilisator, Schraubenfedern und Teleskopdämpfer vorne und hinten. Bremsen: Vorne Scheiben (auf Wunsch belüftet), hinten Trommeln, Servo. Lenkung: Zahnstange mit Servo.
Karosserie: komplett neu

Typ	Radstand	Länge	Breite	Höhe	Gewicht
Sedan	257 cm	440 cm	165 cm	132 cm	1 175 kg

Preise: 12 181 $
Produktion: G69 Sedan: 25 968

DEVILLE/FLEETWOOD
Motor: 8-Zylinder-V-Motor (90°), Hubraum 4087 cm^3, Bohrung × Hub 88 × 84 mm, Verdichtung 8,5:1, Leistung 125 PS bei 4 200/min, max. Drehmoment 258 Nm bei 2 000/min. Leichtmetall-Zylinderblock, hydraulische Ventilstößel, zentrale Nockenwelle (Kette), 5fach gelagerte Kurbelwelle, Benzineinspritzung. Weiterhin lieferbar: 4,1-Liter-V6.
Kraftübertragung: gleich wie 1981
Fahrwerk: gleich wie 1981
Karosserie: Detailänderungen
Preise: DeVille Coupé 15 084 $, DeVille Sedan 15 534 $, Fleetwood Brougham Coupé 17 931 $, Fleetwood Brougham Sedan 18 402 $, Fleetwood Sedan 27 961 $, Fleetwood Formal Limousine 28 941 $.
Produktion:
D47/B47 Coupé: 50 130
D69/B69 Sedan: 86 020
F23/F33 Limousine: 1 450

SEVILLE
Motor: gleich wie DeVille/Fleetwood von 1982, außerdem lieferbar: 5,7-Liter-V8-Diesel
Kraftübertragung: gleich wie Seville von 1981
Fahrwerk: gleich wie 1981
Karosserie: gleich wie 1981
Preise: 23 269 $
Produktion: S69 Sedan: 19 998

ELDORADO
Motor: gleich wie DeVille/Fleetwood von 1982
Kraftübertragung: gleich wie Eldorado von 1981
Fahrwerk: gleich wie 1981
Karosserie: gleich wie 1981
Preise: 18 551 $
Produktion: L57 Coupé: 52 018

1983

CIMARRON
Motor: 4 Zylinder-Reihenmotor, Hubraum 1 991 cm³, Bohrung × Hub 89 × 80 mm, Verdichtung 9,3:1, Leistung 89 PS bei 4 800/min, max. Drehmoment 149 Nm bei 2 400/min. Gußeisenblock, hydraulische Ventilstößel, seitliche Nockenwelle (Kette), 5fach gelagerte Kurbelwelle, Benzineinspritzung TBI.
Kraftübertragung: gleich wie Cimarron von 1982, außer: auf Wunsch manuelles 5-Gang-Getriebe.
Fahrwerk: gleich wie 1982, außer: vordere Scheiben-Bremsen belüftet.
Karosserie: gleich wie 1982
Preise: 12 215 $
Produktion: G69 Sedan: 19 194

DEVILLE/FLEETWOOD
Motor: gleich wie DeVille/Fleetwood von 1982, außer: Leistung 135 PS bei 4 400/min, max. Drehmoment 271 Nm bei 2 200/min.
Kraftübertragung: gleich wie 1982
Fahrwerk: gleich wie 1982
Karosserie: Detailänderungen
Preise: DeVille Coupé 15 970 $, DeVille Sedan 16 441 $, Fleetwood Brougham Coupé 18 688 $, Fleetwood Brougham Sedan 19 192 $, Fleetwood Sedan 29 323 $, Fleetwood Formal Limousine 30 349 $.
Produktion:
D47/B47 Coupé: 65 670
D69/B69 Sedan: 109 004
F23/F33 Limousine: 1 000

SEVILLE
Motor: gleich wie DeVille/Fleetwood von 1983
Kraftübertragung: gleich wie Seville von 1982
Fahrwerk: gleich wie 1982
Karosserie: gleich wie 1982
Preise: 21 440 $
Produktion: S69 Sedan: 30 430

ELDORADO
Motor: gleich wie DeVille/Fleetwood von 1983
Kraftübertragung: gleich wie Eldorado von 1982
Fahrwerk: gleich wie 1982
Karosserie: gleich wie 1982
Preise: 19 334 $
Produktion: L57 Coupé: 67 416

1984

CIMARRON
Motor: gleich wie Cimarron von 1983
Kraftübertragung: gleich wie 1983
Fahrwerk: gleich wie 1983
Karosserie: Detailänderungen, auch am Interieur
Preise: 12 614 $
Produktion: G69 Sedan: 21 898

DEVILLE/FLEETWOOD
Motor: gleich wie DeVille/Fleetwood von 1983
Kraftübertragung: gleich wie 1983
Fahrwerk: gleich wie 1983
Karosserie: Detailänderungen, auch am Interieur
Preise: DeVille Coupé 17 140 $, DeVille Sedan 17 625 $, Fleetwood Brougham Coupé 19 942 $, Fleetwood Brougham Sedan 20 451 $, Fleetwood Sedan 30 454 $, Fleetwood Formal Limousine 31 512 $.
Produktion:
D47/B47 Coupé: 50 840
D69/B69 Sedan: 107 920
F23/F33 Limousine: 1 839

SEVILLE
Motor: gleich wie Seville von 1983
Kraftübertragung: gleich wie 1983
Fahrwerk: gleich wie 1983
Karosserie: gleich wie 1983
Preise: 22 468 $
Produktion: S69 Sedan: 39 997

ELDORADO
Motor: gleich wie Eldorado von 1983
Kraftübertragung: gleich wie 1983
Fahrwerk: gleich wie 1983
Karosserie: gleich wie 1983, außer: auch als Cabriolet erhältlich
Preise: Coupé 20 342 $, Convertible 31 286 $
Produktion:
L57 Coupé: 74 506
L67 Convertible: 3 300

1985

CIMARRON
Motor: gleich wie 1984, außer: Neuer Sechszylinder-Motor. V6 in 60°, Hubraum 2 838 cm³, Bohrung × Hub 88,9 × 76,2 mm, Leistung 131 PS bei 4 800/min, max. Drehmoment 216 Nm bei 3 600/min, Verdichtung 8,4:1. 4fach gelagerte Kurbelwelle, zentrale Nockenwelle, elektronische Benzineinspritzung von Bosch.
Kraftübertragung: gleich wie 1984
Fahrwerk: gleich wie 1984
Karosserie: Detailänderungen.

Typ	Radstand	Länge	Breite	Höhe	Gewicht
Cimarron	257 cm	440 cm	169 cm	132 cm	1 200 kg

Preise: 12 962 $
Produktion: G69 Sedan: 19 890

SEVILLE
Motor: gleich wie 1984
Kraftübertragung: gleich wie 1984
Fahrwerk: gleich wie 1984
Karosserie: gleich wie 1984
Preise: 23 729 $
Produktion: S69 Sedan: 39 755

DEVILLE/FLEETWOOD/FLEETWOOD 75
Vorgestellt im April 1984
Motor: V8 in 90°, Hubraum 4087 cm³, Bohrung × Hub 88 × 84 mm, Leistung 127 PS bei 4200/min, max. Drehmoment 258 Nm bei 2200/min, Verdichtung 9:1. Leichtmetall-Zylinderblock, hydraulische Ventilstössel, zentrale Nockenwelle (Kette), 5fach gelagerte Kurbelwelle, elektronische Zentraleinspritzung. Nur für Deville: V6 in 90°, Hubraum 4 302 cm³, Bohrung × Hub 103 × 86 mm, Leistung 86 PS bei 3 600/min, max. Drehmoment 224 bei 1 600/min, Verdichtung 22,8:1. Vorkammerdiesel, Dieseleinspritzpumpe.
Kraftübertragung: Vorderradantrieb, Getriebeautomat »Turbo Hydra-Matic« (hydraulischer Wandler und Planetengetriebe).
Fahrwerk: Selbsttragende Karosserie mit vorderem Hilfsrahmen. Einzelradaufhängung vorne und hinten, vorne Federbeine, untere Dreieckquerlenker und Kurvenstabilisator, hinten Dämpferbeine, untere Dreieckquerlenker und Kurvenstabilisator. Schraubenfedern, Teleskopdämpfer. Bremsen: vorne Scheiben (belüftet), hinten Trommeln. Lenkung: Zahnstange mit Servo.
Karosserie: Restyling.

Typ	Radstand	Länge	Breite	Höhe	Gewicht
Deville	282 cm	495 cm	184 cm	140 cm	1 510 kg
75, Limousine	342 cm	561 cm	184 cm	140 cm	1 625 kg

Preise: DeVille Coupé 18 355 $, DeVille Sedan 18 947 $, Fleetwood Coupé 21 495 $, Fleetwood Sedan 21 466 $, Fleetwood Limousine 32 640 $.
Produktion:
D47/B47 Coupé: 37 485
D69/B69 Sedan: 114 278
H23/H33 Limousine: 405
(außerdem noch frühe 85er-Fahrzeuge: 45 330)

FLEETWOOD BROUGHAM
MOTOR: gleich wie 1984
Kraftübertragung: gleich wie 1984
Fahrwerk: gleich wie 1984
Karosserie: gleich wie 1984
Preise: Coupé 21 219 $, Sedan 21 835 $
Produktion:
W47 Coupé: 8 336
W69 Sedan: 52 960

ELDORADO
Motor: gleich wie 1984
Kraftübertragung: gleich wie 1984
Fahrwerk: gleich wie 1984
Karosserie: gleich wie 1984
Preise: Coupé 21 355 $, Convertible 32 105 $.
Produktion:
L57 Coupé: 74 101
L67 Convertible: 2 300

1986

CIMARRON
Motor: gleich wie 1985
Kraftübertragung: gleich wie 1985
Fahrwerk: gleich wie 1985
Karosserie: Detailänderungen.

Typ	Radstand	Länge	Breite	Höhe	Gewicht
Cimarron	257 cm	452 cm	169 cm	132 cm	1 185 kg

Preise: 13 128 $
Produktion: G69 Sedan: 24 534

SEVILLE
vorgestellt im September 1985
Motor: gleich wie 1985
Kraftübertragung: gleich wie 1985
Fahrwerk: Selbsttragende Karosserie mit vorderem Hilfsrahmen. Einzelradaufhängung vorne und hinten, vorne Federbeine (Schraubenfedern), untere Längs- und Querlenker sowie Kurvenstabilisator, hinten Querlenker, Dämpferbein, Fiberglasquerblattfeder und Niveauregulierung, auf Wunsch Kurvenstabilisator. Teleskopdämpfer. Bremsen: Scheiben (belüftet) mit Servo. Lenkung: Zahnstange mit Servo.
Karosserie: Restyling.

Typ	Radstand	Länge	Breite	Höhe	Gewicht
Seville	275 cm	478 cm	180 cm	137 cm	1 555 kg

Preise: 26 756 $
Produktion: S69 Sedan: 19 098

DEVILLE/FLEETWOOD/FLEETWOOD 75
Motor: gleich wie 1985, außer: Dieselmotor nicht mehr lieferbar.
Kraftübertragung: gleich wie 1985
Fahrwerk: gleich wie 1985
Karosserie: gleich wie 1985
Preise: DeVille Coupé 19 669 $, DeVille Sedan 19 990 $, Fleetwood Coupé 23 443 $, Fleetwood Sedan 23 764 $, Fleetwood Limousine 33 895 $, Fleetwood Formal Limousine 35 895 $.
Produktion:
D47/B47 Coupé: 36 350
D69/B69 Sedan: 129 857
H23/H33 Limousine: 1 000

FLEETWOOD BROUGHAM
MOTOR: gleich wie 1985, außer: Nur noch mit 5-Liter-V8 erhältlich.
Kraftübertragung: gleich wie 1985
Fahrwerk: gleich wie 1985
Karosserie: gleich wie 1985
Preise: 21 265 $
Produktion: W69 Sedan: 49 115

ELDORADO
Motor: gleich wie 1985
Kraftübertragung: gleich wie 1985
Fahrwerk: Selbsttragende Karosserie mit vorderem Hilfsrahmen. Einzelradaufhängung vorne und hinten, vorne Federbeine (Schraubenfedern), untere Längs- und Querlenker sowie Kurvenstabilisator, hinten Querlenker, Dämpferbein, Fiberglasquerblattfeder und Niveauregulierung, auf Wunsch Kurvenstabilisator. Teleskopdämpfer. Bremsen: Scheiben (belüftet) mit Servo. Lenkung: Zahnstange mit Servo.
Karosserie: Restyling.

Typ	Radstand	Länge	Breite	Höhe	Gewicht
Eldorado	275 cm	478 cm	182 cm	137 cm	1 525 kg

Preise: 24 251 $
Produktion: L57 Coupé: 21 342

1987

CIMARRON
Motor: gleich wie 1986, außer: Nur noch mit 2,8-Liter-V6 erhältlich.
Kraftübertragung: gleich wie 1986
Fahrwerk: gleich wie 1986
Karosserie: gleich wie 1986
Preise: 15 032 $
Produktion: G69 Sedan: 14 561

SEVILLE
Motor: gleich wie 1986
Kraftübertragung: gleich wie 1986
Fahrwerk: gleich wie 1986
Karosserie: gleich wie 1986
Preise: 26 326 $
Produktion: S69 Sedan: 18 578

DEVILLE/FLEETWOOD/FLEETWOOD 75
Motor: gleich wie 1986
Kraftübertragung: gleich wie 1986
Fahrwerk: gleich wie 1986
Karosserie: gleich wie 1986, außer: Neue Version »Sixty Special«.

Typ	Radstand	Länge	Breite	Höhe	Gewicht
Sixty Special	294 cm	513 cm	184 cm	140 cm	1 545 kg

Preise: DeVille Coupé 21 316 $, DeVille Sedan 21 659 $, Fleetwood D Elegance 26 104 $, Fleetwood Sixty Special 34 850 $, Fleetwood Limousine 36 510 $, Fleetwood Formal Limousine 36 580 $.
Produktion: alle Modelle insgesamt (inkl. Brougham): 162 798

FLEETWOOD BROUGHAM
Motor: gleich wie 1986, außer: Auf Wunsch leistungsgesteigerte Version erhältlich. V8 in 90°, Hubraum 5001 cm³, Bohrung × Hub 94,9 × 86 mm, Leistung 172 PS bei 4000/min, max. Drehmoment 339 Nm bei 2600/min, Verdichtung 8:1.
Kraftübertragung: gleich wie 1985, außer: Bei der 170-PS-Version 3-Gang-Getriebeautomat.
Fahrwerk: gleich wie 1986
Karosserie: gleich wie 1986
Preise: 22 637 $
Produktion: siehe DeVille/Fleetwood/Fleetwood 75

ELDORADO
Motor: gleich wie 1986
Kraftübertragung: gleich wie 1986
Fahrwerk: gleich wie 1986
Karosserie: gleich wie 1986
Preise: 23 740 $
Produktion: L57 Coupé: 17 775

ALLANTE
vorgestellt im September 1986
Motor: vorne quer eingebauter V8 in 90°, Hubraum 4087 cm³, Bohrung × Hub 88 × 84 mm, Leistung 172 PS bei 4100/min, max. Drehmoment 312 Nm bei 3 200/min, Verdichtung 8,5:1. Leichtmetall-Zylinderblock, hydraulische Ventilstößel, zentrale Nockenwelle (Kette), 5fach gelagerte Kurbelwelle, elektronische Benzineinspritzung.
Kraftübertragung: Vorderradantrieb, Getriebeautomat »Turbo Hydra-Matic« (hydraulischer Wandler mit 4-Gang-Planetengetriebe).
Fahrwerk: Selbsttragende Karosserie mit vorderem Hilfsrahmen. Einzelradaufhängung vorne und hinten, vorne Federbeine (Schraubenfedern), untere Längs- und Querlenker sowie Kurvenstabilisator, hinten Querlenker, Dämpferbein, Fiberglasquerblattfeder und Niveauregulierung, auf Wunsch Kurvenstabilisator. Teleskopdämpfer. Bremsen: Scheiben (belüftet) mit Servo. Lenkung: Zahnstange mit Servo.
Karosserie: Bei Pininfarina in Italien hergestellt.

Typ	Radstand	Länge	Breite	Höhe	Gewicht
Allanté	253 cm	454 cm	187 cm	133 cm	1 585 kg

Preise: 54 700 $
Produktion: R67 Convertible: 3 366

1988

CIMARRON
Motor: gleich wie Cimarron von 1987.
Kraftübertragung: gleich wie 1987
Fahrwerk: gleich wie 1987
Karosserie: gleich wie 1987, verbesserte Ausrüstung.
Preise: 16 071 $
Produktion: G69 Sedan: 6 454

DEVILLE/FLEETWOOD
Motor: Vorne quer eingebauter V8-Zylinder-Motor (90°), Hubraum 4467 cm³, Bohrung × Hub 92 × 84 mm, Verdichtung 9:1, Leistung 157 PS bei 4 200/min, max. Drehmoment 326 Nm bei 2 800/min. Leichtmetall-Zylinderblock, hydraulische Ventilstößel, zentrale Nockenwelle (Kette), 5fach gelagerte Kurbelwelle, elektronische Zentraleinspritzung.
Kraftübertragung: gleich wie 1987
Fahrwerk: gleich wie 1987
Karosserie: gleich wie 1987
Preise: DeVille Coupé 23 049 $, DeVille Sedan 23 404 $, Fleetwood D Elegance 28 024 $, Fleetwood Sixty Special 34 750 $.
Produktion: D47/D69 DeVille: 152 513
Fleetwood D Elegance: 17 809
Fleetwood Sixty Special: 1 000

BROUGHAM
Motor: gleich wie Brougham von 1987.
Kraftübertragung: gleich wie 1987
Fahrwerk: gleich wie 1987
Karosserie: gleich wie 1987, verbesserte Ausrüstung.
Preise: 23 846 $
Produktion: W69 Sedan: 53 130

SEVILLE
Motor: neuer 4,5-Liter-V8, gleich wie DeVille/Fleetwood.
Kraftübertragung: gleich wie Seville von 1987.
Fahrwerk: gleich wie 1987.
Karosserie: Detailänderungen
Preise: 27 627 $
Produktion: S69 Sedan: 22 968

ELDORADO
Motor: neuer 4,5-Liter-V8, gleich wie DeVille/Fleetwood.
Kraftübertragung: gleich wie Eldorado von 1987.

Fahrwerk: gleich wie 1987
Karosserie: gleich wie 1987
Preise: 24 891 $
Produktion: L57 Coupé: 33 210

ALLANTE
Motor: gleich wie Allanté von 1987.
Kraftübertragung: gleich wie 1987
Fahrwerk: gleich wie 1987
Karosserie: gleich wie 1987
Preise: 56 533 $
Produktion: R67 Convertible. 2 569

1989

DEVILLE/FLEETWOOD
Motor: gleich wie DeVille/Fleetwood von 1988.
Kraftübertragung: gleich wie 1988
Fahrwerk: Einzelradaufhängung hinten und vorne, vorne Federbeine, untere Dreieckquerlenker und Kurvenstabilisator, hinten Dämpferbeine, untere Dreieckquerlenker und Kurvenstabilisator; Schraubenfedern, Teleskopdämpfer, Niveauregulierung. Bremsen: Scheiben vorne, Trommeln hinten, auf Wunsch mit ABS (ITT Teves). Lenkung: Zahnstange, Servo.
Karosserie: Restyling

Typ	Radstand	Länge	Breite	Höhe	Gewicht
DeVille Coupé	282 cm	515 cm	184 cm	140 cm	1 540 kg
Fleetwood Sedan	289 cm	523 cm	184 cm	140 cm	1 610 kg

Preise: DeVille Coupé 25 285 $, DeVille Sedan 25 760 $, Fleetwood Coupé 30 365 $, Fleetwood Sedan 30 840 $, Fleetwood Sixty Special 34 840 $.
Produktion: D47 Coupé: 4 108
B69 Sedan: 122 693
B47 Coupé: 23 294
D69 Sedan: 26 641
S69 60S Sedan: 2 007

BROUGHAM
Motor: gleich wie Brougham von 1988
Kraftübertragung: gleich wie 1988
Fahrwerk: geich wie 1988
Karosserie: leichtes Restyling
Preise: 25 699 $
Produktion: W69 Sedan: 41 138

SEVILLE
Motor: gleich wie Seville von 1988
Kraftübertragung: gleich wie 1988
Fahrwerk: gleich wie 1988
Karosserie: gleich wie 1988
Preise: 29 935 $
Produktion: S69 Sedan: 22 315

ELDORADO
Motor: gleich wie Eldorado von 1988
Kraftübertragung: gleich wie 1988
Fahrwerk: gleich wie 1988
Karosserie: gleich wie 1988
Preise: 26 915 $
Produktion: L57 Coupé: 27 807

ALLANTE
Motor: Vorne quer eingebauter V8-Zylinder-Motor (90°), Hubraum 4467 cm^3, Bohrung × Hub 92 × 84 mm, Verdichtung 9:1, Leistung 203 PS bei 4 400/min, max. Drehmoment 366 Nm bei 3 200/min. Leichtmetall-Zylinderblock, hydraulische Ventilstößel, zentrale Nockenwelle (Kette), 5fach gelagerte Kurbelwelle, elektronische Benzineinspritzung Rochester SPFI.
Kraftübertragung:
Fahrwerk:
Karosserie:
Preise: 57 183 $
Produktion: R67 Convertible: 3 296

1990

SEVILLE
Motor: gleich wie 1989, außer: Leistung 183 PS bei 4 400/min, max. Drehmoment 333 Nm bei 3 000/min, Verdichtung 9,5:1.
Kraftübertragung: gleich wie 1989
Fahrwerk: gleich wie 1989
Karosserie: Detailänderungen.

Typ	Radstand	Länge	Breite	Höhe	Gewicht
Seville	275 cm	485 cm	183 cm	137 cm	1 575 kg

Preise: Sedan 31 830 $, STS 36 320 $.
Produktion: S69/Y69 Sedan: 33 128

DEVILLE/SIXTY SPECIAL/FLEETWOOD
Motor: gleich wie 1989, außer: stärkerer Motor wie Seville.
Kraftübertragung: gleich wie 1989
Fahrwerk: gleich wie 1989
Karosserie: gleich wie 1989
Preise: DeVille Coupé 26 960 $, DeVille Sedan 27 540 $, Fleetwood Coupé 32 400 $, Fleetwood Sedan 32 890 $, Fleetwood Sixty Special 36 980 $.
Produktion:
D47 Coupé: 2 438
D69 Sedan: 131 717
B47 Coupé: 17 569
B69 Sedan: 22 889
S69 60S Sedan: 1 824

BROUGHAM
MOTOR: gleich wie 1989, außer: Auf Wunsch auch mit 5,7-Liter-V8 erhältlich. V8 in 90°, Hubraum 5 733 cm^3, Bohrung × Hub 101,6 × 88,4 mm, Leistung 177 PS bei 4 200/min, max. Drehmoment 400 Nm bei 2 000/min, Verdichtung 9,3:1.
Kraftübertragung: gleich wie 1989
Fahrwerk: gleich wie 1989
Karosserie: gleich wie 1989
Preise: 27 400 $
Produktion: W69 Sedan: 33 741

ELDORADO
Motor: gleich wie 1989, außer: stärkerer Motor wie Seville.
Kraftübertragung: gleich wie 1989
Fahrwerk: gleich wie 1989
Karosserie: gleich wie 1989
Preise: 28 855 $
Produktion: L57 Coupé: 22 291

ALLANTE
Motor: gleich wie 1989
Kraftübertragung: gleich wie 1989, außer: Antriebsschlupregelung.
Fahrwerk: gleich wie 1989
Karosserie: gleich wie 1989
Preise: Convertible 51 550 $, mit Hardtop 57 183 $.
Produktion: R67/S67 Convertible: 3 101

1991

SEVILLE
Motor: gleich wie 1989, außer: Hubraum 4 893 cm³, Bohrung x Hub 92 × 92 mm, Leistung 204 PS bei 4 100/min, max. Drehmoment 373 Nm bei 3 000/min, Verdichtung 9,5:1.
Kraftübertragung: gleich wie 1990
Fahrwerk: gleich wie 1990
Karosserie: Detailänderungen.

Typ	Radstand	Länge	Breite	Höhe	Gewicht
Seville	275 cm	485 cm	183 cm	137 cm	1 590 kg

Preise: Seville Sedan 34 195 $, Seville Touring Sedan 37 395 $.
Produktion: S69/Y69 Sedan: 34 195

DEVILLE/SIXTY SPECIAL/FLEETWOOD
Motor: gleich wie 1990, außer: stärkerer Motor wie Seville.
Kraftübertragung: gleich wie 1989
Fahrwerk: gleich wie 1989
Karosserie: gleich wie 1989
Preise: DeVille Coupé 30 455 $, DeVille Sedan 30 455 $, Fleetwood Coupé 35 195 $, Fleetwood Sedan 35 195 $, Fleetwood Sixty Special 38 695 $.
Produktion: D47/D69/B47/B69/G69 insgesamt: 147 910

BROUGHAM
MOTOR: gleich wie 1990, außer: 5,7-Liter-V8 leistet 188 PS bei 3 800/min, max. Drehmoment 407 Nm bei 2 400/min.
Kraftübertragung: gleich wie 1990
Fahrwerk: gleich wie 1990
Karosserie: gleich wie 1990
Preise: Brougham Sedan 30 455 $
Produktion: W69 Sedan: 27 231

ELDORADO
Motor: gleich wie 1990, außer: stärkerer Motor wie Seville.
Kraftübertragung: gleich wie 1990
Fahrwerk: gleich wie 1990
Karosserie: gleich wie 1990
Preise: Eldorado Coupé 31 495 $
Produktion: L57 Coupé: 16 212

ALLANTE
Motor: gleich wie 1990
Kraftübertragung: gleich wie 1990
Fahrwerk: gleich wie 1990
Karosserie: gleich wie 1990
Preise: Allanté Convertible 55 960 $, mit Hardtop 61 510 $.
Produktion: R67/S67 Convertible: 2 500

1992

SEVILLE
Vorgestellt im Januar 1991
Motor: Vorne quer liegender V8 (90°), Hubraum 4 893 cm³, Bohrung × Hub 92 × 92 mm, Leistung 203 PS bei 4 100/min, max. Drehmoment 373 Nm bei 3000/min, Verdichtung 9,5:1. Leichtmetall-Zylinderblock, Grauguß-Zylinderbüchsen, hydraulische Ventilstößel, zentrale Nockenwelle, 5fach gelagerte Kurbelwelle, elektronische Benzineinspritzung AC-Rochester.
Kraftübertragung: Vorderradantrieb, Getriebeautomat »Hydra-Matic« 4T60-E (hydraulischer Wandler und 4-Gang-Planetengetriebe).
Fahrwerk: Selbsttragende Karosserie mit vorderem Hilfsrahmen. Einzelradaufhängung vorne und hinten, vorne Federbeine (Schraubenfedern), untere Längs- und Querlenker sowie Kurvenstabilisator, hinten Querlenker, Dämpferbein, Fiberglasquerblattfeder und elektronische Niveauregulierung, auf Wunsch Kurvenstabilisator. Teleskopdämpfer. Elektronischer »Computer Command Ride«. Bremsen: Scheiben (belüftet) mit Servo, ABS. Lenkung: Zahnstange mit Servo.
Karosserie: Restyling.

Typ	Radstand	Länge	Breite	Höhe	Gewicht
Seville	282 cm	519 cm	189 cm	139 cm	1 680 kg

Preise: Seville Sedan 32 470 $, Seville Touring Sedan 37 975 $
Produktion: S69/Y69 Sedan: 43 954

DEVILLE/SIXTY SPECIAL/FLEETWOOD
Motor: gleich wie 1991
Kraftübertragung: gleich wie 1991
Fahrwerk: gleich wie 1991
Karosserie: gleich wie 1991
Preise: DeVille Coupé 31 740 $, DeVille Sedan 31 740 $, Touring Sedan 35 190 $, Fleetwood Coupé 36 360 $, Fleetwood Sedan 36 360 $, Fleetwood Sixty Special 39 860 $.
Produktion: D47/D69/B47/B69/G69/T69 insgesamt: 142 232

BROUGHAM
MOTOR: gleich wie 1991
Kraftübertragung: gleich wie 1989
Fahrwerk: gleich wie 1989
Karosserie: gleich wie 1989
Preise: Brougham Sedan 31 740 $
Produktion: W69 Sedan: 13 761

ELDORADO
Vorgestellt September 1991
Motor: gleich wie Seville
Kraftübertragung: gleich wie Seville
Fahrwerk: gleich wie Seville
Karosserie: Restyling.

Typ	Radstand	Länge	Breite	Höhe	Gewicht
Coupé	275 cm	514 cm	189 cm	137 cm	1 620 kg

Preise: Eldorado Coupé 32 470 $
Produktion: L57 Coupé: 31 151

ALLANTE
Motor: Northstar-Motor, vorne quer eingebauter V8 (90°), Hubraum 4 565 cm³, Bohrung × Hub 93 × 84 mm, Leistung 295 PS bei 5 600/min, max. Drehmoment 393 Nm bei 4 400/min, Verdichtung 10,3:1. Leichtmetall-Zylinderköpfe und -block, trok-

kene Zylinderbüchsen, 4 Ventile pro Zylinder (in V 32°), 2 × 2 obenliegende Nockenwellen, 5fach gelagerte Kurbelwelle, elektronische Benzineinspritzung.
Kraftübertragung: Vorderradantrieb, Getriebeautomat »Hydra-Matic« 4T80-E (hydraulischer Wandler und 4-Gang-Planetengetriebe).
Fahrwerk: Selbsttragende Karosserie mit vorderem Hilfsrahmen. Einzelradaufhängung vorne und hinten, vorne Federbeine (Schraubenfedern) mit Längs- und Querlenker sowie Kurvenstabilisator, hinten obere Dreieckquerlenker, untere Längs- und Querlenker, zusätzliche Querstreben und Kurvenstabilisator, Schraubenfedern. Teleskopdämpfer mit elektronischer Regelung (RSS). Bremsen: Scheiben mit Servo, ABS. Lenkung: Zahnstange mit Servo.
Karosserie: gleich wie 1991, außer: Gewicht 1 710 kg.
Preise: Allanté Convertible 58 470 $, mit Hardtop 64 090 $.
Produktion: R67/S67 Convertible: 1 931

1993

SEVILLE/SEVILLE STS
Motor: gleich wie 1992, außer: Seville STS auch mit Northstar-Motor lieferbar. Vorne quer eingebauter V8 (90°), Hubraum 4 565 cm³, Bohrung × Hub 93 × 84 mm, Leistung 299 PS bei 6 000/min, max. Drehmoment 393 Nm bei 4400/min, Verdichtung 10,3:1. Leichtmetall-Zylinderköpfe und -block, trockene Zylinderbüchsen, 4 Ventile pro Zylinder (in V 32°), 2 × 2 obenliegende Nockenwellen, 5fach gelagerte Kurbelwelle, elektronische Benzineinspritzung.
Kraftübertragung: gleich wie 1992
Fahrwerk: gleich wie 1992
Karosserie: gleich wie 1992
Preise: Seville Sedan 36 990 $ (ab 1. März 37 490 $), Seville Touring Sedan 41 990 $ (ab 1. März 42 740 $).
Produktion: S69/Y69 Sedan: 35 280

DEVILLE/SIXTY SPECIAL
Motor: gleich wie 1992
Kraftübertragung: gleich wie 1992
Fahrwerk: gleich wie 1992
Karosserie: gleich wie 1992
Preise: DeVille Coupé 33 915 $, DeVille Sedan 32 990 $, Touring Sedan 36 310 $, Sixty Special 37 230 $.
Produktion: D47/B47/G69/T69 insgesamt: 115 870

FLEETWOOD
Vorgestellt April 1992
Motor: Nur noch mit 5,7-Liter-V8 lieferbar. V8 in 90°, Hubraum 5 733 cm³, Bohrung × Hub 101,6 × 88,4 mm, Leistung 188 PS bei 3 700/min, max. Drehmoment 414 Nm bei 2 000/min, Verdichtung 9,7:1.
Kraftübertragung: Hinterradantrieb, Getriebeautomat »Hydra-Matic« 4L60 (hydraulischer Wandler und 4-Gang-Planetengetriebe).
Fahrwerk: Kastenrahmen mit Traversen. Vorne oberer Dreieckquerlenker, unterer einfacher Querlenker mit Zugstrebe und Schraubenfedern, Kurvenstabilisator, hinten Starrachse mit Schraubenfedern, unteren Längs- und oberen zum Differential führenden Schräglenkern. Teleskopdämpfer, pneumatische Niveauregulierung hinten. Bremsen: Vorne Scheiben, hinten Trommeln, ABS. Lenkung: Kugelkreislauf mit Servo.
Karosserie: Restyling.

Typ	Radstand	Länge	Breite	Höhe	Gewicht
Fleetwood	309 cm	571 cm	198 cm	145 cm	2 005 kg

Preise: Fleetwood Sedan 33 990 $
Produktion: W69 Sedan: 27 372

ELDORADO
Motor: gleich wie Seville
Kraftübertragung: gleich wie Seville
Fahrwerk: gleich wie Seville
Karosserie: gleich wie 1992
Preise: Eldorado Coupé 33 990 $ (ab 1. März 34 490 $)
Produktion: L57 Coupé: 22 982

ALLANTE
Motor: gleich wie 1992
Kraftübertragung: gleich wie 1992
Fahrwerk: gleich wie 1992
Karosserie: gleich wie 1992
Preise: Allanté Convertible 61 675 $
Produktion: R67/S67: 2 655

LaSalle: Technische Daten, Produktionszahlen

1927

SERIES 303
Motor: 8-Zylinder-V-Motor (90°), Hubraum 4 965 cm³, Bohrung × Hub 79,4 × 125,4 mm, Leistung 75 PS, Verdichtung 5,3:1. Gußeisenzylinderblock und -kopf, mechanische, stehende Ventile, 3fach gelagerte Kurbelwelle, eine hohlgegossene Nockenwelle (Kette), Kurbelgehäuse aus Aluminium.
Kraftübertragung: Hinterradantrieb, 3-Gang-Schiebe-Getriebe, Mehrscheibenkupplung, Reifen 32 × 6 (kurzer Radstand), 32 × 6.2 (langer Radstand).
Fahrwerk: Vorne semielliptische Federn, Doppel-T-Träger, hinten Starrachse, untergebaute Federn, Lenkung: Schnecke, Bremsen: 4 Trommeln (mechanisches Zweikreissystem).
Karosserie: Erste von Harley Earl für GM gezeichnete Karosserien.

Typ	Radstand	Länge	Breite	Höhe	Gewicht
303, Roadster	317 cm	470 cm			1 705 kg
303, Imperial	340 cm	499 cm			1 960 kg

Preise: Kurzer Radstand: Phaeton, Town Sedan 2 495 $, Roadster 2 525 $, Coupé 2 585 $, Convertible Coupé, Victoria 2 635 $, Sedan 2 685 $, Sport Phaeton 2 975 $. Langer Radstand: Imperial (5P), Sedan 2 775 $, Imperial (7P) 2 875 $. Fleetwood: Coupé 4 275 $, Sedan 4 475 $, Town Cabriolet 4 500 $, Transformable Town Cabriolet 4 700 $.
Produktion: Series 303: 10 767

1928

SERIES 303
Motor: gleich wie Series 303 von 1927
Kraftübertragung: gleich wie 1927
Fahrwerk: gleich wie 1927
Karosserie: gleich wie 1927
Preise: Kurzer Radstand: Business Coupé, Family Sedan 2 350 $, Coupé, Sedan 2 450 $, Phaeton, Roadster 2 485 $, Standard Sedan, Town Sedan 2 495 $, Convertible Coupé, Victoria 2 550 $, Sport Phaeton 2 975 $. Langer Radstand: Family Sedan 2 575 $, Coupé 2 625 $, Cabriolet Sedan 2 675 $, Imperial (5P), Standard Sedan 2 775 $, Imperial (7P) 2 875 $.
Produktion: Series 303: 16 038

1929

SERIES 328
Motor: 8-Zylinder-V-Motor (90°), Hubraum 5 375 cm³, Bohrung × Hub 82,5 × 125,4 mm, Leistung 90 PS, Verdichtung 5,3:1, sonst gleich wie Series 303 von 1928.
Kraftübertragung: gleich wie Series 303, außer: Synchro-Mesh-Getriebe, Zweischeibenkupplung, Reifen 6,50 × 19.
Fahrwerk: gleich wie Series 303, außer: verbesserte Bremsen.
Karosserie: Restyling.
Preise: Kurzer Radstand: Phaeton 2 295 $, Roadster 2 345 $, Sport Phaeton 2 875 $. Langer Radstand: Family Sedan 2 450 $, Coupé (2P) 2 495 $, Convertible Coupé, Sedan 2 595 $, Coupé (5P) 2 625 $, Town Sedan 2 675 $, Landaulet Cabriolet 2 725 $, Sedan (7P) 2 775 $, Imperial 2 875 $. Fleetwood: bis zu 4 900 $.
Produktion: Series 328: 22 961

1930

SERIES 340
Motor: 8-Zylinder V-Motor, Hubraum 5 572 cm³, Bohrung × Hub 84,1 × 125,4 mm, 90 PS bei 3 000/min, Verdichtung 5,05:1, sonst gleich wie Series 328 von 1929.
Kraftübertragung: gleich wie 1929
Fahrwerk: gleich wie 1929, außer: verbesserte Bremsen.
Karosserie: Restyling, alle Fahrzeuge jetzt mit 340 cm Radstand. Fleetwood-Karosserien gleich wie bei den Cadillac, aber auf den kürzeren Radstand angepaßt.

Typ	Radstand	Länge	Breite	Höhe	Gewicht
340, Coupé	340 cm	512 cm			2 050 kg

Preise: Fisher: Coupé (2P) 2 490 $, Sedan (5P) 2 565 $, Town Sedan, Coupé (5P), Convertible Coupé 2 590 $, Sedan (7P) 2 775 $, Imperial 2 925 $. Fleetwood: Phaeton 2 385 $, Roadster 2 450 $, Touring 2 525 $, Sedanette Cabriolet 3 725 $, Sedanette 3 825 $, All-Wheater-Phaeton 3 995 $.
Produktion: Series 340: 14 986

1931

SERIES 345A
Motor: 8-Zylinder-V-Motor, Hubraum 5 785 cm³, Bohrung × Hub 85,7 × 125,4 mm, 95 PS bei 3 000/min, auch sonst gleich wie Cadillac Series 355.
Kraftübertragung: gleich wie Series 340 von 1930
Fahrwerk: gleich wie 1930
Karosserie: leichtes Restyling.
Preise: Fisher: Coupé (2P) 2 195 $, Coupé (5P), Convertible Coupé, Sedan (5P) 2 295 $, Town Sedan 2 345 $, Sedan (7P) 2 475 $, Imperial Sedan 2 595 $. Fleetwood: Roadster 2 245 $, Touring 2 345 $, All-Wheater-Phaeton, Sedanette, Sedanette Cabriolet 3 245 $.
Produktion: Series 345A: 10 095

1932

SERIES 345B
Motor: gleich wie Series 345A von 1931, außer: Leistung 115 PS bei 3 000/min, Verdichtung 5,70:1.
Kraftübertragung: gleich wie 1931, außer: Zweischeibenkupplung jetzt vakuumaktiviert, Reifen 7,00 × 17.
Fahrwerk: gleich wie 1931
Karosserie: Restyling, große Ähnlichkeit mit Cadillac-Modellen.

Typ	Radstand	Länge	Breite	Höhe	Gewicht
345B, Coupé	330 cm	518 cm			2 115 kg
345B, Sedan	345 cm	533 cm			2 280 kg

Preise: Kurzer Radstand: Coupé 2 395 $, Sedan 2 495 $, Convertible Coupé, Town Coupé 2 545 $. Langer Radstand: Town Sedan, Sedan 2 645 $, Imperial Sedan 2 795 $.
Produktion: Series 345B: 3 386

1933

SERIES 345C
Motor: gleich wie Series 345B von 1932
Kraftübertragung: gleich wie 1932
Fahrwerk: gleich wie 1932, außer: vakuumaktivierte Bremsen.
Karosserie: gleiche Änderungen wie Cadillac-Modelle.
Preise: Kurzer Radstand: Coupé, Sedan 2 245 $, Convertible Coupé, Town Coupé 2 395 $. Langer Radstand: Sedan, Town Sedan 2 495 $, Imperial Sedan 2 645 $. Mitte des Jahres Preissenkung um durchschnittlich 500 $.
Produktion: Series 345C: 3 482

1934

SERIES 50
Motor: Reihen-8-Zylinder, Hubraum 3 938 cm³, Bohrung × Hub 76,2 × 108 mm, Leistung 95 PS bei 3 700/min, Verdichtung 6,5:1. Gußeisen-Zylinderblock und -kopf, mechanische Ventile, Stromberg-Duplex-Fallstromvergaser.
Kraftübertragung: Synchro-Getriebe, Einscheibentrockenkupplung, Reifen 7,00 × 16.
Fahrwerk: Vorne Einzelradaufhängung
Karosserie: Restyling, alle Karosserien von Fleetwood.

Typ	Radstand	Länge	Breite	Höhe	Gewicht
50, Sedan	302 cm	514 cm			1 780 kg

Preise: Coupé 1 595 $, Sedan, Club Sedan, Convertible Coupé 1 695 $.
Produktion: Series 350: 7 195

1935

SERIES 50
Motor: gleich wie Series 50 von 1934, außer: Hubraum 4 064 cm³, Bohrung × Hub 76,2 × 111,1 mm, Leistung 105 PS bei 3 600/min.

Kraftübertragung: gleich wie 1934
Fahrwerk: gleich wie 1934
Karosserie: gleich wie 1934

Typ	Radstand	Länge	Breite	Höhe	Gewicht
50, Coupé	305 cm	508 cm			1 580 kg

Preise: Coupé 1 225 $, Sedan (2T) 1 255 $, Sedan (4T) 1 295 $, Convertible Coupé 1 325 $.
Produktion: Series 50: 8 651

1936

SERIES 50
Motor: gleich wie Series 50 von 1935
Kraftübertragung: gleich wie 1935
Fahrwerk: gleich wie 1935
Karosserie: Restyling
Preise: Coupé 1 175 $, Sedan (2T) 1 185 $, Sedan (4T) 1 225 $, Convertible Coupé 1 255 $.
Produktion: Series 50: 13 004

1937

SERIES 50
Motor: 8-Zylinder-V-Motor, Hubraum 5 277 cm³, Bohrung × Hub 85,7 × 114,3 mm, Leistung 125 PS bei 3 400/min, Verdichtung 6,25:1, sonst gleich wie Series 60 von Cadillac.
Kraftübertragung: gleich wie Series 60
Fahrwerk: gleich wie Series 60
Karosserie: leichtes Restyling.

Typ	Radstand	Länge	Breite	Höhe	Gewicht
50, Coupé	315 cm	511 cm			1 670 kg

Preise: Coupé 995 $, Sedan (2T) 1 105 $, Sedan (4T) 1 145 $, Convertible Coupé 1 175 $, Convertible Sedan 1 485 $.
Produktion: Series 50: 32 005

1938

SERIES 50
Motor: gleich wie Series 50 von 1937
Kraftübertragung: gleich wie 1937
Fahrwerk: gleich wie 1937
Karosserie: gleich wie 1937
Preise: Coupé 1 295 $, Sedan (2T) 1 340 $, Sedan (4T) 1 380 $, Convertible Coupé 1 415 $, Convertible Sedan 1 820 $.
Produktion:
50 Chassis: 80
50 Commercial Chassis: 900
5011 Sedan (2T): 700
5019 Sedan (4T): 9 993
5019A Sun-Roof Sedan: 72
5027 Coupé: 2 710
5029 Convertible Sedan: 265
5067 Convertible Coupé: 855
Produktion Gesamt: 15 575

1939

SERIES 50
Motor: gleich wie Series 50 von 1938
Kraftübertragung: gleich wie 1938

Fahrwerk: gleich wie 1938
Karosserie: Restyling.

Typ	Radstand	Länge	Breite	Höhe	Gewicht
50, Coupé	305 cm	514 cm			1 650 kg

Preise: Coupé 1 323 $, Sedan (2T) 1 358 $, Sedan (4T) 1 398 $, Convertible Coupé 1 475 $, Convertible Sedan 1 895 $.
Produktion:
50 Chassis: 29
50 Commercial Chassis: 874
5011 Sedan (2T): 977
5011A Sun-Roof Sedan (2T): 23
5019 Sedan (4T): 15 928
5019A Sun-Roof Sedan (4T): 404
5027 Coupé: 2 525
5029 Convertible Sedan: 185
5067 Convertible Coupé: 1 056
Produktion Gesamt: 22 001

1940

SERIES 50/52
Motor: gleich wie Series 50 wie 1939, außer: Leistung 130 PS bei 3 400/min.
Kraftübertragung: gleich wie 1939
Fahrwerk: gleich wie 1939
Karosserie: Restyling

Typ	Radstand	Länge	Breite	Höhe	Gewicht
50, Coupé	312 cm	525 cm			1 680 kg
52, Coupé	312 cm	535 cm			1 730 kg

Preise:
Produktion:
50 Chassis: 2
50 Commercial Chassis: 1 030
5011 Sedan (2T): 366
5011A Sun-Roof Sedan (2T): 9
5019 Sedan (4T): 6 582
5019A Sun-Roof Sedan (4T): 140
5027 Coupé: 1 527
5029 Convertible Sedan: 125
5067 Convertible Coupé: 599
5219 Sedan (4T): 10 250
5227 Coupé: 3 000
5229 Convertible Sedan: 75
5267 Convertible Coupé: 425
Produktion Gesamt: 24 130

Adressen, Literatur

Wichtige Adressen in Deutschland:
Der Club:
Cadillac Club Deutschland
Manfred Verkoyen
Radebroicher Straße 31
D – 41564 Kaarst
Die Spezialisten:
Müller und Hensel
Nisterstraße 4
D – 52627 Hachenburg

Wichtige Adressen in der Schweiz:
Der Club:
Cadillac Club of Switzerland
Herrn H. Jakob
Steinerstraße 8
CH – 9052 Niederteufen

Wichtige Adresse in den USA:
Cadillac-LaSalle Club
3083 Howard Road
Petoskey, Michigan 49770

Direkt auf Cadillac bezogene Literatur:
- Cadillac Automobiles 1949–1959, Brooklands Books
- Cadillac Automobiles 1960–1969, Brooklands Books
- Cadillac Eldorado 1967–1978, Brooklands Books
- Standard Catalog of Cadillac 1903–1990, Krause Publications, Iola 1991
- Robert C. Ackerson, Cadillac – America's Luxury Car, TAB Books, Blue Ridge Summit 1988
- Giorgio Bocca, Cadillac Allanté, Automobilia, Mailand 1986
- Maurice D. Hendry, Cadillac – The Complete History, Automobile Quaterly, 1990
- Thomas Falconer, Cadillac Seville, Osprey Publishing, London 1984
- Richard M. Langworth, Illustrated Cadillac Buyer's Guide, Motorbooks International, Osceola 1993
- Walter M. P. McCall, 80 Years of Cadillac/LaSalle, Crestline Publishing, Sarasota 1988
- Roy A. Schneider, Cadillac of the Forties, Royco Publishing, Temple City 1976
- Roy A. Schneider, Cadillac of the Fifties, Royco Publishing, Temple City 1978

Außerdem für dieses Buch verwendete Literatur:
- Katalognummern der Automobil Revue 1948–1994, Hallwag Verlag, Bern
- Bachelor/Bochroch/Lamm, The Life and Cars of Briggs Swift Cunningham, Motorbooks International, Osceola 1993
- Stephen Bayley, Harley Earl and the Dream Machine, Alfred A. Knopf Inc, New York 1983
- Adriano Cimarosti, Carrera Panamericana »Mexico«, Automobilia, Mailand 1987
- Georgano/Wright, 100 Jahre amerikanische Automobile, Motorbuch Verlag, Stuttgart 1993
- Alfred P. Sloan, Meine Jahre mit General Motors, Verlag Moderne Industrie, München 1965

ALTE AUTOS NEU ERLEBEN

Die faszinierende Welt klassischer Automobile – in **Motor Klassik** wird sie wieder lebendig. Seite für Seite. Monat für Monat.

Motor Klassik bringt einzigartige Fotos, schildert Fahreindrücke, dokumentiert Automobil-Geschichte, berät beim Oldtimerkauf, berichtet über den Motorsport mit historischen Fahrzeugen, beschreibt Club-Aktivitäten, gibt Restaurationstips, hilft bei Ersatzteilbeschaffung und zeigt Reisen und Routen für Oldtimer-Liebhaber.

Jetzt überall im Zeitschriftenhandel.

Made in USA

Martinez/Nory
**Vom Cadillac
zum Studebaker**
194 Seiten, 164 Abb.,
103 farbig, gebunden
DM/sFr 39,– / öS 304,–
Bestell-Nr. 10885

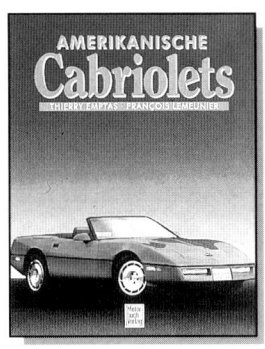

Emptas/Lemeunier
Amerikanische Cabriolets
Die 39 schönsten amerikanischen Nachkriegs-Cabriolets, vom noblen Chrysler »Town and Country« von 1948 bis zur »Corvette« 1987.
192 S., 235 Farb-Abb., geb.
DM/sFr 39,– / öS 304,–
Bestell-Nr. 01306

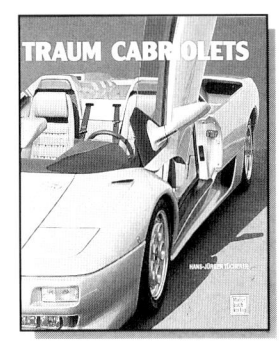

Hans-Jürgen Tücherer
Traum-Cabriolets
Eine Star-Parade der außergewöhnlichsten Cabriolets.
96 Seiten, 116 Farb-Abb., geb.
DM/sFr 39,80 / öS 311,–
Bestell-Nr. 01502

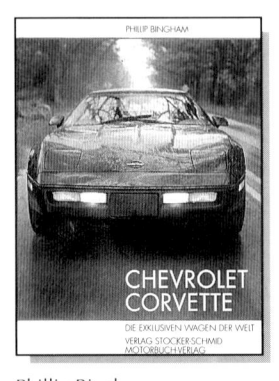

Phillip Bingham
Chevrolet Corvette
Von der Ur-Corvette 1953 bis hin zum 450-PS-Donnerkeil von 1990 – mit allen Details.
64 Seiten, 124 Abbildungen, 95 farbig, gebunden
DM/sFr 36,– / öS 281,–
Bestell-Nr. 30241

Randy Leffingwell
Starke Typen
Amerikanische Muscle-Cars der 60er und 70er Jahre – ein Rückblick auf die »Kraftpakete« jener Epoche.
190 S., 190 Farb-Abb., geb.
DM/sFr 69,– / öS 538,–
Bestell-Nr. 01481

Robert C. Ackerson
Die Jeep-Legende
50 Jahre Geländewagengeschichte am typischen Beispiel des legendären »Jeep«.
344 Seiten, 339 Abbildungen, 43 farbig, gebunden
DM/sFr 68,– / öS 531,–
Bestell-Nr. 01404

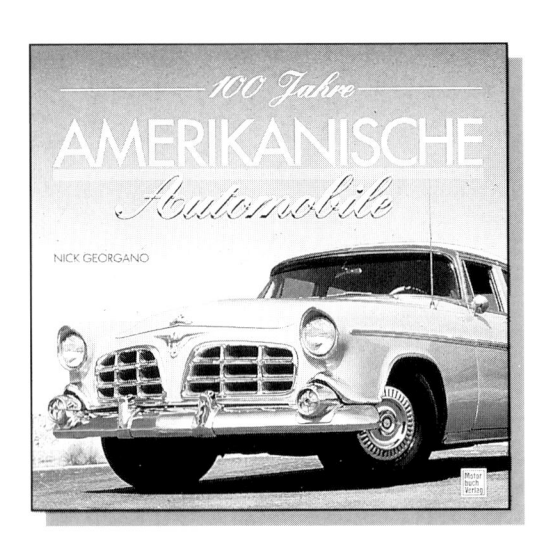

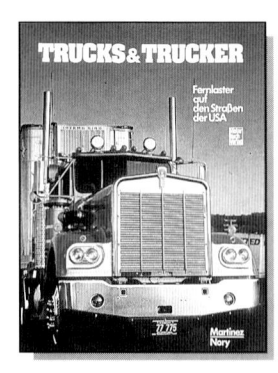

Georgano, **100 Jahre amerikanische Automobile**
100 Jahre – 1893 bis 1993 – amerikanische Automobilgeschichte: Menschen, Marken und Motoren, in diesem einzigartigen Prachtband aufgeblättert. Rund 4000 Automarken hat es gegeben, seit in den USA das erste Auto 1893 seine Fahrversuche unternahm. Die wichtigsten und beliebtesten Wagen, originelle Techniklösungen und markenspezifische Besonderheiten, Daten und Fakten, Wirtschafts-, Technik- und Automobilgeschichte finden sich in dieser brillant illustrierten und fesselnd geschriebenen Gesamtschau.
288 Seiten, 450 Farb-Abbildungen, gebunden
DM/sFr 98,– / öS 765,–   Bestell-Nr. 01549

A. Martinez / J.-L. Nory
Trucks & Trucker
Fernlaster auf den Highways der USA – in stimmungsvollen Bildern und Berichten.
190 Seiten, 133 Abbildungen, 84 farbig, gebunden
DM/sFr 59,– / öS 460,–
Bestell-Nr. 10773

Randy Leffingwell
Amerikanische Traktoren
Die Geschichte berühmter Nutzfahrzeug-Marken, die auch den Traktorbau hierzulande stark beeinflußt haben.
192 S., 250 Farb-Abb., geb.
DM/sFr 69,– / öS 538,–
Bestell-Nr. 01582

Hans Halberstadt
**Amerikanische
Feuerwehr-Klassiker**
Lösch-, Leiter- und und Gerätefahrzeuge der 20er bis 50er Jahre – ein Prachtwerk.
192 S., 150 Farb-Abb., geb.
DM/sFr 69,– / öS 538,–
Bestell-Nr. 01421

Änderungen vorbehalten

Motorbuch Verlag

DER VERLAG FÜR
AUTO-BÜCHER
Postfach 10 37 43 · 70032 Stuttgart
Telefon (07 11) 2 10 80-0
Telefax (07 11) 2 36 04 15